U0457119

世界谍战和著名间谍大揭秘

楚淑慧　主编

中国华侨出版社

北京

图书在版编目（CIP）数据

世界谍战和著名间谍大揭秘 / 楚淑慧主编. —北京：中国华侨出版社，
2014.3（2019.10重印）

ISBN 978-7-5113-4508-0

Ⅰ.①世… Ⅱ.①楚… Ⅲ.①间谍－情报活动－史料－世界 Ⅳ.①D526

中国版本图书馆CIP数据核字（2014）第051048号

世界谍战和著名间谍大揭秘

主　　编：楚淑慧

责任编辑：王亚丹

封面设计：韩立强

文字编辑：黎　娜

美术编辑：潘　松

经　　销：新华书店

开　　本：720mm×1020mm　　1/16　　印张：28　　字数：596千字

印　　刷：北京市松源印刷有限公司

版　　次：2014年8月第1版　　2019年10月第4次印刷

书　　号：ISBN 978-7-5113-4508-0

定　　价：68.00元

中国华侨出版社　北京市朝阳区静安里26号通成达大厦3层　邮编：100028

法律顾问：陈鹰律师事务所

发行部：（010）58815874　　　传　真：（010）58815857

网　址：www.oveaschin.com　　E－mail：oveaschin@sina.com

如果发现印装质量问题，影响阅读，请与印刷厂联系调换。

前　言

数千年的人类文明史，充满了云谲波诡的争斗，充满了血雨腥风的对抗。间谍作为最活跃的细胞之一，广布在人类社会这个巨大的有机体中，他们渗透到政治、经济、军事、科技等各个领域。国与国之间的间谍明争暗斗，演绎了一幕幕扑朔迷离、惊心动魄的惊险剧，展现了登峰造极、波澜壮阔的间谍战。

间谍，就是从事秘密侦查工作的人。他们的主要任务，或是暗中窥视上至政要、下至平民的隐私，为敌方窃取重要情报，或是进行挑拨离间、栽赃陷害、造谣诬陷甚至绑架、暗杀等活动。他们往往单枪匹马，周旋在各种有利用价值的对象中间，施展翻手为云、覆手为雨的手段；有时集体行动，吸收各种人员甚至学生充当告密者，组成一支庞大的队伍。

从诞生的那一刻起，间谍就生活在常人无法预料的环境中，成长在刀光剑影、冷枪暗箭里，他们渗透到各个领域，进行生死的较量，无声的战争。他们凭借着高超的智慧和非凡的手段，攻下一道道坚硬的防线，获取一个个重要的情报。他们的工作总是与最为显赫的人物或重大的历史事件联系在一起，没有退路，要么大获全胜，要么一败涂地，万劫不复。他们如水银泻地，无孔不入，用心计扭转乾坤，以暗战改变历史，创造了一个个惊险激烈、诡秘刺激的间谍传奇。间谍职业的特点要求他们训练有素，知识渊博，兴趣广泛，具有高雅的审美情趣，对敌人要更加残酷，对工作要更加忘我。007的原型、英国双重间谍杜斯科·波波夫就曾这样评价他们："这是一群神秘的人。他们无孔不入，胜利了不可宣扬，失败了不能解释。"

本书选取了近现代具有代表性的间谍活动材料，以历史资料为依据，用纪实的手法进行描述，并参考了报刊、网络媒体的报道和一些专著资料，力求真实展现一幕幕波澜壮阔、惊心动魄的间谍与反间谍事件，凸显众多间谍活跃在台前幕后的智慧和作用，帮助读者拂开历史的雾霭，对间谍有更多的了解和认识。全书主要分为上下两篇，上篇全面介绍了近年来著名的国际间谍事件，包括俄罗斯克格勃、美国中央情报局、英国第五军情局等著名谍报机构的重要行动，涉及同盟国以尸体骗过希特勒的"肉馅计划"，和平年代窃取原子弹机密的超级行动，日本美女间谍东条枝子妄图以自己的尸体运回英国核潜艇情报的终极谍战，以及第二次世界大战期间的"霸王行动""火炬行动"等。下篇主要介绍在历史上占有重要角色的一些间谍，比如间谍王子菲尔比、王牌女谍玛塔·哈丽、千面间谍阿贝尔、剑桥五人帮，等等。同时，本书还配以生动的图片，向读者展示各种神秘间谍的真实面目和匪夷所思的精巧装备。情节生动曲折，扣人心弦，引人入胜，是一本融知识性、趣味性于一体的世界间谍和谍战全记录。

需要说明的是，因为间谍活动是高度保密的，间谍活动的具体细节被各个国家列为绝密资料不予公开，所以很多间谍的经历至今鲜为人知，有些间谍的活动则是以讹传讹。无论是报刊的报道，还是学者的著述都可能有不准确、不全面的地方。材料之间常常会有不一致的情况。本书在编辑过程中，也难免遇到这一问题，对此，我们只能参考国内外公开的零散资料，进行合理推断，有些细节只能根据已有的材料进行合理的想象。因此，希望读者把本书当作纪实文学进行阅读和欣赏。如果本书存在不全面、不准确的内容，只能向读者表示歉意，还望海涵。

目 录

上篇 惊心动魄的谍战

下篇　世界著名间谍

上篇

惊心动魄的谍战

珍珠港事件背后的谍战

　　偷袭是战争中很少使用的非常规作战手段。作为一种难度很高的战法，偷袭所能实现的效果往往是常规作战中难以达到的。因为具有人员伤亡少、攻击效果明显的特点，第二次世界大战中很多国家都在尝试着给对方以出其不意的打击。

　　1941 年 12 月 7 日发生的珍珠港事件，就是一次典型的偷袭成功案例。这种做法虽然为人们所不齿，但是取得的效果却是有目共睹的。在发动这场突袭之前，日军情报部门所进行的谍报活动为这次行动的成功打下了坚实的基础。

日军空袭，珍珠港受损严重

　　1941 年 12 月 7 日早晨 7 点 55 分（夏威夷时间），巡洋舰"海伦娜号"的后甲板上，四名水兵伴着军乐声，在琼斯少尉的指挥下，正迈着标准的步子走向旗杆。

　　海面上停着美国太平洋舰队大大小小共 96 艘舰艇，他们刚刚度过一个幽静而欢畅的周六夜晚，正在举行每天的例行升旗仪式。

　　整个珍珠港除了音乐声，一片肃静。官兵们凝视着冉冉升起的军旗，眼神专注而坚定。就在这时，一队日本飞机以迅雷不及掩耳之势从空中向下俯冲，爆炸声随即响起。顷刻之间，珍珠港由原来的风平浪静变成了一片火海……

　　此时美国太平洋舰队司令金梅尔上将正穿着一身睡衣，剧烈的爆炸声将他从梦中惊醒。短暂的时间里，日本的轰炸机群就在他眼前将整个珍珠港染成一片火海，太平洋舰队也在瞬间由装备精良的作战舰队变成了遍地废铁的残部败军。

　　这次猝不及防的偷袭，让毫无防备的美军遭到了毁灭性的打击。短短的一次空袭造成了前所未有的后果，这就是震惊世界的日本偷袭珍珠港事件。

　　在第二次世界大战中，珍珠港事件是一个重要的转折点。美国人认为自己的国家是一片人间乐土，有大西洋将它与其他地区隔开，战火是不会烧到美国本土的。一直安分守己的美国人没有想到，尽管自己从不与其他国家发生冲突，麻烦还是自己找上门来了——日本策划的偷袭让太平洋舰队沉入海底，大部战舰从此在珍珠港长眠。

　　这次空袭发生得如此突

珍珠港事件
珍珠港的偷袭成功，使日本在此后的半年里将整个太平洋抓在手里。

然，以至于全体部队官兵在还没反应过来的时候，整个海面就已经硝烟四起、一片狼藉。珍珠港事件让美国损失惨重，其中的教训也是发人深省的。在这次事件中，日本人的飞机是怎样避开美国军队的情报侦察和安全监视，最终突破美国人的防御一直飞临太平洋舰队上空？这个过程中为何存在这么多的漏洞而没有被发觉？这些谜团让人觉得不能理解，整个事件也成了军事专家、学者们反复研究的对象。

一场豪赌，山本五十六拍板偷袭珍珠港

1940 年春，正是日本联合舰队的鼎盛时期。在一次海军演习中，日本联合舰队司令官山本五十六和参谋长福留繁少将站在旗舰甲板上，看着一架架带着旭日徽的战斗机在航母甲板上有序起降，山本又一次想起了自己心中那个酝酿许久的计划——偷袭珍珠港。山本转身望着福留繁说："空军的训练现在已经达到了很熟练的程度，或许进攻夏威夷的时机已经成熟了。"

只是一次简短的交谈，山本五十六的野心却在此间暴露无遗。事实上，他就是偷袭珍珠港事件的策划者。这位日本联合舰队的总司令曾于 1919 年留学美国，后在华盛顿任海军武官，这一段在美国求学的经历让他对美国的经济实力有了一定的认识，尤其是美国发达的石油工业更是给他留下了深刻的印象。这样的见地对他后来在战略上的影响也是深远的，对待美国方面，他曾告诫自己的部下：美国是一个工业优势很明显的经济强国，虽然日本经过明治维新综合国力也有了较大的提升，但是一开始就与一个拥有如此庞大经济体的国家开战，显然是一种不理智的行为。如果一定要对美国开战，那么首先必须考虑到的就是压制美国的海上力量，这其中首要任务就是歼灭美军太平洋舰队。

日军细致分析了对珍珠港的攻击效果，发现这一行动产生的有利因素将让日军在后续的战争中占据较大的优势：突然的袭击可以让美国太平洋舰队元气大伤，失去海军主力的美国将无法与日本海军抗衡，借此日军就可以赢得先机，抢占东南亚，大肆掠夺当地的资源。日本是一个自然资源匮乏的国家，能够通过战争获取丰富的资源对日本的诱惑是相当大的。尽管山本五十六明白日美之间的实力存在着较大的差距，眼前的利益还是让他做出了进攻的选择。于是，日军开始制订偷袭计划。

偷袭是一种非常规的进攻方式，它的成功率并不高。山本五十六认为，想要保证偷袭计划成功执行，首先要确保两个先决条件：一是确定作为袭击目标的美国太平洋舰队是否停泊在珍珠港；二是确保日本庞大的航空母舰编队在不被发现的情况下渡过太平洋。

这两个条件中，每一个的实现都充满了难度，要同时满足两个条件更是难上加难。西方有位研究者针对袭击珍珠港之战说过，只有赌徒才敢冒那么大的风险。面对如此高的危险系数，要想执行这个计划必须具备赌博的心理。山本是个冒险家，生性好赌，并认为在赌局中取胜最重要的因素就是谋略和运气。机会总是稍纵即逝的，要找准时机牢牢把握——既然已经有了决定，可预见的危险也就不是什么问题了。

山本把赌博和碰运气看得比饮食还重要，他玩扑克、打桥牌、下围棋、打赌，算得上样样精通。他与同僚赌，与部下赌，与艺妓赌，而且赌得认真。1910 年，山本为一件不大的事与他的密友打赌，下了赌注 3000 元，这笔钱在当时能买一栋好房子，结果山本输了。虽然对方一笑了之，山本却坚持还债，每月从薪金中扣，一直扣了十几年。山本出使欧洲时，据传说由于他赌技超群，赢钱太多，拉斯维加斯的赌场甚至禁止他入场，他是拉斯维加斯第二位被禁止的赌客。山本曾说，如果天皇能给他一年时间去赌博，可以为日本赢回一艘航母。偷袭珍珠港对他来说，就是一场豪赌。

山本召集属下的参谋研究偷袭珍珠港的可能性，10天后，一份详尽的报告交到了他的手中：虽然袭击珍珠港困难重重，却还是有成功的希望。

新长官自信满满，珍珠港一片宁静

一边是山本五十六在紧锣密鼓的制订对珍珠港发起袭击的计划，一边是风平浪静的美国夏威夷珍珠港上的交接仪式。

1941年2月7日，珍珠港平静的海面上，旗舰"宾夕法尼亚号"的甲板上正举行着隆重的交接仪式。

在振奋人心的军乐声中，军旗冉冉升起。完成交接的是海军上将理查森和赫斯本德·E.金梅尔，前者卸任后，后者将继任太平洋舰队司令。美好的前程让金梅尔此刻已经完全沉浸在幸福之中，他没有注意到理查森上将眼中隐隐的泪花。交接仪式完毕后，理查森将一封密件交到了金梅尔手中："这是一份由国务院发过来的要件，请回去后拆看！"

当天，刚刚上任的金梅尔与部下喝得酩酊大醉，直到第二天午后才想起理查森临别交给他的那份要件。

拆开一看，金梅尔发现这是一封由美国驻日大使格鲁发回的一封绝密情报：

绝密电第一二五号

国务卿：

据秘鲁驻日公使告知本大使馆工作人员说，他从包括日本人在内的许多人那里获悉，日本军队正在计划，一旦日本与美国发生争端，便试图动用全部军事力量对珍珠港进行袭击。他还补充说，这个计划似乎没有什么根据，但因为是从多方面探听来的，所以才向您传达这一情报。

格鲁

格鲁大使提供的情报和理查森上将的担心并非毫无根据。在历史上，1940年11月11日晚，英国海军对意大利塔兰托港海军就曾实施过代号为"审判"的袭击。意大利海军在那次袭击中两艘战列舰受到重创，另一艘也被破坏，致使意大利战斗力严重受损。美国海军作战部部长斯塔克将军对于塔兰托海战的印象十分深刻，随即致信时任太平洋舰队司令的理查森，表达了对于珍珠港安全问题的关注。信中他还提出了加强安全措施的提议，认为防鱼雷网和空防能力的加强是很有必要的。

然而，金梅尔却只是将理查森给的要件稍微扫了一眼，就丢在一边。他对珍珠港的防卫问题不以为然，认为日本想要到达珍珠港必须经过14天的航程，中途的气候变化、燃料补给都会给航行增添麻烦，想要跨越太平洋是不可能的。而且，珍珠港内舰船停泊水域的水深是18.3米，作战鱼雷的水深一般在23.8米～27.5米之间，所以日军发起攻击也是不现实的。随后，美国海军情报局远东科科长麦卡勒姆中校又拍来一封电报，表明了流言蜚语不足为信的意思。这封电报让原本就不太确定的信息显得更加不真实，金梅尔对此也就更不在乎了。他不可能想到，10个月后，一场灾难会降临，而他所掌管的这支舰队也在这场灾难中损失惨重。

就在金梅尔信心十足地认为珍珠港一片风平浪静的时候，山本五十六的计划已经在暗中开始执行。这其中的一个关键行动，就是派遣间谍进入珍珠港刺探美军情报。

为空袭间谍先行，潜伏完毕密探情报

日本海军情报部曾派遣了一个四人间谍小组前往夏威夷，这个小组没有发挥较大的作用，海军第二部第五课课长山口大佐就将吉川猛夫安插在夏威夷。这位29岁的日本青年，容貌俊秀，身材秀颀，看上去年轻而有朝气。他曾在江田岛海军学校学习，毕业后在海军任密码官，因为酗酒伤身退伍后又因为战争需要重新入伍，在海军情报部任预备军官。他从英国科调到美国科后大量接触与美国相关的情报，对美国海军的调动和各种装备了如指掌。

这位年轻人在了解了山口大佐的作战意图后一口答应，这样挑战性的工作让他充满了兴趣。为了不引起敌人的注意，他此次潜伏是以外务省工作人员的身份作为掩护。这项行动属于秘密计划，为了不引起身边的人怀疑，他必须凭自己的能力获得外务省工作人员的身份。

吉川欣然受命，将自己装扮成大学生的模样参加外务省书记生的公开招考。他的外交知识并不理想，他还是被"破格"录用了。海军少尉摇身一变成了外务省书记生，从前的吉川猛夫也化名为森村正。

第二年年初，吉川接到去檀香山领事馆履职的指示，一场间谍行动正式开始。3月20日，外务省新任命的"森村正书记员"登上了开往夏威夷的"新田丸"号客轮。十来天的海上航行之后客轮到达夏威夷，他住进了位于一条僻静街道上的日本总领事馆，正式开始了他的间谍生涯。这场行动在秘密中展开，在夏威夷，仅有总领事喜多长雄一人知道他的真实身份。

就是这样一个默默无闻的日本间谍，却触发了针对珍珠港的偷袭事件，改变了整个世界的格局。

"书记员"入驻春潮馆，风流中关注敌情

吉川到达夏威夷后，军令部命令他密切关注珍珠港内美军舰艇的相关情报。为了进行观察，吉川以旅游者的身份乘坐游艇，表面上是在游览夏威夷，欣赏海面上的风光，实则在注意美军舰队的活动情况。经过几天的观察，吉川发现了美国舰队的集结点都是在檀香山所在的瓦胡岛，而瓦胡岛内的海军又集中在珍珠港内。就这样，吉川将自己的视线投向了珍珠港。

为了能够较好地接近珍珠港的美国海军基地，他化装成菲律宾籍劳工活动混入了建筑队伍。身穿橄榄绿无领衫的他看起来同其他人并无区别，除了在休息时间会四处张望。吉川看似无意地敲击着储油罐，意外地发现里面竟装满了船用柴油。虽然如此，一段时间的体力劳动收获却不大。吉川想到这样下去不仅没有什么重要发现，而且可能将自己暴露出去，于是停止了伪装成建筑工人的行动。

获取情报的工作依然不能间断，吉川开始思考别的可能。他向对夏威夷情况更加熟悉的喜多长雄总领事请教，喜多果然给他提供了一个十分理想的方案：在距离珍珠港约17公里的阿莱瓦山上，有一家名叫"春潮楼"的海滨日本菜馆。因为地势较高，每日珍珠港内的舰艇都在视线之内。

吉川在喜多的导引下来到春潮楼，与老板娘藤原波子一阵寒暄过后便被领到了楼上。在老板娘的招呼下，几位一看就是美籍日本女子的艺妓从后面姗姗走出，浓妆艳抹的她们显得十分艳丽。一位艺妓领着吉川上楼来到一间面向大海的房间，里面的视野果然十分开阔。透过面朝大海的窗子往外望去，大批的战列舰、航空母舰、巡洋舰穿梭于海面，这让吉川感到十分兴奋，当即决定住下。之后的很长一段时间里，吉川每日的生活就是在窗口观察美军的舰船类型和数量，然后用特定的符号将这些信息记录下来。他将这些情报记录整理之后总结出太平洋舰队的活动规律，并定期汇总给喜多领事，由喜多用密码发往东京。这些情报为偷

袭行动提供了重要的参考，山本也开始着手拟定袭击珍珠港的具体计划。

在情报工作之外，吉川是一位不折不扣的花花公子。这个曾经"留学"东京新桥的森村书记员，在领事馆里也因放荡而出名，对于儿女情长的风花雪月，森村可谓尝尽各种滋味。来到檀香山后，他被特许带了一名年轻貌美的日本艺妓作陪，过上了优哉游哉的日子。生性风流的他并不满足于身边只有一位姑娘，恰好春潮楼的老板娘春心萌动，于是两人一拍即合。除了这两个女人，他还长期与多名艺妓保持密切的关系。一次艺妓打电话到领事馆找吉川，吉川从电话的声音波动察觉到了被监听的迹象，于是故意抓住电话肆无忌惮地大谈一些私密的话。这些话让联邦调查局的特工都听不下去，于是拔掉插头后停止了对他的调查。吉川的话也很准确地为此注脚："一个倾心于追逐维纳斯的人，在别人眼中都会少一分间谍的嫌疑。"

此后的某次行动中，吉川也因为自己的风流特性而完美掩饰了自己的谍报活动。初夏，一身白色西服的吉川挽着妖媚妖娆的艺妓登上了檀香山的空中旅游飞机。飞机在空中盘旋飞行，天空下的珍珠港基地、希卡姆机场和惠勒机场尽收眼底。吉川的双眼紧盯着地面上的各个细节，将机场跑道的长度和走向、停机数量印在了自己的脑子里。风流的吉川，在历次的情报活动中都完美地用艺妓做了行动的保护伞。

美军心生怀疑，排查间谍却有遗漏

在美国海军作战部部长斯塔克的办公室里，放着一份署名日本驻夏威夷领事馆总领事喜多寄往松冈外务大臣的电报。电报是关于珍珠港内的美军舰艇数量和活动情况，内容中详尽列出了各种舰艇的数量甚至各艘舰船的称号。这封电报事实上是吉川撰写，用总领事的名义发出，通过外交部传达给日本海军的。

这是日本情报部门使用新型密码机后美国情报特工首次对其情报截获并成功破解。密码的破解让斯塔克感到高兴，这对于情报部门来说，无异于价值连城的稀世珍宝。但是与此同时，斯塔克也在为另一件事焦虑着。这份情报显示日本驻檀香山领事馆内有人在进行针对太平洋舰队的间谍活动，如果不揪出这名间谍，珍珠港海军基地的安全将面临极大的威胁。

躲在暗处的敌人让斯塔克紧张起来，他先是写信给金梅尔，要求他提高珍珠港的防卫级别，不能掉以轻心被人趁机下手；紧接着，他又给海军情报局墨菲少校发电报，叮嘱他监视日本驻檀香山总领事馆。此外，他还给各军区的海军司令发出电报，希望他们注意到轴心国情报人员可能利用周末或节假日防卫松懈时行动，因此在这样的日子有必要提高警惕性。

斯塔克部长的电报依然没有被人重视。墨菲少校在看过电报后，虽然也去做过一些调查，甚至在春潮楼上碰到过吉川。可能是吉川成天和艺妓们在一起厮混缠绵，这样花花公子的形象让人根本不会将他与间谍这样谨慎而神秘的职业联系到一起，情报人员对夏威夷的日本人进行排查，却莫名其妙地将怀疑的重点放在了一名美籍日裔牙医和另两个日本侨民身上，完全将吉川排除在可疑对象之外；一向刚愎自用的太平洋舰队总司令金梅尔在看到电报后更是头都没抬一下就直接交给女秘书。之后的作战会议上，斯塔克的情报虽然被提到却依然没有人重视——第十四海军军区司令布洛克武断地说："斯塔克部长并没有必要担心，如果设置防鱼雷网，反而会限制我方军舰的行动。"虽然会上也有一些人持谨慎态度，但是大部分人的意见与布洛克相同，尤其是金梅尔，再次表示了对此的赞同："我也同意布洛克的意见，珍珠港不必过早地采取特别防卫措施，但加强戒备也是必要的。"就这样，应该提高警惕的计划再次搁浅。

大战在即，间谍活动做最后准备

1941 年 7 月 28 日，日军悍然进入印度南部。8 月 1 日，美国单方面宣布对日经济禁运，日本急需的物资供应被掐断。进入 10 月，两国关系已经非常紧张，一场战事一触即发。

11 月 1 日清晨，"新田丸"号在薄雾中的檀香山码头靠岸，这将是它最后一次赴美。船一靠岸，一群美国水兵就乘着一艘小型白色汽艇跟了上来。这些士兵在船桥上、机舱边设下哨卡，不允许船上的人下船。喜多长雄派人上船和新田丸"事务长"接头，在船上的卫生间里，这位事务长悄声告诉上船的人："我是军令部的中岛少佐，请把这个交给吉川君，我就不离船了，否则会引出不必要的麻烦。记住，明天下午开船前给我答复。"

下船后，喜多从部下手中拿到了纸条，并回到领事馆交给了吉川。吉川接过纸条后回到自己房间锁紧了门。打开纸条一看，上面密密麻麻的小字是关于珍珠港基地的 97 个问题。吉川将自己平时收集的情报一一找出之后，对问题逐一回答，终于用一晚上的时间完成了全部问题。

关于港内停泊舰艇数量、类型以及各个类型的数量，吉川都有记录详尽的情报可供查询。至于是否有飞机巡逻、舰艇数量最多的日期，也都一一被吉川掌握。最后，纸条上关于港湾入口处是否有防潜网的问题让吉川无法确定。为了给出准确的回答，他决定亲自考察一番。

第二天下午，吉川就直奔目的地进行查探。他在离目的地不远处把车开进一片茂密的丛林，拿出一根钓竿佯装钓鱼，却在往海面走时不住地回头张望，时间一分一秒流逝，最后他脱掉裤子和衬衫，潜入了水中。一下水他就拼尽全力向着港湾入口处游去，曾经在江田岛是游泳冠军的他这时终于有机会施展自己的强项，也只有用这个方法才能试探是否有反潜网。到了入口，吉川试着用脚下探，结果却没有下潜到预定深度。他浮上水面准备换气再试时，山坡上的哨兵已经发现了他。哨兵向他示意停下之后又开了几枪，吉川只好赶在追兵赶到之间隐藏在礁石旁，迅速地拿起衣裤逃走。这次刺探活动有惊无险，但也让吉川在回去的路上都心跳不已。

刺探行动无功而返，吉川也只能给出"具体不详"的回复。就是这一个纰漏，后来在偷袭时给日军制造了麻烦，几艘袖珍艇因此遭殃。

就这样，97 个问题的情报资料终于整理完毕。第二天下午，中岛在开船之前顺利拿到了喜多长雄送来的情报，这项秘密的情报活动以成功告终。

吉川的情报是日本海军行动的重要参考，在情报送出后，山本五十六指令日本海军南云中一中将做出部队战略调动，于 1941 年 11 月 26 日早晨 6 点率领 6 艘航母、2 艘战列舰、2 艘重型巡洋舰、7 艘驱逐舰，共 30 余艘大小舰船组成了庞大的海上舰艇编队，以潜艇为前导相继起锚从日本北部的渔港单冠湾出发。编队一路迎着飞雪向东进发，跨过无垠的太平洋，终于在 12 月 6 日到达了隐蔽地——距攻击目标仅 360 公里的瓦胡岛附近。

形势的转变让人感到了短暂的宁静，一种暴风骤雨将要到来前的宁静。果然，12 月 1 日下午 2 时，日本御前会议在东京皇宫召开，会议上发布消息，日本正式对美、英、荷宣战。

天皇正式批准开战的决定后，山本五十六随即将这一信息使用密码电报传到了旗舰"赤诚"号，命令发布为："攀登新高山 1208。"经过解码，密电含义为 12 月 8 日零时开始攻击。

东京方面在紧锣密鼓地做开战前最后的准备，这其中就包括在前方情报人员关于敌人行动情报的获取。1941 年 12 月 2 日，喜多长雄接到来自东京的密电，内容是对谍报工作的具体指示：舰队在珍珠港的停泊相当重要，情报的汇报频率要进一步提高；珍珠港上空有无阻塞气球也须进行密切监视；最后是关于战列舰是否装有防雷网的情况也需要获知。

接到上级指示，吉川的情报总结日益频繁。虽然东京方面没有明确发出任何行动的指令，吉川和喜多也已心领神会。战争大概就在近几天打响，而周末又是珍珠港人员装备最为密集的时候，具体的时间可能就是周末这两天。

12月6日，是一个让美国海军蒙羞、载入二战史的星期六。就在当天，美军出港训练的90艘舰船回到港内，官兵们也忙着收拾整理，迫不及待要去俱乐部尽情狂舞。

这时的吉川却躲在春潮楼暗中窥视着珍珠港的情况。他在午餐后又出门侦查珍珠港的情况，大大小小的舰只正平静地卧在海面上。看着这一切，吉川简直难以置信：上午还停在那儿的两艘航母和十艘巡洋舰此刻已经不见踪影。此刻事态已经相当严重，吉川顾不上其他事情，马上赶回领事馆向上级回执这一信息。这份情报后来也成了吉川在夏威夷活动8个月发出的最后一次密报。因为，此刻已经离攻击珍珠港不到12小时，计划无从变更。

所有的事情终于全部处置妥当，吉川长出一口气后，终于到了休息的时间。他在这次的偷袭中从事情报活动，是一支活跃在看不见的战线上的先遣部队。通过他的情报，日本海军了解到珍珠港内正停着一大批航空母舰、巡洋舰……而担负着偷袭任务的日本联合舰队也正全速驶向珍珠港。

一夜狂欢，掉以轻心终酿惨剧

在这场袭击的前夕，交战双方的表现却出现巨大的反差。当日本联合舰队来势汹汹地向着珍珠港进发时，夏威夷的海军基地却呈现出一派热闹而熙攘的景象。已经被日本海军确定为轰炸对象的舰艇正停泊在珍珠港湛蓝的海面上。水兵们一边在笑语欢歌中陆续上岸，一边搜寻着玩乐的地方。而此时，他们的长官——金梅尔司令，正兴致勃勃地同几位部下打着桥牌。晚上9点了，金梅尔又受到来自其中一位部下的太太的邀请，两人随后又在悠扬的乐声中共舞三曲。舞毕，这位太平洋舰队的最高长官有点儿累了，坐在沙发上休息。这时的他还跟旁边的步兵司令肖特约好翌日上午的一场高尔夫。

肖特中将的心情并不像金梅尔那么舒畅："将军，这两天的报纸您看过没有？"

"还是一些陈词滥调，不过也有些危言耸听的话，但是那都是记者吸引读者的小伎俩。"

"美日谈判没有取得什么效果，近期有可能会有一场战争。"

"昨天东京电台的广播和情报局已经发来了可靠的信息，日本海军最近是不会有大的动作的。12月5日，《朝日新闻》已经报道了3000名水兵游览日本皇宫、明治神宫和靖国神社，有这些信息证明，日本海军应该是不会在近期有大动作的。"

"这些信息有可能是日本人的幌子。"

两人的谈话似乎产生了较大的分歧，随后各自又喝了一杯威士忌，便回各自官邸了。

这个美妙而愉快的夜晚让人心醉，始终持无战论的金梅尔更是为自己一直以来的观点扬扬自得。可是第二天清晨，一场突如其来的奇袭实实在在地让太平洋舰队受到重创，也彻底击垮了这位新任不久的太平洋舰队司令。

一直以来，他也在收集关于日军动向的情报。可是，他并不知道自己得到的所谓消息不过是日本人用以欺骗敌人的策略而已。

山本五十六为了在战斗中做好掩护，一方面命令主力攻击部队停止使用无线电波收发报，一方面却让靶舰"摄津号"在九州南部频繁收发电报。这一策略，使美国人对日本海军主力的具体方位判断失误；其实，美国人也不是完全相信日本人会老实安分，为了扰乱美国人对开战时间的判断，日本将撤退美国侨民的时间一推再推；最后的一招，也是金梅尔对其推断自鸣得意的"有力证据"——3000水兵游览东京的信息，不过是日本海军的一次烟幕弹，他们组织了来自海军鱼雷学校、炮兵技术学校和其他军校的学员，组成所谓的海军参观团，让美国人信以为真。

前期谍报工作中对珍珠港信息的密切关注，又在即将开战前通过精心策划的一系列行动对美军实施欺骗，日本人通过长时间的周密准备，终于"成功"地在"二战"史上留下了一次震惊世界的惊人之举。

山本五十六之死

"二战"期间的日本联合舰队总司令山本五十六是日本发动侵略战争的主要战犯之一。这名策划了珍珠港事件的日本高级将领让美军损失惨重，美国人因此对他的痛恨甚至超过了日本天皇和头号战犯东条英机。为了给偷袭事件中牺牲的太平洋舰队官兵报仇，也为一雪遭受空袭的前耻，美国人将山本锁定为暗杀的目标——1943年4月18日，山本五十六坐着双引擎轰炸机飞往布干维尔岛巡察海军部队时，突然遭遇美军空中拦截，山本也因此一命呜呼。

山本五十六

为激励士气，山本五十六赴前线进行军事视察，图为山本在登机前的例行准备。

1943年4月18日，刚好是一个星期天，黎明的海水和天空在地平线连接起来，看上去一片湛蓝，天空的尽头透着淡淡的红色，就像鲜嫩欲滴的蜜桃一样——来自日本联合舰队气象长友野的报告称，这将是晴朗的一天。

此时，一向保持生活作息有条不紊的山本五十六已经起床——这位日本联合舰队司令总是很准时，每天都在早晨5点就起床，5点半进早餐。他平时喜欢穿白色海军军服，但是这套衣服有点儿像丧服，不太吉利。准备出发时他听从副官福崎升的意见换上了平时并不常穿的那套绿色军服，带上香烟、眼镜后挎着山月弯刀出发了。

山本五十六和几位同行的军官一起乘车到达新不列颠岛腊包尔机场，日本705航空队所属的两架"1"式陆基轰炸机已经开动引擎，在跑道上严阵以待了。嘱咐完身边的腊包尔海军司令草鹿任一中将晚上等他一起用晚餐，山本登上了飞机。

飞机按照预定时间，于东京时间早6点整升空。离开机场后6架零式战斗机也紧跟着腾空而起，分列成两队后在山本座机的两侧护卫飞行。

经过3个半小时的飞行，飞机已经抵达布干维尔岛右侧上空，机械师递过来一张字条——9点45分钟到达巴莱尔岛。山本从舷窗向下看，岛上茂密的热带丛林清晰可见。只差15分钟飞机就要着陆，一路上平稳顺利。

山本嘴角露出了一丝微笑。他没有想到的是，就在这段航程即将结束的时候，意外还是发生了。一列由 16 架 P-38 "闪电式"战斗机组成的编队突然出现在前方，并气势汹汹地朝着自己的方向冲了过来。山本知道情况已经十分危急，他整了整军装，手上也把山月军刀握得更紧了。一阵密集的炮火扫射过后，山本的座机机翼中弹，拖着残破的机身向下坠去。臭名昭著的日本海军大将、联合舰队司令山本五十六就这样被终结在布干维尔岛的密林之中。

一个嗜赌狂徒的穷途末路

1943 年 4 月 3 日清晨，日本联合舰队总司令山本五十六正在他的豪华旗舰"武藏号"指挥室里运筹帷幄，他的双眼紧盯着前方海面怒吼的波涛，眼神坚定而专注。虽然明天就是自己 59 岁的生日，山本的心思却完全不在这上面。此刻他正酝酿着一次新的空袭，想要对美军已经占领的瓜岛和正在蚕食的新几内亚地区实行报复性轰炸。这次轰炸的任务山本十分重视，坐镇后方的他因此而离开特鲁克——联合舰队司令部所在地，赶往腊包尔亲自督战。

自山本五十六上任以来，他已在日本联合舰队司令这个职位上度过了三年零八个月了。联合舰队司令这一职务是日俄战争前开始设立，到山本这一任已有 38 届了，在他之前，每一位担当此职位的将领都不过任期两年，只有山本首破此例。领导一支如此庞大的国家舰队让他感到身心俱疲，每每跌入低潮总让他怀疑自己是否已经不能胜任这项重任，是否已经变成对国家的一种拖累。然而，这个职位也充分证明了山本作为一名大将所具有的超凡才能。

1884 年 4 月 4 日，山本出生于日本长冈市的一个武士家庭，因为这一年父亲高野贞吉已经 56 岁，所以儿子被命名为高野五十六——之所以人们知道的他姓氏为山本，是因为从大学毕业后登记为山本带刀的养孙。因为家庭背景的关系，他自幼便十分坚强并且非常好胜。17岁时考入江田岛海军学校让他的人生从此和军人关联了起来。1904 年毕业后，他在"日进号"装甲巡洋舰上担任少尉见习枪炮官，参加了日本海军名将东乡平八郎指挥的日俄海战。因为在海战中表现英勇，1914 年他又进入海军大学深造，次年由少尉晋升为少佐。1919 年山本赴美求学，在哈佛大学攻读英语并选修燃油专业，两年后回国任海军大学教官。1923 年山本又赴欧美考察，翌年任霞浦航空队总教官兼副队长，1925 年任驻美海军武官。这一段时间的驻外经历让他对西方国家航空兵发展有了较为深入的了解，回国后主张加强海军航空兵的建设。1928 年回国后，他又先后担任"五十铃号"巡洋舰和"赤诚号"航空母舰舰长。随后的几年里他按照自己的想法积极地为海军的发展努力做出调整，1939 年被任命为日本联合舰队总司令兼第一舰队司令，并于一年后晋升为海军大将。

从少尉到海军大将，他一直致力于海军战法的改进和用兵的部署研究。他对飞机有着浓厚的兴趣，一直主导"空军本位主义"，认为以航母为基地对敌进攻是海战中最为犀利的进攻方案。这一想法后来因为偷袭珍珠港的成功而被验证，山本也因此变成了日本家喻户晓的海军"军神"。

身体上的不适和日本在战场上的颓势让他最近偶尔会出现消极的情绪。他曾在给崛悌吉的信中曾经写下"兵戈声声一年去，阵亡将士若云消"的诗句来寄托自己对阵亡将士的哀思，并在信中表达了自己"已做好在今后百日之内贡献余生的思想准备"。

这样想着的山本在战场上却依然是一个几近疯狂的赌徒，他决计用最后的机会去和美军进行殊死一搏，对于战争他就像赌博一样，"要么赢得彻底，要么输个精光"。他用自己麾下将领和士兵的生命作为赌注，孤注一掷地去进行这战场上最后的豪赌……

1943年1月，麦克阿瑟将军将自己的大部军力调往新几内亚的莱城。面对来自美军的压力，日军顾不上收拾瓜岛的残局，只好被动地将新几内亚作为作战的重点。因为对美军的机动速度判断出现失误，日军只得仓促应战。山本责成日军第八方面军司令今村大将和腊包尔基地指挥官久坂将军要严防死守，无论如何不能让莱城落入对方手里。

莱城的防御力量已经十分单薄，今村大将决定将从腊包尔基地调兵驰援。2月的最后一天深夜，8艘驱逐舰和8艘大型运输船组成的船队踏上了他们最后一次的航程。23点30分，船队准时起航。

日军将航速设定为9节，预计三天三夜后到达莱城。他们没有想到美军在船队出发前就已截获了关于这次行动的情报并成功破译。根据情报，美军已经进行了仔细的安排，准备在航线途中给他们一份"惊喜"。

就在船队出发后的第二天上午，美军在赫尔曼北部海域发现日本船队，并向总部报告。美国航空部队荷枪实弹严阵以待，就等着一声令下腾空而起了。15点左右，45架B-25轰炸机在24架"野猫"战斗机和36架格鲁曼"恶妇"战斗机的掩护下首先飞向日军莱城机场——首先清除日军的空中力量可以使对海上目标的进攻更加容易。

美军的战机编队即将接近日军莱城机场上空时，一批零式战机升空迎敌。"恶妇"是美军首架性能优于零式的战斗机，在这场空战中，美军的战机占据了较大的优势，经过一阵激烈的近距离搏杀后，零式战机不敌对方仓皇而逃。这时，B-25开始向机场投弹，密集的炸弹将机场和机场内的各式飞机、设施摧毁殆尽。完成机场摧毁任务之后，美军编队顺利返回基地。

3月2日凌晨，日军的船队进入了美军的作战半径之内。日军的空中力量已经肃清，此时的天气也非常适合实施空中打击，飞机经过检验已经到达最佳状态，一切都已经准备就绪了。7点52分，早已迫不及待的美军驻莫尔兹比港第五航空队的飞行员驾驶着15架B-17轰炸机在24架"恶妇"的护航下向着日军船队的方向飞去，用密集的投弹将运输船队全部打乱：船队的领航舰"旭盛丸号"成了第一个受到攻击的目标，在猛烈的炸弹攻势下，船体立即起火，浓烟覆盖下的"旭盛丸号"号在海浪中彻底倾覆，800名官兵也随着它一起沉入了海底。紧接着的17点20分，美军发动了对日军船队的第二波攻击。一支由84架B-25和120架战斗机组成的机群从云层中向下飞来，直到接近船队时开始投下炸弹，"建武丸""爱洋丸""大井川丸"中弹沉没。第三天清晨，美军以几乎全部新几内亚地区作战飞机的空中力量对运输船队做了最后一次的打击，作战飞机分批向日舰袭来，攻击结束后日方仅剩一艘驱逐舰艰难地抵达了莱城。

这次战斗使日军损失惨重。在新几内亚地区的作战物资，包括8艘运输船和7艘驱逐舰沉入海底，而美军所付出6架战斗机的代价相较于此几乎可以忽略不计。新几内亚地区美日双方的战争中，美军凭着对日军情报的截获和破解在战场上取得了行动的先机，从而取得了压倒性的胜利，而日军因为这一次的惨败，不得不放弃了莱城。

"伊号作战"，一场失实的胜利

1943年4月3日下午1点40分，"武藏号"抵达腊包尔日军基地。这艘豪华旗舰的靠岸表明，联合舰队总司令山本已经带领着他的一干部下来到前线亲自指挥作战。

到了腊包尔，山本召见了东南舰队司令部的主要军官舰队司令草鹿任一中将、第三舰队司令小泽治三郎中将和第八舰队司令三川军一中将。在东南舰队司令部，他们与陆军第八方面军司令今村大将一起商量作战计划。

在会议上，山本说明了此行的来意：目前南太平洋的形势吃紧，日军在南太平洋的防线有可能在美军的反攻下崩溃。为了防止这一局面的出现，有必要在南太平洋进行一次规模较大的反击，这次行动命令为"伊号作战"。紧接着山本又具体讲解了"伊号作战"的具体行动计划，在这次行动中飞机是主要攻击火力，以第三舰队航空母舰的舰载机加上第11航空舰队的岸基飞机为主力，一共300架飞机组成飞行编队对自所罗门至新几内亚一代的敌舰和航空基地实行饱和攻击。为了保护在空中执行进攻任务的作战机群，必须实行立体化作战——配备地面攻击力量对敌方陆上基地和舰船实行打击。

具体的作战计划已经定好，在听取了各方准备工作进度、敌方最近动向之后，山本将行动时间定在了4月5日。

1943年4月4日，到达腊包尔地第二天，正好是山本59岁的生日，已近花甲的他此刻却依然投身于繁忙的战事中，那些人生的乐趣他根本无暇顾及。这一天的天气十分异常，突然之间就漫天狂风暴雨。由于天气的不利因素影响，作战计划无法执行，山本只好下令将"伊号作战"推迟到7日实施。

两天的时间很快就过去了。1943年4月7日，天气终于恢复了正常，黎明时分的腊包尔机场上，200多架飞机排列整齐，他们是这次完成任务的"空中奇兵"，更是山本寄予厚望的一支精良部队。山本穿着那套纤尘不染的海军军服来到了机场，亲自为他们送行。飞行员们看着矮小却很健壮的山本在身后向他们挥动着军帽，心中激动不已。这次出战是帝国对他们的考验，肩负守卫日军南太平洋防线的重大责任，他们决心不让山本失望。

67架舰载轰炸机和157架零式战斗机组成的飞行编队向东飞行，扑向了瓜岛和图拉吉港内的盟国舰船。美军亨德森机场观察到日机来袭，立刻派出各型战斗机升空迎敌。三个小时的空战中，双方在罗塞尔岛和瓜岛上空打得难分难解，为了轰炸图拉吉港的舰船，日本轰炸机俯冲突破了美军战斗机的空中防线，奋力将炸弹向水面投去。日军击沉了盟军一艘驱逐舰、一艘油船、一艘护卫舰，却付出了损失12架舰载轰炸机和9架零式战机的代价，这样的结果并不理想。当飞行队飞回腊包尔机场时，他们发现山本总司令已经在跑道的尽头等待了。从山本的眼里，他们看到了这位长官心中充满希望，充满了等待捷报的焦急。这样殷切的希望他们无法辜负，于是他们在汇报战果时夸大了事实：升空拦截的美军飞机仅有10架，他们将图拉吉港内的26艘舰艇大部分击沉，整个行动十分成功。

山本对此深信不疑，"伊号作战"的首战"告捷"让他兴致高昂地制订接下来的计划。4月11日至15日，日军又相继发动了3起袭击，分别针对莫尔兹比港、奥罗湾和米尔恩湾。这几次战斗一如第一次的情形——盟军损失不大，日军则付出了较大的代价，但是飞行队回来后的报告却与事实恰恰相反。

"伊号作战"计划实施结束，决策层根据作战部队失实报道做出的统计结果进行分析，日本达到了预期的攻击效果。通过"伊号作战"获得了这样"可观"的战果，山本感到十分欣慰，他决定用一天的时间去视察靠近瓜岛前线的肖特兰等岛上的日军基地，以检查士兵的精神状态、鼓舞军队士气，看望在瓜达尔卡纳尔鏖战过后的仙台师团武士们。

山本的视察决定是4月13日做出的，总部通过电报将这一消息告诉了各基地、航空队以及守备队。在电报中，山本详细安排了自己的具体行程。在整个出行路线中，肖特兰岛东侧有一个飞机场大小的小岛名叫巴莱尔岛，从此处再往东南不远处就是美军控制的瓜达尔卡纳尔岛。这样的路线安排是风险极高的，腊包尔基地的许多人都对此表示反对。第三舰队司令小泽治三郎首先站出来表示了自己的不同意见，他认为这无疑是一次总司令拿自己的生命和日本海军命运做赌注的赌博。山本是一个很固执的人，只要自己决定的事情，绝不会轻易放弃，在这次的路线上虽然与很多将领出现了分歧，却并没有改变。

小泽见自己无法说服山本，只好去求助首席参谋黑岛，黑岛给了他一个令人失望的回答。无奈的小泽只好再想别的办法，他请求黑岛转告宇垣参谋长，如有需要，可以从他那儿调配飞机加强保护。偏偏这个时候宇垣参谋又因为高烧处于昏迷状态，消息最终还是没能成功地转达。

今村大将对于这样的冒险曾有过十分深刻的切身体会，两个月前的 2 月 10 日，他飞往布因去慰问断绝后勤供应的前线官兵，却在即将到达布因空域时发现了 30 架美军战斗机组成的机群，若不是及时发现后躲入云层，他也难逃这一劫。

山本对今村的劝说依然不为所动，对于自己的计划坚决执行。对此，城岛少将甚至特意赶回腊包尔，流着眼泪劝阻山本说："前线的情况变幻莫测，长官的行程却在电报上记录得这么详细，如果密码被敌人破译了，这简直就是对敌人发出的邀请。这样的情况太危险了，长官还是不要去了。"

"各个基地都已接到通知准备好了，如果不去就失信于驻守各地的官兵了。"山本显然已经铁了心，"现在没有任何证据能证明密码已经被破解，我们明天一早就出发！"

山本没有想到，正是他以为十分保险的秘密电文，其实早就已经被美国人破解，而这，也是将他送上绝路的罪魁祸首。

一封致命的电报

1943 年 4 月 14 日，珍珠港。太平洋舰队司令部情报参谋埃德温·莱顿海军中校拿着一份文件快步走进了美国太平洋战区总司令兼太平洋舰队司令切斯特·尼米兹海军上将的办公室。

"又有什么新发现？"尼米兹看着刚刚坐稳的莱顿，开口问道。

"是关于我们的老朋友山本的，最近他可能会出来活动活动。"莱顿边说边拿出太平洋舰队无线电情报分队凌晨刚刚截获并破译的那份山本 4 月 18 日行程的机密电报，并把它摆在将军的办公桌上。

山本五十六曾经策划并执行了震惊世界的珍珠港空袭事件，这让太平洋舰队在毫无准备的情况下遭受重创。这次偷袭是在美国海军没有进入战备状态下的一次偷袭，美国人死伤惨重，大量的作战物资也被炸毁，这段不堪的历史让美国人对这位日本联合舰队的总司令产生了深深的憎恨，而现在，无疑是一次将他铲除的好机会。山本是日本妇孺皆知的海军"军神"，在日本国民心中的地位仅次于裕仁天皇和东条英机，如果能够顺利将其拿下，将对日本的士气造成沉重的打击。

想到这里，尼米兹拿起了桌上的情报。他对着情报在地图上仔细地标出了山本行程的每一站，然后对着地图研究起来：山本将乘飞机和军舰在巴莱尔、肖特兰和布因巡阅一圈，而这一路线的第一站正好处于从亨德森机场起飞的战斗机航程之内。尼米兹知道，山本是一个极为守时的人，他的日程肯定会得到严格执行，而这，也给盟军伏击他提供了时机上的有利条件。

伏击山本的想法让尼米兹内心有了一丝兴奋，但很快他又陷入了迷惑之中。

"这是一次很好的时机，"尼米兹问莱顿，"我们要不要把他干掉呢？"

"这还用说吗？"莱顿反问尼米兹，"要知道这样的机会是不常有的。"

"如果真的采取行动，日本可要失去一位优秀的联合舰队司令了。"

"是啊，幸好是我们对他们采取行动，不然……"

"噢，多么别扭的话啊！"尼米兹将军挤了挤眼睛，"这件事十分重大，我要向华盛顿请示。"

山本是日本的重要人物，所以对他采取行动还要考虑政治因素的影响。3个小时后，这份绝密电报由一位参谋人员放到了海军部长诺克斯的办公桌上。这位刚开会回来的部长并没有重视这份情报，而是将它丢在了一边——他每天都会收到很多类似的电报，似乎并无多大价值。

中午，诺克斯和海军作战部部长金将军应邀去白宫与罗斯福共进午餐。诺克斯无意间提到了这份电报，却引起了罗斯福的兴趣。诺克斯顺手就从口袋中掏出电报，递给了罗斯福总统。

只见这份电报上写着："山本五十六将于4月18日上午6点由腊包尔起飞，前往布干维尔岛南端布因岛视察。"后面是尼米兹将军的请示："击毙山本！"这份情报给了罗斯福强烈的刺激，他同样认为这个机会相当难得，必须认真筹备，完成对山本五十六的伏击！虽然心中十分激动，但表面上他还是表现得十分平静，将情报放到了一边。

西方国家有一条不成文的惯例，战争虽然残酷，但是依然要保持骑士风度，对于敌国的君主和统帅的攻击，不能采取暗杀的方式。这条惯例虽然一直存在，但是德国和英国在二战中都有过破例的行为，美国一直恪守这一约定，这让罗斯福难以表明态度。金上将立即指出，山本曾经策划珍珠港事件，这一失信的举动让他早已失去了国际法的保护；更何况伏击山本的地方是战场上的前线，山本巡视进入作战区域，即使是一名大将，也一样是合法的攻击目标。

充分的论证让消灭山本变得理由充足，罗斯福为这次行动取了一个恰当的名字——"复仇行动"，美国人要借这一次的行动一雪珍珠港的前耻！

精心策划，"复仇行动"完美执行

对方是日本联合舰队总司令山本五十六，为了保证这么重要的"猎物"能被顺利抓获，尼米兹将军亲自出马制定行动方案。山本的行程正好要经过亨德森机场的作战半径之内，因此，尼米兹决定这次任务由"仙人掌"航空部队的P-38最新式战斗机担纲。

尼米兹又致电哈尔西下达行动的命令，并且特别关照他："祝你狩猎成功！"这项任务通过密报传到了前方，4月17日傍晚，"仙人掌"航空部队第339大队P-38"闪电"战斗机队队长空军少校米歇尔和他的部下中队长托马斯·兰菲尔上尉接到了一项秘密的命令，当他们来到瓜岛航空部队作战室时，发现驻岛高级军官全部在里面了。这时，米切尔将军开始宣布关于山本的命令，并补充这是由尼米兹将军发布、还受到罗斯福总统的高度重视。米歇尔少校的任务是拟定一个行动计划，以确保能万无一失地干掉山本五十六。

会议上有人提到山本会乘坐猎潜艇在巴拉尔与肖特兰岛之间通过，可以趁此机会下手攻击，但是这个提议很快就被否决了：日军在这一战区内有很多猎潜艇，这不但为锁定目标提高了难度，也不容易致山本于死地。如果采取空中截击的方案，虽然对于截击时间、飞行空间和飞行速度都有极高的要求，但是目标的隐蔽性却降低了很多。此外，空军的P-38战斗机性能优良，在对日飞机作战中也具有明显的优势。

就这样，会议讨论最终决定采用空中截击的方案。米切尔将军看了看米歇尔少校："要不惜任何代价击毁目标，然后火速撤离战场，避免更多行动。整个复仇行动要保持绝对秘密。"尽管空中距离长达600千米，但是没有高超的飞行技能是完不成任务的。米歇尔少校坚定地看着米切尔将军："我们保证一定完成任务！"

1943 年 4 月 18 日清晨，18 架美军"仙人掌"航空部队第 339 大队的 18 架 P-38"闪电"战斗机斗志昂扬地翘着双尾翼，静静地排列在亨德森机场的跑道尽头。除了要执行任务的飞行员，米切尔少将也来到了机场，他双眼盯着即将起飞的飞机，神情凝重。飞机即将起飞时，他对着飞行员们说："无论付出多大代价，也要完成任务！上帝保佑你们！"

7 时 35 分，随着一声令下，第一批四架飞机的引擎同时点火，向着跑道远端滑行。后来，其中两架飞机临时故障，实际执行任务的是 16 架 P-38 战斗机。飞机经过两个小时的低空飞行，时间已经到了 9 时 34 分。这时，离预定时间还差 45 秒。9 时 35 分，米歇尔少校突然在左前方发现了目标——两架日本轰炸机！

一切按计划进行，米歇尔立即爬升到 6000 米高空，成功引开护航的零式战机。这时，担任拦截任务的兰菲尔狙击队见调虎离山已经成功，进行截击的机会已经出现，便从山本座机 500 米的右上方迅速按下机头，带领三架"闪电"式战斗机闯入山本座机的航线。这时，上当的零式战机突然发现了下方突然升起的"闪电"式战机，于是向下全速俯冲，但这时已被兰菲尔抢先一步了，他和巴伯从 3 架零式战机组成的防御中突围后向前滚转，在原始森林上方瞥见了一个绿色的影子。这正是那架已将高度降到 60 米的一式轰炸机。兰菲尔立即加速前进，向着目标俯冲过去，在近距离向着一式轰炸机一阵机关炮射击。射击持续了一段时间，敌机在受到攻击后起火，拖着浓烟向着地面冲去。几乎同时，巴伯也锁定了参谋长宇垣的座机，他向着目标开火射击，尽管身后零式战机已经向他冲来。一阵密集的扫射之后，宇垣的座机已经被打掉垂直尾翼，尽管飞行员拉死了操纵杆，飞机还是一直往下冲，最后落入了大海。

伏击战仅仅耗时 3 分钟，布干维尔岛上空经过一片激烈的追逐战后又恢复了一片宁静，仿佛这里什么都没有发生过一样。

事后，参谋长宇垣和会计长北村、驾驶员林浩均侥幸生还。而山本五十六，则被发现于密林之中。他乘坐的轰炸机已经只剩一片残骸，在距离机体 10 米的地方，日军发现了山本的尸体。死后的他依然保持着坐姿，而身旁的地上则倒卧着军医长高田六郎少将。

这位在二战中恶贯满盈的日本法西斯战犯就这样被结束了自己的一生。米歇尔少校凭着高超的飞行技术取得了最后的胜利。然而，通过截获情报，他们获取了山本五十六的行踪，对日本情报密码的成功破解，则为最后的行动指明了正确的方向。可以说，盟军在情报战线上的出色表现，为整个行动的成功奠定了坚实的基础。

离奇的"肉馅计划"

第二次世界大战是人类战争史上的一次浩劫。无论是从参战国家、经济损失还是人员伤亡情况来说，这场波及全球的战争都极为惨烈，各国在硝烟四起的战场上奋力拼杀，卷起的血雨腥风让人触目惊心，而另一条战线上，虽然没有荷枪实弹的厮杀，作战各方却在智勇和谋略的较量中让人感受到战争的残酷和惊险。

携带情报，海上漂来"神秘来客"

1943 年 4 月 30 日凌晨，西班牙南部的加德斯海湾。海面上薄雾沉沉，太阳还没从地平线上升起，偶尔有几只渔船稀稀疏疏地在海面上漂着，这一切构成了一幅宁静悠然的画面。

离海岸不远的水面上，小渔船上的一位西班牙渔夫正准备下网捕鱼。他坐在船头点着自己的烟卷，一边慵懒地吐着烟圈，一边注视着平静的海面。天还没亮，海面上又被雾气笼罩着，四周灰蒙蒙一片。这时，渔民发现水面上有什么黑乎乎的东西正漂浮着向渔船靠近，便连忙招呼妻子一起过来看个究竟。

距离还是远了些，尽管两人已经将眼睛睁得很大却还是看不清楚。渔夫又将船靠近了点儿，这才发现，原来那一团黑乎乎的东西竟是一具死尸！从他身上的墨绿色制服看，这具尸体应该是一名遇难军人。

"不要管闲事了，"妻子不耐烦道，"这不过是个掉进海里的醉鬼而已。"

"可是这是一具军人的尸体，我们把它送回去还可以拿一笔奖金呢！"丈夫不同意妻子的说法。

两人一合计，觉得这样做的确可行。渔夫抛出绳索套住尸体，拖回维尔瓦港口并立即报告了西班牙舰队的哨兵。当班的哨兵看过尸体身上的军服，发现并非自己的战友，就连忙报告了上级。根据上级的命令，哨兵封锁港口，等待长官的到来。

西班牙海军办事处的官员接到报告后，连忙赶到港口察看。通过军服初步确认这是一位英国军人之后，就通知英国驻维尔瓦的副领事前来辨识。闻讯赶来的英方副领事在观察过尸体之后也得出了同样的结论——这是一名英国信使，可能是因为飞机失事，遇难后漂流到这儿的。

身份已经确认，英方人员要求西班牙海军办事处归还遗体及其随身物品。

面对这样的要求西班牙人却开始含糊其词起来。他们一边满口应承英国人的要求，一边又称必须通过合法的程序，要对尸体进行检验之后才可以归还。既然对方说的是依据法律程序办事，英国副领事也无可奈何。

狡猾的西班牙人在尸体检验的同时，却将尸体身上所携带的物品通过当地官员交由德国间谍带走了。就在英国人等待接收尸体时，德国间谍已经在复制那些重要的文件了。

英国人在"焦急"地等待，而西班牙人却始终没有交接遗体的意思。于是，英国海军副武官希尔加斯被派往交涉尸体归还事宜。他向西班牙海军办事处的人表示："我国这位溺水的少校随身携带有一些机密文件，希望中立的西班牙能够迅速完整地将遗体及随身物品归还。"

就这样，拖拖拉拉的西班牙在半个月后才将所有物品交还英方。1943年5月13日，西班牙海军总参谋长向希尔加斯转交了遗体及其随身物品。为了强调西班牙方面的负责态度，总参谋长还特别强调"所有物品完好无缺"，对此希尔加斯不以为然地反讽道："但愿如此！"

这份情报就这样"泄露"出去了：德国间谍获取了这份情报之后立即传给德军高层，希特勒看过这份呈上来的情报，心中又惊又喜。掌握了情报的希特勒看着地图上的撒丁岛，他自信满满，计划着要在那儿设下一个圈套，给盟军一次狠狠地教训。

其实，前面发生的一切都早已在英国的掌控之中。英国人知道，西班牙办事这么拖沓，必然会在发现尸体身上关于盟军的情报之后，将这份情报传给德国；希特勒在得到这份情报之后，也一定会信以为真并根据情报制订相应的作战计划——德国人自以为能给英国人布下一个圈套，却没想到自己早已在英国人的圈套之中了。

情报局里，年轻少校献上良策

1943年2月，英国伦敦大乔治街2号。这里是丘吉尔战时内阁所在地，其中一间会议室里，英国高级将领们正在紧张地讨论。这间会议室看上去没有什么特别的地方，但是墙上挂着的那个半人半羊的农牧神萨图恩的雕像却表明了这个地方并不普通——这就是赫赫有名的伦敦监督所，"二战"期间英国的情报机关。在这里举行的会议一般是负责讨论欺骗、侦查行动的制订和实施，在盟军战略性行动方面许多重要的指挥都是从这儿发出并传向各个成员国的。

这一次的会议由伦敦监督处处长、绰号"诈骗总管"的英国陆军中校约翰·比万主持，参加会议的是许多英国的间谍头目和高级将领。比万扫了一眼在座的参会者又看了看表，会议正式开始了。掐灭手上的烟蒂后，他向大家公布了这次会议的主题：北非战场上盟军的步步为营使得战争逐渐向着有利于盟军的方向发展，1月份的卡萨布兰卡会议上英美两国也达成了在突尼斯战役后实施西西里岛登陆作战的意见。当主力部队进行登陆作战时，我们的任务就是为此次进攻提供掩护。

"军方做好保密工作就可以了，这次行动需要情报部门做什么？"一位情报人员对比万的话感到不解，这与他预想的行动计划差得太远。

"隐瞒西西里登陆只是行动的一个部分，"比万对于这位情报人员的问题感到不满，"我们不仅要做到隐瞒进攻计划，还要放出烟幕，扰乱敌人的视线，使真正的意图不被希特勒发现。"这句话让在场的所有特工和将领都觉得不能理解，甚至觉得比万有点儿异想天开。当前的战情已经十分明朗，盟军又于1942年6月11日攻下了潘特莱里亚小岛，西西里岛作为盟军下一个进攻目标已经不言而喻，正如丘吉尔所说的，"除了傻瓜，谁都知道那是西西里岛"。在这种情形下，比万提除了实施这个干扰的初步想法。首先，真正的目标依然是西西里岛不变，但是情报部门却要通过欺骗和谎言让希特勒相信盟军下一步的计划是兵分两路，一是进攻撒丁岛向法国南部推进，二是进攻希腊为下一个目标巴尔干做准备。这是一次难度十分高的任务，大家纷纷讨论执行任务的可能方案，有人提出了双重间谍的使用，但是很快就遭到了反对——向希特勒传递信息并不困难，要让他对此深信不疑才是真正的重点。

这个计划让大家一筹莫展。德军方面已经形成了盟军会进攻西西里岛的假想，盟军要想实现西西里登陆又必然要在直布罗陀集结大量的舰船，这一点也很容易引起德方间谍的怀疑。面对眼前这个棘手的任务，情报部门17F科一位名叫埃文·蒙塔古的年轻海军少校突然提出了"借尸计"！

借尸计是什么意思？具体怎么操作？执行起来能达到效果吗？一连串的问号闪过了在座的各位将领脑中。面对这个从未听说过的计策，许多特工人员感到疑惑不解。迎着大家好奇的眼神，蒙塔古开始向大家讲解自己的想法：眼下的任务是双重的，不仅要向希特勒隐瞒盟军进攻西西里岛的真正意图，还要通过信息误导他，使其相信情报部门传出去的信息，并按照信息派兵布防。这一次要隐瞒的是德军已经推测出来的信息，这样的话，主动泄露和双重间谍的方法传出的信息并不一定能得到希特勒的相信。

明确了这次任务与其他任务之间的不同之处之后，当前要制订的计划是针对"显而易见"的行动，而不是那种"极有可能"的攻击。希特勒十分狡猾，要想取得他的信任，不仅要保证计划详尽，具有足够的"真实性"，还要使这个欺骗计划的逻辑性严密。

那么具体怎么实施这个借尸计呢？蒙塔古接着说道，如果主动泄露出去的信息不足以取得德军的信任，为什么不通过死人来传递这个信息呢？如果找来一具尸体扮成参谋部军官，并在身上带着专门准备的文件，然后让他以飞机失事的原因登陆亲德的西班牙，德国的间谍肯定会主动获取这个信息。

这个计划遭到了一位情报员的质疑："这样的想法太天真了吧，情报活动是真实的，如果真有这样的行动，那一定是电影里的情节。"

蒙塔古对自己的方案十分自信，他不紧不慢地给出了自己的解释："这个计划看起来的确有些不切实际，但是我们却有许多有利条件让它切实可行：盟军官员乘飞机沿西班牙海岸飞往北非是德国人知道的；根据情报显示，维尔瓦有一个与西班牙官方有着密切关系的德国间谍网，如果盟军的参谋部军官从此处登陆，肯定会被德国间谍发现；西班牙虽然是中立国，却有着亲德倾向，在西班牙境内的情报最终肯定会传到德国人手上。"

　　说到这里，蒙塔古少校心中也有了自己的想法：虽然对自己的计划胸有成竹，但是毕竟事关重大。于是他又补充道，这个计划虽然考虑周密，但是任何计划都不可避免有风险。如果计划被希特勒识破，后果极有可能是盟军登陆西西里岛的"爱斯基摩人"行动破产。

　　详尽的计划解说、任务的风险分析让参会军官们都感到了其中的新意。最后，比万一锤定音："这个计划可以尝试！"

　　就这样，一个大胆而新奇的谍报计划在伦敦监督所里诞生了。

用尽心思，"马丁少校"炮制成功

　　比万向上级报告了这次行动的计划，这位年轻少校的想法得到了英美联合参谋总部和伦敦的英国三军参谋长的批准。用死人传递情报这个充满新意的想法也得到了丘吉尔的欣赏，他贴切地称该计划为"肉馅计划"，并任命蒙塔古为这项计划的负责人。

　　计划获批后的第一件事就是要找到合适的"人选"。蒙塔古将执行计划所要满足的条件罗列了一下，然后找到了著名病理学家斯克斯伯里爵士，向他请教关于尸体选择上所要注意的问题和较好的处理方法。了解到这名军官罹难的背景必须是在飞机失事后落入海中溺水身亡，斯克斯伯里爵士建议他除了寻找淹死的尸体之外，还可以考虑因肺炎之类的疾病而死亡的青年男子的尸体。寻找淹死的尸体是一件很困难的事情，所以才会有寻找因肺炎之类的疾病而死亡的尸体的考虑——死于肺炎的人肺里也充满了液体，这样就会和淹死的人很相似，从而避免检查时泄露机密。

　　在得到专家的指导后，他开始了寻找尸体的工作。这是一项非常规的工作，执行过程中蒙塔古才发现其实并不容易。想要在战时的伦敦找到这样一具尸体，不仅不能正大光明地进行大面积的调查，更不能对家属说明索要死尸的真实目的——这不仅是对死尸的不敬，更严重伤害了死者家属的感情。此外，尸体还需要满足许多严苛的条件：身高、年龄、体重必须符合一个军官的身份，身体上不能有致命的外伤。最重要的是死者临死前肺部必须有积水，这样才不至于在尸检时露出破绽。

　　没有想到计划的第一步竟然进行得如此不顺利。直到1943年4月3日，蒙塔古少校办公室的电话铃突然在早上9点时响了起来。少校接起电话，电话那头传来了帕里中尉兴奋的声音："少校先生，告诉你一个好消息，我们需要的尸体已经有了！"

　　"你见到尸体了吗？"

　　"是的，现在就请您过来和家属商量尸体征用的事吧！"

　　"好，那你在死者家属那边等着，我马上就过来。"

　　放下电话的蒙塔古心里既激动又稍微舒展——激动是因为找了这么久终于有合适的尸体满足要求，舒展是因为这项计划开始这么久终于有所进展了。一个小时后，蒙塔古就来到了死者家，他们此行是以海军司令部的名义登门拜访。在征得了家属的同意之后，蒙塔古瞻仰了死者的遗容，从眼前的情形看上去，帕里上尉说的果然没错，死者生前体格壮硕，很像一个军人。

　　吊唁仪式完毕之后，蒙塔古向家属说明了来意。他向死者的妻子解释，目前军队中患有急性肺炎的士兵很多，但是这一病症始终不能得到理想的治疗。为了克服这一医学上的难题，军队需要一具患有此种病症的尸体进行医学研究。作为补偿，海军方面也会提供一笔数目可观的资金作为答谢。

　　事先想好诸多说辞的蒙塔古已经准备和死者家属进行一场艰苦的谈判，但事情却出人意料地顺利。深明大义的家属们十分支持国家的事业，他们向蒙塔古表示，如果能够为这场战争的胜利做出贡献，他们愿意捐出查理的遗体，而且不需要任何回报。这样的觉悟让蒙塔古感到敬佩，他向死者的家属保证，这具尸体的真实姓名将会永远保密，并对死者家属表示了真诚的感谢。

　　当天深夜，查理的遗体被放进一个金属圆筒容器中，密封保存在海军谍报部的地下室里。

　　尸体已经准备就绪，接下来就是考虑尸体的运送问题。德国的情报组织有一个活动于西班牙维尔瓦港附近的间谍网，要让他们接触到机密信件，尸体就必须出现在维尔瓦港口附近的海域。4月流行的西南风能够让这具尸体漂上海滩，所以，蒙塔古决定用潜艇将尸体运到港口附近的渔场海面。预测到西班牙会在发现尸体之后将信件物品交给德国人检查，这时候如果英国方面催促西班牙从速交还尸体和全部文件，德国间谍在完成要件复制时一定会很仓促行事，这样，文件真实性被怀疑的概率就大大降低了。

　　计划执行到这一步，尸体已经准备好，运送方案也已确定，尸体所携带的情报也需要准备了。情报首先是被间谍获取，然后经过层层递送最后传到希特勒的手中，其真实性如果遭到质疑，全盘计划也就功亏一篑了。因此，蒙塔古认为，假文件必须做到两点：一是必须由军界高级领导人亲自签署；二是在信中关于所想要做到的掩藏必须自然，不能欲盖弥彰、此地无银三百两。想到了现任英国参谋总部的副总参谋长阿奇博尔德·奈爵士和正在北非前线指挥第18集团军作战的"同窗好友"亚历山大是军界众所周知的一对故交老友，因此，他决定请前者写一封亲笔信给后者。这封信是"给"德国人看的，所以一定要涉及军事机密；但是这封信又不是正式的公函，所以一定要与两个人相关，与两个人的友情联系起来；关于西西里岛只是英军进攻的虚假目标，在信里必须包含，但是不能用大量的篇幅去描写。就这样，蒙塔古和他的同事们就像研究文学作品一样字字斟酌，为的是确保其可信性，并降低德国的警觉。

　　最后这封信终于在大家的集体智慧中总结出来，信中写道：

　　亲爱的亚历山大，巧遇蒙巴顿将军的一名军官去往你处，我就写了这封信给你，因为有些关于最近地中海行动及其隐蔽计划的内幕情况想要跟你交流一下。

　　同时，奈将军还在信中不失时机地谈到自己最近则忙着参与制订对撒丁岛、科西嘉岛和希腊的行动计划，以及西西里岛正在为了某些更大的意图而作为一个掩护目标被故意泄露出去。

　　想要传达出去的两则信息都在信中写就，蒙塔古十分满意——如果德国人能够看到这封信，那么，之后任何关于盟军将要登陆西西里的消息都会被他们当作可以策划的诡计而置之不理。

　　最后一个重要问题就是确定这名军官的身份了。"他"应该以什么样的军衔出发合适呢？"他"的职务是什么、去北非干什么？蒙塔古反复考虑，决定赋予查理皇家海军陆战队威廉·马丁少校这样一个极其普通的名字和军衔，至于此行的目的和去往北非的任务，他决定将这名少校任命为"联合作战司令部参谋"，这样也就将他此行定位以登陆艇专家的身份前往北非英国海军地中海舰队总司令坎宁安元帅的参谋部。

组成这次"肉馅计划"的重要部分已经考虑周全并安排妥当，剩下的就是一些细节了。虽然是细节，粗心大意一样会让德国人看出纰漏。除了奈将军给亚历山大的信件之外，"马丁"还随身携带了一封"十分重要"的信件——十分重要以至于不能通过电报来发送，必须由专人亲自送达。这封信是由蒙巴顿将军写给坎宁安元帅的，信的最后还写道，如果战争结束，请立即让马丁回来，他是个不错的小伙子，也许回来时可以让他带上一点儿沙丁鱼——这东西这里是定量配给的！马丁随身携带的每一封信件都是互相关联，并看似无意地暗示了其他信件中的某些细节。其实，这最后一笔是对撒丁岛的一个暗喻。这让德国人费解，却是蒙塔古非常得意的一笔。

此外，这些信件从不同的角度表明了"马丁"是在 4 月 24 日离开伦敦，在此之后，因为飞机失事掉落海里，经过四五天的漂流被发现，此时尸体已经有一定程度的腐烂。一切的细节都经过精心设计，却又看起来十分自然、合理。

此外，蒙塔古还为"马丁少校"塑造了一些独特的个人特征：在他身上的皮夹克里，带着他的一张照片和两封情书，这是来自他最近交的一位名叫帕姆的女朋友。情书是由蒙塔古的一位女秘书写的，内容不仅甜蜜而且还很开放。因为反复阅读，这两封情书都被折皱了，看得出两人正处于热恋之中；在他的行李中，还有一张他穿着浴袍和女友的合影，这是陆军部一位小姐合作完成的；在他的皮夹里，还有一张自伦敦起航的机票、两张前一晚的电影票和一张参加酒吧俱乐部的请柬。这一切一目了然，他在出发前一晚还和未婚妻看了一场电影。皮夹里还有"马丁少校"的身份证，为了制作这张身份证，特工们也费尽心思。在决定怎么取得身份证上的照片时，有人提出直接给死者拍照，再通过处理使其变得逼真。但是无论怎么化装处理，死人拍出来的照片还是会有破绽。蒙塔古正愁无计可施的时候，却在街上发现一位长相极像查理的年轻人，于是动用了当时只有情报部门执行任务才会使用的即时照相技术，让特工在这位年轻人的住所旁免费照相将他吸引过来，并顺利获得了底片。这样，一张"马丁少校"的身份证终于制作成功；此外，在他的随身物品里还有一些零钱和一张来自劳埃德银行的账单——他已经透支 79 英镑 19 先令 2 便士。少校的婚约已经由他的父亲和律师确认，并商讨立遗嘱的账单。

蒙塔古仔细地想着"马丁少校"出发前所有的准备工作，一遍又一遍地梳理过后，他想到了少校的装扮。少校应该穿一件带有军衔肩章标准的皇家海军陆战队服装，然后在里面有一件衬衫和旧的战斗服。在制服的外面还有一件救生衣，这是他希望落水之后还能获救生还的标志，也保证了他在落水之后能够一直浮在水面上，顺利地被人发现。因为随身携带的是高度机密的信件，参照银行付送员的做法，蒙塔古给他提供了一个带锁的箱子，并用链子将箱子拴在上衣的腰带上。在给少校全身的装扮过程中，最为阴森的就是化装了，特工们为了给尸体穿上合脚的皮鞋，不得不用电暖器一点一点地把"他"的脚烘暖，然后艰难地将鞋子套在脚上。

进行到这里，一切终于都安排妥当、准备就绪了。1943 年 4 月 17 日，"马丁少校"踏上了旅途。经过最后一次检验，尸体被装进标有"光学仪器"的管子里，由军情五处的卡车运送到苏格兰海岸。在那里，海军上尉朱威尔早已做好了迎接的准备，尸体被接收后，通过皇家海军潜艇"天使"号送往马耳他。

两天后，"天使"号从格里诺克起航，日夜兼程，经过 10 天的海上航行，终于到达了西班牙南部的维尔瓦港口附近。在距离港口还有 1500 米的时候，潜艇停了下来，等待合适的时机准备实施行动。维尔瓦港口白天船来船往，夜间才有理想的机会。

4 月 30 日凌晨，加德斯海湾静谧的海面上缓缓浮起一艘潜艇，上面站着四名年轻的军官。其中一名小心翼翼地将装有"马丁少校"的金属圆筒抬上甲板，打开圆筒的盖子，尸体便滑了出来。他们将尸体身上的救生衣充气之后轻轻一推，尸体就落入水中，紧接着又浮了上来。军官们脱帽向"马丁"敬礼，牧师也为这场葬礼做起了祷告。

特工们将自己的任务全部完成，整个行动的每一个细节都无可挑剔。接下来，"马丁"少校的命运就交给大海和德国情报机构了。

"少校"送信，希特勒轻易上当

1943 年 4 月 30 日下午，英国驻维尔瓦领事馆传来了一名英国军官尸体被西班牙渔民发现并带回岸边的消息。蒙塔古收到消息后兴奋不已，他周密设计的"肉馅计划"果然奏效了。

为了增加整个计划的真实性，蒙塔古又敦促武官希尔加斯向西班牙方面索要这位少校随身携带的信件和其他物品。后来，希尔加斯发现随身携带物品有被翻动的痕迹，这一情况再次证明了德国间谍已经有所行动。

希特勒检阅纳粹军队

西班牙接到英国的要求，为马丁少校进行了军葬。他的"未婚妻"送来花圈，并附上一张措辞悲痛的明信片。英国领事馆分批前往吊唁，那位副领事还为"马丁的未婚妻"寄去葬礼的照片。同时，英国海军部公证司将"马丁"少校的名字与 1943 年 4 月下旬阵亡的其他死者一同公布于世。

1943 年 6 月 4 日，"马丁少校"的名字也出现在伦敦《泰晤士报》发表的战地伤亡人员名单中，同样在这份名单出现的另外两名军官则真的在同一地区因飞机失事而遇难，这也更加让德国人相信了"马丁少校"确有其人。

大约一个月后，撒丁岛瞳利亚附近的海岸上又冲上来一具穿着英国宪兵队制服的尸体，而他身上的信件证明了他此次的任务是侦察撒丁岛海岸。这是借尸计的又一次上演，也印证了此前"马丁少校"所携信息的真实性。

英国情报部门截获了德国的无线电信息，上面标明德国同行几乎是完全按照奈将军的信件来理解盟军的作战意图。虽然德军内部也有人提出盟军有可能在遗失了这些文件之后更改作战方案，但是西线德军情报分析科课长冯·罗恩纳还是满心自信地认为情报不会有误。

就这样，希特勒在看过这则信息之后也没有任何怀疑，这从海军上将邓尼茨的日记里就可以看出："元首相信，盟军最近被德军获取的情报证明了他们主要的进攻目标将是撒丁岛和伯罗奔尼撒群岛。"

掉入盟军情报机构陷阱的希特勒几乎是完全按照"肉馅计划"中那些文件做了战略部署：

他命陆军元帅隆美尔把他的大本营搬到希腊，与驻法德军共同在爱琴海地区布下多道防御地带，此外还从苏德战场抽调部队增派希腊；他将党卫军派往撒丁岛，还从西西里调来装甲部队加强科西嘉的防御。

1943年6月11日，盟军在班泰雷利亚岛登陆，俘虏意军一万多人，揭开了西西里岛战役的序幕。

1943年7月9日天气骤变，德意军队放松了警惕，盟军重兵恰好趁此时登陆西西里岛。7月10日凌晨开始的强攻让守军招架不住，希特勒却依然认为这只是盟军的佯攻。直到7月23日，盟军已经迅速而完全地取得进攻西西里岛行动的胜利，德国人才恍然大悟，原来"马丁少校"只是盟军设下的一个圈套。可是为时已晚，德军的颓势已经无法挽回，盟军最终于8月17日取得西西里岛登陆作战的最终胜利。从此，盟军打开了登陆欧洲的大门。

"肉馅计划"的成功执行，为西西里岛登陆提供了完美的掩护。在这次行动中，英国情报机关正是凭着每一个细节的滴水不漏，最终将骗局做得几可乱真，才顺利地让德国人上当受骗，取得了前线和情报战线的双重胜利。

制造悲剧的"北极行动"

在战争中，交战双方除了在正面交锋中有着武器与兵力之间的较量，还存在着一条看不见的战线——谍报战线。第二次世界大战期间，各国在这条战线上频繁转换于间谍与反间谍的角色之间，暗地里的较量激烈程度丝毫不逊于战场上的拼杀。由于情报战中的信息传递影响甚大，有时一次发报、一条电文甚至一个暗号就可能影响整个局面的走势。一个小小的细节让己方能够以四两拨千斤的效果取得巨大的胜利，却也同样能在瞬间改变自己原本所拥有的优势，让整个国家因为自己的疏忽付出沉重的代价……

找到缺口，纳粹控制盟军情报网

1940年5月10日凌晨，荷兰境内突然遭到纳粹德国的大军压境，一时间德军的铁蹄踏上了荷兰的国土。在空降兵、装甲兵团、机械化师的凌厉攻势之下，荷兰人顽强地抵抗了5天，最后因为实力的不济终于被德国人控制，整个国家沦陷了。

此刻的荷兰人对希特勒的疯狂行为充满了怨恨，都恨不得早一天将他的德国军队赶出国门——他们建立了许许多多的地下组织，暗中同纳粹做着不屈的斗争。他们的活动渐渐引起了英国情报部门的注意，随即后者就开始建立与荷兰地下工作者的联系，双方达成一致，成立无线电情报联络网。也正是通过与荷兰地下工作者的联系让英国人开始在荷兰有了开展情报工作的基础，许许多多的英国特工被陆续派往荷兰。

英国情报部门在荷兰大肆进行地下情报工作，这让新任德国驻荷兰反间谍机构司令的赫尔曼·吉斯克斯头疼不已。不久前，他因自己前任的离职而受命于这个岗位，而他的前任，恰好是因为对荷兰境内日益频繁的英国情报活动无计可施而被免职的。吉斯克斯上任后不久就开始狠抓对敌国情报活动的监测，他制订了一个反间谍活动的方案，并将重点放在对无线电通信信号的搜寻和监听上，以期在对方收发密报的时候将其一举抓获。在这个行动中，吉斯克斯对计划的展开有一个十分明确的思路：首先，通过搜寻无线电信号实行对敌人的搜捕，在抓获对方情报人员之后，想方设法对其实施策反行动，使其为纳粹工作，继续发回情报，让伦敦方面相信他们在荷兰的情报网依然运转正常，这样一来，德国人就可以将英国人苦心建立的情报网为己所用，轻而易举地获取盟军的军事机密，包括有关进攻欧洲的准确时间和具体位置；与此同时，还可以利用这些渠道对敌实行欺骗，为德国在战场上的战略部署做好掩护；最后，一旦情报网被伦敦方面发现已经落入德国人手中，还可以及时将其摧毁，断绝英国人的情报来源。

这样的想法让吉斯克斯暗自得意，于是开始着手执行这一计划。这项计划如果能够实现，将会对德军在战争中起到很大的帮助，那么，怎样才能顺利地找到对方的情报人员呢？对方躲在暗处，怎样才能成功地实施抓捕行动呢？吉斯克斯认为，如果没有明确的方向就贸然出击、四处搜寻，那无异于无头苍蝇似的到处乱撞，结果肯定是徒劳无功。只有在掌握了确凿的消息后迅速采取行动，才能将行踪隐秘的英国特工一举抓获。

为了获得有用的消息，吉斯克斯宣布，能够提供有关英国谍报特工行踪的人就能获得两万马克的报酬，消息放出后吉斯克斯开始坐等可用的信息送上门来。金钱的诱惑的确很大，没过几天就有人主动上门了。来者是一个荷兰人，矮小的个子和猥琐的外表让他看起来就像是一个出卖同胞、背信弃义的人。见到吉斯克斯之后，两人开始就交换情报的事情交谈起来。

"我知道你们在搜捕英国特工，正好我这儿有有利的消息，"荷兰人洋洋自得道，"就看你们能够出到什么样的价了。"

"我们当然不会亏待提供线索的人，但是这得看你的情报有多高的价值。"

"哈哈，这很好，我提供的信息一定不会让你失望！那让我看看你们的诚意吧，我是说10万马克怎么样？"

"你的情报是什么？"稍微迟疑了一下，吉斯克斯问对方。

"最近从伦敦来的英国人都随身携带着一只大皮箱，那里面肯定有蹊跷。"荷兰人压低声音，故作神秘，"在那皮箱里面，一定装的是电台！"

"这就是你的情报吗？这样的信息如果是真的，你也太低估英国人了。"

"可是我有可靠的信息！"

"这样的信息我们每天都能收到很多，你不过是一个为赏金而来的骗子。你不是要钱么，我们的赏金都存在北极了，去那儿拿你的钱吧！"

"请再考虑一下吧！"

"……"

不容荷兰人分说，吉斯克斯已经命令手下将他请出了办公室。这个消息的可信度的确不高，但却是真的。英国秘密特工在潜入荷兰时曾经携带电台，这一点不久也被德军证实——他们截获到了在荷兰附近出现的无线电信号。吉斯克斯想到这里一阵惋惜，当时要是不将那个荷兰人赶走，现在可能已经抓到英国的谍报人员了。

那个荷兰人在哪儿？这是眼下吉斯克斯最关心的事情了。虽然心中充满了焦急，但是却无计可施，除了等待只有等待。为了吸引对方再次登门，吉斯克斯将对外公布的酬金再次提高，并在心里暗暗许愿希望他能看到。

果不其然，金钱的诱惑再次奏效，荷兰人又一次登门拜访了。这次德国人很爽快地将酬金付给了他，他也将自己一次偶然的发现毫无保留地说了出来：他知道德国人在荷兰境内抓捕英国间谍，有一天，他在街上发现一名行色匆匆的青年男子拎着一只沉重的皮箱，便悄悄尾随，最后发现这位年轻人四下张望之后进入了一座独门小院，就暗自记下了小院的门牌号——法伦海特大街736号。

获得情报的吉斯克斯终于如释重负，开始正式制订行动计划。有意思的是，当初他因为觉得荒谬而拒绝过那个矮小猥琐的荷兰人，那时曾说过提供情报获得的赏金在北极，结果却还是根据这个荷兰人的情报采取行动。为了纪念这个小插曲，他将这次行动命名为"北极行动"。

吉斯克斯派出4台无线电测向车从四个方向慢慢靠近法伦海特大街，在距离那座小院还有200米时，周边布置的兵力已将整条大街围得水泄不通。这时的小院里，那个荷兰人口中的年轻人刚刚拍完一组秘密电文，发送完秘密情报的他还没反应过来，德国士兵已经冲进屋子将他和他的女友逮捕了……

这位高大的年轻人叫休伯塔斯·劳威尔斯，是一名荷兰陆军上尉。德军将他抓到之后并没有立即将其投入牢狱之中，而是计划着让他发挥更大的作用。吉斯克斯明白，虽然逮捕一名特工，缴获一个电台、一本密码本，端掉了英国人一个秘密的情报联络点，但是这些设备却只能用于信息侦听，想要利用它做更大的文章，必须胁迫劳威尔斯与德军合作。吉斯克斯面对倔强的劳威尔斯，抬出了他的女友。女友乔伊娜的哭喊让他想起自己两个妹妹被德军奸杀的惨痛回忆，无论如何也要保护好自己心爱的人，这个念头让他向德国人低下了头。

第二天，劳威尔斯将一份密电发往伦敦。在吉斯克斯的眼皮底下，他却无意间犯下了一个"小错误"：与平常的电报不同，这一次的电报中他没有加入安全校正码。安全校正码是电报真实性的标记，每份电报都应该有，以用来标记错码。这一次他故意遗忘使用，是想让伦敦总部从电报的纰漏看出事情的不对劲，从而推测出己方人员已落入敌手。但是，他万万没有想到，情报工作中预设的规则和他费尽心机设置的这处小提示，竟然因为特别行动委员会的遗漏而没有检查！安全校正码的设置就是为了在危急情况下揭露情况，可是现在需要它发挥作用的时候却没有了反应！

英国人为他们的疏忽付出了代价：两天后，伦敦发来情报，说明了为了支援作战，即将空投一批军需物资，地点在海牙西北10英里处，要求他做好接收准备。德军根据情报中提供的信息，只派出几个伏兵就将这批物资截获，这让吉斯克斯兴奋不已，这是控制了英国秘密情报点后的首次收获！

情报战中，英国一错再错损失惨重

有了第一次的开始，德国人开始期待英国人接下来的动作。吉斯克斯一边牢牢地控制住劳威尔斯，一边对在荷兰进行地下情报活动的英国特工展开搜捕。此后，德国人又先后收到英国人送来的物资，并残暴地杀害暴露出来的地下组织成员。德国人在这场行动中尝到了甜头，此后又陆续控制了英国的另外14部电台。

此刻英国人还被蒙在鼓里，对已经沦陷的地下情报网络没有产生任何怀疑。他们依然通过密电向荷兰方面传递信息，不仅包括物资上的援助，并将一些战场上的最新动向和作战命令及时地传到了荷兰。然而，这些信息都无一例外地被德国人截获。德国人不仅通过情报网从英国人那儿获益匪浅，还通过情报网让英国人吃尽苦头——通过情报网向伦敦发去的关于德军行动的假情报，让德军在战场上的行动受到掩护，经常成功实施对盟军

调谐钮　　电压表

手提箱接收机

法国情报机构在"二战"期间使用这种20世纪20年代的小型箱式电台，为英国秘密监视德国的电台活动。

出其不意、攻其无备的军事行动。

当这一切都反复出现过多次之后，英国又开始通过这个情报网向荷兰发送人员派遣的信息。一天，劳威尔斯收到一份密电："3 月 12 日空投彼得·道伦入荷，行动代号：保罗。希望做好准备。"这份情报刚刚收到，德军就已做好"迎接准备"，这更让无奈的劳威尔斯感到心寒——大意的伦敦总部在频繁的情报往来中竟然还未注意到情报的不真实，在枉费了大量物资之后又开始做无谓的人员牺牲了。

果不其然，特工道伦一落地就被德军抓到。他没有想到上级派他来到荷兰之后，第一站不是去执行自己的任务，而是直接进了德军设置的监狱。这件事情让劳威尔斯饱受情感上的煎熬，他痛恨伦敦总部迟迟不发现情报的蹊跷，也觉得战友受到自己被捕的牵连。这样想着的他决定铤而走险，无论如何也要用一次行动扭转这种被动的局面——经过周密计划，他用明码发报的形式向英国发出了一份内容为"被捕！被捕"的电报，遗憾的是，这一次的电报还是没有得到特别行动委员会的重视！

另一边，被捕的道伦也在盖世太保监狱中思考着逃脱的办法。他在狱中仔细回顾了每一个细节，想到了问题最可能出现在情报的传递上。他的判断显然是正确的，但是身处纳粹深牢之中，这个信息怎么传递出去？坚固的四壁和严密的防守下没有任何出逃的可能，他开始在房间内部寻找传递信息的通道。突然，墙角通向楼下的水管引起了他的注意。特工出身的他试探性地用手指在水管上敲出了一串莫尔斯码，希望能够有人给予回应。他的希望果然成真了！一串有节奏的敲击声顺着水管传了回来，这是对方在用莫尔斯码对他的呼喊做出回应。原来，就在道伦囚室的楼下关押的是 1941 年 12 月被同伴出卖的英国服务员肯特。两人就这样通过莫尔斯码交流起来，肯特从道伦那儿得知了一个惊人的消息：我方人员已全部被俘，囚禁在哈伦。这则消息几经辗转，终于传到了英国特别行动委员会。两名特工满怀期望地将消息传出，并就此等待着英国方面对他们实施营救。

特别委员会的委员们看到电文后并没有感到惊讶，他们想到的是这可能是德国人设下的一个骗局。随后，他们发出了关于炸毁科特威克电台发射塔的密令，并指出此次行动由道伦指挥。伦敦方面想要通过这封电报试探道伦是否真的被捕，如果电台真的被炸，那么说明组织还在；否则，就应验了来自荷兰的电文。

如此的小伎俩又怎么骗得过精明的吉斯克斯。他先是以道伦的名义回电确认了作战计划，而后便在 3 天内导演了一场炸毁电台的戏：吉斯克斯派人在科特威克电台附近制造动静，随后这场所谓的偷袭就见诸荷兰报纸。为了让英国人深信不疑，他又给伦敦发去密电：由于对方戒备严密，我方实力相差太甚，袭击行动失败，道伦上尉遇难。

这则信息让伦敦方面打消掉对荷兰发生的事件的怀疑，但是为了保险起见，还是做了第二次试探：特别行动委员会再次电告荷兰方面，要求后者建立起一条从荷兰途径比利时、法国到达西班牙的交通线掩护西欧境内被击落飞行员返回英国。吉斯克斯看过这条信息之后没有丝毫犹豫就照单全收，按照电文内容将飞行员全部护送回英国——毕竟，相比起整个荷兰的地下情报组织，这点代价根本不算什么。这样的回应果然有效，英国人完全恢复了对荷兰地下组织的信任，恢复了往常的支援和联系。

如果事情就这样下去，英国特工部门还不知道会在何时彻底醒悟过来。在吉斯克斯持续利用这个地下情报网络的同时，道伦从哈伦监狱逃脱出来了！吉斯克斯十分明白如果他逃跑之后将会对"北极行动"产生什么影响，下令对道伦进行搜捕。直到 3 个月过去了，道伦却依然杳无音信。

没有出现的道伦并没有对"北极行动"产生影响，这让德国人疑惑不解。原来，道伦几经周折终于逃回英国之后，见到了自己的上司。他将在荷兰发生的一切向上级汇报之后，特别行动委员会却选择了相信眼前的现状。这个一心想要终止德国人阴谋的特工没能得到理解，反而被自己的国家投入了监狱，而且是以"德国双重间谍"的罪名！

这位英雄的遭遇让人寒心，所幸的是，随后出现的一些细节再次让特别行动委员会产生了怀疑。种种迹象渐渐证明了英国人的猜测，最后，他们终于停止了对荷兰方面的援助。

吉斯克斯意识到，这一次英国人是彻底反应过来了。"北极行动"在持续如此之久，终于到了收场的时候。为了表达对英国人一直以来提供支援的"感谢"，吉斯克斯通过这个情报网发出了最后一封电文：我们了解到，最近你们似乎想要在荷兰独自干一番事业。虽然我们之间的合作被放弃，我们还是希望，如果你们想要再次建立这种合作关系，我们会以从前一样的方式表示欢迎。

这则 4 月 1 日发出的电报很明确地表达了德国人对英国人的嘲弄。英国人在这期间向荷兰支援的物资被德国人尽数截获，而空投到荷兰的特工也死伤惨重。这样的一次行动让吉斯克斯成了谍报战争中的最大赢家，也在英国情报机构的历史上从此写下了极为尴尬的一笔。

疑云密布的"霸王行动"

第二次世界大战中，有许多的经典战役被后人反复研究讨论，诺曼底登陆就是其中之一。诺曼底登陆又称为"霸王行动""大君主行动"，不仅闻名于"二战"史中，甚至在人类战争史上也是史无前例的一次战略性登陆战役。相对于战场中 300 万盟军士兵抢滩登陆，这背后的一场惊心动魄的间谍战似乎更加曲折离奇，让人希望能够对其有一个完整的了解……

配合"霸王行动"，"卫士计划"横空出世

第二次世界大战初期，德军横行欧洲大陆，实力如日中天。在欧洲，纳粹的铁蹄肆意践踏别国疆土。面对当时世界上另一个大国苏联，德国人先是通过一场精心导演的离间计引发了苏联统帅内部的强烈震荡，使得苏军高级将领折损严重。这件事情之后，斯大林又在苏联发起了一场血雨腥风的红军人员大清洗。整个国家遭到过度的损耗，面对纳粹德国犀利的攻势红军节节败退，大片疆土被德国人侵占。德军在苏联的土地上长驱直入，很快已经兵临莫斯科城下。

苏联在欧洲大陆上与德军单独作战，此时已经疲于应付了。斯大林向英国首相丘吉尔提出建议，希望英国能够在欧洲开辟另一条战线，缓解苏联战场上红军面对的巨大压力。当时的英国国力有限，根本无力发起大规模战争，直至 1943 年 5 月，华盛顿会议召开后，英国才联合美国宣布开辟欧洲西线战场，与苏联共同对抗德国。

对于美英的参战，希特勒早有预料。他认为，盟军极有可能从水路登陆欧洲，因此沿海地区的德军将要面临极大的防守压力。来自盟军的压力在战争后期变得更加明显，德军在战场上渐渐吃紧。为了加强防御，希特勒于 1943 年 11 月调派了 100 万德军驻守在"大西洋壁垒"之后，以其迎战盟军主力，打一场生死决战。

虽然从整个局面上来看盟军已经取得了巨大优势，但是要进行登陆作战，面对 100 万纳粹守军，盟军还是要对具体的作战方案进行反复的研讨。1943 年 11 月 28 日，德黑兰会议召开，

美、苏、英三国首脑出席会议，共同商讨具体作战事宜。经过三国反复论证，最后做出了一系列的决定：这次的登陆战将突破口选定在法国诺曼底，最高统帅为美国传奇将领艾森豪威尔将军，整个作战计划称为"霸王行动"。

实施诺曼底登陆将要面对100万德国守军，虽然盟军有300万军力，在人数上占有绝对优势，但是战场上的其他因素让这种优势变得并不明显。有利于防守的地形弥补了德军在人数上的不足，盟军在这种情况下将有被伏击的危险。成功登陆欧洲大陆是与苏联对德军形成合围之势的前提条件，为了这次登陆作战的胜利，必须对德军隐瞒盟军真实的作战计划，成功欺骗德军。

一场间谍战因此打响。这项任务由二战期间著名的英国情报机构伦敦监督处承担，接到任务后，情报工作人员立即开始制定行动方案，监督处处长比万是一名不苟言笑、冷静沉着的特工，他与同事们仔细分析过战场上的形势和敌方军力调配之后制订了重点关于登陆方面的欺骗计划。这个名为"坚韧"的计划分为南北两个部分，"南方坚韧"的主要目的是将德军最精锐的第15军装甲部队牵制在加莱地区，"北方坚韧"则是以牵制德军位于斯堪的纳维亚的27个师为目的。这项欺骗计划是整个行动的主要部分，以此为重点的整个计划名叫"杰伊计划"，全部计划分为敌后行动、反间保密、政治宣传、心理欺骗和情报窃取五个部分，通过这个庞大而复杂的计划，盟军将要达到这样的目标：使德军相信盟军不可能在1944年7月前实施横渡海峡的作战计划。

艾森豪威尔对比万的行动计划十分认可，丘吉尔看后更是赞赏有加。丘吉尔感慨"真相经常需要虚假来做卫士"，这项计划也就变更名字，成为"卫士计划"。

时间是争取胜利的重要因素，为了保证盟军能在登陆战中先于德国采取行动，"卫士计划"立即进入实施阶段。

调兵遣将，"南北坚韧"钉死德军

首先得到执行的是其中的"坚韧计划"，在这个计划中，"南北坚韧"各有一个需要牵制的德军目标。在"南方坚韧"中，为了达到牵制德军第15军的目的，盟军特工们想到了一个绝妙的计策——为德军设立一个并不存在的对手，捏造一个部队番号。这支被凭空造出来的部队番号被定为"美国第一集团军"，在向德军发起进攻的任务中，它将负责从加莱海峡突入法国的登陆。就这样，在特工部门策划的一系列动作中，"美军第一集团军"在英格兰东南部集结了……

为了让德国人相信这支部队的存在，盟军开始了各式各样的伪装行动：从1944年5月起，英格兰东南部地区就开始了动静很大的军事整修工程，一批批作战用途的建筑物开始以异乎寻常的速度拔地而起，从军营到仓库，从公路到输油管道，还有物资囤积处和机场，这些一应俱全；为了给德国人留下军队驻扎的印象，英国人又造出许多假飞机、假坦克、假大炮，各种兵器都被安放进部队的驻扎区域；为了使环境看上去更加逼真，英国军队又在各处布置下一些部队经过的痕迹——河面上，有军舰航行留下的油迹，路面上，有坦克轧过的履带印。此外，盟军又抽调出一部分部队在这片军区进行日常操练。特工人员经过精心布置，摆下了一个规模如此庞大的迷魂阵。一切准备妥当之后，只等着德军上门查探。果然，德国人的飞机来到了英格兰东南部上空，纳粹间谍们从空中拍回大量"美国第一集团军"营地的照片，这为德国人提供了非常翔实的情报材料。

看得见的情报让德军对这个集团军有了大致的了解，从特工带回的照片看，这一地区的军力规模应该在 40 个师左右。而看不见的情报也为德军对盟军进行的军力分析"补充"了大量材料：第一集团军总司令部被设在加莱对面的多佛尔地区，通过司令部里架设的大功率电台，集团军统帅与下属各个部队进行联系；此外，300 名盟军报务员完全按照常规部队的建制、规模建立起完整的集团军规模无线电通讯网；在集团军、军、师、团、营各个层次的部队之间，每日都有严格按照同级别单位的日常标准进行的情报收发进行。

就在集团军进行力量集结时，与之配合的另一项欺骗行动也在如火如荼地进行着——乔治·巴顿将军被任命为第一集团军司令，正在为即将发生的战事积极地做着准备。不同于大动态的部队调度、工事修筑、痕迹伪造，这样的欺骗完全是巴顿将军的"个人表演"。为了给德国人制造战事紧张、盟军频繁活动的感觉，巴顿将军开始频频出现在各种公众场合：他经常出现在格罗斯维纳广场，与英国贵族的往来密切，关系也日益紧密，因此他还被英国皇室授予高级爵位。在军事行动方面，他乘坐专列前往苏格兰，视察驻扎在此的第三军前卫部队……密切监视巴顿将军行动的德国间谍将这一切都记录下来，并通过整理给出了自己的分析——巴顿将军日前在英格兰境内活动频繁，已经担任了某种高级军事职务。

特工们将这份情报发回德国总部，统帅部的将领看过之后很自然地将这一切与从英格兰东南部收集到的军事情报联系在了一起：一个担任了高级职务的将领，一个规模庞大的集团军军群，这两件事情加在一起不就是一支正在进行集结的军队么？从敌方军队部署的地理位置来看，将司令部设立在加莱对面的多佛尔目的十分明确，就是要攻破驻扎在此的德军第 15 军，从此实现登上欧洲大陆的目的！

以为已经把盟军作战意图看透的德国人暗自庆幸，开始密切关注起这支"美军第一集团军"来。就在这个时候，英国又不失时机地送上了一份"礼物"。双料间谍"布鲁斯特""珍宝""嘉宝"等人被巧妙地安插进德军情报部门，凭着英国情报机构精心准备的一批情报，这批间谍不仅取得了德军情报部门的信任，还确立了自己的王牌地位。"布鲁斯特"和"珍宝"不断向德军发出关于"第一集团军"最新动向的密报，"嘉宝"也将军群的兵力部署、配置透露给德国人。

在明有军队调动和部署与高级将领的频繁活动相配合，在暗有谍报人员的情报做有力支持，一场编排复杂、细节繁多的"南方坚韧"就这样多层次、多角度地在德军眼前展开了。眼花缭乱的德国人开始渐渐辨不清盟军虚虚实实的行动，当收集的情报越来越多，所有细节都指向了一个事实——位于东南部的美军"第一集团军"将会发起对德第 15 军精锐装甲部队的攻击，并以此为突破口实施登陆欧洲的计划。

"南方坚韧"计划按照事先的部署有条不紊地推进着，"北方坚韧"也在同时与之呼应。按计划，代号为"斯凯岛"的登陆计划已经制订，目的是为了吸引德军驻扎在斯堪的纳维亚的 27 个师。为此，情报特工们将进行部署，制造出一系列的假象：英国第四集团军在苏格兰集结，它将配合美国第 15 军对挪威发起大规模的进攻，参与这场战斗的还将会有苏联的一支影子军队。

在计划制订完成之后，具体实施分为三个步骤：为了让德国人产生联想，双料间谍在这场行动中得到了运用，"杰夫"和"玛特"将一份关于苏军派出军事代表团赴爱丁堡商讨进攻行动的具体事宜的假情报传给了德军情报部门；此后，苏联将会派遣部分潜艇开赴挪威水域，以此构成苏联人也将参加登陆作战的假象；而第四军团的作战意图也被特工们用假电报的方式发送给了德国人。

种种迹象表明，英军在斯堪的纳维亚一带将有大规模的军事行动。这使得希特勒对此深信不疑，对驻扎此地的 27 个师下达了严防死守的军事命令。而这，正中了英军的圈套，将德国的大批军力牢牢钉死在这个地区。

"南北坚韧"在各自的战线上对敌实施欺骗，也成功地将德军重兵"部署"在预定的位置，为盟军诺曼底登陆做着积极的准备。

"铜头蛇"出动，给予德军致命一击

与有着各个战区内大规模军事力量调动的"南北坚韧"不同，"铜头蛇行动"在"卫士计划"里虽然没有那么复杂的步骤和程序，却凭借着简单的行动成功地给予了敌人致命的一击。

1944 年 3 月 14 日的《新闻时报》上登载了一张头戴贝雷帽、酷似蒙哥马利的照片。这张照片让杰维斯·里德中校眼前一亮，一条妙计立即闪进心里。这个人长得如此像英国陆军元帅、西北欧英军总司

蒙哥马利元帅像

假扮蒙哥马利的莱尤特仑特·克里弗顿·詹姆斯

令蒙哥马利，为什么不让他来假扮，扰乱德国人的视线呢？他将想法向艾森豪威尔将军报告，很快便获得了同意。

于是，杰维斯开始寻找照片上的这位"蒙哥马利"。原来，这个人名叫詹姆斯，是皇家军饷团的一名陆军中尉，在入伍前曾是一位演员。军人的职业和演员的特长让他很快适应了这项特殊的任务，他开始在言行举止上模仿蒙哥马利元帅，并且在短短的时间内已经能够做到惟妙惟肖了。为了使他对蒙哥马利元帅有更深的认识，杰维斯甚至安排他在蒙哥马利身边生活了几天，这样一来，活脱脱一个"蒙哥马利"炮制成功了。

1944 年 5 月 25 日，詹姆斯迎来了他的"首场演出"——在伦敦监督处的安排下他穿上了野战军服，从诺斯霍尔特机场登上了一架"解放者"飞机出外巡视。第二天，当"蒙哥马利"出现在直布罗陀时，他的逼真演出甚至骗过了老朋友沙拉尔将军。在公众演讲的时候，这位英国陆军元帅的优雅举止让人为之欢呼，他在人群面前丝毫没有露出破绽。

詹姆斯的这次巡视是一场深思熟虑之后安排的演出，它的观众就是一直对此保持关注的德国人。德国人认为，如果英国要进行登陆作战，那么司令必然非蒙哥马利元帅莫属，此次的出巡恰好说明了元帅不在英国，因此盟军不会发动登陆作战；其次，德国情报部门通过暗中对蒙哥马利的监视得出了他正在非洲对部队进行指挥的结论，盟军也因此顺利地牵制住驻卢瓦尔河以南的 4 个装甲师。

这次以假乱真的戏码让德军认定了蒙哥马利确实不在英国，这一信息让原本就已对盟军动向琢磨不透的统帅部更加理不清头绪。成功混淆敌人的视线，打乱敌人的判断，"铜头蛇行动"效果十分理想。

有惊无险，"霸王行动"宣告成功

1944 年 6 月 6 日清晨，诺曼底登陆战役于 6 点 30 分打响了。直到盟军抢滩登陆时，"卫士行动"依然还在进行：3 个小时后艾森豪威尔通过英国广播公司向全世界声称这次的进攻只是"最初的登陆行动""决定性战斗的时刻尚未到来"。丘吉尔也发表了讲话："我们的

首批部队已经抢滩成功⋯⋯接下来还将向敌军发起一连串意想不到的攻击。"

盟军的高层将领纷纷发表讲话，对仍在进行的登陆作战抛出一枚枚烟幕弹，企图分散德军在战斗中的注意力，达到持续牵制德军主力、减轻抢滩进攻压力的目的。然而，此时却出现了一个小小的意外——戴高乐将军因为没有控制住激动的情绪，宣布诺曼底登陆就是最后的总攻，号召法国人民勇敢起义。这一信息让德国人向"嘉宝"发出了质疑，幸而这个特工聪明机灵，巧妙地将此应付了过去。

盟军在诺曼底登陆作战中，不仅仅有着精妙绝伦的"卫士行动"为战斗部队起到掩护作用，而且在此之中也有着非常好的运气。就在战役刚刚打响的时候德军西线总司令龙德施泰德曾做出过诺曼底登陆就是盟军主攻的判断，并要求希特勒调兵支援。他的提议获得了批准，6月9日，德军驻波兰的两个党卫军和驻加莱的第15集团军已经开始向诺曼底移动。可是谁也没料到，两具尸体的出现让事情再次出现变化：德军在盟军登陆的奥马哈滩头发现了两具美军军官的尸体，从尸体随身携带的文件里德国人发现了美第5军、第7军的所有登陆作战方案。这些重要的情报本可以让德军将盟军赶下海或者就地歼灭，但是统帅部的西线情报处处长罗恩纳少将想到了1943年西西里战役中盟军的"肉馅计划"，认为这是盟军的故伎重施，于是和最高统帅部作战部长约德尔一起向希特勒进言。就这样，希特勒被自己的下属蒙骗了。

德军在6月9日的军事会议上重新讨论作战方案，希特勒最终决定，不向诺曼底派遣援兵。这一消息被伦敦监督处截获，迅速传开后，盟军将士都为之欢呼，备受鼓舞。直到此时，诺曼底登陆战役结果已成定局，"卫士计划"也宣告结束，整个计划圆满成功。

战场上的形势瞬息万变，如果不能及时掌握敌人的动态并适时调整，就有可能在一个细节上决定成败。"卫士计划"与"霸王行动"之间有着完美的配合，虚虚实实的情报与战场之间，正如英国首相丘吉尔所说，"真相经常需要虚假来做卫士"。也正是如此，盟军才最终取得了诺曼底登陆战役的胜利。

火炬行动

1942年，德军已经推进到斯大林格勒（现名伏尔加格勒）城下，而非洲战场上的英军几乎要被沙漠之狐隆美尔赶出埃及，此外，德国海军U型潜艇也牢牢把持着海上霸权。盟军为了扭转战场上的劣势，决定在年底采取两大行动：一是英军在非洲的阿拉曼战役；二是进行北非登陆的"火炬行动"。盟军在此次登陆行动中轻松取胜，一路上基本未遇到有威胁的抵抗，完成了作战史上的一次大规模联合登陆作战行动。在此次"火炬行动"开始之前，两国之间就打响了异常激烈、精彩的情报战和欺骗战，借此盟军得以牵着德国人的鼻子走，并将其带入了岔道，为后面的登陆作战取得胜利奠定了基础。

兵不厌诈

1942年7月，"火炬行动"计划的具体实施进入了讨论阶段。美英两国的联合参谋长委员会在伦敦的会议上达成了共识：只有让德国人无法知道他们行动的目标，拖住德军主力，使其无法增援北非，才能保证这次行动的胜利。但是，20余万军队、650艘军舰和运输船与1700架飞机要通过上千英里的航程，要怎样才能瞒住德国人呢？英国首相丘吉尔一语道破天机：“只有欺骗才能守住秘密。”在这个大致思路的指导下，盟军开始制订对德欺骗计划。这个计划的方案是首先对盟军军队进行一系列的战略调动，配合这些行动，特工人员必须利用情报做好隐蔽工作，让盟军的行动计划及动向不被德军掌握。

军队的调动规模庞大，如何让其顺利进行且不被德军掌握就需要情报人员的精心配合。因此，情报工作在“火炬行动”中尤为关键——在制订“火炬行动”计划之初，盟军就加大了对无线电信号情报侦察和破译的投入。情报破译的关键是破解收发密报所用的密码，德军在战场上使用的是恩尼格玛密码，经过反复的研究试验，英国专家终于将密码破解。密码的成功破解为英军的情报获取提供了来源，即“厄尔特拉”。配合“火炬行动”，盟军首次利用了“厄尔特拉”及其他来源的特殊情报。在这些情报的支持下，盟军开始协同实施战略欺骗活动。

恩尼格玛密码（盟军称之为花鸡I、II、III）的破译让盟军的情报工作取得了重大的突破。德军在战场上广泛使用该密码系统收发情报，这套发报密码被掌握之后，盟军开始解读德军各方面的情报。

盟军截获了德军使用恩尼格玛密码传送的情报，其价值不言而喻。在作战部队的调度部署方面，情报破译大有收获：这些情报中不仅包括德国陆军非洲军团的信息，还有一些关于陆军后勤、战术和战略方面的资料；空军方面，1942年1月，英国密码学校破译的“蝗虫”密码获得了德国空军在西西里和撒丁岛的位置和活动的详细情报。这些价值宝贵的情报让盟军了解到地中海侦察和攻击飞机的所有报告都由恩尼格玛密码发出，为盟军制订作战计划和实施欺骗行动提供了重要依据。对敌陆、空军信息的掌握，是恩尼格玛密码情报破译工作取得重大成功的典型。

知己知彼，方能百战百胜。恩尼格玛密码的破译让盟军尝到了甜头，在情报工作中的投入得到了价值更高的回报。在积累了可观的实战成果之后，盟军进一步加大对情报破解的力度。不仅仅是恩尼格玛密码，其他多种密码的破译行动也在悄悄地进行着，这些密码的破译围绕着“火炬行动”计划进行。

盟军的密码破译工作很有成效，不只是德国陆军的非洲军团和后勤情报被掌握，德国反谍机关和帝国保密部的密码电报也被英国间谍学校破译。盟军通过这些密码的破译，获取了许多有利的情报信息，包括德国间谍发送给柏林的有关战场情报的详细报告。此外，维希政府气象密码的破译为登陆地点的天气状况分析提供了大量的参考；维希政府海军和空军密码的破译，使其空军部署在北非的装备全在掌握之中；意大利的C38M中级海军密码的破译泄露了意大利海军部队及其意图，“书”密码的破译也带来了意大利空军作战飞机部署的信息；日本“紫心”外交用密码使盟军了解德国最高指挥部的意图和它对盟军活动的反应。

在战争进行的过程中，盟军通过向德军内部投放双面间谍来达到向德军传递虚假情报的目的。这些双面间谍在打入德军内部后会向德军传递由盟军编撰的假情报，从而达到对德混淆视听的目的。反谍机关和保密部是德国的间谍工作管理单位，这两个机构的密报被掌握意味着盟军在情报战这条秘密战线上已经直抵对方心脏地带。通过解读这些情报，盟军可以对双面间谍向德国提供的虚假信息所取得的效力做出评估，这也为“火炬行动”中情报战线上双面间谍的使用提前做好了准备。此外，对反谍机关和保密部的情报截获还起到了反监视的作用，这些情报使得盟军对德军有了更加透彻的掌握，从而了解到德军对“火炬行动”的信息掌握程度。

"推翻计划"与"独奏行动 I"

有了丰富的情报资源作为行动参考，盟军的作战部队开始了大规模的战略机动。为了保密盟军预定的 3 处登陆地点（位于西北非的卡萨布兰卡、阿尔及利亚的奥兰和阿尔及尔），盟军情报机构制订了一个代号为"独唱一号"的行动计划：做出集结部队进攻挪威或者渡海攻击法国的假象企图迷惑德国人，最后因实施过程中露出破绽而取消。一计不成，又生一计。这一次的行动叫作"推翻计划"，属于"火炬行动"三级欺骗和掩盖计划的第一阶段，主要利用英国本土的盟军部队集结和运输活动对轴心国实施欺骗。英国战略欺骗中心采用大量双面间谍对德散布虚假情报，让德国人认为英国即将发动一场两栖登陆行动。这一招果然奏效，德军在收到情报之后一直处于高度戒备状态，屯兵直至 11 月初才转移至地中海的西部。

第一阶段的计划通过执行达到了预想的效果，第二阶段欺骗行动随之而来。这次的行动名字叫"独奏行动 I"，盟军舰只集结后，开始从英国向登陆区域推进。在推进过程中，英国战略欺骗中心利用情报进行行动掩护，让德军相信盟军的大规模集结行动是为了进攻挪威，保护通往苏联的航线畅通，在这一阶段，德军再次上当。双面间谍的投入再次取得奇效，在散布了关于盟军占领了纳尔维克这一战略港口的情报后，德国人认为盟军试图阻止将瑞典的铁矿石输入德国。

欺骗计划的进行完全在盟军的掌控之中，在前两个阶段的基础上，最后阶段的行动——"独奏行动 II"随之展开。这一阶段，为了让盟军部队在登陆过程中避开德军主力，情报活动必须完成将德军引向马耳他的任务。双面间谍继续利用自己的有利位置在德军内部散放烟幕弹，放出盟军舰队的虚假信息，让德军以为在直布罗陀的盟军舰队的集结与马耳他补给活动有关。为了达到情报消息足够真实的效果，欺骗行动在盟军内部甚至都一度以假乱真到广大士兵都相信的地步，比如英国士兵接到作战命令，被告知将抵达马耳他。不仅是军方的情报网络在传递这样的消息，就连英国的报纸、电台也在盟军情报组织的指挥下不断地发表大量关于"不幸、多灾多难的马耳他"的报道，特别强调这个岛上物资如何缺乏，人员的给养补充如何迫在眉睫，若不及时接济的话，则会令马耳他落入敌手。

德国士兵正在使用"恩尼格玛"密码机

英国间谍还主动通过各种渠道向德军"传递情报"。两名英国间谍奉命化装成奥地利籍难民来到了卡萨布兰卡，他们装成不经意地露出马脚，负责处理难民事务的德国官员就正中下怀，如获至宝地从他们的口中套出了预先准备好的"准确信息"，立即向上级报告了英国人即将前往马耳他的动向。

此时的德国已经在情报战中完全处于被动，一步一步地被以英国为首的盟军牵着走。1942 年 10 月 18 日，德国人拍电报询问双重间谍拉贡佛莱盟军的动向，他以机智的回答完成了对德欺骗行动的最后一笔，将德国人彻底地引向了马耳他。他的假情报给盟军服下了一颗定心丸，当盟军潮水般地从北非海岸登陆时，海岸上德军的抵抗几乎等于零。

就这样，盟军情报机构的假情报不断向德军内部渗透，与之相反，德国的恩尼格玛密码电报不断向盟军传递"真话"。双方的信息不对称情况下，盟军占据了明显的优势，也取得了最后的成功。

罗密欧计划

利用美女诱惑目标来获取情报是间谍活动中屡试不爽的惯用招数，这一手段被东德情报官沃尔夫运用得炉火纯青，甚至还在这基础上不断创新，尝试在情报活动中使用美男计。沃尔夫曾在他的回忆录里写道："为了达到目的，应召女郎主动投入外交官的怀抱，伞尖上涂了毒药，年轻骑士向徐娘半老的西德秘书献上花束。"

使用色诱是沃尔夫开展情报活动的一项重要方式，在他任期之内，曾先后向北约国家派遣过3万之多的特工，通过诱惑那些政客要人来获取重要情报。这一战术在情报战斗中取得了累累硕果，也为东德情报事业做出了很大的贡献。沃尔夫对于自己的这项"创造性举动"显然十分骄傲，在他的回忆录里，他评价自己道："假如将我写进世界间谍史里，我将是利用色诱套索情报的创始人。我是当之无愧的。"

精心准备，"罗密欧计划"浮出水面

在沃尔夫的主张下，情报局精心挑选了一批外形优秀的年轻男子，并由迷人的女教员对他们进行专门培训，在经过培训后参加以色相诱惑目标的行动。这些男间谍因为情报活动的手段特性被人们称为"罗密欧"，他们进行的谍报行动就是"罗密欧计划"，这是东德情报史上最为臭名昭著的情报活动。20世纪50年代正是第二次世界大战刚刚结束，战争中大量士兵死去，导致战后女人多、男人少的现象十分严重。在西德的政府部门或情报机构中有很多三四十岁的女性担任秘书，这是一个庞大的中年女性群体，她们的感情生活并不丰富，对于男性的渴求也就显得很强烈。这样的背景为东德情报部门实施这项计划提供了极为有利的条件，沃尔夫自然就不失时机地利用招募到的"罗密欧"们迎合了这个群体的需要，并以此为切入点开始了一场悄无声息的谍报大战。

"罗密欧"的遴选十分严格，沃尔夫的第一位"罗密欧"出现在50年代初，没有人知道他的真名，直到现在这位间谍的身份依然是个谜。沃尔夫的组织在进行人员挑选时条件十分严格，程序也十分复杂。他们定期到各个省份去物色潜在的间谍人选，重点在党组织、大学或青年组织中进行考察并初步选出100人，经过严格的资料审查和背景分析，能够脱颖而出的仅有10人。这10人在通过资格审查后还要参加面试，能够通过面试顺利留下的人相当少，甚至10人之中仅有一人被选中。

第一位"罗密欧"化名为费利克斯，在被选中加入情报机关的时候，他还是个学习工程学的大学生。沃尔夫看中了这个外形俊美的年轻人，力劝他加入情报部门，就这样，费利克斯成了东德情报部门的一名职业间谍。这位出色的间谍在刚刚开始谍报活动时表现并不成熟，在一次被派往汉堡的任务中，他接到指示去防波堤和一个人接头取情报。事先，他就对地形做了详尽的了解，但是在任务的执行过程中还是出现了一些小的变化：当他下了火车后身后出现了一个穿着灰色大衣的人，职业习惯让他提高了警惕，并小心翼翼地关注着身后的动态。那个灰色大衣在他身后一段距离，始终与他形影不离。可是，后面穿着灰色大衣的人竟然越来越多，他意识到危险后向接头的人发出事先约定的警示暗号，表示行动取消。其实，灰色大衣在当时是流行的穿着，有那么多人服饰统一还跟着他就不显得奇怪了。

这是费利克斯的第一次任务，虽然这一次的表现并不理想，甚至有点儿幼稚，但是却丝毫不影响这位年轻人的成长，此后，他在行动中不断积累经验，终于成为一名出色的间谍。

准备就绪，"罗密欧计划"拉开序幕

1952年，费利克斯因为执行任务的需要移居西德。他接到的任务是获取西德政府的重要情报，并将目标定为阿登纳总理办公室主任格洛布克——之所以锁定他为目标，是因为他是敌视东德的顽固分子，而且他是纳粹分子，如果能够除去他也可以引起西德社会对前纳粹分子在西德政府中任职现象的注意。要完成这个任务，他需要迅速制订行动计划。想要获取政府部门的情报，有两种途径：一是利用适当的机会，自己潜入敌人的内部，成为情报部门在对方组织的一个信息渠道；另一种途径是找到合适的目标并对其实行控制，利用目标的职务之便偷取情报。

第一种途径需要耗费很长的时间去完成潜伏行动，虽然成功后收获会更大，但在时效性上却并不理想。如果实施第二方案，不但能在危急情况下及时地撤离，而且能够让费利克斯自身优越的条件得以派上用场，发挥他作为"罗密欧"的独特作用。就这样，他以推销洗发水为掩护，开始徘徊在离波恩政府大楼最近的公交车站。公交车站是在政府大楼工作的人们回家时必然经过的地方，而费利克斯每天就趁着下班高峰在等车的人群中寻找着机会。

几经周折，他终于认识了阿登纳总理办公室主任格洛布克的女秘书，这名女秘书被东德人取名为诺尔玛。凭着英俊的外表和洒脱的谈吐，费利克斯很快俘获了对方的芳心。两人的感情迅速升温，费利克斯也开始利用诺尔玛男友的身份向她的社交圈渗透。他与她的同事一起打保龄球，参加她的办公室组织的出游活动，与她的同事一起游览莱茵河。费利克斯身为南方人，又是以"罗密欧"的特殊方式进行谍报活动，他的个人魅力和社交能力开始发挥作用——在社交场合，他或是陪着男士举杯畅饮，或是伴着女士翩翩起舞，已然成为身边人群中一个极为受欢迎的人物。就在这时，一件事情顺其自然却又极为突然地发生了。费利克斯没有控制住自己的感情，他爱上了诺尔玛，两人在并不算长的时间内发展出感情，而且已经到了想要结婚的程度。这样的事情虽然在意料之外，却也在情理之中，只是因为费利克斯间谍的特殊身份，这件事情是不被东德情报机构允许的。间谍在执行任务时，往往用的都是假身份，较多的是顶替死人或移居海外的人，而且在西德申请结婚，还要向政府出示他们的出生及洗礼证明。此外，诺尔玛的工作单位属于要害部门，对她的未婚夫的检查也会十分严格。

这样的关系维持了几年，费利克斯的一些行动逐渐引起了西德情报人员的注意。沃尔夫收到安插在联邦宪法保卫局的内线关于西德正在对费利克斯背景调查的报道之后，紧急撤回费利克斯。这个决定不仅让费利克斯意志消沉，更让诺尔玛伤心不已。一切的突如其来让他们猝不及防，不得已也要接受这个现实，这正是罗密欧计划的残酷之处。

费利克斯被撤回东柏林后的很长一段时间里都难以释怀，但是情报部门却不会因为他无法从这种情绪中走出来而停止运转。为了制订下一步行动计划，沃尔夫像一个善解人意的长辈一样与费利克斯喝酒聊天，一边安慰着费利克斯，一边从他那儿获取对下一步行动有帮助的情报。费利克斯告诉沃尔夫，在格洛布克主任的总理办公室里工作的还有一位喜欢享受的中年女人，如果有一位外表英俊、举止优雅的男人能够适时出现，则可以将她作为行动的突破口。

有了第一次的经验，东德情报机构的第二次"罗密欧行动"驾轻就熟。第二位"罗密欧"

名叫赫伯特·泽勒，化名阿斯托尔，因为曾是纳粹党员，所以政治上一直没有很好的发展前途。就在这个时候突然被情报机构选中作为"罗密欧"人选，他欣然接受了沃尔夫的邀请。泽勒来到波恩，立刻找到一份房地产的工作。因为之前是一名业余飞机驾驶员，他又参加了附近的飞行员俱乐部。很快泽勒就找到机会认识了古德龙，即费利克斯提到的那位女秘书。古德龙的工作中有一项是经手西德情报部门头子莱茵哈德·格伦与阿登纳之间来往的备忘录，这对于东德情报部门来说无疑是价值连城的情报资源，因此成功建立泽勒与古德龙之间的关系势在必行。泽勒对古德龙施以猛烈的爱情攻势，很快两人的关系就走到了男女朋友的阶段。古德龙沉浸在恋爱的幸福中，这正是东德情报部门想要看到的。

很快，泽勒收到命令，等待时机以苏联情报军官的名义吸收古德龙为他们工作。沃尔夫和泽勒在为这件事情的进行商量着计划，他们在考虑到很多细节之后做了精心的准备，事情的进行却比预想中要顺利得多——古德龙几乎是没有迟疑就答应了为他们工作。其实，她在平时相处的时候就已经发现了一些端倪，只是对于泽勒的感情让她不愿相信自己的男友是敌方派过来刺探情报的间谍，更不愿相信这段感情只是为了掩盖一场阴谋的华丽演出。这就是爱情使人心甘情愿变成瞎子、傻子。后来泽勒染上了严重的肺病，被召回东德后不久就死去了。这件事对古德龙的打击让她痛彻心扉，以至于后来派往她身边的男间谍都无法成功完成任务。无奈之下，他们只好断掉与她的联系。这一次的行动虽然没有了后续，但是泽勒一人获得的情报已经相当丰富。也因为他对情报机构的贡献，东德加大了对格洛布克的宣传攻势，最终迫使其下台。

以爱之名，"罗密欧"们的谍报阴谋

以爱情之名进行间谍活动，成功策反接触敏感信息的女秘书，这一系列的动作成功地造成了对格洛布克的攻击，这让沃尔夫更加自信，"罗密欧"在谍报活动中也被更加频繁地使用，而他们行动的目标，无一例外的都是那些身居要职的政客要人身边的女秘书。

1979年，西德驻布鲁塞尔北约总部代表团的女秘书英格里德·加尔贝在为东德搜集情报时被发现，这件事情被西德媒体以西德历史上最大的叛国案之名大肆报道。加尔贝的被捕是东德的"罗密欧计划"首次被发觉，因为这些案件的普遍特点是男间谍以感情为幌子来获取情报，报界在报道中开始频繁使用"爱情间谍"这个词。西德查获加尔贝之后，加强了对敌人这种间谍方式的提防，形势变得紧张起来。

严密的管制引发了一大批女秘书的潜逃，作为"罗密欧计划"的女主角，"朱丽叶"们开始成为西方情报界重点的研究对象。通过她们，东德的男间谍的活动方式被人们关注，外界也开始流传各种各样关于神秘的"罗密欧"的传说。男性间谍的攻势如此犀利，以至于北约在布鲁塞尔的总部贴出了标语，呼吁女性职员提高警惕，防止感情被人利用而造成对国家的不忠。媒体对此的报道也十分密集，《图片报》以"为了爱情当间谍的女秘书"为标题刊登了12位为东德工作过的女秘书照片，一份周刊更是以佩戴东德勋章的半裸上身作为封面。情人间谍的计谋让东德人屡试不爽，一次又一次的成功更加坚定了东德人使用"罗密欧"的决心；然而，在间谍案中屡屡受害的西德情报部门则感到了十分大的压力，对方反复使用的计策竟然迟迟未能识破，这是西德情报机构的耻辱。在广大媒体的报道宣传面前，西德情报部门将这些被利用的女秘书们塑造成一群受害羔羊的形象，将她们被人利用、感情上遭到欺骗的经历公之于众。这样的渲染让人们对这些女性的遭遇表示同情，也暂时忘却了国家情报部门的工作不力。就这样，西德情报机关成功转移了大众的视线。

在"罗密欧计划"中，还曾有过一个颇为戏剧化的情节。在"罗密欧"中有位表现突出、

名叫罗兰的男间谍，是安娜贝格市一家小剧院的院长。如同他的工作一样，在进行谍报活动时他也同样有着超高的演技。他的任务目标是引诱一名在欧洲盟军最高司令部担任口译员的年轻姑娘，这位可爱的姑娘名叫玛格丽特，是一个虔诚的天主教徒。因为她平时交际不多，任务难度很高。在罗兰之前，史塔西曾先后3次派人与她接触，却始终不能取得进展。面对她的铁石心肠，罗兰冒充一名丹麦记者，化名彼得森，凭着自己当演员的高超演技和个人魅力终于俘获了姑娘的心。此后他乘胜追击，两人又一起去维也纳参观博物馆，品尝德默尔的咖啡和甜点，去马术学校骑马，进行了一次艺术之旅。两人在一起度过了一个愉快的夜晚，玛格丽特从此成为罗兰的内线，开始向他透露自己参加的会议和北约军事方面的情报。就这样过了一段时间之后，玛格丽特为自己的行为感到懊悔，她告诉罗兰自己必须向一位神父忏悔自己的行为才能做到继续为他提供情报。这时，戏剧化的一幕出现了。沃尔夫安排部下真戏假做地安排了一场忏悔，特工装扮成军队里的牧师，为此还专门学习了丹麦语，改掉了自己的德国口音，最后在一个月朗星稀的夜晚潜入日德兰半岛的一家教堂，接受了这位单纯的小姑娘的忏悔。"牧师"对玛格丽特的行为表示出格外的宽容，并鼓励她继续这样工作下去。

对于这些东德情报机关的"罗密欧"来说，爱情只是一个彻头彻尾的阴谋。他们的目的是对方手中的情报，至于那些因为自己设下的局而无法自拔的女性目标们，他们却不去顾及对方的感受。

在联邦德国外交部担任秘书的赫尔加·贝格尔永远也不可能想到，1966年3月的一天竟然将她原本幸福安稳的生活从此改变。一个化名为彼得的东德间谍在一个咖啡馆引诱了她，慢慢把她拖下水。彼得骗她说自己是英国特工。赫尔加为了爱情，也为了金钱，越陷越深，越走越远，直到案发她一直以为自己是为英国服务。

审判开始了，联邦刑事局告诉赫尔加，彼得只是利用她窃取情报，他也根本不是什么英国特工，而是东德情报机构派遣的"罗密欧"。这一消息让赫尔加几乎崩溃。她不可能想到，自己全心全意付出的10年感情竟然成为一场泡影，而自己竟然在全然不知的情况下为这个自己深爱的人工作了10年！

1977年11月2日，联邦德国迪塞尔多夫法庭判处赫尔加有期徒刑5年。10年的时间就在一场阴谋中匆匆流逝，赫尔加付出了自己人生中最宝贵的10年，等待她的还有5年的牢狱生活。而这一切，都是因为东德情报机构臭名昭著的"罗密欧计划"。

原子弹研制中的间谍战

第二次世界大战是盟军和以纳粹德国为主的轴心国以全世界的多个国家和地区为战场展开的一场影响全球、载入史册的战争。在这场战争中盟军步步为营，从开始的劣势到后来形势上的逆转，让德国人感到自己正逐步走向衰亡。为了挽回败局，希特勒想到了使用原子弹作为秘密武器。如果这一想法成功实现，后果将不堪设想。为此，盟军在开始加紧原子弹研发的同时，也在阻止德国的原子弹研制计划。

1941年10月，英国秘密情报局局长办公室，办公桌后的局长孟席斯神色凝重，愁眉紧锁，身前正放着一份由"王子"传来的军事情报。

"王子"是丹麦军方成立的秘密抵抗活动小组，其行动暗中受到英国秘密情报局和特别行动执行署的帮助与支持。他们在最近的活动中探听到一则非常重要的消息——德国人正在加紧研制核武器。

早在1940年4月，孟席斯对德国威廉研究所进行大规模原子核分裂试验已有耳闻，却没想到德国人这么快就将其应用到核武器制造中。原子弹是一种非常规武器，它的杀伤力将会给人类带来灭顶之灾。希特勒想要通过掌握原子弹来完成他建立纳粹德意志帝国的宏伟目标，如果不及时阻止，后果将不堪设想。

孟席斯知道原子弹威力所能产生的效果之后，坚定了不让希特勒阴谋得逞的决心。于是，一场惊心动魄的间谍战在盟军和纳粹德国之间打响了。

盟军情报部门与作战单位通力协作，彻底粉碎了希特勒的核梦想。在保卫世界人民安危的过程中，盟军采取了一系列行动重创了德国的核武研制计划，当希特勒的纳粹德国已跌入颓势，这一计划的破产使得人类的灾难从此烟消云散。

醉心于战争的希特勒

抽薪止沸，盟军巧夺人才

1942年，"二战"的形势已经出现了新的变化，盟军慢慢掌握了战场上的主动权，德国则处于节节败退之中。然而，战争没有结束，最后的结果就会有各种可能。当时世界各国纷纷投入核武器的研发，因为核武器惊人的杀伤力，使得各个国家都想要掌握这项技术，尤其是纳粹德国领袖希特勒更是希望能领先其他国家，提前将原子弹制造出来，恢复在战场上的强势地位。

如果原子弹被德国研制成功，将是一件十分危险的事情。盟军对德军的研发进度保持着密切关注，英国的情报部门也在商讨阻止德国研发进程的计划。这个计划分为两个方案，首先是摧毁德国人制造原子弹的重要设备及材料，迫使其生产停止。其次，德国在研发核武器的过程中肯定投入了大量的人才，如果能够把这批掌握关键技术的人才策反过来，德国的技术研发就无法继续，整个工程也将陷入瘫痪状态。

就这样，计划的两个方案同时进行。制造原子弹需要相关的设备和材料，特工人员通过谍报活动探得消息，在德国米莫耶克地区的一片开阔地上，有两个巨型的土包正悄悄隆起，在这土包内部，是由5000名技术人员和矿工修建的钢筋混凝土建筑。如此隐蔽的设施，它的存在究竟有什么用途呢？建得如此隐蔽，它的内部又有什么呢？带着这些问号，特工人员向核物理学家请教其中的玄机。经过观察，专家确定了这座建筑物的真实作用——这就是用于原子弹制造的隐体。经过精心策划，突然有一天，巨型土包发生了剧烈的爆炸，其中的建筑物也在这次爆炸中化为废墟……

德国人在制造原子弹时，需要走水路从延斯约湖上运送材料。通过对这一水域的监视，特工们了解到一艘运载重水的德国渡船将穿过延斯约湖。于是，他们在暗中进行部署，渡船底部突然传来一声沉闷的爆炸声，紧接着开始剧烈的摇晃，像是遭到剧烈的撞击一样。爆炸发生在渡船水下的船体部分，随着湖水的涌入，几个盛满重水的圆筒也滚出船舱，沉入湖底……

在人员控制上，丹麦皇家科学院院长、理论物理研究所所长尼尔斯·波尔的一些举动引起了英国情报机关的注意。

英国秘密情报局接到任务，要为"合金管计划"寻觅核物理方面的专家。当时，世界上的几个大国都在进行核武器制造的研究，在这样的背景下，美国人制订了"曼哈顿计划"，英国人也在著名原子能物理学家韦尔奇博士的负责下开始了"合金管计划"，德国希望通过核武器来强大自己的军力，也在投入大量人力物力进行核武器研究。这样的局面使得各个国家开始了核物理方面人才的争夺，英国情报部门受命上级之后，要求韦尔奇博士予以配合，劝说波尔教授加入反法西斯队伍。

韦尔奇博士曾与波尔教授有过几次面交，虽然没有进行深入的交流，却在有限的几次学术讨论中了解到对方在核物理方面有着独特的见地和深厚的功底，彼此之间也是互相敬重。韦尔奇博士知道对方在民族大义面前有着坚定的立场，于是决定以爱国主义感情为突破口说服波尔教授加入自己的"合金管计划"，共同为反法西斯事业努力奋斗。

然而，尼尔斯·波尔教授虽然对于国家受辱、屈服于纳粹德国感到愤慨，却并没有任何强烈的反应。在他身上，流露出浓厚的高级知识分子特有的书呆子习气。一次，他和几位朋友去观看著名演员古雷特·嘎尔波主演的《茶花女》时，无意中聊起了这位著名的演员。一位朋友告诉他，嘎尔波平时非常反感希特勒，并称希特勒是"患有严重精神病的疯子"。这样的说话流露出他对嘎尔波的尊敬之情，却遭到了波尔的不屑："演员的职责就是好好演戏，其他的事情要她管做什么？"波尔醉心于自己的科研事业，一进实验室就对外面发生的事情充耳不闻。

这样的他在接到来自盟军邀约的同时，也是希特勒眼中的香饽饽。正是因为对于政治的不闻不问，让希特勒在拉拢他时有了可乘之机。希特勒认为，只要给波尔教授提供良好的环境和理想的条件，他就会从事研究工作而忘掉其他。所以，纳粹德国一直在资助着波尔的研究活动，并希望他能真正接受邀请，为德国的核武器开发工作。

正是因为这样的情形，英国情报部门加紧了对波尔教授的争取，在情报部门的要求下，韦尔奇博士写了一封邀请信，并在信后附上聘书，托秘密情报局转交波尔教授。这样的信件在当时根本无法通过正常的渠道到达波尔手中，情报局只好通过密码把信发到斯德哥尔摩站，再由站内负责丹麦情报的特工罗纳德·特恩布尔潜入丹麦，将信交给"王子"，由他们伺机送到波尔教授手中。

信件通过密码传过去后，却出现了一个问题。因为信是通过无线电信号传过去再由斯德哥尔摩情报站的人转录在纸上，所以传到波尔教授手上时，这封信已经不是原件了。因为没有见到韦尔奇的笔迹，波尔教授对此并不相信，认为这不过是情报人员设下的一个骗局。

"王子"小组无可奈何，尽管他们为了将信送达颇费心思，但是却没有办法取得波尔教授的信任。这一次的失败，无疑给行动增加了更多的难度。波尔教授一直很自负，他相信德国人没有能力制造出原子弹，而且自己的研究对德国人也起不了什么作用。这种想法显得既天真又可笑：德国人有在比利时的铀矿、挪威韦莫克工厂的重水以及包括波尔教授在内的一大批原子能研究专家，这些被德国人凑在一起，除了原子弹的研制，还有可能是别的什么？虽然德国没有正式宣布在制造原子弹，但是种种迹象却指向了一个方向——德国人的原子弹工程正在紧锣密鼓地进行着。

通过韦尔奇博士拉拢波尔教授的行动落空后，英国秘密情报局开始总结经验，策划下一步的行动。情报部门意识到，要想取得行动的成功，必须具备两个条件：一是传给波尔的信件必须由他的故交好友来写，二是到达波尔手上时信件必须是写信人自己的笔迹。只有具备这两点，才能够满足让他相信的前提。特工人员突然想到任教于利物浦大学的查德威克爵士是波尔在英国最亲密的朋友，于是韦尔奇博士前往利物浦，找到他说明了来意。查德威克爵士在了解情况之后首先感叹了波尔教授的冥顽不灵，然后对国家的安危表示出自己的关切之情。国家当前面临的状况让他义不容辞，随即他就给波尔写了一封信，行文恳切真诚，希望波尔教授能够尽快明白事情的真相，不要一直受到希特勒的蒙骗。他还在信中提到了丹麦已经在纳粹德国的控制之下，建议波尔教授来到英国，加入盟军阵营为人类正义事业做出自己的贡献。

这封信的措辞诚恳而激昂，让人看到了作者诚恳的态度和急切的心情。可是，信件在英国，怎么才能顺利送出呢？这是一件令人头疼的事情，也是整个计划中最为困难的一个环节。最后，情报机关决定将这封信放进一把内部挖空的钥匙，通过英国在欧洲遍布各地的情报网传给波尔教授。就这样，波尔教授终于见到了查德威克爵士的亲笔书信，这一次，他相信了信件的真实性，但让人遗憾的是，虽然他也感受到了英国人的热忱，但是自己强烈的恋乡情结让他不愿离开自己的祖国；此外，他认为原子弹的研究不会在德国的支持下取得重大的突破，更不可能被德国在战争中使用。就这样，面对英国人的第二次邀约，波尔教授又一次给出了拒绝的回复。

波尔教授的回信辗转通过"王子"小组、英国秘密情报局斯德哥尔摩站回到了英国总部。这封信让查德威克爵士大为失望，也让秘密情报局感到为难——如果波尔教授不同意为"合金管计划"工作，他就会继续为德国服务，这样的此消彼长让盟军在战争中的处境越来越危险。

也许是英国人的努力感动了上天，事情的发展竟然在这个时候出现了转机。先是波尔从他的同行那儿听到了德国增加重水需求的消息，没过多久，德国已经开始在丹麦大肆搜捕犹太人。身为一名犹太人的波尔教授，此时已经陷入了恐慌，他自己也不清楚，一直以来接受纳粹德国的资助进行原子能研究是不是真的在助纣为虐……

此时，盟军情报机关再次看到了希望。想要完成与波尔教授接触的任务，英国建设完备的情报网已经没有问题，只是通过这个庞大的网络，最后应该派谁去和波尔教授见面？特工们想了又想，一个名字突然闪过眼前——古雷特·嘎尔波。嘎尔波凭着出色的舞台表演蜚声欧洲，虽然已经40岁出头，但是依然风情万种。不仅是演技高超，她还善于交际，尤其可贵的是她对希特勒也持反对意见，同样不齿纳粹的侵略行径和种族歧视。嘎尔波在盟军情报部门的指导下，在纳粹德国占领的挪威和丹麦建立起地下交通网，协助波尔逃出丹麦的工作自然就落到了她的身上。

嘎尔波接到任务之后找到机会密会波尔教授，向他表明了当前的形势："教授，您一直认为科学技术的不断探索是为全人类服务，并且也一直以此为己任，可是现在的形势难道您还看不清吗？身为犹太人的你看到自己的同胞被纳粹德国残暴杀害难道没有一点儿感觉吗？您爱自己的祖国，不肯离开丹麦，可是德国人为什么要将它占领，是因为丹麦侵犯了德国吗？盟军一直在战场上努力想要遏制法西斯的嚣张气焰，可是在研制原子弹的工程上您反而帮助德国人，您觉得这样做对吗？这样做值得吗？有一天您发明的武器就会被这些残忍的人用来对付那些无辜的人，其中也包括您的同胞，这些问题您想过吗？"

这一席慷慨激昂的说辞让波尔教授哑口无言，他已经陷入了沉思。一直以来的糊涂竟然会有这么严重的后果，波尔教授深深地反省自己，这一次，他已经彻底觉悟了，他决定与纳粹决裂，加入盟军阵营为"合金管计划"效力。这一消息被迅速反馈到英国总部，秘密情报局当机立断，指示嘎尔波与"王子"小组配合，将波尔教授送出丹麦。

于是一场精心准备的撤离行动开始了。1943 年 9 月一个秋高气爽的星期天，波尔教授带上全家，收拾好行李，准备全家到哥本哈根北边靠海的一座小山上去秋游。波尔教授不太娴熟地驾车，在山路上一直颠簸，终于到达了山下的海滩边——按照约定，在这里将会有人在这儿接应，送他们去瑞典。

山上的游客渐渐稀少，马上就要天黑了。这时，海滩东面走过来一位渔民，他的脸被海风吹成了紫黑色，他漫不经心地在海滩边闲逛着。这位中年渔民向波尔教授一家打了个手势，然后又继续走着。波尔教授明白过来，立即让全家人保持一段距离跟在后面，一直走了半个小时，他们走进了一个小小的港湾，一个不留神，渔民不见了。

过了一会儿，渔民又突然出现了。他自我介绍是"王子"小组的一名通讯员，并引导他们上了一艘黑色的小型渔船。这位通讯员原本是渔民出身，驾船摇橹也就手到擒来了。

又在水路走了一段时间，终于到达了瑞典。他没有想到，前来迎接他的人竟然是古雷特·嘎尔波。

"波尔教授，你是位大科学家，"嘎尔波笑道，"你曾让我好好演戏。"

教授听得云里雾里，嘎尔波接着说："我听别人说你知道我骂希特勒后说过……"

这时他终于想起了当时他不屑嘎尔波对敌人的憎恨，脸也就不由得红了起来。当晚，波尔教授和嘎尔波痛饮时才知道，原来帮助他成功逃脱的人竟是眼前这位风姿绰约的女人，对她也就刮目相看了。

1943 年 10 月 1 日，波尔教授的同事们发现他没来上班，事先也未提到过任何原因。过了不久，他弃置山下的汽车又被德军发现。德国人意识到，波尔已经离开丹麦了。

波尔教授的"跳槽"造成了德军和盟军两方面势力的此消彼长，德国因为缺乏关键的专家原子弹研制停滞不前，而英国的"合金管计划"却如虎添翼。英国人一招釜底抽薪，让德国人的原子弹计划就此搁浅了。

"秃鹰"展翅，啄破纳粹核梦想

黄昏中的格拉茨古城堡显得格外的宁静。一百多年前，法国元帅亚历山大·麦克唐纳摧枯拉朽般将这座城市夷为平地，仅留下一段残剩的城墙和一座钟楼。在城墙的边上倚靠着一名间谍，虽然很少有人知道他的名字，但是他却以自己的行动载入了历史。此刻，他正在沉思——或许已经有什么精妙的计划已经在他的脑子里产生了。

这名间谍 1896 年出生于格拉茨，奥地利第二大的城市。他的家庭是一个望族，因为族徽是一只鹰头狮身、长有翅膀的怪兽，所以"秃鹰"就成了他的活动代号。他的名字叫保罗·洛斯伯德，"二战"期间，受到英国情报机关的雇用以斯普林格—韦拉格出版公司科学顾问的身份潜伏在德国。借助身份巧妙的掩护，他编织了一个包含许多德国科学家和军队技术人员在内的社交网，为盟军成功阻止纳粹核武器研制收集了许多德军的绝密情报，在破坏德军核计划方面起到了重大的作用。也因此，他被人们称为"啄碎纳粹核梦想的秃鹰"。

因为自己供职德国科学界一流的出版机构，他能通过工作的关系结识很多欧洲著名的科学家。他的任务是向大学和研究机构的科研人员约稿，经过汇总后送交杂志社。在约稿的过程中，他走遍了许多顶尖的大学和优秀的研究所。因为有着较强的沟通能力，他也和许多科学家、学者成了朋友。这样，不仅他来约稿没有任何困难，而且还受到教授们的欢迎。

在社交圈子中，他的角色处于一个很特殊的位置。同时身为欧洲科技及学术团体顾问的他虽然职位并不重要，就像自己形容的"满池鲤鱼中的一条梭子鱼"一样，却能很好地掌握当时德国的科学发展动态。

20世纪20~30年代期间，许多犹太血统的科学家在核物理方面的研究让德国处于世界领先地位。保罗深知如果研究的成果被希特勒掌握，对于人类文明将产生毁灭性的影响，因此，他决心凭自己的力量阻止纳粹德国核工程的进度。他利用自己在工作时的机会将一些德国科学家在核领域的最新发现和前沿动态传达给英国情报组织，又劝导德国物理学家不要为德国服务，帮助他们逃离德国。从两方面不断削减德国在核研究上的实力。

1938年12月22日晚，柏林化学研究所的奥托·哈恩教授给保罗打来电话，对他说了一个令人振奋的消息——他的实验又出现新的成果了。这个实验证实了铀原子在低速中子的撞击下会产生一种新元素，虽然他没有认识到已经电离出原子，但他已经发现了重要的核作用。

保罗的情绪也被哈恩教授所感染，心中激动不已。凭着他多年和核科学打交道的经验，他判断这将是一次改变人类历史的伟大实验。于是，他将消息告诉了英国的利瑟·迈特纳。迈特纳接获保罗传来的实验报告，对实验进行了计算。他得出了一个结论，哈恩进行的实验比历史上任何一次实验所释放的能量都要多出很多。

保罗是最先知道哈恩的实验成果的，通过迈特纳对于实验的注解，他敏感地意识到这次实验的成果对于核武器的研究、原子弹的制造具有前所未有的推动作用，用"人类核物理历史上突破性的进展"来形容这次实验都不为过。这个结果如果被纳粹德国获得，希特勒将必然实行技术封锁，届时整个实验取得的成果就只为德国掌握。核科学的垄断最直接的后果就是导致世界上各个国家核技术发展水平的不均衡，因为涉及大杀伤力武器的制造，保罗认为更加不能让这种垄断发生。他想到了尽快让全世界分享这份实验成果的深远意义，于是加快了行动的速度。

保罗已经复制了哈恩的手稿，希望能在短时间内引起全世界核物理学界专家学者的注意。果然，没过多久一位英国科学家对他的资料产生了浓厚的兴趣。这位科学家，约翰·道格拉斯·科克劳夫凭着自己的研究项目和成果，在核物理学界有着很高的声誉。他曾在1931年和埃纳斯特·沃尔顿一起研制成60万伏的加速器，是世界上第一台粒子加速器。因为哈恩的实验与他所研究的方向十分接近，他对击碎最重要元素——铀非常感兴趣。科克劳夫在迈特纳宣布了奥托·哈恩的实验结果后，马上与利瑟·迈特纳取得了联系。此后，科克劳夫在1939年2月13日收到了迈特纳寄来的信件，并详细阅读了关于实验结果的解释。已有的资料并不能让科克劳夫满足，他再次向迈特纳发出请求，希望能够更多地了解哈恩的实验。就这样，迈特纳向他介绍了保罗，并委托保罗携带详细资料去英国同科克劳夫见面。

1939年3月10日，保罗与科克劳夫按照约定在伦敦阿特纳奥餐厅会面。两人坐定之后就立即进入正题，保罗便开始向科克劳夫介绍德国核裂变实验的结果。保罗向科克劳夫介绍了许多科学家的实验结果，如：达勒姆的凯泽·威廉物理研究所的原子能是否实用的实验；又如，维也纳放射性研究所威利巴尔德·延奇克和弗里德里希·普兰库尔做的验证电离原子的能量工作原理的实验等。这些都是哈恩未曾披露的实验，保罗却能毫无保留地向他展示，这种建立在为全世界各方科学技术精进平等发展上的共享精神让科克劳夫为之感动。事后，保罗又同意了科克劳夫提出的定期向他通报德国最新研究进展的要求。借这一举措，德国与盟军之间科技发展不平衡的态势将被打破。

通过获取保罗向国外传出的核技术研究成果，其他国家的研发速度得到提高，德国也意识到自己在原子能研究上并不比英、法、美研究机构快。为此，一些德国科学家联名以德国核物理学会的名义向德军统帅部写了一封信，呼吁德国军方给予核物理研究足够的重视，并在科研过程中提供有力的支持。

这封信件到达德军统帅部后，立即得到了军方的重视。柏林政府在 5 天之后召开了一个严禁旁听的秘密会议，会议主要讨论了德国原子弹研制工程所涉及的一些问题：研发过程中对相关技术的封锁以及铀储备秘密的保守。得到了军方的大力支持，原子能技术的发展也受到重视，核武器的研发也得到了德国最高统帅部的推动。

德国人对于自己的原子规划有一个贯穿战争全过程的安排，在这个规划中，合适的核原料是影响制造原子弹速度最为关键的因素。在制造原子弹原料的选择中，钚是其中最为理想的元素，如果能够对这种元素进行精确的鉴定，原子计划的实施将取得重大的突破。鉴定钚元素的重任由负责德国原子计划的挪威籍德国科学家海森贝格带领他的同事承担，而他们在这个环节的判断是否正确，直接决定德国是否能够在 1945 年拥有原子弹。

对钚的鉴定工作如此重要，使用它制造原子弹的难度也要低不少，所以寻找一位这方面的专家成了当务之急。当时的德国虽然在核技术的各个领域人才辈出，但是对钚元素有正确理解的却只有物理学家弗里茨·豪特曼斯。这个信息由德国海军军械部的负责人卡尔·韦策尔将军获得，他将豪特曼斯关于钚元素的研究报告发给了帝国研究协会负责人鲁道夫·门采尔教授——整个原子计划由德国军方和帝国研究协会合作进行，军方主要负责资源的调度和信息的获取，而最终技术方面的话语权则由帝国研究协会掌握。正在门采尔教授阅读豪特曼斯研究报告、并准备做出决定是否采纳这位科学家的方案时，保罗了解到了这则消息。他不失时机地给门采尔教授写了一封信，暗示豪特曼斯曾长期在苏联工作，他的可信度不高。这封信果然对门采尔的判断产生了影响，原本很赞同豪特曼斯方案的他于 1942 年 2 月 31 日给韦策尔做出了回复："当前德国科学方面所进行的实验和研究几乎都是在政府的规划下为战争目的而进行，这样的敏感信息一定不能外泄，因此，利用苏联人是一个不明智的决定。"

就这样，门采尔教授意见明确地否定了韦策尔将军关于钚元素的研究计划。他无法信任去过苏联的科学家。这样，钚元素在德国核计划进程中又一次被忽略掉了。与此同时，保罗已将豪特曼斯从苏联带回的钚研究报告复印并交给英国情报部门。英、美和德国在原子能研究上的方向从这里开始出现分歧，海森伯格试图研制出一种体积小、零动力的无钚"铀机器"，但是受到当时技术条件的制约，这一项目最终也未能成功。

德国的原子弹计划最终于 1942 年 6 月 4 日宣告失败。这其中，保罗的"秃鹰行动"起到了举足轻重的作用——因为保罗成功地向盟军传送德国在核技术方面重要的实验结果，使得盟军在原子能计划上提高了研究产出速度；在原子弹制造材料上对德国巧妙地误导，又使纳粹在最关键的一个环节做出了错误的选择，从而导致了德国整个计划的失败。

国徽里的秘密

1933 年 11 月 15 日，苏联与美国正式建立外交关系。从这一天起，世界上的两个超级大国就开始了明里暗里的较量——两国在保持着正常外交关系的同时，也一直未间断彼此之间的情报搜集工作。克格勃特工便从未停止过对美国驻苏联大使馆的监听与监视。

"飞燕"探路，知悉美使馆要害所在

美国大使馆是苏联境内最为重要的情报刺探对象。美国在与苏联的外交沟通中，其大使馆发挥了重要的作用。通过驻苏大使馆，美国了解苏联国内的情况，并在此传递对苏联的最新外交措施，而苏联针对美国做出的反应，也都是从这里传回华盛顿的。大使馆是本国设立在对方的一个信息枢纽，其作为情报窃听对象的重要性不言而喻。为了能够成功渗透到美国大使馆内部，克格勃开始实施各种方案，其中包括向美国使馆放飞"燕子"——克格勃的职业"燕子"们装扮成国家芭蕾舞剧院演员，以闭月羞花的美貌打通了与美国外交官之间联系的通道，并长驱直入他们的卧房。

"燕子"们的行动得到了使馆门口负责守卫的苏联女兵从外部的积极策应，女兵们也不断向热情潇洒的美国男士投去热烈的眼神。里应外合之下，"燕子"们探明了美国大使馆内部的人员配置和机构分布，克格勃从而了解到顶楼是美国使馆的要害位置：会议室、武官处、密报室及大使办公室都设在顶楼。

运筹帷幄，克格勃寻找出手时机

路已探明，缺的就是一个有利的出手时机。为此，克格勃的工作人员一边耐心地等待着，一边积极地寻找着机会。

1945 年 2 月，世界三大政治巨头斯大林、罗斯福和丘吉尔在雅尔塔会面。这对于想要窃听美国使馆机密的克格勃来说，是一次绝佳的实施良机，而唯一要解决的问题，就是布下一个什么样的圈套，能够顺利地让美国大使进入圈套之中。2 月 9 日，苏联宣布在黑海之滨举行"阿尔台克全苏少先队健身营"开营典礼，并以苏联少先队员的名义向罗斯福总统及丘吉尔首相发出光临典礼的邀请。请柬表达了对两位政治家在战争期间对苏联人民帮助的谢意，其中词句优美动听且句句真诚由衷，让人感受到少先队员们那诚挚而纯真的心灵。这样的文字让人感受到其中的真挚感情，几乎不容拒绝。克格勃预想，美国人一向宣扬平等与博爱，来自孩子们的邀请又是这么情真意切，这一邀请绝对不会遭到拒绝。同时，受到邀请的美国总统和英国首相都在忙于处理政务，自然不能抽身前来。这样的情况下，最可能应邀而至的非两国驻苏大使莫属。结果，事情的发展全在苏联特工的料想之中，美国大使卡里曼与他的英国同行果然如期来到黑海之滨出席开营典礼。

典礼开始，乐队奏响了美国国歌，苏联少先队员用英语合唱美国国歌，把开营典礼带入了高潮。孩子们稚嫩的歌声是那么美妙，卡里曼大使此时已经完全卸下防备，毫无警惕地陶醉其中。这个时候，4 名苏联少先队员将一枚精美绝伦的巨大木质美国国徽抬到了卡里曼大使面前。斯大林的私人翻译瓦列里·勃烈日科夫马上上前向贵宾们介绍这枚做工精美的国徽：它不仅做工细腻，雕工了得，而且用料更是相当讲究——国徽由名贵的紫檀木、黄杨木、红杉木、柔美棕、波斯帕罗梯木、红木及黑木拼装而成。美国使馆的贵宾们显然是折服于这件精美的艺术品了，情不自禁地赞道："天哪，我简直不敢相信自己的眼睛。

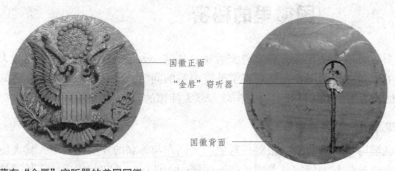

国徽正面

"金唇"窃听器

国徽背面

我把它放哪儿最合适呢?"这时,勃列日科夫不失时机地接过卡里曼的话:"就把它挂在你的办公室,英国人肯定会嫉妒得发疯。"

藏有"金唇"窃听器的美国国徽

这个藏有窃听器的美国国徽在美国驻苏联大使馆办公室悬挂了8年时间,陪伴4位美国大使度过任期。

就这样,美国人在苏联特工的安排下将这枚国徽抬进了自己的使馆,并且把它摆在了大使办公室里。美国人不知道,这枚精致的国徽内里,其实暗藏玄机……

"金唇"行动的核心——国徽里的秘密

1943年12月17日,当时的克格勃领导人贝利亚向斯大林报告说,针对美国使馆专门设计的窃听设备已顺利通过检验,其性能"无与伦比",功效"令人称奇"。这种精巧的窃听器有着一个神秘而贴切的名字——金唇。它不需要任何外部电源驱动,因而不会被反窃听设备捕捉到任何信号。这种利用微波震荡原理设计制造的窃听器代表了当时世界顶级水平。"金唇"的外形像一个小蝌蚪,它可以接收到300米内大耗电量振荡器所发出的微波脉冲,它的使用寿命可以无限延长。根据窃听器的名字,这项持续了8年的监听行动也被命名为"金唇行动"。

苏联克格勃将微波振荡器和蓄电池安装在美国大使馆对面的居民楼的顶层,并将那里的居民全部换成克格勃的工作人员。苏联人有在阳台上晒毯子和被褥的习惯,每逢星期天,伪装成家庭主妇的克格勃女间谍就在阳台上抖落地毯和被褥。这样,灰尘般的窃听器就洒落在美国大使馆的大院内。

但是如何把"金唇"安放在美国大使馆的办公室内呢?克格勃特工想尽各种办法,还是没有达到目的。他们曾策划一场火灾,但是假扮成消防员的特工没能混进卡里曼大使的办公室。后来,克格勃的领导决定将窃听器藏在礼品中送给美国大使。二十几种木质和皮质的工艺品出现在克格勃的会议室,有黑檀木制成的盾牌,两米长的猛犸象牙,瑞典国王送给尼古拉二世的象牙电话机及用象牙骨制成的一米高的纸篓,等等。经过精心挑选,克格勃高官最终选择了用名贵木材制成的美国国徽。因为国徽对大使馆的意义非常重要,一定会得到重视而不会轻易扔掉。于是,就有了少先队员献礼的那一幕。

果然,在美国大使馆顶楼的大使办公室里,这枚美国国徽悬挂在墙上竟长达8年时间。

在这8年的时间,美国驻苏大使人员更迭,随着大使的上任和卸任,国徽送走了4任美国驻苏大使。每一位新大使到任后都会将办公室内的陈设重新布置。从墨水瓶到地板几乎全部更换一新,只有这枚国徽自卡里曼大使将其悬挂之后便再未被移动过——不仅如此,甚至办公室的家具色调还要做相应的调整,以求达到与国徽相配的目的。

谁也没有想到,就是在这精美的国徽里面,竟隐藏着一个连接使馆外部的信息通道!通过它,美国使馆里的声音被传送到守候在外边的苏联特工那儿,让他们在悄无声息中掌握着美国大使的动态，而这一切的发生，美国使馆里面竟然毫无察觉。

"金唇"的秘密直到1960年5月苏联击落美国U-2高空侦察机后，才被华盛顿公之于世。对于美国中情局而言，发现"金唇"窃听器是始终没有勇气公开的耻辱。时至今日，"金唇"仍旧陈列在美国中情局的博物馆内。它在当时的间谍活动中达到了他国无法企及的高度，美国特工和英国特工曾多次试图制作同样的窃听器，但都是枉费心机，"金唇"的秘密技术无法破译。

克格勃巧偷"响尾蛇"

间谍的目光不止停留在军事情报上，更时刻觊觎着敌方最新的武器装备。冷战期间的间谍史上有一桩趣事，克格勃偷了一枚德国响尾蛇导弹，这成为轰动一时的间谍事件。这项任务是由一个三人小组完成的，小组的成员分别是约瑟夫·林诺斯基、曼弗列德·兰明格和沃尔夫·戴瑟德·诺普。

约瑟夫·林诺斯基是波兰人，他是一个经验丰富的开锁匠，精通溜门撬锁。1941年，他被纳粹分子逮捕并投入奥斯威辛集中营，在那里受尽非人的折磨。幸运的是，他奇迹般地活了下来。1951年，林诺斯基向波兰驻柏林的军事代表申请到华沙探亲。获得批准后，他来到华沙，波兰的情报部门发现了他的开锁技能，于是把他吸收到情报机关工作，然后让他回到联邦德国做间谍。当时波兰情报局受苏联克格勃控制，因此也可以说林诺斯基成了一名克格勃成员。

曼福列德·兰明格是联邦德国的一名建筑师，他本来是一个花花公子，追求刺激的生活，最大的爱好就是在纽伦堡参加汽车大赛。1963年，林诺斯基遇到他之后，觉得他肯定对充满刺激和危险的间谍生活比较感兴趣，于是把他吸收到克格勃做情报工作。后来，兰明格成为三人小组的领导。

沃尔夫·戴瑟德·诺普是联邦德国策尔空军基地第74"星式"战斗机中队的一名33岁的飞行员，他对空军基地的武器装备情况了如指掌。他是由兰明格介绍进入克格勃的。1967年2月，兰明格在戈尔施塔特的一个俱乐部里玩牌的时候认识了诺普，两人都喜欢追求刺激、有趣的生活，趣味相投，不久成了无话不谈的好朋友。诺普在当地的骑马俱乐部中没有被选为书记，他为此耿耿于怀。兰明格就建立了一个和那个俱乐部唱对台戏的俱乐部，让诺普当主席。

三人小组，初建奇功

诺普常常嘲笑策尔空军基地的保卫工作太差，他对兰明格说："任何一天晚上，你都可以随便进去，偷走一架'星式'战斗机。"这一情报被兰明格传入克格勃总部后，克格勃认为可以利用诺普这个棋子偷点儿东西。

莫斯科方面给了兰明格一大笔基金，让他尽量满足他的朋友诺普的要求。兰明格知道，除了飙车和骑马之外，诺普最大的兴趣就是女人。于是，兰明格在纽伦堡给诺普租了3套奢华的公寓，这些公寓都是让他寻欢作乐的场所。对这个飞行员来说，只要给他提供刺激的行动计划，并保证他过上奢华的生活就行了，根本不用对他进行讹诈或设下圈套。诺普没有什么爱国心和民族责任感，刺激而有趣的生活对他来说才重要。因此，当兰明格向他说明自己是克格勃间谍时，他觉得很酷。当兰明格问他愿不愿意加入时，他毫不犹豫地同意了。从此，林诺斯基、兰明格和诺普成立了一个三人小组。

1967年春天，克格勃已经在诺普身上花了不少力气和金钱了，兰明格想看看他的本事，于是给他安排了第一项任务——搞到一套能够进入策尔空军基地的通行证。诺普果然很有办法，很快完成了任务。林诺斯基凭着这些通行证进入策尔空军基地。这个波兰人凭借开锁的技巧进入了一个绝密的库房，偷到了一个利顿LM Ⅲ型导航仪。这个导航仪是当时西方同类仪器中最先进的一种。三人将仪器偷出之后，藏在一批超短裙货物中，偷偷运到莫斯科。

这个间谍小组的"业务水平"是不容置疑的，克格勃领导对他们的表现很满意。不久之后，三人小组再次接到指示，从汉诺威的一次工业展览会上偷走一个惯性制导巡航仪。这个仪器价值10万美元以上。在三人的默契配合下，这个仪器被神不知鬼不觉地运到了苏联。这项任务的完满完成再次证明了诺普的人际关系和林诺斯基在开锁方面的技术值得信赖。

1967年3月，莫斯科位于卢比扬卡广场一侧的克格勃总部内，科学技术局（克格勃内专门窃取先进技术的部门）的负责人奥涅金刚刚被上司训斥了一顿，他皱着眉头，烦躁地在办公室内来回走动。他的耳边还回荡着上司的严厉斥责："……去年8月，有人明目张胆地偷走了我们生产的米格-21，可你们连颗美国的螺丝钉也没搞到！"奥涅金暗暗发誓，一定要搞到西方国家最先进的武器！他决定让潜伏在联邦德国的三人小组偷一架完整的"鬼怪式"飞机。三人小组屡建奇功，有很大希望能完成任务，想到这里，满面愁云的奥涅金露出了一丝难得的微笑。

当时，策尔空军基地已经订购了80架先进的F-4E战斗机，几个月内就会运到。F-4E是F-4"鬼怪"战斗机的最新改进型，最大作战半径为1200公里，装有多种先进设备。莫斯科方面让三人小组隐蔽待命，伺机行事。

一天下午，兰明格正琢磨着行动计划，诺普突然兴兴冲冲地闯了进来。"嗨！曼福列德，告诉你一个好消息。"诺普异常兴奋地喊道。紧接着他就滔滔不绝地说了起来……原来，第74战斗机中队新近装备了一批AIM-9E"响尾蛇"空空导弹。"响尾蛇"导弹是一种近距格斗空空导弹，由美国雷西昂公司、福特航空通信公司和雷诺公司联合研制。AIM-9E是AIM-9B的改进型号，是联邦德国空军使用的最先进的空空导弹。该导弹的热电制冷硫化铅探测器使其导引头的跟踪角速度提高到每秒16度，导引头视角则达到40度。此外，它还采用了全新的电子元件和引信系统。这些改进措施使"响尾蛇"导弹的低空攻击范围大大增加。飞行员出身的诺普当然知道AIM-9E的价值，所以才急不可耐地把这个情报告诉了兰明格。

"曼福列德，你觉得弄枚导弹怎么样？我认为照咱们的水平应该不成问题。我们只是顺手牵羊，不会影响偷飞机的事。"天生爱冒险的诺普为这个想法感到异常兴奋，满怀希望地看着兰明格。

兰明格同样喜欢做冒险、刺激的事情，他经过短暂的思考之后，觉得这件事肯定能给远在莫斯科的领导们带来不小的惊喜。于是，兰明格领导的克格勃小组没有请示上级，就擅自制订了偷窃"响尾蛇"导弹的计划，并立即开始了准备活动。这一鲁莽的决定，导致三人身份暴露，最终被捕入狱。

1967年9月，联邦德国策尔空军基地。温暖的阳光慷慨地洒向大地，警卫们则懒洋洋地靠着墙晒太阳。离他们 200 米远的跑道上静静地停放着一架 F-104G"星"式战斗机，几名军械师正紧张地为其挂载 AIM-9E"响尾蛇"空空导弹。

这时，一个中年男人在跑道附近的杂草丛中鬼鬼祟祟地猫着。他中等身材，其貌不扬，上身套着一件不太合身的基地工作服。此人就是撬锁专家——约瑟夫·林诺斯基。他先对导弹库的周围环境进行了观察，然后乘人不备溜到库房，仔细研究了各道门锁的情况。

诺普为了行动方便，给林诺斯基搞到了一张可接近导弹仓库的通行证。此后的几天内，林诺斯基和诺普几乎走遍了策尔基地的每个角落，窥探其保安措施和相关情况。

机会终于来了。由于策尔基地老鼠泛滥成灾，严重影响到官兵正常的工作和生活，因此基地决定在 10 月 7 日的晚上展开"全军灭鼠运动"，统一投放毒药消灭老鼠。为了防止警犬误吃了老鼠药，当天晚上所有的狗都要关起来喂养。因此三人小组可以趁机出入基地而不必担心那些警惕性极高的猛犬。这天下午，林诺斯基先拿着通行证进入基地。诺普把他藏起来直到天黑。天色擦黑之后，诺普偷偷摸摸地溜到了环绕基地的围栏旁，迅速剪开一块事先选好的铁丝网，然后把它松松地装回去。在夜幕的掩护下，如果不认真检查，根本看不出铁丝网已经被人动了手脚。

这是一个没有月亮的秋天的夜晚，夜色阴沉，伸手不见五指。喧闹了一天的策尔基地的官兵已经进入梦乡，而三人小组却打起精神，开始行动。诺普把林诺斯基从隐藏点接出来，两人像猫一样迈着轻快的步子，悄无声息地摸向了导弹仓库……正当他们走近库房大门的时候，突然，一道明晃晃的光柱从后面直射而来。走在前面的林诺斯基被发现了，他心里"咯噔"一下，知道遇上了麻烦了。他毕竟是经验丰富的老间谍，随即面对墙壁，装出解手的样子。

拿手电的警卫发现林诺斯基穿着基地的制服，但是没有放松警惕，问道："老兄，你躲在这儿干什么？"

"我喝的啤酒太多了，我想……想方便一下，刚才我……"林诺斯基答道，同时迅速从背包里取出个小酒壶，把里面的黑啤酒全倒在了大腿上。警卫顿时闻到一股酒气，看着眼前这个神志不清的醉鬼，无可奈何地摇了摇头，转身离开了。

警卫的背影渐渐远去，消失在沉沉的夜色中。林诺斯基定了一下神，赶紧掏出撬锁的工具，迅速打开库房大门。诺普随即赶到。进入仓库后，他们才发现所有的"响尾蛇"都被牢牢锁在了托弹架上。诺普知道，克格勃需要的是位于导弹前端的导引头，而不是体积庞大的推进系统（即弹体），但是他们俩谁都不会拆导引头，只好把这个庞然大物偷走。林诺斯基立即采取行动，敲开一枚导弹的固定锁。他们费劲地把长 3 米，重达 74.5 公斤的"响尾蛇"导弹整个地推出仓库，锁好大门，并擦去门上的所有指纹。

当他们将导弹运到铁丝网的缺口处时，看到那里停着诺普的马帝拉塞牌汽车，兰明格已经等候多时了。3 个人齐心协力把这个"响尾蛇"装上汽车。由于弹体太长，马帝拉塞汽车根本装不下，诺普只好忍痛把后车窗的玻璃打破，让弹头伸出车外。然后，他们找了块毛毯，把伸在外面的直径 15 厘米的弹头包裹起来。

一个小时后，诺普的马帝拉塞车已经离开策尔空军基地，奔驰在宽敞的高速公路上。一路上，兰明格总觉得这辆用破毯子做伪装的"导弹运输车"实在太惹眼了。他心里不踏实，心想："如果是白天上路的话，一定会有许多人向我们行注目礼！"

经过 300 多公里的长途跋涉，他们来到了小镇克雷斐尔德的一座公寓。这是他们为这次行动事先租下的。他们把导弹从车上卸下，然后把它分成两部分，分装在两个大木箱中。为了掩人耳目，诺普还在箱子外面贴上了"商业样品"的标签。事后，诺普以最快的速度赶回了基地。而兰明格和林诺斯基继续驱车，前往一个叫杜塞多夫的机场。在那里，他们俩办好了将木箱经哥本哈根运往莫斯科的托运手续，兰明格本人则乘坐飞机前往。

但是，当兰明格飞抵莫斯科后，他大吃一惊，那两个宝贝箱子竟然失踪了。兰明格一下子紧张起来，如果有人打开箱子，就完了。他立即飞回德国，查看究竟是哪个环节出了问题。原来，木箱被送到哥本哈根之后，又送了回去，因为货物单据上有一处填写错误，机场人员客气地请他把漏写的详情填好。经过好一通折腾，"货物"终于送到了莫斯科。

收到三人小组的"礼物"，莫斯科领导果然是又惊又喜。虽然苏联科学家早在1958年（一说为1959年）就根据初期型"响尾蛇"导弹仿制了AA-2"环礁"近距空空格斗导弹，但这种冒牌"响尾蛇"的性能毕竟大打折扣了。而现在，一枚最新型的"响尾蛇"导弹竟然摆在苏联人面前。奥涅金看到这枚"响尾蛇"之后激动得半天说不出话。兰明格小组的此次行动确实为克格勃挣足了面子，因此总部特地奖励该小组3.4万美元"活动经费"。

然而，这次神不知鬼不觉的偷窃行动还是露出了破绽。就在"响尾蛇"导弹失窃后不久，一个在基地服役的外科医生在摘野菜的时候，沿着基地周围的栅栏散步。他意外地发现了那块被割开的铁丝网，立刻将此事报告了有关部门。经过迅速检查，基地很快发现一枚"响尾蛇"导弹被窃。经过调查，联邦德国谍报机关把诺普列为头号嫌疑人，并立即逮捕审讯。诺普原本是个花花公子，虽然胆子大，却经不住考验，没等用刑就供出了另外两名同伙。三人小组被一网打尽。三人均被指控犯有间谍罪，其中诺普被判刑3年，林诺斯基则被判了4年，兰明格因为是小组长，被判了7年监禁。

大多数人都认为这是一次"捡芝麻丢西瓜"的间谍行动。如果他们不是急于偷导弹而暴露身份，也许已经成功偷到一架最新式的"鬼怪式"战机了。

克格勃虽然对兰明格自作主张的行为不满意，但是也没有放弃他。1971年8月，苏联用6名因政治罪而判长期徒刑的联邦德国人换回了12名东方阵营的间谍，兰明格就是其中之一。

高酸铅盐行动

自建国以来，以色列一直谋求发展自己的核武器以应对随时可能发生的危机。到了20世纪60年代中期，以色列的国家安全依然存在隐患，国防工作面临着极大的挑战。1956年，以色列在法国的帮助下建立起了核反应堆，但后来法国停止供应核原料导致计划受阻。为了完成已经开始的核武研发，以色列情报组织策划了两次行动，盗运为欧美等国原子能机构禁运的铀。最终计划成功，原子弹也得以成功制造。

寻觅机会，以色列想要成为核武之国

核武器的研发在当时几乎是全球的一种趋势。美国在世界上首次使用核武，于二战即将结束时将两颗原子弹投向了日本的广岛和长崎，其巨大杀伤力得到充分验证。随后，美苏两国开始了马拉松式的核竞赛，各大国也竞相开展核武器研究及实验。两个超级大国的核武库中弹药充足，储备的核弹头产生的威力足以将地球毁灭数十次，足见当时核武发展之热。然而，具有如此强大威力的武器在美国对日本投放之后，却鲜有国家再次使用。一位核物理学家曾感慨地说道："曾几何时，核爆炸的轰鸣成了这个星球上最强硬的外交语言。"核武器的威力让人们并不敢轻易将其用于实战，它的存在意义远大于其实战意义。

大多数国家谋求试制核弹、掌控制造技术，主要是通过这一终极力量的掌握达到威慑他国的目的。

拥有核武器具有如此深远的战略意义，这让以色列也在积极谋求成为核国家。当时的国际形势复杂而多变，周边国家的军事力量提升使得防务压力不断加大，进入50年代后，美国、法国等为了自身利益和经济原因纷纷同埃及建立了友好的外交关系。不仅如此，对西方盟国的不信任也让以色列感到紧张。中东地区是一个资源丰富的地方，为了提供国家发展的动力，西方各国一直与阿拉伯世界的各国保持着良好的双边关系，为此，美国甚至实施了对以色列的武器禁运，不同意为以色列提供核保护。眼见国家安全的形势日趋严峻，以色列政府更加强烈地感受到拥有核武器的必要性。核武器的研制是一项大的工程，其中衍生出来的其他应用还可以为国家的发展提供有力的支持，这对国土狭小、国境贫乏、人口也很稀少的以色列来说，是一件很理想的事情。同时，作为国家威慑力的实质性存在，一旦拥有核弹，意味着一个国家在世界上的真正独立。以色列处于阿拉伯国家的重重包围之中，为了能够在这残酷的生态环境中屹立不倒，原子弹是以色列必须掌握的一张"王牌"。

当时，世界上仅有美国、苏联和英国三个国家拥有原子弹，而法国也只是1952年年底才刚刚提出发展核武器。这些国家都对作为特级机密的核技术采取了垄断措施，对秘密严防死守，确保不会外泄，想要与之达成合作是件很困难的事。以色列对于核武器的需要非常之迫切，一直在寻找机会获取制造核武器的技术。1953年，也就是以色列建国后第四年，内阁就成立了原子能委员会，委员会由8名成员组成，化学家厄恩斯特·戴维·伯格曼担任这个机构的主席。伯格曼作为这个项目的领导人，有着丰富的履历。他30年代曾移居巴勒斯坦，在研究癌症和其他课题的同时，还兼任着国防部科学机构的负责人，同时又是发展核武器计划的主要支持者之一。

苦于没有机会发展核武器的以色列终于在等待中看到了一点点转机。为了能得到使用原子能的机会，以色列政府在和平使用原子能协议上签字。在这样的背景下，美国将其"原子能和平利用"工程中的一座5兆瓦的用于研究的小型核反应堆送给了以色列。这个反应堆在接收过来之后被安装在特拉维夫以南10英里处的索雷克河畔，一直受到美国人的监管。由于这个反应堆在规模上根本达不到军事用途，也就一直被以方搁置起来。陷入窘境的以色列不甘心就这样放弃发展核武器的宏伟计划，依然积极地思考着具有可能性的方案——当时世界上的核武器和相关技术已经被美、苏、英全面封锁，想要在这种核垄断的情形下购买一座大功率核反应堆的可能性微乎其微。

四处碰壁，摩萨德选择从法国入手

环顾全球，以色列人发现跟他们一样急切想要拥有核技术的国家并不只是自己，跟他们情况相似的法国也在自力更生地发展自己的核武器。事实上，在得到美国人提供的第一座反应堆之前，以色列已经同法国建立起了核合作关系。在技术壁垒难以突破的情形下，以色列似乎从法国身上看到了一点点希望，就这样，他们开始了与法国进一步合作的计划……

法国人自认也是世界强国之一，所以成为核大国的心情也很迫切。英国和美国拥有核技术之后严防死守，法国在技术上碰到的瓶颈一时无法突破，想要从英美两国那儿得到帮助又是天方夜谭，整个工程也就陷入了停滞状态。以色列人迅速察觉到法国人正处于困境之中，而本国在科研方面又恰好能够弥补法国的不足，于是向法国伸出了援助之手。他们主动将自己在核技术研究方面的一些成果提供给法国，譬如生产不带电重水的公式，以及从磷酸盐（以色列内盖夫荒漠中蕴藏着大量的磷酸盐矿）中提炼铀的公式。法国人没有想到名不见经传的以色列在核研究方面的水平竟是如此之高。分析过以方提供的资料信息，法国人发现了这些公式在核研究中的重大意义，惊奇于以色列的慷慨。法国人破例允许以色列科学家以秘密观察员的身份了解法国的核研究过程，以此作为对以方提供技术资料的回报。他们认为，以色列对于核研究的兴趣也不过是限于核物理研究的理论阶段而已。

法国人正这样想的时候，以色列人却试探着向法国人提出了帮助建立大功率核反应堆的请求。这与法国人当初的想法不符，而且这样的请求也昭示了以色列人想要制造核武器的野心，想到自己在发展的时候身边也潜藏了一个如此强劲的竞争对手，法国人断然拒绝了以色列的请求。

毕竟，从决定要发展核武器的那一刻起以色列人就预备着要应付各种各样的困难。既然从法国着手的努力都已经付出了如此之多，以色列人决定继续寻找机会。果然，机会总是青睐着时刻准备着的人，1956年2月，计划终于出现了一丝转机：法国社会党开始上台执政，总理居伊·摩勒在阿尔及利亚问题上态度非常之强硬，而以色列人又同样坚决反对纳赛尔主义者，于是，两国在这一问题上有了许多共同语言。以色列人当然牢牢地抓住了这一机会，国防部办公厅主任西蒙·佩雷斯开始频繁往返于特拉维夫和巴黎之间，在同法国进行商谈的时候总不忘提及购买核反应堆的可能性。以色列人对此坚持不懈，他们终于等到了自己的机会。9月21日，在巴黎以北100英里处的一栋乡间别墅里，佩雷斯会见了正忙于策划进攻埃及的法国国防部长莫里斯·布歇·莫努里。这一次的会谈中，以色列终于拿到了自己梦寐以求的筹码。法国人提出了希望以色列军队能为英、法两国入侵埃及打头阵，这样的请求让以色列人有了讨价还价的资本，佩雷斯也就不失时机地又一次提出了要求帮助建立一个大型核反应堆的条件。果不其然，双方各有自己利益诉求的情形下谈判自然就容易得多，布歇·莫努里在不提出任何保护条件和核查要求的情况下，就代表法国政府将核反应堆作为交换条件送给了以色列人，这一事件可谓以色列核武器发展历程上的里程碑。以色列投桃报李，在当年的西奈战争中同英法站在了同一条战线上。借助这场战争，耶路撒冷和巴黎之间的关系得到了进一步改善。

1957年5月下旬，法国国内政局波诡云谲，先是伯格曼·莫努里就任法国新总理。苏伊士运河事件一出，对法国当局产生了剧烈的震荡。内阁的频繁换届，让以色列人担心不已。在已经有过核反应堆购买约定的前提下，如果因为法国单方面出现问题不能履行其责任，以色列将面对一次前所未有的失败，而这次，以色列几乎是倾尽所有，不惜付出动用军力的代价。所幸的是，即将退出政治舞台的莫努里并没有忘记自己当年的承诺。在他的干预下，法国内阁于1957年10月2日组织会议对此进行讨论，并最终以投票方式就此问题做出了决定。在与法国政府的交涉过程中，几经周折才终于确定了下来。

10月3日，即莫努里执政的最后一天，他与皮诺外长代表法国政府，与佩雷斯和本·纳坦签署了两份绝密文件：一份是概述法、以两国间科技合作的政治条约；另一份则是关于法国向以色列提供一座24兆瓦大型反应堆所需技术和技术人员的协议。较之本国已有的那座5兆反应堆，24兆瓦的功率虽然已经有了大幅的提高，但是如果目的是军事用途，依然达不到要求。用美国核专家的话来说，只属于"袖珍型"核反应堆。面对这样的状况以色列并没有表现出像从前那样的焦急，而是按部就班地进行着其核技术研究的工作。原来，这24兆瓦功率的反应堆只是协议中约定的第一期工程目标，后续还会在现有基础上将功率增加一倍。

协议签署之后，工程很快进入实施阶段。30 多名法国原子能专家、数百名法国技术人员和施工顾问陆续来到了以色列。据《圣经》故事记载，在迪莫纳郊外的内盖夫沙漠的深处，就是犹太人的始祖亚伯拉罕曾享受过的沙漠中的绿洲。于是，工程工地被选在了内盖夫沙漠之中。在沙漠的深处，以色列建起了本国的核研究中心，作为配套设施，一座半球形拱顶的圆形建筑也在其不远处拔地而起。迪莫纳核中心从一开始就被认定为以色列国家的最高机密，它在人们心中的印象只是一个"纺织厂"，至于其存在的真实目的，外界一无所知。

然而，就是这样一个"纺织厂"，保护级别却比军火库还要严密，武装警卫日夜不停地巡逻，建筑物方圆几公里远的地带都架设着铁丝网，不仅如此，甚至连场区上空都被划为绝对禁区。一名以色列空军飞行员在一次训练飞行中因为航线错误而误闯迪莫纳上空，他驾驶的幻影式战斗机在未受到警告的情况下立即被布防的导弹击落。

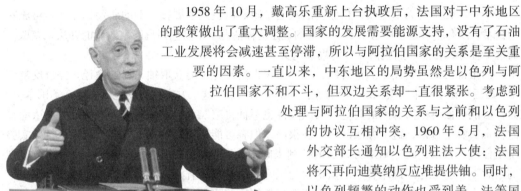

1958 年 10 月，戴高乐重新上台执政后，法国对于中东地区的政策做出了重大调整。国家的发展需要能源支持，没有了石油工业发展将会减速甚至停滞，所以与阿拉伯国家的关系是至关重要的因素。一直以来，中东地区的局势虽然是以色列与阿拉伯国家不和不斗，但双边关系却一直很紧张。考虑到处理与阿拉伯国家的关系与之前和以色列的协议互相冲突，1960 年 5 月，法国外交部长通知以色列驻法大使：法国将不再向迪莫纳反应堆提供铀。同时，以色列频繁的动作也受到美、法等国越来越多的质疑，迪莫纳核反应堆本身也已无密可保，以色列索性宣布自己已经进入核时代。

以法关系已经到了危险的边缘。为了维系两国脆弱的双边关系，1960 年 12 月 21 日，本·古里安在议会讲

戴高乐像
法国总统，第二次世界大战时自由法国运动领导人，也是法国第五共和国的创建者。1969 年戴高乐提出一项新的宪法改革。其中主张将参议院变成一咨询组织，并扩大地方议会的权力。此改革案被驳回后，戴高乐随即于 4 月 28 日辞职，引退回乡，继续他的回忆录写作，直到 1970 年去世为止。

坛上宣布，以色列正在建造第二个研究型核反应堆。随后又向议会保证，反应堆将仅仅用于和平目的。这种承诺正是戴高乐所需要得到的。不仅如此，以色列情报机关甚至在极不情愿的情况下忍痛交出了法国的重要情报提供人、素以"千面人"著称的克劳德·阿诺上校。作为摩萨德在法国的重要情报来源，阿诺曾向以色列驻巴黎大使馆武官纳基斯提供过不少有价值的情报，其中包括他所参加的一个天主教派组织阴谋派人谋杀戴高乐总统的重要情报。

付出这些代价让以色列极为不舍，但是为了核武器的计划，以色列只好做出牺牲。法国人终于同意提供为完成迪莫纳反应堆工程所需的最后一部分材料。为了核梦想的实现，以色列人付出的代价是极其昂贵的，摩萨德不仅从此失去了一条重要的情报渠道，并因此背上了出卖朋友的丑名，这对于任何一个国家的情报机关来说，都是一种耻辱，一种刻骨铭心的疼痛。然而，他们又深刻地认识到，这样的牺牲全都是让步于国家的利益。只要国家的核梦想得以实现，一切都可以忍受！

以法关系破裂，摩萨德开始另觅出路

1962 年 10 月，以色列刚刚起步的核计划正面临着中途夭折的危险：1962 年，以色列的法国伙伴公司迫于政府的压力，最终终止了向以色列的核原料供应。以法国为来源的核原料供应彻底断了，而当时的情形又是如此：自从美、苏、英三大国决定垄断核武器后，一个权威性的国际垄断组织——国际原子能管理委员会及其核物质安全监督体系，根据联合国关于《防止核扩散协议》的精神宣布：制造原子弹的铀为世界第一战略物资，对世界各地商业性铀矿石原料的生产和销售必须实行最严密的管理和控制。在制造核武器的工程上，以色列人所发愁的并不是技术。犹太民族是举世公认的智商最高的民族，在攻克技术难关的科研技术人员方面以色列一直都是人才济济，绝不缺乏"软件"上的支持。即便是当时掌握了核技术、成功研制核武器的英、苏、美，其核技术研究团队中都有大量犹太籍科学家参与其中。

毕竟巧妇难为无米之炊，核原料的缺乏是阻碍以色列发展核武器的瓶颈，即便是再成熟的技术，没有原料是怎样也出不了成果的。在这种情况下，以色列只能采取偷的办法来获取，而这个任务，自然而然就落在了情报部门头上。

情报部门知道其任务的重要性，立即组织人员研究可能获取铀原料的途径。经过反复论证，最后得出了 3 个方案：第一个方案：袭击运铀车辆。这个方案的行动地点必须在美国本土，而且可能会面对极为森严的防范，其风险性也不低；第二个方案：闯进美国某个生产浓缩铀的特别实验室行窃，这个办法的风险性很高，但有可能得手；第三个方案：对某个特殊实验室主任进行策反，通过对对方人员的控制来间接为以色列"挪用"部分浓缩铀。3 个方案中的最后一个将会让"挪用者"承担很大的风险，但是也只有此方案不会与拥有核原料国家一方产生直接冲突。权衡再三，新任摩萨德局长梅厄·阿米特决定采纳第三套方案，这不仅在成功系数上有较高的保证，而且也降低了己方特工人员暴露身份的可能性。

摩萨德驻美国特工接到任务后，开始集中力量物色可能的策反对象。经过一段时间的观察，一批身份特殊而且处于敏感职位的技术人员进入了他们的视线，其中钮梅克公司（即核原料及核设备公司）的总经理扎尔曼·莫德凯·夏皮罗的背景吸引了他们：1922 年生于美国俄亥俄州坎顿市的扎尔曼·莫德凯·夏皮罗是一名狂热的犹太复国主义者。其父亲来自立陶宛，是一名正统的犹太教士。"二战"期间，夏皮罗的很多亲戚还在德国，纳粹的大屠杀让家族中很多人遇难，而夏皮罗在美国也曾遭到反犹太分子的侮辱。这一切让他内心强烈地想要向那些曾经欺凌犹太民族的人复仇。就这样，他加入了"美国犹太复国主义者组织"，并在心中一直有一个坚定的信念：一定要建立一个自由的犹太国。夏皮罗一直为了这个目标而奋斗。1948 年，他以优异成绩毕业于约翰·霍金斯大学化学专业。他还是美国技术学会中的积极成员，而这个组织同以色列海法技术研究所有着十分密切的合作关系。在政治信仰上倾向于以色列，而其学术背景对于这项活动又是如此契合，夏皮罗已经是摩萨德特工们心中最为理想的人选了。

为了以夏皮罗为突破口顺利执行计划，摩萨德开始研究他在核研究领域的经历。1949 年，这位英姿飒爽、一表人才的年轻人应聘到威斯汀豪斯电器公司工作。他接受了一项特殊任务：为美国第一艘同时也是世界第一艘核潜艇"鹦鹉螺"号研制艇用核反应堆。夏皮罗的专业知识扎实，而且从事科研得心应手，在工作中取得了显著的成绩。工程结束后，公司老板给了他一笔数目不小的奖金，技术人员出生的夏皮罗不甘心将自己就这样局限在科研实践领域，

商界的成功对他有着更大的诱惑力。

1957年12月，想要在商界闯出一片天地的夏皮罗在宾夕法尼亚的阿波罗创立了属于自己的钮梅克公司，简称"NUME"。公司主要业务是向美国日益增多的商业性核反应堆提供氧化钠。他在生意场上可谓一帆风顺，刚刚开张就门庭若市。许多私人企业签订了价值不菲的合同，政府采购也纷纷上门，向他们大批量订货。业务开展进行得意想不到的顺利，客户范围也在逐渐扩大。很快，钮梅克的名声传到了海外，许多境外客人也前来商谈生意。

1958年，夏皮罗又将公司的对外贸易拓展到了以色列。由于双方生意上的频繁往来，钮梅克公司已经成为以色列一个国营康采恩的"技术顾问"。两年后，钮梅克又成立了一个名叫ISORAD的子公司，这个子公司的股份有一半掌握在以色列人手中。在该公司的经营报告中，有一条记录很有意思：有一个项目名为"研究使草莓和柠檬经辐射处理后利于贮存的设备"。这笔生意开始之后，来自以色列的客人开始频繁出现于夏皮罗的公司和住宅。这其中包括两名特殊的客人，一位名叫巴鲁克·西奈的原子能专家，还有一位名叫埃弗赖姆·拉哈夫的以色列驻华盛顿大使馆负责科技事务的官员。

早在钮梅克公司开始与海外客户进行业务往来的时候，美国原子能委员会的眼睛就盯上了这些来自异国的客人。在1961年，委员会的一份秘密文件就表明该公司在经营这种高度危险的物资时"没有十分严格地遵守"规章，这样的行为使得它被监督官员视为"潜在的不安全因素"。但是另一方面，夏皮罗对官方的禁令根本不以为然，擅自出售浓缩铀。为了不让监督官员察觉，钮梅克将政府合同协定存放在公司的浓缩铀与其他品种的铀进行"混合"。22磅铀235就足以制造一枚原子弹，而这样当量的浓缩铀体积并不大，只用一个购物袋就可装下。计划进行得如此顺利，以色列人开始憧憬着原料到位后原子弹制造的情景。

然而，就在第一批42磅浓缩铀即将运到时，摩萨德特工们早前料想的麻烦出现了——他们的"挪用者"夏皮罗，遇到了当局的调查。1965年4月30日，美国原子能委员会对钮梅克公司例行调查，发现公司账目上威斯汀豪斯公司向钮梅克公司提供的134磅浓缩铀竟然不见了，这些浓缩铀原本是用于"阿波罗"空间计划，其用途有着非比寻常的重要性。美国原子能委员会立即对夏皮罗进行了严厉的盘问，夏皮罗对此解释称钮梅克公司在特殊的生产过程中曾经埋掉了一部分报废的铀，这样的做法属于正常行为，所以这样的丢失也是在允许范围之内。这样的说辞显然不足以说服检察官，委员会坚持要亲自检查报废铀才可结案：当地下埋掉的铀被挖出监测之后，其总量还不到"丢失"数量的10%。这样的结果震惊了当局，委员会随后又进行了更为详尽的调查，发现"丢失"的数量竟然有391磅之多，远远超出了预想。检察官在调查报告中写道："从未有一家公司丢失过这么多的铀。"对此，夏皮罗予以坚决否认，并声称公司的交易完全合法，且每笔业务都是记录在案，只是一部分数据资料在公司整理的过程中不小心丢失了而已。

双方的对峙让调查陷入了僵局，委员会拿不出有力的证据证明夏皮罗的公司在从事非法浓缩铀交易活动，夏皮罗也无法完全从中脱身。遵照法律条款，美国原子能检察官在草拟的报告中使用了措辞谨慎的典型官方语言："尽管尚不能有把握地断言，未曾发生过核原料失窃或转让事件，但监督小组没有找到可支持这一结论的具体佐证。"这份报告让检方对于夏皮罗非法交易浓缩铀的罪名无法坐实，最后法院判定他只需偿付金额为92.9万美元的损失。这样的结果让美国原子能委员会主任霍华德·布朗无法满意，继而他又向美国联邦调查局发出求助。与前面的结果大致相似，FBI的调查报告结论也只是"夏皮罗并不一定是摩萨德间谍，他之所以这样做，只是因为他是犹太复国主义的狂热拥护者"。

这场有惊无险的风波最终还是平息了下来。此后，钮梅克公司照常营业，而且再次获得了来自政府的大宗采购。不仅如此，夏皮罗的公司还被原子能委员会划入"能够最为妥善地经营浓缩铀"的国家公司之列。从这一系列征兆不难看出钮梅克公司的发展前景一片光明，但是经过浓缩铀"丢失"事件，夏皮罗已经身心疲累，决定急流勇退——1966年底，他将钮梅克公司彻底关闭。

功亏一篑，"高酸铅盐"计划终出台

在以色列核武器制造计划的进行中，还发生了一次小插曲。迪莫纳反应堆于1964年6月就已开炉运行，各种条件已经齐备，只差原子弹制造指令的下达了。在政府内部，官员们就是否制造原子弹产生了分歧，一场争论也就产生了。以新总理列维·艾希科尔为代表的政府文官们反对这一计划，他们从政治角度去考虑问题，认为本·古里安所制订的核计划是个"十足的劣作"；而以色列军方则主张制造原子弹，他们认为无论是从国家防务还是国家财力角度考虑，这都是完全有必要的。除了官方之外，1963年3月举行的一次民意测验也反映了以色列国民对此的看法，调查中有76%的被调查者希望国家拥有原子弹，甚至1/6的国民认为以色列军队已经装备了核武器。

这场争端最终以支持派的胜利而告终，以色列内阁通过了制造原子弹的秘密议案。议案的通过，与国防部长摩西·达扬有着分不开的关系。第三次中东战争以色列大获全胜，战场上的摩西·达扬功不可没，在战争过后也一下成了以色列政界的传奇人物，赫赫战功让他在政界有着举足轻重的地位，也正是他，在辩论中赢得了胜利，顺利通过了原子弹制造议案。

此时的迪莫纳也面临着重重困难，法国间谍进行情报活动被发现、本国空军战机被误判击落让人们焦虑，但这依然不能摧毁以色列人发展核弹的信心。此刻最关键的问题是，在进行中的实验仍然缺少铀原料——科学家们向政府提出了原料问题，报告称试验的继续需要200吨氧化铀的支持。

摩西·达扬像

以色列国防部长摩西·达扬被视为第三次中东战争中"六日战争"胜利之父。

氧化铀属于国际市场上监管十分严格的物资，加上本身的资源已经十分稀缺，想要一次找到200吨更是难上加难。这个时候，无所不能的摩萨德特工们再次登场了。既然从正规渠道买不到，那就只好偷了，接受偷铀计划后，情报部门开始广泛搜寻目标。潜入国际原子能委员会的内线人员传回一个好消息——比利时布鲁塞尔矿业总公司拥有一批数量可观的氧化铀矿石。这批矿石通过设在扎伊尔的一家姊妹公司接收下来，已经存放在荷兰安特卫普港附近的一个仓库里了。

已经知道了矿石存在的位置，剩下的就是怎样把它安全地运回国内了，为了实现这个任务，一个代号为"高酸铅盐"的计划就此秘密出台。"高酸铅盐"计划的主要目的，就是解决矿石在被监管的情况下到达以色列。摩萨德特工们认为，想要顺利

完成这样一个任务，必须有一个机构进行配合，而这个机构要同时符合两个条件，一是国际原子能管理机构认可，二是愿意接受这项秘密委托。由这样一个机构出面通过正规途径买下矿石，然后在运送途中设法将其劫持到以色列。

在这个计划中，接受委托进行交易的机构是关键的一环。在寻觅合适的受托机构时，联邦德国威斯巴登州的一家化学公司引起了特工们的注意，从各方面条件来评判，这家化学公司都是理想的选择。

这家化学公司的老板赫伯特·舒尔岑曾经是纳粹德国空军飞行员，战后在威斯巴登成立了一家阿斯马拉化学股份有限公司，该公司专门经营消除化学及放射性污染的化学剂。这名被摩萨德列为纳粹分子的前纳粹飞行员酷爱金钱和美女，以色列特工就以此为突破口，设下陷阱等待他上套。果然，舒尔岑没能抵挡住诱惑，在色情的诱惑下上了钩。特工们就此向他提出了要求，并同意在事成后提供一笔巨额的报酬。面对以色列人，意识到自己曾是一名纳粹军官的舒尔岑接受了合作要求。

1968 年 3 月 21 日，舒尔岑的化学公司向布鲁塞尔矿业公司正式发出了购买 200 吨氧化铀的订货单。为了掩人耳目，订货单上特别注明了铀原料是作为石油化工产品生产中催化剂用途的。因为将铀矿石变成催化剂需要经过加工，公司需要将货先运到摩洛哥卡萨布兰卡的希纳加公司加工，而后再运回德国。这桩生意非同小可，布鲁塞尔矿业公司对其给予了非常高的重视：他们首先对买主的信誉度进行调查，此前舒尔岑在以色列的支持下已将一笔 850 万马克的巨款存入了银行，有了银行的担保，舒尔岑获得了矿业公司的信任。副总裁德尼·德韦亲自来到威斯巴登，两人就该笔生意进行了洽谈。两天的会谈十分顺利，双方达成一致后，签署了 200 吨氧化铀矿石的买卖协议书。

计划进展到这一步几乎就与成功只是差之毫厘了，但让人没有想到的是，一个小小的细节险些让"高酸铅盐"计划化为泡影：德韦副总裁在签署完协议之后提醒舒尔岑道，摩洛哥不属于欧洲共同体市场的范围，要想向欧共体以外的国家输出铀矿，必须在获得欧洲原子能委员会监督机构的一般性审批之后再获得特殊审批。显然他们在制订计划的时候只考虑到摩洛哥既非欧洲大陆又濒临地中海的地理位置优势，也正因为这一点，特殊审批的增加让计划的进行突然增添了不小的阻力。

时间十分紧迫，艾贝尔和舒尔岑必须尽快想出另一个能替代摩洛哥的地方。冥思苦想之后，舒尔岑找到了意大利米兰生产染料的赛卡公司。这个公司虽然与铀没有任何关系，但是有着见钱眼开本质的老板弗朗西斯科·塞托里奥肯定不会拒绝这送上门的买卖。这样安排稳妥之后，舒尔岑的公司立即汇出 4 万马克的预付金，并且说明这只是购买铀加工设备资金的一小部分。同时，德韦收到来自舒尔岑的通知，知道了负责中转的将是米兰的一家公司，这样整个生意就是在欧共体范围内进行，省却了许多审批上的麻烦，这笔生意终于成功了。

至此，摩萨德的"高酸铅盐"计划总算万事俱备只欠东风了。艾贝尔通过在利比亚注册的"比斯坎贸易海运公司"从汉堡奥古斯特·博尔滕船舶公司弄到了一艘 1062 吨货轮"舍尔斯贝格"号，就等着布鲁塞尔欧洲原子能委员会的一道放行令牌了。

就在货轮准备的同时，摩萨德为"舍尔斯贝格"配备的特殊船员也已经就位。摩萨德特工们拿着伪造的护照、海员证假扮成船员，静静地等候着起航的命令。1968 年 10 月 30 日，一名对原子能、氧化铀的化学用途一窍不通的德国法学家费利克斯·奥卜西尔担任对船只进行检查的工作，很快就批准了这份采购合同。11 月 15 日，在荷兰安特卫普港，560 个贴着"高酸铅盐"标签的密封大圆桶被装上了"舍尔斯贝格"号，桶内装的却根本不是什么高酸铅盐，而是 200 吨优质铀矿石。凌晨 1 点半，承载着以色列核战略的关键，"舍尔斯贝格"号起锚出海了。

半个月后，这些宝贵的核原料被安全送达内盖夫沙漠中的迪莫纳中心。历时 14 个月，摩萨德圆满执行了"高酸铅盐"计划，成功完成了铀原料收集任务。

挪亚方舟行动偷走快艇

一直以来，以色列和阿拉伯国家在军事上的较量就没有停止过。由于地理位置上的特殊性，双方对军事发展和军力储备上的竞争都从未松懈，努力地提高自身的装备水平以求达到制衡对方的目的。20 世纪 60 年代初期，埃及发展海上战斗力量，率先从苏联获得先进战舰。这一举措触动了以色列的神经，两边的军力失衡让以色列也加紧了采购德国导弹快艇的步伐。这一计划原本可顺利进行，却因 1967 年第三次中东战争后法国对以色列宣布武器禁运而搁浅。之后为了取回已经订购的导弹快艇，摩萨德特工迅速展开行动，以瞒天过海之计巧妙夺回原本就属于自己的舰只……

遭海上威胁，以色列购艇强军

20 世纪 60 年代，中东地区的局势可谓波诡云谲。从地理位置上观察，阿拉伯国家和以色列是包围与被包围的关系，以色列处于被阿拉伯国家团团围住的境地，在国家防卫上有着巨大的压力，必须时刻保持高度警惕，提防邻国的一举一动；而以色列虽然处于沙漠之中，地理位置的特性使其国家发展面临着自然资源匮乏的窘境，但是其科技实力一直不容小觑，使得邻国同时也不得不保持着对其的提防。除此之外，在这两方势力的背后，还有当时世界上两个超级大国——美国、苏联之间的力量对抗。美国通过以色列将势力渗透进诡秘难测的中东，试图控制这一地区的局势，为自己在这一地区能源争夺上获利，这无疑给苏联施加了压力；与此同时，阿拉伯国家也亟须采取应对措施来达到与以色列之间的军力平衡，在两者为了各自的目的而达到利益共同点时，苏联加强了同埃及等阿拉伯国家的联系，开始了各种合作，武器援助就是其中一项重要的方式。

1962 年春末夏初的一个下午，埃及亚历山大军港码头上的埃及军官在集体欢呼着，他们正在为悄悄驶入港口的 6 艘导弹快艇而庆祝。这些导弹艇分别是"蚊子"和"黄蜂"级导弹快艇（又译作"粤马尔"级和"粤萨"级），前者排水量是 200 吨，后者排水量 100 吨，具有攻击性较强且造价低廉的优点，属于轻型舰艇。这 6 艘舰艇来自苏联，除了装备华约海军外，还外销到印度、古巴、埃及等国。此次对埃出售，是苏埃秘密交易的一部分。拥有了这些快艇，埃及在海军方面就取得了对以军的压倒性优势。

作为海军装备的一支秘密力量，出于不被对方捕获信息的考虑，也有想要达到在实战时出奇制胜的效果，埃及一直保守着这个秘密。但是世上没有不透风的墙，更何况以色列间谍对于情报又有高超的获取能力，这个消息还是被潜伏在埃及的以色列间谍捕捉到，并传到了特拉维夫的情报总部。情报明确表明，埃及海军一旦装备了这种导弹快艇，以色列的特拉维夫和海法将首先被置于敌人火力射程之内，而其他人口稠密的大城市也不能幸免，这显然是对以色列国家安全的极大威胁。行将卸任的摩萨德首脑哈雷尔收到情报后马上意识到问题的严重性，于是立即将情报上报到兼任国防部长的本·古里安总理那里。

这份情报被传达到以色列当局，在政府内部，人们在事情的对策上出现了分歧：国防军总参谋部主导"速战速决"的作战思想，认为海上通道的重要性并不高，海上防护并不是重点，尽管敌方配备了相对先进的海上武器装备，但是作战重点却不在海上，此外，相当数量的政府和军队首脑们也认为不必如此惶恐阿拉伯人的海上封锁——如果这种情形真的出现，在以色列背后的大国肯定会站出来加以干涉，而且阿拉伯国家的陆上力量并不强大，以军陆军作战对其具有充分的优势，届时其陆上力量的溃败自然会影响到全盘战局，所谓的海上封锁自然也就自动解除了。然而，总理本·古里安却对此提出了异议，他认为在国家防卫的问题上必须从地理区位的特性做全面性观察，来自海上的敌国势力是不容忽视的威胁，为了维护以色列的领土安全，必须做到各个军种协调发展，只是陆军一方强大却忽视其他不但会在战争中造成配合上的不默契，甚至会被敌人找到弱势所在。所以，一个强大的海军是必不可缺的。

建设强大的海军势在必行，首先必须拥有强大的作战装备，应对埃及的导弹快艇必须有先进的作战舰只。正在总理本·古里安为海军武器装备的事情一筹莫展的时候，国防部办公厅主任西蒙·佩雷斯告诉总理，联邦德国目前研制了一种名为"美洲虎"的导弹快艇，如果能够用这种导弹快艇来装备海军，将是一种非常理想的武器装备方案——虽然"蚊子"和"黄蜂"的技术水平在当时算得上先进之列，但是"美洲虎"的性能也很优秀，从舰只的火力强度、航行速度和船体吨位来说，德制快艇恰好是苏联这两种快艇的克星。以色列的海岸防卫能力一直是软肋，这也是阿拉伯国家引进苏制舰艇、想要重点从海上突击的缘由所在。要是能够获得"美洲虎"，绵延漫长的海岸线将获得可靠的安全保障。西蒙·佩雷斯同时提到，之所以想到从德国引进军械，还有"美洲虎"性能优秀之外的其他因素："二战"期间德国人对犹太民族实施了惨无人道的灭族大屠杀，这在犹太人心灵上留下了深深的伤痕，也让德国人在战后感到深深的内疚，联邦德国总理阿登纳就曾多次在公共场合表示愿意同以色列改善关系。虽然当前以色列并未同联邦德国正式建立外交关系，但是考虑到民族情感和历史原因，向联邦德国提出军购要求，应该不会遭到拒绝。本·古里安听取西蒙·佩雷斯的意见之后，觉得从联邦德国进行武器引进的方案切实可行，遂将此事交给他办理。

此次军购属于高度机密，整个过程出于多方面因素的考虑，西蒙·佩雷斯的出行是对外严守秘密的——不但没有通报媒体，甚至连官方内部都只有少数人知情。在双方非正式使节的安排下，西蒙·佩雷斯飞抵波恩，并且很快与联邦德国总理阿登纳进行了秘密的接触。阿登纳总理对于以方的来访表示出很大的热情，认为这是双方自二战后改善德以关系的一大积极举措。当然，以色列人没忘记，他们此行并非单为改善两国关系而来，西蒙肩负着更重的任务，便是为了国家海上安全的保障而来，此次联邦德国之行，一定要促成"美洲虎"导弹快艇的采购案。在表明这一来意之后，阿登纳总理表明了态度：德方乐意在能力所及之内向以方提供一定程度的帮助，这包括促成与以方的这次军火交易。但是与此同时，德方也有所顾忌，所以这件事情必须是在秘密状态下进行。

德方提出秘密进行这项军火交易，是基于当时的形势：包括联邦德国在内的西方国家都对能源有极大的消耗，因此对于石油有着极高程度的依赖性。尤其此阶段联邦德国正处于恢复与发展的关键时期。对以军售一旦暴露，势必引起阿拉伯国家的强烈反应，联邦德国将失去阿拉伯国家的石油供给，直接导致国家发展的减速甚至停滞，这一损失后果严重，肯定不是卖出几艘"美洲虎"所能补偿回来的。阿登纳总理向西蒙·佩雷斯强调了其中的利害关系，希望以色列明白联邦德国并不希望这次交易被公之于众。西蒙·佩雷斯当然心领神会，与联邦德国达成一致意见，表示双方将信守承诺，全过程暗箱操作。

消息走漏，德国人终止协议

在扫除了联邦德国的顾忌之后，协议制定和签署就变得简单多了。很快，德以双方就遵照事先约定秘密签订了军火协议，根据协议，德国将向以色列提供 12 艘先进的"美洲虎"导弹快艇，并在 6 年内全部交付。

这张协议的执行一开始十分顺利，德方根据协议规定为以方制造导弹快艇，以方根据协议规定向德方支付款项，双方在履行协议上并没有任何问题。直至 1964 年年底西德交付了 3 艘快艇后，一件意想不到的事情发生了：大洋彼岸的《纽约时报》上登载了一篇报道，将这次军售事件公之于世。

事情一旦受到媒体关注就会以惊人的速度传播，很快这件事情就传遍全球，国际舆论蜚声四起，在阿拉伯世界更是引起了很大的反响。在中东地区，阿拉伯国家受到极大的刺激，他们没有料到联邦德国与以色列之间竟然还有这样的协议，对于石油资源的控制是阿拉伯国家手中屡试不爽的王牌，应对对能源存在依赖性的联邦德国，其中有些激进的国家甚至直接质问联邦德国还要不要石油，另外一些国家则扬言要采取行动抵制联邦德国商品，还有的国家不满联邦德国的行为，已经将其由舆论升级到实际的行动层面，直接通过官方渠道向联邦德国政府提出外交照会。权衡利弊，在强大的舆论压力之下联邦德国政府不得不采取措施进行危机公关，为了平复阿拉伯国家的心情，宣布召开记者招待会——联邦德国政府首先否认了这笔交易的存在，并声明联邦德国政府一向重视同阿拉伯国家之间的友好关系，无论是过去、现在还是将来，都不会做出任何伤害阿拉伯人民感情的事情，希望阿拉伯国家不要误会，联邦德国政府将在今后一如既往地同阿拉伯各国保持良好的友谊和合作关系。

这次秘密的泄露导致了一场声势浩大的国际风波，幸而联邦德国政府对于突发状况的处理妥善而得体，事态最终没有被扩大，并且在充满诚意的声明中逐渐化解。可是秘密究竟是怎么泄露出去的？责任到底应该归咎到哪一方？是德方的粗心还是以方的大意？

事情的原委要从《纽约时报》说起。《纽约时报》一向注重消息的深入挖掘和不为人知事件的曝光，当时的欧洲大陆上就有很多被派采集新闻的时报记者，他们的目的就是在利用一些常规之外的途径去获取有价值的新闻。记者们会有意识地去结交一些在关键部门工作和涉及敏感信息的人，通过与他们建立朋友关系，偶尔会得到一些预想不到的惊人新闻——挖掘联邦德国对以色列军火销售新闻的这名记者正是这么做的，他在酒吧喝酒时结识了一位名叫安德烈的联邦德国方面负责建造快艇的技术人员，于是计划通过喝酒聊天从他口中套出一些有价值的消息。安德烈在慕尼黑啤酒的滋润下口无遮拦，完全忘记了自己的身份和上司的训令，几杯酒之后，这个惊天秘密就从他口中传了出去。

于是，消息就这样传遍了全世界，而此时整个协议才刚刚进行完一半。以色列人对于消息的走漏全不知情，直至国际舆论的声音导致联邦德国单方面宣布了合作的不存在，他们开始紧张起来。

以色列海岸线绵延漫长，只有 3 艘导弹快艇装备海军根本达不到防卫要求，针对这一事实，以色列再次派出了特使西蒙·佩雷斯同德方进行紧张的磋商。在磋商中，德方采取了一种相对圆滑的说法，对于消息的走漏他们首先承认了自己的过失，认为是自己的保密工作失当造成了当下的情形，但既然事已至此，出于对石油的依赖，联邦德国也不能不顾及阿拉伯国家的态度，帮助以色列继续接下来9艘导弹快艇的制造现在已经不可能了。西蒙·佩雷斯听出了联邦德国的话中有话，随即声明了以色列完全理解联邦德国政府的处境，同时诚恳地表达了以方当前的处境以及对这批快艇的迫切需求。德方相当满意西蒙·佩雷斯的回答，双方的谈判得以继续。

谈判的继续使得讨论的重点转移到下一步要如何执行协议剩下的部分。在联邦德国造快艇肯定是不可能了，如果把这项工程转移到与以色列有着密切军火交易的法国，将会是一个理想的解决方法。于是，西蒙·佩雷斯又飞往了巴黎。

联邦德国人认为这笔交易利润可观，法国人不会拒绝，结果不出所料。在西蒙·佩雷斯的一番公关努力下，法国决定承接"美洲虎"快艇建造工程。当然，法国人也有着与德国人同样的顾虑。考虑到法国同中东阿拉伯世界建立起的友好关系，法国人要求以色列绝对不可以在中东发起战争。以大国和国际纷争调解人自居的法国，并不希望因为以色列单方军事实力的增强而导致中东地区的局势失衡。

再遭封锁，"挪亚方舟行动"上马

导弹快艇建造工程在转移到法国之后进行得非常顺利，新生产的快艇也陆续交付以色列海军，并正式装备服役。到1967年，整个协议已经完成一小半，5艘快艇已经顺利投入使用了。

以色列人显然没有对法国人的话给予足够的重视。1967年6月5日，以色列突然发动了第三次中东战争，迅速占领了埃及、约旦和叙利亚的大片土地。不仅如此，12月，以色列还出动飞机对黎巴嫩的贝鲁特机场实施攻击，炸毁了13架黎巴嫩飞机。法国政府对此大为光火，认为以色列不信守承诺，这一系列的举动不但打破了中东地区不战不和的局势，还是对法国的蔑视。法国总统戴高乐将军迅速照会以色列驻法代表，声明法国将对以色列实施全面的武器禁运。武器禁运不仅包括不再对以出售军火，甚至包括那些已经付款的飞机和弹药。而余下正在建设之中的7艘"美洲虎"，自然也包括其中了。

1967年10月21日，以色列海军仅有的两艘大型军舰中的"埃特拉"号驱逐舰被苏制"蚊子"级和"黄蜂"级导弹快艇击沉，这使以色列海军遭到了重创。本已实力不强的海军在主力受挫之后更是雪上加霜，这让以色列人强烈地感到海上力量的重要性，剩余的"美洲虎"导弹快艇无论如何也要全部弄到手。

就这样，一个名为"挪亚方舟行动"的计划出现了。计划的制订与执行主要是由情报部门担任，在实施过程中，军方还会给予全力的配合。这个计划分为两部分，一是实施对法国人的欺骗，隐瞒以军将要偷运快艇的计划；二是制订具体方案，按计划将快艇顺利送回以色列。以色列首先通知法国，既然法国拒绝剩下的导弹快艇交易，那么希望法国能够尽快脱手将它们卖掉回款，这一提议得到了法国的回应。

这一步让法国政府相信了以色列已经放弃导弹快艇的交易，这是以色列特工计划的成功。法国的视线成功地被转移，下一步就是如何以别的方式从别的途径获取这剩下的几艘快艇。

因为计划的改变，让法国诺曼底机械制造公司总经理福利克斯·阿米奥为5艘快艇寻找买家的事头疼不已。就在这时，挪威船舶经纪人、总经理奥莱·马丁·西姆找到他，想要谈关于船只买卖的生意：西奥声称自己是做石油生意的，自己的巴拿马公司正在挪威从事海上石油钻探开采，而眼下正缺用于在各个钻井平台之间穿梭运输的快艇。这让阿米奥十分高兴，原来没有买主的 5 艘快艇现在又重新有下家了。阿米奥当即承诺，一年半就可完工，正好可以满足西姆的要求。

阿米奥还沉浸在为 5 艘快艇得以出手的喜悦之中——毕竟这单生意让公司走出了财务状况不佳的困境。然而，他怎么也想不到，这笔送上门来的大买卖其实远没有想象中那么简单。所谓的挪威船舶经纪人根本就只是个幌子，这个角色只是以色列特工利用早已建立的关系网注册的一个石油钻探公司。而这一切，也早已在以色列特工的计划当中：一方面，政府以正式的照会文件通知法方不打算再要那 5 艘快艇以造成对方的麻烦，这样就为法方另找买家销售快艇提供了可能；另一方面，通过掩人耳目的身份主动接洽法方，让快艇不会旁落他人之手，于是就有了"西姆"先生的出场。

法国人始料未及的是，经过一番周折，绕开武器禁运，运用商业途径，快艇最终还是落入了以色列人的手中，只待建造完工，就可派出军方海员偷取回国。

5 艘快艇全部建造完工之后，总经理阿米奥向法国国防部长提交了这笔交易的报告。法国政府随即成立了一个高级物资出口部研究委员会，同归贝尔纳·卡泽尔和路易·邦特将军领导。高级委员会于 1969 年 11 月 18 日会议结束，讨论中认为这些快艇目前尚未配备战斗物资，所以不受武器禁运约束。同时考虑到否决这笔生意会对阿米奥的造船厂造成无法承担的重大损失，所以一致同意将这些快艇卖给西姆的公司。西姆回到以色列后立即向政府汇报了交易的进展，并根据记忆绘制了整个造船厂和码头的地图。

交易进行到这一步骤，所有的程序就基本完毕，剩下的就是如何将这 5 艘快艇从法国带回以色列了。很快，西姆公司的一批"挪威"水手来到了造船厂，他们开始了紧张的船只验收工作。在将船只带走之前，他们认真地刮去印在快艇两舷上的希伯来文字和原来的以色列艇名，再重新刷上"斯塔布特 1 号"的名字，并使用鲜艳的颜色去涂装。不仅仅是改变其外表，连其内部的改变水手们也做足了功夫。他们还将各种各样的仪器、香烟往艇上搬，这一切让登艇检查的海关人员看不出任何异样，至于他们将要把船开往以色列这一点，法国人更是想都不可能想到。为了让这一切看起来更加逼真，水手们还特意在当地找了家裁缝店赶制了一面挪威国旗，并将旗子高高地挂在第一艘快艇的桅杆上。

快艇下水，行动进入最后阶段

1969 年 10 月，5 艘快艇顺利建造完成并整齐划一地下水了。

1969 年 12 月 18 日，法国政府向挪威公司发布的出售 5 艘快艇所必需的许可证送到了瑟堡港的诺曼底公司，这份许可证就像通行证一样，可以让快艇顺利出关。在以色列人经过苦苦等待之后，这份许可证终于来到了他们的面前。水手们自这天开始，每天都要进行重复而乏味的轮机试验，虽然乏味，他们却因为这场漫长的计划终于走到结尾而快乐着。

"挪亚方舟行动"在暗中有条不紊地进行着。12 月 23 日，安静的瑟堡港迎来了 20 多位神秘的客人。这些客人一行下了飞机之后就下榻在离瑟堡港港口不远的一家宾馆，护照显示他们都来自南美的阿根廷，来到此地，应该是准备度过一个真正意义上的冬天的圣诞。

时间就这样慢慢地推进着，似乎要在这最后时刻拉长，以此来放大这即将到来的胜利。12 月 24 日晚间，天色缓缓地暗下来，夜幕轻轻降临瑟堡港。港口周围渐渐亮起星星点点的灯光，将平安夜点缀得温馨、暖和。就在这宁静的夜里，海风轻轻地吹着，带着*丝丝*寒气拂过海港，海浪有节奏地拍打着岸边，随着风浪的节奏，起伏的水面轻轻地摇动着紧紧靠在岸边的船只，它们安静地停在那儿，孤独地度过这一夜神圣的节日。若是平日里，岸边会有留守港口的巡逻人员，而今晚，空空的港口只留有几个卫兵在看守。这时，瑟堡港周围的居民，港口那些留下来看守快艇的士兵都正虔诚地向着天空，等待着零点的到来，等待着教堂那庄严浑厚的钟声。人们已经全身心投入这节日的欢乐，全神贯注于这神圣的时刻。

所有人都全情投入了这一神圣的等待，然而在这安静之中一场瞒天过海的行动正在紧锣密鼓地进行着。就在午夜即将来临的时候，20多条黑影悄无声息地进入了港口。他们每人手上提着一只皮箱，疾步走向停靠岸边的快艇，在到达艇边时又分成小组，按照预订计划分别登上了5只快艇。他们一上船就很快打开箱子，迅速换上预先准备的海军军服。

很快，5只快艇的引擎发出轰鸣的声音，快艇开动，"挪亚方舟行动"终于来到了最后一步。此刻，快艇上的以色列官兵和3名摩萨德特工人员同岸上的人一样，正默默地为自己祈祷。比起那些对于自己的命运、未来的幸福祷告，此时船上的官兵们有更大的愿望，而这愿望关系着远方祖国的未来。快艇向前行驶，官兵们都希望这一切能顺利进行。事情来到了最后一步，却依然不能肯定已经完全成功。此时若被法国官兵发现5艘导弹快艇突然不见了，他们仍然无法顺利逃脱，一切将功亏一篑。就这样，所有人虽然都无比激动，却又要极力将这种情绪压制下去。军人特有的冷静让他们此刻看起来面色平静，但心中其实早已无数遍预演即将到来的欢庆场面。

无垠的大洋被沉沉海雾和夜色笼罩，从大西洋吹来的海风呼啸着扑向港湾，在波涛起伏的海面搅起万道沟痕。面对漆黑的前方和充满了暗礁障碍的海路，此时的全体官兵更需要冷静。在周密的计划安排下，导弹快艇编队沿着事先探好的航道，绕开隐现于海中形状各异的礁石，全速向外海驶去。这5艘快艇很快穿过英吉利海峡，绕过伊比利亚半岛，以全速驶入地中海，经过2500海里的航行，终于驶进了以色列海域，最后，在以海军战舰的护卫下，快艇编队安全抵达海法港。至此，5艘"美洲虎"快艇终于安然无恙地到达了以色列，也为"挪亚方舟行动"画上了圆满的句号。所有人员受到了以色列官方英雄凯旋般的欢迎。随后，以色列官方发表声明，自己已经完好无损地获得了已经订购并付了全部款项的导弹快艇。

直至第二天清晨，法国人才发现5艘导弹快艇不翼而飞。此时的法国人又气又恨，却无计可施。无奈之下，官方举行了一个新闻发布会，言辞激烈地谴责了以色列的行为，并宣布将对以色列实施更加严格的武器禁运。除此以外，还直接对以色列驻法国大使馆提出了强烈照会。摩萨德特工们在整个计划中的周密策划以及每一个步骤的精心安排，使得整个"挪亚方舟行动"的每一个细节都无懈可击，以至于当快艇被偷走时法国人却浑然不知。

面对来去无影、神秘无踪的以色列特工，法国人毫无对策，只好以口头上的攻击来泄愤。而这恰好更加反映了以色列特工们的高明和隐秘。

"美洲虎"快艇是以色列海军亟待装备的重点攻击力量，快艇取回来后，欣喜万分的以色列海军立即给它们装上早已研制好的"加布里埃尔"导弹，并迅速编制到海防前沿。随后，第四次中东战争爆发。战争初期，在过去还处于劣势的以色列海军一改往日三军中软肋的形象，在对敌作战中取得了明显的优势，无论是对叙利亚，还是对埃及，都取得了可喜的战果。与陆军节节败退、差点被阿拉伯联军攻破相比，海军为国家防卫安全提供了可靠而坚实的保障。在多次海战中，"美洲虎"更是大显神威，屡次重创敌方海军，保卫了以色列海岸的安全，守卫了以色列国家的安宁。

米格飞机的叛逃

在现代战争中，战斗双方的对抗往往是一场武器的对抗。冷兵器时代的近身肉搏式战斗已经过去，取而代之的是远距离甚至视距外对抗。在中东地区，阿拉伯国家同以色列的对抗在很大程度上是一场双方武备的竞争。谁有了新式武器，谁就掌握了战争主动权；了解到敌人手中的武器，就等于已经战胜了敌人。因此，当苏制米格新型飞机出现并卖给中东国家，摩萨德就开始了侦察行动。伊拉克和叙利亚的两位王牌飞行员在摩萨德的侦查行动中就成了被侦查的对象，以色列特工对他们施以美人计，这两位飞行员很快就被成功策反，帮助以色列获得了当时最为先进的米格-21、米格-23战斗机。

以色列暗度陈仓，秘密战机悄然而至

1968年5月，以色列独立日阅兵式上，呈编队划过天空的战斗机群让观众不禁昂首注目。当法制幻影战机从人群上掠过之后，一架战斗机的出现引起了人们的注意：这架飞机不是以色列空军装备的"幻影"，从外形来看更像苏制米格-21。米格-21是当时苏联最为先进的战斗机，这种飞机在苏联以外鲜有出现，怎么会突然在刚被以色列占领的耶路撒冷上空飞过呢？

米格-21是苏联制造的喷气式战斗机，其性能优异，各项参数更是傲视群雄，在当时的世界上算得上是速度最快、设备最先进的攻击型战斗机之一。因而此机被当成军事机密而加以严格控制。这种飞机只在苏联空军中那些最优秀的中队才会装备，就连华沙条约组织其他成员的空军都没有资格拥有。米格-21的重要性可见一斑，在对外输出上的可能性就更加微乎其微了。然而，就是在这样的情况下，1961年，苏联以"绝对保密"为条件，向埃及、叙利亚和伊拉克提供了几架米格-21的样机，这样做完全是出于配合苏联在中东扩大影响力的考虑。战机一旦向外输出，必然会存在泄密的危险，为此，苏联不仅向接收国提出了"绝对保密"的要求，还采取了极为严密的安全措施：米格-21战机只有在苏联顾问和克格勃特工监督之下才可以使用；为了防止飞行员携机外逃，苏联军事顾问曾三令五申地规定，必须将燃料限定在执行任务的最低数量之内；接受训练的飞行员必须是经过精心挑选的；除此以外，飞机的安全、空勤和地勤人员都由苏联人训练，飞机的维修也只由苏联人负责。

然而，就是这样严密的防范，也未能阻止米格-21战机叛逃到以色列国家的命运。1966年8月，以色列的某个秘密机场上悄悄地降落了一架从伊拉克飞来的米格-21。这架战机在着陆后的短短几小时内，就受到了广泛的关注。当时米格-21早已名声在外，但由于苏联将保密工作做得天衣无缝，西方国家一直没有机会近距离接触这种飞机。当美、英、法等国知道以色列境内有一架米格-21时，都纷纷暗示以色列，希望能够将飞机给他们仔细观察。与此同时，苏联政府得知这一消息之后，已经怒不可遏了。在对外派出每一架米格战机时安全部门都向克里姆林宫保证过，飞机时刻都受到特工们的监视，但是眼下却发生了这样尴尬的事。如果说事情的发生是安全部门闯下的祸，那么承担这一后果的就是整个国家了。军事上的泄密往往会被对方用于提升军力，而此消彼长的过程对自己是一个极大的威胁。以色列和其盟友得到飞机后必然会对其进行研究，而这架被苏联人称为秘密武器的先进战机也将无任何秘密可言。

苏联意识到这一点后立即对以色列发出严厉警告，并要求以方退还这架飞机。以色列人从苏联人的反应中意识到对方在这个问题上的态度十分明确，就采取了较为缓和的方式予以

应对——他们声称这架飞机在本国的出现也是始料未及的，出现这种情况可能是驾驶员自己航向偏差导致的。这种解释显然无法说服苏联人，但是没有掌握事实，苏方除了愤怒也无计可施。以色列为了平抚苏联人的情绪，向他们保证米格战机在以境内绝不会被其他西方国家接触。这样的决定遭到了西方国家的严词抨击，但是面对眼前的局面，以色列不以为然。

这架米格-21的叛逃让苏联顾问和伊拉克军方耿耿于怀，于是，他们开始了对事情的调查。驾驶飞机离开的是伊拉克空军大队长穆尼尔·雷迪法少校，这个年轻人是伊拉克最优秀的飞行员之一，曾经受训于美国空军，后又被派到苏联学习更高的驾驶技术。在苏、伊两国安保部门对他进行了严格考核之后，他获得了驾驶米格-21的特权。此外，他还是伊拉克空军大队长。他们相信，这次叛逃绝对是一次精心策划、严密组织的间谍活动，因为一个拥有如此履历的军人是不会因为一时冲动而背叛国家的。而且，事情发生前的几周内雷迪法全家都提走银行存款以各种理由先后移居国外。除了这些事实之外，一些蛛丝马迹也指向了这一点。飞机是从伊拉克飞往以色列的，一架从境外飞入的战斗机在本国上空飞行怎么可能不遇到攻击甚至是警告呢？很明显，以色列已经知道了飞机的时间安排，并且做好了飞机落地的准备工作。

大量的事实使得整个事件的疑点聚焦到以色列情报机构身上，莫斯科一直在对此事进行调查，即便这样，也只是在若干年后才有了一个大致的了解。

这次米格叛逃事件的起因，还要追溯到1965年1月的一次会谈。当时，摩萨德局长阿米特将军问起空军司令埃泽·魏茨曼将军在情报方面有什么需要时，这位空军司令很明确地告诉他，空军在武器装备上已落后于周边阿拉伯国家，最近苏联又向几个邻国提供了性能优异、技术领先的米格-21战斗机，这样的劣势是战斗中极为不利的因素，因此我现在急需一架米格-21战机。空军方面提出的这个要求相当棘手，但是以色列国家的特殊性让他必须考虑尽可能满足军方的要求。他答应了魏茨曼将军，并且坚信自己的部下一定能够顺利地完成任务。

虽然充满信心，但是也必须承认这是一次高难度的任务。阿米特将军找来一个处长，果断地发出了行动的命令。接到这一命令，处长立即着手组织了一个专案小组。为了完成这项任务，特工们开始制订计划方案，讨论如何劫持一架米格-21战斗机的事宜。飞机是个庞然大物，想要将它拿到并不像其他秘密情报一样可以随身携带，所以初步的想法有三个：一是派遣特工潜入某一阿拉伯国家空军内部，并设法将飞机开回以色列；二是直接采用武力手段进行空中拦截，迫使它在以色列降落；三是寻找合适目标进行策反，收买一名阿拉伯飞行员驾机叛逃至以色列。这三种方案里与对方空军的冲突程度不一，要进行拦截必然会生出事端，甚至引发战争；如果向对方内部渗透，人员的培养、关系网的搭建又不是短期之内能够做到的，综合比较，相对于前两种方案而言，还是第三种方法具有简洁快速的特点，有较高的可行性。

在确定了行动方案之后，行动小组立即组建，摩萨德特工们开始了具体的实施步骤。以色列特工长期对周边的阿拉伯国家进行情报收集，其安全部门有着敌方各国飞行员的详尽资料。将这些资料整理比较之后进行筛选，一名有经验的老飞行员引起了特工们的注意。这位飞行员名叫穆尼尔·雷迪法，是伊拉克空军大队长。之所以选中穆尼尔·雷迪法为策反对象，是有一定根据的，首先，雷迪法生活在伊拉克一个富有的犹太家庭。穆尼尔的父母曾经历过50年代初期对伊拉克犹太人的血腥屠杀，虽然在这场灾难中幸免于难，但却因此产生了对伊拉克的憎恨，甚至有远离这里的打算。穆尼尔在这一点上与父母有着不同的想法，他与家人有着相同的信仰，却是在阿拉伯学校接受教育成长起来的，进入军队后，穆尼尔又受到重用，曾在美国受训，后来又派往苏联深造，尤其是驾驶米格-21战斗机这项殊荣，让他有了别人没有的优越感。这样的经历让他并没有父辈对国家那种深切的仇恨。如果说穆尼尔的履历上只有这些，摩萨德并没有什么可乘之机。据摩萨德秘密档案材料记载，雷迪法的飞行大队曾参加过对伊拉克北部库尔德村民的空袭，这次屠杀让他感到内疚和沮丧，并且心怀对政府的不满；在参加米格战机驾驶训练中，苏联顾问的傲慢和专横也让他深深感到不满——正因为有了这两个条件，以色列特工将他列为行动的对象。此外，雷迪法是个天生的多情种，他对年轻貌美的女人很感兴趣。这一弱点，容易使摩萨德在其身上找到突破口。

米格战机离奇失踪，背后隐藏惊天秘密

策反雷迪法的行动代号为"首饰行动"。不久，几名摩萨德特工取道欧洲，先后来到了伊拉克首都巴格达。特工们通过乔装打扮实现"变身"，以不同的身份通过各种渠道"巧遇"雷迪法及其家人，并设法认识他们。这些特工们各自负责不同的目标，其中最为关键的角色是一位出生于纽约并持有美国护照的犹太女郎。她在这次行动中表现堪称完美，通过自己出色的演技成功地拿下了行动的对象雷迪法。至今，她的身份都是一个秘密，克格勃想尽办法要调查清楚，却始终没有线索。没有人知道她的名字，只是在这次行动中，她被人们称为"莫妮卡"。

想要与穆尼尔·雷迪法建立关系，首先要做的就是找到合适的机会与其相识。进入伊拉克之后，莫妮卡一直在寻找着这样的机会。终于，一次伊拉克军政要人参加的招待会为这次计划中的相遇提供了机会。当雷迪法第一次见到莫妮卡，就被其美丽的容貌和独特的气质迷倒，两人一见如故，似曾相识的感觉让彼此展开了频繁的交往，没多久就成了知心朋友。

两人在随后的交往会面中开始有些深入的交谈，在某些话题上雷迪法所表现出的态度让莫妮卡大致摸清了他的内心想法：他告诉莫妮卡，他的父母有离开这里的打算。当聊天内容涉及库尔德少数民族时，关于村民屠杀的谈话很明显地就让他产生抵触情绪，他的脸上也总是在谈到这些时显现出难以自持的激动神情。莫妮卡知道了雷迪法一家虽然是阿拉伯人，但信仰却是基督教，忠诚于基督教义的他们对库尔德人问题总是表现出愤慨和同情的态度。雷迪法认为，既然库尔德人也是阿拉伯人，就应该与其他伊拉克公民享受同样的待遇，而现实中库尔德人受到欺压和歧视的事实却与这一想法完全不符；此外，他还表示了对政府的不满，认为政府应该自省其民族政策的不合理性，做出一些改进来改善问题而不是去实施残酷的镇压甚至屠杀。当谈到阿以战争时，雷迪法说："可能是出于信仰的关系，我总是愿意同情弱者。以色列国家那么小，人口也只有百万，但却对付着周围几亿的阿拉伯人。这不能不让人感到敬佩。"

这些平时的交流让莫妮卡看到了雷迪法政治态度的一个大致轮廓。与他交换意见，莫妮卡也表示了自己对美国黑人问题、美国政府种族歧视政策的不满，同样是有着对平等的强烈诉求。莫妮卡得到雷迪法的信任，了解到他最真实的想法：他认为自己之所以同情弱者，有可能是出于自己有基督教信仰的原因。

莫妮卡很敬佩雷迪法的坦诚和见识，通过两人的交流她先是称赞了他的心地善良，同时表达了对他作为军人在执行屠杀命令时所遭受折磨的同情。这样一来，劝导他找个途径摆脱这种困境就水到渠成了。看到条件成熟了，莫妮卡决定趁热打铁。她喃喃地对雷迪法说："你是个同情心极强的人。但是你不能背负着罪恶感痛苦地生活一辈子。你要想办法摆脱这种困境了！"

莫妮卡提出了他其实可以离开这个国家的建议时，雷迪法打断了她的话，军人的职业道

德让他觉得自己无论愿意与否都不能违抗。虽然没有接受莫妮卡的建议，雷迪法却已经动摇了。于是莫妮卡又提出了让其退役的建议，这一建议很快也被否决，原因是雷迪法觉得这么做首先是上级不会批准，而且还会引起他人怀疑；从个人角度来说，飞行员也是自己不愿放弃的职业。就这样，莫妮卡也只得另想他法。

想要拿下他，莫妮卡想到了欲擒故纵。半个月时间很快过去，莫妮卡要离去了。他们两人虽有亲昵之举，但却始终没有跨过最后一步。对此，莫妮卡给雷迪法的解释是完全为了他好，因为这种事情虽然在西方国家不算什么，但在阿拉伯国家却是十分重要的，她不愿因此而使他声誉受损。之后，她又意味深长地对雷迪法说："我们可以去欧洲旅游一次，据说法国的巴黎是个浪漫的都市！"说完这些，她用妩媚的大眼热切地望着雷迪法，希望得到肯定的答复。对莫妮卡垂涎已久的雷迪法同意了这个建议，两人随即飞往巴黎。他们在一家豪华饭店里完成了最亲密的接触，雷迪法也对莫妮卡更加迷恋了。

关系如此亲密，时机也已成熟。莫妮卡确定了两人关系所处的阶段之后，说出了自己一直在帮雷迪法想逃出苦海的办法。一天晚上，莫妮卡煞有介事地对雷迪法说："我们可以一起去特拉维夫，在那里我有一些朋友，或许他们能够给你提供帮助。只要我们过去，不仅不会走漏风声，甚至连机票都不用自己掏钱。"听说要去特拉维夫，雷迪法一时犹疑不决。权衡利弊之后，他终于答应了莫妮卡的要求。于是，俩人在结束欧洲旅行之后，准备前往特拉维夫。

于是，早已在巴黎等候的摩萨德巴黎分站特工们为雷迪法和莫妮卡提供了假护照，两人顺利登上了以色列航空公司飞往特拉维夫的班机。飞机上，雷迪法平生第一次享受到了贵宾级的礼待。第二天，莫妮卡将他带往内盖夫的某个空军基地，并给他引见了几位摩萨德和阿穆恩官员。雷迪法在一系列的行动中心生疑云，一步步走到这里，终于发现了所谓的"美国女郎"原来竟是一名摩萨德特工。

成功将穆尼尔·雷迪法"请"到了以色列，摩萨德官员也就不再向他隐藏以方正在实施的计划：以色列人现在需要一台米格-21战斗机，雷迪法又是来自中东地区少数几个拥有样机的国家之一，更难得的是，他已经取得了驾驶米格-21的飞行许可。只要雷迪法成功将一架米格-21从伊拉克飞到以色列，他将获得100万美金作为酬劳，而且他和他的家人就能够成为以色列的合法公民。当然，政府还给他提供一套住宅和一份工作。这些游说让雷迪法有些举棋不定，作为军人的职业道德和眼前诱人的条件在心中做着激烈的斗争。

莫德凯·雷德将军察觉到了雷迪法的复杂心理，又向他说明了这种飞机在整个西方盟国反对苏联的斗争中具有何等重要的地位。这种说法终于打动了雷迪法，他想到了如果答应这个条件自己并不是全部从利益的角度考虑，其中也有为了反对苏联人的目的。这样做不仅有利于家庭，也帮助了自己，虽然背叛了自己的祖国，却在更大的层面为世界做出了贡献。雷迪法在心里说服了自己，又提出了再加100万美金的报酬。面对雷迪法开出的条件，摩萨德局长阿密特给出了很明确的回应，最终内阁批准了这次"首饰行动"。

这次行动的内容与空军有关，为了确认一些具体的细节，以色列情报官员又安排雷迪法与现任空军司令迪凯·霍德将军见面。以色列空军司令亲自与雷迪法就叛逃计划的一些细节进行研究，在讨论中他对机场的结构和布局竟然十分清楚，不仅能够指出跑道、控制塔等建筑的具体方位，甚至连他所在中队的飞行员及苏联教官名字都能够清楚地报出。这让原本对以色列人就怀有敬佩之情的雷迪法更加赞叹不已了。

策反行动执行顺利，飞行员回国"巧取"战机

　　配合雷迪法回国执行这项行动，摩萨德官员制定了一整套行动方案。在这次行动中，有几个关键的地方是必须做到谨慎妥当的。首先，在航行路线的确定上，必须避开沿途可能遇见的伊拉克和约旦空军的雷达，一旦被发现，整个计划将以失败告终，为了顺利到达以色列，飞机必须按照霍德将军事先制定的一条曲折迂回、长达900公里的航线；飞行距离的长度相比平时要多出很多，因此，雷迪法必须找到一个合适的理由为飞机挂上两个加满油的副油箱，这样才能保证能够一口气从伊拉克飞到以色列；时间问题上也是一个雷迪法需要和以色列空军沟通好的问题，米格–21战机必须安排在预定好的时间进入以色列境内，否则以方空军有可能因为不知情将其当作敌机击落。日期由以色列空军商定出一个大致的范围，然后再由雷迪法根据情况选择具体时间。

　　一切可能出现的情况几乎都被考虑到，这个完美的计划只等执行了。

　　几天以后，雷迪法肩负着以色列空军和摩萨德特工们的重托，踏上了归途。为了不引起怀疑，雷迪法心爱的女友莫妮卡也与他同行。

　　再次踏入伊拉克境内，莫妮卡有着双重的任务。一方面，"首饰行动"是由她的行动揭开了序幕，接下来的每一步行动她都必须紧紧跟进，在雷迪法按照计划执行方案时从旁提供必要的协助；另一方面，虽然雷迪法已经被成功引入特工们所下的套中，也在跟以色列空军的谈判中给出了承诺，却依然要提防其变卦。这项任务不仅执行起来难度很高，而且对于莫妮卡来说，也存在着危险。雷迪法在被摩萨德策反的同时有可能是伊拉克军方的诱饵，这样莫妮卡再回到伊拉克就无异于自投罗网。在情报活动中的女间谍使用问题上，以色列一向持保留态度，摩萨德在行事方式上也从不主张使用性讹诈、色诱等手段，也正因为这一点，世界各国对以色列女间谍的防范并不重视。这一点被阿米特将军意识到后，他虽然没有强迫女特工去使用美人计来拿下敌人，却认为女特工在某些任务执行中比男特工要机动灵活。

　　整个任务中突破穆尔·雷迪法是一个难点，在这一目的达成之后，计划已近尾声，大部分任务已经完成。剩下来的，就是如何实现对雷迪法的承诺——将其家人安全转移。

　　将其家人转移不仅要躲过别人的视线，还必须保证这一事件不从当事人口中走漏风声。整个转移行动分为两个部分，首先是雷迪法的妻子和孩子，然后是他的父母。回到巴格达后不久，雷迪法的儿子就患上了重病。伊拉克的医疗条件在当时并不先进，远远达不到治疗孩子所需要的条件，医院就建议他们将孩子送往伦敦救治。于是，雷迪法的妻子带着另一个孩子和"患病"的儿子前往伦敦治病。母子三人先到达伊朗，通过伊朗官员的检查后没有露出任何破绽，顺利地登上了从德黑兰飞往伦敦的班机。他们的目的地其实并不是伦敦，当飞机着陆后，他们就在欧洲秘密登上了飞往特拉维夫的飞机。

　　雷迪法的妻儿被成功转移之后，特工们下一步的任务就是顺利送走他的父母了。雷迪法将莫妮卡带到了父母面前，告诉了他们将会送他们去心驰神往的以色列。面对眼前这个如此美丽动人的女郎，雷迪法的父母心中感到诧异。最后，他将整件事情和盘托出，说明了自己将要驾驶米格战机投奔以色列。在驾机出发之前，必须完成转移家人的任务。在了解到整件事情的来龙去脉之后，儿媳及两个孙子已经到达特拉维夫的信息又坚定了两位老人离去的决心。他们对自己的儿子引以为豪，并决定以实际行动予以支持。而具体的转移方案，阿密特将军早已制定完毕：摩萨德特工已经提前与库尔德族领导人商量人员转移，他们准备将穆尼

尔·雷迪法全家从避暑别墅送往伊拉克防线后进入山区，在那儿将他们送上直升机，直接运送到伊朗境内的阿瓦士，在那儿会有另一组以色列特工等待接应。在炎热的夏季，北方库尔德斯坦山区一直是富人的避暑胜地，选择此地做人员中转站，可以轻易地躲过别人的视线。

一切准备就绪，终于到了离开的时候了。在莫妮卡的陪同下，穆尼尔·雷迪法的父母、岳父母收拾了一些简单的行李，准备前往北方的库尔德斯坦山区避暑。将要出发之前，还出现了一个小小的插曲。邻居家的小伙看到莫妮卡后都眼前一亮，如此美丽动人的姑娘让他们怦然心动，甚至有几个热情奔放的小伙要与雷迪法一家同行，一起去北方度假。莫妮卡的魅力深深吸引了这群小伙，雷迪法的父母只好向他们解释说这是他们一个瑞士远房亲戚的女儿，这次来看望他们，一家人要好好团聚。就这样，最后终于摆脱了麻烦。到达库尔德斯坦，他们被两辆大轿车迅速送到伊拉克伊拉克防线以南，又接着坐上库尔德某游击小组准备的骡子，走了一个通宵到达了与直升机会合的地点。飞机飞行 30 分钟，4 位老人被成功转移到安全地点。

雷迪法全家都已成功迁出，他可以放心展开行动了。一切准备就绪，只等飞行训练的日子早日到来。等了两个多星期，他的机会终于来了。1966 年 8 月 15 日是一个天气晴朗的日子，一大早，雷迪法像平时一样，坦然自若地走向了自己的飞机。他告诉机械师把他的两个副油箱也加满油，因为今天要执行一项远程巡逻任务。伊拉克机械师和飞行员本应严格执行苏联军事顾问的规定——每次执行任务，必须将燃料限定在最低数量之内，但是傲慢的苏联顾问早已让他们不满，因此他们也不会完全遵照规定办事。这个时候苏联顾问正好在吃早餐，机械师们更加无所顾忌。再者，雷迪法此前也多次单独执行过飞行任务，每次都是规规矩矩，从没出什么纰漏。鉴于此，机械师并没有特意去请示苏联顾问，而是顺从地执行了雷迪法提出的要求，把油箱加满了。

油已加满，机械师示意雷迪法一切都已就绪。雷迪法不慌不忙地走向飞机，登上驾驶舱，启动了引擎。飞机开始向着巴格达方向飞去，刚刚飞出基地视野，雷迪法就突然将方向转向南方，一段时间之后又转向西方飞去。雷迪法将飞行高度降得很低，避开沿途雷达的监视。飞机沿着霍德将军布置的航线准确地飞行，经过约旦河上空时，伊拉克空军的雷达上没有显示任何可疑目标，整个航程十分顺利。

事情进展顺利，当米格 –21 按着预先商定好的航线和高度到达以色列边境上空时，严阵以待的以色列空军立即升空，前往目的地接应，以一个"幻影"战斗机中队的规模进行护航。与"幻影"编队会合后，雷迪法按照约定的暗号晃动了机翼，经过确认的以色列空军连忙掩护着这架从敌国飞来的苏制飞机，越过死海飞向以色列南部内盖夫的一个空军基地。

雷迪法在这一时刻激动不已，经过长时间的安排和行动，这次机密的叛逃行动终于告捷。以色列军方兑现了当初给他开出的条件，也如愿以偿地得到了这架神秘的米格 –21。至此，"首饰行动"顺利完成。摩萨德情报官员立即致电本·古里安总理："首饰已经安全放入了珠宝盒之中。"

叛逃的雷迪法得到了他想要的一切，但是，他却未能与摩萨德女间谍莫妮卡鸳梦重温。

以后的日子里，以色列用这架米格 –21 战机进行了几百次的模拟实验。在研究中，以色列"幻影"战机飞行员完全掌握了它的性能和特点。他们发现这架战机装备先进，性能一流。但是，该战机也有两个致命弱点：一是米格 –21 战机的水平视野不能达到 360 度，因而会出现相当多的死角；二是苏联战机使用的都是普通油料，燃料的易燃性使飞机油箱成了易受攻击的部位。掌握了这两点，以色列空军在日后的战斗中就能够克敌制胜。

1967 年 6 月，"六日战争"爆发。以色列出动了几乎全部空军，对埃及、叙利亚和伊拉克的空军机场进行了闪电式的袭击。空袭中，以色列飞行员根据苏联飞机的性能和特点，采取了相应的战略战术。他们专门攻击对方飞机的油箱部位。这样一来，命中一炮，就能毁灭整个敌方战机。

知己知彼，又先发制人，这样得天独厚的条件，使以色列在第三次中东战争大获全胜。这样的成果当然应该归功于以色列情报部门的不懈努力。从那时起，西方军界人士就将摩萨德视为战无不胜的神话。

U-2 飞机被击落

1960 年 5 月 1 日，莫斯科红场。天气晴朗，阳光灿烂，一场声势浩大的阅兵正式举行。各种型号的坦克、装甲车、火炮和火箭缓缓通过主席台，接受检阅。列宁陵墓主席台上，苏共中央第一书记、苏联部长会议主席赫鲁晓夫率领苏联政要一脸严肃地看着眼前的一队队装备走过。群众游行开始不久，苏联防空部队总司令比留佐夫元帅走上主席台，身上的野战服与其他官员的礼服形成鲜明的对比。比留佐夫元帅来到赫鲁晓夫身边，俯身在他耳旁细声说了几句话。赫鲁晓夫严肃的面孔刹那间绽放出笑容，并轻轻地点了点头。这个细微的表情没能逃脱人们的眼睛，但是其中的含义却鲜有人知。人们不免争相猜测，到底发生了什么事情，让处于冷战交锋中的一国元首在如此意义重大的场合下露出轻松的神情呢？

让人叹为观止的 U-2

就在赫鲁晓夫对露出这个神秘表情之因秘而不宣、静观其变的同时，美国总统艾森豪威尔正坐在办公室里为避免陷入尴尬境地苦苦寻找对策。尽管在美国国务院和美国航空航天局的新闻发布会上，官员一再宣称"一架用于研究高空大气条件和风力的 U-2 飞机在某次执行科研任务时于土耳其上空失踪"，但是一旦真相暴露，必将成为外交丑闻，也会加剧美苏之间的紧张。然而，更让他们百思不得其解的是，所向披靡的"黑寡妇"，怎么就这样糊里糊涂地被击落了呢？

以"黑寡妇"著称的美国 U-2 高空侦察机是史上赫赫有名的间谍飞机，出自美国洛克希德飞机公司设计师凯莱·约翰逊之手。U-2 飞机集滑翔机的外表和喷气发动机的动力设计于一身，采用全金属框架，机身长 16 米，机翼长 24 米，轻便灵巧，特别是尖端装配的带支撑杆的滑轮，能够在起飞时保持机身的平稳。值得大为称赞的是 U-2 飞机在当时技术水平下的卓越性能：超过 30480 米的最高升限，805 公里的时速，7242 公里的最长航程以及 10 小时的续航时间……大部分指标都远远高于当时服役的美国空军 F-104。

如此先进的装备自然引起了美国航天部门的强烈关注，也吸引了中央情报局的视线。当时，美国空军正在为勘察苏联导弹系统和制导雷达的任务烦恼。苏联幅员辽阔，在边境周围部署的远程雷达只能覆

U-2 侦察机
U-2 侦察机以单个喷气式引擎提供动力，其翼展为 23.5 米，以加强其超高空运行能力。

盖纵深约 1609 公里的勘测范围，而对于中部和西伯利亚的雷达部署情况就显得束手无策了。为了及时掌握新动向，美国不得不派飞机进行勘察，但结果并不令人满意，而且多次出现过意外事故并因此造成 10 架飞机的损失。中情局接管此项任务之时正值 U–2 飞机研发成功，因此一眼相中了这架新式武器，也注定为 U–2 造就一段大放异彩的辉煌历史埋下了伏笔。

经过改装，U–2 成为名副其实的"隐形飞机"，除了全面降低的红外线、声音、电磁和雷达反射特征外，良好的高空性能也让敌军望洋兴叹，配套安装的 8 台高空侦察照相机可以在无论白天、黑夜还是各种气象条件下自 21000 米高空毫不费力地拍摄地面目标，清晰程度令人难以置信，大到城市建筑、街道，小到墙面的广告，地上的烟头，都能一览无余。按每台照相机工作 8 小时计算，一架 U–2 飞机用几个星期时间就能把整个苏联拍摄完毕。为了满足侦察需要，U–2 飞机还特别装备了侦察接收机，用以检测所有苏联雷达信号，此外还有用来测量被侦收到的辐射源方位的测向机，以及用于启示所有被侦收到的电磁辐射源的特制磁带记录机。毫无疑问，对于急于掌握对手信息的中情局来说，U–2 在谍报战中的分量可以说是撒手锏级别的。因为当时虽然苏联、英国其他一些国家制造的个别飞机也能达到近似高度，但是性能与之相较却遥不可及。

1956 年 5 月初，四架 U–2 侦察机带着使命被 C–124 运输机空运至英国。美国对外宣传是"为美国航空航天局服务的气象研究机"，隶属于第一临时气象侦察大队。为了避免外界过多注意和猜测以及迅速开展任务，6 月中旬，U–2 部队前往德国法兰克福以西、毗邻莱茵河的威斯巴登。之后又更换了更为强劲的 J57–P–37A 发动机，彻底解决了以前的空中熄火问题。

在人员选择上，中情局最初的如意算盘是雇佣一些唯利是图的外国飞行员，以便在发生意外事故时推卸责任，但是苦于找不到符合要求的人手，最终不得不在美国空军内部选拔。弗兰西斯·加里·鲍尔斯就是其中之一。和其他飞行员一样，他与中情局签订为期两年的服务合同，以洛克希德公司雇员的身份从军队退役加入 U–2 侦察机项目中。此外所有与飞机维护有关的工作，如情报传感器、生命保障系统等的维护都要聘请非军方技术代表完成，而高空侦察目标的选择和任务计划则由中情局控制下的华盛顿项目司令部下达。

U–2 崭露头角

整个计划看起来是如此完美，满心欢喜的中情局迫不及待地想立即将其付诸实施。然而此时，艾森豪威尔总统却迟迟没有做最后决定。于是，在总统下令对苏联进行高空侦察之前，U–2 先小试牛刀，于 1956 年 6 月 19 日在苏联周边的东德、波兰领空做了第一次侦察飞行，其间被地面防空雷达发现，虽然没有收到正式的官方抗议，但是飞行成功的消息传到了白宫，总统依然不为所动。7 月 2 日，中情局再次下达任务，2 架 U–2 分别对捷克斯洛伐克、匈牙利、罗马尼亚、保加利亚、东德、波兰和罗马尼亚进行了侦察，获得了大量清晰照片，足以证明其可靠性与军事价值。

面对成熟的技术条件和高质量情报的诱惑力，艾森豪威尔总统正式批准了对苏高空侦察活动。鉴于对可能引起的后果有些担忧，尽管中情局一再的保证，总统还是只给了 10 天的行动期限。

1956 年 7 月 4 日是个值得纪念的日子。这一天既是美国独立日，也是 U–2 开始执行越苏领空行动的日子。飞机从德国莱茵河右岸的威斯巴登起飞，沿途经波兰的波兹南和白俄罗斯，之后向北转至列宁格勒，最后飞越苏联的波罗的海各加盟共和国后返航，全程历时 8 小时 45 分钟，目标范围覆盖了苏联的远程轰炸基地、海军造船厂和军事训练场等敏感目标。7 月 5 日，

U-2 的行动进一步升级，对苏联的基辅、明斯克、莫斯科等地进行了 8 小时的侦察，带回来令人兴奋的图像——A-2 型照相机拍摄到的"米亚 -4"重型喷气轰炸机的制造厂、位于卡哈姆科的火箭发动机厂和位于加里宁格勒的导弹工厂等重要军事目标。

两次行动的成功既带来丰厚的成果，也惹来了麻烦。苏联的防空雷达准确地捕捉到了飞机，并派出"米格"前来阻挠，只是由于飞行高度太低，无法对 U-2 构成威胁。7 月 10 日，外交照会连同 U-2 侦察机入侵详细路线图一并递交到了美国驻莫斯科大使馆。苏联在照会中表达了对于美国飞机飞越本国领空进行间谍活动的强烈不满，并根据"米格"飞机驾驶员的判断认定入侵者为美国空军的一种双引擎中型轰炸机。美国对此当然予以否认，并于 7 月 19 日的回复中宣称"没有任何美国军用飞机飞越苏联上空，苏联的指责是蓄意捏造"。面对随后波兰和捷克斯洛伐克提出的抗议，美国也采取了同样的应对方式

尽管有强硬的态度支撑，艾森豪威尔总统还是对这种侦察活动的必要性和风险产生了怀疑。因为一旦间谍活动被美国人知道，将是一件十分棘手的事情。"被苏联发现是一回事，在国人面前失去威信就是另外一回事啦"，总统心中不免盘算着另辟蹊径，U-2 侦察机对华约国家的越境高空侦察任务也因此暂时中止，U-2 飞机的侦察目标转战至埃及。

直到 1957 年 5 月 6 日的一次会议上，艾森豪威尔总统的态度终于开始松动，U-2 侦察机获准对苏联的边疆地区进行侦察，如苏联东北部的堪察加半岛、贝加尔湖和塞米巴拉金斯克核试验场。7 月 8 日，从阿拉斯加埃尔森空军基地起飞的 U-2 对苏联远东地区进行了侦察，这是 U-2 首次从美国本土起飞执行对苏联地区的侦察任务。至此，一场表面上风平浪静的争斗就此拉开序幕。

黑暗中的较量——克格勃出马

1960 年春天。苏联首都莫斯科。

"打下来！"赫鲁晓夫把手狠狠拍在桌子上。

金碧辉煌的克里姆林宫内一间高大宽敞的办公室里，一边站着国防部长马利诺夫斯基元帅，手里拿着一份报告，是关于美国 U-2 飞机 4 月 9 日再次入侵苏联领空的情况。

自从第一次行动开始至今，美军的 U-2 飞机已经对苏联地面进行了 20 多次的高空侦察，每一次都获取了极有价值的情报，甚至连人类历史上第一颗人造地球卫星的发射情况都了如指掌，然而苏方对此却束手无策。

"可是，我们目前还很难做到这一点。"

"为什么？"

因为 U-2 飞机飞得高（两万多米），远在高射炮射程之外，战斗机速度又跟不上，发展地对空导弹又需要耗费时间。

"我们的米格飞机和萨姆导弹直到目前还不能飞到这个高度。"防空军司令比留佐夫小心翼翼地说。

"你们真是一群饭桶！美国佬在我们的天空大摇大摆，你们竟然打不下来！"赫鲁晓夫咆哮着。对于一直能与美国抗衡的苏联来说，敌军飞机四年间来去自如，没有受到丝毫威胁，确实是一奇耻大辱。

马利诺夫斯基和比留佐夫都低着头不敢作声。

赫鲁晓夫抓起桌上的电话，吼道："给我接国家安全委员会，找谢列平。让他立即到我这里来！"

谢列平气喘吁吁地跑了来，他是国家安全委员会主席，也就是苏联间谍机构"克格勃"的头子。

"我们派几个特工潜入美国的空军基地，把飞机给炸掉……"

"蠢猪！你到底长没长脑子？炸掉？这是政治，政治！懂吗？一定要在它侵入我国领空的时候把它给打下来！让美国佬丢人！"

"懂了，我会立即做出安排。"

克格勃打飞机这个任务落到了第三部第 5 处处长亚科夫上校手里，连同 U-2 飞机的各种资料。几天后行动计划出炉，两名特工迅速潜入了巴基斯坦的白沙瓦——那架 U-2 飞机就停放在这个国家的美国空军基地里。

和许多间谍计划一样，克格勃首先用一位名叫茜丝的法国女郎迷惑了当时基地专门为最新型的 U-2 飞机配备的机械师安德森上尉，趁他昏睡之际窃取了资料并做了钥匙印模。很快，美国将于当年五一国际劳动节再次派出 U-2 侵入苏联领空的情报传递到了亚科夫上校那里，此时已经是 4 月 29 日凌晨 2 时，特别行动小组一切准备就绪。亚科夫看看手表，下达了命令："立即行动！"

5 月 1 日清晨，U-2 飞机静静地停在机坪，流线型的机身，黝黑的颜色，长得出奇的机翼，处处显现着它与其他飞机的不同。一辆吉普车从门口驶入，一路疾驰直到机场深处的停机坪。

吉普车在 U-2 飞机附近停住，安德森上尉一步跨了下来，精神抖擞，与之前在床上昏昏沉沉的样子大相径庭。几个地勤人员向他敬礼，安德森一边还礼一边走进飞机的座舱，坐在仪表盘前做飞前的最后检查。

不知过了多久，他抬头向机窗外看了看，看见几个值勤人员也在飞机周围忙碌着。他迅速地低下头，在仪表盘上搜寻。很快他的手在一个仪表上停了下来，另一只手从下面伸向了仪表盘的背后……

30 岁的美国空军少校鲍尔斯像往常一样吹着口哨走进了 U-2 飞机的座舱。在这个座位上他已经累计工作超过 500 小时了，大多数都是执行苏联上空的飞行任务，对于他来说，已经是轻车熟路。此次他从白沙瓦起飞，经阿富汗到达苏联领空，最后在挪威布德机场着陆，拍摄目标是原子弹中心斯弗罗夫斯克和普列谢茨克、苏立拉克导弹发射场。

鲍尔斯看着眼前闪闪发光的仪表盘和各种操作手柄，满意地笑了，站在机舱口对他微笑着的安德森上尉竖起了大拇指，意思是一切就绪。鲍尔斯点点头，也竖了一下大拇指。此时塔台发出了出发的命令，鲍尔斯向安德森和地勤人员挥挥手，随即驾驶飞机滑向跑道，冲向蓝天。

安德森上尉驾驶吉普车一溜烟儿到小镇，把车停在酒吧门前就离开了。过了一会儿，在不远处一条僻静的小街上，一辆停了很久的雪佛兰发动起来，飞驰而去。只见车里的茜丝小姐给了"安德森"上尉一个深深的吻，驾车的彼得罗夫问道："雅克，怎么样？"

"没有问题。"

"那个真安德森呢？"

"他还得在床上大睡 24 小时哪！"

三人相视大笑。

安德森怎么变成了雅克呢？

U-2 飞机进入苏联领空后，鲍尔斯打开了自动拍摄仪器。

高度表的指针在 20000 米的位置晃动着，鲍尔斯心情复杂。他知道在去年 6 月的一次行动中，侦察结果显示苏联正在扩大导弹发射基地，下半年的多次行动虽然都还顺利，但也越来越艰辛——对方的防空系统对 U-2 的预警时间越来越短，跟踪时间也越来越长。然而对 U-2 性能的信任与自豪又给了他乐观的心态，还有中情局谢尔登上校掌握的情报：苏联人还没有一架飞机或一颗导弹能到达 U-2 的高度哪！

已经 4 个小时了，再过几个小时，他就可以完成这次伟大的穿越飞行任务。鲍尔斯正在幻想着肩膀能再多一颗星的时候，突然听到一声闷雷似的巨响！飞机猛地往前一撞，机舱外大片的橘红色闪光照亮了天空！

接着，他被巨大的反作用力掀回到座位上，他慌了，隐约意识到飞机被击中了，但是，这不是在 20000 米的高空吗？怎么可能有武器射程这么高呢？

正在他惊慌失措的时候，飞机又是一阵剧烈的晃动。他明白，U-2 已经受到致命的伤害，失去控制。U-2 是美国军方的最高机密，按照规定如果在苏联上空遭遇袭击不能返航，就只能毁掉。这种自毁系统就安装在弹射座椅后面，当飞行员弹射后 70 秒自行启动炸毁飞机。

短暂的犹豫之后，鲍尔斯的手伸向了那个按钮……

真相大白，哭笑不得的中情局

1960 年 5 月 5 日，天气依然晴朗。艾森豪威尔总统正在为即将举行的与赫鲁晓夫的最高级别会晤做准备，苏联塔斯社突然向全球广播了一条惊世骇俗的消息：苏联防空部队在苏联斯维尔德洛伏斯克击落了一架美国 U-2 侦察机，活捉驾驶员弗兰西斯·加里·鲍尔斯。飞机上所有侦察设备完好无损，是美国进行间谍活动的最好证明。

面对突如其来的丑闻，美国政界脸色大变。之前苏联保持缄默已经让他们惴惴不安，但是他们仍然心存侥幸，因为在 20000 米的高空，即使飞行员从飞机弹出来，也很难存活，而且 U-2 飞机上有自毁装置，苏联人不会找到任何痕迹，因此就出现了开篇极力否认的局面。如果不是苏联外交部副部长马立克在一次招待会上透露了消息，这场游戏也许还会继续玩下去。美国方面自然很快便得到了鲍尔斯跳伞逃生，并没有启动自毁装置的消息。

眼见对人赃俱获的事实再保持沉默已经没有意义，赫鲁晓夫在最后一天的最高苏维埃会议上开始了反攻，对美方制造的种种谎言依次加以批驳。他不但引用鲍尔斯的供词，向大家展示冲洗出来的照片，还叫嚣着将飞机残骸放在高尔基文化休息公园展出。面对对手的指责，艾森豪威尔不得不出面承认，是他亲自批准这些针对苏联的间谍活动的。

那么，是谁击中了 U-2 飞机呢？米格 -19 飞机的升限在 17500 米到 18500 米之间，怎么可能到达 20000 米的高空呢？是苏联新研制出的高射程导弹吗？美国人绞尽脑汁，依然没有任何合理的结论。

经过长期的交涉和斡旋，1962 年，美国与苏联达成交换协议，以克格勃高级间谍鲁道夫·阿贝尔交换鲍尔斯。本来美国人认为这是一笔划算的交易，因为可以从当事人口中获取 U-2 飞机被苏联打落的真相。然而鲍尔斯也是一头雾水，根本不知道自己是怎么被击中的。

原来，一切都是克格勃的功劳。茜丝、雅克和彼得罗夫都是克格勃特工。茜丝负责接近安德森上尉，尽可能从他那里了解 U-2 飞机的情况，并根据她提供的安德森的个人情况选定一名外形非常接近的克格勃高级特工做替身，这样，经过整容手术的雅克就这样活生生地变成了安德森。雅克曾经接受过严格的飞行训练和飞行机械师检修训练，同时，克格勃也通过各种途径和手段获取关于 U-2 飞机仪表盘的草图和高度仪的结构图，以确保行动万无一失。

4 月 30 日晚上，茜丝设法把安德森灌醉，并注射了一剂 36 小时的高效麻醉剂，然后将他扔到一片远离人烟的丛林里，这样，5 月 1 日早晨出现在空军基地的就成了乔装后的雅克。雅克凭借精准的记忆和卓越的判断力很快在复杂的仪表盘上找到了高度表，拧下右上角固定塑料外罩的螺丝，然后打开随身带来的纸包，挑出一颗同样规格的螺丝装了上去。这不是一颗普通的螺丝，而是用高强力的磁性物质材料做出的特制螺丝，高度表的指针随着飞机升高而向右摆动时会受到磁力吸引，逐渐靠近这颗螺丝，这样，显示出的高度也就会逐渐偏离实际高度，而中低空飞行的误差较小，不会引起驾驶员的注意。一切都在黑暗之中进行，美军对此毫不知情，包括执行任务的鲍尔斯。因此，鲍尔斯看到的 20000 米并不是真实高度，实际上只有 15000 米，正好在苏军装备企及范围内。

中情局是在不久之后的一份窃听来的谈话记录中看出端倪的。苏共中央主席团的一位成员总结说苏联并没有什么新式火箭，只能怪 U-2 飞机的零件不好，比如，高度表。这则小小的信息将中情局的怀疑指向了克格勃。因为 U-2 飞机的所有部件都是在严格监督下生产出来的，不可能出现漏洞。除非有人在飞机上做了手脚。直到 1965 年，苏联克格勃的一名高级情报人员叛逃到美国，中央情报局才知道了事件的真相，也不得不佩服老对手克格勃的手段高强。

在 U-2 间谍飞机事件的作用下，冷战刚刚开始的缓和过程重新结冰，苏美两国首脑之间相互猜疑加重，原定在巴黎举行的最高级会计划宣告破产。

U-2 飞机被击落后，美国旋即停止了对苏联地区的飞机侦察活动，U-2 的身影开始频繁出现在拉丁美洲和亚洲远东地区。1961 年 4 月，U-2 侦察机为配合即将进行的推翻卡斯特罗政权行动，对古巴进行多次侦察，1962 年，U-2 侦察机在古巴侦查时发现了苏联的导弹发射基地的建设，经过美苏 13 天对抗，"古巴导弹危机"以一架 U-2 的击毁结束，苏联撤出了弹道导弹，U-2 这一次成为挽救世界的"救星"。

美国目前现役的是 12 架在 U-2 飞机的基础上进行改进的 U-2R 型侦察机，该机型仍然由美国洛克希德公司研制，1968 年正式装备部队，分为 4 种型号，上面装备有各种传感设备、照相侦察设备、雷达装置等，其价值远远超过本身。该机参加了 1991 年的海湾战争，被用作战术侦察。此后经过进一步改进，并于 2002 年 4 月开始无人驾驶改装。U-2 在美国空军中服役 50 多年里，驾驶该机被认为是一种荣耀，但它同时也是飞行员公认的美军所有飞机中着陆最困难的一种，迄今为止，U-2 飞行员的总数不超过 850 名。

2007 年 3 月，美国空军停飞了全球范围的 U-2 侦察机，做集体维修。取而代之的将是"全球鹰"无人机。

女船王落入爱情陷阱

1980 年 5 月，瑞士的圣莫丽斯法庭宣布希腊女子克里斯蒂娜·奥纳西斯与谢尔盖·考佐夫正式离婚。两周后，一份发表在报纸上的声明以简洁的内容和平和的语气宣布了这一事实："……我和谢尔盖·考佐夫在瑞士圣莫丽斯离了婚。离婚是在和睦的状态下进行的。按照协议，他获得一艘船。"

这条看似普通的声明似乎并没有阻挡住全世界投射过来的好奇目光，因为作为当事人的克里斯蒂娜是世界著名船王、希腊航运巨头奥纳西斯之女。作为唯一的继承人，克里斯蒂娜拥有"女船王"的称号。这条声明也同样没有堵住各大媒体的嘴。英国《每日快报》很快在头版头条披露了这场婚姻的惊人内幕——谢尔盖·考佐夫的真实身份竟然是克格勃,这场婚姻自始至终都是一个预谋已久的间谍活动!

尽管让西方国家担心的阴谋最终没有得逞,然而对于当事者以及他们身边的人来说,那都是一段极不平凡的经历……

从天之骄女到家族掌门

1953年,希腊船王奥纳西斯斥资2000万美元建造了一艘豪华游艇,以掌上明珠克里斯蒂娜的名字命名。在启用仪式上,当克里斯蒂娜用两只小手捧着香槟用力敲向游艇外壳的时候,喷涌而出的香槟向世人宣告了父亲对女儿的无尽宠爱,也标志着克里斯蒂娜"金光大道"的恢宏启程。

奥纳西斯家族的富有和强势令世人望尘莫及。仅就总吨位600万吨、52艘巨轮的船队而言,其规模已经赶超大多数国家的海军阵容。其中的40艘油轮更是占了全世界油船总吨位数的近1/10,堪比法国全国油轮总吨位,而当时的苏联还不足世界油轮总吨位数的20%。与这支庞大船队相匹配的,自然是源源不断的兴隆生意——尤其是从中东运往美国、日本、联邦德国、英国、法国等主要发达国家的石油,更是让其旗下的90个公司遍布12个国家,与217家银行拥有业务往来,冥冥中控制了西方国家石油供应,并牵动着运输业的神经。家族还拥有一个面积800平方千米的斯科皮奥斯岛,那里既是度假游乐的场所,在地理位置上也是扼制地中海北端的战略要地。

作为奥纳西斯的女儿,克里斯蒂娜自小衣食无忧,仅每年去世界各地旅游观光的费用就要750万美元。巴黎的凯旋门、埃及的金字塔、瑞士的滑雪场、纽约的豪华酒店,处处都留下这位名门闺秀的倩影。呼风唤雨、挥金如土的生活并没有带给她良好的教养,加之父母过早离婚的负面影响,她逐渐养成了乖僻放纵、目空一切、喜怒无常的脾气。

奥纳西斯家族繁荣的事业和美满的生活并没有一帆风顺地继续下去。与第一任妻子离异后,奥纳西斯于1968年同美国前总统肯尼迪的遗孀杰奎琳结了婚,但不久二人便貌合神离。1973年,年仅24岁的爱子亚历山大在一次飞机失事中脑部受致命伤害,一天之后因伤势过重而死。奥纳西斯在双重打击之下也一病不起,最终于1975年溘然长逝,克里斯蒂娜理所当然地成了庞大的奥纳西斯油船王国的女船王,那年她仅有24岁。

克里斯蒂娜继承父业的时候,世界航运业正在陷入一场无边的大萧条中。这次史上最严重的危机连续5年都没有恢复元气,全球3%的船只被迫闲置,破产的船主不计其数。美国航运巨头鲁威格的船队从57艘锐减到17艘,老船王在世时的对手尼亚尔霍斯集团也减少了一半。严峻的形势也带给奥林匹克海运公司巨大冲击。先是取消1973年订购的6艘超级油轮并缴付罚款1700万美元,之后又发生了奥林匹克勇敢号油轮处女航的搁浅事故,尽管公司从保险公司那里得到5000万美元的索赔,但每年仍有高达1000万美元的损失。

面对父亲留下的偌大家业,克里斯蒂娜深感责任重大。好勇斗胜的遗传基因让她在短暂的低迷后重整旗鼓,决心迎接挑战。当她站在董事会上郑重其事地行使自己的掌门人的权力时,当她开始虚心向公司高级职员和技术人员学习海运知识和企业管理经验时,人们眼中那个娇生惯养、只会花钱享乐的公主正在蜕变,取而代之的是一个经过思考、学习和实践的充满自信、机敏能干的女强人。为了弥补自身经验的不足,她毫不犹豫地将大权交给公司元老,这种信任以及温和果断的处事方法也很快让她树立起威信。她还以2600万美元的代价收购了继母杰奎琳名下的不动产,将其彻底排斥在家族和财团之外,解除了心头大患。在处理好公司、家庭的关系之后，克里斯蒂娜开始在公司同僚的齐心协助下整理公司业务，以求取转机。为了度过困境，克里斯蒂娜缩编了船队，淘汰了没有竞争力的、过时的船只，举债购进省油的中型油轮，同时开展油轮租赁业务，将10艘大油轮租给大石油公司运营，每年收取租金。经过整理之后，船队从56艘减到38艘，但是现代化程度却较以往更高了。凭借着一系列的调整和改革，克里斯蒂娜的船队不仅在大萧条中生存下来，还在不利形势下略有盈余。她的奥林匹克海运公司每年收入都在1500万到2000万美元之间，公司总资产数亿美元，她也因此成为世界上最富有的女人之一。

苏联的陷阱

作为事业成功的女强人，克里斯蒂娜一方面为自己的成就感到自豪，另一方面也未免黯然神伤。因为偌大一个家业，仅仅靠一个女人支撑是远远不够的。这个王国需要一个男主人，她也需要一个陪伴的对象。年轻时经历的两次失败婚姻让她对男人既持戒备心理，又在精神上充满渴求。按照她的愿望，只要是真心实意地爱她本人——而不是女船王克里斯蒂娜——的意中人，她就愿意把一切都托付给他。可是她身上的光环总是成为这一心愿的绊脚石，向她大献殷勤的没有一个能让她满意。另一方面，航运业依然没有摆脱不景气的阴霾，这也在一定程度上让她无暇顾及感情问题。

1973年爆发的石油危机持续到第四个年头的时候，克里斯蒂娜有些坐不住了，中东战争爆发以后，阿拉伯国家纷纷削减石油供应，最重要的业务现在居然快要歇业了。如何才能让船队转危为安、摆脱倒闭的厄运呢？

正在克里斯蒂娜心急如焚的时候，一封来自苏联航运公司的电报飞到了她的办公桌前。一笔租用5艘大型油轮的生意让她满心欢喜，如果达成合作，不但可以一解燃眉之急，还有机会扩展业务到苏联，真是天上掉下来的大馅饼！

1976年，克里斯蒂娜率领人马来到莫斯科考察，受到苏联航运公司贵宾一样的礼待。在接风宴会上现身的苏联政府要员彰显了仪式之重与格调之高。航运公司总经理的欢迎词中无不透露出对女船王的赞扬以及对亲密合作的诚意与迫切期待。会后还安排观看了莫斯科大剧院上演的芭蕾舞《天鹅湖》，坐在贵宾席上的克里斯蒂娜一脸兴奋，十分受用。于是第二天双方就马不停蹄地进行谈判，经过一番讨价还价后，最终达成了合作协议。随后苏联一方特意安排了一场盛大的鸡尾酒会庆祝这次"愉快的合作"，克里斯蒂娜欣然接受了。但是她怎么也想不到，一场更大的"合作"有如巨大的罗网，正在她周围悄悄撒开……

初夏的夜晚，气候宜人的莫斯科并不像希腊那般早早地被热气笼罩，克里斯蒂娜倚在窗边，不经意地摇晃着手中的酒杯，一边享受着清凉的微风吹散身上浓浓的酒意。她身材纤细却相貌平平，似乎不是个美女，但是名利的光环却时刻在提醒周围人她的与众不同。来宾们频频的敬酒和大献殷勤让她既体会着女王般的尊贵，又在繁华与喧闹中隐隐唤起一丝寂寞。好在宴会即将结束，她也可以解脱了。

大厅的玻璃门闪动了一下，一个身影从容地走了进来。克里斯蒂娜用眼角的余光一扫，脸上顿时露出兴奋的神情。这个人是谁呢？他个头不算高，但身材挺拔，宽阔的前额透着聪明机警，年近不惑却举止潇洒，风度翩翩，玉树临风。尤其是那严肃的嘴角偶尔流出的一抹微笑和从容不迫、淡定自如的动作和步伐，让克里斯蒂娜着迷般的无法克制注视的目光。

原来这个男人叫谢尔盖·考佐夫，是苏联航运公司的业务副主管。克里斯蒂娜初次见他是在谈判桌上，考佐夫作为苏方主角，在一大群人高马大的代表中分外惹眼。他的个头与其他人的对比给女船王留下深刻的印象，更让她惊叹的是他的精明不乏风趣的谈吐，粗犷中充满细腻的分寸，以及出色的业务能力和谈判技巧。从希腊油船的性能、船况到船员、航线、海关，所有船运业务环节他都了如指掌，俨然是个行家。对待问题既能深入分析又能结合经验做细致的商讨，进退之间游刃有余，恰到好处。不卑不亢的态度，清晰的思路，一语中的的敏锐和张弛有度的严肃让克里斯蒂娜惊叹不已，十分钦佩。

谈判桌上的深刻印象成了克里斯蒂娜脑海里挥之不去的影子，她从未见过一个像考佐夫这样机智冷静、知识丰富、思维敏捷、举止优雅的对手，强大的好感从心底油然而生。酒会上的重逢带给克里斯蒂娜的是巨大的惊喜，也是她心底不曾说出的渴望。她热情的目光很快被考佐夫察觉，于是他微笑着，十分得体地走上前来与她交谈，并欣然接受了她提出的在宴会结束之后继续详谈"油轮"的邀请。

如果那晚克里斯蒂娜没有发出这样的邀请，这段美好的"邂逅"可能就此打住，成为一段值得珍藏的回忆。也许那时的她会感到遗憾，但是谁说遗憾不是最完美的结局呢？

当天晚上，克里斯蒂娜与考佐夫在宾馆里促膝长谈。在法国名酒酿造的浓郁气氛中，二人谈天说地，无拘无束。考佐夫再次运用他伶俐的口齿、幽默风趣的语言和博古通今的学识，让女船王佩服得五体投地。更让她不能抗拒的是考佐夫不时投射过来的含蓄又温情脉脉的目光，一遍又一遍抚慰着克里斯蒂娜心中那片情感空白。

当女船王的态度由欣赏变为倾慕、由赞叹不已转变为相见恨晚的时候，考佐夫站起身来礼貌地告辞。克里斯蒂娜不免恋恋不舍，却又不得不结束此次约会。翌日下午，她以回访为借口再次约见了考佐夫。心领神会的考佐夫似乎表现得更加热情，话题的选择也更倾向于朋友之间的随意，比如奇闻逸事、花边消息，还有不少关于女人的事情。考佐夫似乎对女人的服饰、气质、美容、修养、情趣、社交都十分在行，独到的观点和言谈中不时流露的对女性的渴求让克里斯蒂娜心醉神迷，充满好感和依赖。二人之间有意无意地肢体碰触更让她难以抗拒，魂不守舍，脸上一副沉浸在与情人幽会中的快乐和幸福表情。

此后二人又单独幽会了数次，其间考佐夫的温情脉脉让经历了亲人暴毙、婚姻破裂的克里斯蒂娜重新体会到家庭般的关怀和温暖，她对考佐夫的感情也与日俱增、难以自持。终于，在经历了一次赏心悦目又极有气氛的艺术享受之后，女船王在自己的豪华宅邸内主动投入了考佐夫的怀抱。

如果说之前的两次婚姻中克里斯蒂娜都没有找到真正的爱情的话，那么这一次与考佐夫的相遇则是她真正听从情感召唤的历程。父亲为她安排的两桩婚事都是建立在事业发展的基础上的，这也是她最终离婚的原因——对于一个要什么就能得到什么的富家女来说，唯一欠缺的也许就是感情。现在，这个令她心动的男人终于出现了，他既能带来情感上的满足，又能成为事业上的得力助手，一切都是如此顺理成章，她似乎已经沉浸在爱情事业双丰收的美好前景中。

情迷克格勃

让女船王没有想到的是，当她陶醉于爱情长河中的时候，考佐夫正在洋洋得意地发出情报：鱼儿已经上钩，请下第二步棋。

考佐夫的真实身份并不是什么航运公司的业务副主管，而是苏联克格勃高级特工。那么克格勃为什么会把目标瞄准在一个商业机构和商人身上呢？他们此行到底是什么目的？

原来，克里斯蒂娜的奥林匹克海运公司在航运业上具有举足轻重的地位，正如前面所说，无论是地理位置还是从事的业务，都关系到发达国家的命运起伏，因此它也自然成为西方国家觊觎的对象，尤其是苏联，早就对这支油船队垂涎三尺，对西方世界的石油情报也思慕已久，而对于那个要害的岛屿更是恨不得全盘掌控，只是一直苦于无从下手。随着石油危机的爆发，油价飙升，发达国家无不绷紧了神经应对这场风波。如果能控制主营石油运输的船队，就等于是在无形中操纵了中东石油的出口，进而控制西方各发达国家的石油进口，以此来拖垮其飞速发展的工业，从而彻底击败他们。这个举足轻重的筹码令僵持在东西方争霸中的苏联异常兴奋，为此不惜血本想尽办法欲与克里斯蒂娜拉上关系。一面派克格勃搜集关于女船王和她的财团的情报，另一方面苦等时机的到来。

机会很快来临，船队因为石油运输生意清淡而陷入饥荒。经过密谋，克格勃决心利用女船王急于摆脱危机的心理，通过苏联当局炮制了一笔关于"苏联航运公司租用5艘大型油轮"的生意。同时，克格勃也提供出一个更为精准的方案：利用女船王年轻浪漫的特点，为她"提供"一个精英般的男人，迷惑她坠入情网，甚至建立婚姻关系，达到控制她的目的。毫无疑问，这是个简单便捷又一劳永逸的策略，也是对付单身女人最行之有效的策略。然而克里斯蒂娜那般的女子，纵横四海这么多年也没见她对谁产生过爱慕之情，连风度翩翩、年轻有为的第二任丈夫都没有留住她的心，到底什么样的人才能吸引她的注意呢？

经过一番衡量和选拔，克格勃总算物色到一个合适的人选，他就是谢尔盖·考佐夫。考佐夫毕业于专门培训克格勃人员的莫斯科外语学院，是专门执行"美男计"的克格勃间谍，号称"乌鸦"。虽然年届四十，且相貌并算不上俊美，但是他炯炯有神的双眼十分擅于察言观色，且长于眼神表达，常常令女人倾倒。考究的穿着、风雅的谈吐和精明干练的形象，让他成为攻克女性心理防线的"杀手级"人物。于是，经过一番精心准备，考佐夫以谈判人员的身份出现在克里斯蒂娜眼前，化身为一枚诱饵，一步步引诱女船王上钩。这位经过专业训练的高才果然不负众望，很快他便得手，取得圆满成功。

为了和考佐夫朝夕相伴，克里斯蒂娜拖延了回国的计划，苏联方面也顺水推舟，安排考佐夫陪她游山玩水，让她难舍难离。

考虑到巩固和发展二人的"感情"，在克里斯蒂娜回国后不久，克格勃委派考佐夫前往法国，担任苏联航运公司驻巴黎的全权代表。对于考佐夫的到来，克里斯蒂娜自然喜出望外，二人往来更加便利，频频幽会。

举世瞩目的女船王与苏联男人考佐夫的往来很快引起了法国当局的警觉，反间谍组织很快摸清了考佐夫的政治背景，并对其动向展开监视和跟踪，掌握了其中隐情。对于此事，法国方面觉得非同小可，于是向其他西方盟国发了通报。各国接到通报后无不感到焦急，因为克里斯蒂娜对西方国家能源供应情况了如指掌，只要她稍稍放松点儿警惕，情报就会泄露给克格勃，那可是生死攸关的国家大事啊！必须暗中制止二人关系继续发展，否则后果不堪设想。

对于西方各国的苦苦相劝，克里斯蒂娜却是毫不动情。热恋的甜蜜与幸福冲昏了她冷静的头脑，让她难以自拔。与此同时，克格勃对考佐夫的表现十分满意，为了促使事件进一步发展，总部发出命令，让考佐夫立即回国。克格勃认为恋人的突然消失可以让克里斯蒂娜认识到自己对考佐夫的强烈依恋，彻底成为感情俘虏，另外，已有妻女的考佐夫必须为了国家利益与妻子办理离婚手续，以便扫清障碍，达成完婚的目的。

考佐夫的突然离去让克里斯蒂娜心急如焚。女船王自幼饱受宠爱，从小到大还从来没有她得不到的东西，现在却让她忍受分别的痛苦，强烈的占有欲让她彻夜难眠，不惜动用一切关系打听心上人的线索，甚至通过一些西方国家驻莫斯科使节寻求帮助。尽管她有时一天打十几个电话到莫斯科询问消息，考佐夫依然音讯全无。歇斯底里的她就差没派人到苏联把考佐夫"绑架"回来了。

看到克里斯蒂娜望眼欲穿、歇斯底里的状态，克格勃知道胜利在望。网越收越紧，打捞大鱼的时候到了。

一个天色阴沉的傍晚，电话铃声突然响起。克里斯蒂娜跑到沙发前抓起听筒，心紧张得怦怦直跳。这是一个陌生人打来的电话，内容却是关于考佐夫的。他转达了考佐夫的口信，希望她两天后赶到伦敦，在那里考佐夫将和她通长途电话。克里斯蒂娜连夜乘坐私人专机飞往伦敦，在那里她果然听到了心上人的声音。考佐夫声称自己"公务繁忙"，并约定与她在莫斯科会面，克里斯蒂娜激动万分，满口答应下来。

克里斯蒂娜以出租船只的名义再次前往莫斯科。随后的那几天，她与考佐夫如胶似漆，难舍难分。终于有一天，她忍不住急切的心情提出与他结婚的请求，考佐夫同意了。

1979 年 8 月 1 日，克里斯蒂娜再次披上婚纱，与心上人携手步入莫斯科的婚姻宫，正式办理了结婚手续，结为夫妻。摄影记者们用相机记录下这情谊深长的一刻，谁也不敢想象，这样美好的镜头居然是幕后操纵的结果，谁也不曾想象，这绝非美满的句号，而是噩梦的开始。

残酷的真相

对于二人的婚事，塔斯社最先予以详细报道，全世界为之轰动，西方国家瞠目结舌，不得不承认克格勃手段高明。尽管各国记者带有情绪的报道纷沓而至，却丝毫不能影响二人甜蜜的婚姻。考佐夫对妻子百般宠爱，在位于西伯利亚的贝加尔湖的蜜月中，考佐夫温存体贴，激情澎湃，在肉体和精神上都给予女王无比的愉悦。此时的克里斯蒂娜已经完全陶醉在美梦之中，面对来访的记者，她丝毫不掩饰自己的幸福与喜悦，她甚至表达了长期在苏联生活下去的愿望，至于面对与之前奢华的物质条件相比差了很多的莫斯科，她的态度也十分明确："我享有奢华之物如此之久，没有这些东西，也不会有什么问题。"她毫不介意上市场排队购买家用品，午餐后自己动手洗碗，甚至计划在这里养育小孩。

如果说婚姻还不算构成威胁的话，那么哺育后代的问题就比较麻烦了。奥纳西斯家族的亲友和希腊官方感到了前所未有的忧虑：一旦克里斯蒂娜生下一个小考佐夫，按照遗产继承法的条款，奥纳西斯的巨额资产，连同船队、岛屿都将落入苏联之手。政界担心苏联人控制斯科皮奥斯岛以及介入油船王国的经营；希腊经济界则担心船业收入转到苏联结算将造成外汇收入的损失；而作为主顾的西方国家，尤其是美国，更是急得有如热锅上的蚂蚁。然而一切阻力似乎都不能动摇女王的意志，她坚信不疑这份感情，似乎下定决心永不放弃。直到时间的考验，让意中人渐渐露出真实面容。

开始考佐夫还比较谨慎，只是从言谈闲聊中套取西方各国石油需求、价格波动、运输渠道等情报，女王对他极度信任，从未加以防备，因此他屡次得手。考佐夫以为自己手段高明，渐渐放大了胆子，开始以丈夫的身份干涉船队的业务。克里斯蒂娜的警觉并未使他有所收敛，加之苏联政府也在各方面干预她的活动，加紧了对希腊油船队的控制，这让她愈发反感，对莫斯科过于刻板单调的生活失去了耐性。于是她与考佐夫约定到巴黎的别墅生活，但是考佐夫的护照迟迟申请不下来，她只好孤身一人先行回到巴黎。

回到巴黎不到一个月，一位克里斯蒂娜认识的记者找到她，再次探讨考佐夫身份的问题。

在女船王结婚之前，这位记者朋友就提出考佐夫是克格勃的可能，当时沉浸在爱情之中的女王反唇相讥，坚信自己的爱人不是间谍，那位记者见劝阻无望，当即掉头离去。如今他的再度光临却让克里斯蒂娜无法拒绝，因为他声称自己手中有足够的证据。

证据是一盘录像带。录像带的内容让克里斯蒂娜无比震惊：在她熟悉无比的莫斯科的家中，考佐夫正和一对母女倾诉衷肠，那对母女正是考佐夫的前妻娜塔莎和女儿卡佳！看着三人谅解的交谈和亲热的肢体语言，克里斯蒂娜既愤怒又羞愧，差点儿从沙发上跳起来："卑鄙！"接下来的画面更加肆无忌惮：考佐夫拿出裘皮、钻戒等贵重物品，一件一件送到那女人的手上，那些东西，没有一样不是用克里斯蒂娜的钱买来的……

"够了！"克里斯蒂娜用低吼声结束了这场"电影"的放映。

最后，克里斯蒂娜以一万美元的代价买走了这唯一的拷贝，封住了真相，也彻底结束了甜蜜的美梦。此刻的她重新回归冷静，对过往的迷失的气恼平静下来以后，剩下的也仅有无尽的悲伤与麻木了。她思前想后，衡量再三，从西方的压力到船队的兴衰，以及克格勃的纠缠，最终决定以事业为重，放弃感情。在对真相采取保密措施以保留仅存的名声的前提下，她邀请美国、法国、瑞士的律师们为她提供关于离婚的支持和咨询。

考佐夫自然不会轻易看着亿万美元财产白白失去，他抓住机会进行勒索，提出分取自二人结婚之日起公司收入的一半，这是个天文数字。经过各界人士和律师出面调停，最终达成协议，以一艘油轮为代价，结束这段曲折的罗曼史。至于这场臭名昭著的间谍活动的成败，除了当事人克里斯蒂娜和苏联，谁也说不清楚。唯一可以确定的，就是女船王赔了夫人又折兵的惨淡结局。

尾声

走出阴影的克里斯蒂娜于 1984 年再次结婚，新郎蒂埃里·鲁塞尔是法国一家制药厂的继承人。婚礼盛况空前，却依然没能维持住天长地久的诺言。1985 年 1 月，克里斯蒂娜在巴黎诞下一女，取名雅典娜，这是她唯一的爱情结晶。4 次失败的婚姻，带来的打击让女船王在之后几年的生活里开始消沉，无所事事，并患上了严重食欲过盛症，她不得不服用大量的苯丙胺和巴比妥酸剂维持体重和健康。1988 年 11 月 19 日，39 岁的克里斯蒂娜猝死于阿根廷托尔图卡斯一家乡村俱乐部卫生间的浴盆里，死因是服用镇静剂。按照遗嘱，3 岁的雅典娜将成为唯一的财产继承人。2003 年 1 月 29 日，年满 18 周岁的雅典娜正式成为世界最富有的女孩。

离奇坠尸案

1983 年 6 月 17 日早晨 8 点左右，莫斯科列宁大街一幢 20 层高的外国人公寓发生了跳楼自杀事件。有人看到一个身影从 12 层楼敞开的窗口跳下，摔到大楼的通道旁，当场死亡。这是一名中年男子，体态微胖，穿着考究，头部已经摔裂，一丝自额头流经嘴角的血迹凝固在脸上，让人触目惊心。令人疑惑不解的是那双死鱼般的眼球流露出的恐惧神情，似乎在暗示着他遭遇了异常恐怖的事件。

几天之后，苏联官方公布了调查结果：死者丹尼斯·斯金纳，54 岁，英国米兰银行驻莫斯科办事处首席代表。斯金纳于 1968 年来苏，1975 年回国，一年后再次来苏任职。至于死因，苏方认定为"非犯罪活动所致"。

结论公布后立即遭到英方的反对。6月24日，英国大使馆抗议苏方在未通知自己的情况下单独验尸，经过协商，当天下午双方再次对斯金纳的尸体进行了全面检验和勘察，随后尸体移交英方运送回伦敦。

然而事情并没有就此结束，7月初，英国某机关专门组织了一个由验尸官、病理学家等6人组成的调查组对尸体再次进行详细检验，最终得出与苏方截然相反的结果：死者生前受到撞击，体内有多处淤血点，身上有多处伤痕，据此可以判定死者并非自杀，而是他杀。更离奇的是，在得出谋杀结论后，英国并没有大肆宣扬，而是选择悄悄将斯金纳的遗体火化，秘密埋葬，并且承担此项任务的竟然是几名谍报机关工作人员！事情看起来愈发复杂了，一个普通银行家的死为什么会引起英国如此的关注？苏联对此事的草率处理意味着什么？英方的做法是息事宁人还是欲盖弥彰呢？

苏联解体后，随着绝密档案曝光，这一段往事逐渐浮出水面，笼罩在斯金纳坟墓上的谜团终于揭开。

充满诱惑的特殊使命

1967年5月，步入初夏的伦敦阳光绚烂。38岁的斯金纳正在办公室处理繁忙的业务，一个电话打了进来。打电话的是他的老板——英国国际电子计算机有限公司的总经理汤姆逊。几分钟后，斯金纳彬彬有礼地站到了总经理的办公桌前，等着老板吩咐在电话中谈到的"要事"。

看见斯金纳的到来，汤姆逊顿时面露笑容，身体微微向后倾斜，顺势靠在椅背上："你最近几年的表现非常出色，十分让人满意。眼下公司准备在莫斯科开展主要业务，你是否愿意去那里寻求更大的发展呢？"

"您的夸奖让我受宠若惊。我很愿意为公司尽绵薄之力。"

"好！我没看走眼，你果然是个杰出人才，有魄力，有胆量！我保证那是个值得你为之奋斗的职位。但是……"汤姆逊面色忽然一变，露出一丝为难的神情。

"有什么问题吗？"

"嗯，是这样的，此番莫斯科之行，你还有一项特殊任务，所以你的家人必须留在这里。"

"什么任务？"斯金纳一脸疑惑。

汤姆逊微微抬了抬下巴，眼神转向斯金纳的背后。

斯金纳这才惊讶地发现，背后一直有个人正笑意盈盈地看着他。

原来，这个人是英国秘密情报局的专员，名叫安德鲁·威尔逊，汤姆逊所说的"特殊任务"就是他授意的。英国想通过诸如国际电子计算机公司之类的商业机构在苏联部署情报网络，以掌握苏联人的动向，于是就有了公司在莫斯科的"发展计划"，以及名为派驻代表，实为经济间谍的这个职位。斯金纳以前在电影里看到过"007"的故事，没想到自己如今竟然破天荒地与那种波诡云谲、刀光剑影的生活联系到一起。

"我们都是凡人，不过是从事了不同的工作而已，"威尔逊淡然一笑，"我们的生活可不是电影里那种样子，这是一个组织，需要形形色色、各行各业的人来配合完成任务，有些甚至是你想不到的，我们需要一张遍布社会的网络才能确保诸事顺利。"

斯金纳依然心存疑虑，像他这样一个普通人，没有受过特殊训练，对间谍行业一窍不通，怎么可能为情报部门服务呢？

"我们的要求很简单，只需要你把苏联人提的任何要求都事先传给我们就可以了。当然，如果还有别的需要，我们也会派人通知你的。"

威尔逊这一席话彻底打消了斯金纳的顾虑。当一个经济间谍，传递不需要特别手段窃取的情报，又有丰厚的报酬，确实是一个天上掉下来的馅饼。想到这里，斯金纳一口应承下来。他万万不会想到，几年后的他非但没有成为游走于商界和情报界的风云人物，反而为此丢了性命。

情迷特殊女秘书

在帝国情报局的支持下，短短 3 天，英国国际电子计算机有限公司莫斯科办事处就挂牌成立了。按照汤姆逊的指示，斯金纳顺利地坐上了办事处主任的头把交椅。他也不负众望，凭借自己的稳重和勤奋，迅速打开了局面，在莫斯科站稳了脚跟。

事业小有成就的斯金纳渐渐有了闲暇时间，以及难以打发的孤单寂寞。一个 30 多岁的男人独自在异乡奋斗，身边没几个亲朋好友，更别说妻子儿女了。特别是斯金纳平时就喜欢拈花惹草，如今又不受约束，不免有了放荡之念。

没想到好梦很快便成真了。

一个周末，莫斯科市内繁华街区的外国驻苏大使馆一如既往地举行舞会，小楼的夜莺大厅灯火辉煌，轻歌曼舞，一派上流社会的高雅与悠闲。参加舞会有外国使馆的文物官员和眷属，也有苏联上层社会的名流，绅士们三五成群，谈着自己感兴趣的问题，不时举起手中酒杯相互致敬；贵妇们则是衣香鬓影地穿梭往来，身上的珠宝光彩熠熠，俏丽的面容更是楚楚动人。柔美的灯光、悠扬的音乐，这样的夜晚实在是人间天堂。

这也是斯金纳在苏联乏味的日子中为数不多的乐趣之一，此刻他惬意地坐在柔软的沙发上与一位五十出头的男子闲谈，但是目光却贪婪地四下扫射，追逐着大厅里的霓裳艳影。

很快，一位年轻女子进入了他的视线。

从背影看，这位姑娘有着一头微微卷曲的棕黄色头发，柔顺中透着云雾般的轻盈；身上穿着时下流行的浅灰色纱质迷你裙，在色彩斑斓的香艳中显得格外恬淡、素雅。斯金纳不禁在心中暗暗赞叹。作为行走多年的情场老手，直觉告诉他，这位姑娘一定是清丽不失高贵、优雅中略带俏皮的美人儿。

一曲华丽的探戈不失时机地响起，仿佛在热情地召唤人们滑进舞池尽享欢乐一刻。斯金纳按捺不住心中的激情，他用眼角的余光扫射了一下，确定还没有旁人邀请这位姑娘跳舞，便急切地对身旁的朋友建议说："这么优美的音乐，不跳上一曲太可惜了！"说罢尽量平静地站起身，慢慢走向心中的那位天使。

"小姐，如果能请您跳支舞，我将感到无比荣幸。"

"先生，她当然不会拒绝像您这样优雅的绅士。不过，或许您应该叫她太太。"旁边的朋友心领神会，配合得天衣无缝。

那女子果然起身，微笑着伸出手表示接受邀请。

斯金纳此时早已魂飞天外，因为眼前的这位女子真的太美了，即便是阅女无数的他，也从未见过如此动人的女人。

舞曲结束后，斯金纳认识了这位名叫柳德米拉的女子。柳德米拉 24 岁，已经结婚，丈夫是空军军官，长期在外执行任务，几个月才回家一次。短暂的舞会邂逅使斯金纳与柳德米拉难舍难离，之后二人更是经常一起吃饭、跳舞、逛公园。斯金纳如醉如痴地享受着与柳德米拉在一起的时光，柳德米拉似乎也十分满意这个密友，有时会向他抱怨自己的痛苦。柳德米拉的婚姻是一场权力操纵的结果，尽管丈夫很爱她，但是她却认为这桩看起来"门当户对"的婚姻是观念的产物，这个思想上的障碍让她无法接受丈夫的爱。面对柳德米拉的倾诉，斯金纳激动不已。一方面出于异国他乡遇到知己的兴奋，另一方面，这一位既有青春少女的魅力，又有成熟少妇的风情的柳德米拉显然需要自己的陪伴，面对诱惑他不免想入非非。

洞若观火的苏联人很快窥破了斯金纳的心思，不失时机地主动献上柳德米拉，给斯金纳做日常秘书，并给出一个冠冕堂皇的理由：英国人初来乍到，需要个本地的人来辅佐。这一切自然是合了斯金纳的心意的。于是二人眉来眼去，暗送秋波，关系日益亲密。

面对突如其来的"美女秘书"，英国情报局不免产生怀疑，但是苦于找不到合适的借口推辞，加之柳德米拉虽然出身官宦世家，却毫无娇宠蛮横之气，对于分内业务样样在行，从收发电报、打字校稿到往来接待、整理材料都尽心尽力，处理得井井有条。因此事情就被搁置下来，也正是这个环节上的疏忽，最终导致事态失控，将斯金纳由前程似锦的大道推向了死亡之路。

很快，斯金纳与柳德米拉的丑闻传到了柳德米拉的军官丈夫的耳朵里。这位丈夫似乎异常"愤怒"，扬言要一枪打死斯金纳。柳德米拉奋不顾身地前去"求情"，这让已经意乱情迷的斯金纳感动不已，从此更是对柳德米拉千依百顺。

与此同时，斯金纳远在伦敦的妻子露茜也听到了丈夫与人有染的传闻，于是亲自打电话给斯金纳求证，斯金纳犹豫了片刻，最终决定坦白："是真的，露茜，我很对不起你。"不久之后，二人终于办理离婚手续，分道扬镳。恢复自由身的斯金纳更离不开柳德米拉了，坠入爱河的他难以自拔，恨不得柳德米拉马上离婚，自己好与她名正言顺地在一起。

可是事情并没有像他所想的那般一帆风顺。

将计就计

一天晚上，斯金纳来到莫斯科郊外一处僻静的河畔与柳德米拉约会。二人在柳枝树下携手散步，享受着清爽的微风和浪漫的月光。

"斯金纳，你知道我有多爱你啊！"柳德米拉停下来，深情地望着斯金纳。

"柳德米拉，我知道，但是我更爱你啊，为了你我可以牺牲自己的一切！"

"可是，我们……"

"怎么了？柳德米拉，你还在犹豫吗？"

"不是的，我是怕。"

"怕什么？你是最勇敢的姑娘！"

"我是怕，即使我离婚了，也无法和你在一起。"

"为什么呢？"斯金纳声音越来越大，柳德米拉的啜泣声让他感到诧异与不安。

柳德米拉终于控制不住，哭了起来。她告诉斯金纳，自己的公公是一位克格勃官员，尽管她已经苦苦哀求，但是公公态度非常坚决，除非斯金纳以同意与克格勃合作为交换条件，否则柳德米拉永远不能与他儿子离婚。

"他提出这样的无理要求就是知道你不会答应的，而且，我也不能让自己的爱人背负背叛祖国的罪名最终身败名裂，咱们公开吵场架算了，要不你就回英国去，这样也就不会有什么麻烦了。"柳德米拉哭着说。

听了柳德米拉的话，斯金纳深受感动，同时也对面前这个女人更加怜惜："只要他们同意我们结婚，无论什么条件我都答应！"

"斯金纳，你真是太让我感动了！"柳德米拉哭着投入斯金纳的怀抱，心中却喜笑颜开。

这场戏演到这里基本算是大功告成，接下来她就可以等着上级机关的荣誉奖章和丰厚奖金了。

超级计算机
大功率的超速巨型计算机使情报机关能够对浩如烟海的信息进行分析和处理。

原来柳德米拉并非什么官宦子弟，而是克格勃派往斯金纳身边的间谍。克格勃最初的目的是监视斯金纳，看其是否有不轨行为，后来发现斯金纳精明能干，手中又掌握着英国电子计算机的重要资料，这正是克格勃急需获取的情报，于是便决定以柳德米拉为色相诱饵，让斯金纳为自己服务。美人计向来是克格勃的惯用伎俩，多年来屡试不爽，尤其是像斯金纳这样风流成性的男人，更是全部中招，无一例外。不久之后，在柳德米拉的安排下，斯金纳与她的"公公"米哈伊洛维奇会面洽谈合作事宜。斯金纳答应帮助苏联从国外弄到大型电子计算机，要知道，当时大功率的电子计算机被视为商业秘密，就连技术手册也禁止流传，克格勃自然喜出望外，当场拍板成交。作为交换条件，1973 年 12 月 31 日，斯金纳也如愿在莫斯科正式迎娶柳德米拉为妻。

斯金纳的俯首称臣让克格勃对这次行动结果颇为满意，然而他们怎么也想不到，斯金纳早已识破了克格勃的阴谋，他所做的不过是将计就计，而柳德米拉也弄假成真，真的爱上了斯金纳，二人不仅结了婚，不久后还生下了一个小孩儿。

斯金纳心里十分清楚自己的使命，如今虽然中了克格勃的圈套，但是如果真的为其效力，就极有可能遭到英国秘密情报局的惩罚。这种惩罚就像柳德米拉说的那样"身败名裂"，搞不好还得搭上性命。因此，在一次回伦敦汇报工作的时候，他不失时机地对情报部门坦白了自己在莫斯科受骗上当的前因后果。英国秘密情报局得知这一变故后并没有责怪他，反而觉得这是天赐良机，可以利用克格勃对他的信任反过来窃取更机密的情报。于是，斯金纳便成了表面上听命于克格勃，实际上却效力于英国的双重间谍。

斯金纳按照英国秘密情报局的安排，向克格勃透露了一部分电子计算机方面的情报，并且"费尽周折"地搞到了一台大功率电子计算机，以此获得了克格勃的高度信任。他也凭借多年混迹莫斯科的经验，断断续续地趁工作之便四处走访，包括对神秘殿堂克里姆林宫的探究，接近苏联的部长级人物和其他高官。这让他迅速成为莫斯科官场上左右逢源、具有特殊待遇的人物，这样的待遇，即便是西方大亨商贾也望尘莫及。

另一方面，斯金纳在商业上的成就也颇受公司和国内其他大亨的关注和宠爱，1974 年，英国政府秘密授予他帝国勋章，以鼓励他在工作中取得的成绩。时隔不久，斯金纳被英国米兰银行看中，经过一段时间的特殊培训后，他被任命为驻莫斯科的首席代表。一连串的机遇，让斯金纳摇身一变，从计算机公司的高级管理岗位扶摇直上，俨然成为一名银行家。

双重身份露出马脚

虽然事业上春风得意，但是斯金纳并没有因此而忘乎所以。间谍身份始终让他心悬一线，他知道走错一步就是全盘皆输，尤其是身处异地，又面对老奸巨猾的苏联特工，更是丝毫马虎不得。然而斯金纳毕竟没有受过专业训练，素质上的缺陷很快让他露出马脚，引起克格勃的怀疑。

1974 年，斯金纳以英国米兰银行驻莫斯科首席代表的身份返苏任职的时候，柳德米拉并没有同行，而是居住在伦敦北区的哈罗。1978 年，柳德米拉曾带着孩子回莫斯科与斯金纳团聚，3 年之后，也就是 1981 年，斯金纳利用一个偶然机会，在征得苏联克格勃头目阿列克夫的同意之后将妻小再次送回伦敦，并永远定居在英国。阿列克夫的上司听说他做出这样一个愚蠢的决定后勃然大怒，毫不留情地给了他一个处分。直到此时，克格勃才对斯金纳的真实身份产生怀疑，而柳德米拉已经移居到了英国，与克格勃脱离了联系。

无巧不成书，斯金纳在某次鸡尾酒会晚宴上的表现更加确定了克格勃心中的疑问。

这是一次普通得不能再普通的晚宴，华丽的布置、丰盛的小吃、轻松的音乐，一切都是那么平常。斯金纳穿着考究，满面春风地迎来送往，他是这次宴会的主角。

然而他此行的目的只有一个，就是与刚刚夹着公文包走进来的人会面。这是一位从军事演习会议现场赶来的苏联高级武官，身材高大魁梧，神态凝重严肃。

"斯金纳，我是军人，快人快语。我们现在正在裁军，那些转业到地方的军人也得靠点儿本事养活自己，我想让他们跟着你学习经商，你觉得如何？"

"当然可以！只是我的主要业务是电子计算机专业，你的那些士兵可以胜任吗？"

"我们的转业军人中有懂这方面专业知识的，请你多多关照啦！"

"没问题！来，让我们干一杯吧！"

"为我们的合作干杯！"

……

就在二人兴致勃勃地继续聊天之时，一个电话打过来找这位武官。

"是谁知道我在这里呢？"

"抱歉，先生，我不方便询问对方的身份，还是请您亲自去接听吧。"女招待十分礼貌地说。

"好吧……斯金纳，等我回来再聊。"

"好的，您尽管去吧。"

斯金纳手中的酒还没有喝完，武官就回来了，但是闲谈却不得不中止，因为有事需要立即处理，武官匆匆地告别斯金纳，离开了酒会。

一切看起来都是那么自然，没有丝毫反常。

然而，这位高级武官很快发现随身秘藏的一个装有作战演习图册的公文夹不见了。这位高级武官也是训练有素的军人，经过仔细回忆，他确认接触的唯一对象就是斯金纳。

文件丢失让克格勃加紧了对斯金纳的监视和调查。他们开始怀疑斯金纳是双重间谍，也在为英国的情报机构做事。

"斯金纳，你必须让柳德米拉回到苏联，这件事对你、对我都非常重要！"

"斯金纳，我希望你考虑一下后果，从你踏入谍海开始，就已经身不由己了，你的生命再也不是你自己的了，明白吗？"

阿克列夫的态度一次比一次强硬。

斯金纳心里清楚大事不妙，在强大的压力面前，没有专业背景和经验的他有些按捺不住："那只有随便了，因为我非返回英国不可，那里有我的妻子和儿子，那里才是我的家。"

尽管施以重压，但是克格勃一直没有采取实际行动，毕竟斯金纳还是个值得留着的小角色，如果他肯"弃暗投明"的话。直到英国方面出了乱子，斯金纳的身份才彻底暴露在克格勃面前。1982 年，英国军情五处的 K 部苏联情报处处长迈克尔·贝坦尼由于生活长期失意而投靠了克格勃，1983 年，也是他向克格勃报告了斯金纳的真实身份以及将于近日返回伦敦的消息。克格勃决定采取行动。

斯金纳很快发现自己被监视了，长途电话也遭到窃听。他隐约感到自己遇上了麻烦，但却始终想不到究竟是什么地方露了马脚。抱着一丝侥幸心理，他硬着头皮向苏联有关部门提出回伦敦处理公务，并说服柳德米拉一同回莫斯科的要求，克格勃当然知道他在说谎，于是威胁他说："你的家无论在哪儿都休想安宁！"

1983 年 6 月 14 日深夜，斯金纳与住在伦敦的柳德米拉通了一次长途电话，告诉她他即将回国的消息："我会很快地出现在你面前，比你想象的还快，两周内回家。再见！亲爱的，很快会见到你。"斯金纳自以为使用夫妻之间约定的暗语会万无一失，哪知克格勃早已窃听了全部内容，并破译了对话中的"密码"。次日清晨，楼下徘徊着三三两两的形迹可疑的人让斯金纳大惊失色，他知道那是克格勃的间谍。很明显，他已经暴露了身份，如果此时出去必定死路一条。左思右想，最后他心生一计，用便笺写了封短信，悄悄塞给四楼邻居凯恩夫人，嘱咐她赶紧把这封信转交给英国大使馆。凯恩一家是斯金纳的密友，他们也从斯金纳那里得到不少好处，因此凯恩夫人自然不会怠慢，立即赶到她丈夫的办公地点，凯恩先生也知道情况紧急，于是驱车前往英国大使馆，当面把信交给了负责安全事务的一等秘书约翰·伯内特。两小时后，在伯内特的安排下，斯金纳被安全转移到英国大使馆，之后又被安排到使馆的乡间别墅避难。

一天之后，斯金纳再次被带回大使馆，这一次接待他的还有副大使戴维·拉特福德。

面对自己的同胞，斯金纳将自己 10 多年的间谍身份全盘托出，并告诉他们自己当下的危险处境。"按照计划，我要在 3 天内返回伦敦，现在家里已经没法住了，只能请你们帮我找个藏身之所。"

听了这番话，伯内特和拉特福德大吃一惊，二人面面相觑，不知该相信眼前的银行家，还是把他当成神经病驱逐出使馆。尤其是伯内特，身为莫斯科情报站站长的他怎么对于这个"手下"的存在全然不知呢？

"你还有别的名字吗？"

"没有，先生。"

伯内特不免叹了口气，说："丹尼斯先生，我想你应该确定一下自己是否有了幻觉。对于一个生活在隐蔽世界的特工来说，疑神疑鬼可能正是他的天性。"

"可是，先生……"

"先回去吧，这两天尽量不要出门……嗯，后天清晨，如果我们跟总部问清楚情况，事实如你所说的话，我们就派车送你去机场。"

"你们这是让我回去送死啊！"

"对不起，丹尼斯先生，"拉特福德站起身来，"目前我们能做的只有这些，还有，祝你好运。"

"英国安全机构里一定有内奸！"斯金纳还想做最后的努力，"我的处境很危险，你们得把我保护起来。"

"对不起，先生，我们无能为力。"

斯金纳失望地离开了使馆，回到自己的寓所。第二天清晨，他被发现从楼上坠落，摔死在公寓外的通道旁。

余波难平

斯金纳的死带给英国情报机构一个无法回避的事实：内奸的确存在。那么叛徒究竟隐藏在哪里呢？经过复杂而周末的调查取证，焦点逐渐集中在英国军情五处的 K 部苏联情报处处长迈克尔·贝坦尼身上。调查显示，贝坦尼在牛津上大学时思想就开始左倾，对政府的政策产生过不满，私人生活更是一团糟，30 多岁依然孤身一人。工作上的不顺心与生活的失意成为他酗酒的理由，经常喝得烂醉。他没能抵挡住克格勃的策反，1982 年，他开始为苏联情报局工作，利用工作之便抄录、打字，拍摄了不少机密文件和情报，有关斯金纳的情报就是他于 1983 年 6 月 12 日放在伦敦格林福特小区霍尔森顿大街上一盏路灯上传递出去的。

贝坦尼知道事情败露，便托故去维也纳，想借此逃离制裁，英国情报机关当然不能轻易放过他，贝坦尼于 1983 年 9 月 17 日被捕，当时距离他出境之日还有 3 天，经过审判获刑 23 年。

事实上，英方对于这起坠尸案早已心知肚明。经过侦查取证，斯金纳是被一群化妆成匪徒的特工击毙后从楼上抛下的，然而对于结果，英方实在难以启齿。因为一旦说出真相，势必引起各界广泛关注，继续顺藤摸瓜，就会触及情报部门派间谍窃取情报的丑闻，这是外交重大事故，直接影响到国家的颜面。因此，双方都决定秘而不宣，将这场风波化解在时间的长河中。如果不是苏联解体，克格勃大厦倒塌，真相恐怕还会继续在保险箱里沉睡下去。

这场间谍活动的另一个代价就是苏联和英国双方驱逐出了驻扎在对方国土上的间谍——英国驻莫斯科大使馆一等秘书约翰·伯内特，以及苏联驻英国大使馆一等秘书亚尔卡·戈乌克。前者是莫斯科情报站站长，而后者，正是与贝坦尼联系的克格勃伦敦情报站站长。在这场没有硝烟的战斗中，双方可谓各显神通，势均力敌，却也两败俱伤，唯一留下的，是载入间谍史册的一段精彩篇章。

总统密特朗的密友是间谍

1996 年 10 月 30 日，法国一家名为《快报》的周刊抛出重磅炸弹：曾在密特朗总统任内担任国防部长的夏尔·埃尔尼竟然是潜伏长达 10 年的东方间谍！发布消息的法国著名记者热罗姆·迪皮和让·玛丽·冯托声称，经过数月的秘密调查，他们已经掌握足够的线索和材料。这些材料证明夏尔·埃尔尼在 1981～1985 年期间利用职务之便从事间谍活动，向某国提供了大量有价值的情报。

尽管夏尔·埃尔尼已经去世 5 年，这条消息依然有如晴天霹雳，震惊全国。上至总统密特朗，下至法国民众，无不为此感到羞耻和担忧：如果连国防部长都是间谍，那么今后国家的安全还有什么保障？与人民的忧虑相比，

接待戈尔巴乔夫来访的法国总统密特朗

总统密特朗的日子更为艰难：其实他早就知道这段不光彩的历史了，原本是想将其一直隐瞒下去，没想到新闻界的鼻子比狗还灵敏，这么快就把国家机密从尘封的暗室里翻出来大白于天下。

最高机密：国防部长是间谍

事情要从1992说起。一个并不十分晴朗的秋日上午，领土监视局局长雅克·富尔奈匆匆来到爱丽舍宫，要求单独会见总统。领土监视局是法国的反间谍机构，主要负责调查国内的间谍活动情况，保护国家信息安全。雅克·富尔奈的不请自到让密特朗意识到可能发生了什么不寻常的事情。

果然，富尔奈神色严峻，见了总统连正常的寒暄都省了，直接从公文包里取出一份密件，把它展开在总统面前。

这是罗马尼亚保安局呈送给总统的一份密件的复印件。文件日期标注为01.09.82，编号00069427。顶头标有"绝密""只此一份"等字样，一看就知道不是寻常的公文。

看完材料的密特朗大惊失色，好像遭到五雷轰顶一般。原来这是一份关于他的战友兼密友——法国前国防部长夏尔·埃尔尼的资料，资料记录的是1953～1963年埃尔尼接受操纵，为保加利亚和苏联情报部门充当间谍的情况！

密特朗眉头紧锁。向来对情报机构送交的材料不够重视的他，面对这位老朋友的负面消息更是半信半疑。富尔奈似乎早有准备，又汇报了埃尔尼从东方情报机构领取报酬的详细情况："总统先生，这份材料已经经过领土监视局专家的技术鉴定，它的真实性是不容置疑的。"

面对下属坚定的语气，密特朗知道无法回避这个事实了。接下来要面对的是巨大的耻辱与难堪。埃尔尼是间谍！间谍是法国国防部长！这意味着密特朗政府在对苏外交上的政绩很可能就是被操纵的结果，一旦传出去，必将成为全世界的笑料，密特朗也得吃不了兜着走，用人不当可不是个小罪名，一旦成立，下台是必然的。这让已经连任两届总统、被政务纠缠得日渐衰老的密特朗不免倒吸一口冷气。但他转念一想，又暗自庆幸起来。因为埃尔尼已经于一年前去世了，或许可以把这件事永远瞒下去。

经过短暂且难堪的沉默后，密特朗拉下脸来，用亲切又不失威严的语气说："对不起，我感到万分遗憾。我们不能改变历史。局长先生，请把此事列为国家的最高机密吧！"

既然总统已经下了命令，国土监护局局长也只能照办，于是经过妥善处理，这份材料被放进漆黑的保险箱。事情发展到此似乎已经结束，材料永不面世，当事人绝口不提，一切都是那么平静，似乎从来不曾发生什么。然而密特朗始终心存疑虑：自己30多年的好友事业成功，家庭美满，究竟是为了什么投身国外间谍机构，选择卖国这条绝路的呢？

从政坛新秀到间谍之路

夏尔·埃尔尼于1924年出生在法国，29岁时，他已经是一个热衷于政治的青年积极分子。当时的法国刚刚结束战争，国内一片混乱，政府换届有如走马灯，局势极不稳定。俗话说，乱世出英雄。满怀豪情的埃尔尼也想在这场动荡的岁月里大显身手，崭露头角。他联合一些亲左翼激进党派的煽动分子成立了"雅各宾俱乐部"，成为当时法国激进派的代表人物。

年轻的埃尔尼十分聪明，性格热情，也好幻想，是一位具有感染力的杰出人才，他深知自己的魅力，因此洋洋得意，也乐于追逐漂亮的女人。大学毕业后，他在法国对外贸易中心工作，业余时间则被频繁的政治活动和丰富多彩的私生活充斥。然而这样惬意的日子可不是一份普通的薪水可以支撑的，经常捉襟见肘的他为此苦恼不堪，一方面他向往叱咤风云、挥金如土的生活，另一方面却不得不过着怀才不遇，经济拮据的日子，这对于心高气傲的埃尔尼来说简直有如炼狱。也就是在此时，他的存在引起了东欧国家谍报部门的注意。

此时正值东西方冷战的高潮，两大集团的谍报机构也在暗中较劲。东欧国家急于在身居要职的法国人当中招募到能够提供情报的间谍，而且，他们还制定了一项结交年轻而有发展前途的政治家的战略。也正是基于这种需求，他们选中了聪明活跃、好动机警的埃尔尼。当然，那时的埃尔尼还是个名不见经传的小职员，谁也不曾想到多年以后他居然真的飞黄腾达，成为法国的国防部长。可以说，间谍机构这一次算是歪打正着，押对宝了。

1953 年 3 月 13 日，埃尔尼在保加利亚驻巴黎大使馆"巧遇"了一位名叫维诺格拉多夫的朋友。事实上，这位"朋友"的真实名字叫赖科·尼科洛夫，是一名谍报工作者。他和埃尔尼以朋友相称，恳请埃尔尼为他提供一些关于法国政治形势的资料，比如"雅各宾俱乐部"活动的情况和一些知名人士的资料等。涉世不深的埃尔尼一口答应，并很快交上令人满意的答卷。当然，这可不是免费的"帮助"，埃尔尼获得了一笔丰厚的酬劳，欣喜若狂的他当即与"维诺格拉多夫"达成长期合作的协议，为了方便联系，他也取了个化名，叫作"安德烈"。

尼科洛夫充分利用了埃尔尼的弱点，加之他圆滑老到，伪装巧妙，因此其记者身份一直未被埃尔尼察觉。在埃尔尼看来，不需要付出什么昂贵的代价就能得到大笔的钱财，真是一桩划算的买卖。自 1954 年二人合作起，埃尔尼每月都可得到 2.5 万旧法郎（相当于现在的2750 法郎）。随着情报越来越详细，价值越来越高，埃尔尼的报酬也逐渐增加到每月 4 万至5 万法郎。埃尔尼一下子变得富有起来，人前人后也越显风光。

得意忘形的埃尔尼始终不曾冷静地想一想这笔钱财的代价是终身充当外国机构的间谍，每一笔钱财都有如枷锁，一根一根地套在他的脖子上。

贼船难下

1956 年，机遇开始向埃尔尼招手。1 月份，他以共和阵线党人的身份当选为法国国民议会议员。1958 年，戴高乐将军重新上台执政，国民议会被迫解散，埃尔尼在巴黎参加了议会选举。东欧国家为此支付给他 300 万旧法郎经费。尽管有了这一大笔钱的支撑，让埃尔尼在宣传上大造声势，然而最终他还是以 5.3% 的选票惨败而归。埃尔尼心灰意冷，但东欧国家谍报部门仍然看好他的政治前程，继续支持他的政治理想。

1956 年，埃尔尼"意外"获得随世界和平理事会代表访问苏联的机会，并在莫斯科接受苏联领导人赫鲁晓夫的秘密会见。这次会见持续了 4 个小时之久，回到驻地后，埃尔尼不得不以遭遇艳遇为由搪塞而过。在当时的莫斯科，在出租车上被妓女拉走是司空见惯的事情，他这一番说辞自然不会引起人们的怀疑。

1956 年 11 月，尼科洛夫奉命回国，为了不被法国反间谍机构察觉，同时继续引诱埃尔尼服务，莫斯科除了支付原定薪金以外，还答应定期在瑞士银行给他秘密存入一笔可观的钱财。就在双方都暗自窃喜地打着如意算盘的时候，意外发生了。1961 年 7 月，法国极右翼秘密组织因为党派争斗在埃尔尼住所的楼梯中间安放了一枚炸弹，企图暗杀他。虽然幸免于难，但是出于安全考虑，法国警方还是派了贴身警卫给予 24 小时保护。

虽然安全有了保障，但是出入却不再像往常一样方便了。埃尔尼思前想后，觉得考虑到今后的政治宏图，还是以此为契机早些摆脱间谍机构的控制为妙，于是提出停止与苏联人的一切接触，也中断了与东欧国家谍报机构的联系。

俗语说"上贼船容易，下贼船难"，对于喂养了多年的这条大鱼，东欧国家自然不肯轻易放过。在埃尔尼单方面终止联系之后不久，罗马尼亚国家安全局展开了行动：伪装成外交官的罗马尼亚驻法国大使馆参赞伊尔·卡拉曼闯入了埃尔尼的视线。伊尔·卡拉曼风度翩翩，爱好艺术，最早担任经济和财政参赞，后来又担任大使馆首席参赞。他还是个精通特工技术的老牌间谍，自 1958 年 12 月担任罗马尼亚谍报机关驻法国领导人以来战功赫赫，几次成功策反北约官员投靠东方，因而名声大噪，令人生畏。

混迹法国 11 年的经历让伊尔·卡拉曼练就了非凡的手段，在吸引目标方面更是令其他间谍望尘莫及。埃尔尼遇上他，算是孙悟空遇上如来佛——难逃手掌心了。经过一番不动声色的周旋，夏尔·埃尔尼最终投靠了这位新主子，化名"迪尼"，继续从事情报工作。罗马尼亚国家安全局特别为埃尔尼起草了一份报告，详细叙述了他过去同东欧盟国谍报部门的合作情况，并建议当局利用他搜集政治军事情报。此时的埃尔尼正参与法国统一社会党的筹建工作，身份和资源让谍报机构垂涎欲滴，罗马尼亚对于与埃尔尼达成合作大喜过望。

然而这颗汁多味美的大桃子并没有在罗马尼亚手里停留多久，作为东方集团的成员，一方面有各自国家的利益，另一方面面对西方集团大敌当前，又不得不团结周边国家，并且服从于苏联的领导。于是夏尔·埃尔尼很快便进入苏联克格勃的视线。克格勃详细了解他的情况之后决定越过"卫星国"的中介，与埃尔尼直接合作，这样，从 1963 年 3 月起，夏尔·埃尔尼正式听命于克格勃最高领导机构的调遣。

政坛明星的双面角色

之后的日子里，再也没有其他国家知晓埃尔尼与苏联合作的情况，一直到东欧剧变，苏联解体后，苏联各国谍报部门提供给法国的材料中也丝毫不见这段历史的踪影。不过有一点毋庸置疑：苏联在夏尔·埃尔尼身上获得的情报价值远远超出法国的想象。因为之后夏尔·埃尔尼一路青云直上，从 1977 年的社会党军事事务专家到维乐班市市长，翌年又当选国会议员，后来又为密特朗竞选总统立下汗马功劳，于 1981 年被任命为法国国防部部长，达到仕途巅峰。

埃尔尼成为国防部长之后，克格勃终于可以坐享其成。即使没有情报，只要埃尔尼在对苏外交上稍做让步，苏联就受益匪浅。1981 ~ 1985 年期间那场西欧国家对苏外交风波中，埃尔尼作为活跃分子曾与苏联一起处理过这一危机，虽然他使用了什么伎俩和形式帮助苏联人已经不得而知，但是任何人都可以想象得到埃尔尼心中的立场。

当上法国政要的埃尔尼对自己的过往不免有些心怀余悸，他十分害怕有人站出来揭发那段不光彩的历史。要知道东欧国家谍报机构对于档案的保存都是十分精心的，特别是关于经费的记录，每一笔支出都要求收取人书写收据的。此外，每次接头的情况也都由负责人详细整理成文字材料，呈交给布加勒斯特、索菲亚或者莫斯科。埃尔尼的那些笔迹和行动记录成了一柄悬在头上的达摩克利斯之剑，让他日夜不得安宁。如果真相在他任职期间败露，不仅会使法国蒙羞，更有可能触发一场国际危机。因为在担任国防部长期间，埃尔尼曾与苏联共同处理过 SS-20 导弹问题，现在看来，他的政治倾向和立场十分令人怀疑。因此，尽管罗马尼亚等国家极力想与这位法国国防部长重新"建交"，然而在 20 世纪 60 年代负责同埃尔尼联系的卡拉曼已经去世，又出于对事态的综合考虑，最终还是放弃了这一打算。

1985 年 7 月，法国在南太平洋穆鲁罗瓦岛进行核试验，遭到非政府环保组织绿色和平组织船队的旗舰"彩虹勇士号"的抗议，7 月 10 日，船只停靠在新西兰奥克兰港内时遭到炸弹袭击而沉没，一名随船摄影师殉职。事后新西兰政府在爆炸现场附近海域发现了一艘气垫船，船上载有法国制造的潜水和通信设备。两天后，新西兰警方宣布拘捕了一对持有瑞士护照的法国特工夫妇，他们承认了炸毁"彩虹勇士号"的犯罪行为。这一不光彩事件遭到国际舆论的广泛谴责，身为国防部长的埃尔尼自知责任难逃，被迫辞职。

1990 年 1 月，在一次公众集会上，埃尔尼因心脏病突发被送往医院，经抢救无效去世，终年 66 岁。也正是由于这场突发的心脏病，使得这位隐藏多年的老间谍幸免了丑闻的耻辱和牢狱之灾。

尾声

尽管此事已经告一段落，活着的人们却似乎并没有因为他的离去而摆脱焦虑。《快报》披露这则惊天秘闻之后，法国《世界报》紧随其后报道说，法国至少有 300 名外交雇员为苏联情报机关工作过。这一消息的真假难以查证，但埃尔尼间谍案确实给法国政府上了一堂严肃的教育课，引起了相关部门的高度重视，之后以法国领土监护局为首开展的代号为清除"鼹鼠"行动陆陆续续挖出了一些隐藏在政府各部门的苏联间谍。

经过整顿和治理，法国谍报界在冷战后重整旗鼓，以崭新的姿态出现在世人面前，并以咄咄逼人的方式在世界范围内发起了猛烈的进攻，连美国人都感到有些招架不住。在工作方式上，法国人由重视信号情报转到重视人力情报，同时全力发展间谍卫星事业；在工作目标上加强了在中东和东欧方面的情报活动，尤其重视全球范围内的经济和科技情报的搜集。英国《星期日泰晤士报》1992 年曾撰文指出：正当世界范围内的大部分间谍被解雇、寻求充当管理顾问或走私毒品的时候，法国特工却扩大了活动，既对朋友又对敌人进行间谍活动。法国人天性浪漫多情、处世礼貌周到，加上"纽约的银行家""远东的代理商""欧共体驻布鲁塞尔的官员"等恰当的身份使他们的工作如鱼得水，深得各国谍报工作人员的敬佩。

神秘的"西塞罗行动"

战争中的情报价值巨大，各国为了获取对方的信息往往会不惜一切代价，间谍活动也因此分外猖獗。"二战"时期，盟军和德国的间谍通过各种方式，或者直接派人打入对方内部，或者买通对方间谍为自己服务，还有就是利用第三方提供的有价值的情报。这个第三方通常指那些保持中立的国家。在战争中的中立国也可以利用自身的优势与交战国进行交易，土耳其就是这样一个国家。于是，在土耳其的各国大使馆内部，也上演着这样一场没有硝烟的厮杀，西塞罗就是其中的一枚棋子。

毛遂自荐，真假难辨

1943 年 10 月 26 日的深夜，德国驻土耳其公使馆迎来了一位不速之客。他黑发乌黑，有一个圆圆的大鼻子和一张厚实的嘴巴。在昏暗的落地灯光映衬下，他脸色显得有些苍白，但一双眼睛分外有神。公使任克夫人听了他的来意，感觉此事非同小可，立即打电话叫来了商务参赞摩吉斯。

摩吉斯是一个个子矮小的中年男子。头脑灵活的他表面上是德国驻土耳其的商务参赞，实际上是德国的一个情报部门——安全局的间谍。接到任克夫人的电话，凭借长期从事间谍工作培养的敏感，他猜到一定是有涉及他承担的任务的情况了。果然，当他走进客厅，任克夫人向他介绍了来者情况。

"这位是来自阿尔巴尼亚的迪罗先生。他目前在英国大使馆工作，今晚来这里有要事找您商量。"

"你有什么事？"

那人没有说话，而是蹑手蹑脚地走到门口，猛地拉开门，探出头左右张望了一会儿。确认没有人偷听之后，又悄悄地把门关上了。

"我这里有你感兴趣的东西，"他靠近摩吉斯，小声地说，"英国大使馆有关贵国的重要机密文件……"他仔细观察摩吉斯的表情。当看到对方眼中突然放出的光彩时，他不禁面露得意之色："我可以提供照片，至于价钱嘛……20000 英镑，怎么样？"

摩吉斯开始确实对这诱人的情报十分感兴趣，但是他发现对方讲的是法语，不由得又怀疑他的可靠程度，没准儿这是个神经有问题的病人呢。况且搞到英国大使馆的绝密文件几乎是不可能的事情。想到这里，摩吉斯决定再探探他的口风。

"我凭什么相信你呢？你该不会是个英国间谍吧？"

"见鬼的英国间谍！我这可是货真价实的东西。你们不要，可是有人抢着要呢！"对方说着，用下意识的眼光瞥了一下不远处的苏联大使馆，"现在你不信，等见了东西你就知道这钱花得一点儿不冤枉了！"

"你手里有没有样品给我们看一下呢？如果真如你所说，我们肯定不会亏待你的。"摩吉斯基本认定这个人是疯子，不过，为了保险起见，他还是没有一口回绝。

"那可不行！总之，我的东西对于德国来说是价值不菲的。"迪罗不屑地挥了挥手，"我给你们 3 天时间，3 天后，也就是 28 日下午，你们得给我最后答复。"

"先生，这时间有点儿短，您能否延长一些？"

"不行，这种情报时效性很强，如果你们舍不得花钱，我就找别人去了。"

小试牛刀，狼狈为奸

迪罗告辞走后，摩吉斯坐在沙发上陷入了沉思。他不知道自己是否可以相信他的话，如果真的如他所言，放弃显然是一个极大的损失。他想来想去，决定还是先向大使冯·巴本汇报。然而巴本也拿不定主意，经过一番斟酌，最后他们还是给德国外交部长里宾特洛甫打了一份报告。

毕竟这是一件涉及国家安全的大事，里宾特洛甫也举棋不定。于是他找来纳粹德国军事情报的舒伦堡商议。熟悉情报工作的舒伦堡认为，情报工作本来就是风险与机会共存的，各种随机性都应受到重视。

"元首让我们近期注意美苏最近的动态，土耳其作为中立国，是获取情报的重要地点，以迪罗的身份来看，他很有可能为我们带来突破性的进展。我认为可以试一下。"

"好吧，舒伦堡，就这么决定了。"里宾特洛甫说。

3 天后，10 月 28 日的晚上 10 点，摩吉斯准时守在安卡拉共和公园的凯末尔雕像前。四周一片漆黑，树叶被风吹得沙沙作响。不一会儿，迪罗出现了。他瘦小的身躯裹在黑色大衣里，礼帽几乎遮住了他半个脸。摩吉斯掐灭了烟头，走上近前。

"东西带来了吗？"

迪罗点点头。

"钱在车上。跟我来。"

"好。"

迪罗跟着摩吉斯上了车,摩吉斯递过一个沉甸甸的手提箱,迪罗打开一看,两眼放光:"哇,不错,全是英镑。"

迪罗高兴得眼睛眯成了一条缝。他接着昏暗的灯光迅速点清钞票,然后从大衣口袋里掏出一个金属质地的小盒子。此时汽车正好行驶到一个路口的转角,迪罗把头伸出车窗,四下看看没有其他人,便匆匆提着手提箱下了车,消失在黑暗中。摩吉斯也迅速返回大使馆,那里早已有特种摄影师等候。很快底片冲印完毕,摩吉斯和大使细细端详,发现这果然是一份同盟国的核心机密:一份1942~1943年美国根据租借法交给苏联的武器装备清单;一份是刚刚在莫斯科举行的三国外交会议内容,参加会议的是美国国务卿赫尔、英国外交大臣艾登和苏联外交委员莫洛托夫;还有一份英国驻土耳其大使送交英国外交大臣的一份报告,里面详细记录了大使与土耳其外交部长的几次会谈情况。

摩吉斯和巴本大使目瞪口呆。这份情报的价值远远超过两万英镑,看来迪罗不是个内行人,不懂估计情报价值,但是他确实在一个重要的位置,可以轻而易举地搞到秘密。

"真是令人难以置信!看来,你我将不得不获得一枚十字勋章了。"大使对摩吉斯说,二人相视大笑。

"给我们的英雄一个什么光荣的称号呢?"

"就叫他'西塞罗'吧。"

"西塞罗?好啊。"

二人举起手中的酒杯一饮而尽,兴致高涨。

屡战屡胜,得意忘形

情报送到柏林,果然受到希特勒的特别关注。他下令今后凡是西塞罗送来的情报都要呈送至总理府。西塞罗本人也要长期雇用,必要时可以不惜重金。为此德国还专门配备了一架飞机接送情报和经费。另有一组技术人员被派到安卡拉使馆,专门为这一行动服务。

从1943年10月到1944年三四月份,西塞罗频繁向摩吉斯提供大量极具价值的情报。德国方面也毫不吝啬,价码不断提高,每20张胶片的文件就可获得一万到一万五千英镑的酬金。于是,在短短5个月的时间里,迪罗就得到了125万英镑的"横财",也因此成为谍报史上报酬最高的间谍。

尽管迪罗提供的情报非同小可,然而5个月过去了,他依然干得如鱼得水,安稳如初,竟然从未被发现过,他到底是什么人物?他的真名叫什么?又是为什么要背叛自己的祖国呢?摩吉斯也尝试过从西塞罗口中探听虚实,然而每次西塞罗总是微微一笑,什么也不说,只是告诉摩吉斯他住在英国大使馆。

"真的?"摩吉斯瞪大了眼睛。

"怎么,不可以吗?"说完,西塞罗扬扬得意地笑着离去。

没有西塞罗的确切背景,纳粹的最高指挥部仍然心存疑虑。他们千方百计想要弄清楚这个人的所有情况。其实西塞罗的身份很普通,他真名叫埃雷扎·巴济纳,阿尔巴尼亚人。几年前辗转来到土耳其,开始做外交人士的男仆。他为许多国家的外交人士服务过,后来被英国使馆的一等秘书招来当仆人。体面

埃雷扎·巴济纳像

悠闲的生活让西塞罗有工夫追逐自己喜欢的事物，比如照相机和女仆玛拉。最后，他的眼光停留在了秘密文件上。对于他来说，窥探机密既可以满足他的嗜好，又可以赚到大笔的钱，这真是有趣又潇洒的生活。

1943 年，英国大使休伊・纳奇布尔・休格森爵士公开招聘男仆，西塞罗看准机会提出申请并得到聘用。他很快发现，在大使身边比在秘书身边看到秘密文件的机会要多得多。休格森爵士又喜欢在家里研究机密文件，这些文件只要不在手上，就一定锁在保险柜里。只要能接近大使，就可以看到这些文件。

经过一段时间观察，西塞罗发现大使是个音乐迷。于是他开始练习演唱意大利歌剧，很快博得了休格森的好感，从此二人形影不离。大使以为自己找到一个知音，他哪里知道，西塞罗打的完全是另一副如意算盘。

机会很快来了。一次，西塞罗在整理大使的衣服时发现了一串钥匙，保险柜上的那把也在其中。他认为这完全是上天的旨意，给他一个发财的机会。他悄悄把钥匙偷出去配了一把，又从商店买来一架照相机，从此每当大使外出或睡觉时，他就打开保险柜，拍摄自己认为重要的情报。

随着时间推移，西塞罗的胆子越来越大，他不再满足于趁大使不在的时候偷拍，后来他干脆直接在办公室进行拍摄。只要大使不在办公室，他就想尽办法进来窃取资料。休格森爵士每天的作息时间都在他掌握之中：一天沐浴两次，午饭之后要弹钢琴……有一次，休格森爵士服用安眠药睡下后，西塞罗甚至懒得离开爵士的卧室，于是站在床头柜上边读边拍下重要的文件。

可能是钱来得太容易，西塞罗对他的财富也相当随便。他把钱藏在自己卧室的地毯下面，钱多得藏不下了，他就拿出来租了一栋乡间别墅，里面配备着各种先进的家用器具，作为他和女友玛拉的家。两人开始过着挥金如土的生活，昂贵的衣服、珠宝首饰、黄金腕表……摩吉斯看到西塞罗与自己身份不相称的奢侈打扮，不由得为他担心，这枚重要的棋子若是被吃掉就会导致全盘皆输。然而西塞罗完全没把摩吉斯的警告放在心上。

"不必担心，他们都愚蠢得很呢。"对于女友玛拉的忧虑，西塞罗也不以为然。

然而事情并非他如想象的那样一切尽在自己掌握之中。土耳其虽然是个中立国，但并不意味着他可以随心所欲。

一天晚上，照例与摩吉斯交易过后的西塞罗在回家的路上遭遇了跟踪。一辆黑色轿车紧跟在摩吉斯的车后，快慢与他们同步。摩吉斯大吃一惊，驾驶着车辆在狭窄的街道转来转去，废了半天劲终于甩掉了尾巴，停在英国大使馆门口。西塞罗刚跳下车，摩吉斯就赶紧把车开走了。

真相败露，黄雀在后

对于这次侥幸脱险，摩吉斯仍然心有余悸。他知道这只是一个开始。果然，几天之后的土耳其大使馆宴会上，一位土耳其官员的一席话让他察觉到大事不妙。

"亲爱的摩吉斯，您真是个莽撞的驾驶员，要知道，作为一名有绅士风度的司机，您应该更加小心些，特别是在晚上。"

显然这是一次警告。土耳其人已经意识到德国人在英国使馆有间谍。没过多久，巴本大使在无意中透露的一条消息已经让他们更加确定自己的猜测，并把此事转告给英国政府。伦敦方面很快有了动作。不久，几位专家来到大使馆安装了安全装置。虽然有了警觉，但此时怀疑的目光还没有聚焦到休格森爵士身上。而西塞罗则因为偷听到了有关事宜的讨论，于是轻而易举地避开了暴露的风险，继续干他的营生。他先后向德方提供了空袭作战时间安排和高层会议的情况，甚至连同盟国部队关于进攻法国的筹划都搞到手了，若不是冯·里宾特洛普不相信，这份情报极有可能改变历史。对于上级的不信任，摩吉斯也有些垂头丧气。

1944年初，德国大使馆新来了一名叫作兰莉·库柏的漂亮秘书，摩吉斯对这位精明能干、富有魅力的女郎十分满意。可惜好景不长，4月初，库柏小姐不辞而别，摩吉斯失魂落魄了好几天。他哪里知道，库柏小姐是英国军事情报处的间谍，她来这里就是为了搜集关于英国大使馆内部间谍的证据的。

根据库柏小姐掌握的信息，休格森爵士终于知道原来自己的贴身男仆就是间谍。他十分气愤，但是为了长远利益，只好暂时忍耐下来。从这以后，他经常会"粗心大意"地将一些机密文件故意留在不该放的地方。西塞罗对于主人的安排丝毫没有察觉，还是一如既往地利用"机会"拍摄文件，并以88000英镑的高价将这些文件卖给德国人。他们哪里知道，这些都是英国外交部工作人员一手炮制的赝品。

一天深夜，西塞罗再次拿着那把开启他金库的保险柜钥匙来到休格森的办公室。他轻车熟路地摸进房门，随手打开灯准备"工作"。然而等待他的不是赚钱的文件，而是英国安全部门的官员约翰·达什伍德。坐在办公桌后面的达什伍德蔑视的眼神让西塞罗呆住了。二人四目相对，谁也没有说话。随后西塞罗轻轻地关上门，退了出去。

英方没有逮捕西塞罗的权力，因为他并没有触犯土耳其法律。然而一切都已经结束，几天之后，西塞罗携款潜逃，摩吉斯也因此遭了殃。柏林认为他负有责任，召集他回国。摩吉斯知道自己凶多吉少，于是尽可能拖延时间。终于有一天，一个电话打来，给了他另一个选择："我代表英国人给你打电话，投靠我们吧，如果你回到柏林，只能是挨枪子儿。"

6月初的诺曼底登陆奠定了德国的失败。西塞罗见大局已定，便移居到南美一个国家，想逃脱惩处。他为自己的成功扬扬得意，认为唯一捞到好处的就是他了。不久他相中了该国首府附近的一片开阔的橡胶林和一处豪华的西班牙别墅。当他兴冲冲地拿着自己的英镑到银行兑换该国的货币时，却被告知这些都是假币。得知这些冒着性命危险赚来的财富其实一文不值时，西塞罗气得差点儿昏过去。他终于没能算过精明的德国人，落了个竹篮打水一场空的下场。尽管他后来试图与联邦德国政府沟通，要求获得赔偿，但是没有成功。在纽伦堡审讯纳粹战犯时，西塞罗曾出庭作证。后来他前往奥地利，开始过真正属于自己的平民生活，当上一家纺织品公司的出口部经理。他还写了本书，名为《西塞罗行动》，讲述了自己的间谍经历，这本书后被改编为一部电影，叫《五根手指》，由著名演员詹姆斯·梅森主演。

1971年，西塞罗死于伊斯坦布尔。

千里追捕艾希曼

1962年6月1日清晨，太阳还没露出地平线，经过一夜沉淀的空气还算清爽。在濒临地中海的以色列海法港外，碧波万顷的海面上隐约浮现出一艘以色列海军小艇。小艇风驰电掣般驶出以色列领海，在附近徘徊。一名戴着白色手套的海军军官表情凝重地拿出一只铁皮罐，看了两眼，然后毫不犹豫地抡圆了胳膊用力将铁皮罐抛出。铁皮罐在空中翻了个身，一头扎进茫茫大海中不见踪影。小艇旋即掉头返航。

铁罐里装着的是闻名世界的纳粹战犯，犹太人大屠杀中"最后解决方案"的主要负责人阿道夫·艾希曼的骨灰。以色列人对于艾希曼的痛恨让他们无法容忍他玷污一寸犹太人神圣故乡的土地，于是便出现了开头的那一幕。随着艾希曼葬身大海，这一场在千千万万犹太人身边萦绕了几十年的噩梦终于宣告结束。

逃之夭夭的"死刑执行者"

阿道夫·艾希曼出生于德国索林根，8岁时随父母迁居到奥地利，因为肤色较深，经常被笑为犹太人。成年后的艾希曼碌碌无为，曾当过吸尘器的推销员。1932年他加入了纳粹党，从此开始发迹，成为党卫军的一员。1934年，艾希曼被任命为纳粹达豪集中营的头头，受到海德里希的赏识。1936年又被任命为盖世太保司令部犹太人事务部的负责人，自此成为纳粹德国"犹太复国主义问题"的专家。他主张对犹太民族实行所谓"彻底解决"方案。1938年，艾希曼先后被派往奥地利，捷克斯洛伐克，专门负责驱逐犹太人的工作。仅在匈牙利，这个杀人不眨眼的魔王曾一次下令驱逐和屠杀65万犹太人。自1940年起，几乎每一件大规模杀害犹太人的事件都与他有着不同程度的牵连。开始他曾设想将犹太人全部驱赶到非洲岛国马达加斯加，后因"二战"爆发而无法实行；后来他又向希姆莱提出将犹太人安置到波兰东部严寒的不毛之地，想以此恶劣的自然条件"谋杀"掉这个种族，由于纳粹头目认为这个计划成本太高，效率不足，所以最终被放弃。于是艾希曼就担当起了抓捕所有犹太人进集中营的工作。也就是在这个任务中，艾希曼采用高效的屠杀手段完成了"莱因哈特行动"——将成批的不具备劳动能力的犹太人赶进毒气室用煤气毒死。几年间，艾希曼策划、参与了贝乌泽茨、索比堡、特列勃林卡三大波兰灭绝营的建立，并参与了为奥斯威辛、玛伊达奈克、布亨瓦尔特、毛特豪森、达豪等大型集中营增设灭绝设施的改建工程，还不顾匈牙利政府激烈反对，强行将四五十万匈牙利犹太人送到集中营残害。1944年9月，艾希曼前往荷兰督战，在他的指挥下，最后一批犹太人被按期驱赶到灭绝营处决。他冷血无情，手段残忍，连孕妇、老者都不肯放过，还批准医生以获取人体骨骼标本为名的残杀行为，踩着犹太人堆积如山的尸体实现万湖会议和"莱因哈特行动"的目标，为纳粹效力。"最后解决方案"的成果至少消灭了580万犹太人，其中包括100多万儿童，爱沙尼亚等一些国家的犹太居民几乎被杀绝。艾希曼在第二次世界大战中被美国俘虏，之后伺机成功逃脱，经过漫长的逃亡旅行，最后流亡至阿根廷布宜诺斯艾利斯，摇身一变成为一名伐木工人，化名克莱门特，与妻子儿女过上了深居简出、隐姓埋名的生活。凭借着狡诈多变的手段和分布广泛的关系网，艾希曼一次次逃脱了盟国和犹太复仇者的追捕，很快便消失在这些人的视线中。为此他也扬扬得意，甚至以为这样就可以永远逍遥法外，逃脱罪名的惩罚。然而纸里永远包不住火。就在他自己都渐渐淡忘了早年的辉煌经历的时候，一个人的出现打乱了他的美梦。

古怪的男友

同艾希曼一样，第二次世界大战之后，数以万计的纳粹战犯暂时逃脱了历史的审判，他们大多分散在阿根廷、埃及、巴西以及中东国家，有的隐姓埋名，过着普通人的生活，有的则贼心不死，蠢蠢欲动，妄图伺机复兴第三帝国。唯一相同的一点是，似乎没有一个逃犯对自己过去的行为感到忏悔，也正是他们对责任的背弃和逃避，让许多寻求正义的人和组织不遗余力地追查他们的行踪和犯罪证据，为那些在战争中遭到屠杀的无辜百姓讨回公道。毫无疑问，艾希曼也在追捕名单之列。即使他多次摆脱险境，然而天网总是越来越大，可逃之处

纳粹战犯阿道夫·艾希曼像

他被控参与希特勒灭绝犹太人的"最后解决方案"，被处以死刑。但同样双手沾满鲜血的门格尔至今不知所终。

也越来越少。艾希曼不得不小心谨慎地与外界保持距离，生怕被识破面目。然而他还是因为家人暴露了行踪。

在阿根廷首都宜诺思艾利斯市郊的奥利沃斯区，有一位全区公认的美人儿名叫罗泽·赫尔曼。年方十八的赫尔曼貌美如花，几乎所有的小伙子都期待能得到她的芳心，与她喜结连理。为此小伙子们使出浑身解数，有的炫耀自己有个百万富翁的父亲，有的放出话来说自己即将去美国继承大笔房地产，知识分子亮出了自己医科大学的硕士文凭作为诱饵，老实纯朴的建筑工人则用自己的真诚表达爱慕之情。面对进攻者们的强势，罗泽姑娘既没有高傲地拒绝，也没有轻易宣布选择哪位男子作为自己的终身伴侣。事情就这样一直僵持着，直到1957年秋天，一位20多岁的德国移民小伙尼古拉斯(爱称为尼克)·艾希曼的出现。尼古拉斯对罗泽一见倾心，很快便加入了追求者的行列。他的"资本"很是特别，并没有滔滔不绝地夸耀自己家庭，而是对父亲的历史称赞不已。

"罗泽，你知道吗，我父亲当年可是德国军队的高官，别说指挥陆军、党卫军都归他调度呢！"

"这么说他是一位将军了？"

"不不不，他的权力可比将军大得多，怎么说呢，几百万人的命运，都在他一手之下。"小伙子一脸不屑。

"噢？那想必他是七二〇事件的参加者了？"罗泽听父亲谈论过七二〇事件。那是1944年7月20日，德国军方反希特勒分子实施的一次通过爆炸装置谋杀希特勒的行动。虽然没有成功，但在人们心中的地位十分崇高。如果这位老人真的是一位刺杀希特勒的英雄，那倒是足以赢得自己的尊重。

"哪有的事！我的父亲怎么能跟那些败类同流合污。他绝不是叛徒和懦夫！"出乎姑娘的意料，尼克急匆匆地跳起来反驳，"他唯一的遗憾就是没有全部完成元首布置的任务，把犹太人统统消灭掉。"

"你说什么？"

罗泽吃惊地瞪大了眼睛。尼克看见她惊讶的表情，以为自己父亲的光荣历史已经深深震撼了这位美人儿，他一脸得意地望着金发碧眼、拥有一副高挑鼻梁的罗泽，丝毫没有察觉她眼中隐藏的愤怒。他哪里知道，眼前的这位小仙女竟然是拥有一半犹太血统的女孩儿，而他的无知和沾沾自喜，不仅断送了自己的爱情，更成为父亲的第一个掘墓人。

回到家后，罗泽马上对父亲洛塔尔·赫尔曼讲述了事情的始末。洛塔尔一边凝神静听，一边皱紧了眉头。他正是奥斯威辛集中营的幸存者之一。从人间地狱逃脱出来的他还是没能避免魔鬼的残害，在那里他双目失明了，此后一直是老伴儿照顾他的起居。某天，妻子给他读报时注意到一条消息：德国法兰克福总检察长弗里茨·鲍威尔博士正在寻找党卫军头目艾希曼，鲍威尔称有情报证明此人目前蛰居阿根廷。联想到女儿提及的这位奇怪的男朋友，他不由得心生疑虑。

"他住哪儿？"

"听说住在查卡布科大街 4261 号。可是爸爸，他从来没有邀请任何人去过他家。"

赫尔曼父女驱车前往查卡布科大街 4261 号，略带锈迹的门牌上写着"达古特宅"和"克莱门特宅"。赫尔曼确信自己发现了艾希曼的行踪，回到家后立即让妻子执笔写信给德国检察长。

很快，鲍威尔博士收到了这封秘密的报告信。作为德国犹太人的他本人也曾受过纳粹迫害，经过短暂的斟酌，他决定把这个消息转给以色列当局。

决定追捕艾希曼

1957 年初冬的一个晚上，天气渐渐冷了，路边的水洼悄悄结了薄冰。窗外随风摇曳的树枝间闪烁着路灯的余光。摩萨德首脑伊塞·哈雷尔从下班后一直坐在办公室的沙发里，呆呆地看着窗外。面前的桌子上摆着一封刚刚从老相识伊特那里发来的急件。信中说德国法兰克福总检察长弗里茨·鲍威尔博士以犹太人的名义担保，艾希曼就藏匿于阿根廷。对于这个消息，哈雷尔也是半信半疑。在此之前摩萨德每天都会收到大量的关于纳粹分子藏匿地点的消息，然而经过证实多半都不可靠。此外，限于财力和人力的紧张，摩萨德也不得不仔细规划成本，在不能确定情报准确性之前尽可能不动手。然而凭着特工人员的职业敏感，哈雷尔觉得这一次很可能是真的，至少，新情报背后大有文章。

哈雷尔出生于俄国维杰布斯克一个犹太人家庭，十月革命后父亲的醋厂倒闭，他则参加了一个犹太复国主义青年组织。1930 年，他带着一支左轮手枪和一些子弹，随父母踏上移居巴勒斯坦的路程。在下船时他依靠机智勇敢，把手枪藏在面包里，并用又脏又臭的衣服盖上，逃过了海关的检查。随后他来到特拉维夫附近的一个犹太人集体农庄当工人，之后又做了一名柑橘承包商。由于经营需要，他免不了经常与邻村的阿拉伯人厮混，很快聪明的哈雷尔就掌握了他们的语言。他常常向犹太地下军"哈戛纳"的情报机构"沙伊"介绍一些有关阿拉伯各村的情况。渐渐地，哈雷尔的上级注意到了他的才能，委任他当了所在情报小组的组长。哈雷尔本人也对间谍工作非常感兴趣，他甚至给自己起了一个希伯来名字——哈雷尔，也就是间谍的意思。1942 年，哈雷尔正式加入"沙伊"，从此开始了自己的职业特工生涯。他先是负责国内安全方面工作，后又凭借出色的才干当上了特拉维夫地区"沙伊"的负责人。1948 年 5 月，哈雷尔搞到了约旦人的详细进军计划，他派出一个间谍混在难民中逃到安曼。5 月 12 日夜里，这位间谍从安曼穿过霍尔达前线阵地，带回了约旦的详细派兵情况。哈雷尔立即汇报上司本·古里安，本·古里安连夜调派几支部队在以约边界筑起一道防线，成功阻挠了约旦的进攻，哈雷尔也因此受到嘉奖和器重。

以色列建国后，"沙伊"分成了军事情报局、外交部政治司和国内安全总局三个部门。哈雷尔当上了国内安全总局局长。1951 年以色列正式成立了摩萨德，全称为以色列情报和特殊使命局，与美国中央情报局、苏联内务委员会（克格勃）一起并称为"世界三大情报组织"。不久哈雷尔接任局长。也正是在这位矮个子局长的操刀主持，成就了摩萨德在情报史上的传奇。

墙上挂钟报时的响声让哈雷尔从沉思中回过神来。他扭亮办公桌上的台灯，开始潜心研究艾希曼的案卷。在审阅了这位党卫军头子的生平及其暴行之后，他决定放下手边的其他事情，捉拿艾希曼归案。

深思熟虑，布下天罗地网

哈雷尔立即派出一个特别行动小组前往阿根廷布宜诺斯艾利斯，对报信人赫尔曼提供的情报进行核实，并进行艰难的秘密调查。由于摩萨德特工人员对阿根廷情况不熟，不知怎的竟然让狡猾的艾希曼听到了风声，他突然离开原来的住址，消失在茫茫人海中，线索随即断了。

1959年12月，哈雷尔重新成立了一个调查组，在欧洲地区秘密监视与艾希曼有关的家庭的动向，看他们是否与艾希曼有联系。被调查和监视的对象包括艾希曼82岁的老父亲以及他的四个弟兄，因此工作量很大。为了不打草惊蛇，哈雷尔对参加这项工作的人员进行了严格规定，坚决不能让艾希曼有丝毫察觉。于是在特工人员精密的计划和行动下，一份又一份调查报告源源不断地汇集到特拉维夫。尽管艾希曼的亲属、密友和邻居对此都守口如瓶，身经百战的特工们还是想办法从欧洲调查的情况中挖掘出了新的材料和证据：艾希曼确实隐蔽在南美洲某国，他不愿意与家人长期分离，即使情况再危及，他也会想方设法与妻儿生活在一起。然而之后的工作，特工小组也是举步维艰。很多怀疑对象一一被否定，其他方面也没有丝毫进展。至于从德国官方途径获得有关艾希曼一家线索更是不敢奢望。因为德国在欧洲各国的领事馆异口同声地拒绝透露艾希曼妻子维拉的护照情况。尴尬的处境让特工灰心丧气。但哈雷尔强调此事决不能半途而废，他鼓励部下说，把屠杀和残害犹太人的罪犯，送交一个由以色列法官组成的法庭，这在犹太历史上，将是一件有特殊意义的事情。

就在大家一筹莫展的时候，女特工迪娜·罗恩想出一条妙计。3月3日是艾希曼一个儿子的生日，如果利用这个机会以送礼物为借口找到男孩儿，应该不会引起别人注意。一旦找到这个孩子，一切就可以顺藤摸瓜继续搜索下去。于是她化装成一个害了单相思的痴情女孩儿，派一位"小听差"转送自己准备好的生日礼物。当晚，哈雷尔就见到了这一份刚出炉的秘密报告。乐不可支的哈雷尔当即下令组织增援力量赶赴阿根廷，跟踪寻迹。

圣费尔南多区人烟稀少，郊外空旷。在一幢孤零零的平房里，特工们发现了艾希曼的狡兔之窟。经过几天的观察监视，他们摄取了大量照片，特别是趁着3月21日艾希曼夫妇银婚纪念日二人相聚之际偷拍下了照片。通过确认，当日中午11时45分出现在圣费尔南多区加里保迪大街的这位50多岁、衣冠楚楚的男子就是艾希曼本人。

面对掌握的第一手材料，总理本·古里安当即表态："把他弄到以色列来，要活的。"随即又加上一句："死的也行！"

抓捕艾希曼并将其运送回以色列是一项艰难的任务，除了涉及合法性问题，还有运送工具的问题。这件事必须秘密进行，决不能让阿根廷官方知晓。最初哈雷尔考虑派专机行动，但是以色列航空公司并没有开辟直飞南美区域的航线，而当下正值旅游高峰，如果宣布坐直飞试航不免会让人生疑。采用海运又太慢了，而且沿途停靠也会增加风险。

就在哈雷尔心急如焚的时候，机会来了。阿根廷邀请以色列领导人参加独立150周年庆典。外交部有关人员告诉哈雷尔，政府对此次活动非常重视，准备派一个高级代表团出席，哈雷尔立即建议应该派一架专机前往。不但可提高以色列的国际威望，而且还鼓舞在南美洲的广大犹太人的士气。外交部方面采纳了哈雷尔的这个建议。

抓捕艾希曼

为了避免在抓捕艾希曼的过程中出岔子，哈雷尔决定在5月11日前将艾希曼抓到手。为此他组建了一个11名特工的特遣队执行"绑架"任务。小组中有百发百中的神枪手，有机警敏捷的侦查员，有技术高超的医生，还有证件伪造专家、化装术专家等。特遣队进入行动范围后，分散居住在费尔南多区的小旅馆里。代号叫"堡垒"的房间是行动总部，代号叫"宫殿"的房间是艾希曼的囚禁室，其他房间作为转移艾希曼的备用。

此刻的艾希曼还不知道自己已经陷入以色列特工的监视下，他还在用化名克莱门特继续规律的生活：每晚 7 点 40 分左右乘坐 203 路公共汽车，然后步行回家。

眼看实施绑架的日子越来越近，阿根廷政府礼宾部门却突然通知以色列代表团，由于组织方面出现问题，请他们将抵达时间延至 5 月 17 日之后，以便受到"隆重而体面"的接待。这让哈雷尔进退两难，绑架行动如果推迟，难保艾希曼不会察觉；如果提前抓住艾希曼，就得找个保险的地方把他藏一个星期时间，万一中间出了岔子，被阿根廷警察发现就麻烦了。

经过权衡再三，哈雷尔最终还是决定提前抓捕艾希曼。他下令在阿根廷另外租住两处公寓，预备用作藏匿地点。一处是坐落在郊外绿林深处的乡村别墅，代号"礼物"；一处在城中，代号"宫殿"。阿雷尔故意让一队特工冒充夫妇住进去，为掩人耳目还特意购买了几件时髦的家具。

5 月 11 日晚 7 点 25 分，一辆私人轿车"坏"在了距离 202 号公路交叉口大约 10 米的加里宝迪大街。司机一脸愁容地打开车盖修理，车里坐着的两人默不作声。巧合的是 202 公路上也停着一辆"抛锚"的汽车，也有一名司机在修理。时间一分一秒地过去，公共汽车都过去了两趟，车子却一直也修不好。奇怪的是司机们并不着急，好像在等待什么似的。

就在这时，又一辆公共汽车停在路边，一名乘客在街道售货亭旁边的站台上下了车，慢条斯理地向第一辆汽车的方向走来。

"就是他。"黑暗中传来一个人的低语。

"开灯！"随着一声低沉的命令，第二辆汽车的车灯骤然点亮。刺眼的强光照得艾希曼眼花缭乱，连忙用手遮挡。

这时，从第一辆车上下来一个人，迈着悠闲的步伐迎着艾希曼走过去。两人之间的距离相距仅有 5 米时，艾希曼听到对方用西班牙语开口说道："不许动！"艾希曼本能地一怔，收住脚步，定睛观察对方，似乎意识到情况不妙，不由自主地向后退了一步。

就在艾希曼还没有缓过神来的一刹那，几名特工从车上跳下，飞快地跑过来将他制服，并押送进了汽车后座。守在车上的特工人员已发动了汽车引擎，驾驶汽车扬长而去。整个过程从开始到结束还不到一分钟。

车内五花大绑的艾希曼听到的第一句话"别动，否则干掉你"是用德语说的。他知道来者不善，却被绑得死死的，动弹不得。

20 分钟后，汽车来到了"宫殿"。也许是知道自己没有反抗的余地，艾希曼此时表现得更多的是顺从。

"你的社会党党员证的号码是多少？"

"889895。"

"很好！现在我再问你一次，你的真实名字是什么？"

艾希曼浑身颤抖，控制了很久，才小声说道："阿道夫·艾希曼。"

艾希曼的表现让特工们唏嘘不已。这个神经紧张、语言悲怆的老人，已经完全背离了当年那个身着党卫军军服、令无数犹太人恐怖万分的军官的身影。如果不是证据确凿，他们很难想象面前这个面貌善良、卑躬屈膝、唯命是从到令人肉麻地步的人，竟会是那些险些征服全球的纳粹党党魁之一。

尾声

艾希曼的成功被捕，让全体行动人员兴奋不已。接下来的任务就是将这名纳粹战犯成功运送回国，接受审判。哈雷尔派两名训练有素的特工人员负责看守艾希曼，他则带领其他特工人员对运送一事所涉及的情况进行调查，做周密部署。

不久，一名在一次精心策划的"车祸"中得了"脑震荡"的特工被送往当地一家医院救治。这位病人住院后恢复情况良好，不久就得到了一份由阿根廷医院签署的医疗证明和一份允许他返回祖国以色列"继续治疗"的许可证。5月20日，"病人"出院后，所有的文件资料都转移到了伪造证件专家手中。两个小时后，所有的医疗记录都换上了艾希曼的照片和姓名，并有一行小字记录他的面部特征。即使是专业的检查人员，也很难看出其中的破绽。

5月20日晚8点，特遣队的医生按计划给艾希曼注射了一剂特制的麻醉剂。仅仅过了10秒，艾希曼就失去了知觉，只能在两个人的搀扶下行走，在外人看来，此刻的他与一名典型的脑震荡患者相差无几。这样的安排果然让他们顺利地通过了机场护照检查，随后又全部通过了海关和护照检查。哈雷尔长出一口气。艾希曼被安排送进位于飞机前部的头等舱，周围坐满了呼呼大睡的"机组其他成员"。应哈雷尔的要求，乘务员调弱了舱内灯光。在昏暗的灯光下，每个人的面部都模糊不清，这是为了应付阿根廷方面对飞机可能进行的例行检查。哈雷尔焦急地等待着飞机起飞的那一刻，据他事后回忆，那是他一生中最难熬的时刻。5月21日零点，布宜诺斯艾利斯机场塔台上发出命令，以色列601号"不列颠"式飞机起飞了。机长经过哈雷尔同意，向机组人员宣布了此次飞行的特殊意义。大家兴奋得不停欢呼，甚至有人激动地埋头痛哭。

经过24小时的飞行，飞机顺利降落在以色列利达机场。一下飞机，哈雷尔便立即驱车前往总理官邸，本·古里安正在办公室等他。此刻的哈雷尔再也不能平静，他十分兴奋地汇报："我终于把阿道夫·艾希曼带回来了，只要您批准，我立刻就可以把他移交给警察局。"

"能完全肯定他的身份吗？"

"绝对肯定。"哈雷尔回答得果断干脆。

"那么就由法官签发逮捕令吧，我同意把罪犯移交给警察总监。"本·古里安总理下了命令。

5月23日，本·古里安总理召开了内阁部长会议，通报了捕获艾希曼的经过。当天下午3点50分，当他步入议会大厅时，整个会场已是人头攒动，人们或在大声谈论，或在默默地揣度。

总理的声明十分简短，言词尽量避免带有感情色彩。然而这个从14岁就投身犹太复国运动、被人称为有着"钢铁般意志"的犹太政治领袖还是没有克制住激动的心情,声音都有些颤抖。

尊敬的议长和议员先生们，我必须向你们报告一个好消息。不久前，以色列特工部门在南美洲某个地方抓获了纳粹罪犯阿道夫·艾希曼。现在艾希曼已经被关押在我们国家的监狱里，他将受到由犹太法官组成的法庭的审判。

短暂的沉寂之后，热烈的欢呼声和经久不息的掌声震耳欲聋。全体与会者更是把目光移向了坐在总理旁边的哈雷尔。在此之前，哈雷尔从未在公开场合露面，他属于躲在帷幕后面操纵的人。然而这一次他选择公开露面，是因为这一次的成功让他沉浸在巨大的喜悦中，他甚至想看看公众对他取得的成绩做出的强烈反应。

1000 多个不眠夜，无数次徒劳的搜捕，哈雷尔深知这成功背后的代价和唯一的动力，那就是犹太人过去几十年在纳粹铁蹄下遭受的迫害和屠杀。只有亲身经历过这一切的人，才能真正深切体味"复仇"这两个字的真正含意。

但此刻的他，宁肯保持沉默。

对艾希曼的审判是旷日持久的。直到两年后，也就是 1961 年 12 月 15 日，艾希曼才以屠杀 200 万犹太人的罪行被判定"灭绝人类罪"，处以绞刑。1962 年 5 月 31 日，艾希曼被处死。在临刑前，他对摩萨德的行动表示赞许："在抓我这件事上，摩萨德办得很漂亮，组织和计划都非常出色。"他还对押解他的一个以色列官员说："希望你不久就会走上我这条路。"这是他临终前最后一句话，而听他说话的人——名叫艾坦的官员——若干年以后成了拉卡姆的局长。

水门事件与"深喉"

著名的"水门"原来只是几幢普通办公大楼的名字，像这样的办公楼在美国首都华盛顿随处可见。美国一般的机构和组织没有自己的专用办公楼，都是集中租用一个普通综合楼里的几间办公室或者一层。1972 年，美国民主党总部在 6 楼租了办公室，让人意想不到的是，正是这几间普通的办公室，竟然让水门大楼从此"青史留名"。

暴露行踪的胶带

1972 年 6 月 17 日深夜，华盛顿哥伦比亚特区。一辆黑色面包车顺着空旷寂静的大街驶来，悄悄地停在水门饭店附近一条偏僻的小巷里。几分钟后，车门被轻轻拉开，里面溜出 5 个矫健的身影。他们下车后先是凑在一起嘀咕了一阵，然后依次顺着墙根摸到饭店门口。不一会儿，其中四个人蹑手蹑脚钻了进去，只剩一个在门外找了个地方躲起来观望。

十几分钟后，又一个身影顺着大路慢慢走来，边走还边用手电筒四下照射。这是当晚值班警卫弗兰克·威尔斯在巡逻。威尔斯来到门前，顺手一拉，想检查一下门是否锁好。可是他惊讶地发现，门居然是掩着的，原来门锁被贴上了一片胶带，所以失效了。这本来也没什么好奇怪的，因为在楼里上班的人非常多，经常有人加夜班，临时出去的时候没有钥匙的人就会用这种方法，防止被门锁挡在外面。可是威尔斯却无法说服自己放轻松些。因为就在当晚，他上一次巡逻至此的时候，曾经发现过同样的胶条，当时他认为也许有人临时要出去一下，怕进不来采取了这个措施，所以他没有马上检查，而是顺手撕下了胶条，出去吃饭了。饭毕的他回到此处想继续检查，却发现门又被贴上胶条了。他抬头望了望，然而大楼已经漆黑一片，根本不可能有什么人加班。威尔斯越想越觉得事情严重，再也不敢找任何理由安慰自己。他马上在报告上司的同时，向警察局报了案。

威尔斯的报警被转到正在水门饭店附近巡逻的 727 号警车。这辆警车当晚本不执行任务，因此车上的两名警察身着便装，也正是这身嬉皮士的打扮骗过了躲在门外的放风者。两名警察在和警卫通报情况之后，先上到 8 楼的联邦储备委员会办公室，然后兵分两路搜索过来。果然在 6 楼发现了之前闯进来的 4 个人，他们正因为打不开民主办公室的门锁在那里卸门呢。没有格斗，没有追捕，几个笨蛋就这样乖乖被逮住了。楼下那个望风的家伙看见楼里突然灯光大亮，远处还有警车尖叫着飞驰而来，心知计划败露，于是仓皇逃回据点。

起初几个"窃贼"交代犯罪动机是盗窃，但是从他们身上搜出来的东西却无法自圆其说。高精度的手表照相机，一流的窃听装置……这些可不是市面上能买得到的，有谁会拿这么高昂的成本实施盗窃呢？情况很快浮出水面：这是一起非法潜入民主党总部窃取竞选情报的秘密行动。这一判断很快在之后对"据点"的搜查中获得证实：联号的百元大钞、文件箱、记录白宫电话号码的通讯簿，还有成套的窃听器材……种种迹象表明这是一起严重的政治窃听事件。

如果威尔斯第一次巡逻没有发现胶条，他也就不会在第二次发现胶条时产生警觉。事实上，第一次的胶条就是这些人贴的，他们下午就提前布置好了一切，只等晚上偷偷潜入，可是当他们来到门前伸手一拽，发现门竟然锁上了，于是几个人不得不再次费力将门打开。不知这些人是不够"专业"，还是因为计划出现纰漏而内心焦躁，竟然忘了大门"许出不许进"，画蛇添足地再次顺手贴上了胶条。也正是他们的失误，加上便衣警察让放哨者放松警惕，这一连串的巧合让本来周密的计划意外地暴露了。

愈演愈烈，欲盖弥彰

随着事件调查的深入，矛头很快对准了共和党。总统尼克松为了赢得连任而采取的这一非法活动，让共和党的领导者陷入了指责和丑闻的尴尬局面。

深夜，白宫的总统办公室。尼克松和几个亲密助手还在紧急商讨应对措施。已经不知讨论了多少次，依然没有什么好办法，大家再次陷入沉默，燃烧的雪茄烟在屋内弥漫，冷掉的咖啡依然满满地盛在杯子里。尼克松从一阵沉思中回过神来，发现大家的目光都集中在自己身上。他清了清嗓子，终于发话了："不是有3个古巴人吗？而且麦克德以前也参加过'猪湾事件'，就说是古巴人为了自己民族利益进行的窃听活动。霍尔德曼，你马上去见中央情报局局长，让他出面——以国家安全的名义，别让联邦调查局插手。"

"我们恐怕得用些——"

"不就是100万美元吗，多花点没关系，叫他们闭紧嘴巴就行。还有，对大陪审团要谨慎点儿，别胡言乱语走漏风声，迪安，你来办吧！"

助手们分头行动，尼克松也亲自挂帅，隐瞒事实。在第一次竞选连任的记者招待会上，他还信誓旦旦地向美国公众表示："白宫的领导班子和本届政府里绝没有人受雇卷入这起荒唐的事件。"他甚至毫不羞耻地表达自己的观点："令人痛心的不在于发生了此事，因为在竞选中总会有过于热心的人做些错事。但是把做过的事掩盖起来，欺瞒选民，那才是令人痛心的。"

尼克松凭借着精彩表演和他那群幕僚们的优秀才干将此事遮掩过去，大选结束，尼克松如愿以偿地获得连任，而且是压倒性的优势。正当尼克松和助手们弹冠相庆、得意忘形的时候，一封又一封匿名信寄到法院，密告水门事件还有隐情。

尼克松在发表演讲

民主党占优势的国会决定成立一个特别调查委员

会，对尼克松的竞选活动进行彻底调查。果然，1973 年 3 月 23 日，参与水门窃听事件的美国共和党尼克松竞选班子的首席安全问题顾问詹姆斯·麦科德在接受调查时暴露了白宫法律顾问迪安。得知这一消息后，尼克松决定弃车保帅，让迪安当替罪羊。然而得知自己可能面临 40 年徒刑的处罚时，迪安崩溃了。他不甘心束手就擒，主动向检察官做了 3 个小时的交代，想以此换取赦免。

其实迪安本身一直是"圈外人"，事实上他并没有参加"水门事件"，而是在"掩盖"行动开始之后才一头扎进去的。对于他的坦白，虽然还不至于彻底揭穿事件真相，却也已经触及了这个"圈子"的边界。只要调查出现进展，局面随时可能失去控制，一发不可收拾。为了挽回局面，尼克松再次发表声明，这一次，他干脆表示事先根本不知道水门事件，事后也没有任何阻挠调查的行为。他也不失时机地为窃听活动辩护，宣称适当的"监控"是为了国家安全，是合法且必要的。从罗斯福总统时开始，每一个总统都这么干过。

然而水门事件调查委员会可不像民众那么好骗。在参议会听证会上，前白宫助手巴特菲尔德曾透露白宫椭圆形办公室装有秘密录音设备的情况。这是为了方便记录与手下谈话和电话内容而配备的，尼克松入主白宫后也认为这很方便，因此这套录音装置一直在使用中。

委员会要求尼克松交出有关录音带和文件资料，尼克松以行政特权为由拒绝。双方为此惊动了法院。经过 3 个星期的考量，多数法官认为总统也要受法律约束，有义务遵照法律交出录音带和文件。听得结果，尼克松恼羞成怒，一时头脑发热，签署了 3 份罢免令：司法部长理查森、司法部副部长拉克尔肖斯和特别检察官考克斯一夜之间被除去任职。恰恰是这一震惊之举让尼克松搬起石头砸了自己的脚，美国舆论强烈谴责总统利用职务之便滥用职权，阻挠水门事件的司法活动。国会弹劾总统的理由成立，并得到联邦法院的支持。尼克松决心顽抗到底，他一面组织秘密销毁录音带上对他不利的内容，一面继续强调行政特权，表示"将遵循从华盛顿到约翰逊历届总统所遵循与捍卫的先例，绝不做任何削弱美国总统职位的事情"。被交出的电话记录千疮百孔，大量重要的内容不翼而飞，取而代之的是听不见、无情报价值等字眼。这种敷衍的做法激怒了最高法院，首席大法官裁决尼克松必须交出有关录音带。

真相终于随着新证据的发现浮出水面。一盘记录于水门事件发生后 6 天的录音带内容显示，尼克松曾指示他的助手让中央情报局阻挠联邦调查局调查此事。铁证面前，白宫被惊得目瞪口呆。一直标榜自己清白无辜的总统原来从一开始就掩盖真相，欺骗他的顾问、公众、国会甚至家庭。每个人都感觉被欺骗了，就连自己的部下——共和党的一批参议员、众议员也建议他辞职，尼克松终于到了众叛亲离的地步。

1974 年 8 月 8 日，尼克松宣布将于次日辞职，成为美国历史上首位辞职的总统，水门事件也就此告一段落。

《华盛顿邮报》与神秘线人

水门事件的发展牵动了诸多媒体的参与。《华盛顿邮报》的两名记者追踪数月，报道了从詹姆斯·麦科德等 5 人闯入位于水门大厦的民主党全国总部到尼克松总统辞职的全部过程，他们准确的信息和及时的报道不仅让大众随时掌握事态的发展，更是促使形成社会舆论的重要因素之一。1973 年 5 月 7 日，该报凭借调查水门事件的报道为公众服务而荣获当年的普利策新闻奖。那么这些惊人的内幕究竟是从哪里获得的呢？面对疑问，《华盛顿邮报》一直拒绝透露告密者的身份，但总编辑引用了当时一部知名色情电影《深喉》（Deep Throat）的片名作为告密者的化名。

深喉，这个美国现代史上的重大谜团一直是媒体津津乐道的挖掘对象，无数文章、书籍、电影和电视节目都乐此不疲地寻找这个神秘人物。多年来，不知有多少人被怀疑是深喉：尼克松的助手帕尔·布坎南、新闻秘书齐格勒及其助手杰里·沃伦、美国前司法部长约翰·米切尔的特别助理弗雷克里克·切尼·拉鲁……"深喉"这个词甚至被收入韦氏大辞典。直到30多年后，2005年5月31日，一个自称是"深喉"的人戏剧般地现身于大众视野中，他就是美国联邦调查局（FBI）前二号人物马克·费尔特。

1913年，马克·费尔特出生在美丽的爱达荷州双瀑布镇。尽管家庭一般，个性外向的费尔特最终还是依靠自己的努力修完了法学课程，并幸运地进入联邦调查局工作。

费尔特在FBI表现出色，很快在担任堪萨斯城特工首脑时崭露头角，成功地瓦解了黑帮组织，并因此受到局长胡佛的赏识，成为其心腹，随后更是平步青云，扶摇直上，直至担任副局长。

1978年，费尔特遭到指控，原因是非法闯入地下激进组织嫌疑人的住所搜查制造炸弹的证据。尽管他已于1973年6月递交辞呈，结束了自己31年的FBI生涯，在他到法庭聆讯时，法庭外还是聚集了数百名调查局的同事示威，为他声援。两年后，费尔特被判有罪，然而好运再次降临。里根总统的上台，让他获得了意外的赦免。晚年的费尔特对自己的FBI经历感慨万分，他曾于1979年出版了个人回忆录《FBI金字塔内幕》，里面记述了自己的工作历程。

费尔特在水门事件中扮演了非常重要的双重角色：作为秘密线人，他让事实真相呈现于媒体报道之中；作为联邦调查局的主要官员，他反对总统干涉水门事件调查，并为此抗争到底。至于他选择这样做的理由，《名利场》在报道中给出了两点原因。

其一，白宫与联邦调查局的积怨越来越深。费尔特在职时，白宫为处理工作提出的一些非正当要求就让他不满。比如1971年，尼克松为了查出将政府与苏联战略武器会谈消息透露给《纽约时报》的人是谁，曾动用窃听器和测谎仪，当时费尔特就对此表示不同意见，更将尼克松的行为形容为"狗急跳墙"。1972年，白宫又向FBI提出"希望"，想通过FBI伪造一些证据，以便将政府从一桩腐败丑闻中洗脱出来。费尔特和胡佛的不合作再次让双方关系紧张起来。同年，局长胡佛去世，本来有望接任局长的费尔特却等来了新的上司——尼克松选择了另一个政治上忠诚的司法部官员格雷担任局长一职。费尔特勃然大怒，他在回忆录中写道，总统"想要在胡佛的位置上安插一名政客，想要FBI成为白宫的一个附属工具"。

其二，费尔特与尼克松成了老冤家。FBI调查水门事件时，遭到了白宫层层障碍的阻拦，包括时任局长的格雷，也成为一道难以逾越的屏障。至于费尔特本人，也早已是尼克松监视的目标。费尔特明白尼克松想要淡化这一丑闻，他深知中央情报局对联邦调查局的"指手画脚"。但是他决定抗争到底，也就是在此时，一个电话打到了他的办公室。

打电话的人名叫伍德沃德，曾在美国海军服役。也就是在那时，他认识了在FBI工作的费尔特。两人因为同在华盛顿大学学习而感觉分外亲近，并相互交换了电话号码。1971年，伍德沃德正式进入《华盛顿邮报》，他与费尔德之间依然保持着联系。此时的费尔特已经坐在FBI的第三把交椅上，而且逐渐成为日常事务的实际管理者了。

"水门事件"发生后，伍德沃德和卡尔·伯恩斯坦写了一篇文章，确定其中一个"小偷"詹姆斯为尼克松总统竞选委员会的成员。在随后采访另一个成员霍华德·亨特时，他们意外发现他的电话号码出现在两位"小偷"的号码旁边。

凭借记者敏锐的洞察力，伍德沃德意识到这其中大有文章。如果能在政府部门或调查机构打开一个缺口，信息的价值就远比目前公开的有价值得多。于是就有了他打给费尔特办公室的电话，在那次通话中他们谈及了"水门事件"。之后的所有内幕都是通过这一联系秘密地从政府内部传递到公众的眼睛和耳朵里。

尽管费尔特的宣告姗姗来迟，也尽管这一宣告并未征服所有的怀疑者，大部分人还是选择了相信。一部分人认为费尔特扮演了"不光彩的角色"，作为掌握政府机密或重要信息的国家公务人员，他不应该背弃自己的誓言，将属于个人或内部机密的事情捅给报界。但美国的几家大报在发表的文章中均认为，费尔特的所作所为印证了个人举报和媒体的监督可以制约政府官员滥用权力的行为。2008 年 12 月 18 日，这位曾对美国历史造成重大影响的神秘人物因心脏衰竭去世，享年 95 岁。

秃头神探反间谍

一个间谍猖獗的时代背后，必定共存着一段辉煌的反间谍历史。在诸多神出鬼没的谍报人员背后，也时刻存在着一双双犀利的眼神盯着他们。正是有了这些杰出的反间谍工作者，这个世界的正义和秩序才得以捍卫，公正与和平才得以永存。在流连于离奇的间谍事件的同时，我们更应该关注那些依靠聪明才智和英勇无畏站起来揭露他们罪恶行径的英雄。奥赖斯特·平托就是其中赫赫有名的反间谍人物之一，人称"秃头神探"。

天才少年踏上特工之路

奥赖斯特·平托 1890 年出生于荷兰阿姆斯特丹，是个天性聪明，温顺听话的好孩子。3 岁时父亲 G. 平托安装了荷兰历史上第一部电话，没想到这部电话的出现显露了少年平托非凡的记忆力——他对号码本上的人名、数字过目不忘，这种记忆的持久性在 50 多年后依然没有丝毫消退，无论子女们从哪里找出一张纸片，只要读出上面的人名，他就能准确地说出那个人的电话号码，对于在街上偶遇的多年前相识的故人，他也能分毫不差地说出对方的名字和当时的体貌特征。

1909 年，年轻的平托被父亲送往巴黎大学攻读语言学，平托拥有的惊人天赋和沉稳性格让他在此领域如鱼得水，很快便掌握了荷兰语、佛拉芒语（比利时少数民族）、英语、法语、德语和意大利语的精髓，西班牙语、葡萄牙语、丹麦语、瑞典语、挪威语、罗马尼亚语和斯瓦希利语（坦桑尼亚和肯尼亚一带主要语言）也讲得很好。此外在数学方面他也有非常高的造诣。他的出色表现颇得学校赏识，曾一度被邀请留校任教，但是年轻的平托喜欢旅行，因此最终还是拒绝了这份优厚的工作。让他不曾预料到的是，在拒绝这个职位时，另一个领域却向他伸出了热情之手，而他的一生也因此不再平凡。

自幼勤俭的奥赖斯特·平托在巴黎求学时选择租住学生公寓，在这里他认识了身体强壮非凡的法国"哈瓦斯通讯社工作人员"弗朗西斯·沃尔德。尽管两人年龄相差 7 岁，却因为都热衷于体育而非常投缘，他们朝夕相处，一起晨练和跑步。二人熟识以后，沃尔德便定期带着年轻的平托出入于各个贫民窟、流浪汉出没的小巷道"追寻新闻线索"。在这个经常有流浪汉和无赖出没的复杂环境中，他们经常因为一语不合和他们大打出手，好在二人身强力壮，每次都能获胜，没吃过什么亏。这样惊心动魄的日子过了两三个月后，一天傍晚，在跑步场上，弗朗西斯·沃尔德平静地告诉平托一个让人惊讶的事实：他不是什么哈瓦斯社的记者，而是一名执行"特殊任务"的特工。

"真的吗？弗朗西斯，你是特工？"

"是的，奥赖斯特。我为法国第二厅效力。"

"那你为什么要对我说出真相呢？"

"奥赖斯特，你是个极具天赋的人，在我们相处的这段日子里，你的表现让我坚信你的品质和聪明才智都非常适合这个工作，你愿意成为这个组织的一分子吗？"

"可是……"

"你或许知道，德国近些年来的间谍活动非常多，除了法国，英国、苏联都在其窃取情报的范围内，他们的野心是显而易见的。如果不对他们采取手段，事情就会发展到不可收拾的地步了。那时候危及的不仅是这几个国家，德国的霸权甚至会触及你祖国的利益。"

听到这里，平托陷入了沉思。儿时的两件事让他很早就对德国人没什么好感。6 岁的时候家里邀请过一位德国相识赴宴，这位客人非但大吃大嚼，毫无体统，饭毕还不屑地表示在德国请客比这里档次高得多。另一次是在 18 岁时与同学去黑森旅行的时候，因为忘记了把票放在哪里而遭到德国乘务员的谩骂。"我穿的是德国皇帝陛下颁发的制服！""我禁止你对德国皇帝陛下进行任何影射攻击！"平托耳边回想起乘务员骄傲的咆哮，脸色凝重，眉头不自觉地皱了起来。他的细微表情很快被精明的沃尔德捕捉到，沃尔德知道自己快要成功了。

"奥赖斯特，我知道你是个极富正义感的人，如果你不运用你的智慧和正义为祖国和世界人民做点儿事情，是不是太可惜了呢？"

"好吧，我答应。"平托眼神坚定地望着远方的夕阳回答。

初出茅庐与边界遇险

大学毕业后，平托开始秘密为法国第二厅工作。表面上他是一名烟草商人，这个身份得益于他的哥哥。平托的哥哥在东印度的烟草贩卖中发了一大笔横财，跟德国的烟草经销商关系也非常好。于是平托很好地利用了这个背景，于"一战"爆发后前往德国执行任务。像许多初出茅庐的间谍一样，他对于这个行业是一张新面孔，不太容易引起注意，因此一切都很顺利。平托也在这紧张刺激又有趣的"游戏"中尝到了成功的喜悦。他依靠自己扎实的会计功底和娴熟的异国语言在德国商人中巧妙周旋，一方面把哥哥的生意做得越来越大，另一方面通过一批漂亮的金发女郎从德国商人和军官士兵口中探听消息，还收买了不少对现状不满的德国人为他服务，从港口、驻兵营地军工厂附近收集有价值的情报。对于平托来说，这样如鱼得水的工作无异于一种享受，从未失过手的战绩更是让他觉得生活完美无瑕。然而，人生不会总是一帆风顺，充斥其中的偶然总是出其不意地现身，打乱原来的局面。不久，意外果然不期而至了。

1915 年 6 月 5 日对平托来说是个铭记一生的日子，他遭遇到了几乎致命的挫折。在不莱梅，同僚普福卢戈通知他一个重要人物已经被捕，在酷刑面前招架不住，供出了所有知道的情报。显然在这个范围内的所有谍报人员都很危险，必须尽快逃走。短暂的慌乱后，平托镇定下来，他用 10 分钟仔细收拾了重要的情报和部分金钱以及食品，以最快的速度前往德国与荷兰交界的西弗里西亚。

这是一个漆黑的夜晚，倾盆大雨迟迟不肯离去，离界桩 5 公里的距离平托足足用了 4 个小时才走完。为了等待合适的越境机会，他又在 200 米内的一个齐胸的泥塘里泡了 3 个小时。

终于，机会来了。他竭尽全力从泥塘里爬出来，小心翼翼地一步步靠近国境线。就在界桩伸手可及的地方，极度兴奋又疲惫不堪的平托突然察觉到了一丝异样。他本能地一扭脸，发现左前方丛林里一支黑洞洞的枪管已经死死盯住了自己。

枪响了。

身手敏捷的平托本能地一低头，子弹呼啸着掠过头顶，射断了身后的树枝。也就是在这危急的刹那，平托的无声手枪发起了反攻。放枪的德国边防哨兵还未来得及呼喊就倒地而死，一切又恢复了平静。平托观察了许久，确认没有其他德国人，这才放了心。待他回过神来，才发现自己还是被那粒突袭的子弹擦掉了一大块头皮。鲜血顺着脸庞流淌，剧烈的疼痛跟着袭来。平托忍着剧痛，挣扎着爬过了高度超过两米的铁丝网，15 分钟后，他终于一头扑倒在荷兰的土地上，他得救了。

经过 5 个月的休假，平托的伤口终于痊愈，但是却留下一条深深的疤痕，满头的金发也全部掉光，变成了寸草不生的"沙漠"。因为身份可能暴露，他已经不再适合从事间谍工作，于是 1915 年冬天，返回第二厅的平托接受了新的任务——从第二厅调到国土安全部的反间谍部门。本来"做贼"的他，如今开始"抓贼"了。他还得到了人事权，组建了一个特别的部门，专门调查嫌疑人。之后的 33 年里，平托凭借出色的战绩赢得了"神探"的美誉，在间谍史上写下了浓墨重彩的一笔。

诡异的第十三个士兵

1940 年 9 月的一个清晨，薄雾刚刚散去，经过一个夏天的沉闷，清新的空气分外凉爽。值了一夜班的平托正在洗漱，一名军官敲门进来，手里攥着一份电报。

"报告上校，有急电！"

平托匆匆用毛巾擦了擦手，接过电报，凑到窗边细看。这是一份由盟军从欧洲大陆发来的情报。情报显示，4 名德国间谍将乘快艇于明晨在地图标示的南部海岸登陆。

"有活儿干了！"平托上校脸上露出一丝兴奋。他抽身奔向书桌，顺手抄起地图，"唰"地在桌面铺开，快速地确认了具体的登陆位置。德国间谍不愧为老谋深算的行家，地点选得极为巧妙。这个区域的海滩有一片孤立的凹陷，四周被高高的山峰挡得严严实实，密不透风，只有一条羊肠小道通往陆地。显然，这是一处绝佳的藏身之地。

平托仔细看了几遍，心里有了盘算："德国人真是花了不少心思呢，"他顿了顿，又说，"不过在这个位置埋伏的话，恐怕他们就难逃此劫了。"

"嗯，这个位置真是妙极了。那么多少人合适呢？"上尉问。

"12 人就可以了。"

"这么少？"

"是的，我们要避免暴露。只要有详密的计划，12 人足以应付。"

当晚，平托率领 12 名全副武装的官兵趁着夜色悄悄埋伏在预定位置，静静守候"贵客"的光临。四下寂静无声，只有海浪不停地拍打礁石，冲刷沙滩。阵阵海风扑面而来，带着丝丝凉意。漆黑的夜色中唯一发亮的是平托手腕上的夜光表，指针一分一秒地移动，一切都在时间的指挥下安静地进行。

快 4 点了，仍然没有任何迹象，一切似乎像是个玩笑。大家心里不免有些焦躁，上尉都有些着急了。"我真想马上看到手电筒的光闪。"他悄声向平托抱怨。话音刚落，就见远处果然有了动静，一丝微弱的光束摇摇晃晃，忽明忽灭。不一会儿，几个身影鬼鬼祟祟地移动，渐渐进入了包围圈。紧接着传来了格斗声。平托和上尉赶忙跑过去。很快，12个士兵押着垂头丧气的俘虏来到上校面前。平托看了看，只有3名被俘者。可是情报上说有4名啊，这是怎么回事呢？

"四处搜索一下，看有没有漏网之鱼？"

"报告上校，已经检查过了，没有发现其他可疑人员。"

平托顿了顿，目光停在俘虏身上。

"你们这次行动有几个人？"

"4个。"

"现在缺谁？"

"克彭。"

黑暗渐渐褪去，天色开始发白，巨石和人影在微弱的晨光中依稀可辨。平托再次指挥士兵搜索海滩、山洞以及灌木丛，依然一无所获。克彭究竟去哪了呢？

平托茫然地望着还在搜索的士兵，突然发现了什么，从半山坡上奔下来，厉声喝道："注意！全体集合！"

士兵们迅速跑过来，站成一排。平托从腰间掏出手枪，慢慢从每个人面前走过，锐利的眼神紧紧盯着一张张脸庞。士兵们疑惑不解，却不敢违背命令，只能面无表情地笔直地站着，等待下一个命令。

11，12，13。平托停下来，把手放在第十三个人的肩膀上，微笑着说："你好，克彭先生。"这名"士兵"果然神色大变，却动弹不得。

原来，克彭见同伴被俘，就趁夜色站到队伍最后，企图掩人耳目，伺机逃走。平托在指挥士兵搜索的时候发现人数不对，才最终识破了他的诡计。"原来13也可以带来好运啊！"事后平托笑着调侃。

连环妙计审德国间谍

常年与反间谍工作打交道的经历让平托上校积累了丰富的经验。有些时候甚至凭直觉就可以判断，这种能力也在之后的结果中显露无遗。

某次，前方部队抓到一个嫌疑人，怀疑是德国间谍。平托见他穿着和当地农民一模一样，口音也没有异乡的味道，似乎就是个普通的本土人。

"你叫什么名字？跑到作战区干什么？"

"长官，我是比利时人，我们村庄被炸毁了，妻子也死了。我一个人无处可去，就到处流浪。"嫌犯说到这里，眼泪就止不住地流了下来。

平托又问了几句，那人的回答条理清楚，没有一丝破绽。但是平托仍然觉得他有些可疑：一个经过战乱带来的创伤的普通农民，在回忆自己遭遇的时候竟然思路清晰，并且面对很容易动用暴力和刑具的审讯居然一点儿也不紧张，回答也完整干脆。一切似乎顺理成章得过头了。

"好了，小伙子，别难过。来，帮我数数这些豆子吧。晚餐吃炒豆子，好吗？"平托递给他一只盘子。嫌犯疑惑地接过去，发现里面装的确实是豆子。他不敢违抗命令，开始一粒粒数起来。

"1，2，3……70，71，72……"

"好了，够了。谢谢你，数得如此仔细。"平托点头微笑。

还是没有破绽。

原来，平托知道当地的比利时人都讲法语，语言学得再好的人，也会在说话间不经意地带些母语腔，有时甚至会用不同的语言替代。比如"72"这个数字，当地人就不用法语，而是用特殊方言代替。如果这个人真是德国间谍，那么他一定会在这里露出马脚。

可是嫌犯念到这个数字时，发音完全是遵照本地人的习俗，而且非常自然，不像是刻意做出来的。第一次测试就这样失败了。

平托并没有因此放弃。晚上他命人把嫌犯关在一间马棚小屋里。半夜时分，几个士兵悄悄点燃几捆草，扔到小屋外面。接着，士兵们用德语大喊："着火了！着火了！"可是小屋里没有丝毫反应。平托又让士兵们用法语大声喊道："着火了！"结果这个人一下子跳起来，死命地拍打房门。"放我出去！救命啊！"第二次测试也失败了。

第二天，这个人又被带到了审讯室。这一次平托面露得意之色，伸手指指面前桌子上的铅笔头和几枚硬币："你家都被炸掉了，还不忘随身带着这些，是要做什么呢？给德国人写情报吗？"他转过头，微笑着对身边的军官用德语说："这个可怜的家伙，他还不知道我们就要绞死他了！"说话间眼神却偷偷瞥向嫌犯。然而这个人似乎完全没有听懂，一副茫然的表情。测试第三次失败。

平托几乎绝望了。接二连三的测试都没有成功，也就没有证据证明这个人是德国间谍。到底怎么办才好呢？

转眼已经是第三日的清晨了。嫌疑犯再次像往常一样沉着地走进审讯室。他静静地站在那里，像一枚刺眼的标志，嘲笑着这些拿他束手无策的人。平托似乎没有察觉到这种尴尬的情境，他只顾专注地埋头看文件。过了一会儿，他拿起笔在文件上签了字，抬起头对嫌犯说："行了，你现在自由了。"

那人长长地舒了口气，脸上顿时一派轻松。他神情愉快地转身向外走，然而刚走到第二步，便猛地停住，待在那里。他意识到自己犯了一个致命的错误，然而一切已经太迟了。平托从椅子上跳起，一拍桌子，厉声喝道："好了，戏该收场了！"立即有两名士兵上前抓住了再也不能动弹的间谍。

原来平托之前的那番话是用德语说的。那人听到自己被释放，兴奋得过了头，才放松了警惕，最终暴露了身份。技高一筹的平托依靠智慧和坚韧在最后关头反败为胜，在间谍史上成为一段佳话。

巧识叛徒，立下汗马功劳

平托上校的职业生涯中经历了不少离奇的案子，最重大的一个就是抓获克里斯琴·林德曼斯，一个迄今为止最大的卖国贼。这个能对人类文明进程造成最重大影响的间谍如果没有被平托逮住，那么今日的历史极有可能完全是另外一副样子。也正是由于平托上校的这位荷兰同胞，大名鼎鼎的"民族英雄"的出卖，致使阿纳姆战役中7600多名英勇的英国"红色贝雷帽"伞兵部队战士丧生，欧洲战区的战争被迫延长了8个多月，在战争中毁坏的瓦斯河大坝决口，将近20万荷兰人死于溺水和饥饿。

1944年6月，作为盟军最高统帅的荷兰反间谍处处长，54岁的平托在比利时的安特卫普建立了一个集中营，收容难民和身份不明者。一个晴朗的早晨，平托从集中营门口路过，看见一个身高超过两米、体重足有100公斤的大汉在门口与门卫作难。他腰间别着两把匕首和一把手枪，口袋里装满了手榴弹，两只胳膊却滑稽地各挎着一名满面笑容的舞女，周围还有一堆荷兰青年簇拥着欢呼，拦住他的士兵们则不知所措，不敢轻易近前。平托当然不能允许别人在他的辖区内闹事，于是上前制止。

"你，过来！"

大汉犹豫了一下，乖乖地走过来。平托看到他身上带着3个闪闪发光的金星，那是象征上尉军衔的标志。

"你有什么权利带这个？是上尉吗？在哪个部队服役？"

"我是作为荷兰国内武装力量地下军的领导佩戴这些星的。"

"不行，你不是正规军，无权佩戴这些。"说完这些，平托猛地把星星扯了下来。大汉顿时颜面失色："我要对你提出控告！你的态度太野蛮了！"说罢却扬长而去，留下两个美女和一群追随者在原地沉默着。

大汉愤怒的表情和不做任何反抗就离去的行为让平托觉得甚是奇怪，特别是当时他身上还带有充足的武器，随便一样都具有强大的震慑力。平托回到办公室，立即叫来助手，要他调查此人。

很快，调查结果出来了。克里斯琴·林德曼斯，荷兰人，有3个兄弟。他本人身体强壮，外号"金刚"，当过拳击手、摔跤手，在格斗中打死过不少人，姑娘们都争相表明自己是他的情妇。他因多次成功地破坏了德国人的设施，射杀了德国人的士兵，被誉为荷兰的"民族英雄"，也是荷兰地下抵抗运动理所当然的最高领袖。然而，随着调查深入，一些疑点也浮出水面：他最小的弟弟曾经因为帮助盟军飞行员逃跑而被德国自卫队逮捕并招供，然而奇怪的是他并没有被处决，而是被释放了。克里斯琴·林德曼斯的一些朋友与相识也反映，他曾经号召当地人捐献贵重物品资助抵抗组织，然而私下却独吞了这笔财富。维克托城堡女主人就亲眼看到自己捐赠的首饰戴在两个妓女身上。一个林德曼斯的战友更是提供了一个极有价值的线索：在某次抵抗组织活动中，成员遭遇德国人袭击，除了林德曼斯和这名战友，其余人全部遇难。战友脑部中弹，经救治活了下来，而林德曼斯居然奇迹般地毫发无损。

一个身材魁梧的目标居然没有成为靶子，这让平托更加怀疑了。他决心亲自询问林德曼斯。在布鲁塞尔宫廷饭店等待了将近两个小时以后，平托得到了结果：克里斯琴·林德曼斯已经出动执行任务，具体内容不方便透露。

接下来的事情，熟悉历史的朋友们应该都不陌生。英国伞兵1万人、美国伞兵2万人、波兰伞兵3000人分别空降于格雷夫和内伊梅根，在马斯运河、瓦斯河以及下莱茵河上建立桥头堡，配合陆战部队一起渡河。这场战役如果取得胜利，无疑开通了一个通往德国本土的缺口。德国的防御计划就会被全盘打乱，主动权就完全地掌握到了盟军手里。然而事情的结果3天后震惊世界。空降的伞兵惊恐地发现地面已经集结了大批德国的装甲部队和各种轻重武器布好的火力交叉点。9天之后，2400名幸存者浴血奋战，才艰难地打开了一条通往瓦斯河的退路。德国人以50多辆坦克损坏、200多人伤亡的轻微代价，歼灭了英国空降兵第一师3/4的兵力。英国的空降兵精锐几乎在此战役中损失殆尽

事情至此，真相基本已经清晰可见。平托上校把所有的疑点像接链条一般整理起来后发现自己的想法和猜测是对的。然而阻力也是巨大的，怀疑一个国家抵抗组织领袖需要的是更确凿的证据。转眼6个星期过去了，平托手里依然没有什么有价值的资料。直到有一天，一件意外的事情把最后一个环节补上，才让两件看似不可能的事情被戏剧性地联系起来。

这一天，一个名为科尼利斯·维洛普的无线电工厂业务主管被带到平托面前，理由是他有可疑行径。但是几天的调查和审讯过去了，仍然没有什么有利证据表明他有罪，审讯陷入了僵局。平托上校也有些着急，此刻的他首先想到的是烟。烟就在桌子上，可是打火机不知去哪儿了。平托顺手拿起摆在桌子上的一盒火柴，那是科尼利斯·维洛普身上的东西。看见上校拿起火柴，科尼利斯·维洛普的脸色刹那间变成了灰色。

平托没有漏掉这个敏感的眼神，他划了一根火柴，却没有点燃，又连续划几根，还是和第一根一样。于是他把火柴全部摆开放在了桌子上，一根一根仔细地看。看了一会儿，平托突然拿起一根火柴插入水杯浸湿，然后在一张纸上写了起来。等水迹干透之后，平托要来一个熨斗微微加热纸张。奇迹出现了：那些消失的字竟然再次显现在纸上。原来这几根火柴的头部是用密写材料制造的。

面对事实，维洛普不得不承认自己背叛祖国、为德国人卖命的罪恶行径。在供认自己的间谍身份以后，维洛普不停地乞求："如果让我活下去，我将向你提供重要情报。"

"你知道什么呢？你应该主动说出我们所需要的一切，而不是被迫！"上校轻蔑地看着自己的同胞，摇了摇头。

"布鲁塞尔的主要负责人是保罗·洛伊文。阿姆斯特丹的是个叫达姆布雷尼的人！"

听到这个名字，上校心中分外震惊。

"你怎么知道的这一切？"他努力控制表情，不动声色地问。

"我是从德国自卫队德里贝根司令部的克塞维特上校哪里知道的。是克里斯琴·林德曼斯，是'金刚'告诉克塞维特上校的！是他把一切情报提供给了克塞维特上校！"

真是踏破铁鞋无觅处，得来全不费工夫。

"你肯定是'金刚'出卖了阿纳姆吗？"

"是的！9月15日他去自卫队总部把英美部队要空降的消息告诉了克塞维特上校！"

"他说了在什么地方吗？"

"说了！他说星期日一个师的英国军队在艾因霍温附近空降！"

这句话已经足够结束这个案件了。两星期之后，没有施加任何刑讯就获得的长达24页的报告记录了林德曼斯的叛变经过和所有活动。原来是花天酒地的生活让原本成功的勇士陷入财政危机，起初他把手伸向捐赠物品，想以此满足自己的奢华生活。然而1944年，他最小的弟弟的被捕彻底改变了他的命运。为了拯救自己的亲人，他屈服了，并从此一发不可收拾，彻底成为出卖抵抗组织的叛徒。仅他手中就有数百名英勇顽强、才能出众的战士被出卖给了德国人，并死在各种难以用语言来形容的折磨下。

因破获了这一起骇人听闻的间谍案，平托上校受到了艾森豪威尔将军亲自嘉奖，并得到了"世界上首屈一指的反间谍权威"这一荣誉称号。

尾声

1948年11月，58岁的传奇将军奥莱斯特·平托以少将军衔正式退役，回到祖屋——位于荷兰阿姆斯特丹的一所大房子过着深居简出的生活。对于聚会邀请和媒体采访，他都一一谢绝。平日里他最喜欢与儿时好友一起谈天，谈读书时候的趣事回忆；或者与战友一起回忆那段不平常的岁月，以及那些表面上看起来正直无私，但最终难逃法网的间谍。晚年曾著述《我的反间谍生涯》，1961年9月18日在家中因心脏病溘然长逝，享年72岁。人们自发为他举行了盛大的葬礼和追悼会，"二战"时许多盟军国家将领都发来了唁电。他的墓碑上篆刻着

7个字："一个传奇的终结。"子女们对他的评价是："我的父亲，正直，高尚，勇敢，顽强。为了反法西斯事业与追求人类的平等自由而奋斗了一生，贡献了全部的精力，他没有任何不良嗜好，处处都可评为一个父亲的表率，我们因为能成为他的孩子而感到深深的自豪与幸运！"

归来的尸体

20世纪30年代，为了得到英国的潜艇技术，日本北海道敢死队培训学校校长东条冥郎在和情报部门相关人员商量之后，决定用自己如花似玉的女儿东条枝子为诱饵去英国窃取情报，以此来效忠天皇，完成国家使命。

东条枝子和父亲一样，是日本狂热的军国主义分子。她聪颖好学，是东京国立帝国大学的高才生，加上日本军方专业的间谍培训，使她成为此次行动中当仁不让的合适人选。

劝说女儿接受任务后，东条冥郎着手做了以下准备：一是杀害国会议员松岛平健及其女儿松岛上卷；二是依据松岛上卷的外貌特征，请美容专家在女儿的左嘴角上安装上一颗以假乱真的美人痣；三是为患有先天性心脏病的女儿准备了随时可以发病致命的夺命药丸，叮嘱她在成功获取情报的时候就吞服此药丸，届时，日方就能以回国安葬的正当理由将绝密情报成功收回；四是临行前请医生在枝子的腹部开了一刀，在其腹腔内放置了一架微型照相机，虽然这样会在伤口愈合后留下一条细细的疤痕，但这一问题可以用阑尾炎切除手术来解释。

当一切准备就绪后，东条枝子就和另一名男性特工乘坐橡皮艇，守候在英国远洋侦察船巡视日本时的必经之地，静候时机。

海上救美

1938年深秋，一艘名为"切尔切克"号的英国商船在日本南部公海海面上时急时缓地行驶。"切尔切克号"商船虽然装满了货物，但它的真实身份却是英国的一艘大型远程侦察船。这天，由于天降大雾，海面的能见度不高。为了防止意外事件发生，船上的特工人员遂潜伏在舱底的隐蔽处，严密地注视着海面附近的一切可疑目标。

突然，几声断断续续的呼救声隔着大雾从远处传来。为弄清事件真相，船长命令"切尔切克号"全速向呼救声靠近。很快，船员们便发现海面上漂浮着一艘失控的橡皮艇，呼救声正是从那里发出的。

等靠近橡皮艇时，呈现在船员们面前的是这样一幅场景：橡皮艇上是一对男女青年。男青年背部插了一把尖刀，浑身血污，已经停止了呼吸；女青年仰身平躺，双眸紧闭，看起来也奄奄一息。船员们在已经死去的男青年身上搜出了一张带血的纸条，上面写着："务必在公海上除掉松岛上卷！"

谁是松岛上卷？是眼前的这位女子吗？这到底是怎样一回事？一时之间，船长的脑子里充满了各种疑问。若想知道整个事件的来龙去脉，唯一的办法就是救活眼前这一息尚存的女子。只要女子苏醒过来，一切疑惑便会真相大白。于是，船长命人找来了随船医生弗朗克，指着昏迷中的女子对他说："快想办法把她救活。"弗朗克医生立即对这名女子实施了紧急救治。当她悠悠转醒时，还未开口说话，两行眼泪便簌簌地流个不停。大家发现，这名落难的日本女子长得十分标致，尤其是左嘴角上的那颗美人痣更是让其显得妩媚动人。

该女子声称，她叫松岛上卷，是日本海军部潜艇制造厂的设计师。父亲松岛平健是国会议员，因在日本政界多次进行反战演说，最后被日本军国主义分子残忍杀害。说到这里，姑娘的眼泪夺眶而出，脸上呈现出极度悲痛之色。

"松岛小姐，请节哀顺变，您的身体还很虚弱，如此伤心不利于您的身体恢复。"一旁的船长安慰道。

松岛上卷忍痛继续说："我受父亲影响，也非常爱好和平，厌恶战争。加之父亲被害，我更对日本军国主义分子恨之入骨。为了报仇，我利用工作上的便利，将日本最新的潜水艇资料偷拍下来，藏在匕首的柄部，准备随时投靠别国。由于我的反战情绪，那些狂热的主战分子便将我视为心腹之患，准备随时设计除掉我。那天我奉命到潜艇基地，恰巧你们的商船被基地雷达探测到。于是，他们就命令由我设计的新式袖珍潜艇前去偷袭，谁知这艘潜艇在偷袭途中发生故障，因而基地派我和另一名军械师乘潜艇前往事发地处理。不想这是日本海军的一个阴谋，那名军械师正是上级派来暗杀我的凶手。好在我早有察觉，就在军械师动手之际，我抢先一步拔出了随身携带的匕首，用尽全力将他一刀刺死。由于我自小患有先天性心脏病，突然遭受此番变故，心脏病便突然发作，后来便两眼一黑，什么也不知道了……"

听了这位日本女子的叙述，船长虽有顾虑，但还是决定把她带回英国。就这样，经过20多天的行程，"切尔切克号"终于回到了英国。

取得信任

松岛上卷的遭遇及其自述打动了所有船员及其船长，唯有军情五处的高级情报官波特先生对此事疑虑重重：战争时期，怎能轻易相信对方的一面之词？谁能保证这位被救助的姑娘不是日本方面派来的奸细？带这位姑娘来英国是明智之举还是引狼入室？

带着这样的疑问，波特派遣英国情报员秘密潜入日本搜集有关松岛平健的家庭情况资料，尤其是其女儿松岛上卷的最新动向。当《朝日新闻》上一则《松岛平健遇刺身亡》的新闻呈现在波特眼前时，他的疑虑就消除了一半，因为报纸上还刊有松岛上卷的照片。照片上松岛上卷左嘴角上的那颗美人痣印证了海上救助的那位姑娘就是松岛上卷。

当松岛上卷将藏在匕首柄中的微型胶卷交给英国海军情报部门时，波特之前的种种顾虑便打消了。这卷微型胶卷中藏有日本最新袖珍潜艇的全套技术资料与当时日本最秘密的新式单人驾驶鱼雷艇！这种鱼雷艇杀伤力极强，它由日本敢死队员驾驶，在海面上航行时能自由变换方向，一旦发现目标，便会同敌舰相撞，二者同归于尽。

英国军情五处在反复研讨、论证这卷珍贵资料真实性的同时，也逐渐认可了海上被救助姑娘确系松岛上卷的事实。

根据松岛上卷的职业特长，英国政府让其担任彼尔造船厂的设计师。短短几天时间里，这位东瀛美女就以出众的才华打动了这里的许多资深专家。她能准确无误地将英国几十种主要舰艇的船体构造特点及设计理论依据剖析清楚。在一次学术讨论会上，她根据自己所学研究，详尽地分析了英国与日本在造船方面各自的优缺点，并根据英国海军舰艇建造方面的不足，提出了一些建设性的改进措施。她的这一论述，得到了与会专家的一致认可。

会后，英国海军方面根据她的建议，在不增加发动机功率的前提下对英军舰艇进行相关改造。改造后的舰艇行驶速度果然得到了提高。一时间，松岛上卷的名字在整个业内界传播开来。英国整个造船界都被这个智慧型的美女所征服。

面对如此杰出的女设计师，人们打消了之前对她的怀疑和猜忌，就连英国最谨慎的军情五处反间谍部门也打消了对她的疑虑。就这样，松岛上卷顺利地踏入了英军潜艇设计的核心部门，成了司特伍斯的得力助手。

邂逅爱情

司特伍斯是当时英国潜艇方面最为知名的专家，也是潜艇制造基地的总设计师。他是一个英俊的中年男人，一头金色卷发使其更显得英气逼人。由于工作繁忙，加之战争原因，使得这位 38 岁的中年男子至今都无暇顾及个人的终身大事。

英国军情五处徽章

英国的国内反间谍机构是军情五处。在"二战"中，它在抓捕德国间谍方面取得了惊人的成绩。

面对松岛上卷这位才貌双全的姑娘时，斯特伍斯常常会没来由地怦然心动。面对年轻有为、温文尔雅的司特伍斯，松岛上卷也是温柔体贴，关心备至。二人一起工作，一起用餐，闲暇时候还会一起散步聊天。随着感情的升温，两人理所当然地成了一对人人羡慕的情侣。二人的恋人关系很快传遍了潜艇基地的上上下下，人们都纷纷向他们表示祝贺！

才子佳人，一对璧人。在众人的赞美祝福声中，二人宣布了即将结婚的消息。此时的他们，完全沉浸在爱情的幸福美梦里。

爱情中并非全是欢声笑语、你侬我侬。沉浸在爱情中的他们，也时常被疾病的阴霾笼罩。一次，在司特伍斯的家中，松岛上卷突然口吐白沫，浑身抽搐，不久就昏厥过去。司特伍斯见状，连忙将她送往附近的医院。经过一番紧急救治，松岛上卷才脱离生命危险，慢慢地睁开了美丽的双眼。

在司特伍斯的精心照顾下，松岛上卷康复出院。回到家中，她情绪低落，满眼含泪地对司特伍斯说："我有一件事情要告诉你，可是我没勇气亲自对你说，看了这封信，你就会明白一切。"说着，随手递给司特伍斯一封已经写好的信。

信中说，她从小就患有严重的先天性心脏病，现在病情越来越严重，可能将不久于人世。如果哪一天她不幸去世，恳请司特伍斯将她的身体保存好，冷冻起来，然后通过国际红十字会将她的遗体运回日本。在故乡，她可怜的老母亲孤身一人，时刻盼望着女儿早日回去。作为女儿，她最大的愿望就是回家乡陪伴风烛残年的老母亲。可目前的局势使她有家不能回，因而她希望死后遗体被送回日本安葬。这样，虽客死他乡，灵魂也能够得到安息。落叶归根，是她生前最大的心愿。

读着这些充满深情与血泪的文字，司特伍斯陷入了极大的悲痛之中。他割舍不下对松岛上卷的爱，他不能眼睁睁地看着心爱的未婚妻在自己面前香消玉殒，他要为心爱的人做最后的抗争。为了留住松岛上卷年轻的生命，司特伍斯四处求医问药。在他的积极救治下，松岛上卷的病情得到了控制，病情一天天好转，人也精神了不少。

时光飞逝，转眼到了俩人约定结婚的日子。这天，松岛上卷成了世界上最美丽的新娘，她披着洁白的婚纱，在庄严的教堂里，和司特伍斯举行了神圣的结婚典礼。

执子之手，与子偕老。两个人心中的执着，并没有感动潜伏在松岛上卷体内的致命病魔。婚礼仪式结束后，俩人在觥筹交错、衣香鬓影中跳起了舞。松岛上卷似乎很留恋眼前的幸福时光，翩翩起舞中她将头依偎在司特伍斯的肩头，浓情蜜意，又依依不舍。

跳跃、旋转中，松岛上卷的呼吸开始急促起来，舞步也开始凌乱、滞缓了下来。斯特伍斯感觉到妻子的异常状况，便停下舞步，把她扶到旁边的椅子上休息。松岛上卷似乎沉浸在刚才的幸福之中，嘴角微翘，给了司特伍斯一个安慰、鼓励的微笑，轻声说："我不要紧，吃了药就会好些的。"说着，她从怀里掏出几粒粉红色胶囊，当众吞服了下去。

稍事休整之后，她似乎意犹未尽，于是又换上了日本和服给嘉宾们表演日本舞。一曲既终，在嘉宾的热烈掌声中，松岛上卷倒在了司特伍斯的怀里。现场立即乱成一团，司特伍斯强作镇定，以最快的速度开车将她送往附近的医院。可是幸运并没有再次降临这位才华横溢的姑娘，在送往医院的途中，这位美丽的新娘永远地闭上了眼睛。

司特伍斯万分悲痛，他没有料到两人最幸福的时刻竟然以这样惨烈的方式定格。刚才还是鲜活的生命、曼妙的舞姿，顷刻间伊人就变成了怀中冰冷的尸体。

如此反差，让他心情久久不能平静，懊恼、不舍、无力回天的挫败感压得他几乎喘不上气来。

开棺落泪

死者已矣，生者还要继续走完以后的岁月。几天后，司特伍斯强打精神，开始着手处理妻子的后事。遵照妻子生前遗愿，他向英国红十字会提出申请，要求将松岛上卷的遗体送回日本，以了却妻子生前的一桩心愿。

英国政府同意司特伍斯将尸体运回日本，但是英国反间谍机关却提出开棺验尸的"无礼"要求。司特伍斯虽不想惊扰死者，但为了国家利益不受侵害，还是忍痛同意了反间谍机关开棺验尸的要求。尸检结束后，松岛上卷的遗体漂洋过海，不久就被运回了日本。

松岛上卷的遗体被送回日本后并没有即刻安葬，而是被转送到了密林深处的北海道敢死队培训学校。校长东条冥郎亲自在门口守候迎接逝去的松岛上卷遗体。当棺木打开，被鲜花簇拥的年轻面孔呈现在东条冥郎面前时，这位日本军国主义头子神情凄然、满脸泪痕。沉默片刻后，他用异样的、颤抖的声音高声对周围的人说道："这是我的亲生女儿——东条枝子。她刚刚从敌国执行完天皇的绝密使命，现在她带着我们大日本帝国所需要的情报光荣回来了！"

说完这些，他猛地从腰间拔出一把锋利的匕首，对着尸体的腹部一刀切了下去。现场的空气凝结了一样地沉寂，人们心中猜测：这个痛失爱女的老头子是不是一时承受不了丧女之痛，以至于气血凝结，得了失心疯？要不，怎会对自己女儿的遗体做出如此疯狂之举动？

现场一片寂静，学员们都用诧异的目光注视着这位举止怪异的校长。只见他在尸体的腹部切开了一个口子，从胃部最下方小心翼翼地取出了一粒肉色胶丸。然后用手举起胶丸，用变调而又激动的声音喊道："瞧，这就是我女儿东条枝子用生命换来的有关英军最新型舰艇的绝密情报！"

做完这一工作，东条冥郎抛下了尚未入土为安的女儿尸体，在众学员的诧异失色中匆匆离去。当他把这粒肉色胶丸紧急送往日本军情总部时，军情总部的情报分析专家早已守候在了那里。大家的目光都不约而同地投向了这粒肉色胶丸，他们想知道这份用生命换来的绝密情报究竟如何珍贵？当日本的权威情报分析专家龟田小心翼翼地剥开这粒肉色胶丸时，谁也没有想到，意外发生了。只听"轰"的一声炸响，胶丸中的触动式高威力炸弹被当场引爆！

离胶丸最近的龟田和东条冥郎当场被炸死，其他在场人员也不同程度地受伤！人们没有想到解析情报的最后结果竟然是以这样的悲剧收场。这可以说是日本军方最为蒙羞的间谍悲剧——既牺牲了舰艇设计新秀，又落得惨败而终的下场。这正应了中国那句老话：赔了夫人又折兵。

借尸还魂

原来，英国反间谍机关提出开馆验尸的要求并不是无理取闹。自松岛上卷来英国之后，英国反间谍专家波特心里就一直惴惴不安，职业的敏感性让他觉得事情似乎并不是那样简单。虽然先前的疑惑有合情合理的解释，但是还有几个疑点没有真正解开：第一，在松岛上卷被救助的那天，那位奉命企图暗杀她的男青年受命后为什么没有携带武器，而只是徒手行刺？第二，据松岛回忆，她出海的原因是为了修复新式袖珍潜艇，常理说，这只是日本军方的一次正常行动，但为什么她要随身携带载有重要情报的微型胶卷？这是一次冒险的赌注，还是一场精心安排的骗局？

带着这样的疑惑，波特在松岛上卷登陆英国后，始终派下属密切留意她的一举一动，他还特意走访她身边的每一位接触者，当然，这也包括她的未婚夫司特伍斯先生。

司特伍斯在一次谈话中告诉波特：松岛上卷左嘴角上的那颗美人痣竟然会移动！这颗假痣立即引起了波特先生的怀疑，但是他没有办法证明眼前的这个松岛上卷就是日本方面派来的间谍，因为松岛上卷来英国的这些日子举止行为没有任何怪异之处，也没有发现任何间谍行为。但是波特确信：这位贴假痣进入英国潜艇核心部门的东洋美女背后肯定有不可告人的阴谋，否则，为何不以真面目示人？

婚礼上，松岛上卷突然离奇死亡，这更使得波特觉得事情蹊跷，于是他不顾众人反对，断然阻止未经尸检便将松岛上卷的尸体运回日本。为了弄清事情真相，他决定行使军情五处的特殊权利——开棺验尸！他请先前曾诊治过松岛上卷的著名医师弗朗克医生来执行尸检任务。

当松岛上卷的前胸被打开后，弗朗克对她的心脏进行了详细检查。经过检查，发现松岛上卷的致死原因确实是突发性心肌梗死。因为她患有严重先天性心脏病，因而这一死亡原因合情合理。但是在对其进行周身检查之时，佛朗克医生发现在松岛上卷腹部有一条很新的刀痕。据调查，松岛上卷来英国后从未动过手术，那么这一条新的刀痕又该如何解释？

原来，日本情报机关认为，以往获取情报之所以失败，是因为情报传递环节出现了纰漏。如果把情报藏在人的身体中，那么就不会被人发现。于是，在窃取英国潜艇技术秘密情报的时候，他们想出了这条"借尸还魂"之计：

首先，他们要寻找到一名具有强烈献身精神的志愿者。这名志愿者不仅具有强烈的献身精神，而且还要具备专业的军事科技知识。这样，符合条件的东条枝子就被日本军方选中；其次，还要切开志愿者的腹部，将微型照相机藏入志愿者体内，以便日后拍摄情报之用；第三，等志愿者潜入英国的潜艇核心部门口，便切开自己腹部，从中取出微型照相机，然后秘密窃取英国军用潜艇资料；第四，等窃取资料成功后，便把这些资料封入肉色胶丸，然后重新放回体内。之后，再按照事先制订好的计划，服药自杀，这样便能瞒天过海，在敌人眼皮底下将情报秘密送出。

可是，这一看似天衣无缝的计划最终还是以失败告终。东条冥郎怎么也不会想到以自己女儿生命换回的情报竟然是一颗炸弹，这颗炸弹最后也断送了自己的性命。

为何一出蓄谋已久的"借尸还魂"计划会落得如此结局？本来天衣无缝的骗局又是哪里出了问题？尸体腹部的肉色胶丸最后为什么由绝密情报变成了索命炸弹？要知道其中原委，还要从那场尸检说起。

原来，松岛上卷腹部的那条新疤痕引起了波特的注意。结合以前的种种困惑，警觉的波特立即推论出事情的原委，但他表面上不动声色。等尸体解剖完毕，他命弗朗克在尸检报告上写上一切正常，没发现什么可疑之处。之后，他又暗中派人顺着疤痕重新打开松岛的腹部，在里面果然发现了装有微型胶卷的肉色胶丸。发现这一秘密后，波特非常气愤，因为他险些中了日本人的圈套。如果这些情报落在日本人手里，那将会给英国海军带来不可估量的损失。

为了惩罚这一计划的密谋者，英国军情五处决定以其人之道还治其人之身。他们将原来胶丸里的微型胶卷拿出，在里面放入了一颗触动式高威力微型炸弹，然后将胶丸重新放回松岛上卷体内，并不动声色地将松岛上卷的尸体运回日本。

东条冥郎果然上当，于是就有了"开棺落泪"的那一场景。机关算尽太聪明，反误了卿卿性命。在这场惊心动魄、一波三折的英日谍战中，没有刀光剑影，没有战火纷飞，有的只是惨绝人寰的方法手段，有的只是巧妙绝伦的应对之策。这场间谍与反间谍之战，经过激烈的角逐，最终以英国反间谍机关的大获全胜而告终！

与海德里希的较量

在德国纳粹党高级官员中，海德里希可能是最具有神秘色彩的一个人物。他身材高大瘦削，相貌冷峻，锐利的眼神让人不寒而栗，智力超群，个性坚毅，拥有一副铁石心肠。在纳粹党党卫军内，海德里希地位很高，仅次于第三帝国第二号权势人物海因里希·希姆莱。然而他大概也是纳粹德国最具有神秘色彩的人物，虽然年纪轻轻就总揽纳粹德国的秘密警察和刑事警察，掌握着残暴的国家机器，但是很多德国人依然对他全然不晓，直到 38 岁的他死于英国特别行动执行局的暗杀。海德里希生平喜爱音乐，拥有极高的天赋和细腻的情感，擅长演奏小提琴；在运动方面他也十分在行，田径十项全能的成绩优异，击剑水平也非常高。如果不是因为他的政治经历，或许人们眼中的他会完全是另一副样子。在纳粹党人眼中，海德里希是纳粹种族理念最理想的楷模，"当纳粹照镜子的时候，看到的就是海德里希的模样"。

青年时代

1904 年 3 月，莱因哈特·海德里希出生于一个音乐氛围浓厚的富裕家庭。母亲是一名钢琴师，父亲则是当地一所音乐专科学校的校长，德国作曲家瓦格纳是他崇拜的对象。海德里希从小就受到家庭影响，对音乐产生浓厚的兴趣，特别是小提琴。他与生俱来的极佳的乐感和娴熟的演奏技巧常常让周围的人惊叹不已。对此他也十分得意，曾经立志成为一名音乐家。可惜的是，命运之神与这个音乐天才开了个玩笑，把他从这条前景辉煌的光明大道上引向了另一条完全相反的地狱之径。

个性坚毅固执的海德里希是个彻底的反犹太主义者，他对自己家族中可能拥有犹太血统十分不满。第一次世界大战之后，德国陷入了经济危机，海德里希把责任全部加在了犹太人的头上，认为是犹太人的罪恶使德国打了败仗。1922 年，他不顾家人劝阻，加入了皇家海军，成为一名海军军官学校士官生。1923 年 7 月，海德里希在"柏林号"驱逐舰上实习，他的优异表现很快带来了晋升，到了 1928 年，24 岁的他已经是一名中尉了。

就在海德里希扶摇直上，一帆风顺的时候，麻烦来了。一位海军上将的女儿看上了他，要与他结婚。在遭到拒绝后姑娘告诉了父亲，因为这件事他被送上军事法庭。法庭判决海德里希与上将的女儿交往，海德里希再次拒绝，并因此丢掉了职位，被逐出海军。

步入纳粹

在未婚妻莉娜的帮助下，海德里希投靠海因里希·希姆莱，在其手下任职。1931年，德国情报机构纳粹党党卫队成立，海德里希成为负责人之一，这份工作让他如鱼得水，也很快因为表现出色得到赏识。1933年3月，就在希特勒摇身一变成为德国总理的时候，海德里希也就任慕尼黑警察六处的头目。

莱因哈特·海德里希像

海德里希和他的盖世太保自诩为"民族主义警察"，是保护"民族的身体"不受"细菌"侵扰的医生。1934年6月，为防止冲锋队长罗姆背叛，他向希特勒进言，炮制了"长刀之夜"行动，将罗姆及其党羽斩尽杀绝，显示了秘密警察的威力。实际上这次行动海德里希也有自己的如意算盘，他亲自拟定了处决人员名单，只要是自己认定的危险人物，不论是否与这场叛变有关，统统都不放过。也就是说，这次枪杀行动实际上成了海德里希剪除异己的一次大清洗，也是显示他凶狠残忍、取得希特勒信任和树立威严的绝佳机会。没过多久，海德里希果然由此踏上了平步青云的发迹之路。17日，希特勒任命希姆莱为德国警察总监，到任后的希姆莱将帝国警察系统分为普通警察和安全警察两部分，并将后一部分交给海德里希掌管。从此海德里希的势力逐渐发展壮大，吞并了外交部的内部情报处，成立了纳粹党唯一的情报机构，此时他年仅32岁。

大权在握

1938年，第二次世界大战前夕，希姆莱和海德里希在希特勒的授意下炮制了"希姆莱方案"，为进攻波兰制造借口。8月4日，7名"波兰煤矿工程师"乘坐两辆汽车来到波德边界的格莱维茨小村住下，8月31日，他们占领了电台，用波兰语宣读海德里希准备好的讲稿：德国领导人要把欧洲引向战争，和平的波兰正面临威胁和侮辱，波兰要不惜一切代价消灭希特勒。

9月1日拂晓，德国军队越过波兰边界，分三路向华沙进军，仅仅用了两个星期就占领了这个国家。希特勒对外宣称德国的行动是出于自卫。而所有参加之前阴谋的党卫军人员，除了幸运的瑙约克斯以外，已经全部被海德里希清除掉了。

海德里希对第三帝国事业的热衷远远超乎普通人的想象。他对希特勒个人的崇拜，对权力的向往，以及对犹太民族的仇视让他全身心地投入其中，不能自拔。

1941年，海德里希出任波希米亚总督，同年又晋升为党卫队副总指挥兼警察上将，后继任波希米亚和摩拉维亚的"代理保护掌管"，进驻布拉格的波希米亚国王的王宫，在那里首先开始试验推行党卫队占领政策。

抵达布拉格的当天晚上，海德里希就宣布在主要城市实行戒严，对捷克斯洛伐克地下抵抗运动进行打击。戒严持续的3个月里，有404人被判处死刑，其中包括捷克斯洛伐克军队的6名将军和10名上校，另有5000多人被送进集中营，捷克人对他恐惧至极，称其为"布拉格屠夫"。海德里希对占领区也采用了一些怀柔政策，他恩威并重的策略把纳粹的统治强化到了极致，希特勒对此十分满意，在一次讲话中声称："看来只要给那些捷克斯洛伐克人双倍的食物供给，不必让他们到东线去打仗，也可以使他们转变为帝国狂热的追随者。然后他们就会在军火生产上投入双倍的努力，并以此当作自己神圣的责任。"这些话看似普通，实际上包含了他对海德里希功绩的肯定与赞赏。

杀人魔鬼

1936年，希姆莱与海德里希趁当时苏联国内的政治颠簸成功策划了对苏联红军元帅图哈切夫斯基的谋杀。斯大林生性刚烈又多疑，海德里希派出的间谍轻而易举地就把图哈切夫斯基"政变"阴谋的情报深深植入斯大林的脑袋里。300万卢布的高价让斯大林最终上当，图哈切夫斯基等8名同案的红军高级将领被判处死刑。

德国入侵苏联后，希特勒决心对犹太人实行种族灭绝政策。海德里希身上的犹太血统并没有浓厚到唤醒他良知的程度，为希特勒效忠的"神圣"使命和幼时对犹太人的偏见让他变成了一个杀人不眨眼的刽子手。

1938年11月，海德里希对部下做了指示，毁掉犹太人的教堂、企业和私人住宅，尽可能地抓捕犹太人，特别是犹太富人，把他们统统送到集中营去。

在1942年初的万湖会议上，海德里希对自己的"壮举"毫不避讳，他自豪地向下属宣布，已经有50多万犹太人在白俄罗斯与乌克兰。同时还信誓旦旦地说："如今的条件已经不适合实施移民政策了，要不分疆域地解决犹太人。"他将这个打算称之为"最终解决方案"，计划屠杀欧洲1100万名犹太人。"应当把反对德国占领军的人一律驱逐到'黑夜与浓雾'中去！"他面无表情地对属下发号施令。

很快，波兰就建立起6个屠杀中心，数以万计的"猎物"被装上列车发往集中营。具有劳动能力的被赶到工厂做劳工，没有劳动能力的就处决掉。恶劣的条件、窒息的环境让将近四分之一的人死在前往集中营的途中。在集中营的毒气室里横七竖八地卧满了犹太人僵硬的尸体，这些尸体最后还要被浇上柴油，烧成灰烬。仅一个夏天，德国特别行动队就枪杀了75万名波兰和苏联的犹太人，死在希姆莱及其帮凶海德里希手里的更不下1000万人。

"类人猿行动"

1942年可谓海德里希大展宏图的一年，他查获了好几起英国间谍阴谋，特别是破获了英国在捷克斯洛伐克首都布拉格的间谍组织——"三大王"，让英国在捷克斯洛伐克的间谍网元气大伤，文洛事件更是让英国在欧洲的谍报网几乎全军覆没。英国人在震惊之余终于恼羞成怒，决定联合捷克斯洛伐克在伦敦的流亡政府暗杀海德里希。

很快，一支捷克斯洛伐克伞兵队在英国人的协助下组建成功，投入了秘密训练。

1941年12月29日深夜，欧洲大陆上白天的战火和硝烟还没有散尽，当地居民正利用难得的夜晚享受短暂的美梦。寂静的天空中传来一阵低沉的轰鸣声。一架不明国籍的飞行物盘旋在欧洲大陆上空。机舱里坐着9名表情严肃的捷克斯洛伐克人。为首的两个，一个叫詹恩·库比斯，另一个叫约瑟夫·加比希克。他们奉命回国刺杀海德里希。

加比希克是一名普通的捷克青年。二战爆发后，他几经辗转跑到英国，参加了流亡在那里的捷克斯洛伐克政府的特务组织，被分到B处1科A组。他和同组的库比斯结为好友，曾经一起合作，因在瑞士成功干掉了民族败类、捷奸卡吉姆少将而名声远扬，让很多捷奸谈及色变。

这一次奉命执行暗杀海德里希让二人兴奋不已。他们对这个大恶魔早已深恶痛绝，恨不得将其碎尸万段，以血亡国灭族之恨。受训结束后捷克斯洛伐克抵抗运动委员会领导人孟席斯曾经接见他们，强调这个任务的艰巨性和危险程度："如果有难处，我们可以考虑换人，但是一旦答应就必须成功。"

"不，我们一定能完成任务！"二人互相看看对方，异口同声地回答。

4个半小时后，9名特遣队员借着朦胧夜色在利迪策波希米亚城附近白雪覆盖的山丘附近空降。由于英国空军特意发动一次牵制性空袭转移德军雷达和战斗机部队的注意力，因此他们跳伞后没有受到任何注意和攻击，顺利地混入人群中开始行动。

库比斯和加比希克领导的特别行动小组在当地地下组织的协助下潜伏了5个月，详细掌握了海德里希的活动规律。情报工作者出身的海德里希也是个老奸巨猾的家伙，行动异常隐秘，或许是他自知作孽太深，他的办公地和住所一天到晚都戒备森严，外人很难接近，更别说混进去搞暗杀了。几个月过去了，没有丝毫下手的机会，大家看在眼里，急在心上。

终于有一天，情况发生了转机。海德里希办公室里心爱的古董钟坏了。他打发秘书找个技术娴熟的人来修理。很快，潜伏在附近的秘密情报人员就得知了这一消息，特别行动委员会马上找到全城最有名的钟表匠约瑟夫·诺沃特尼，请他帮忙想方设法搞点儿有用的情报。

5月23日上午，诺沃特尼坐着菲亚特500A型小汽车来到海德里希的官邸。秘书带领诺沃特尼进入他的办公室，嘱咐他尽量小心，不要损坏这个价值连城的东西，然后就退到隔壁间工作去了。他做梦也没有想到，正是这点疏忽，把死神带到了海德里希面前。

诺沃特尼小心翼翼地把那座精致的古董钟放在窗下明亮的写字台上，逐一拆卸零件进行检查和修理，再一件件装起来。其间秘书开门进来两次，看见他满手油泥，正埋头苦干，也就没说什么。就在诺沃特尼目送秘书第二次关门离去的时候，他无意间瞥了写字台一眼，正巧看见文件筐里最上面的那张纸，纸上隐约写着几行字，记录的是5月27日海德里希的日程安排。真是天赐良机！诺沃特尼极力控制呼吸，告诫自己不要紧张。他用眼角左右一扫，通向隔壁秘密房间的门敞开着，这么长时间里面没有丝毫动静，应该不会有人。诺沃特尼定了定神，摊开手看了几眼，自言自语道："天，这手怎么全是油。"一边说一边故意使劲从椅子上站起来，碰得桌椅乱响，就在这响声中，他迅速从文件筐里抽出那张纸，眼睛盯着隔壁房门，面无表情地用这张纸擦擦手，然后揉成一团，扔进纸篓。

不一会儿，这张废纸团连同垃圾被一位名叫玛丽的清洁工装进麻袋带走，诺沃特尼离开10小时后，海德里希的行程出现在了特别行动队库比斯和加比希克的桌上。

"这是最后的机会了，一定不能让他跑掉！"库比斯急切地说。这张表上显示海德里希即将奉命回国改任新职的消息，这意味着他很可能不再回来了。加比希克打了个手势："让他的血在这里流尽，祭奠那些死于他枪下的冤魂！"

街头遇刺

经过周密的勘测和论证，他们选择了布拉格郊外的霍尔索维斯进行伏击，这是海德里希从别墅到外地的必经之路。那里还有一个U形急转弯，所有车辆行驶到此都必须减速通过，是个伏击的好地方。

1943年5月27日一大早，加比希克、库比斯带领其他特别行动队员骑着自行车出发了，进入目的地后，他们按预定方案找到各自的位置埋伏下来。

根据安排，加比希克担任第一杀手。他臂上搭着一件黑色雨衣，将一支斯登式冲锋枪藏在其中，在布拉格城外盘旋公路转弯处来回溜达，静候主角出场。第二杀手是库比斯，他在上衣大口袋里放了一枚反坦克手榴弹，埋伏在离加比希克很近的地方。急转弯前 90 米外的小山坡上站着第三个人，他是瓦尔锡克。再远处 180 米的马路对面是负责瞭望的杰米利克。

上午 10 点左右，海德里希走出别墅，带着装有执行希特勒大规模屠杀命令的行动计划的文件包踏上自己绿色的梅赛德斯敞篷汽车动身前往柏林。秘书追上来提醒道："将军，您的司机病了，这个新司机对情况还不太熟悉，是否换辆车，或者再派几个警卫跟着？"

海德里希不耐烦地挥手打断了秘书的话。或许是出于天生的自信和前半生的一帆风顺，如今这位狂妄自大的纳粹头目的行为"勇敢"得有些鲁莽，在外出时他常常只带几个武装护卫。在他眼里，捷克斯洛伐克人已经屈服了，盖世太保的有效辖区内，根本没人敢对他下手。

这一次他是彻底想错了，而且获得了最严重的惩罚，连改正的机会都没有。

25 分钟后，埋伏多时的加比希克和他的同伴们听到一阵尖厉清脆的口哨声。顷刻间，一辆敞篷梅赛德斯汽车迅速向下坡驶来。汽车接近转弯处，一阵急促的刹车声让正在闭目享受温暖阳光的海德里希因为惯性身体向前猛地探了一下，他皱着眉，眯着眼睛向挡风玻璃前方望去，看见不远处有两个身着雨衣的工人模样的人，正推着自行车分别站在道路两边。

汽车缓缓地迎面驶来，车前左右飘动的德国国旗和党卫队队旗分外惹眼。加比希克和库比斯透过微微反光的玻璃，看到半靠在副驾驶上的海德里希那苍白无情的面孔。突然，加比希克掀起雨衣，端起冲锋枪冲到了公路中间，对准汽车猛扣扳机，车里的人大惊失色，动弹不得。然而意外发生了，枪机被卡住了，子弹射不出来。

海德里希本以为自己在劫难逃，忽见对方的子弹没有出膛，便掏出手枪，大喊着叫司机加油冲过去。可是新来的司机早已吓得目瞪口呆，反而把脚使劲地踩在急刹车上。库比斯见朋友失手，知道该自己上场了，他嘴里一遍骂着"见鬼去吧"，一遍迅速摸出怀里的手榴弹扔向汽车。海德里希见状急忙跳车，可惜已经太迟了。只听"轰"的一声巨响，轿车的玻璃被炸了个粉碎，车身开始起火，浓烟滚滚，海德里希挣扎着站起来，提着手枪准备追杀那两名刺客，但是没走几步就因为伤势过重倒在血泊之中。

一小时后，海德里希被送进布洛夫卡医院救治。他的肺部和腹部有多处被弹片击中，肋骨断裂，胸膜破损，脾脏也受了伤，X 光检查显示海德里希的胸部也有一小块碎弹片。捷克斯洛伐克第一流的外科医生霍尔鲍姆主刀为海德里希做了手术，分别从胸部、脾部各取出一块弹片。手术比较成功，海德里希的伤势日渐好转。然而到了 6 月 3 日，病情却突然恶化，医生们束手无策，眼见他持续高烧，痛苦地在病床上忍受死神的折磨。一星期后，海德里希告别了这个世界，告别了他统治多年的"王国"，到撒旦那里报到去了。关于他的死因说法众多，尸体解剖证明他是死于胸膜炎，然而根据二战后来自英、美国家的消息说，那颗炸弹含有生物制剂，海德里希是同盟国生物武器的牺牲品。

尾声

海德里希的离去让犹太人终于出了口恶气，对于德国，则是一个致命的损失。希特勒为他举行了隆重的国葬，海德里希的遗体盖着纳粹的旗帜，在重兵护卫下被运往德国柏林。葬礼上，身穿浅灰色军装的希特勒佩戴黑纱，以示对死者的哀悼和敬重。如果不是因为他英年早逝，或许会成为希特勒指定的接班人。

葬礼结束后不久，党卫军就展开了报复，出动第七武装山地"欧根亲王"师围攻掩护暗杀分子的利迪策村。村中所有成年男性全部被枪决，妇女与儿童则被送进集中营，作为惩罚，党卫军还把利迪策村从地图上抹去。还有一些地方也遭遇了同样的命运。但是海德里希却不会再回来。让希特勒失望的是，利迪策村也并没有消失。多年之后，矗立在利迪策村的二战纪念馆和博物馆还在迎接一批又一批游客，这里的点点滴滴都饱含着犹太民族的泪水与苦难，也饱含着对战争和邪恶的控诉。

古巴导弹危机背后的谍战

自从人类进入核时代以来，美国与苏联之间的军备竞赛不断升级，双方为争夺世界霸权的斗争日益激烈。在漫长的冷战岁月中，美国曾四次动过使用核弹的念头，其中属 1962 年加勒比海地区的古巴导弹危机最为惊险，美苏双方在核弹按钮旁徘徊，颇具一触即发之势。这次导弹危机被公认为是苏联与美国最严正的正面较量。尽管最终美国依靠间谍翻出了苏联的底牌，逼迫赫鲁晓夫做出让步，但是美国也并不像自己想象的那样始终是局势的操纵者，这背后隐藏着的，是一片深不可测的暗夜……

哈瓦那港口的秘密

1959 年，古巴人民在卡斯特罗的领导下取得革命胜利，建立了古巴共和国，此后与美国关系日趋紧张。美国趁刚建国的古巴政局不够稳定之机，资助古巴的流亡分子搞颠覆活动，企图以暴力推翻卡斯特罗的统治。面对资本主义强国的重压，卡斯特罗不得不向老大哥苏联求助，赫鲁晓夫慎重思考后，同意了支持古巴的政治立场。对于苏联的表态，美国自然不敢怠慢，本来就势均力敌的两国从此又多了一个交锋的领域。

美国拍摄的苏联在古巴建设进攻性导弹基地的照片

1962 年 9 月 8 日，一架执行任务的美国海军侦察机在古巴领海拍到了苏联货船"鄂木斯克号"正在驶向哈瓦那港口。根据情报人员对照片的分析，货船体积庞大，甲板用帆布盖着，应该载有两吨半和 5 吨的运输卡车，但是其余的就难以预测了。究竟是什么东西如此神秘，见不得人呢？大家绞尽脑汁，仍然想不出答案。为了缓解紧张气氛，一位情报人员开玩笑说："总不会是苏联人送的导弹吧？"没想到此话一出，大家心情反而更加沉重了。苏联人会这么傻，用如此明目张胆的方式运送核武器？中情局办公室的愁云似乎更厚了。

"鄂木斯克号"于傍晚抵达港口，卸货已经是夜幕降临之后的事了。3 天后的一个上午，一个巨大的物体被重型车载着穿过哈瓦那港口附近的小镇。一名靠办公室外窗而坐的会计目睹了这一切，好不容易他才从惊呆中回过神来，之后便悄无声息地从小镇消失了。

此时的美国中央情报局还在为苏联到底向古巴运送了什么而喋喋不休，直到 9 月 20 日那个古巴会计的再度出现。这一次，他是坐在中情局的一个接待站里向美国人描述了那个东西的。"可能是导弹。"他说出了自己的猜测。

这下轮到美国人大吃一惊了。按照眼前这个人的描述，那确实是苏联的中程导弹。随后的一条情报更是加重了之前的推测：古巴哈瓦那西南 50 英里的地方已经被划为军事禁区，居民们都要迁移出去。

中情局再也坐不住了，局长麦康命令即刻查明真相。10 月 14 日清晨，侦察小组从佛罗里达起飞前往古巴，对全岛进行仔细勘察。华盛顿的专家见到拍回来的照片之后惊讶不已，原来苏联人一共要在古巴修建 9 个导弹发射场，短程和中程导弹都有配备。

两天后，美国总统肯尼迪召集紧急会议商讨对策。10 月 22 日，肯尼迪发表电视讲话，告诉美国人民苏联的这一阴谋，宣称美国必须做出反应。他宣布对驶向古巴的所有进攻性装备实行隔离，并呼吁苏联尽早放弃，结束行动。紧接着，一个 90 艘舰艇组成的舰队派向古巴，标志着美国进入了战备状态。

一仆二主

1960 年一个春天的傍晚，莫斯科红场上人头攒动，两个美国人边走边逛，四处游玩。当他们通过马涅什纳亚广场的时候，突然从侧面并过来一名男子，边走边用英语问他们是否会说俄语。两位美国男士看着他，诧异地点点头。看到他们肯定的回答之后，男子从紧裹着的大衣里掏出一份文件，请他们帮忙交给美国大使馆，并声称这封信很重要，一定要妥善保管。

"请告诉他们，我会在这里等 7 天。"说罢，他转身离去，迅速消失在人海里。

在接下来的 7 天里，这个男人果然每天都会出现在广场附近，有时带着相机随处拍照，有时拿着报纸坐在长椅上细读，和普通的在这里休闲的人并没有什么不同。唯一特别的是，他时常会抬起头来，四处环顾很久，像是在等待什么人似的。遗憾的是，从来没有人注意过他，也没有人近前搭讪。

这个男人名叫潘可夫斯基，1919 年 4 月出生在俄国，父亲很早就去世了。他的伯父是一名苏联将军，岳父是一位上将，在这种"红色"的家庭环境的影响下，不到 20 岁的他加入了苏联共产主义青年团，并在 1940 年入了党。他表现优异，功勋卓越，据后来者统计，他一生中曾获 5 枚勋章和 8 枚奖章。这样的出身和仕途是非常难得的，那么他为什么要和美国大使馆联系呢？他送去的文件中又隐藏着什么秘密呢？

美国人对此也十分不解。潘可夫斯基的情报被大使馆送到情报站，可是情报人员找不出合适的理由支持他背叛祖国的行为，思来想去他们认为这很有可能是一场阴谋，因此对他的一腔热情不予理睬。

潘可夫斯基似乎并没有死心，他一次次想方设法向美国传递信息，可是始终石沉大海，没有音讯。无奈之下，他决定调整策略，将目标转向另一个国家。终于，在一次招待会上，一位加拿大外交官帮助他把材料转交给了英国秘密情报局。

秘密情报局仔细研究了这些材料，他们认为潘可夫斯基提供的情报是真实的，他是个非常有诚意的人。不过秘密情报局也要谨慎行事，建立一定程度上的合作。经过周密部署，一位名叫梅纳德·温的商人来到了潘可夫斯基面前。梅纳德是军情五局的谍报人员，工作经验相当丰富，他的商人身份也是个非常好的掩护。

身经百战、热情健谈的梅纳德与潘可夫斯基打得火热，为英国搞到了不少材料。这下可羡煞了中情局。送上门的宝贝就这么被别人抢走了，中情局岂肯善罢甘休？他们提出与秘密情报局一同"分享"这个间谍，秘密情报局迫于中情局的强势不得已表示同意。

那么潘可夫斯基为什么要当间谍呢？他是向往丰厚的报酬，还是西方国家的资本主义制度？显然这些都不能成为理由。在他瑞士银行的账户中，中情局每月存入的报酬他分毫不取，而在苏联他也算是中等阶级，这种安逸的生活会让一个人平白无故地冒叛国投敌的风险吗？当然不会。潘可夫斯基对自己的行为非常理智，他甚至为他的选择而感到自豪。因为经历过"二战"的他不愿意再看到世界动荡和国家、民族之间的厮杀了。之所以选择把苏联的真正实力暴露给西方的理由，就是想为世界和平贡献自己的绵薄之力。

好梦难长

1961 年 4 月，潘可夫斯基作为苏联贸易代表团成员访问英国，这对他无疑是个大好的机会。每晚他都要外出与中央情报局和秘密情报局的人会面，报告自己知道的秘密。他提供的帮助远远超过两个机构派特务窃取的情报资料，因此中央情报局和秘密情报局对他都十分器重，恨不得牢牢把这个宝贝搂在身边。潘可夫斯基是个重视荣誉的人，秘密情报局投其所好，提出可以授予他上校军衔，潘可夫斯基自然十分欢喜。中央情报局也不甘示弱，也做出了类似的承诺。潘可夫斯基高兴坏了，要知道，一个人被三个国家同时授予上校军衔是从来没有过的事情，更何况，这三个国家此刻还在怒目相对，竞相争做这个世界的老大呢。兴奋之余，潘可夫斯基提出一个要求，想看看英国和美国的制服。在英国的土地上弄一套英国制服相当容易，中央情报局则费了九牛二虎之力，在就近的美军驻地以最快的速度运过来一套。潘可夫斯基非常满意，不但试穿了制服，还照了相留念。看到潘可夫斯基高兴的笑容，秘密情报局和中央情报局暗中长出一口气，这位大爷还算是不难伺候。

哪知道潘可夫斯基还有更高的要求。在与梅纳德·温散步的时候，他无意中看见了英国女王，难以抑制狂热心情的他又提出想拜见一下。其实他想见女王的目的也是出于自己"神圣的使命"——他想让女王知道他为世界和平做出的卓越贡献。这个要求让英国方面犯了难。要让女王召见一个间谍，这实在是有失皇家体统的事情。但是潘可夫斯基不肯放弃这个念头。终于，中央情报局同意带他见见美国总统。一天之后，潘可夫斯基被带到了白宫会客厅，肯尼迪总统早已在那里等候。尽管只有半个小时的时间，潘可夫斯基还是相当激动。肯尼迪总统对他的"伟大功绩"给予了极高的赞誉："未来的世界一定会感谢您今日的奉献和牺牲。"总统先生的话带给潘可夫斯基无限的鼓舞。就在走出白宫的刹那，他更加坚定了自己为世界和平奋斗的决心。

秘密情报局为了鼓励潘可夫斯基，特别派出了二十几名叛逃的间谍与他见面，他们这么做的目的是告诉潘可夫斯基，他并不是一个人在战斗，还有很多与他怀抱"崇高理想"的人与他携手前行。果然，潘可夫斯基像是充足了电的发动机，在随后的一年多里先后提供了将近 5000 份机密文件，正是这几千份文件，让西方彻底摸清了苏联的军备状况和间谍情况。美国和英国喜出望外，因为他们发现原来苏联的核武器虽然发展进度很快，但是数量上远远不及美国。之前用 U-2 飞机侦察拍摄的苏联导弹基地的图片也不够清晰，很多地方其实不是基地，而是噪点。如今有了潘可夫斯基，这些谎言不攻自破，他们再也不必相信从赫鲁晓夫嘴里说出来的大话了。

就在美国和英国打算长期与潘可夫斯基保持合作的时候，噩耗传来：潘可夫斯基被捕了。没过多久，他的联系人梅纳德·温也被苏联当局逮捕。1963 年 5 月，潘可夫斯基被莫斯科法院军事法庭以通敌罪被判处死刑，而梅纳德·温被判处 8 年有期徒刑，仅过了一年就与苏联间谍朗斯代尔交换回国了。潘可夫斯基的死对于美国和英国来说无疑是一个重大损失。事发后，肯尼迪知道再也不用隐瞒自己知晓这些底牌的事，于是便站出来揭了赫鲁晓夫的老底。赫鲁晓夫果然哑口无言，甘拜下风，同意从古巴撤出导弹，但是他也提出美国人应当保证绝不入侵古巴，并要求美国也撤出部署在土耳其的导弹，经过针锋相对的较量，肯尼迪同意在赫鲁晓夫之后撤离导弹。于是这场危机最终在愤怒的卡斯特罗的诅咒声中结束了。

疑云重重

古巴导弹危机解决了，但是关于潘可夫斯基的种种疑问却愈来愈受到人们关注。很多人甚至怀疑潘可夫斯基就是一个陷阱，苏联情报局操纵了这场以假乱真的骗局。对此英国秘密情报局和美国中央情报局也认为不无道理。他们回顾了过去一幕幕，确实有很多疑点。比如1960年，潘可夫斯基来到驻莫斯科大使馆向美国代表透露自己是苏联间谍，想为西方提供情报。当时中央情报局拒绝了他的建议，不过后来他们发现谈话所在的房间里早已被苏联的谍报机构安装了窃听器，这说明潘可夫斯基早就暴露了身份，可是为什么苏联人没有把他抓起来呢？

还有潘可夫斯基拜访加拿大企业家范弗里特的时候，房间也安装了窃听器，他们选择在浴室谈话，并且把水龙头打开作为声音干扰，但是后来在潘可夫斯基受审的法庭上播放了一盒磁带，录制的就是他们的对话，对话中流水的声音清晰可辨。

秘密情报局也曾经安排一名早已被克格勃监控的奇泽姆的夫人与潘可夫斯基见面，想以此检验他的真实身份。然而在他们十几次的频繁接触后，潘可夫斯基依然安然无恙，似乎在克格勃眼里他就是空气。更奇怪的是，英国秘密情报局内也是"鼹鼠"横行，但是潘可夫斯基显然没有被出卖过。

总之，这些疑点不约而同地表露出一个事实，那就是潘可夫斯基的间谍行为早已被苏联所知晓，可是为什么他还能继续活动？而且他提供的情报绝大多数都是准确可靠的原件。堂堂一个国家丢掉那么多档案，怎么没有任何反应呢？

这个故事经过多方求证，目前有了一个比较合适的解释。当时苏联与美国正在乐此不疲地搞军备竞赛，赫鲁晓夫一直吹嘘自己掌握了战胜美国的超级武器，苏联很多高官对元首这样的冒险策略产生不满。当1960试射的新型导弹发生事故，100多人死于非命之后，这种不满和忧虑更加明显。可是赫鲁晓夫偏偏是个刚愎自用、唯我独尊的人，对于下属的规劝非但不听，还恼羞成怒，愈演愈烈。因此，很多官员私下商定制止他继续冒险，免得把国家也给葬送了。可是用什么办法才能有效地阻止这场军备竞赛呢？似乎唯一可行又不张扬的办法就是让西方人了解苏联的真正实力。正在这个时候，潘可夫斯基出现了。这个"和平使者"或许是真诚的，然而还是难逃为苏联所利用的命运。

于是苏联克格勃暗中记录下潘可夫斯基的行动，但是不逮捕他，任由他和秘密情报局和中央情报局的特工们联系。这样，潘可夫斯基才能在他们的眼皮底下拿着大量原件到处乱跑，还利用自己与苏联炮兵和陆军导弹部队司令瓦伦索夫的关系打探消息。

那么后来为什么潘可夫斯基又被抓了呢？也许是克格勃一心想网到秘密情报局和中央情报局这两条大鱼，于是拿潘可夫斯基作为诱饵，想查出更多的消息。没想到就在证据收集得差不多时，英国的间谍却仿佛人间蒸发了似的，不再露面，原来秘密情报局早已得知潘可夫斯基暴露了消息，正在组织他们逃跑。迫于紧急，克格勃才抓捕了潘可夫斯基和梅纳德·温。二人起初以为此事并无大碍，对于他们的行动对方应该知之甚少，因此就交代了一些无足轻重的小事。直到二人在监狱里见面，震惊之余心理防线彻底崩溃，全盘吐露了实情。

潘可夫斯基和梅纳德·温被审判后，其他相关人士也受到了惩罚。瓦伦索夫司令被降职为少将，谢洛夫干脆被除去苏军总参谋侦查局局长的职位，并调离莫斯科。为了保证国家利益，苏联不得不撤回了其他间谍。

与萨达姆的终极较量

2003 年 4 月 9 日，伊拉克首都巴格达的天堂广场，数十名美军士兵在指挥下有条不紊地将绳索套在广场中央的雕像上。一番拉拽之后，雕像轰然倒下，巨大的声响宣告了一个时代的终结。这座雕像的原型和象征——萨达姆及其政权也随之土崩瓦解。作为萨达姆曾经的支持者，美国可谓是自作自受，从 20 世纪 60 年代支持复兴党推翻亲苏的卡塞姆政权，到两伊战争期间为伊拉克提供军事情报，批准高科技出口执照，到后来在使用化学武器上的分歧，以及之后的海湾战争，直至 2003 年 3 月发起"伊拉克自由行动"，将自己一手扶植起来的萨达姆政权彻底摧毁，数次明争暗斗的冷暖滋味，恐怕也只有美国自己才能知晓了。

不被看好的情报

二战结束之后，美国逐渐取代了英国在中东的地位，影响力日益强大。伊拉克掌权者萨达姆执政后开始发起挑衅。1972 年，伊拉克不顾美英等国的反对，将石油资源收归国有，成为中东地区第一个控制自己资源的国家。1978 年伊朗政变，新政权上台并与美国交恶。从当时美国提供的"伊朗调查报告"中，早就对伊朗西部石油资源觊觎已久的萨达姆看到契机，于是借机对伊朗发起进攻。"两伊战争"一打就是 8 年，最后伊朗鉴于美国的强势不得不退让，宣布停战，双方筋疲力尽，陷入了极度虚弱的恢复时期。

早在 1990 年初，美国中央情报局就已经得知伊拉克掌握了名为"芥子气"和"神经毒气"的化学武器，前者的汽化物接触人体皮肤后会造成大面积溃烂并引起血液中毒，最终导致死亡；后者则是一种可立即置人于死地的浓缩神经剂。然而老布什对于这样的情报并没什么反应，因为这正是两伊战争期间美国给予伊拉克支持的成果之一。

也正是由于美国的忽视，伊拉克胆子愈来愈大，武器装备不断升级。同年 3 月中旬，伊拉克套购的原子弹起爆装置的高速电子电容器在伦敦被截获；4 月下旬，英国当局再次扣押了伊拉克船载的可以用来制造超级大炮的 8 根钢管。中情局将这些情报汇总分析后得出结论：伊拉克加快了获得尖端的危险的军事技术的步伐。5 月初，中情局向总统提出伊拉克进攻科威特的推测，但是老布什根本没把这个警告当回事。7 月 17 日，萨达姆在庆祝伊拉克复兴社会党执政 22 周年的集会上指责美国对海湾国家石油政策的干涉和控制，声称这是"用涂了毒药的匕首从背后刺杀伊拉克"，他暗示要对此进行反抗，宁愿砍断脖子也不愿被砍掉生存手段。7 月 24 日，美国的侦察卫星拍摄到了大批伊拉克士兵向科威特边界移动的照片，面对中情局的这一发现，老布什依然不相信萨达姆真敢对科威特动武。

7 月 27 日，中情局第二批卫星照片送交到了老布什手里，照片显示伊拉克在边界集结的人员和装备正在成倍增加。28 日上午，局长韦伯斯特亲自出动，

萨达姆像

带领行动部主任、首席近东专家斯托尔茨和国家情报官查利·艾伦以及两位卫星图像分析专家来到白宫，向老布什做关键性的清晨汇报。

"总统先生，伊拉克将很快行动，几乎可以肯定就在最近几天。"

看到照片上连绵不绝的卡车载着弹药、燃料和水源驶向科威特北部边界，以及韦伯斯特局长几乎难以克制的激动情绪，老布什依然不以为然。在他看来，中情局虽然是"自己人"，但是在情报的收集和分析上大都具有"政治化倾向"，因此出过不少差错，眼下伊拉克刚刚被一场持久战拖得筋疲力尽，怎么可能再把自己抛回到战争中去呢？中情局哪里想得到，恰恰是中央情报局局长这个出身和经历，让老布什反而不容易相信自己人了。

回到总部以后，韦伯斯特心烦意乱，但是依然恪尽职守，没有放弃继续对伊拉克的监视。7月30日，中情局再次提交报告：包括精锐部队在内的10万大军、300辆坦克和300门重型火炮已经在科威特边境部署完毕。老布什依旧不为所动。

8月1日，韦伯斯特向白宫做出最后警告：萨达姆将在24小时内采取军事行动。当晚8点30分，战争终于爆发。面对仅有两万人的科威特军队，伊拉克十万大军如履平地般轻而易举地挺进科威特境内，强大的轰炸机群和猛烈的地面火炮以迅雷不及掩耳的速度炸毁了科威特市的港口和军用机场，仅仅9个小时之后，科威特首府就沦陷敌手。直到这时，还在白宫办公室里盘算着去哪儿度假的老布什才不得不相信中情局从一开始就没有错，但是此时已经太晚了。

营救中情局间谍

萨达姆这一手不仅让老布什尴尬万分，更令中情局有苦难言，十分被动。原来美国在这场风云突变之前早就加强了对伊拉克的情报工作，此刻有6名情报人员正在科威特与伊拉克边境地带执行任务，监视兵力调动情况，之前的情报也都是他们提供的。如今伊拉克突然挺进科威特，几个美国间谍麻烦就大了。他们没有外交护照，不可能求助于美国使馆，无奈之下只能随其他外国人一同逃往巴格达。显然他们处境十分艰难，需要中情局制订计划解救。

8月下旬，中情局与波兰情报部门达成协议，请他们协助营救自己被困战场的间谍。之所以选择波兰人，是因为波兰有数千名工人在伊拉克从事建筑工作，因此波兰人在伊拉克的活动余地较大，不太容易引起注意。此时伊拉克巴格达地区已经没有外交官活动的许可了，经过计划，几名波兰情报人员潜入伊拉克，顺利地找到了被困者。几日的颠沛流离让世界头号大国的"英雄"们疲惫不堪，于是波兰人决定用汽车运送他们出境。他们找到一个有经验的、曾经带着13辆大轿车前往伊拉克和约旦边界的波兰技术人员开车带着他们上了路。

果然，在一处检查站，他们被设卡的伊拉克大兵挡住了去路。波兰技术员递过去一摞护照，这名军官接过来扫了几眼，突然抬起头，用纯正的波兰话说："真是荣幸，我见到了最好的朋友。"

波兰技术员见此情景，马上从车上跳下来，按照斯拉夫传统与伊拉克军官响亮地亲吻三次，随后又是一个熊抱，顺手轻轻把伊拉克军官推离汽车，拉到远处，随后用波兰话对伊拉克军官大大恭维了一番。伊拉克军官面上露出了笑容，很快便放他们过去了。

为了防止其他地方临时设置的检查，波兰情报员拿出四瓶威士忌酒让6个美国人喝下去，好装成喝醉的东欧人，不过这一招最后还是没有用上，太阳落山之际，他们终于顺利越过了伊拉克和土耳其的边境。

成功营救美国间谍的行动让中情局大喜过望，他们决定在海湾战争期间与波兰情报部门合作，请他们提供巴格达的地图和伊拉克境内军事设施的详细情况，作为交换条件，美国改变了对波兰的某些政策，比如减免债务，等等。波兰凭借自己的优势条件和杰出的谍报工作得到了美国的青睐，获得了巨大的实惠。然而倒霉的中情局，则是一头陷入迷途的羔羊，危机才刚刚开始……

沙漠风暴行动

科威特被占领几个小时后，1990年8月2日上午8时，老布什在白宫召开了紧急会议，几乎所有关键人物都被召集于此，研究他们就职以来最严重的危机。

根据中情局局长韦伯斯特的汇报，伊拉克军队已经完全控制了科威特。目前伊拉克的装甲部队处在距离科威特—沙特边界的10英里之内，有军队朝南运动的行迹，目前还不能确定是否会入侵沙特阿拉伯。

经过一番讨论，会议做出了几项紧急决定：首先由白宫发言人发表声明，谴责伊拉克的入侵行为，要求其立即无条件从科威特撤军；其次由老布什签署冻结伊拉克和科威特在美全部资产的命令；国务卿贝克前往莫斯科与苏联外长谢瓦尔德纳泽会晤，以经济利益为诱饵要求苏联配合美国制裁伊拉克；美国驻联合国大会代表向联合国提出召开紧急会议研究对伊拉克制裁的要求；总统的安全顾问斯考克罗夫特负责领导国家安全委员会研究各种可供选择的应急方案。至于老布什，则在会议结束后立即乘坐"空军一号"飞往阿斯彭，在那里与美国在欧洲的最亲密盟友——英国首相撒切尔进行磋商。

撒切尔夫人似乎早有准备，见到老布什后开门见山地问他如何打算，布什摇了摇头，表示还没有考虑好。撒切尔夫人严肃地看着老布什说："总统先生，我们将支持你们。但是，你们必须做点儿什么，必须勇敢地面对这个人。"她用力抓住老布什的肩膀："如果是罗纳德·里根，他一定知道该怎么办，我们也必须做点儿什么。"老布什望着撒切尔夫人坚定的目光，点点头说："是的，我们是该做点儿什么了。"

8月4日上午，卡托克廷群山环抱中的美国总统避暑胜地戴维营里，老布什再次召开了会议。这片四周恬静寂雅，空气清新的田园如今也弥漫着紧张的气息。晨曦的薄雾还未散去，阳光也显得有些力不从心。

中情局局长韦伯斯特带来了伊拉克的军事动向分析："现在伊拉克聚集在科威特和沙特边界的军队有10万人，而沙特的军队还不足7万，攻守双方实力悬殊，因此形势是非常严峻的。"

这一次，老布什再也不敢掉以轻心，他相信了局长的分析推测，决心尽快采取军事行动。经过一天的讨论，一项代号为"沙漠盾牌"的军事计划正式出笼。"沙漠盾牌计划"分为两个步骤：首先依据"90-1002"作战计划计划集结、部署军队，防止伊拉克军队入侵沙特阿拉伯；其次则是采取一切手段迫使伊拉克从科威特撤军。此次行动由总统亲自督导，参谋长联席会议主席鲍威尔将军任总指挥，美军中央司令部司令施瓦茨科普夫上将担任中东地区美军总司令。

8月7日，老布什来到了华盛顿郊区兰利，中情局总部就设在那里。老布什为自己当初的草率后悔，他此行目的就是表达对中情局的歉意和尊敬："你们做了一件伟大的工作。"中情局终于获得了这个迟来的评价，在场的很多官员几乎要流下激动的泪水。

8月8日清晨6点，国防部长切尼风尘仆仆地回到华盛顿，他已经说服沙特国王法赫德允许美军进驻沙特阿拉伯。3个小时后，老布什发表了全国电视讲话，宣布出兵海湾。1991年1月17日凌晨，美国正式宣布对伊拉克进行空中轰炸，"沙漠风暴"军事行动就此展开，共持续了7周。

在这场军事行动中，中情局的使命是为老布什及他的白宫班子、国务院和五角大楼，提供详细的情报。他们通过苏联高级官员获得苏联与伊拉克签订的军事协议；访问了上千名曾经在伊拉克境内工作过的工程师、科学家、建筑师、承包商和企业家，根据他们提供的信息勾勒出伊拉克主要设施的蓝图；在埃及追查到伊拉克国防部的设计图纸，其中包括最关键的部位——四楼的指挥部的计算机房；从伊拉克武器供应第二大国——法国那里了解关于"幻影"F-1战斗机、飞鱼导弹雷达系统和法国制造的攻击型直升机等武器和装备的精确信息。

当然，中情局也有估计失当的地方。他们低估了伊拉克发射机动飞毛腿导弹的能力，低估了安装在卡车上简陋粗糙的导弹发射器的威力，也错误地做出了伊拉克没有化学武器的判断。

2月13日，美国空军对中情局提供的一处军事掩体进行轰炸，两架F-117A隐形战斗机各投下一枚重磅炸弹，准确命中目标后才知道这里只是民间防空避难所，数百名儿童和妇女被炸死。这对于世界一流的情报部门来说简直就是奇耻大辱。尽管白宫一再出面解释情报来源是伊拉克流亡者和外国工程师，并非专业的工作人员，然而责难依然纷沓而至，就连在海湾战争中担任五角大楼顾问的前国防情报局局长佩罗特斯都流露出对中情局的不屑："哦，见鬼！中央情报局从来没有打过一次好战争。威廉·韦伯斯特在那里是绝对的毫无办法。"

经过7周的轰炸，伊拉克军队的力量折损一半以上，1991年2月24日凌晨，美国陆军在空军掩护下进入伊拉克境内，经过100小时的进攻战后，伊拉克宣布投降。

尽管中情局一再强调伊拉克拥有化学武器，要求联合国命令萨达姆立即销毁，然而萨达姆仍然偷偷保留了部分生产设施。萨达姆的狡猾让中情局恨得牙根痒痒，他们恨不得立即将他送往地狱。海湾战争结束后不久，中情局就策划在伊拉克鼓动民变，企图利用人民的力量推翻其统治。他们先后游说伊南什叶派和伊北库尔德人谋反，又资助逃亡人员和本地潜伏的反对势力伺机发动政变，可惜的是，在先后花费掉1亿美元之后，这些力量还是没能创造奇迹，在萨达姆的残酷镇压下——灭亡了。

将萨达姆送进地狱

消灭萨达姆是中情局多年以来的决心和理想。从韦伯斯特之后的盖茨到伍尔西，再到杜奇、雷克、特尼特，尽管中情局自身问题越来越大，在白宫得到的信任和地位也越来越小，可是这个情报部门依然固执地奉行"恪尽职守"的信条，不遗余力地寻找萨达姆的罪证。

事实上，从美国和伊拉克交恶开始，中情局就没有得到过可靠的关于萨达姆拥有生化武器的情报。1995年投诚的萨达姆的女婿卡迈勒将军就已经说明他的老丈人确实销毁了生化武器。1998年3月，中情局派人混进联合国调查小组，在巴格达疯狂安装窃听器，截听小组耳朵都磨出茧子来了，也没有找到丝毫线索。

联合国调查小组也认定萨达姆没有生化武器，即使之前有过，也已经确认销毁了。没有人相信萨达姆会冒着被经济制裁的风险私藏这些可能用都用不上还不甚安全的东西，唯一的例外就是中情局。

或许是中情局的顽固不化，或许是布什家族对萨达姆刺杀老布什一事的仇恨，小布什上台后依然揪住萨达姆这根"莫须有"的小辫子不撒手。2003年，小布什在国情咨文里再次提及伊拉克大规模杀伤性武器一事，认为中情局的情报分析是正确的，同时他还复述了中情局几日前刚刚递交给他的情报：萨达姆从非洲取得大量的制造核武器的铀。

有了总统的支持，中情局的计划顺利地获得通过。同年3月，美国开始对萨达姆进行打击。与上一次的"沙漠风暴"完全不同，这一次的矛头直指萨达姆本人，要不惜一切代价干掉这个"危险人物"。中情局这根"指挥棒"指到哪里，美军的钻地弹和战斧导弹就洒水似的"洒"到哪里。遗憾的是，这些行动除了误伤平民之外，对萨达姆没造成任何伤害，甚至他本人根本就不在这些目标范围内。

中情局的情报失误绝不仅止于此，在美国地面部队进入伊拉克时，他们对武器威力的估计不足让美军吃了败仗，萨达姆之子乌代的非正规军利用攻击性步枪和火箭推进式榴弹给了美国陆军一个严重的打击。他们关于数千名伊拉克士兵和指挥官投降的预测也全盘落空，至于对萨达姆失去人心的论断更是让打着仁义之师旗号的"解放"美军尝尽了炸弹和枪子儿。

当然，这毕竟是一场实力悬殊的战争，情报的失误并不会影响战争的趋势。美军很快获得了胜利，中情局大批官员进入巴格达，组建了"伊拉克调查团"四处搜查生化武器。在自己列出的946个可疑地点搜查后，一个神奇的结果出现了：根本没有生化武器。

这个结果对于中情局似乎并不重要了，他们的目标就是萨达姆。不知是中情局的情报突然准了起来，还是萨达姆故意给他们的机会，2003年12月13日的"红色黎明行动"中，萨达姆在距家乡提克里特约15公里的达瓦尔镇附近一个地窖里被找到。这位"危险分子"被弄出来的时候，嘴里还念念有词："我的名字是萨达姆·侯赛因，我是伊拉克共和国总统，我想进行谈判""不要开枪！不要杀我！我是伊拉克总统"。

12月16日，美国国防部长拉姆斯菲尔德在五角大楼新闻发布会上宣布中央情报局"领衔"主审萨达姆。中情局企图利用萨达姆的心理活动规律找到突破口，他们从"无关紧要"的细节入手，企图将他往设置好的方向上引诱，观察他的反应，寻找破绽。但是萨达姆始终保持"不合作"态度，拒绝与审讯者做任何交流，不是两眼盯着天花板，就是低头看着地面。面对一些刺激性问题更是如同死人一样，丝毫不为所动。实在被逼急了，萨达姆就使出"杀手锏"——反复念叨"萨达姆，我是伊拉克总统……"，或者做些极端的行为，比如用脑袋撞墙，这样审问就不得不中断。直到2004年7月，萨达姆被送往伊拉克特别法庭，中情局也没有获得任何信息，包括伊拉克到底有没有生化武器。

2006年11月5日，伊拉克法庭以"反人类罪"判处萨达姆·侯赛因绞刑。12月30日凌晨6时5分。戴着面罩的行刑者们，把真正的绞索套在69岁的萨达姆颈上，将他送往另一个世界。人们对此评价不一，有人认为这一刻带来了迟到的正义，有些人则把这看作更多暴力与流血的开端。对于兴奋不已的中情局来说，萨达姆的消失应该是他们获得这场较量胜利的标志，至于白宫、联合国乃至全世界人民如何看待他们的种种失误，或许确实是一件微不足道的事情。

埃及大使馆变成了阅览室

1830年，阿尔及利亚沦陷，占领者法国将其变为自己的殖民地。第二次世界大战之后，阿尔及利亚民族解放斗争日益兴起。埃及大使馆作为阿尔及利亚民族解放运动的活动基地，主要负责给武装部队传输武器和资金。为了打探消息，法国情报局和反间谍局成立了秘密行动分局，企图潜入埃及大使馆窃取情报。无奈使馆平日戒备极其森严，外人难以接近，一旦被卫兵抓住就是外交丑闻，必将引起纠纷和非议。然而事实表明，这个问题并没有难倒法国人，他们的间谍就像自由的小鸟一样来去自由，这又是怎么一回事呢？

蓄意放火，引狼入室

1959 年的一个冬天，巴黎的街道上堆满了落叶，一片萧瑟。和窗外的休闲寂静全然不同，法国秘密行动局的办公室内弥漫着紧张的气氛。一项潜入埃及大使馆窃取情报的计划正在紧锣密鼓地布置中。之前的调查表明，埃及人传递绝密文件既不通过邮局，也不用外交邮袋，这样外人根本就没有机会接近情报。为此他们不得不铤而走险，去大使馆盗取信息。

法国秘密行动局对这个不得已而为之的冒险策略也是早有准备。他们在大使馆发展了两个线人，一个是大使馆的老门卫，对大使馆非常熟悉，而且善于表现忠诚，因为嗜酒如命常常捉襟见肘，才被法国人开出的每月 350 法郎所收买。他每天负责为大使馆发信的时候都会先拎着皮包跑到皮埃尔一世大街上的小酒馆喝酒，那里总会有法国特工等候，趁他喝酒的时候将皮包调包，从后门送到停在附近的车上翻拍之后再换回来。就这样，老门卫通过这种方法为秘密行动局提供了大量情报。另一位是大使的总管，名叫鲁克索尔，埃及人，长期住在法国。秘密行动局利用他对西方生活的迷恋，要挟他为他们服务，否则就会吊销他在巴黎的居住权被遣送回埃及。鲁克索尔当然不想回去，只好冒着背叛祖国的危险为秘密分局服务。

这次行动当然也离不开二人的"协助"。秘密行动局根据老门卫提供的使馆内部结构图发现了一处极好的位置——法鲁克过往和纳吉布将军时期修建的地下室，现在那里堆满了废纸，一般没人进去。他们决定利用这里完成偷窃计划。

这天上午天气晴朗，阳光温和。接近中午时分，使馆的工作人员正在按照例行工作忙碌着，突然鲁克索尔的声音在大厅响起："着火了！"紧接着，一阵呛鼻的浓烟蔓延上来，灰色的雾气中隐约跳动着红色的火苗。鲁克索尔一边喊一边率先冲向地下室救火。待到使馆人员匆匆赶到时，他已经扑灭了大部分火势，浑身上下已经被烟熏得乌黑。鲁克索尔英勇的表现得到大使的表扬，他趁机进言说地下室离锅炉房和配电房太近，里面又堆满了废纸，长期无人巡查，是个火灾隐患，不如将那里打扫一下，清理掉这些垃圾。大使为鲁克索尔的细心而感动，更对他赞赏不已。他哪里知道，这把火恰恰是眼前他"最忠实的仆人"放的。

第二天早饭后，鲁克索尔联系的收废纸的工作人员如约按响了后院的门铃。穿着破烂的工作服的多兰实际上是一名高级特工，拥有丰富的间谍经验。穿绿色军服的埃及卫兵显然被他的装束和破旧的小型带篷卡车迷惑了，旁边的老门卫更是一口咬定他是鲁克索尔联系的回收公司的人，于是卫兵把他带到了地下室。

多兰在卫兵的严密监视下把一摞摞废纸塞进麻袋，再一袋袋扛到车上。走到院门口的时候，他故意蹲下身系鞋带，站起来时顺手扶了一下门锁，事先藏在手心里的橡皮泥就神不知鬼不觉地印上了门锁的形状。多兰还故意把麻袋留在地下室，声称东西太多，明日得带个助手来一起干。

节外生枝，险象环生

当晚 9 点，一辆写着"雅克公司修锁配钥匙"的小型卡车偷偷停在了大使馆旁边的美国广场一个角落里。司机福雄负责望风，多兰和另一名特工穿着没有商标也没有号码的衣裤，揣着伪造的证件顺着墙根摸到了大使馆的后门。多兰用配好的钥匙顺利地打开门锁，二人悄无声息地溜进使馆，藏在花坛后面观望。巴黎的冬天十分寒冷，卫兵们都不轻易出来巡逻，他们顺利地转到前厅，找到四楼首席参赞的办公室。多兰的伙伴嘴里叼着利用舌头挤压就可以点亮的特制照明灯，没费吹灰之力就打开了保险柜，找到了武官所有报告的副本。之后他们又窃取了档案室的资料，把这些统统装进特意留在地下室的麻袋里，准备明天一起带走。没费什么力气就弄到这么多资料，二人兴奋不已，一直忙到凌晨一点。就在准备撤退的时候，麻烦来了。

到了后院，他们先发了表示一切顺利的信号，然而福雄只回了短促的一声。按照约定，这个信号代表后门有情况。多兰的心猛地一沉，之前的顺利在他脑海里变成一个问号。难道使馆早已识破了他们，故意设下这个圈套？多兰迅速在脑海里把所有环节梳理了一遍，确实没有什么不妥之处。希望是例行检查吧。当下之计是先找个地方躲起来。他冲伙伴使了个颜色，二人按照原路返回了地下室。

时间一分一秒地过去了，多兰和伙伴藏在废纸堆后面连大气都不敢出，可是外面静悄悄的，没有丝毫动静。多兰觉得不能呆坐着等，于是踩着一只破木箱，从地下室的气窗口向外望去。这一望把他惊得差点从箱子上掉下来。几个小时前还是空荡荡的广场站满了警察，离他最近的那个只有几公分，如果有风的话，警察的斗篷下摆都会飘到他脸上。这下可不得了了，法国特工要栽在自家警察的手里，这是多大的丑闻啊！可是他们为什么一直在那里站着不进入大使馆抓人呢？渐渐地，多兰从警察的交谈中断断续续地了解了情况，原来他们是被派来镇压示威的。到了6点，警察终于撤离，福雄也发来了危险解除的信号，可是使馆内已经有人起床了，他们只好继续饿着肚子等待下一个黑夜的降临。

忽然一阵脚步声响起，有人打开地下室的门。多兰和助手吓连呼吸都要停顿了。随着"啪"的一声响，一袋旧卷宗落在地上，那人旋即转身离去。时间过得真慢，尽管他们又累又饿，但是谁也不敢睡觉。为了打发时间，多兰顺手捡起刚扔下的那个袋子翻看起来，没想到因此获得了意外收获。原来里面装的是埃及人向阿尔及利亚民族解放阵线的大人物付款的部分会计单据。多兰如获至宝，连忙把这卷文件也塞进麻袋。

好不容易天黑了，显然这一日使馆内一切照常，没有发现文件被盗的事。晚上9点，疲惫不堪的两人终于伺机从后门溜了出来，与在广场上等了一天的福雄胜利汇合。

意外收获，大功告成

第二天一大早，多兰和福雄再次装扮成回收公司的人，开着卡车来到埃及大使馆的后门。多兰在忐忑中按响了门铃，如果偷盗的事被发觉，他们就等于是自投罗网了。然而一切都好像什么也没发生过。卫兵依然放他们进去，监视他们把一袋袋废品装上车。

就在多兰和福雄扛着最后一袋废纸走出大门，准备结束这惊心动魄的行动时，一小队埃及卫兵从后门冲出来，一边招手一边大喊："站住！别走！"他们心中暗叫：坏了，一定是被发现了。转念又一想，自己无非是个收废品的，证件都是伪造的，即使埃及人发现了什么，也没有足够的证据，不能拿他们怎么样的。想到这里，多兰努力保持镇静，回过头来问："有什么事吗？"

"抱歉，先生。你们得再辛苦一下了，四楼的档案室有一堆文件要处理。"

原来又有送上门的情报了！多兰心中一阵狂喜。真是又一笔"意外之财"啊！而且还足够多，害得他们楼上楼下跑了很多趟才运完。埃及人见他们任劳任怨，纷纷夸奖。他们哪知道这两个人心里都快要乐疯了。一个埃及军官递给他们两支烟，问道："你认识什么好的锁匠吗？我们想换几把锁。给我们介绍几个可靠的吧。"

多兰高兴得就差跳起来搂住这个人的脖子了，他极力克制住兴奋，一本正经地假装思考了一下，说："没问题。我有一个好朋友就是个锁匠，技术没话说！我把他介绍给你，当然价格也是最优惠的。"军官很高兴，二人当即敲定两天后来换锁。

埃及人做梦也想不到恰恰是自己的疏忽引狼入室。换锁的科伊东锁匠其实是秘密行动分局 C 科的头号盗窃专家。埃及大使馆的每个房间的钥匙都被复制，摇身一变成了法国情报机关的阅览室。秘密行动分局将全部文件进行整理破译，一一编号归类，运往总部。在阿尔及利亚战争中，警察部门利用这些情报秘密监视着埃及武官及其手下。

伸向 IBM 的黑手

电子计算机诞生于 1946 年，由美国宾夕法尼亚大学莫尔电工学院制造。作为计算机的发源地，美国拥有得天独厚的技术优势，也因此涌现出许多电子科技公司。世界电脑之王 IBM 的总部就矗立在纽约市的中心地带，这家公司创立于 1911 年，时至今日可谓历史悠久，实力雄厚，几乎主宰了整个计算机业。世界各大商业机器公司纷纷觊觎它的尖端技术，甚至不择手段盗取 IBM 的商业机密。发生在 1980 年的美日之间的工业间谍案就是其中有趣的一段历史。

意外惊喜

1980 年 11 月 20 日，位于纽约市中心的美国国际商业机器公司（IBM）总部乱作一团。放在保险柜里的一份关于最新电子计算机 IBM3081K 软件设计的技术文件不翼而飞了！这对于视技术为生命的科技公司来说可谓一个重大损失。老板非常恼火，责令负责公司安全的部门尽快查明失窃真相。

负责公司保卫工作的是 45 岁的法律顾问理查德·卡拉汉，曾在联邦调查局当过 7 年侦探的他精明能干，动作迅速，还是名诡计多端的反间谍高手。然而这一次调查却让他犯了难。一年过去了，事情没有丝毫进展，那些文件仿佛人间蒸发了一般。是推测思路不对还是另有隐情？理查德·卡拉汉百思不得其解，终日愁眉苦脸。

1981 年 10 月的一天，天色阴沉沉的，像是要下雨。卡拉汉一脸沉重地站在窗前，从十几层窗口向街道望去，车流往来，行人穿梭，那个窃取资料的人，究竟藏在哪里呢？正在他紧锁眉头的时候，一阵敲门声打断了他的思索。

"卡拉汉，我亲爱的朋友，你还好吗？"来者熟悉的声音让卡拉汉眼前一亮。

"哎呀，原来是你，佩里！什么风把你这个大忙人给吹来了？"佩里是一家咨询公司的经理，平时业务繁忙，两人已经很久没有见过面了。他们热情地拥抱在一起。

"我刚从日本访问回来，当然是来自东方的风了！而且，我还带来一份特别的礼物，你猜猜是什么？"佩里哈哈大笑，从公文包里拿出一份文件神神秘秘地说。

"得了，佩里，别卖关子了，赶紧让我看看。"卡拉汉接过文件匆忙打开一看，顿时又惊又喜，"佩里！这是你从哪儿弄来的？"

原来这份文件正是被盗走的 IBM3081K 设计手册的复印件，这真是踏破铁鞋无觅处啊！

佩里笑着在沙发上坐下，给卡拉汉讲述了他在日本的经历。在他访日行程中的一次宴请上，日立公司的主任工程师林建治向他透露说，他们公司有一份 IBM 的最新电子计算机 IBM3081K 的设计手册，因此他想一定要想办法弄到关于这个机型的其他资料。起初佩里不相信，认为日立公司是在吹牛，为了证实所言不虚，林建治特意给他看了这份资料。这下佩里明白了，这份文件是不道德的盗窃行为。他先不动声色，假装愿意帮忙，提出需要一份影印本，日本人哪里知道他的朋友就在 IBM 工作，于是答应了他的要求。听完好友的叙述，卡拉汉攥紧了拳头，咬着嘴唇，暗下决心一定要让日本人付出代价。

第二天一大早，卡拉汉便驱车前往加利福尼亚州硅谷地区圣克拉拉市的格莱曼公司。这家公司由联邦调查局创建，主要任务是保护美国高新科学技术，防止尖端技术外流，同时也负责侦破本地区科技资料失窃案件。担任经理的是联邦调查局特别侦探阿兰·加连特逊，听完卡拉汉的汇报，加连特逊也非常气愤，立即召集部下，精心设计了一套连环计，准备将盗窃分子一网打尽。

林建治

林建治因试图窃取 IBM 电脑秘密而被捕。

肮脏的交易

1981 年 11 月 3 日，林建治搭乘飞机风尘仆仆地抵达拉斯维加斯。佩里一个星期前写信邀请他来著名的赌城拉斯维加斯游玩，林建治自然明白他的言下之意，于是连忙赶来。果然，在接风宴上，佩里带来了格莱曼公司的经理"哈里逊"及其助理。当然哈里逊是由加连特逊假扮的，助理则由卡拉汉担任。林建治对此深信不疑，当即提出希望获得 IBM 公司最新产品的资料和参观已经投放市场的 IBM3380 计算机系统的样品。

"我们日立公司愿意以一万美元为代价，换取这些资料。"林建治说道。

哈里逊微微笑了笑，没有说话。

林建治见状，马上把价码抬到两万美元。哈里逊依然笑笑，不置可否。

"看来二位的胃口不小啊！"林建治心中暗骂美国佬贪心，"那么，再翻一倍怎么样？四万，或者五万，五万好了！这样二位该满意了吧？"

哈里逊看了看卡拉汉，终于开口表示可以考虑一下。佩里顺势举起酒杯表示祝贺，双方推杯换盏，畅饮一番。酒足饭饱后的林建治被佩里拉到赌场尽兴地玩了几圈，之后又安排了一位法国美女与他共度良宵。

第二日上午，林建治就向哈里逊追问事情的结果。

"昨晚我们公司几位负责人专门开会讨论通过了，但是报酬恐怕还得提高。这毕竟是件危险的事情，如果被追查出来，不仅公司倒闭，我们还得受牢狱之灾。还有，您得先支付定金，所以，这件事是否成功，决定权还在您手上。"

林建治知道这是变相的胁迫，为了搞到情报，他除了答应没有任何办法。

"好吧，您提到的我都记下了，跟公司请示过后会尽量给您一个满意的答复。关于参观计算机系统的事，能不能尽快安排一下？"

哈里逊微微一笑说："这个没问题。"

林建治非常高兴，马上掏出一张名片双手递给哈里逊说："这是我们公司旧金山办事处的主任工程师成濑的名片，我们就委派他去参观，麻烦您亲自和他联系一下。"

哈里逊点头表示同意，他本来就决心要把像成濑这样在林建治背后的大鱼都捕入网内，这下倒送上门来了。

就在他们周旋的同时，另一个日本公司——三菱——的间谍也被引入了圈套。原来觊觎IBM情报的还不止日立一家。听说对方派人赴美活动，三菱公司也不甘示弱，差遣木春富藏等人到美国打探情况。联邦调查局见又有一条自投罗网的大鱼，当然也就照单全收了。

一网打尽

11月15日，成濑从西海岸的旧金山赶到东海岸康涅狄格州的哈特福德市，哈里逊把他从机场接到了普拉特·惠特尼公司。普拉特·惠特尼公司是世界闻名的飞机发动机制造公司，他们最先引进了IBM3380电子计算机系统。

在公司门口，一个等候在那里的人给他们带上了普拉特·惠特尼公司的特别徽章。在哈里逊的示意下，成濑掏出一个装有一万美元现钞的信封递给了那个人。那人接过钱，带他们来到一个隐蔽的地下室，里面没有人，只安装着一套电子计算机系统，机器很新，正中是中央控制台，各种信号显示设备、磁盘驱动装置、读卡装置、绘图设备等一应俱全。

"千万别把背景拍进去。"哈里逊悄悄说。

成濑兴奋得说不出话来，连连点头，拿起相机一阵狂拍。看着他窜前窜后忙个不停的样子，哈里逊心里笑开了花。原来这里早已安装了微型摄像机，成濑的举动完全被录了下来。事后，成濑心满意足地给了哈里逊300美元作为陪同的谢意。

从这以后，哈里逊就与日立公司建立了"长期合作"的关系，日立公司只要有情报需求都会找到他求助，却没有一个部门怀疑他"无所不能"的原因。

终于，收网的时机来临了。

1982年2月7日，林建治再次远赴夏威夷檀香山大饭店与加连特逊会谈。见面后二人先是寒暄一番。之后林建治提出了新的要求，希望能够获得有关IBM3081K电子计算机设计思想的全部资料。加连特逊痛快地答应了，他谎称IBM公司有两名即将退休的高官手里有这样的重要资料。

"但是酬金……要有所值的。而且，他们更愿意与他们相等地位的人合作，他们大概是缺乏安全感吧。"

经过激烈的讨价还价，林建治最后以30万美金和安排日立公司神奈川工厂的厂长中泽喜三郎博士与他们见面的代价获得了这次机会。之后日立公司软件工厂计划部的工程师大西勋也找哈里逊购买有关资料。哈里逊一一应承下来，但条件都很苛刻。就这样，日立公司盗窃技术的主要负责人已经全部落入圈套，而且"格莱曼公司"先后获得的日立公司支付的酬金已经高达92.2万美元。加连特逊觉得时机已经成熟，是该收网捕鱼的时候了。

6月22日上午9点，林建治带领两名日本人刚刚进入格莱曼公司哈里逊的办公室，身后的门砰地关上了，几个彪形大汉不知从哪里跳出来把他们围在中间，用粗鲁的行为制服他们之后戴上了手铐。就在他们企图申辩的时候，加连特逊慢条斯理地从里间走出来，把逮捕证展开放在他眼前："林建治先生，我想你应该明白这不是误会。"林建治明白自己上了当，但是此刻的他也只能愤恨地瞪着加连特逊，说不出话来。在十几公里外"进行交易"的三菱公司自然也没能逃脱厄运。

1983年2月，旧金山法院开庭审理了此案，判处林建治罚金1万美元，日立软件工程师罚款4000美元，日立公司罚款1万美元。与这些罚款比起来，日立公司窃取商业秘密的丑恶行径更让人关注。至此，这场美日历史上最大的工业间谍案终于落下了帷幕。

美国专家泄密尖端武器计划

尖端武器是迄今为止世界上杀伤力最为强悍的战争工具，核武器的技术泄密是各有核国家国防的致命之害，因此各有核国家将核武技术列为头等机密，严格保护。从第二次世界大战至今，由核武技术、机密设施、顶尖技术人员等引起的间谍战在不断上演：如英国"王子小组"护逃核武专家、海上运走 200 吨浓缩铀的"铅块行动"、法国高空偷拍苏联导弹基地的偷窃行为、完整透视埃及导弹基地的"开罗之眼事件"……间谍在这些事件中都扮演着十分重要的角色，在各种国际力量流动的刀锋剑刃上游离：效忠或者背叛，利用或被利用。但种种的风云变幻都为钱所指引，为欲所驱动。由尖端武器专家贝尔所主演的美国 1981 年的核武计划泄密可谓精彩绝伦，但贝尔出演的"角色"却并不光彩。

经济拮据，"邻居"引其走向不归路

威廉·霍尔登·贝尔于 1920 年 5 月 14 日在美国西雅图出生，"二战"期间加入美国海军，在硫磺岛战役中负伤立功，并得到嘉奖。二战结束后退伍，就读于美国加利福尼亚州立大学洛杉矶分校的物理学专业，成绩优异，并在此期间组建了自己的幸福家庭。1950年，贝尔获得物理学学士学位，并于同年进入当时赫赫有名的洛杉矶休斯飞机制造公司工作。休斯飞机制造公司既是美国国防部的指定生产商又是美国国防部进行技术研发的主要单位之一。

贝尔天资聪明又勤奋肯干，很快就成了一名美国军用雷达专家，而且经常被委以重任。仅 1962 到 1965 三年间就多次被休斯公司派往欧洲主持多个项目的研发和生产。一切的转变是在 1974 年之后，年少得志的贝尔进入中年之后生活开始出现波折。首先，沉重的生活负担让他不知所措：被派往欧洲后，薪水远远不够支持生活所需，幸福的家庭陷入困境，特别是1976 年之后，休斯公司每况愈下，业务出现了间断，这些情况让当时的贝尔十分失落。雪上加霜的是，就在这时美国税务部门又向贝尔追要其在国外工作时的税款，有一次竟然同时有4 个税务办事处的人向他索要税款，已经走入绝境的贝尔只能求助于高利贷。其二，由于经济状况的糟糕情境，贝尔的妻子提出了离婚，虽然贝尔对婚姻百般挽救，但是无济于事，这样贝尔本来不多的财产就被妻子分走一半，贝尔几乎绝望。祸不单行，他最喜爱的小儿子凯文在去墨西哥野营旅行时被大火活活烧死，年仅 18 岁。接二连三的打击，使贝尔痛不欲生，几乎失去了生活的希望，这样的状况持续到他的第二任妻子——一位年轻又漂亮的空姐的出现。1977 年，贝尔再婚，他们将新家安在了加利福尼亚州拉帕雅德雷的克洛斯克村公寓大楼。

在贝尔居住的公寓大楼内，他的新邻居马里安·扎哈尔斯基能言善辩，精于交际，又是青年才俊，所以很得贝尔的喜欢。很快，扎哈尔斯基就知道了贝尔是休斯飞机制造公司的雷达专家，而且贝尔也知晓了他的这位邻居是美国波拉姆科公司的西海岸"经理"。贝尔一家和这位邻居相处得很愉快，经常互送些礼物，偶尔还一起打网球。殊不知，扎哈尔斯基却是一颗波兰情报部门安插在他身边的炸弹，而这颗炸弹最终终结了贝尔的平凡的前半生。波拉姆科公司仅仅是在美国注册，但却是波兰政府出资开办的，扎哈尔斯基的真实身份并不是该公司的西海岸经理，而是波兰政府的情报官。

经过一段时间的接触，扎哈尔斯基渐渐地和贝尔更加熟悉起来，就向贝尔提出希望通过贝尔在工业界的关系销售自己公司的机械产品。当然，贝尔不会有任何怀疑，一个经理人通过自己的朋友拓展业务，合情合理。于是，他帮助扎哈尔斯基做成了一笔生意。扎哈尔斯基也顺理成章地给了贝尔4000美金的业务提成。

有了业务上的来往，加之良好的个人交往，贝尔和扎哈尔斯基成了亲密的朋友。转眼到了1978年的春天，扎哈尔斯基提出希望贝尔退休后能去担任波拉姆科公司的技术顾问。贝尔很是高兴，因为此时的贝尔已经58岁，距离退休仅仅剩余两年时间，而担任技术顾问几乎可以解决他退休后的经济问题。为了表示自己的诚意，同时证明自己并非徒有虚名，贝尔将自己刚刚为休斯公司完成的隐蔽型全天候枪炮系统的秘密研究资料取出，交给了扎哈尔斯基。就这样，贝尔将第一份盖有"密"字的绝密军事技术资料泄露。而贝尔却十分庆幸自己命好，能够遇到这样好的机遇，结识这么好的朋友、邻居。

时光流转，转眼到了第二年的年初，贝尔家所住的公寓想出卖给个人，贝尔十分想买下来，但是囊中羞涩，于是成日愁眉不展。扎哈尔斯看出了贝尔的心思，就表示："我可以请示总公司，可能总公司愿意为你出一笔钱，毕竟你即将成为我们的技术顾问。"不到一周的时间，扎哈尔斯基就给了贝尔一个装有7000美金的信封，半月后，又给了贝尔5000美元。直到这个时候，贝尔仍然认为这是波拉姆科公司的恩惠，是自己朋友的帮助。

经过一段时间的精心经营，扎哈尔斯基进一步取得贝尔的信任。时机成熟，扎哈尔斯基就将一架微型的能变焦的佳能相机送了贝尔，并且提出：希望贝尔帮助波拉姆科公司去休斯公司取一部分文件出来，以促进波拉姆科公司的发展。几个月后，贝尔成功地完成了任务，将几千页的技术资料交给了扎哈尔斯基。

扎哈尔斯基在1979年底提出：波拉姆科欧洲总公司的一笔正在洽谈的业务遇到了技术难题，希望贝尔能够尽快安排时间去欧洲进行协助，提供一些技术参考资料。贝尔信以为真，第二天飞往欧洲，到达了约定的瑞士因斯布鲁克。

与贝尔见面的是保尔和一个助理，保尔的真名叫阿纳托利乌·伊诺沃尔斯基。他以波兰驻纽约的贸易公司代表的身份出面，但是他和扎哈尔斯基一样，也是波兰情报官。贝尔将3卷全天候雷达系统图纸的胶卷交给了保尔，但是保尔并不满足。他要求贝尔将在休斯公司能接触到的所有秘密资料都要交给他。这一刻，贝尔才明白自己正一步步向别人已经设计好了的陷阱的深处走去，他想全身而退，可是落入虎口的食物如何挣脱得掉？保尔露出丑恶嘴脸，拿出了贝尔娇妻和幼子的照片，很显然这些照片都是贝尔的"好友"扎哈尔斯基在加利福尼亚的高速附近拍的——他们绑架了贝尔的家人。

贝尔不得不答应为保尔服务，但他提出了"5万美金的年薪，每月两三千美金补助"的要求，这对波兰情报部门来说简直是小菜一碟，但保尔并没有直接回答，而是转手给了贝尔50000美金和2000美金的"差旅支票"，同时交给贝尔一张需要从休斯公司窃取的技术资料清单，其中包括美国防空导弹系统的详细资料、美国军用直升机的操作手册、防尘参考手册、高能激光雷达探测与追踪系统图纸等核心军事武器技术资料。

这时的贝尔完全成了波兰情报部门的工具，回美国后不久就按照清单上的名目将技术资料拍摄，直接交给了扎哈尔斯基，而扎哈尔斯基先后至少支付了1万美金的酬金。贝尔终于和扎哈尔斯基捅破了窗户纸，由邻居和朋友的关系发展成了秘密的同事关系。

贝尔和保尔第二次碰面是在1980年的5月7日。贝尔带着先进雷达、导弹系统图纸的胶卷来到因斯布鲁克，将其交给了保尔。保尔对贝尔的表现非常满意，说："我们决定每年支付6万美金的年薪，每月3000美元的补助。"并进一步提出，要求贝尔打入美国国防尖端研究工程署——主管美国武器领域的重大科研项目的机构。保尔不允许贝尔有任何异议，因为他们牢牢控制住了贝尔的家人。为了不让新家庭再次遭受劫难，贝尔不得不执行这个龌龊的卖国计划。

毫无疑问，贝尔定是恨死了他的邻居"好友"扎哈尔斯基，不愿意执行这个计划，但是他毫无反抗的力量，更无法逃脱掉波兰情报部门的掌控。

东窗事发，核武专家锒铛入狱

1980年夏天，作为贝尔和波兰情报局之间纽带的扎哈尔斯基发现自己已经受到了美国中情局和联邦调查局的监视，但并不知道贝尔是否暴露，他要求二人之间的接触不要直接涉及任何与情报相关的言语和行为。贝尔当然也开始了警惕，是年8月30日，二人照例外出打网球，中途扎哈尔斯基突然停下来，向附近的停车场歪歪头说道："看，他们就在车里盯着呢。"贝尔没有接受过跟踪和反跟踪训练，在他看来这周围没有任何可疑迹象。于是，这位可爱的技术专家拿着球拍径直向那两车走去，并大声喊道："嗨，你们是什么人，在这里干什么？"不按规矩出牌者，让车里的两位跟踪者不知所措，悄悄地摇起车窗。贝尔见没人理会，竟然回家取相机将这一幕拍了下来，这时坐在车里的跟踪者已然消失，而那部相机也在贝尔打网球时不见了踪影。

贝尔一直没有停止自己的间谍行为，在他被监视的那个夏天，他先后窃取了许多绝密技术资料，如美国巡航导弹视频相关器的设计图纸、Tow反坦克导弹的改进方案、两个轻型战术航空电子系统以及隐蔽全天候枪炮系统的设计图纸，等等。

10月的一天，贝尔来到捷克斯洛伐克边界附近的奥地利小城林茨，与他接头的是保尔的那位助手。在咖啡馆交接情报时，贝尔观察到一个大块头一直紧跟着他。保尔的助手看出了贝尔的异常，解释说，那位大块头是自己人，是保护贝尔安全的。有惊无险，贝尔悬着的心终于放下。

1981年4月22日，贝尔按照事前约定到了日内瓦，在苏联驻日内瓦使馆附近的雅利安人博物馆门前，他见到了另一位接头人。贝尔这次携带的情报是安静雷达的设计说明书，这种雷达发射的电波可以逃过敌军的探测，它将被安装在B-1型轰炸机和更新进的"偷袭者"轰炸机上；还有F-15型战斗机的"俯视击落"雷达系统的设计说明书。战斗机一旦使用这种雷达，就可以居高临下地发现并摧毁飞行极低的飞机或导弹。这次他的酬劳是7000美金，他们约定下次见面地点是墨西哥城的人类博物馆。值得一提的是，这次与贝尔接头的不是波兰情报部门的人，而是克格勃从莫斯科派去的高级特工。

克格勃第一管理总局徽章

冷战期间，苏联是社会主义老大哥，波兰作为苏联的附属国，多数的情报资料都要上交给苏联。而正是因为潜伏在苏联的美国中情局间谍获知了这些绝密资料被贝尔从美国窃取，才最终导致了贝尔的暴露，使其被列入了美国中情局的间谍名单。

从1981年初开始，贝尔与暗中保护他的克格勃落入了中情局和联邦调查局的监视视线。6月23日，美国联邦调查局在休斯公司秘密逮捕了贝尔，仅仅6个小时的审讯，贝尔就交代了一切，并且表示愿意协助联邦调查局搜集扎哈尔斯基的罪证。仅仅5天后，贝尔用联邦调查局的窃听器，录下了自己和扎哈尔斯基的一次秘密谈话。最终，扎哈尔斯基也落入大狱。

根据联邦调查局的统计，由贝尔提交给波兰与苏联的所有资料包括：F-15型战斗机的俯视击落雷达系统、B-1型轰炸机和"偷袭者"轰炸机"安静"雷达系统、坦克上使用的一种全天候雷达系统、美国海军的一种实验雷达系统、"凤凰"空对空导弹、一种先进的舰载监视雷达系统、"爱国者"地对空导弹、拖带潜艇声呐系统、一种新式空对空导弹、改进了的集式地对空导弹以及北约组织中的一种防空系统。并在清单中说明："这些尖端的技术资料泄露给对方，使得美国及其盟国在获得现有武器和未来先进武器系统方面受到威胁。波兰政府和苏联政府在获得这些情报资料之后，将使他们的军事科研工作节省数十亿美元，因为在得到这些资料后，他们便能在很短的时间内应用美国现成的设计，把制造出来的军备设施投入使用。而且，他们还可以利用已经获得的技术说明书来发展他们的军事防御系统。"可见，贝尔的间谍行为，给美国的国防事业带来了巨大的打击。

1981年11月14日，洛杉矶联邦法院判处贝尔8年有期徒刑，东窗事发后的武器专家只能在监狱中惨度晚年了。

"南瓜"爆炸秘密

众所周知，美国是最先研发出原子弹的国家，而第一次使用原子弹是美国将两颗原子弹投于日本的广岛和长崎。但是苏联人在4年后的1949年8月29日凌晨就在哈萨克斯坦共和国境内的额尔齐斯河南岸的巨大荒原上引爆了自己的第一颗原子弹，巨大的蘑菇云顿时让美国人震惊了：苏联怎么这么快就凭自己的力量成功研制出原子弹呢？这使美国人十分疑惑。他们开始怀疑苏联人从自己这里窃取了核心技术资料，但是苦于一时找不到证据。

谁是间谍

美国人的疑虑是有理由的，因为社会主义苏联在二战后短短几年之内就成功研发出原子弹，成为世界上第二个拥有核武器的国家，简直不可能。因为苏联在二战中损失惨重，他们根本没有精力去搞这些让人更头疼的科学研究，他们现在还在集中精力对残败的国家进行着重建。

其实，苏联人是通过与一个美国曼哈顿工程的科学家合作才拿到的关于原子弹研发的机密情报。这位科学家就是埃米尔·克劳斯·尤利乌斯·富克斯，换句话说，他是名优秀的苏联间谍。

1911年12月29日，富克斯出生在德国达姆施塔特附近的一个小农庄。他天资聪明，而且十分好学，成绩一直很优秀。长大后，他先后在莱比锡大学和基尔大学攻读数学和物理学。大学期间，加了德国共产党。当时的德国正值纳粹肆虐，他经常和纳粹分子发生冲突，有一次他就被一群纳粹分子暴打后扔到河里，几乎被淹死。不久，他的父亲就被纳粹分子抓进监狱，母亲和妹妹被逼自杀，所以他年轻时就对纳粹恨之入骨。

1933年2月27日晚，纳粹分子鼓动群众火烧国会大厦然后嫁祸于共产党，使得大批共产党人蒙冤入狱。作为共产党员，富克斯只好退学，转入地下，四处漂泊，居无定所。但是德国共产党非常欣赏他在物理方面的才能，支持他到英格兰去留学攻读物理学，希望有一天能够用到他学到的知识来建设新德国。经过半年的苦苦挣扎，富克斯终于决定前往英格兰读书，在同志的担保下，作为难民踏上了英格兰的土地，这位充满理想和憧憬的年轻人开始了自己新的征程。

很幸运，富克斯被英国布里斯托尔大学录取了。内维尔·莫特教授对富克斯十分喜爱，不但帮助他免除了所有的学费，还帮他申请了一份奖学金。富克斯知恩图报，在校期间勤学好问，每天孜孜不倦地吸收着新知识。他不但学习刻苦，还具有超人的科研能力，肯吃苦，学习成绩一直很优异。4 年后，富克斯获得了数学物理博士学位。1939 年，他又在爱丁堡大学获得了理论物理学博士学位、卡耐基研究奖学金，毕业后留在了爱丁堡大学任教。

二战爆发后，由于富克斯的德国人身份一直没有获准加入英国国籍。作为敌对国公民，他多次受到英国安全部门的审查，纳粹分子火上浇油，写信给英国当局，告诉英国安全局富克斯是德国共产党员。幸运的是富克斯在英国期间潜心于科研，为人忠厚老实，人缘也不错，关键是英国当局没有查到他与共产党人有瓜葛的有力证明。他在一段时期内免于被拘捕。

1940 年 5 月，他仅作为纳粹德国的公民被押送至加拿大的魁北克。好像上天在眷顾这位年轻的科学家，装着富克斯档案的邮船触到德国鱼雷，沉入海底。这样，再也没有人知道他的底细了。1940 年冬天，他的恩师一再向英国当局请求，让富克斯回到爱丁堡大学工作，不久他就回到了刚刚离开半年的英格兰。

几个月后的 1941 年春季，富克斯受邀参与"某种特殊性质的工作"。经过一段时间的审查程序后，富克斯顺利地进入了这个科研团队，开始原子能的研究工作。当然开始工作前，他签下了《保密协议》。为了能够更好地为科学家们服务，英国政府成立了一个叫作"合金管"的公司。在公司董事会董事、战时内阁成员约翰·安德森爵士的保荐下，富克斯 1942 年 8 月7 日，加入了英国国籍。

其实富克斯的共产主义信仰从来没有动摇过，就在他加入英国国籍的那年年底，他就开始为自己神往的社会主义苏联提供机密情报了。富克斯敏锐地观察到，这个时候的国际关系十分复杂，社会主义苏联的处境更是凶多吉少。西方资本主义同盟国在设法引导德国同苏联以死相拼，而他们在等着坐收渔利。失去亲人的痛苦让他对纳粹分子的仇恨与日俱增，他毫不犹豫地为苏联方面提供了他能够得到的一切情报。他主动找到苏联大使馆亚历山大作为他的接头人，向苏联提供了制造原子弹的主要元素为铀，以及利用同位素气体扩散法原理所得的数据等关于原子理论的基础理论信息。

1943 年 11 月，富克斯申请加入曼哈顿工程并顺利通过了美国方面的严格审查，同美国政府签订合作协议，成为其中的核心成员。他在这个项目中负责一座大型气体扩散工厂的设计和施工，他利用工作之便搜集了大量的关于原子弹的核心技术机密。并将这些信息通过苏联大使馆的雷蒙德传递出去。雷蒙德其实是一位生化学家，更是名久经考验的间谍，他的真名是哈里·戈尔德。

1944 年 6 月，富克斯将刚刚搞到的有关制造铀原子弹的实际设计图交给了戈尔德。一个月后，他又将自己补充的原稿委托戈尔德带给了苏联。其中包含着一份苏联一直想得到的关于橡树岭制造厂及其设备的详细数据分析报告，他还对核物理运算的计算机进行了数据分析，将数据分析报告一并交给了苏联。接着富克斯又将钚弹的设计和制造方法提供给了苏联，这些情报大大地提早了苏联成功制造原子弹的时间。

1945 年 7 月 16 日，美国制造的原子弹试验成功，世界上杀伤力最强的武器诞生了！

同年 7 月 24 日，在波茨坦会议结束后，罗斯福的继任者杜鲁门总统故意装成不经意地告诉了苏联领导人斯大林美国成功制造原子弹的消息，斯大林十分稳健地侧目看了一眼杜鲁门继续自己的事情，好像根本不在意美国到底研究出了什么武器。在远东战场上，美国向日本的广岛和长崎投放了两颗刚刚研制出的原子弹，全世界都看到了这种武器的巨大威力和杀伤力。斯大林内心已经无法平静，他发誓要打破美国的核垄断，下令不惜一切代价也要将自己的原子弹试验成功。

1945年底，斯大林给苏联的核弹研究起名"鲍罗金诺"，而"鲍鱼金诺"是俄国古代的战场。自此，上千名苏联专家全心地投入原子弹的研发工作。富克斯的情报总会在科学家遇到难题时提供巨大的帮助。1946年底，苏联人建起了第一座核反应堆，并成功试验成功了控链式核反应。9月19日，富克斯把美国原子弹的尺寸、装填物质、制造、引爆以及在引爆现场观测到的情景及测量数据发给了苏联的"鲍罗金诺"。就这样苏联人用美国人的劳动成果为自己的科研服务，科研进度大大提升，成果喜人。苏联科学家们个个如有神助，个个兴奋不已，不知疲倦。1949年春天，"南瓜"制造成功，当年的秋天苏联人的第一颗原子弹"南瓜"试爆成功。

纸包不住火

1947年6月中旬，富克斯完成洛斯阿拉莫斯的工作，在向美国政府汇报完工作后，从蒙特利尔乘飞机回到英国。在英国，他的新角色是哈威尔原子能研究理论物理研究部主任。富克斯是个无所不能的科学家，在温斯克尔反应堆、扩散工厂或核电站都能见到他的身影，他还是有关销密政策问题委员会委员。哈威尔的领导人对他十分重视，认为他具有很强的科研攻关能力。

但是回到英国后的富克斯向苏联提供的情报越来越少。1949年以后，富克斯就停止了和苏联的联系。富克斯平日里为人蔼可亲，平易近人，又是个热心肠，所以大家都很喜欢他、尊敬他。他也安心地为哈威尔工作，等待着退休，靠退休金颐养天年，然而纸最终还是没能包住火，事情最终还是暴露了。

苏联的"南瓜"爆炸成功后，美国人的盟友英国人就开始派遣间谍进行秘密的调查行动。美国联邦调查局谍报科科长利沙·怀特逊和最熟悉克格勃对曼哈顿工程渗透活动的助理科长比尔·希兰尼根、伯特·特纳、埃默里·格雷格和罗伯特·丁·兰菲尔展开调查，他们一丝不苟认真地排查任何可疑的信息，很快就发现了苏联人盗窃原子武器资料的线索。但是这时，他们还没有怀疑到富克斯。

直到1949年9月中旬，事情发生了转机。英国人的调查组破译了苏联克格勃1944年的电报，并从中发现一条令他们十分震惊的信息。电报的主要内容是介绍气体的扩散，还提到了提取标准铀用到的决定性技术。他们由此断定，曼哈顿工程科研所内的英国专家里一定有苏联人的间谍。兰菲尔敏锐地感觉到了事情的严重性，他仔细查阅了当初能够接触到与电报内容相关学术论文的人员名单，在搜集中的名单中他们发现了这个名字——富克斯，而他正是英国派遣到马哈顿工程的科学家。他找到纳粹档案，这份档案里称富克斯是德国共产党员。此时的富克斯对自己即将到来的杀身之祸浑然不知，仍在平静地工作，安逸地享受着天伦之乐。

由于时间久远，调查组很难取得证据来证明富克斯就是泄露美国核军事技术的苏联间谍。于是，英国委派军情五处的审讯专家威廉·斯卡棠执行这次任务，威逼利诱，使富克斯招供。这时的富克斯已经被逮捕，在审讯室内，斯卡棠叼着大烟斗，用冷峻的眼神看着富克斯，他并没有直接切入话题，而是和富克斯拉起了家常。慢慢地，他们开始谈到了核心话题，斯卡棠暗示富克斯，军情五处已经掌握了充足的证据，足以表明他就是苏联人的间谍，希望他能够主动坦白。狡猾的斯卡棠向富克斯表示，他理解富克斯的行为，因为原子弹威胁到了整个世界的安全，这么厉害的武器只有美国人掌握是不合理的，只有当很多国家同时拥有时才能实现世界上国际力量的均衡。斯卡棠的煽情策略在富克斯身上起效了，富克斯最终交代了自已将核技术资料窃取交给苏联人的间谍行为，同时他表示并不后悔这么做。

1950 年 2 月 2 日，英国政府对富克斯提出公诉，法院认定他触犯了国家秘密法，他被判处 14 年徒刑。不久，戈尔德也锒铛入狱，他要在监狱里待 30 年。同年，富克斯被剥夺英国国籍，富克斯在写给国籍委员会的信上说，他是哪国人已经不重要了，从被捕那一刻起，他就一直在和有关当局合作。最终，富克斯保住了自己的英国国籍！

1959 年 6 月 22 日，表现良好的富克斯获得减刑，提前释放。在英国警察的保护下，他回到柏林，申请德意志民主共和国国籍并得到批准。同年 8 月，回到德国后，民主德国任命富克斯博士为东德核物理研究所副所长，负责核反应堆的研究工作，已逾花甲之年的富克斯又开始了自己所钟爱的物理科研事业！

他和他的初恋情人格蕾塔·凯尔松走入了婚姻殿堂，真正地开始享受天伦之乐。1979 年富克斯退休，1987 年安静地闭上了双眼。直到苏联解体后的 1993 年，原来的科学家们才公开承认，富克斯提供的情报为苏联制造第一颗原子弹做出了巨大贡献。相信富克斯在天堂听到这个消息也能安息了！

高空镜头下的苏联导弹基地

美国和苏联成为二战后两个超级大国，美苏争霸成为 20 世纪下半叶全世界国际关系的重头戏。20 世纪 50 年代，美苏的军备竞赛打得不可开交，双方互不服气，摩擦不断。而在导弹技术方面，苏联是毫无置疑的世界第一。不服气的美国试图通过间谍卫星监视苏联的导弹基地，但是他们无法确定导弹基地的具体方位，他们求助于法国。就这样，一场惊心动魄的间谍战再次上演！

计划不如变化

这个时期的国际关系错综复杂，但是大体可以分为两个阵营：一方是以美国为首的资本主义阵营，另一方则是以苏联为首的社会主义阵营。两个阵营之间几乎没有任何的来往，在政治、经济、军事上都是完全对立的。

当时西方国家与苏联通航的只有法国。法国航空公司通过与苏联航空公司谈判开通了一条由巴黎开往莫斯科的航线，他们使用的是法国快帆式飞机。正是因为法国人拥有一条通往自己死敌苏联的航线，美国人才会想起借助法国的便利条件去获取苏联导弹基地的情报。

1953 年 5 月，美国国防部和中央情报局联合组建了一支特别小分队，并与法国人皮埃尔·布尔西科所带领的小组进行了秘密会谈。会谈中，美国人开门见山，明确地说明来意，他们要借助法国飞入苏联的班机，在他们的班机上拍摄苏联导弹发射基地的图片，当然美国会和法国分享这些珍贵的图片。作为美国最亲密的盟友之一，法国人当然不会拒绝自己阵营里的老大，于是法国人很痛快地答应了，并授权得力干将第七处处长勒鲁瓦具体负责协助。

事情并没有这么简单，苏联人为法国的客机划定了十分狭窄的空中航道，任何离开空中走廊的行为都将视为违规而受到严惩。老道的勒鲁瓦意识到这次的任务并不好做，需要动些脑筋才行。勒鲁瓦先将法国航空公司在苏联的航空走廊地图交给美国人，请美国人设定具体的检测区域，然后向美国申请了当时最先进的摄影器材以及彩色胶卷，因为这些设备法国是没有的。

拿到美国人提供的摄影器材，勒鲁瓦就乘飞机在巴黎上空试验了一把，他在不同的高度拍摄不同的景物，以检测拍摄效果。意外的是，法国人竟然找不到冲洗照片的地方，是啊，他们没有见过这种高级摄影设备，更不用谈去冲洗胶卷了！勒鲁瓦后来才得知，这些胶卷需要交给美国人，由美国中央情报局负责冲洗照片，法国得到的只是冲洗后的底片而已。勒鲁瓦敏感的职业习惯告诉自己，美国人绝对不会将到手的鸭子分给法国人的，他们绝对不能让美国人控制住这次行动的一切，自己一定要把握主动权。于是，他表面应承，暗地里却遣人去寻找能够冲洗胶卷的药剂。

中央情报局徽章

勒鲁瓦请来柯达公司研究胶片的技术专家，委托他们精心研制彩色胶片的显影剂。可是还没等研制成功，自己的上司布尔西科就催促赶紧执行这次任务。勒鲁瓦只好按照指示，开始准备这次高空拍摄。

在高空摄影师的选择上，勒鲁瓦下了大力气。他从法国飞行员中精心挑选出3位，他们是第七处的兼职情报员，曾为勒鲁瓦提供过许多有价值的情报。但是，他们毕竟不是专职的情报员，如果他找到的3位飞行员其中一个拒绝执行这次行动，那么整个计划都将被泄露，这个策划已久的计划就会被放弃，这当然不是勒鲁瓦想看到的。

就在勒鲁瓦举棋不定的时候，法国航空公司出现了问题：罗尔被指控向苏联人泄露了法国的全天候着陆系统的核心技术，目前已经被军事法庭关押在秘密的看守所。勒鲁瓦突然想起，罗尔曾经是一位优秀的飞行员，他曾经主持和苏联人的谈判，正是经过他的努力才实现了法国和苏联的通航，使得法国航空的业务扩展到了东欧，也正是由于他的努力，苏联人才同意接受使用法国的快帆式客机的建议。经过勒鲁瓦的调查发现，真实的情况是这样的：苏联人对法国的快帆式飞机一直存在看法，他们认为法国的飞机遇到恶劣点儿的天气就不能着陆，这使得罗尔十分生气，为了能够证明法国的快帆式飞机能够在恶劣天气情况下能够安全着陆，挽回自己国家的颜面和尊严，罗尔特地乘驾了装有全天候着陆系统的新型快帆式客机飞抵莫斯科，这时苏联人无话可说了。罗尔为国家挽回了面子，却被国内部分人所怀疑，认为他故意将法国拥有的全天候着陆系统泄露给了苏联人。

勒鲁瓦还发现，真正泄露全天候着陆系统技术的不是罗尔，而是芬兰航空公司。因为，半个月前芬兰航空公司将两架装有这个系统的快帆式飞机转售给了苏联人。勒鲁瓦很快将他调查到的信息向局长布尔西科做了汇报。"如果罗尔真的泄露了国家的机密，那法国国家安全部门早就把罗尔绳之以法了，为什么一直这么关着他呢？并且法国政府至今没有将这一切公布于众，我们听到的只是谣言而已！"布尔西科认可了这个说法，他授权勒鲁瓦负责跟检察官罗贝尔接洽，具体商议罗尔的事情，经过罗贝尔和勒鲁瓦的一番接触，罗尔最终被从看守所中营救出来。

罗尔自然对勒鲁瓦感恩戴德，勒鲁瓦也趁机将自己的请求跟罗尔说出，他希望罗尔能够帮助他完成这次和美国人的合作，罗尔很痛快地答应了自己的救命恩人。几十分钟后，他就在已经挑选出的3位中找出了最优秀的机长托马斯。勒鲁瓦向执行任务的几位飞行员讲明了这次行动的危险性："这次行动存在很大的危险，你们完全可以拒绝执行。作为飞行员，大家应该知道苏联人一旦发现你们驾驶的飞机偏离了航空走廊，会采取什么样的行动。可能会机毁人亡，而我们却不会参与营救。请大家在行动前认真地考虑！"托马斯斩钉截铁地说："我接受任务！"然后定睛看了一眼自己的同事罗尔。托马斯建议将摄影器材藏在飞机的备用电台里："苏联人是不会去拆卸我们的电台的，如果这样我们的飞机就没有电台使用了。"勒鲁瓦眉头紧锁，思考了一会儿说："如果只有这个办法，那就这么执行吧！"

也算是成功了

飞机起飞了，勒鲁瓦丝毫不敢懈怠，命令托马斯在规定的拍摄地点拍照。当然，作为王牌间谍的勒鲁瓦绝对不会完全相信任何人的，他在飞机的驾驶舱安装了窃听器，随即监听飞行员的行动走向，以防计划泄露。

当天下午，太阳即将落山，法国人的快帆式飞机准时降落在布尔歇机场，等候多时的第七处特工们迅速登上飞机，取出窃听器，准备将备用电台内的摄影机取出，重新组装。下次飞机起飞将会更换机组人员，所以并不会留下任何可疑的迹象。胶片取出后，由专人护送到了美国华盛顿。几天后，美国人打来祝贺电话，称对拍摄的结果非常满意，就在这时勒鲁瓦请来的专家告诉他，彩色显影剂试验成功了！

勒鲁瓦没有将这个消息告诉自己的上司汇报，他决定带上摄影机重走上次的航程，并把拍摄到的胶片用研究出来的试剂冲印出来。当勒鲁瓦看到一张张清晰的照片时，兴奋得差点大叫出来。

美国人再次要求法国人执行任务时，法国人则携带两台摄像机起飞，一份胶片交给美国，另一份则自己冲洗出来。勒鲁瓦拿自己洗出的照片和美国寄回的照片对比，他发现，美国把具有关键信息的照片全都扣留，并没有像约定的那样全部交给法国。"幸亏我们有所准备。"勒鲁瓦心里暗自庆幸。

这次勒鲁瓦理直气壮地拿着自己搜集的证据走进了布尔西科的办公室，将美国人出尔反尔的事实向他进行了详细的阐述。布尔西科对勒鲁瓦的言辞并不信任，批评勒鲁瓦做事要谨慎，不要乱说话。这时勒鲁瓦感觉十分委屈，于是他将布尔西科带到实验室，将两套照片对比给他看，这时布尔西科才恍然大悟。他们请来美国中情局的负责人，现场为他展示着截然不同的两套照片，面对对方充实的证据，美国人十分尴尬，红着脸表示下次肯定不会这样了。

勒鲁瓦趁机声明：鉴于美国人在这次合作中背信弃义的行为，我们决定以后合作拍摄到的所有关于苏联导弹基地的胶片都由法国第七处负责冲洗，他们会将冲洗好的照片提供给美国人一份。美国人仍然不肯退步："彩色照片的冲洗技术只有我们美国才有，你们根本不可能完成这项工作，所以还是我们负责冲洗照片为好。"美国中情局代表仍然厚颜无耻地为自己辩解着。"我们已经完成了冲洗胶片试剂的研究，你们也看到了，我们冲洗的照片效果并不比你们的差，您再这么说，可就是在找理由为自己的过错开脱了。"勒鲁瓦据理力争地说。美国人再也没有脸面再争些什么了，只好默不作声。勒鲁瓦见美国人无计可施，心里想：美国人终于低头了！

托马斯所负责的拍摄小组慢慢熟悉了这种高空偷拍的工作，轻车熟路，他们慢慢积累下了越来越多的工作经验。在专家的建议下，第七处的特工们在飞机上安装了空气过滤器。当飞机飞经苏联上空时，可以采集到高空的空气样本。飞机到达巴黎后，特工会把这个仪器取下来，贴上封条和公章，由美国人送往德国的一个实验室做分析，以此来判断是否有从苏联核试验基地飘出来的颗粒物。不久这种方法就成了他们探测苏联人核试验的有效方法了。

常在河边走，哪有不湿鞋？意外还是发生了。法国人的最后一次飞行时，托马斯用惯用的伎俩对苏联人称自己的无线电定位系统出了故障，偏离航道50公里寻找自己要拍摄的目标，但是这次苏联人觉察到了破绽。几分钟后，几架苏联米格战机出现在托马斯的视线。米格战机是当时苏联空军用于作战的主要机型，它们成三角形队列将托马斯的客机逼回了航道，使其迫降，随即向法国政府提出外交交涉，称法国航班非法入侵苏联领空，并且要求法国政府正面回应此事，并给予飞行员严厉的惩罚，如果再有此类事件发生，苏联空军的米格战机将奉命开火。法国政府当然会正面回应此事，他们装成是一场误会，然后下令吊销了托马斯驾驶航班的执照，第二天托马斯就离开了法国航空公司。神通广大的勒鲁瓦也无能为力，因为他是一名间谍，任何时候都不能以真实身份出现，即使他站出来为托马斯开脱，不但帮不了他，反而会挑起法国同苏联之间的冲突，让整个法国蒙受巨大的损失。

托马斯离开了自己钟爱的飞行事业，但是他为法国的谍报工作做出了巨大的贡献，或许托马斯并不明白自己做的事到底有什么意义，但是他的功勋却是被勒鲁瓦铭记于心：在他为第七处工作期间，他们拍摄了100多卷胶片，对当时苏联的5个导弹基地进行了全景式的扫描，将整个玛格丽特导弹发射基地的发射场以及周围设施进行了细致的拍摄。美国人将这些导弹基地标记在北约组织的战略部署地图之上。从某种意义上讲，托马斯也是一名优秀的特工，只是他自己对这些并不知情而已。

波特兰谍影

波特兰本来是一个名不见经传的海边小镇。1954年，它被英国政府列为海军军事基地，从此之后这里就没有了往日的宁静。苏联克格勃间谍的身影开始在此时隐时现，成了这个小镇上的神秘风景线。随即，"兰布达二号"浮现，海军基地的机密文件不断被泄露……

风云骤起

二战结束后，美苏两国开始了针锋相对的较量，军备竞赛是两国竞争的重头戏，为了能够在技术上超越对方，他们无所不用其极，其中肯定少不了间谍战。

20世纪50年代，美苏两国展开了海上军事力量的竞争，而潜艇成了两个超级大国最为热衷的领域。苏联人励精图治，用了整整10年的时间建立起了号称世界第一的海下舰队——潜艇舰队。美国人不甘于屈居次席，借助诸多盟友的支持，在北大西洋沿岸进行了一系列的潜艇试验。英国作为美国在欧洲最为重要的盟友，承担起了整个欧洲潜艇的研发和试验任务，海边小镇波特兰被选中成了这个重要任务的执行地点。

为了能够实现美国在欧洲水下战场的绝对优势，时任美国总统的艾森豪威尔将军批准将自己研发核潜艇的全部方案转交给了英国，他们合作的最终目的就是成功研制一种更为先进的核潜艇，以遏制苏联人在欧洲水下战场的嚣张气焰。这种美英共同研发的核潜艇命名为"无畏战舰号"，他们期望这种潜艇将无畏于苏联潜艇的强大，英勇作战，夺回资本主义阵营在这个领域的优势。

之所以会选择波特兰作为潜艇研发和试验基地，英国人是经过仔细考虑的。波特兰虽然没有像伦敦、曼彻斯特等大城市的名气，也没有什么重要的旅游文化景观，但是这个地方位于英格兰岛的东南一隅，扼守英吉利海峡；这里是深水港口，利于大型舰船尤其是潜艇的试验；这里工业基础雄厚，造船厂、北约组织的秘密舰艇研发基地也安置在这里。聪明的英国人，早就看出了这个小镇得天独厚的优势，他们的目标是将波特兰打造成英国的潜艇基地。

1954 年，英国开始实施这个计划，两万多名工作人员陆续地转移到波特兰，其中包括了众多的舰艇专家、核技术专家，当然更多的是保护这些专家和基地设施的防卫战士。宁静的小城开始变得人头攒动，但是这些人却少言寡语，个个都像是训练有素的战士，只是他们没有身着军装而已。

苏联人得到这个消息后，绞尽脑汁地要破坏这个威胁到自己利益的计划。但是，他们思来想去只有使用克格勃这条路最为有效。于是，一项由克格勃间谍负责完成的谍战计划成功制订出来，一场没有硝烟的战斗即将开始。

苏联人深知"无畏战舰号"是针对自己游弋于大洋深处的 400 余艘潜艇的，他们也深知自己在潜艇上的优势只是数量上的，他们目前也没有成功地研制出杀伤力更为强悍的核潜艇。而英国人和美国人合伙搞的潜艇，他们直戳自己的痛处，他们研制的潜艇将会是更具技术含量，是以核能为动力的新一代潜艇。

苏联人启用了在英国潜伏达 5 年之久的王牌间谍朗斯代尔。1960 年初春，乍暖还寒，朗斯代尔一身绅士装束，走在伦敦沃尔杜夫大街上，街上熙熙攘攘，可是他的神经却紧绷着，谨慎地观察着自己周边的环境。这时，一辆银灰色的轿车停在他的面前，他抖抖披在身上的黑色风衣，上了车，直奔位于赖斯利普区的克兰莱德大街 45 号而去。

朗斯代尔，真名叫科农·莫洛德，出生于 1921 年的俄国，11 岁时被父母送往美国上学，居住在位于加利福尼亚的姨母家中。由于莫洛德在美国的成长经历，所以他的言行举止都像极了美国人。

1938 年，莫洛德返回苏联。回国后，他接受了苏联克格勃严格的间谍训练，并成为一名优秀的间谍，在数次间谍活动中屡立功绩，受到了克格勃领导的夸奖。1953 年，莫洛德借用朗斯代尔的名字，远渡重洋到了英国，开始了漫长的潜伏。至于真正的朗斯代尔，在二战中在苏联失去了踪影，只留下了一个加拿大护照，于是朗斯代尔就成为了莫洛德进行自我保护的"外衣"了。为了能够更好地完成任务，朗斯代尔特地赶往加拿大重新申请了能够证明自己身份的诸多证件，然后在加拿大生活了一段时间，保证能够了解和掌握加拿大的风土人情。来到英国后，他的掩护身份是经营唱片的公司老板。

汽车缓缓地停了下来，朗斯代尔从汽车上走了下来，轻轻敲了敲这户人家的门。开门的是瓦西里·杜达列夫，他就是朗斯代尔在英国的联系人。

"这次任务十分重要！"杜达列夫轻声地说。

"什么任务，您就说吧！"朗斯代尔也轻声地回答着。

"美国和苏联的关系可能会发生剧烈的变化，破裂在所难免！"杜达列夫停顿了一下，继续说，"这次的任务是前往波特兰与代号为'兰布达二号'的克格勃间谍取得联系，获取关于'无畏战舰号'的有关情报！"

"这次任务关系到苏联能否在接下来的海下军力竞争中取得优势地位，所以你们要精诚合作，尽量多搜集些关于这种潜艇的技术资料，包括方位测定仪、气味分析仪、冰眼……"

谁是"兰布达二号"

"谁是'兰布达二号'呢？"朗斯代尔疑惑地问了自己一句。

此时，朗斯代尔已经在前往波特兰的途中了。当他走出飞机场的时候，竟然有一对夫妻微笑着向他走来。"难道我还没有行动就被英国人察觉了吗？"朗斯代尔惊出一身冷汗。

"您好，我们是协助您完成这次任务的克格勃工作人员，我是彼得·克罗格。"然后又指着身边的女子说，"这是我的妻子海伦·克罗格。"没错，这正是苏联克格勃派来协助朗斯代尔的克罗格夫妇，他们居住在伦敦西区鲁斯利普镇克利路45号，他们持有新西兰护照，在伦敦做图书生意。其实，他们正是在逃要犯寇因和洛娜·特巴隆·佩卡，美国著名的1951年原子弹间谍案就是他们做下的案子。

伊丽莎白·姬

其实，杜达列夫在和朗斯代尔的对话中提到的"兰布达二号"指的是供职于英国波特兰海军舰艇研究中心的哈里·霍顿。此人十分好色，且好吃懒做，年轻时就参加反法西斯军队，在军队中算是老资格，但是他几乎没有战功，战场上听到枪声就吓得尿裤子。"二战"后，偶然一次机会他发现波兰紧缺盘尼西林，他通过黑市倒卖这种药品发了财。但是，一次在和一位妙龄少女勾搭时，他被波兰间谍组织拍下了照片。波兰间谍机关以此为要挟，将霍顿引向了间谍之路。

霍顿利用职位之便将许多重要的情报窃取，然后传递给了苏联。在工作中，他和一位老女人结识了，这个老女人就是伊丽莎白·姬。这个女人已经46岁，但仍过着单身生活，在工作中她负责整理海军新技术资料整理和试验数据的处理。霍顿为了能够从波特兰获得更多的情报，就刻意和这个老女人保持着密切的暧昧关系。

此时的霍顿身不由己，他以为自己的主子是波兰政府，却不知道波兰政府已经将他转交给了苏联克格勃，更不知道自己已经卷入了一场由苏联克格勃发动的间谍战之中。

当杜达列夫通过特殊途径将整个计划告知霍顿的时候，霍顿感觉有些突兀，但是他接受了这个任务，因为波兰政府已经将他卖给了苏联克格勃。在霍顿看来，他们两个主子，谁都惹不起。

行动失败

1960年6月，朗斯代尔找到了这位"布兰达二号"，他并没有直接表明自己的身份，而是试探性地问了几句就离开了。

"您是哈里·霍顿先生吗？我是美国驻英使馆海军武官，我叫亚历克斯·约翰逊！"霍顿并没有和这位不速之客握手，只是冷眼瞥了一眼："对不起，我不认识你！"

"哦，那您认识这几位吗？"这位美国军官随后说出了几位美国海军武官的姓名，"这次相信我了吧？"霍顿感觉有些怪异，却又说不出到底怪在哪儿。于是两个人就在相遇的酒吧闲聊了起来，聊天，聊地，聊生活，聊爱情……但最终他们将兴趣点落在了霍顿的工作上，霍顿不知不觉就透露给了对方不少关于潜艇和军舰信息，自己却迟迟没有怀疑坐在对面的人到底是谁。

"难道他就是苏联克格勃派来和我接头的人？"当天晚上，霍顿辗转反侧，难以入眠。没过几日，这位假装美国海军军官的人再次出现在他的面前。这次朗斯代尔直接向霍顿说明了身份，希望霍顿能够协助自己完成上级交给的任务。霍顿没有退路可走，只好答应了朗斯代尔的要求。

　　此后，每逢周末，在勃兰特小城的一家咖啡厅里就有三个人定时出现，他们就是美国海军武官约翰逊、潜艇基地的高级职员霍顿和他的女友伊丽莎白·姬。这位美国武官潇洒倜傥，挥金如土，充满了个人魅力，深得伊丽莎白的喜欢，而霍顿面对自己新任的上司，也是不敢怠慢。每次约见时，霍顿和伊丽莎白总能透露一些关于"无畏战舰号"的技术资料。经过一段时期的磨合，朗斯代尔确认这个由自己精心编织起来的间谍网值得信任的时候，他就对霍顿提出了更高的要求。

　　为了能够得到这位美国武官开出的大笔金钱，霍顿和伊丽莎白一次次将秘密情报传递给了这位"知己好友"。朗斯代尔将自己需要的情报分条目列在纸上，要求他的这两位朋友一一提供，他的这两位朋友也没有爽约，按时按量地完成了所有的任务。前前后后他们窃取的情报包括"无畏战舰号"及其他型号的技术参数集《战舰特征纪实》的影印胶片、英国皇家海军来往密令、波特兰基地的战略布防图，还有伊丽莎白从办公室偷偷带出的有关潜艇方位测定仪的 7 本数据记录册，这些都被朗斯代尔拍成胶卷带出了波特兰。

　　在波特兰的间谍网屡屡得手，英美两国的核心机密被一次次传到苏联。苏联人利用这些情报在潜艇的研发上并没有和英美出现落差，在某些技术上还超越了西方国家。苏联克格勃为苏联的国防建设做出了卓越的贡献，受到了苏联政府的嘉奖。

　　朗斯代尔在波特兰编织的间谍网犹如一道从高而降的瀑布，高处涓涓细流，山腰秘密汇集，待到断崖处一泻千里，十分壮观、美丽。霍顿和伊丽莎白是深藏于高山深处的细流，他们将情报一点点搜集起来；朗斯代尔是山腰处的小河，他将搜集到的情报加工、编织然后运输出去；当情报被传到苏联的时候，他发挥的作用就变成了瀑布般的壮观、宏大。他们几个人密切合作，交接过程严丝合缝，根本无懈可击。但是，人算不如天算，这么严密的间谍操作流程，也有出现疏漏的时候。

不完美的终结

　　1960 年春季，霍顿被波特兰海军安全部立案调查了。起初，调查他并不是因为他是苏联间谍，而是因为一封匿名信。

　　海军基地武器工厂的一个摄影师收到了一封匿名恐吓信，他怀疑这封信是和自己有过节的霍顿写的，因此向安全部举报了霍顿。案件的调查结果是写信的不是霍顿，但是霍顿肯定存在严重的问题。

　　安全部下结论的原因是，按霍顿的薪金收入根本不可能买得起法国太子汽车，不可能经常和伊丽莎白去豪华酒店度假，举办高档家庭酒会，更不可能买得起海边别墅。他的收入和他的身份形成了过于鲜明的对比，这不得不引起调查人员的怀疑，负责这个案件的霍金斯将实情向上级做了会报。

　　无独有偶，正在此时波兰间谍迈克尔·戈伦涅斯叛逃英国，他供认出了英国波特兰海军基地存在苏联克格勃间谍的秘密。这时，英国人才把霍顿和苏联克格勃联系在一起。

　　英国军情五局派出了一组特工负责对霍顿的 24 小时监视，他们发现霍顿的背后存在一个严密的间谍网络，而网络的中心是一个叫约翰逊的"美国外交武官"。每逢周末，霍顿都会带着自己的女朋友伊丽莎白去往一个咖啡厅和这位武官会面，然后彻夜长谈。经过调查发现，美国大使馆并没有一个叫约翰逊的武官，这个人的真实身份是加拿大商人朗斯代尔。于是，朗斯代尔也被军情五局纳入到了监视的范围以内。

　　特工们在朗斯代尔的家里、办公室、汽车里都安装了窃听设备，就连经常和朗斯代尔接触的克罗格夫妇也引起了他们的注意。

1961 年 1 月 7 日，英国军情五局决定捣毁这个间谍网，抓捕开始了。

当霍顿和伊丽莎白出现在滑铁卢大街时，朗斯代尔的车随后停留在了他们身后不远处的街边。随后，朗斯代尔下车与霍顿二人并行。就在这时，十余名穿黑衣的特工一拥而上将三人当场抓捕。就在伊丽莎白的挎包里，特工们发现了三本有关"无畏战舰号"的技术资料。同时，在伦敦西区的克兰利路 45 号，克罗格夫妇也被抓获。就这样，朗斯代尔编织的间谍网被英国军情五局捣毁。

在庭审中，霍顿声称自己被朗斯代尔胁迫才充当的间谍，并向警方提供了他本人以及他人的罪证，但是英国人并没有宽容这个为苏联克格勃服务的间谍。1961 年 3 月 14 日，英国高级法院判处朗斯代尔 25 年有期徒刑，克罗格夫妇被判 20 年有期徒刑，霍顿和伊丽莎白各被判 15 年。

判决一出，世界为之惊呼。英国人没有做好保密工作，让霍顿和伊丽莎白这样的臭肉坏了一锅的粥。英国在北约中的地位发生了动摇，不再被美国人和其他盟友信任。

1964 年 4 月，朗斯代尔被苏联以交换间谍的方式救出牢笼，朗斯代尔返回苏联，被当成英雄授以勋章。

1969 年，苏联克格勃用同样的方式换回了克罗格夫妇。

1970 年夏天，朗斯代尔因饮酒过度，逝世于苏联莫斯科，葬于苏联功勋间谍墓。1992 年圣诞夜，海伦·克罗格在莫斯科医院悄然离开人世，享年 79 岁。

1971 年，霍顿和伊丽莎白获释，一年后二人结婚。霍顿将自己的人生经历记录在《波特兰行动，一个间谍的自传》中。

"霹雳行动"与恩德培机场劫机事件

恐怖主义是当今威胁世界和平与稳定的一股邪恶力量，他们劫持飞机，暗杀政治人物，制造恐怖袭击……很少有人能够将恐怖分子和间谍联系到一起，但是在 1976 年的以色列就发生了摩萨德间谍与恐怖分子之间的角斗。

客机被劫

说起客机被劫，最为出名的肯定是基地组织 2001 年 9 月 11 日劫机事件，但是在"9·11事件"的 25 年前就发生过一次劫机事件，同样惊心动魄。在这次劫机事件中以色列摩萨德间谍扮演了一次解救者的角色。

1976 年 6 月 27 日下午，星期天，以色列内阁正在举行例会，总理拉宾的贴身秘书急匆匆地走到总理身边，低声在总理耳边说："一架法国航空公司的 A–300 客机在雅典起飞时被劫，飞机上有数十名以色列公民！"

拉宾迅速做出决策，他暂停了内阁会议，紧急成立了应对小组负责处理此事，摩萨德当仁不让，成为小组中的中坚力量。为了保护本国国民在境外的旅行安全，以色列政府经常安排以色列战士或者摩萨德特工乔装扮混进航班，这样还真破坏了几次恐怖的劫机行动。但是这种做法引起了许多国家的反对，这些国家认为这么做就是在告诉外国人不要到自己的国家来，告诉他们自己的国家是不安全的。所以渐渐地以色列人也就放弃了这种做法，但是意

摩萨德徽标

外还是出现了。

接到命令后的摩萨德间谍总部以最快的速度行动了起来，他们分兵几路改扮成接机的旅客家人，四处打探飞机的消息。

第二天凌晨，摩萨德特工传出消息说被劫客机飞往了非洲乌干达，降落在了乌干达首都的恩德培机场，他们于降落后释放了一名待产的妇女。很明显，这次劫机行为受到了乌干达人的支持。很快，以色列人就从新闻里得知，乌干达的独裁总统阿明向世界宣布"支持恐怖分子的英勇行为"。一时间，国际形势变得错综复杂。

6月29日下午2点，恐怖分子通过乌干达官方电台发表声明要求在两天内释放关押在以色列的全部巴勒斯坦恐怖分子。这时候全世界关注此事的人才明白，原来他们劫机针对的对象是以色列，实施劫机的是以色列人的死对头——巴勒斯坦人。面对恐怖分子的威胁，以色列总理拉宾要求应对小组尽快拿出解决方案，以营救被困的以色列公民。

直到7月1日凌晨，以色列人仍然没有找到一个万全之策，拉宾更是无计可施。最后，拉宾只能与恐怖分子进行正面谈判，并跟阿明通了电话。乌干达是一个弱国，根本无法应对和以色列的战争，这点阿明心知肚明。经过一番磋商之后，阿明决定做出妥协，他答应释放一名生病的老妇女，并将最后期限延长3天。

原来这次劫机行动是解放巴勒斯坦人民阵线领导人卡洛斯和哈达德共同谋划的，目的就是要营救被捕的恐怖分子。经过国际组织的斡旋，恐怖分子先后释放了148名人质。摩萨德特工们对这些被释放的人质进行了系统地询问，从他们那里得到了许多宝贵的信息。比如一位乘客就趁恐怖分子不注意拍摄了他们被关押地点的照片。

经过对已得到信息的分析，摩萨德特工们得出结论，参与这次恐怖行动的除了巴勒斯坦人还有德国恐怖组织巴德尔—迈因霍夫集团的温弗里德·伯泽。这几个恐怖组织头目选择了戒备相对松懈的法国航空的班机。他们在行动前做出了详细的计划：在以色列特拉维机场登机，蒙混过中途站雅典的安检，再将飞机开往早已谈好的乌干达恩德培机场。

乌干达是非洲最贫穷的国家之一，难民在人口中所占的比例为世界最高，其总统阿明是一个军事独裁者，性格乖张暴虐，对乌干达进行暴力统治。1971年阿明发动军事政变时，以色列还曾经为他提供支持。但是阿明根本没有知恩图报，当以色列拒绝为他提供更多武器的时候，他就和以色列断绝了外交关系。这次更是倒打一耙，将要挟以色列的恐怖分子收容在乌干达境内。

艰难攻关

经过调查，摩萨德特工们获悉飞机上恐怖分子的指挥官是德国人温弗里德·伯泽，而当飞机抵达乌干达坎帕拉之后指挥官就换成了哈达德本人。

为了保证这次劫机任务的顺利完成，温弗里德·伯泽精心挑选人员组建了恐怖小组，小组成员包括德国女子英格里·西普曼和两位巴勒斯坦游击队员。他们在巴林购买了飞往雅典的机票，并续订飞往巴黎的机票，其他两位成员乘坐其他班次飞机飞往雅典，到雅典后再换乘法国航空飞机前往巴黎，这样 4 个人就可以在由雅典起飞的法国航空飞机上会合了。他们在随身携带的箱子里藏下了手枪、炸弹等武器。

被劫持的法航飞机上共有 250 多名乘客和机组人员，飞机从雅典起飞时飞机上的人就超过了 300 人。由于在雅典登机的是中转旅客，所以他们的行李箱没有进行安检。当飞机准时在雅典机场起飞后 8 分钟，恐怖分子就开始了劫机行动。

一男一女突然从座位上跳出来，拔出腰间的手枪，同时亮出左手里的手榴弹。整个机舱里的乘客都惊呼起来，一位年长的妇女竟然晕倒了。机组人员闻声赶来，见此情况，他们也爱莫能助，愣在一旁。恐怖分子按照计划安排一名德国成员赶到驾驶舱，拿起麦克风："现在这架班机已经被巴勒斯坦人民解放阵线控制，请大家保持安静，我们会保证大家的安全！"这样，仅仅 4 个人就控制住了 300 多人的客机。每位乘客必须安静地待在自己的座位上接受恐怖分子"安全检查"，然后将他们随身携带的一切物品一并没收。检查完毕后，恐怖分子就给每位乘客蒙上了一块黑布，防止他们看到飞机周围的环境。

飞机缓缓地降落在某个机场，但是机组人员却假装播音员在广播里说："各位旅客请注意，我们的班机已经降落在利比里亚的班加西机场。"在这里，他们释放了一名待产的孕妇后再次起飞。机舱里的乘客都不知道飞机最终将飞到哪里，他们能做的就只有等待了，等待着有人来营救自己。

1976 年 6 月 28 日，飞机缓缓降落在乌干达恩德培机场，乘客们被一队举着冲锋枪的黑人押下了飞机。他们来到了一个陌生的地方，这里有些荒芜，没有什么高层建筑，没有现代化的设备，他们被关进一个大厅，由拿着武器的士兵看管着。

这些黑人对这些乘客还算友好，所以乘客们也没有那么紧张。6 月 29 日下午黄昏时分，一位军官模样的人对他们喊话说："我们已经向以色列提出了释放在押同伴的要求，如果在 7 月 1 日下午 2 点前仍没有得到答复，我们就会炸毁飞机，将所有人都杀死！"这时，在场的所有乘客才意识到这是一次恐怖袭击，而不是非洲旅游。恐怖袭击真的很恐怖，每个人都面临着生命危险！许多人被吓得哭哭啼啼，仿佛马上就要面临死亡一样，也有的人并没有胆怯，因为他们相信会有人将他们营救出去。

第二天，许多人质开始出现水土不服的反应，上吐下泻，有的甚至开始呕血。恐怖分子释放了 47 名妇女和儿童。剩下的这些人就等待着上天的判决了，他们渐渐习惯了这样被看管的生活，他们开始试着欣赏这异国的风景。最后通牒期限马上就到了，以色列人因为没有找到其他的方法解决问题，所以答应了同巴勒斯坦人进行谈判，经过双方的斡旋，将最后期限推迟了 3 天。以色列政府答应同恐怖分子谈判后，哈达德又释放了 100 名人质。

在接下来的 3 天里，以色列绞尽脑汁，他们曾经认为采取武力营救是解决问题的唯一方式。所有人都知道这几乎不可能实现，但是摩萨德决定迎难而上，再困难也要完成这项几乎不可能完成的任务。

"霹雳行动"

实际上，在得知劫机事件发生后，以色列摩萨德就已经做好了战斗的准备，摩萨德领袖霍菲已经将乌干达恩德培机场的全部详尽资料搞到，其中包括这个机场的平面分布图。早已安插进乌干达内部的间谍也正在待命，准备随时采取行动，救出被困人质。

7 月 2 日一早，阿明在机场露面，他大声叫嚣要求以色列尽快释放巴勒斯坦人，否则他们将会失去耐心。

面对不断变化的形势，摩萨德和以色列军方合作制订了行动计划，即"霹雳行动"，他们决定在 7 月 3 日晚上营救出被困的人质。他们很清醒地知道目前面临的困难是运送特工的飞机在长途飞行中需要中途加油，而这个加油地点的选择是至关重要的。霍菲想到的是肯尼亚首都内罗毕，因为近些年以色列和肯尼亚关系走得很近，以色列人也将自己的间谍网伸向了这个国家。

以色列摩萨德间谍的老朋友布鲁斯·麦肯齐是肯尼亚总统乔莫·肯雅塔的挚友，经过他的协调，肯尼亚总统同意将肯尼亚作为以色列飞机的"加油站"。但是，肯尼亚总统提出了一个要求，那就是以色列人救出人质的同时，必须摧毁乌干达的空军。很快，以色列就派遣了一个由 10 人组成的先遣队到达了内罗毕进行一系列的准备。以色列人将摩萨德特工和军人分成两批进入恩德培，一部分从天而降，另一部分则伪装成商旅游客混进乌干达。

万事俱备，只欠"东风"，而这次行动的"东风"就是指神不知鬼不觉地进行猛烈的偷袭。就在这时，一个美国中央情报局的特工差点儿毁了以色列的整个计划。当一名摩萨德特工飞抵内罗毕时，恰巧遇到了一个中央情报局的老熟人，这位老熟人热情地跟他嘘寒问暖，很显然美国已经看出了以色列人将有所行动，看来内罗毕被以色列人选中作为战略中转站了。美国特工想着从自己的老熟人那里套出点儿什么，而这位摩萨德特工早就在他喝酒的杯子里下了一剂猛药，让这位特工睡了一觉，这一觉就是两天。就这样，以色列将采取行动的相关秘密保守得严严实实，就连和自己沆瀣一气的美国都没有得到任何相关信息。

7 月 2 日晚，在以色列特拉维夫机场的一个废弃的机场里，以军开展了一次营救演练。演练由内塔尼雅胡中校负责指挥，他们将这个废弃的机场改造成和恩德培机场相似的布局，机场大小、出口入口的位置、使用的武器都尽量和现实中一样。以色列战士从运输机上空降到机场跑道上，然后迅速和已经提前到达的摩萨德特工会合，向关押人质的"机场大厅"进发。负责这次行动的以色列军队是戈兰旅，而内塔尼雅胡就是这个旅的军事指挥官。戈兰旅在海湾战争中屡获战功，内塔尼雅胡更是得到了以色列国徽勋章。在这次演习中，内塔尼雅胡指挥部队攻占了机场"行政大楼"，然后从大厅里救出了"人质"，并成功乘飞机逃离"乌干达国境"。所有参与到这场营救的人都深知这次营救的重要性，所以他们个个都使尽浑身解数，争取在最短的时间内结束战斗。

7 月 3 日清晨，以色列总理的办公室里所有的内阁成员都在等待着拉宾总理的指示，霍菲和国防部长在办公室里走来走去，并不停地叹着气，当然也有的内阁成员在一旁说着风凉话。内阁部长会议上，竟然有人低声嘀咕开了。

"这计划太冒险了吧，要是不成功怎么办？"

"这计划太荒唐了吧，这可是在拿几百条人命在做赌注啊！"

最终，内阁部长会议在少数服从多数的情况下批准了实施"霹雳行动"。紧接着，四架运输机准备完毕，通告可以随时起飞，两架波音 737 也即将到达内罗毕，行动总指挥肖姆隆准将乘坐就在这架波音 737 之上。以色列人还为即将被解救出的人质们准备了药品、食品、衣物……

在乌干达恩德培机场，一个个人质都已经精疲力竭，他们不知道自己还会在这个地方待多久，更不知道以色列军方即将展开武装营救行动。他们一个个紧挨着墙壁或站着或躺着，有的已经因为腹泻而轻度昏迷，而乌干达人给他们的食物仍然是撕不烂的烤肉和即将腐烂的香蕉。

晚上 23 点半，承载者近千名以色列战士的运输机在恩德培机场悄悄地降落了，而此时哈达德正在阿明的总统府里睡大觉。飞机上的战士乘坐的梅赛德斯奔驰车迅速冲出机舱，进入他们已经很熟悉的恩德培机场。很显然，机场的警卫人员已经熟睡，因为以色列人知道乌干达的军用雷达一到半夜就会关闭，所以他们能够顺利地在机场降落却不被乌干达人发现。

就在这时，一支乌干达巡警突然出现在指挥官的望远镜里，一位战士向指挥官汇报说："不好，我们被人发现了！""不要慌，继续按计划行事！"指挥官沉着地回答了一句。原来，在乌干达军方高层乘坐的汽车大多是梅赛德斯奔驰，以色列人以为用这种车去执行任务或许能够将乌干达人糊弄过去。谁知，这队巡警好像并不买梅赛德斯奔驰的账，他们远远地挥手示意停车接受检查。一名以色列战士举起冲锋枪将这十几个乌干达军人击毙，因为他们在枪口上安装了消声器，所以这次开枪并没有发出太大的声响。

紧接着第二架运输机着陆了，以色列战士在击毙两名乌干达军人后将观察塔上的灯光熄灭了，这时第三架运输机平稳着陆。在地面上接应的摩萨德特工已经来到了机场大厅的外围，准备抢攻机场大厅。

"我们是以色列军人，请大家卧倒，我们消灭掉这帮恐怖分子后就接你们回家！"指挥员约尼向大厅大声喊了一句。

这时一位女恐怖分子被子弹击中，应声倒下，她在倒下的一瞬间扔出了一枚手雷，手雷偏离方向冲着人质迈默尼飞去。迈默尼迅速躲闪，向卫生间方向奔去。这时，一名以色列战士举枪将其当作恐怖分子打死了。人质一片慌乱，四处乱撞。"卧倒，卧倒，都卧倒！"约尼再次大声喊了一句。这时，所有的人质都趴在了地板上，头上就是以色列战士和恐怖分子对射的子弹，"嗖、嗖、嗖"，子弹像雨点儿一样密集。挪动大腿的人质帕斯科·科恩被击中，抬头观看战斗的文达·博罗维茨中弹倒下。

很快，以色列人控制了整个机场，他们像在自己家一样在恩德培机场穿梭着，这里和他们演习时的布局几乎一模一样，他们也早已经熟悉了每一条通道，熟悉了乌干达人习惯使用的武器和战斗方法。约尼将兵力分为三部分，一部分驾驶装有火炮的战车负责阻击援军，一部分护送人质登上飞机，最后一部分则冲向了停在机场里的米格战机去完成答应肯尼亚总统的事情——炸毁乌干达的战斗机群。

所有的人质已经被护送上了运输机，但是战士们还没有全部归队。就在这时，忽然远处高楼上发出几声枪响，指挥官约尼被击中，倒在了血泊中，后经抢救无效死亡，他是这次行动中阵亡的最高级别军官。

当所有人质和以色列战士都登上运输机的时候，约尼在飞机上的"临时指挥部"发布命令：全体人员离开乌干达，炸毁乌干达的战斗机。然后，3架运输机纷纷呼啸着起飞，100多名人质解救成功。

经过戈兰旅将近一个小时的战斗，完成了外界认为不可能完成的解救任务。当运输机降落在以色列特拉维夫机场的时候，全世界都在为以色列人的英勇鼓掌。人们不得不承认，以色列人用自己的方式完成了对自己国民的保护，虽然在这次行动中出现了伤亡，但是这是不能避免的。

在这次行动中以色列军方参战人员只有约尼中校不幸中弹身亡，而人质则有5名丧生。当时75岁的多拉·布洛克正在乌干达的医院里接受救治，营救行动成功后，乌干达人将这位老人残忍地杀害了。

让人惋惜的还有在这次行动中立下汗马功劳的布鲁斯·麦肯齐，1978年他被乌干达特工炸死。

这场由摩萨德特工和以色列军方共同完成的武装营救任务，体现了摩萨德特工的军事作战素质，也向世界表达了以色列人的反恐决心。

攻陷巴黎

间谍在国际关系中的作用不容小觑，20世纪德国间谍的一个无心之举，引起了法国社会思想的大混战——德雷福斯事件。德军占领法国后，不顾及德国国内其他势力的反对，开始在法国境内编织密集的间谍网，试图将全体法国人民置于自己恐怖枪口的监视之下。

德雷福斯事件

德国在占领法国之前，在法国的间谍活动已经如火如荼地搞了12年之久，间谍活动真是五花八门，也是无孔不入。19世纪末20世纪初，法国的大冤案之———德雷福斯案在这样的背景下发生也就顺理成章了。而这里提到的"德雷福斯"就被当时的媒体称为"全世界最有名的人"。这个案件是德国人插进法国人心脏的一把隐形的利剑，这把剑对法国的摧残不亚于一场战争，或者它比一场战争带来的摧残更严重，因为它带来的是整个法国人民在思想上的迷茫；它无情地揭示了法国人标榜的人权的虚伪，使得法国的人心陷入了危机。它使得法国人开始内讧，削弱了法国在"二战"初期的抵抗能力。从某种意义上说，德雷福斯案的发生为德国侵占法国做出了巨大的贡献。

1894年，自作聪明的法国情报人员截获了一张寄给德国驻巴黎外交官施瓦茨考本的便笺，便笺没有署名，其内容是法国陆军参谋部国防机密情报的清单。经过一段时间的调查，一位嫌疑人浮出了水面，他是刚到法国情报处报名不久的实习军官阿尔佛雷斯·德雷福斯。德雷福斯是一个犹太人，而当时法国军界对犹太人十分排斥，因此陆军参谋部断定他就是罪犯，就是向德国人泄露法国国家机密的叛徒。法国军事法庭在没有充足证据的情况下强制宣判德雷福斯有罪，并且是重罪——判处终身监禁，这对年轻的德雷福斯来说，简直就是死刑。但是无辜的德雷福斯百口莫辩，不久，他就被流放到法属圭亚那群岛的一个荒岛上服刑，开始了高墙内的生活。

但是德雷福斯离开后，法国的重要军事情报仍然频频被泄露，军队内部开始有人对德雷福斯案有所议论，怀疑泄露秘密的人不是德雷福斯，或者另有其人。如果真是如此，那对德雷福斯的判决则应该重新看待。这个案子可能是不公平的，需要重审。有人甚至说："因为不只巴黎的民众，包括新闻界也早已认定这家伙有罪。听说社会舆论以及新闻界都高度赞同法国军方的判决，但是这样的审讯是不公开的，因此判决可能是不公平的。并且巴黎民众是不可能对自己不知道的事情表示赞同的。"（迈克尔·伯恩斯《法国与德雷福斯事件》）

不久，法国军情处的军官皮尔卡尔发现了真正的罪犯是匈牙利人埃斯特拉齐少校。在翻阅埃斯特拉齐的档案时，看到了他调往参谋部的申请，竟然和德雷福斯案中出现的便笺字迹十分相像，他开始对埃斯特拉齐产生了怀疑。耿直的皮尔卡尔把自己惊人的发现向副总参谋长贡斯汇报，并时常询问能不能重审此案。但是爱面子的法国军方极力地遮掩此事，不肯给出正面的回应。

1896年11月4日，皮尔卡尔被逐出了参谋部，调离本土去往突尼斯边境参加同阿拉伯人的战争。1897年4月2日，皮尔卡尔给突尼斯国王写了一封信，信奉写明："如果我不幸去世，请将此信交与共和国总统！"信写完后一直没有机会寄出，一段时间之后他回巴黎度假，才通过自己的挚友布卢瓦律师将信送出去，但是突尼斯国王并没有向这位地位低微的军官伸出援手。皮尔卡尔进入了漫长的等待，这一等就是半年多。

1898 年 1 月 10 日，军事法庭才对埃斯特拉齐一案展开庭审，但庭审的结果是，宣布埃斯特拉齐无罪释放。很显然这样的结果是人为操纵的，是不公平的。这样显失公平的判决引起了法国社会的极为不满。军事法庭第二次判决德雷福斯有罪后的第三天，左拉（法国著名作家，自然主义文学流派领袖）压制不住心中的怒火向总统发表了公开信《我的控诉》，登在《曙光报》上的头版，这在政界和文化界引起了巨大的反响，几十万份报纸很快被抢购一空。在这篇文章发表后，学生们为了替德雷福斯申冤纷纷走上了街头游行示威，为德雷福斯请愿。他们纷纷在《曙光报》上发表言论，为德雷福斯鸣冤。在他们的组织下，许多知识分子联名发表请愿书，其中就包括以后成为诺贝尔文学奖得主作家法朗士和著名印象画派作家莫奈。是年 2 月，法国以诽谤罪对左拉提起公诉，左拉因此被判入狱 1 年，交罚款 3000 法郎。《曙光报》的主编乔治·克雷孟梭四处找人为左拉求情。事态不断升级，社会各界纷纷响应，对德雷福斯案的不同态度竟然引发了法国政坛内部的政治势力之争，法国的政治团结开始出现裂缝，政治派系之间的斗争愈演愈烈。

1898 年 8 月，法国军情处军官亨利在社会舆论和良心的压力下公开承认德雷福斯罪行的材料都是他伪造的。入狱后不久，亨利就离奇地畏罪自杀了。第二年，法国资产阶级共和派借机煽风点火，打着维护共和和人权的旗帜重组了新政府，为表明自己的立场，新政府要求司法部重审德雷福斯案。奇怪的是，军事法庭仍判决德雷福斯有罪，只是服刑期变为了 10 年。直到瓦尔德克·卢梭任法国总理时，为了缓和政府和呼吁释放德雷福斯的社会各界人士之间的矛盾，他才提出了自己的解决办法：维持对德雷福斯的判决，但是以总统的名义释放德雷福斯，免去他的刑狱之苦。

1898 年 9 月 19 日德雷福斯重获自由，但是出卖国家机密的罪名仍然在他的头上扣着。直到 1906 年 7 月 12 日，国家最高法院重审此案，才撤销原判，判德雷福斯无罪。德雷福斯通过议会不仅重获军职和声誉，而且晋升为少校，而皮尔卡尔则成了准将，任克列孟梭内阁陆军部长。

这个事件是法国历史上著名的民族沙文主义案例，也是反抗民族歧视的经典故事，但是这个案件也给法国带来了致命的打击。持续 12 年的德雷福斯案，法国上下从总理到普通民众，教会、政党、军队里里外外都被撕成了两派，一派赞成重审，另一派反对重审。亲朋好友因争执而反目成仇，夫妻因意见不同而离婚。只要提及此案，到哪里都会是一片激烈的讨论。整个法国似乎在经历着一次巨大的政治灾难，也经历了一次思想的大蜕变，他们不再用虚伪的外衣进行掩饰，他们开始了赤裸裸地搞内讧。

这 12 年正是资本主义发展的黄金时期，而整个法国都将时间放在了内部斗争之上，根本没有精力发展经济，使得自己在即将到来的两次世界大战中先输掉了一步重要的棋局。德国人无心插柳，却搅得法国成了一锅粥，为自己赢得了对法战争的先机。看来，这位叫埃斯特拉齐的德国间谍才是整个案件的核心，也算是德国人无意间给法国埋下的重磅炸弹。

神秘女间谍

"二战"中，德国巧妙地绕过马其诺防线，迅速地占领了整个法国，盖世太保开始了对法国的统治。他们极力制造白色恐怖，对反德分子进行残酷的残杀和迫害。

盖世太保是德语"国家秘密警察"的缩写的音译。盖世太保由党卫队控制。它在成立之初是一个秘密警察组织，后加入大量党卫队人员，一起实施"最终解决方案"，屠杀无辜。随着纳粹政权的扩张，盖世太保发展成为无所不在、无所不为的恐怖统治机构。德国占领法国后，开始运用"盖世太保"来实现对法的强力控制。

最初，纳粹高层对盖世太保对法国的统治策略并不赞同，有些军队的将领甚至进行了坚决的抵制和抗议，于是希姆莱便和海德里希精心策划组织了一个特别行动小组，这个小组由20个秘密战警潜入巴黎的街头巷尾，构建成监视法国人的桥头堡，又伺机蚕食法国人的权力欲望。这个小组的负责人是赫尔穆斯·克诺亨，他是一名老特工，曾经参与策划过著名的"文洛事件"，还参与绑架过两名英国高级军官。这个人在德国间谍界小有名气，表现还算出色，又是个满腹经纶的高才生。

赫尔穆斯·克诺亨负责组建这个队伍，他在众多德国特工中认真挑选出20名比较中意的，经过一系列的训练之后，这个行动小组算是正式成立了，德国人在法国编织间谍网的脚步也开始了。从此之后，沦陷后的法国就被德国人编织的密集军警网络所笼罩。他们利用种种手段制造阴森恐怖的气氛，他们暗杀、威胁，甚至专门给犹太人建起了集中营，对犹太人进行残害、屠杀、焚烧，其残忍程度不堪想象。他们是警察，又是间谍；他们维护治安，却又制造麻烦；他们管制法国人的一行一言，自己却是肆无忌惮。

德意志民族是一个严谨又富有创造力的民族，当然这一点在谍报工作上也有很大的体现；德国人又是很懂得浪漫的民族，即使是杀机四伏的谍战之中也不忘加入浪漫的因子。在这硝烟四起战争年代，某一个夜色朦胧的夜晚，故事发生了。

一个白裙款款的妙龄美女，在高高的舞台上优雅地弹奏着美丽的音符，琴声荡气回肠，高低起伏，一曲奏毕，顿时掌声四起。或者这是在这个沦陷的国家里唯一给人们带来轻松感受的声音了，听惯了枪炮声的人们都投入地欣赏着这美妙的音乐，可谁知道就在这琴声背后却杀机四伏。

其实这琴声是德国人发明的一种传递情报的方式，德国人用自己的聪明才智在战争中巧妙地传递着神秘的信息，而法国人却陶醉于这些可能毁灭他们祖国的琴声。这位法国女钢琴家经常为盟军官兵慰问演出，并且经常通过电台传递她的音符。她是一个典型的法国美女，拥有高贵的气质，美丽的面容，优雅的举止，盟军的军官、士兵对她个个十分仰慕，有些高层军官甚至和这位钢琴家有着密切的暧昧关系，她就是通过和盟军军官的密切接触获取大量的军事情报，再通过琴声传递出去。她将情报通过特殊的母本编成乐曲，通过电台传递出去，另一方的纳粹德国则有专门的情报人员负责接收和解密乐曲所含的情报。这貌似天衣无缝的传递情报方式，被这位女钢琴家屡试不爽，盟军的军事机密就这么不断地涌向了德军。对于这位神秘的钢琴家，历史上并没有留下她的名讳，只知道她的代号是"X-27"。

盟军在战场上屡屡受挫，他们怀疑自己的军事机密被泄露了，于是他们开始怀疑到这位总是在战前出现的女钢琴家，开始了对她的严密监视。他们绞尽脑汁引导她露出马脚，甚至安排一个女学生以学习钢琴的名义和她密切接触，但是几乎发现不了任何破绽，因为这位漂亮的女钢琴家很少和可疑的人接触。老天不负有心人，终于有一天，盟军派出的女钢琴手在一次与女钢琴家一同午休时，听到这位"X-27"说的梦话，就这样，女钢琴家的一句梦话葬送了德国人的巧思妙想，葬送了自己的性命。

第五军情局追查"鼹鼠"

"鼹鼠"是一种并不凶猛的小动物，但是它擅长打洞，更是精于潜伏，最致命的是它的单兵破坏能力超强，是诸多大型动物所不能企及的。在世界谍战史上，英国第五军情局曾经于 20 世纪 50 年代开展过追查苏联间谍的"鼹鼠"行动，可谓精彩绝伦，笑料百出。

一波三折，查找隐身人

20 世纪 50 年代，英国的秘密情报局事端频发，他们将泄密的原因归结于潜入本国间谍机关内部的苏联"鼹鼠"。为了消灭"鼹鼠"，他们痛下决心，要在情报部门内部大张旗鼓地搞一次灭鼠行动。当时英国政府高层这么认为，只有将自己的"屋子"打扫干净，才能更好地去祸害别人的"屋子"。

为了能够完美地完成这次任务，英国政府决定各个情报部门密切合作，一举将这些"鼹鼠"消灭干净，于是英国人开始在自己的组织内部调查可能存在嫌疑的人。1958 年，美国中央情报局透露给英国情报部门这样的消息：英国情报机关内部潜入了两个神秘的苏联间谍，他们在英国情报机关中身居高位，却被英国政府信任。关于这两个人的线索，美国人还提供了一些零碎的信息，比如，其中一个潜伏于情报机关内部，另一个则在海军某部门供职；二者中有一个人年轻时在华沙从事黑市交易，后经过波兰政府的引诱，做了间谍；他现在的身份是海军情报局的职员；他名字的第一个字母是 H……

得到消息后的第二天，英国情报部门就责成军情五局处理此事。军情五局的特工们对照海军部花名册进行了仔细的审查、筛选并且找出了符合条件的每个人，最终他们将目光投向了这个人——哈里·霍顿。

他的档案里标明，霍顿在 1952 年曾经在华沙大使馆工作过，现在则成了波特兰水下武器中心的职员。军情五局紧抓线索，决定彻查霍顿的老底。

霍顿出身卑微，家境贫寒，16 岁时仍没读过什么书。二战开始后，他离家参加英国海军。军旅生涯中，他屡获战功，多次受到嘉奖。二战后，他工作于英国驻波兰大使馆，任职期间游手好闲、无所事事，成天沉迷于酒色，有时甚至在华沙街头酒后撒酒疯，一点儿不顾及外交官的国际形象。但是，此人能言善辩，心思诡异，鬼点子很多。当他看到波兰战后药品奇缺时，就运用职务之便走私了一大批青霉素药品，他捞到了一大笔财富。大使馆对他的行为无可奈何，只能强行将他辞退。混世魔王霍顿回国后混进海军基地工作，但仍然恶习不改，依旧我行我素，不务正业。他整天到外面花天酒地，和外面的野女人乱搞，从不着家，留下妻子独守空房。因此，他的家庭生活并不如意，经常和妻子打架拌嘴，霍顿的妻子对自己丈夫的生活作风一直非常不满。霍顿绝对没有想到自己的暴露是由于自己平时娇弱的妻子。

1958 年 5 月，霍顿又和妻子大吵一场，这是他那位可怜的妻子与自己丈夫交流的唯一方式了，可是霍顿却根本不领情，竟然和妻子大打出手。他老婆十分恼火，气急败坏地冲向海军基地找领导告霍顿的状，说霍顿经常把军部的机要文件带回家，然后复制，向外发送，请求领导给予他严厉的制裁。

海军基地开始派人严密监视霍顿的行踪。在监视过程中，他们发现霍顿生活极不检点，他每月都会带着不同的女友到伦敦游玩。他们还不知道其实霍顿只是借机和一个叫朗斯代尔的加拿大人秘密会见，然后将获得的情报传递出去。

朗斯代尔原名莫洛德，1922 年出生于莫斯科，7 岁时移居美国，朗斯代尔只是他的假名而已。真正的朗斯代尔才是加拿大人，1932年去苏联后，他的护照被苏联情报部门调包，而莫洛德则开始顶替他成了朗斯达尔。为了能够以假乱真，不被英国情报部门发觉，莫洛德先到了加拿大，然后去了美国，最后才来到英国。在英国，他竟然有模有样地做起了企业老板，并且生意越做越大，如日中天。但是，这位朗斯代尔生活作风过于混乱，经常在伦敦的风月场合鬼混，经常找看中的姑娘过夜。这些事情使得许多人非常不满，而苏联间谍欧洲总部也经常斥责他，他自己却毫不在意，继续我行我素，还肆意宣称：莫斯科总部同意他保持自己的为人风格。不知道是纯粹的巧合，还是上天有意地安排，这两位性情相近的人惺惺相惜，成了亲密的战友。

英国特工们继续对霍顿和朗斯代尔的行踪进行跟踪，伺机行动。同年8月27日，军情五局将朗斯代尔刚刚寄存于大波特兰街米兰银行的手提箱和牛皮纸包取走。在这些东西里，军情五局的工作人员发现了间谍专用的相机和一本《英文打字教程》。他们的职业敏感告诉自己，这本书肯定有问题，并且还在一个木碗里发现了藏着的7个打火机，打火机内部则是微型的发报密码本。军情五局的工作人员迅速复制了这些东西之后就潜伏起来，守株待兔，等待朗斯代尔露出马脚。

这一等就是一个多月，朗斯代尔终于露面了，他依然过着糜烂的生活，除了做生意他几乎天天在泡妞儿、约女人。两周后，被监视的朗斯代尔走进了伦敦莱斯利普区克利花园路45号克罗格夫妇的房子，而克罗格则是当地一个比较有名的图书经销商。军情局非常高兴，因为他们又挖掘出了朗斯代尔的一个巢穴。

数天后，朗斯代尔悄悄地回到自己先前的住所。计划周密的英国军情局特工们早已经住进了他的隔壁，并且在他家里的各个角落安装了窃听器。经过两个多月的监视和窃听，特工们终于掌握了朗斯代尔的具体通信内容，但他们没有急于进行抓捕，而是决定继续以朗斯代尔作为诱饵，钓出更大的"鱼"。不久，军情局就得到了消息，说朗斯代尔有逃离的迹象，看来是军情五局要采取行动的时候了。

1961年1月6日，霍顿在与自己女友一块儿闲逛，他们正沿着伦敦的滑铁卢大街上行走的时候，朗斯代尔突然跟了上来，与他们并肩而行。当朗斯代尔从霍顿女友手里接过包的时候，伦敦警察猛冲上去，将他们逮捕。

第二天，伦敦警察将居住于克利花园路的克罗格夫妇捉拿归案，这个间谍小组的所有成员貌似已经全部落网。

空欢喜，谍战并未结束

针对这两个"鼹鼠"嫌疑人的审讯真是颇费周折。朗斯代尔老奸巨猾，一言不发；霍顿则吓得就差尿裤子了，并且哭哭啼啼，支支吾吾。

故事的戏剧性总是让人哭笑不得，在审讯过程中，警察局和军情局发生了矛盾，这给整个案件的侦破带来了很大的麻烦。警察局长史密斯认为警察局的事情轮不到军情局指手画脚，而对于军情局再三强调的对此事保密，他更是抛到了九霄云外。他大肆宣传，说他的警察局捣毁了一个间谍网络。军情局赖特火冒三丈，煮熟的鸭子飞进了警察局的嘴里，功劳全被警察局捞走了。

但是一段时间之后，双方的矛盾开始慢慢化解，但事情发生了新的转机。军情局得到情报说苏联人早已经知道了朗斯代尔的暴露，但是他们并没有把他从英国撤走，而是主动把他送回到的英国。经过细心地比对，赖特发现：7月2日，军情五局发现朗斯代尔与霍顿接头，

11 日将注意力转向了朗斯代尔，17 日军情五局就对其开始了跟踪。若是情报传递至苏联需要一个星期，那日期恰恰吻合。"不好！"赖特差点惊出一身冷汗，苏联人早就知道朗斯代尔暴露了。他们在耍弄我们！那么，是谁泄露机密呢？事情愈发复杂了，看来这个藏在背后的家伙来头不小。

冷静下来后，赖特仔细回想侦破案件的过程，他认为确实存在许多的疑点。比如，9 月 2 日朗斯达尔将手提箱存进银行，以及后来军情局把箱子交给银行那天，苏联大使馆都在半夜与莫斯科进行联系，此前根本没有出现过这样的现象，这足以说明，苏联情报站在向总部汇报。第二，朗斯代尔作为苏联驻英国情报站站长，每月发给总部的电码量几乎是固定的，但是他回来之后便有了异常，电码量明显少了很多。赖特就此推断朗斯代尔早已知道了自己的暴露，但令人不解的是他为什么还要留在英国呢？最后，朗斯代尔被捕当天，苏联大使馆竟然几乎没有传出和总部进行联系的电报频率，两天竟然一点儿动静都没有，真是让人百思不得其解。种种事实表明，莫斯科和大使馆早已经预料到了事情发展的态势了。"难道他们两个的背后还有另一条更大'鼹鼠'？"赖特不由地倒吸了一口冷气。

看来，朗斯代尔和霍顿的主动暴露就是为了掩护这个"隐君子"的，还是苏联人技高一筹啊！赖特将自己的想法向上司进行了汇报，军情局的高层们自然不会赞同赖特的推断，因为他们认为军情局刚刚获得巨大的胜利，赖特竟然要泼上一盆冷水，真是扫兴！如果说"鼹鼠"藏匿于军情局，那么各个局长、副局长都在怀疑之列，这样就会给自己带来许多不必要的麻烦，他们谁都不想继续查下去。赖特见没人响应他的想法，只能打了退堂鼓。但是，他并没有放弃，他预感到军情五局内部的"鼹鼠"已然成灾，如果再不进行彻底的肃清，英国会遭受更大的损失。

谁是疑犯，难道是局长？

随着苏联间谍叛逃者的增加，英国人得到的信息也越来越多，"鼹鼠"的真相也渐渐开始明了。1961 年，叛逃到英国的苏联特工戈利钦交代说："苏联人已经完全渗透了军情五局，这点我可以肯定地说。"

赖特对这种状况十分担忧，并且开始暗地里调查军情五局里所有的工作人员，当其他人还在为这位苏联间谍的话语不屑时，赖特已经开始了自己的侦查计划，在侦查中他不断搜集与此案相关的苏联叛逃特工的口供，这为赖特提供了更多的破案线索。

根据戈利钦的供词，一个更为清晰的线索浮出水面。20 世纪 30 年代，苏联在剑桥大学招募了 5 人组成的间谍网，这就是盛传的"剑桥五人帮"。当然，牛津大学也是如此。此时，赖特根据已经得到的情报可以断定的是，叛逃英国的伯吉斯和麦克莱恩已经暴露，而拒不招供的菲尔比和布伦特也是 5 人中的成员，那么神秘的第五人会是谁呢？这成为一直困扰赖特的最大难题。赖特决定寻求秘密情报局局长怀特的支持，他又找到霍利斯，最终经过一番努力，他们获批成立了一个专案组，主要调查近 30 年来一直让英国政府头疼的苏联"鼹鼠"。赖特从反间谍处和秘密情报局挑选精兵强将，自己出任专案组长。于是，一场酝酿已久的"搜捕鼹鼠"行动拉开了序幕！

专案组的工作是秘密进行的，很少有其他人知道。他们将军情五局内部档案与资料为切入点开始排查，希望能够从中寻找到蛛丝马迹，同时他们没有放弃从那些叛逃西方的间谍身上寻找破案的有关信息。在翻阅资料的过程中，赖特发现了一个之前从没听过的名字——埃利。

1945 年叛逃的苏联驻渥太华大使馆翻译古曾科说过，苏联在欧洲有一个原子间谍网，还有一个叫作"埃利"的间谍。时至今日，原子间谍网已经捣毁，只有对"埃利"的侦查迟迟没有进展。虽然"埃利"有些像女子的名字，但根据赖特的推断，他应该是一个男人，并且极有可能供职于军情五局，身居要职。

这个"埃利"究竟是谁呢？赖特几经周折也没有得到任何与此相关的情报。经过多次对叛逃间谍的询问，他排除了菲尔比，情报显示的信息将赖特的注意力转移到了 F 处——专门保管档案的地方。赖特认识到，军情局内的所有人都有可能调阅档案，这样的话，所有军情五局的同事就都进入了他的排查范围。他有些后怕，担心自己的调查会引发军情局内部的混乱，他不能保证任何一个人是可靠的，更无法证明自己是清白的，最重要的是他无法做到不去怀疑别人。于是他决定继续进行隐蔽的调查，同时把有价值的情报重新拿出来分析研究，不到证据充足时，绝不会武断地认为自己的任何一个同事是间谍。

经过一段时间的调查，所有的情报竟然都把矛头直接指向了军情局的 BOSS——局长霍利斯。赖特此时心情复杂，又夹杂着些许的痛苦。如果局长是间谍，那么这个年代的英国秘密情报局将会没有任何机密可言，军情局的颜面也将荡然无存。但是，赖特的责任感告诉他不能手软，既然已经有了线索，那就应该彻查到底。赖特咬咬牙，跺跺脚，继续追查，他发现霍利斯就是处理古曾科的政府官员，霍利斯曾经亲自审讯过古曾科，就是在他审讯之后，古曾科说出了有关原子间谍以及藏在军情五局内部的"埃利"的惊天秘密。当时任军情 D 处处长的利德尔曾经对"埃利"做出种种推断，但却被霍利斯臭骂一通，当时赖特就不理解："霍利斯到底是怎么了？""原来如此！"此时的赖特恍然大悟。

不久，英国政府破译苏联间谍的电报为赖特提供了很大的帮助。1945 年 9 月，古曾科叛逃后，通信总部截获了一份内务部发给伦敦情报站站长克罗托夫的电报，电报上说加拿大的苏联情报机构出现了问题。不过奇怪的是，电报语气平和，不像是出事儿的样子。更奇怪的是，克罗托夫接到电报后就深居简出，将自己的对外联络次数猛然降低，这就是为保护自己的间谍网络而采取的保险措施。

赖特在军情六局查阅菲尔比档案得知，1945 年 9 月 18 日，菲尔比收到了一封来自加拿大的电报，内容恰恰是涉及"埃利"的。第二天，伦敦又给莫斯科发过一封加急电报，所使用的发报频率和菲尔比使用的是一致的，这很明显不是菲尔比发的。经过查阅莫斯科的回电发现，电报内容就是要求菲尔比关于他们在加拿大的事务材料与加拿大情报局商量一下，并且确认了菲尔比的消息是准确的。菲尔比已经担任军情六处处长 10 年，苏联间谍总部仍然对其不放心，这说明苏联克格勃一直在监视着加拿大的间谍机构，这就说明"埃利"的真实存在。这时，赖特终于略微有了些成就感，他决定一鼓作气，一定要搞定这个"埃利"。

紧接着，赖特又调查了沃尔科夫的档案，这位苏联驻土耳其领事馆的官员，曾经主动向英国政府表示愿意为英国情报机构提供线索，还曾经提过英国外交部内部有两名间谍，情报部门有 5 名，其中一名正履行着情报部门的领导职责。而后来叛逃的麦克莱恩与伯吉斯，证明了他的话没问题，而那名领导正是菲尔比，可是此时的赖特认为，大家都错了，这个领导应该是霍利斯才对！

迷雾散开，真相大白

为了证实自己的判断，赖特又搜集了更多的证据。

1953 年，英国海军情报局准备策反苏联驻日大使馆的拉斯特沃罗夫。经过一段时间的交涉，拉斯特沃罗夫提出要求被送往澳大利亚而不是英国，他说秘密情报局是一个被苏联渗透的地方，去英国的话早晚会陷入了苏联人的包围圈。然而，一场突如其来的风雪使得飞机改变航向飞往了新加坡。拉斯特沃罗夫以为英国人要杀人灭口，一下飞机就躲进了美国大使馆。他透露，他一个朋友曾经想叛逃，当他到达莫斯科后，迎接他的却是无情的子弹。这件事对拉斯特沃罗夫触动很大，他也担心同样的事情在自己身上发生。拉斯特沃罗夫所说确有其事，英国情报部门真有这样的苏联间谍存在着。赖特得知这个消息，马上去翻阅档案，结果发现负责此案的正是嫌疑人霍利斯。

为了自保，也为了能够一次性扳倒霍利斯，赖特决定继续搜集证据。赖特发现，霍利斯是20世纪20年代毕业于牛津大学的，但是他没有拿到学位。作为名牌大学的学生，他竟然没有拿到学位，混迹到上流社会去。通过调查，赖特发现霍利斯年轻时经常和左翼分子克劳德·科伯恩交往，而这个人和共产国际有着密切的关系。霍利斯会不会受这个家伙的影响呢？赖特深知，军情五局有这样的规矩：在处理熟人的关系时要写明与他们的关系，霍利斯在二战时就保存了科伯恩的档案，而且没有按照规定去做，这肯定是一个疑点。

1956年6月17日，赖特接到霍利斯的会见电话。赖特经历了一生中最长的半小时。霍利斯开门见山，几句客套话后便直接问赖特为什么怀疑自己是内鬼。这样直白的询问是赖特没有预想到的，赖特吓得脸色惨白，头脑一片迷糊，过了好久才醒过神儿来。究竟如何去说呢，或者还是不说的好呢？最后，赖特决定敞开天窗说亮话，把自己调查的证据和结果和盘托出，一五一十地都告诉了霍利斯。说完之后，霍利斯还问了一句："你彻底地认定我了吗？"对赖特的说法霍利斯并没有做任何的辩解，只是叹了几口气，否认自己是间谍。这次尴尬的会面就这么结束了，两个人都愤愤离去。

霍利斯过几天就要退休，见面之后就去打高尔夫了。但是专案组没有放过霍利斯，在专案组提交的调查报告中，其中一部分就是间谍嫌疑人名单，霍利斯就在其中，而另一部分则是指控的证据。一年后，军情五局就霍利斯的事情召开专门会议，新的局长琼斯拒绝执行这次行动，给出的原因则是害怕制造冤假错案，给秘密情报局造成损失。在1969年的重审过程中，霍利斯仍然倔强地不肯承认自己就是苏联间谍。4年后，霍利斯带着洗不脱的罪名郁郁而终。一年后，英国政府委托特伦德对这个专案组进行审查。特伦德查阅了专案组的所有档案，并且认定专案组的调查基本客观准确，但是证据不足，尤其不足以指控霍利斯的间谍罪。

直到1976年赖特从中情五局退休，这场引起轩然大波的内部搜查活动终于尘埃落定，但这个案件的谜底一直不为人所知。人们纷纷给出了自己的判断，但是年迈的赖特却很少对此事发言。直到他自己的传记《抓间谍的人》的出版，赖特才再次向世人宣称自己当时的判断是千真万确的。他把霍利斯刻画成了典型的苏联间谍，而霍利斯到底是不是间谍直到1985年才算是真正揭开谜底。

赖特给出的谜底并不准确，真正提供准确信息的是叛逃到英国的苏联间谍戈杰维茨基，他供认出："霍利斯并不是为苏联人服务的！"如此，那场追查内部"鼹鼠"的活动就成了军情五局内部自导自演的一场闹剧！而这些在敌国苏联看来，就成了饭后消遣的谈资了，或者他们心里暗喜：真正的"鼹鼠"并没有被抓住，抓鼠的猫自己先掐起来了！

东方列车失窃案

能够迷惑人心，取得信任，从而打入敌方内部窃取利于己方的政治或者军事信息，这是间谍工作的关键所在。然而也存在着这么一种能够成功地获取情报的方式，那就是"窃取"。在 20 世纪间谍历史上，有一个惊心动魄的故事不得不讲，因为它精彩绝伦，因为它曲折波荡，因为它发生在著名的"东方列车"之上。

第七处和勒鲁瓦

间谍影片《无间道》在中国风靡一时，可是片名"无间道"到底是什么意思呢？电影开头引用了《涅槃经·第十九卷》：八大地狱之最，称为无间地狱，为无间断遭受大苦之意，故有此名。可见做间谍要忍受莫大的痛苦。

在《孙子兵法》中的用间篇中，这样定义间谍：三军之事，莫亲于间，赏莫厚于间，事莫密于间。非圣智不能用间，非仁义不能使间，非微妙不能得间之实。孙武对间谍进行了系统的分类，这也是中国历史上最早对间谍进行的最早描述，他把间谍分为五种"间"：

第一种被称为"因间"，是利用同乡、亲邻关系进行间谍活动，俗称"乡间"。这里的同乡、亲邻指的是潜伏在敌人内部，并直接从敌人内部获取谍报的间谍活动方式。

第二种被称为"内间"，是利用敌人内部派别之间的矛盾进行间谍活动，它利用敌人中曾因犯错受罚或是被处罚者的子孙后裔及其受牵连的家族做间谍，故称为"内间"。

第三种被称为"反间"，就是利用敌人的间谍来进行间谍活动。

第四种被称为"死间"，简言之就是让间谍带着虚假的谍报、以必死的心态踏上征程。因此，"死间"常用犯罪的人做间谍，必要时可以牺牲间谍以达到本方目的。

第五种被称为"生间"，这是一种最理想化的间谍方式，即既达到间谍的目的又能保全性命荣归故里。

历经几千年历史的沉淀，全世界的间谍工作性质和分类方式都发生了翻天覆地的变化。二战后的法国更加认识到了情报工作的重要性，他们一改二战前的状态，对情报工作进行了系统的分类和严格的管理。他们将情报人员分为两种，一种是情报站和法国驻外大使馆的外交官，另一种则是义务情报员，他们不计报酬，仅仅是出于爱国才肯做这沿着刀锋走路的事情。

由于现有的两类间谍都存在着明显的缺陷，比如身份过于明显，容易暴露，或者过于分散，不利于管理，等等。为了能够做好情报工作，法国政府决定设立一个专门负责联络情报员的机构。这个提议为法国国外情报和反间谍局局长布尔西科所欣赏，他于 1951 年批准成立了第七处，主要负责搜集外国情报，由莫尔旺任第一任处长，勒鲁瓦任副处长。于是，一个制造谍战故事的机构出现了，一个举世闻名的谍战枭雄出现了，一段段惊心动魄的谍战故事也就诞生了。

勒鲁瓦出生于法国的布列塔尼，"二战"期间就参加了法国的特工队。德国占领法国时，他曾经出任伪政府的布列塔尼粮食管理局稽查员，但事实上他真正的身份是一名特工。在外衣的掩护下，他为法国流亡政府搜集了大量的情报。法国光复后，他加入了国外情报和反间谍局，并成为局里间谍工作的佼佼者。

在法国外情报和反间谍局局长布尔西科的大力支持下，勒鲁瓦以布列塔尼为起点，仅仅用了两年就在法国范围内构建起了一个严密的秘密情报网。他着手招聘人才，吸引了众多的爱国青年和有志之士。在上级的支持下，他还开办起了首期法国情报员培训班，这个培训班最后形成了一个培训学校，这在世界上都是第一次出现。

勒鲁瓦本身练就了系统化的间谍本领，并且他从不吝惜自己的本领，毫无保留地传授给自己的同事。他将撬保险柜、截取外国邮件、跟踪术以及投毒等技艺都传授给了自己信任的亲信们。他还注重对自己手下心理素质的训练，他强调严明的纪律，更强调严酷的训练。就这样，勒鲁瓦培训成功了一批出类拔萃的特工，他们各有所长，个个身经百战。

百密一疏，功亏一篑

在勒鲁瓦的领导下，第七处成功地窃取了许多国外情报，留下了许多惊心动魄的谍战故事。"东方列车"窃取案就是其中最为出名的一例。

1854～1896年，欧洲兴起铁路旅游热潮，坐火车旅行成了那个时代的时尚。"东方列车"应运而生。1883年，一列超豪华的火车从巴黎东站出发，直接开往伊斯坦布尔。"东方列车"装修精致，服务周到，获得了"轨道上的宫殿""列车中的贵人"等美丽华贵的赞誉。"东方列车"横贯欧亚大陆，从始发地巴黎出发，经过慕尼黑、维也纳等欧洲大都市，跨过阿尔卑斯山脉直达伊斯坦布尔。

故事发生时正值寒冬，冷风刺骨并且强劲，吹得人站都站不住。时而夹杂着些许的雪片儿，落在脖颈上，瞬间融化，寒意沿着皮肤直指心脏，让人不禁打个寒战。放眼望去，远处尽是皑皑的白雪，偶尔有几只不知叫什么名字的鸟儿慢慢拍着翅膀悠闲地飞过。雪后的巴黎，静谧而又寒冷，可是有些人根本没有心情欣赏。

法国情报局和反间谍局秘密行动组负责人勒鲁瓦已经在火车车厢附近盯了很久，他下意识地紧了紧裹在身上的棉大衣，等待着苏联那两个已经被发觉的信使登上3号车厢。这个秘密行动分局也叫第七处，其主要任务就是窃取来往的外交文件邮袋。第七处的情报员个个神通广大，思维敏捷，身手不凡，技艺高超。他们不是小偷，但是他们经常在偷东西；他们和其他情报员一样需要隐藏，但是他们隐藏得更具戏剧性。他们功绩非凡，他们能做到的那些正式的特工都望尘莫及。这次第七处全体出动，他们的猎物是苏联人口袋里的机密文件，并且势在必得。经过一段时间的观察，勒鲁瓦发现这几个护送文件的苏联特工十分警觉，对文件的保护工作做得也是天衣无缝，一时难以寻找突破点。

踏破铁鞋无觅处，得来全不费工夫。勒鲁瓦通过各种途径得知消息，芬兰政府正通过自己的特殊途径关注着苏联情报文件。经过仔细的探查，法国人发现原来是芬兰情报机关负责对这份秘密文件的转送，并且芬兰人每天都会发报通知苏联这份文件的具体动态。幸运的是，交给芬兰人的文件袋被赫尔辛基的一个外交官存在了法国航空的包裹寄存处，第二天才会随这名外交官一同出发上路。这就给了第七处的特工们充足的时间，他们有的是招数去弄到这份机密文件。于是，这帮"神偷"调动各方面的关系，试图将文件取出，借阅几小时。但是这样做杯水车薪，能够得到的有价值信息太少，于是他们决定尽快控制住苏联人的外交邮件。

不曾预料的事情发生了，勒鲁瓦面临着巨大的困难。苏联人高大威猛这是全世界都承认的，而护送这些宝贝文件的人则更是个个身强体壮，身怀绝技之辈。勒鲁瓦感觉凭借自己能掌控的武力资源，肯定是斗不过苏联人的，这点毋庸置疑。更糟糕的是，在送信的行程中，这些苏联人根本大门不出，二门不迈，天天待在宾馆里，甚至连大小便都在屋内的卫生间内解决的。勒鲁瓦抓耳挠腮，却毫无对策。

勒鲁瓦和他的同事们冥思苦想，试图找到能够悄无声息地搞到文件又不打草惊蛇的办法。经过一伙人群策群力，终于找到了一个可以一试的办法，法国人心里暗喜：这次可以交差了！他们决定使用平时使用最多的办法去解决这个棘手的问题，即在列车上包下苏联信使的隔壁的包房，当列车经过巴伐利亚和奥地利边境的时候会有一段很长的隧道，列车通过这里时光线会暗下来，并且会长时间地鸣笛，这些给他们的行动提供了很大的便利。第七处的特工们则趁乱在包房隔板上打一个小洞，通过这个小洞往苏联信使的房间里喷洒麻醉剂，接下来就很简单了：打开包房门，取出文件，拍摄，然后按照原位置放好。在隧道内的车程将超过半小时，足够他们完成所有的工序，这样计划就毫无破绽了。想想即将完成的任务，勒鲁瓦心里不由地兴奋了一下。

为了保证能够万无一失地完成这次的任务，勒鲁瓦还准备了其他的应急方案，比如暴力抢夺、威逼利诱，甚至他还曾想过如果时间来不及就把文件从窗口直接扔出去，然后由法国的 HD 飞机完成捡包的任务。当然，这种飞机捡包的任务是十分危险的，即使飞行员是经过严格的军事训练的。最后综合考虑，勒鲁瓦还是坚持最初的打算。为了能够保证将两个苏联信使放倒，勒鲁瓦使用的是高效麻醉剂，这种麻醉剂药效强并且挥发快，这样可以保证不影响到进入包房的自己人。

行动开始了，勒鲁瓦请来了法国情报局内著名的精神麻醉医师莫拉里·达尼诺博士，他负责这次活动麻醉剂的研制和使用。马上就要行动了，勒鲁瓦兴奋得摩拳擦掌，跃跃欲试。此时的他正在盯着第三车厢的门，等待着自己的猎物上车，等着猎物进入他们早已设计好的陷阱里。不久，他就看到两个高个子苏联人小心翼翼地走进了车厢，勒鲁瓦则故意装成不经意地瞅了一眼他们提着公文包，随即也登上了车厢。

事情的发展完全在意料之中，又在意料之外。当列车驶入边境长长的隧道时，准备已久的法国特工们迅速地完成了打洞、喷施麻醉剂的工序，然后开始在心里默默地数数：1, 2, 3, 4, 5……法国特工们本来个个精神抖擞，准备去收获自己期待已久的猎物，可是就在这时他们突然感觉困乏无比，双腿好像根本支撑不住自己的身躯，双眼的上下眼皮开始打架。"不好，"勒鲁瓦大声喊了一声，"我们中毒了！"然后他吃力地晃着走向窗口，试图打开车窗换气，可是还没走两步就重重地摔在了地上，他的同事们也一个个纷纷倒在了地板上。当他们醒来的时候，发现列车早已驶出了隧道很长距离。勒鲁瓦的完美计划就这么落空了，他们心里很是不甘，个个很愤怒，也很疑惑：这到底是谁干的？是啊，发生这么奇怪的事情，谁也搞不清楚到底是谁干的，到底是哪股力量在阻挡他们的执行完美计划。莫非法国人内部出了奸细？或者苏联人技高一筹？

他们将可能造成这种局面的原因都排查了一遍，最终排除了内部出内奸的可能性，然后他们重新检测他们已经实施的每个步骤，最后他们才恍然大悟：原来问题出在了两个包房间的隔离板上。这种隔离板是复合结构的，共有两层构成，两层之间存在一个夹缝，呈"U"字形，夹缝的空隙大约有 20 厘米。正是这 20 厘米的夹缝给了法国人的完美计划以致命一击，最终使得法国人空手而归。这个夹缝将麻醉剂储存起来，列车行驶的强大颠簸和气流流动将已经存满夹缝的麻醉剂又送回了法国人的包间，这样一来，法国人精心准备的麻醉剂最终却被自己人"消费"了，而隔壁的苏联信使正在轮流休息，浑然不知临时邻居那里竟然发生这么诡异的事情，更不知道他们的猎物竟是他们手里的公文包。

历经"风雨"，大功告成

第一次行动的失败，让法国人很没面子，因为失败的原因让他们的自己人都哭笑不得。但是，法国人并没有放弃这么重要的机密文件。他们决定再次冒险行动，勒鲁瓦眉头一锁，计上心头，又一个周密的计划被构思出来了。他们获悉还有一部分文件将通过法国邮政寄出，同样是由巴黎到莫斯科的"东方列车"来运送，于是他们决定在这节邮政车厢上打主意。

法国的邮政车厢一般位于整部列车的最前端，在车厢进口的地方设置了信件分拣室（工作人员在列车行进过程中队信件进行分类的地方）。紧挨着分拣室的就是邮车的车长办公室，在车厢的最里面有个单独的小隔间，就是用来存放苏联人的邮包和邮件的地方。小隔间的门在巴黎开车时会被贴上封条，到达莫斯科后才能被打开，所以窃取这里面存放的文件并不是件容易的事儿：要在神不知鬼不觉的情况下进入车厢，然后取下封条进入小隔间，最关键的是要从容地打开每个邮件，拿相机一一进行拍摄，拍完之后还要按照原样复原放好。完成整个工作后，要在走出小隔间时把封条重新贴好，最后悄悄离开这个车厢，这样的工作实在太难了，几乎要找一个能够飞檐走壁的人去做这项工作，但是勒鲁瓦的第七处里不缺这种人才。

勒鲁瓦经过仔细考虑和筛选，决定派老特工阿迈尔负责执行这次的偷窃计划，阿迈尔经验丰富，技艺高超，稳重而又多谋，在勒鲁瓦的队伍中是最适合执行本次任务的人。为了能够准确无误地将情报内容拍摄到，他们决定让阿迈尔进入到隔间后将邮件直接从窗口扔出，而其他人则跳车去收获"果实"。他们别无选择，即使跳车是十分危险的，他们也义无反顾。为了能够尽量地减少损失，勒鲁瓦向上级部门申请了专门的直升机来帮助他们训练特工们跳火车。经过一段时间的"备战"，勒鲁瓦和他的特工们已经是胸有成竹，对这次苏联人寄出的情报信件法国情报部门是势在必得，勒鲁瓦也跟上级部门写下了军令状。

天有不测风云，法国人行动的当天晚上天气突变，乌云遮月，狂风骤起，豆大的雨点迎风打在他们的脸上，像一块块坚硬的石块儿砸在脸上一样，冰冷又十分疼痛，火车也被雨点打得直响。这样的天气，直升机根本无法正常飞行，所以执行任务的就只剩下了勒鲁瓦和他的特工们。上级指示，如果执行这次任务存在安全隐患的话，可以取消这次行动。但是勒鲁瓦和他的第七处坚持要完成这项工作，这就意味着阿迈尔要现场处理完所有的邮件，然后再安全撤离。阿迈尔坚定的目光告诉勒鲁瓦："我可以完成任务。"

紧接着是长达几周地对邮政车厢的密切观察。他们惊奇地发现，半夜12点以后，这个车厢里的所有工作人员都会下班，去旅客车厢休息，这就意味着后半夜的5个小时内车厢是没人值班的，这么好的机会，老道的阿迈尔当然不会错过。阿迈尔带着他的助手小心翼翼地登上了邮政车厢，轻轻地走向那个小隔间，撕开封条。然后，两个人进入了小隔间，他们分工合作，助手负责打开邮件，阿迈尔手持相机拍照，完成后再将邮件装回原样。就这样，阿迈尔携助手冷静沉着地拍完了每一封邮件的每一张纸。当他们拍完最后一张照片时，他们甚至不敢相信，竟然这么顺利地完成了任务。

他们没有因为完成任务的兴奋而放松警惕，阿迈尔和他的助手轻轻地走出小隔间，仔细地将封条贴好，力求和原来一模一样。间谍工作就是这样，即使他们已经成功地获得了自己垂涎的情报，也不会因为高兴而疏忽大意，留下任何纰漏。两人将封条贴好之后，准备转身离开，这时有人在背后轻轻拍了下阿迈尔的肩膀，阿迈尔心里一凉，然后慢慢地转过身来。眼前的这个人让他大吃一惊，这人正是邮政车厢的列车长。阿迈尔故作镇静，露出冷静又平和的目光，向这位年轻的车长问好："不好意思，先生，这么晚了来打扰您。"

车长用警惕和疑问的目光仔细将这两位陌生来客打量了一番，生气地问："请问你们是什么人，在做什么？"阿迈尔才不会因为一个毛小子的问话而惊慌，他一把抓住列车长的手，平静地解释说："有人向我们汇报说这个车厢失盗了，我们在执行上级布置的安全巡查任务，检查一下列车上的防盗措施是否还有效用。"

这位年轻的车长愣住了，几秒钟之后突然说："我们这里绝对不会出现失盗情况的，您看看这封条不是贴得好好的吗？"这时阿迈尔才松了一口气，心里想：这回可以脱险了。"对，我们刚刚检查过，先生您负责的车厢安全工作做得很好，没有什么问题。"阿迈尔低头向车长示好，脸上露出淡淡的微笑。

　　这位年轻的列车长好像还有些怀疑。阿迈尔见此情况，就拉了一下自己的助手，示意赶紧离开此地，而自己仍然冷静地对车长说："我们在执行公务，对于这次秘密巡查你必须要对任何人都要保密，否则巴黎的警察局会跟您过不去的。"就这样，阿迈尔带着满满的情报，在别人眼皮底下溜走了。

　　当心情还没恢复平静的阿迈尔向勒鲁瓦汇报自己智斗车长的情节时，勒鲁瓦也替他捏了一把汗。勒鲁瓦决定去会会这位年轻的列车长，当然他不是一时冲动，而是保证这次行动完美结束，不再出乱子，不让这位车长说出今晚的事请。他通过各种关系，借用了巴黎东站的警察站。当东方列车再次返回巴黎时，阿迈尔就飞快地登上列车，直奔邮政车厢车长而去。估计这位车长也没见过什么世面，吓得脸色青紫，惊慌得说话都有些颤抖："你，你想做什么？"

　　"我们局长想请您下去喝杯茶，去趟警察站，消除一下上次我们之间造成的误会。"这时列车长紧张的心才放松了一点，丝毫不掩饰高兴地对阿迈尔说："这样啊，等我把手头的工作处理下，就过去，行吗？"阿迈尔当然会爽快地答应，但是他却一步不肯离开，仔细监视着。等列车长完成了手头的工作，他们径直走向了警察站。

　　"你好，检察员，请问带的是什么人？"早已安排好的法国特工穿着警服在他们刚进警察站门的时候大声问道。阿迈尔答道："这是我们巡查时邮政车厢的车长，咱们BOSS想和他聊聊。"阿迈尔带领列车长走到局长办公室门口，轻敲两下门说："局长先生，人已经带到了。"然后，静静地在门外等待回应，好像很敬重屋里人的样子。

　　这时的勒鲁瓦俨然成了一名真正的警察，他身着整齐的警服，静静地坐在转椅上，安排年轻的车长就座，然后就一本正经地问道："这位先生，我们今天请您来是想了解一下我们在列车上执行检查时的情况，当然您负责的车厢是没有任何问题的，这点我可以肯定。"勒鲁瓦起身为车长泡了一杯咖啡，低身递给了他，"我们为了执行公务，保证列车运行的安全，每趟列车都会例行检查，但是这种检查是警察局安排的秘密行动，我想您应该晓得其中的利害关系。"这时勒鲁瓦侧身对着列车长，眼睛扫视了一下这位年轻的小伙儿。这位列车长被吓出了一身的冷汗，他有生以来第一次接触到所谓的国家机密，机密就在身边，可是他仍然是丈二和尚摸不到头脑。这位局长好像告诉了他一些什么，又好像什么都没说。此时他的心里正在七上八下的。"您直说吧，到底发生了什么事情，局长先生？"年轻人开始有些急躁，勒鲁瓦突然一脸严肃："列车长阁下，现在您已经和这个国家的国家机密紧紧联系在了一起，我们希望您能保守这个秘密。无论是您通过什么途径将消息散发出去，我们的国家都会遭受巨大的损失，而您将承担一切后果，而这样的后果您是承担不起的！"

　　这位年轻的列车长显然是被吓住了，浑身略有颤抖，立马向勒鲁瓦这个假警察局长表态："我以我的人格和生命向您保证，我绝对会守口如瓶，关于此事不会跟任何人说！"顿了一下，"只字不提！"他又补充说。

　　当然，勒鲁瓦不会这么容易就对这位愣头小子放心的，在接下来的几个月里，他派人密切跟踪着这位列车长，检查所有他接触到的电话、信件、密切接触者，结果发现这个年轻人值得信任，自己的计谋果然奏效了。

　　在没损失一兵一卒的情况下，成功获取了大量关于苏联的珍贵情报，第七处一战成名。这个案例也成为了世界谍战史上的经典。之后第七处又屡获战功，这种通过"偷窃"来获取情报的方式也渐渐被推广，在全世界范围内第七处的模式被模仿、抄袭，但是第七处的战绩却从未被超越。勒鲁瓦和他所在的第七处已经成了不可超越的历史，永远被我们尘封在记忆里，被那些间谍后辈们顶礼膜拜。

下篇
世界著名间谍

20世纪最伟大的间谍科尔贝

2001年3月28日，英国《泰晤士报》和美国媒体纷纷对一段冰封长达半个世纪之久的历史真相进行了曝光：第二次世界大战期间，一名德国籍的间谍潜伏于纳粹外交部，并向美国提供了诸多重要军事情报，其中包括德国军队作战方案、日本海军作战部署、纳粹大屠杀的真相，等等。事件曝光后，美国政府在正式评价这名间谍所提供情报的价值时坦言：这些情报挽救了无数人的生命，缩短了第二次世界大战欧洲战争的时间。这个神秘人物一度被誉为"20世纪真正的头号间谍"，他的名字就是：弗里茨·科尔贝。

英国情报官有眼不识泰山

1943年的8月，科尔贝孤身一人悄然走进瑞士伯尔尼英国领事馆，明确提出要见情报部门的最高负责人。负责的官员立即将其带进情报部门负责人亨利·卡特怀特上校的办公室。卡特怀特上校看着这个陌生的德国人：40岁出头的样子，个子不高，头发也不多，而且神色紧张，表情很不自然。卡特怀特的直觉告诉他，这个人看起来并不可信。

于是，卡特怀特冷冷地看了看自称是纳粹德国外交部高级官员的科尔贝以及他带来的所谓绝密的情报文件。那是186页关于纳粹德国外交部的绝密文件，文件的内容实在是太惊人了，卡特怀特根本就不敢相信其内容的真实性。所以他几乎立刻判定，这一定是纳粹德国对英国设下的圈套。于是卡特怀特伸出手，指着办公室的大门厉声喝道："这位先生，不要把我当成傻瓜，我知道你是纳粹派来的双面间谍，我不会上当的，请你立刻出去！"出乎意料的是，科尔贝没有过多地辩解，便默默地离开了英国领事馆。

当然，日后的事实证明，卡特怀特的武断决策，使英国错失了一位二战历史上最优秀的间谍，也使英国在日后的战争中步履维艰。

美国人慧眼识珠获至宝

被英国人拒绝的第二天，科尔贝决定尝试联系美国。不过这一次他并没有贸然前往，而是费尽心机地潜入瑞士，并暗中委托他的一位侨居瑞士的好友——德国籍秘密反纳粹医生科切尔·泰勒先生先去同美国人接洽。于是，泰勒医生紧急约见了美国战略勤务办公室（中情局前身）驻瑞士的联络官吉拉德·迈耶尔，秘密地告诉他说，有一位反纳粹的德国朋友愿意把绝密情报送给美国人，这位德国朋友身居纳粹德国外交部国防军联络办公室要职，拥有的情报非常重要。

竟有如此良机！美国联络官迈耶尔对这个消息将信将疑，但出于对泰勒先生的信任，他决定当晚就安排一次与科尔贝的会面，并邀请了对情报嗅觉敏锐的美国战略勤务办公室驻伯尔尼最高长官杜勒斯先生一同前往。

于是，就在当晚，两位美国官员在一套秘密公寓里等待科尔贝的到来。午夜时分，科尔贝准时出现。吸取了之前的教训，面对满脸怀疑之情的两位美国官员，科尔贝开始谨慎地自我介绍。深夜的房间里气氛非常凝重，他用冷静的声音说："晚上好，两位先生，我是弗里茨·科尔贝，曾在德国国家铁路局工作过，后调任德国外交部，曾先后驻南非和西班牙。我目前在德国外交部任职，是外交部联络官卡尔·里特尔博士的助手。这位里特尔博士主要负责与纳粹所有武装力量之间的联络与沟通，是拥有军事机密的关键人物，能接触到德国大量的作战计划，包括军队调动、德国的空军行动、潜艇秘密战以及整个欧洲的德国占领军行动情况，等等。所以我作为助手，也有机会能够接触到德国国防军通过外交部递交的大量重要文件，特别是能看到德国国防军呈交给纳粹外长的绝密文件。"

看到两位美国官员并没有打断他的意思，科尔贝顿了顿，进一步解释说："更重要的是，我还能接触到德国情报局的绝密情报，因为德国情报局的间谍们通常都会伪装成德国驻世界各地使馆的领馆外交官等合法工作者之类的角色，所以绝大多数的绝密情报都是通过外交密电的形式发回柏林的，这就意味着，我作为纳粹外交官的得力助手，可以看到许多对盟国有用的绝密情报。"

科尔贝还告诉了两位美国人关于他之前被英国上校卡特怀特武断拒绝的经历。他用更加坚定的语气说道："毫无疑问，英国人觉得我是纳粹设下的一个圈套，试图成为双面间谍来危害盟国的利益。所以我必须强调我的立场，我虽然是德国人，但我坚决反对希特勒和纳粹，因为在我看来他们是丧心病狂的暴徒，只有推翻他们才能换来德国和德意志民族的富强。与盟国取得联系并提供情报是我一直以来的愿望，只是一直无法找到合适的途径。能结识两位先生是我的荣幸。"

科尔贝为了证实自己的话，从裤腿里掏出一卷微型胶卷，当即就递到杜勒斯的手上，原来，这微型胶卷里就装着那186页的纳粹绝密文件。这都是科尔贝在平日工作时偷偷拍下来的重要情报。

一直沉默的美国长官杜勒斯终于缓缓开口，他问科尔贝："你是德国境内反希特勒反纳粹秘密斗士组织的成员之一吗？"科尔贝坦率地回答说："我并不是。虽然我也多少认识一些反对纳粹的明智人士，但我一直以来都是单独行动的。"杜勒斯仍然怀疑地追问道："我还是无法确定你言词的真实性，你如何能证明你不是纳粹派来的双面间谍呢？"

科尔贝面对如此直接的问题反而露出了微笑，他随后悬切地说："您有这种怀疑是可以理解的，毕竟如果是我，也无法轻易相信一个陌生德国人提供的情报。我并不急于证明自己是不是双面间谍。但是这位先生，我必须明确地说，我非常痛恨纳粹。对我而言，他们才是我的敌人。但我身处困境，无力独自挽救我的民族。你们也许可以先试着相信我只是一个明智而爱国的德国人吧，当然，像我这样的德国人还有许多许多。我唯一所期待的，就是在战争结束后能得到德国人民的理解和支持。你们并不用给予我权力和地位，我只求你们考虑我所提供的情报，帮助我挽救我的国家。如果你们最终决定相信我了，我发誓会和你们保持长久的联络的。"

直到凌晨3点，科尔贝才独自离开。几乎与此同时，美国情报专家马上开始对科尔贝的情报进行了仔细的研究。尽管大家观点不一，辩论过程也相当激烈，但情报的准确性和专业程度，使他们最后断定，这是货真价实的纳粹的绝密情报。就连宣称自己已经"嗅出死亡的味道"的麦克米克上校最终也不得不承认这些情报的确具有惊人的价值。随后，他们立即将科尔贝提供的情报送到了美国总统罗斯福的手中。罗斯福阅读后明确表示这些情报的真实性不容置疑，并立刻意识到了科尔贝的价值，随即指示应当把科尔贝培养成美国最为重要的间谍，将其安插在德国境内，让科尔贝在今后得以长久地为美国效力。

于是，美国战略勤务办公室正式启用了科尔贝，命其为潜伏在纳粹德国外交部里的头号间谍，代号为"乔治·伍德"。科尔贝也很快用行动证实，他是美国安插在纳粹心脏中最有力的匕首，并逐渐成为20世纪最伟大的间谍之一。

"乔治·伍德"的外交邮袋与第三方的情报贺卡

悄然返回德国的科尔贝，开始全力以赴地为美国搜集机密情报。但由于德国的反特务机制相当严密，每一次情报的交接都充满了惊险。科尔贝经过周密的考虑，决定采取与以往不同的方式，他并没有选择像第一次瑞士之行时那样把微型胶卷藏在自己的裤腿里，而是直接将情报放在了他随身携带的外交邮袋当中。因为他作为外交官的助手，保存并携带外交邮袋是合情合理的。而且他在外交邮袋上面盖上了纳粹徽章，信封口用红色的蜡死死封住，想必搜查的盖世太保也不敢将其拆封搜查。

计划虽然周密，但风险性还是很高的，在科尔贝第三次前往瑞士与美国长官杜勒斯会面时就差点儿出现意外。其实正常情况下，乘坐火车从柏林到瑞士的伯尼尔仅仅需要18小时左右。但由于盟国的空军开始对德国境内轮番轰炸，所以火车只能在空军出现时紧急停车躲避轰炸；或者躲开白天的轰炸，仅在夜间缓慢行进。如此一来，这段路途就花费了好几天的时间。当火车终于抵达瑞士边境时，纳粹警察突然对科尔贝所在的车厢进行了仔细的搜查和询问。警察甚至打开了科尔贝的外交邮袋，万幸的是科尔贝急中生智，告诉警察说："我是外交部的密使，这里面是绝密文件，不得拆封。"然后冷静地把外交官护照和文件夹放在了警察的办公桌上。警察没有胆量私自打开里面的信封，只好放行了。科尔贝虽然吓出了一身冷汗，但还是故作平静地离开了警察的办公室。

在终于抵达伯尼尔后，科尔贝赶紧投送了真正的外交邮件，并联系了老朋友泰勒医生。泰勒立即派出专员，与科尔贝约好半夜在一座桥上见面，并将他接到了美国官员杜勒斯的秘密住所里。杜勒斯见到科尔贝后，担忧地问道："就没有更快、更安全的方式来传递情报吗？现在每三个月才能与你沟通一次，间隔时间实在太长，而且我很担心你的安全问题。"科尔贝回答说："我也在考虑这个问题。也许我们可以寻找第三方，通过分别向住在伯尔尼的亲属邮寄贺卡的方式来传递情报。"于是他们确定了"第三方"的联系方式。当然，并不仅仅是那么简单，这种特殊的贺卡上还印有科尔贝自己发明的密码，其中大部分是根据他最喜欢的音乐名称来编排的。此外，此次密谈中，科尔贝还向杜勒斯索要了一台能用一个胶卷拍下许多文件的微型间谍相机，用来记录更多的情报。

科尔贝回到德国后，开始通过第三方的支持向杜勒斯传递情报。所谓的"第三方"，其中一个人是经常往来于柏林和瑞士之间的信使，另一名是居住在瑞士边境小别墅里的退休德国外交官。整个过程都保证是绝对机密的。除了向第三方邮递贺卡的方式之外，他还委托一些钟表商把微型胶卷装在钟表的盒里偷偷运到瑞士等地。就这样，纳粹的绝密情报被科尔贝巧妙地送到了美国人手中。

"波士顿系列"情报使欧洲战争提前结束

据调查表明，战争期间科尔贝一共向盟国提供了1600份价值连城的绝密情报，这些情报要用好几个巨大的箱子才能完全装下，摞起来足足有10米高。所有这些情报的代号都是"波士顿系列"。科尔贝一次又一次的冒险，为盟国取得战争的胜利奠定了基础。

那么，科尔贝究竟获得过哪些重大情报呢？从解密的文件来看，他搜集的情报数量巨大，其中最具有价值的包括：

1. 纳粹德军军事行动情报：西班牙独裁者·佛朗哥暗自违背原西班牙保持中立的承诺，向纳粹德国秘密提供大量钢铁原料。盟军接到科尔贝的情报后，立即下令对西班牙实施燃油禁运，使西班牙的船队无法继续向德国运送纳粹军队急需的物资，切断了纳粹的原料供给。德国间谍已经获知美国船队正在前往英国，纳粹德国决定用潜艇"狼群"对其进行围攻。盟军在接到情报后，立即下令船队改变了最初的航线，从而使盟国船队避免了全军覆没的命运。

2. 日本侵略军密码情报：科尔贝交给美国人的情报中最具有价值的，当属有关日本的绝密情报了。他得到了一份完整的日本帝国海军战斗部署图并将其交给了美国海军，从而让美国海军轻而易举地扫清了太平洋上的日本海军。更重要的是，美国方面据此成功破解了日本海军之间的通信密码，从而使美国海军在太平洋海战中取得了多次辉煌的胜利。

3. 纳粹高级间谍情报：科尔贝曝光的代号为"西赛罗"的间谍，正是纳粹安插在英国的最高级别的超级间谍。战后，英国反间谍部门终于查清，这个间谍就是英国驻土耳其大使休伊·侯赛因。这一间谍案还在 1952 年被好莱坞拍成超级大片《五个指头》。

4. 纳粹德国大屠杀方案情报：科尔贝是第一个将纳粹对欧洲犹太人进行系统大屠杀的消息通知盟国的人。他向盟国提供了一份有关纳粹下令屠杀罗马 8000 名犹太人的情报。

综上所述，这些绝密情报的价值必定是不可估量的。其实在"二战"期间，科尔贝为盟国提供的这些情报，仅仅被允许在白宫极少数几个高官之间传阅。当英国的几百名破译专家绞尽脑汁地去破译纳粹的绝密电报时，美国总统早已轻而易举地得到了科尔贝送来的绝密情报，所以当一个重大事件发生后，英国往往比美国晚很久才能了解事情的真相，并且英国得到资料的完整度往往逊于美国。对于科尔贝提供的这些情报的价值，美国政府也只能评价为：这些情报挽救了无数人的生命，缩短了第二次世界大战欧洲战争的时间。

爱国间谍的良苦用心

在 1944 年 7 月 20 日，德国的反纳粹秘密地下组织"黑色乐队"暗杀希特勒未遂，导致数千名秘密成员被杀。那之后，杜勒斯再没有科尔贝的消息，他几乎已经认定科尔贝已经被盖世太保所杀。但是让杜勒斯意外的是，就在几周后，科尔贝奇迹般与他恢复了正常联系，显然他巧妙地躲过了盖世太保的审查，并且继续坚持向盟国提供各种重要的军事情报。

第二次世界大战结束以后，科尔贝选择了隐名埋姓的生活。他离开政界并开始从商，而且还取得了一定的成功。从那以后直到他去世，再也没有人清楚地知道他究竟隐居何方。这位二战期间盟国最伟大的间谍似乎就这样永远消失了。美国政府各个部门出于为他身份保密的考虑，战后半个多世纪以来对科尔贝的间谍身份只字未提。科尔贝的传奇一生，之前只在叛逃到苏联的英国间谍菲尔比的自传中提到过。他曾隐隐约约透露说，二次世界大战期间，盟国曾通过"德国外交部内的一个朋友"得到了极具价值的情报。想必这位朋友，应该便是超级间谍科尔贝。

据悉，科尔贝于 1970 年默默地死去，在他去世时，没有任何人或机构公开承认他在二战中曾做出如此之大的贡献。甚至直至今日，仍有些德国人认为他是叛国贼，很多人对他的所作所为并不理解，但科尔贝对自己的间谍生涯并没有丝毫的后悔。他最后留给世人的话是："我做的一切都是为了德国和德意志民族，总有一天，会有人理解我的良苦用心的。"

半个多世纪之后的今天，德国人在逐渐了解了科尔贝的传奇一生后，应该终于能理解这位爱国间谍当年的良苦用心了。弗里茨·科尔贝，是当之无愧的20世纪最伟大的间谍之一。

间谍王子菲尔比

哈罗德·金·菲尔比是世界间谍史上最有名气的间谍之一。他生活在老牌资本主义英国，却早早地就开始信仰共产主义。他是苏联情报员，同时他也是英国情报员，他利用职务上的便利条件，为苏联提供了大量重要情报，成绩卓著。1963年，他由于身份暴露出逃至苏联。为表彰他的功绩，苏联人给了他极高的荣誉，并且授予他"红旗勋章"。

在维也纳加入苏联情报机关

1912年1月1日，哈罗德·金·菲尔比在印度的安巴拉降生了。他出生在一个书香门第，父亲是英国知名的阿拉伯语言学者，同时又在印度政府供职。或许他的思想跟他的成长环境有着十分重要的关联，或者他父亲放弃基督教而选择信仰他教对菲尔比的叛逆产生了启蒙，最终造就了这位叱咤风云的间谍枭雄。

1929年，17岁的菲尔比以优异的成绩进入剑桥大学三一学院学习。进校后，他迫不及待地加入了剑桥大学社会主义者学会。菲尔比的大学成绩并不理想，因为他除了按时参加社团的活动，从不参加其他类型的活动。宽容的老菲尔比没有责怪自己的儿子，而是鼓励他勇敢去做自己喜欢的事情。

那时正处于30年代的经济大危机，英国经济十分不景气，社会问题层出不穷。而此时英国的高校内出现了新的社会主义思潮，以剑桥最为典型。年轻的菲尔比也加入到了这个思潮的讨论中，因为他和其他同学一样看到了资本主义的腐朽、感觉到了法西斯主义兴起和他们的残暴。同时他也对政治产生了浓厚的兴趣，天马行空地思考着自己心目中的"理想国"。菲尔比在大学期间博览群书，逐渐认识到英国的工党与世界布尔什维克的主流并非处于同一立场，他开始迷惑了。更令他难以置信的是，在1931年那场混乱和面临失败的危急时刻，工党对反动势力的进攻竟然束手无策。反对党的讽刺性质的宣传，使得工党在选举中失利，广大的知识分子对想象中的整个议会民主制的有效性产生了严重的怀疑。

一连串的事件使菲尔比想学习自己的父亲——重新选择自己的信仰。这时的他已经成了社会主义者学会的主要干部，这使得他有机会接触到批评工党的大量左翼思想，特别是共产主义的思想。除了博览群书和不断地评价欧洲关于社会主义的经典著作外，他还参加了学会举行的生动活泼、气氛热烈的讨论。不久，菲尔比就成了真正的社会主义者了。

毕业后，菲尔比经自己的恩师莫布里·多布介绍加入了法国的一个共产党组织，之后他还参加了奥地利反政府的斗争。此时的菲尔比已经是小有名气，并且在维也纳的活动认识了自己的妻子——利兹。利兹是一个共产主义者，并且为共产国际工作。菲尔比喜欢她的美貌，更喜欢和她交流思想、漫无边际地聊天。不久，利兹介绍菲尔比加入了共产国际。1933年，二人成婚后回到英国。第二年，菲尔比在维也纳正式加入苏联的情报机关，成为了一名情报员，开始了自己精彩的间谍人生。

1936年西班牙内战爆发，苏联与德国、意大利剑拔弩张，关系十分紧张。此时菲尔比的任务是到西班牙内部机要部门潜伏。不久，菲尔比变身成为《泰晤士报》的随军记者，而这一身份一直掩护着菲尔比，直到"二战"结束。

随军记者的身份很尴尬，虽说身处前线，但是菲尔比几乎接触不到什么核心机密，因此菲尔比有些烦躁。他认为，只有深入到敌人的内部才能得到真正有价值的情报。他要加入密码学校的申请也被苏联人拒绝，菲尔比整日郁郁寡欢，无心于自己的本职工作。

这时，他遇到了一个指路人——史沫特莱，当时《每日镜报》的记者，而这位记者的社会活动能力超强，这点熟悉中国近代史的中国人并不陌生。菲尔比告诉史沫特莱，他想参加英国军队，去反法西斯。而史沫特莱并不这么认为，她建议菲尔比试着多和苏联联系，和苏联合作才是最好的反法西斯之路，并且答应菲尔比帮他联系其他国家的情报部门。

没过几天，史沫特莱就介绍菲尔比进了英国的秘密情报局，这让菲尔比十分震惊，真是踏破铁鞋无觅处，得来全不费工夫。当时，英国情报部门正处于缺兵少将之际，急于招人应对复杂的国际形势。军情五局只是简单地看了看菲尔比的档案就草草地将他招为了自己的情报员。菲尔比被安排在新成立的 D 处工作，负责颠覆和破坏工作。不久他被调往特别行动执行局，但是这个部门的主要任务都是针对德国和意大利而并非苏联，所以菲尔比并不是十分感兴趣。最后，他决定退出特别行动执行局，回到秘密情报局。

此后几经周折，菲尔比顺利进入了能够接触到核心情报的第五处。只有在这里，才能获得有关英国针对苏联的间谍情报。

第五处是英国情报局新设立的工作处，在这里可以和秘密情报局以及其他工作处之间保持良好的关系，并且在这里可以和菲尔比感兴趣的外交部产生联系。第五处处长考吉尔性格乖张，好高骛远，自高自大，不懂得与人相处之道，不合群，时常被同事们孤立，甚至得罪过美国的中央情报局。但是他在"二战"初期却功绩显赫，栽在他手下的间谍就有 600 名，他破获的间谍案件更是多达 3000 多起。

菲尔比主动向考吉尔示好，并自觉地充当起了考吉尔的耳目。他经常利用职务之便出入档案室，将所有有关苏联的档案都看一遍，他还注意搜集了五处所有同事的个人习惯、爱好等，以更好地揣摩他们的心理。仿佛天生就是为当间谍而生，菲尔比在军情五处如鱼得水，等待他的肯定是平步青云之路。

爬到高位，稳居核心

菲尔比在第五处表现出色，受到高层的赞赏和鼓励。二战末期，英苏矛盾升级，英国秘密情报局将间谍工作的重心转移到对苏联的间谍战，为此还专门设立了第九处，而第五处的杰克·居里出任临时处长。居里年纪大了，反应迟钝，许多部门不愿意和他合作。不久，秘密情报局高层又发现，五处和九处的工作有些重叠，应该裁撤掉一个，但是举旗未定。

菲尔比向自己的苏联情报部门的单线联系人克罗托夫通报了此事，克罗托夫让菲尔比尽力争取，而他会向莫斯科汇报，需要耐心等待指示。很快，莫斯科发来密电，非常支持菲尔比去谋取这个处长。苏联人打着如意算盘，如果菲尔比能够当上局长，这样英国的秘密情报局就成了为苏联人而设立了。第二天，莫斯科密电表示，他们会想尽一切办法帮助菲尔比当上这个处长的。

菲尔比心里很清楚，他之所以能够在英国情报部门如鱼得水，主要是利用了各个部门间的矛盾，而他充当的是一个中间人的角色。搞定考吉尔是当前的首要工作，考吉尔离不开这个身边的得力助手，菲尔比也缺不了这位"伯乐"的提携。

考吉尔四处树敌，不得人心，很多人想除掉他。在考吉尔的政敌中，以副局长维维安势力最强，是最有可能除掉考吉尔的可以利用的力量。这时，菲尔比又想到了一个敌视考吉尔的部门，那就是政府通信总部。一直以来，考吉尔非常嚣张，军情五处在情报的掌握上压制着通信总部，弄得通信总部苦不堪言。

就在这时，机会来了，考吉尔得罪了美国联邦调查局。英国的秘密情报局奉命起草一封给联邦调查局局长胡佛的信，而考吉尔接到这个任务时在信中将胡佛臭骂一通。信被外交部退回来后，孟席斯将任务重新分配给了菲尔比，菲尔比很快就完成了任务。

过了几天，维维安给秘密情报局局长孟席斯写信，信上说明了自己与考吉尔的积怨和矛盾，并把秘密情报局与其他部门关系紧张的责任全部推到了考吉尔身上，并且建议菲尔比取代居里出任第九处处长。寄信前，维维安还把信给菲尔比看了一遍。

几天之后，局长孟席斯决定召见菲尔比，菲尔比心情十分忐忑。当局长告诉他想让他出任第九处处长的任命时，菲尔比心里悬着的石头终于落地了。孟席斯希望菲尔比能够将人际关系处理好，避免出现像考吉尔那样的情况。菲尔比抓住机会向局长表明，现在的第五军情局对自己有意见，这样自己的工作很难开展，甚至会比考吉尔搞得更糟糕，因此他希望自己的任命能够得到第五军情局的同意。最后局长孟席斯同意给第五军情局局长皮特写信，让他同意对菲尔比的任命。

考吉尔得知局长的态度后，大骂秘密情报局忘恩负义，然后愤然辞职。翌日，菲尔比走马上任，让他没想到的是，第五处和第九处合并了，他又升一级。为了更好地开展自己的双重间谍工作，菲尔比自己起草了一部工作章程。这个章程主要针对搜集和整理有关苏联的间谍活动情报而制定。菲尔比走到了英国间谍机构的核心层面，并为自己的双重间谍工作做好了系统的准备，心里很是得意，殊不知前方险象环生，危机四伏。

惊心动魄的沃尔科夫事件

菲尔比已经身居高位，他轻车熟路，很快就适应了五处的领导工作。一段时间的磨炼之后，菲尔比已经成了秘密情报局的核心人才，并且能够胜任不同的工作类型。

"二战"结束后的某一天，令菲尔比一生都不会忘记的沃尔科夫事件发生了。9月19日下午，菲尔比被孟席斯招进办公室，看到桌上放着一叠材料。菲尔比仔细一看，原来是外交部转来的文件，字迹很清晰：苏联驻伊斯坦布尔副领事沃尔科夫请求政治避难，条件是他说出苏联在英国外交部的两名间谍以及秘密情报局的5名间谍，英国没答应要求前，他是不会说的。沃尔科夫还强调，英国的电报通信是不安全的，因为苏联已经破译了英国的发报密码。

菲尔比故作镇静，其实心里早已经颤抖个不停，他深知这些间谍名单中就有自己的名字。令他虚惊一场的是，这份材料并没有送往军情五局，而是送到了秘密情报局，而秘密情报局负责这个案子正是菲尔比自己。这样的话菲尔比就可以用最快的速度通知莫斯科，通过莫斯科总部让沃尔科夫永远闭嘴。

菲尔比镇定地对局长说："这个问题十分重大，我们需要仔细研究下情报材料，然后再做决定。"孟席斯同意这个说法，让菲尔比第二天再来汇报工作，并提醒要严格保密。第二天菲尔比又向孟席斯汇报说沃尔科夫的名字不能确定，需要重新确认姓名。他还提出，沃尔科夫提出的使用邮件交流时间太慢，最好派人亲自去交涉一下。孟席斯完全赞同他的提议，并提议让军情五局驻开罗情报站的罗伯茨去做这件事。无奈罗伯茨患病不能乘坐飞机，菲尔比毛遂自荐，提议自己亲自出马和沃尔科夫交涉。

菲尔比来到伊斯坦布尔后，立刻与佩奇联系。佩奇按照约定给沃尔科夫打电话，但是根据声音判断接电话的不是沃尔科夫本人，接电话的人时而说他在莫斯科，时而说他出去了。佩奇心急如焚，就前往大使馆询问，结果是根本没有这个人！

菲尔比很高兴，因为他知道莫斯科已经将沃尔科夫解决掉了，他再也没办法开口说话了。原来，菲尔比得知消息后第一时间就与自己的单线联系人克罗托夫见过面，克罗托夫迅速地将消息传到了莫斯科。5天后，莫斯科派人将沃尔科夫带上飞机，从此他便杳无音讯，不知去向。

孟席斯对这场行动十分不满，甚至大发雷霆。菲尔比则在回去后的报告里声称，失败的主要原因是邮件速度太慢，沃尔科夫很可能在这段时间内暴露了自己的身份，也有可能他自己向苏联政府坦白了。但是无论是什么原因，沃尔科夫消失了。菲尔比大难不死，是不是能有后福呢？现在他能够做到的便是更加小心地做着自己的间谍工作，处处提防。

身份暴露，九死一生

菲尔比荣升处长不久，就被派往美国工作。美国的工作经历使得菲尔比在英国间谍的地位不断攀升，菲尔比本人对这个行当的把握也更加轻车熟路，俨然成了一个老道的间谍油子。

菲尔比在美国的职务是英国秘密情报局驻美国联系人，负责与美国当地的情报部门的沟通工作。英美的情报部门自"二战"以来一直保持着密切的联系，而菲尔比正是负责联系两国情报部门的"信使"，可见菲尔比的工作兼有驻外大使和驻外执行官的双重职责。

菲尔比为了能够实现对这个重要职位的利用，就积极为自己的"主子"搜集有价值的情报。但是，美国的情报部门对菲尔比并不十分友好，就连英国的秘密情报局驻当地机关对他也是忽冷忽热。当时的美国正盛行麦卡锡主义，菲尔比孤身在美国举步维艰，工作迟迟没有进展。

1948年，菲尔比获悉英美情报部门联合攻坚将潜伏于英国外交部的麦克莱恩逮捕，此时的麦克莱恩已经是英国外交部美洲司司长了。菲尔比非常想尽自己的努力去营救自己的同事，但是他身处异国他乡，有心无力。

就在这时，一个可能带来希望的人不经意间浮出水面。伯吉斯，是和菲尔比一样潜伏于外交部的苏联间谍，他生性变态，据说当时因为他和麦克莱恩拍了裸照之后就把麦克莱恩引向了间谍之路。这个人天生暴虐，到处惹是生非，麻烦不断，一直很让自己身边的同事头疼。

于是，伯吉斯被外派美国，谁知道他到美国后更加不知天高地厚，成天胡作非为。1951年，菲尔比在家举行了一个小型聚会，美国联邦调查局以及中央情报局的同事很多都参加了。谁知，疯狂的伯吉斯就像要把这辈子的酒在这一次都喝掉一样地端着酒杯狂饮，不一会儿就酩酊大醉了。酒壮熊人胆，伯吉斯趁着酒劲儿就和中央情报局哈维的老婆莉比吹嘘自己的绘画功底。无独有偶，莉比也是个酒鬼，醉醺醺的她听到有人向自己挑战，就要求哈维斯当即给她画一张。伯吉斯提笔就画，但是他画的是一个全身裸露的女人，站在一旁的哈维实在看不过去了，就猛冲向前对伯吉斯一顿臭打。最后，还是菲尔比出马，平息了这场闹剧。伯吉斯并不以此为戒，

美国联邦调查局地区办公室徽章

经常触犯美国当地的法律，而每次被抓住他都会亮出自己的外交官身份，请求外交赦免权。这个麻烦佬让美国政府十分头疼，美国政府经过与英国外交部的协商，决定遣送伯吉斯回国。

伯吉斯的回国，恰恰给麦克莱恩的潜逃提供了条件，菲尔比肯定不会错过这么好的营救机会的。伯吉斯也领会到了菲尔比的意图，答应自己将带着麦克莱恩一同回国。1951 年 5 月 25 日，英国外交部授权军情五局抓紧时间审讯麦克莱恩。当日，伯吉斯便携带麦克莱恩出逃，他们成功甩掉跟踪的军情五局特工，上了火车，后驱车赶往南安普顿港栈桥，坐船横渡英吉利海峡，他们从此便从人们的视线中消失，杳无音信了。

知道自己的战友潜逃成功，菲尔比十分高兴，但是狡猾的菲尔比仍然装出一副震惊的样子，表示对此事毫不知情。而皮特森则告诉他，是伯吉斯携带麦克莱恩出逃的。这是菲尔比没有想到的，混账伯吉斯将自己推向了绝境，因为菲尔比和伯吉斯之间保持着密切的接触。伯吉斯出逃后，菲尔比就成了营救麦克莱恩的首要嫌疑人。为了能够继续在英国情报机构内部潜伏，菲尔比将所有的相关证据都烧为灰烬，但是危机仍未解除。

美国中央情报局对菲尔比的行为十分恼怒，哈维向局长史密斯递交了告密书，说出了菲尔比和伯吉斯之间的密切关系，并告知麦克莱恩还经办过沃尔科夫案。哈维就此断定菲尔比是可怕的苏联间谍。之后，史密斯就失去了对菲尔比的信任，并将他的疑虑写信告诉了英国秘密情报局。得到消息后的军情五局针对哈维的告密信对菲尔比的情况做了调查，他们认为情况很严重，便下令对菲尔比进行了抓捕。

审讯菲尔比的是军情五局的怀特，审讯过程中，怀特追问菲尔比和伯吉斯的关系，而问题却被菲尔比轻松地搪塞了过去。这个任务对怀特来说太艰巨了，狡猾的菲尔比十分难对付。后来，军情五局的高层见怀特毫无收获就派了国王的法律顾问密尔摩前往。

密尔摩老谋深算，经验老到，菲尔比早就知道这个人的厉害，刻意装成很配合的样子，但是给出密尔摩的都是没有价值的信息。这样，经过一段时间的较量，密尔摩也打了退堂鼓。

军情五局气急败坏，派出了撒手锏威廉·斯卡登。此人精通于人物心理，他曾经成功骗取了原子间谍劳斯·克劳斯的情报，最终将原子间谍网撕破。针对菲尔比的审讯他煞费苦心，但是聪明的菲尔比并不买账，审讯专家威廉·斯卡登无奈无功而返。面对如此难缠的菲尔比，军情五局其他人也爱莫能助，这个案子就只能一直被搁置，迟迟不能对菲尔比的间谍身份下定论。

平地起波澜，难得自由平静

菲尔比经受住了军情五局的轮番审讯，此后便过上了相对平静的生活。但平地起波澜，平静的生活很快被打破。

1954 年 4 月，一位叛逃到苏联的特工供出，麦克莱恩与伯吉斯都在莫斯科，而他们的潜逃是当时一位身在华盛顿的间谍谋划的。英国情报部门得知此消息都很震惊，这次剑锋再次直指菲尔比，于是新一轮的审讯又开始了。令人奇怪的是，秘密情报局在审讯菲尔比的过程中十分友好，有对菲尔比放水的倾向，国会内部对菲尔比的讨论也是热火朝天，不可开交。就连外交大臣和艾登都为菲尔比求过情，他们说，菲尔比在政府工作期间认真履行了自己的职责，如果没有充分的证据证明，他们反对认定菲尔比是苏联间谍的论断。

一波未平一波又起，远在大西洋另一岸的美国中央情报局和联邦调查局都对英国政府的态度表示极大的不满，但是也是苦于找不到有力的证据去证明菲尔比是一名苏联间谍，也只能各缄其口了。两位局长史密斯和胡佛下令将菲尔比的档案封存起来，希望有一天还能够用得到这些已经被他们翻了许多遍的档案。

菲尔比重获自由与平静，1956 年他前往黎巴嫩，成了《经济学家》和《观察报》的撰稿人。其实，菲尔比仍然为秘密情报局工作，知情者寥寥无几。菲尔比在黎巴嫩度过了 5 年的平静生活，已习惯于这样简单生活的他已经认为自己可以从此远离尘嚣，但无奈造化弄人，树欲静而风不止。

苏联再次出现了叛徒，间谍戈利钦叛逃到美国后再次供认出菲尔比是苏联间谍的"秘密"。消息很快传到英国，秘密情报局就将菲尔比的名字从情报局的名单上删掉了。菲尔比的同事还专门就此事赶到黎巴嫩，将所有信息及时转告给他，同时为菲尔比制定了详细的出逃方案。不久，菲尔比再次受到审讯。这次他交代了一些信息，但是有价值的并不多。除了这些无价值的情报，其他的菲尔比一概不做反应，保持沉默。

1963 年 1 月，菲尔比出逃，直奔自己梦想中的圣地——莫斯科。到达莫斯科后，满心欢喜的菲尔比以为自己肯定会被苏联人加官封爵，当作英雄一样款待。谁知道，苏联人只授予菲尔比一枚红旗勋章，菲尔比自己想象的各种荣誉和奖励几乎全部落空。谨慎的苏联人，尤其是苏联克格勃对菲尔比进行了无休无止的询问，不厌烦地重复询问同一个问题，令菲尔比苦不堪言。经历过风雨的菲尔比，慢慢习惯了这样的生活，除了被询问，菲尔比慢慢地开始享受生活。

闲暇之时，他还帮助莫洛德撰写过回忆录。在苏联人看来，莫洛德是顶级情报员，他的工作经验令大多数人望尘莫及，但菲尔比并不这么认为，他觉得自己的功绩比莫洛德大得多。在帮助莫洛德的同时，菲尔比自己也在为自己的回忆录搜集资料。5 年后，菲尔比的回忆录《我的无声战争》问世。在这本书里，他以自己的经历为原型，对英美情报部门的愚蠢进行了挖苦和讽刺，有些论调甚至和英美情报部门截然相反。这本书在当时成了畅销书，很多人把这本书当作经典去读，它对一代年轻人的价值判断产生了深刻的影响，据说有年轻人读完这本书后便走上了间谍之路。

潜逃至莫斯科的麦克莱恩与伯吉斯过着混沌的生活，无所事事，游手好闲。伯吉斯在 1960 年就去世了，剩下麦克莱恩孤身一人。于是，麦克莱恩开始经常和菲尔比混在一起，殊不知菲尔比看上的却是自己的娇妻。他去世后不久，妻子就被菲尔比霸占。但是菲尔比从此开始精神空虚，并且开始借酒浇愁，天天不醉不归。

1988 年 5 月 11 日，76 岁的菲尔比在莫斯科去世。莫斯科为菲尔比举行了隆重的葬礼，间谍枭雄就此撒手西去。他去世前的两个月，在接受英国一家报纸采访的时候，他还说希望自己有一天能够访问英国。但是，他补充说，他不会在英国待很久，共产主义仍然是自己矢志不渝的信仰，他将会继续为之奋斗，直至自己死亡。

令大家想不到的是，根据菲尔比死后公布出的档案显示：虽然菲尔比为苏联人鞠躬尽瘁，提供了无数的情报，但是苏联人从来没有信任过他。20 余年的潜伏生涯，天天提心吊胆，走在刀锋之上，却没有得到自己"主子"的信任，这不得不让人心寒。档案显示，苏联人从 1939 年的二战爆发就开始怀疑菲尔比，因为当时伦敦的情报站负责人报告了菲尔比的情况，并且安排了一个官员与菲尔比会面，而菲尔比爽约未到。不久后的第二次会面，菲尔比就带来了英国的重要外交情报，尽管收获甚大，但那位官员对菲尔比意见很大，说菲尔比不注重细节，沟通能力差。

二战爆发后，菲尔比曾在一段时间内与苏联失去了联系，莫斯科为此心急如焚，还派人前往寻找此人。几日后，莫斯科收到消息说，菲尔比已经进入了英国的秘密情报局，莫斯科十分惊叹，因为菲尔比并没有和任何人商议和汇报就擅自加入了这个英国的核心情报部门，真是无组织无纪律！最致命的是，菲尔比并没有接受过苏联人的任何培训，这让人不得不对他产生怀疑。

这简直成了一个巨大的讽刺，菲尔比从青年时代开始神往社会主义，并为自己的信仰耗尽了毕生的精力，而作为社会主义国家代表的苏联对他并不信任。他的一生几乎一直在被人怀疑，英国、苏联、美国……他一生备受折磨，起起落落，算得上是饱经风雨。他是世界闻名的间谍，并毫不遮掩地宣扬自己的信仰和背叛……希望他死后能够上得天堂，希望更多的年轻人读读他留在人间的唯一财富——《我的无声战争》。

"空中飞人杂技员"卡纳里斯

1877年，卡纳里斯在德国北部多特蒙德市郊的一个资产阶级家庭里降生。经过少年时代的学习，他毕业后被招募进入了海军。1905年，18岁的卡纳里斯以优异的成绩考入基尔海军学院。通过系统的海军知识学习，他一毕业就被分配到"德累斯顿号"轻巡洋舰上服役，从此开始了他的军旅生涯。

从基尔海军学院毕业后，卡纳里斯在"德累斯顿号"轻巡洋舰上担任旗手和情报官。这时，第一次世界大战爆发了。卡纳里斯最初展露他的间谍天赋，是在福兰克群岛一战：1914年12月8日，英国海军对德国舰船一路追击，最终击沉了所有德国舰船。"德累斯顿号"在此役中未能幸免于难，所有船员在海上颠沛流离，最终漂到了智利的基里基纳岛上。被困于孤岛的卡纳里斯开始了逃生历险：

威廉·弗兰兹·卡纳里斯海军上将
（1883～1945年）

他设法逃到了智利本土，经过几百公里的长途跋涉，骑马翻过了安第斯山脉后进入了阿根廷境内。在布宜诺斯艾利斯，他乔装成英裔智利人，化名为雷德·罗萨斯，并取得了护照，最后混上中立国荷兰的海轮辗转回到了德国。这一次逃生历时近两个月，回到柏林后，卡纳里斯的逃生经历引起了德国海军情报部门的注意。卡纳里斯的能力得到了上级的认可，他也开始受到重用。

马德里初试锋芒

1915年12月，他被德国间谍机关派往马德里，就这样开始了他的第一次间谍活动。在卡纳里斯间谍生涯的开端，一次与对手的交锋还成了有趣的桥段：他刚到马德里就与年轻的英国上尉斯图尔特·孟席斯勋爵（后来的英国情报局局长）狭路相逢，在双方的斗智博弈中还险些遭到对方的暗算。

卡纳里斯刚到马德里不久就患上了重病，不能继续留下工作。考虑到卡纳里斯需要回到德国接受治疗，在回国的途中又要全程保密，德国海军驻马德里的情报站向总部发出请求派遣潜艇接卡纳里斯回国的密电。然而，英国海军出人意料地截获了这份密电并分析出其中的内容，随即命令两艘在德国沿海活动的潜艇准备进行拦截。与此同时，孟席斯也被指令去监视卡纳里斯的行踪，以便获取他具体的登艇时间和地点。兵不厌诈，卡纳里斯化装后并没有直接登艇，而是乘渔船出港后再与德国潜艇碰头。

这一次交锋卡纳里斯占了上风，他顺利回国后也受到了高规格的欢迎，并荣获一级铁十字勋章。这期间的良好表现使他成为德国泽克特将军在凡尔赛条约空隙中千方百计保留下来约 4000 名战时卓越才干的军官之一，为德国重振军备提供了"种子"。

1923 年，卡纳里斯在慕尼黑啤酒馆暴动中结识了戈林，这个未来第三帝国的核心人物。此后的一战中他将自己的命运和纳粹党紧密地联系在一起，投身右翼运动中。通过戈林的关系，卡纳里斯结识了希特勒，并主动为希特勒送上德军全体军官的政治倾向、人品素质和经济情况的材料。这些材料在后来发挥了重要作用，希特勒借此牢牢控制了德军军官阶层。

建立情报帝国

1933 年 10 月，德国海军司令雷德尔向希特勒力荐卡纳里斯，凭着之前的战功和天才般的间谍潜质，希特勒将整个德国的情报工作都交由他来管理，从此他开始了自己的纳粹谍王生涯。

在他负责情报局工作的十几年间，情报战线在战争中发挥了重要的作用。卡纳里斯在希特勒上台后建立起自己的军事情报王国，并将之交到了自己的亲信手中。他的忠诚和优异表现让希特勒十分满意，1935 年，他被任命为军事情报局局长。上任时，卡纳里斯受到了希特勒的亲自接见，面对这位新任局长，希特勒满怀希望地说："我想建立一个机构，应该是像英国情报局一样去团结一群人，满腔热情地去工作。"希特勒对卡纳里斯不仅在精神上给予鼓舞，更在资金上给予有力的支持。此外，卡纳里斯还被赋予极大的权力，以便短时间内建立起庞大的军事情报帝国。

组建一个军事情报帝国并非易事，在这项宏伟的工程中，卡纳里斯表现出了惊人的魄力和强大的组织能力：仅在两年时间，情报局就从帕特奇格因时代的 150 人小组织扩大到 1000 人的大机构，战时规模更是一度高达 1.5 万人。1940 年，卡纳里斯又在战争爆发初期被授予海军上将军衔，在第三帝国短暂的 12 年里，这是一项极为可贵的殊荣。这项荣誉充分证明了卡纳里斯在海军中的地位之高和军事情报局取得的成果之大。

在卡纳里斯的努力下，德国军事情报活动不仅不局限于欧洲，更是向南、北美洲和中东地区发展。在建立情报网络上，除了欧洲完备而细密的地下网络，还在世界各地建立起庞大的间谍网和反间谍网。因为卡纳里斯的首次间谍活动是在西班牙展开，德国情报部门在西班牙的间谍网也是最为成功的。

卡纳里斯在人员招募上也有着创造性的举动。在国外报纸上刊登贷款广告是战前德国的主要人员招募途径，卡纳里斯利用这种方式招纳了许多层次较高的人才，其中包括大学教授、律师和前德国军官等；在他的管理下，情报机构的管理权进一步下发，谍报机构的层次性和效率也得到了提高。在机构设置上，卡纳里斯将德国军情局分为 5 个分支，分别是负责军事、敌国经济情报搜集的秘密情报处，进行突击队活动和破坏、颠覆、心理战活动的二处，从事反谍报工作的三处，中央处和外事处等五个处。每个处内部除了按专业划分科室外还设置负责规定区域的驻外站。这些机构的人员招纳由机构负责人自行处理，并建立一支特别行动小组。这些小组在情报界被称为家庭乐队，每个乐队的指挥人是一位资深间谍，乐队的职能主要是从事反谍活动、接待告密者（包括揭发系统内部叛徒）、渗入敌人情报组以及留意可能被策反的外国人。

但是后来，卡纳里斯却因为反对希特勒的罪名而被处以极刑。这个过程直到现在还没有被人解密，这段充满戏剧化的历史至今隐藏在一些众说纷纭的观点背后。无论后人所持的是什么看法，卡纳里斯仍然是二战期间纳粹德国情报机关中最为重要的关键人物。

作为一个曾为法西斯头子希特勒立下过汗马功劳的间谍首脑，卡纳里斯在谍报工作中表现出来的卓越能力和非凡的天分，曾令盟军反间谍机构吃尽苦头。各方对他也给出了极高的评价：德国情报机构称他为"空中飞人杂技员""诡计多端的人"，原美国中央情报局局长艾伦·杜勒斯称他为"现代历史上最勇敢的人"，意大利驻柏林武官对他的评价是"毫无顾忌，智力超群"。

卡纳里斯享有纳粹"谍报大王"的称号，他的一生起落也都与纳粹有关。在投身纳粹活动时，他曾受希特勒的宠信，并得到了极大的支持；但是最终同样是因为纳粹，希特勒将他送上了断头台，对其"罪状"也从未公开。

"谍报大王"的功绩

总之，几近天才的间谍能力和混乱的历史环境，造就了个人经历有传奇色彩的卡纳里斯——纳粹一代谍王。这位纳粹情报机构中的间谍之王在二战中为希特勒立下汗马功劳，在谍报活动中表现得有勇有谋，其中更有许多可圈可点的经典案例：

在情报战线与英国的对抗中，卡纳里斯曾立下赫赫战功。他派遣一个得力干将来到英国谍报机构 MI — 6（军情六处）在欧洲大陆的活动中心海牙，首先策反一个为英国情报机构服务的荷兰人，此后，德国特工们又沿着这条线索找到了为英国服务的其他间谍。就这样，英国在德国的间谍网被一举破获；1935年，德国特工又在基尔船厂抓到一名潜伏时间很长的特务，这一案件的破获捣毁了英国关于德国最新海军秘密的重要来源，而这名特务的落网也意味着英国间谍网在荷兰从此终结。

卡纳里斯在 1937 年战争爆发前已经在英国暗中安插下各式各样的特务不下 253 名，有的特工甚至已经渗透到英国高级官员的家中。希特勒曾为维持与英国的友好关系而下令禁止德国特工在英国进行情报活动，这个决定也导致了德国对英国情报工作的起步较晚。1939 年 9月第二次世界大战爆发，德国对英国的情报作战形式终于发生了改变，卡纳里斯发表通报要求分布在世界各地的 3000 名间谍注重搜集英国特工机构的情报。以如此之快的速度在如此之短的时间内建立起的有效情报网，为德国军事谍报局和其他情报分析家对英国战争能力的了解提供了重要的情报来源，通过对情报分析的结果整理，德国总参谋部有针对性地制定了许多对英国的战时措施。对于这个庞大而细致的情报网，卡纳里斯的话做了最精准的解释："不仅英国沿岸的设施，而且大多数机场，甚至包括从伦敦到北海港口赫尔之间的油料贮存仓库，我们都画有详细的地图。"不仅如此，甚至连英国陆军与空军的联合作战计划都被卡纳里斯获取，这也让希特勒充分见识了他的谍报才能。

在德国军事谍报局中，还有一支特别的特工队伍——勃兰登堡分队。这支队伍隶属军事谍报局二处，卡纳里斯在组建这支队伍时有一个特别的要求——队内成员每人都能至少熟练使用一种外语，如捷克语、波兰语、乌克兰语、英语、葡萄牙语、西班牙语、俄语等基本包括了当时世界上的大部分语言，甚至还有冷僻的藏语和阿富汗语。语言上的优势让他们在他国进行谍报活动时得心应手，不仅如此，他们还对活动地区的风俗习惯了如指掌。熟练地使用这些技能加上精心的准备，1939 年的波兰战役和 1940 年的西欧战役，以至后来的苏联战场上这支队伍都立下了赫赫战功，曾有一个 600 人的部队中有 3/4 的人获得了铁十字勋章的荣誉。这支队伍一直跟随卡纳里斯，直到他下台后才被奥宁堡部队取代。

在情报政治中，卡纳里斯曾有过一次极其不光彩的行动：为了制造事端，党卫军秘密警察计划让集中营里的死囚假扮波兰陆军佯攻波兰边境格莱维茨的德国广播电台。当海德里希向卡纳里斯索要 150 套波兰陆军制服时，他虽然心里有些不大愿意，最后还是把制服交给了前者。这一次争端最后也成了第二次世界大战的导火索，带来了全球性的灾难。

扑朔迷离的结局

1944 年 2 月 18 日，希特勒对纳粹情报机构进行改组，先是下令撤销军事谍报局的建制，将其与中央保安局合并组成了一个名为军队局的新机构，卡纳里斯则被调往最高统帅部参谋部任商业和经济作战局局长。因为军情局与党卫队的激烈内讧和卡纳里斯的下属汉斯处长谋杀希特勒行动的败露，卡纳里斯被迫下台，下台之后的他遭到牵连被捕入狱，最后于 1945 年 4 月 9日在德国南部巴伐利亚外夫罗森堡监狱被处决。这也是目前被认为他被判死刑最为可能的罪名。

后来又有许多关于他的猜测，有的观点认为他其实是"黑色乐队"（德国地下反希特勒组织）的实际组织者。有的观点认为他后来变成了盟军的朋友，他在后期的军事情报局工作中表现并不理想，"马丁少校"事件中的表现就让人质疑。史学家认为，他的一生中分为前期和后期两个阶段，而这两个阶段就好像是由浮士德向哈姆雷特的转变。卡纳里斯的间谍才华在他投身纳粹时得到了充分展示，而后来的表现则没有那样夺目。而这，就是这位纳粹谍王跌宕起伏、充满曲折和戏剧性的一生。

"千面间谍" 阿贝尔

来自苏联的鲁道夫·阿贝尔是克格勃上校，有"当代王牌间谍"之称。他深通间谍技巧，机智灵活，善于伪装，西方谍报机关称他为"千面人"。他在隐藏自己的间谍身份方面所取得的成功，一直被作为培养间谍新手的教材。阿贝尔精通 6 国语言，其中包括德语、波兰语、希伯来语等。他还在摄影、绘画、音乐和文学等领域造诣颇深。1939 年，他潜入被德军占领的波兰，佯装成狂热崇拜纳粹主义的德国侨民，成功地加入德军与纳粹党，还进入了德军最高统帅部情报局，后又随德军来到苏联战场。他为苏联的情报工作做出了巨大贡献，幸运的是，直到二战结束，他的身份也没有暴露。

1941 年，阿贝尔所在的德国部队包围了一支苏军部队。苏军拼死抵抗，但寡不敌众，节节败退。突然，战场上出现了奇怪的一幕：苏军集中全部火力，不顾一切地掩护一辆重型坦克突围。德军指挥官施坦因格里茨意识到坦克中肯定有非常重要的人物或文件，立刻派精兵强将组织突击队，冲上去拦截。然而，在苏军竭力抵抗之下，突击队员一批批倒下了，施坦因格里茨气得大吼大叫。德军很快就击中了坦克。一直在密切关注着战场的阿贝尔看到坦克不动了，马上意识到里面的人可能牺牲了。当时正值德军的一批突击队刚退下来，新的突击队尚未组建之际，阿贝尔立即抱起一捆炸药挺身请战："我要用生命效忠元首！"德军指挥官对他投以赞许的目光，立即批准。他弯着腰前进，巧妙地利用苏军的射击死角，躲过密如雨点的子弹，靠近坦克后，飞快地钻进坦克里，里面的人果然全都死了，确实有一包高度机密的文件。他立即烧掉密件，扔下炸药，又迅速跳出。坦克在一片火光中被炸毁了。愤怒

鲁道夫·阿贝尔

的苏军疯狂地向阿贝尔扫射。他身负重伤，醒来时，已躺在德军战地医院里。德军司令对他的英勇行为大加赞赏，奖给他一枚"铁十字"勋章，并将他升任为情报官。

德军司令不知道的是，几乎在得到这枚德国勋章的同时，阿贝尔被克里姆林宫授予"苏联英雄"称号并颁发勋章。因为阿贝尔充分利用纳粹党成员的身份，窃取了大量核心机密。其中包括极端机密的盖世太保头子希姆莱的代表同美国间谍头子杜勒斯在瑞士的密谈内容。敌对两国同时为同一个人颁发最高奖赏，这在世界间谍史上是史无前例的。

打入敌营

1902年，俄罗斯人鲁道夫·阿贝尔，生于高加索地区。他从小聪明过人，极富语言天赋。他的父亲是一位有名的外科医生，曾经旅居德国和波兰，阿贝尔在3岁时就学会了德语和波兰语。由于其父还经常和一个美国医生往来，于是年幼的阿贝尔又开始学习英语，并在这位美国医生的影响下，考进了一所美国教会办的学校继续学习英语。

除了酷爱学习语言外，阿贝尔还对摄影艺术、绘画、音乐、文学感兴趣，尤其在摄影和绘画方面造诣颇深。长大后的阿贝尔，继承了高加索人那种特有的开朗和谦逊。他成了一个相貌堂堂、风流倜傥、人见人爱的小伙子。

23岁时，阿贝尔回到莫斯科，在一所中学里同时教英语、德语和波兰语。他的德语非常地道，如果他不说自己是苏联人，人们可能还以为他是个德国人。后来，他加入了苏联红军，担任军中的无线电技师。

阿贝尔的非凡才能引起了苏联情报部门的注意。苏联国家政治保卫局（克格勃前身）对他进行了长期的秘密考察，认为他是个难得的谍报人才，于是要求阿贝尔利用自己的语言特长为祖国服务。1927年5月2日，阿贝尔同意了，他进入情报机关接受训练，以便去国外从事间谍工作。从此，他改名为约翰·利贝尔（以下都称阿贝尔为利贝尔）。

1939年底，德军入侵波兰以后，一个年轻的"德国人"——约翰·利贝尔就从伏尔加地区迁往苏维埃立陶宛共和国首都里加。户口册上写着，他是一个汽车修理工，父母双亡，于是只身一人迁居里加。这样的身世使他更容易得到德国人的认可。

利贝尔到里加后，立即加入了当时的德国少数民族俱乐部。当时盖世太保对每一个新来的德国人都进行审查。他们对利贝尔的印象是"严守纪律、忠贞不贰的爱国者"。利贝尔在里加结识了年轻的工程师亨里希·施瓦茨科普夫，两人很快就成了至交。亨里希的父亲鲁道夫·施瓦茨科普夫是某个大学里的一位电子学专家，1940年初被人残忍地杀害了，未能查出凶手和杀人动机。几周以后，亨里希同里加的一大批德国人得到了苏联当局同意迁居德国的签证。他同利贝尔一起乘火车来到德国。

亨里希的叔父维利·施瓦茨科普夫是盖世太保的一个头目。回到德国后，亨里希在叔父的帮助下，在党卫军帝国元首保安队里开始担任情报员，而利贝尔得到亨里希的叔父充当保人后，在军事情报部门的一个单位里当司机。

1941年6月，德国进攻苏联之后，利贝尔的间谍生涯发生了转折。他同集结在波兰的德国军队一起，被派往苏联参战。于是出现了前文写过的一幕。利贝尔的冒险行动一箭双雕，既保护了苏联的重要文件，使其免落敌手，同时也增强了盖世太保对他的信任，使他升了官职。

在此期间，莫斯科方面仔细研究了亨里希的情况。1942 年秋天，苏联情报部门把有关亨里希父亲被害的一份档案材料交到了利贝尔手里。原来，亨里希的父亲是被他的兄弟维利·施瓦茨科普夫下令杀死的。当时，维利·施瓦茨科普夫作为盖世太保的上校，想发展他兄弟加入纳粹组织，但鲁道夫不肯参加第五纵队，并且拒绝把苏联边境地区的无线电通信和电子学的某些重要材料交给他，于是惨遭杀害。亨里希对此毫不知情。杀害自己的兄长后，维利又假惺惺地把侄子亨里希接来，介绍他参加了党卫军帝国元首保安队。

亨里希在与利贝尔闲聊时，曾流露出对德国当权者的不满，甚至表示想为苏联工作。利贝尔当然很高兴，立刻给亨里希安排了同"苏联内务人民委员部代表"的会晤，其实这个代表就是他自己。在约定的地点和时间两人相遇了，亨里希感到非常意外，利贝尔平心静气地说出暗号"莱茵河"，亨里希立刻回答"伏尔加河"。利贝尔微笑着向他表明自己的真实身份，于是两人来到一处僻静的地方，利贝尔拿出那份关于他父亲被害的档案材料给他看。

当亨里希了解真相后，气得暴跳如雷，声称要杀死自己的叔父。利贝尔让他冷静下来，示意他不能蛮干，于是亨里希同意听他指挥。就这样，利贝尔在党卫军帝国元首保安队有了自己的内线。

不久之后，两个好朋友在柏林重逢。他们到亨里希的住处喝酒聊天，彻夜长谈。那天夜里，亨里希大吐真言，一方面是在酒精的刺激下，另一方面也是出于对利贝尔的信任。他除了透露一些特别重要的情报外，还以轻蔑的态度谈到希特勒的歇斯底里和不光彩的私生活。他对德国政权的态度已经发生了根本的转变。利贝尔一边密切地注意着亨里希的变化，一边不时地让自己间谍网里的那些有反希特勒情绪的年轻德国官员多同他接触，以施加影响。

1943 年秋天，党卫军头子希姆莱的副手、党卫军准将瓦尔特·施伦堡向军事谍报局要一个军官归他个人支配，条件是年轻、有才干、精通几国语言而又谦逊稳重。当然，最重要的是此人必须是"纯雅利安人、对元首绝对忠诚并且是经过考验的纳粹党员"，不能有任何亲人，并且是一个受过训练的情报人员。

利贝尔完全符合这些条件，因此被选中了。上级告诉他这件事时，利贝尔心里乐开了花，但是他故意显得不太高兴，好像他不愿意离开目前这个地方。上级告诉他，这对于他的前程来说是一件好事，施伦堡准将是第三帝国最重要的人物之一，海外政治情报处主要负责人，德国的整个情报网都在他手里。

约翰·利贝尔向莫斯科总部报告了自己的新职务后，他只收到一份简短的回电："注意！约翰·利贝尔，现在你才开始你的第二次生命。"当了施伦堡的副官之后，利贝尔的军衔将连升两级，成为党卫军中校。他知道，这次是去敌人的老巢，他将得到更重要的情报，同时也将面临真正的考验。

在以后的日子里，利贝尔的间谍才能得到了充分的发挥。

制止"旋风"计划

1944 年初夏，德国陆军参谋长克莱勃斯将军就联合情报部门制订了一个"旋风"计划，目的是派出人马到苏联纵深后方进行秘密破坏活动。他们先在喀尔巴阡山地区建立了一个据点，集合了一支由 30 人组成的战斗小组。这个战斗小组正在等着空投下来的德军指挥官施瓦茨堡上尉。

　　一天，施伦堡给利贝尔打了一个电话，要他当晚到负责国外军事活动的特别作战部报到。该部由马尔策和克莱茨领导。当天夜里，利贝尔就赶到特别作战部。马尔策要他到柏林的前一站——措森火车站去迎接施瓦茨堡上尉。克莱茨告诉他，施瓦茨堡上尉不久将被派到俄国后方去执行一项非常重要的任务，因此要好好接待。

　　利贝尔开着辆小货车直奔措森车站。他赶到车站时，列车刚刚进站，就遭到盟军飞机的轰炸。利贝尔赶紧奔向4号车厢，见到一个身穿国防军上尉制服的人，手里拿着一只很大的黑皮包，他断定此人就是他要接的施瓦茨堡上尉。利贝尔悄声对他说："旋风！"那个人一听立刻站起身来，跟着利贝尔下了火车，直奔小货车。

　　离开轰炸区后，利贝尔把车停下来，想看看坐在车后面的上尉怎么样了。可当他打开小货车后门时，发现上尉已经被弹片打死了！利贝尔立即打电话给马尔策，他并没有说施瓦茨堡上尉已经死了，而是说措森站遭到轰炸，施瓦茨堡不在那里。马尔策等人惊慌失措，因为施瓦茨堡的皮包里有"旋风—南方"行动计划，而他们那里没有人认识施瓦茨堡，也没有他的照片，这给寻找上尉带来很大的困难。

　　利贝尔打算好好利用这个施瓦茨堡上尉，破坏"旋风—南方"行动计划。他开始紧张地谋划。他开着小货车，来到市郊的一幢房子旁边。房子的主人是米歇尔，他是利贝尔从事情报工作的助手。

　　利贝尔和米歇尔立刻开始研究黑皮包里的"旋风—南方"计划。原来德军准备让一个破坏小组作为战俘混在苏军战俘队伍中。施瓦茨堡是这个小组的指挥官，但他佯装成押送战俘的苏军军官。皮包里还装有苏军中尉服装和伪造的公务证，上面的名字是维利斯·杜蒂斯，此外，还有其他证件及地图，地图上有破坏小组的行军路线和准备在沿途破坏的铁路、桥梁的标记。

　　利贝尔灵机一动，决定由米歇尔冒充施瓦茨堡上尉空投到苏联境内，任务是找到这个破坏小组，然后与苏联境内安全部门配合，把这个行动小组一网打尽。

　　二人磋商之后，把施瓦茨堡的尸体扔到轰炸现场，然后利贝尔匆匆赶回去向克莱茨和马尔策汇报。利贝尔向他们讲述了盟军轰炸的情况后说，他认为，在混乱中，施瓦茨堡上尉没有等接他的人到达就自行到柏林来了，因此建议在市里各餐馆旅店寻找。利贝尔和克莱茨开车在柏林马路上足足转了一个小时，最后在"大熊"歌舞餐馆门口停下。在那里他们找到了由米歇尔扮演的施瓦茨堡上尉。

　　"施瓦茨堡上尉"和他们接上头之后很高兴，他诉说了措森车站遭轰炸时他逃离的情况。原来他搭上一辆卡车，这辆车是属于"大熊"餐馆的，因此他来到这里。克莱茨告诉他，行动计划有改变，他必须立即离开餐馆，并让他和利贝尔去领装备。克莱茨则打电话给马尔策，约定两小时后在机场见面。在机场上，马尔策上校和克莱茨与"施瓦茨堡"见面，并送这位"旋风—南方"小组指挥官进入机舱，飞机很快在东方消失。

　　此时，利贝尔的另一个助手卡尔正在给莫斯科发报，报告他们截获的"旋风—南方"行动计划内容，并告诉总部行动将在明天开始。同时，在苏联大后方的喀尔巴阡山麓，德国军事谍报局破坏小组的米科拉·斯克利亚尼也接通了自己的无线电台，站在他身旁的临时负责人克里格尔中尉口授说："我们准备迎接指挥军官。一切准备就绪。"

　　在返回的路上，克莱茨说起，现在在喀尔巴阡山的暂时领导"旋风—南方"行动小组的克里格尔中尉认识施瓦茨堡。利贝尔听后，心里一紧，如果克里格尔一看来人不是施瓦茨堡，米歇尔的处境就很危险。利贝尔迅速思考如何补救。

这时，在俄罗斯喀尔巴阡山的一个偏僻的小村里，德国的破坏小组收到柏林发来的无线电信号，得知上尉乘的飞机即将抵达。克里格尔中尉正在农村的一间房子里等候施瓦茨堡的到达。无线电报务员斯克利亚尼钻进通向这个小村庄的一条小路旁的丛林，等待上尉的出现。突然在丛林之间，沿着小路走来一个身穿苏军制服的人，背上背着一只挎包。

那个戴着苏军中尉肩章的军官看见了斯克利亚尼，就停下来。他笑着问道："小伙子，你是否知道看林人谢苗·马卡罗维奇住在哪里？"米科拉·斯克利亚尼心中一喜，这是暗号！他立刻回答说："谢苗·马卡罗维奇去里沃夫了，3天以后才能回来。你好，施瓦茨堡先生，我叫伊万，克里格尔中尉正在等你。"

"你怎么知道我叫什么？"

"中尉说他认识你，你们曾经一起打过仗。"

米歇尔站住了，他仔细地打量着这个化名为"伊万"的小伙子。

"好。我会让中尉感到意外的。"米歇尔微笑着说。

他们来到村庄，一走进屋里就看见克里格尔中尉。克里格尔惊讶得张大嘴巴，因为站在他面前的是冒充施瓦茨堡的陌生人，他迅速操起一支自动步枪，嚷了起来："这个人不是施瓦茨堡！伊万，你把什么人带来了？"

米歇尔毫无惧色，笑了笑："我当然不是施瓦茨堡上尉。这是总部的决定。柏林怀疑俄国人把小组成员抓走了，安插了自己的人。如果你把我看成施瓦茨堡，就像你的报务员把我看错那样，那就证明……"

克里格尔犹豫着放下自动步枪，米歇尔要求把指挥权转交给他。然而，克里格尔仔细察看了米歇尔的有关证件后，还是不愿意相信这个陌生人，他冲着斯克利亚尼说："伊万，你立即去问问总部。"随后，他转向米歇尔，嚷道，"总部回答之前，你休想活着离开这里……"

米歇尔故作镇静，其实他心想如果柏林来电对他不利，他就准备拼死一搏了，但他相信利贝尔肯定会想尽办法挽救他的。这时，在柏林，谍报局值班报务员托斯克正在机器旁值班，利贝尔已经陪着他值了6个小时的班。

托斯克突然听到"旋风"的呼叫，他对利贝尔说："'旋风—南方'出现了，你准备记录。"报务员口授说："'旋风—南方'请求证实行动有否改变？是否该把指挥权交给新来者？"利贝尔拿起他篡改的电报稿走到隔壁房间，对马尔策上校说："'旋风—南方'出现了。"马尔策把电文看了两遍，问道："这是什么意思？"

利贝尔说话了："上校先生，事情其实很简单。施瓦茨堡在路上曾跟我说过，他同克里格尔中尉的关系不是很好。因此，克里格尔不愿意把指挥权交给施瓦茨堡。""噢，原来如此！记下回报：全部权力转小组新指挥官，立即开始行动，并随时报告执行情况。"

半小时后，"旋风"又发来一份电报："'旋风'已行动。第一份战报将于清晨发出。"利贝尔把电报交给马尔策，同时说："看来克里格尔中尉妥协了。"

与此同时，喀尔巴阡山地区内务人民委员部反情报部门负责人麦尔尼钦科少校得到苏军比斯特罗夫将军的一道命令，要他在晚上6点以前消灭"旋风—南方"小组，而把小组指挥官、由米歇尔扮演的杜蒂斯中尉带到他那里。

麦尔尼钦科少校带领部队做好埋伏后，从望远镜里远远看到，在通往前线的一条公路上，有一小队德军俘虏正沿着公路走着。队伍后面走着一位身穿内务人民委员部制服的中尉，他旁边是一名手持自动步枪的排长。在他们后面，有一辆蒙着篷布的大卡车。

麦尔尼钦科看见这支队伍后，示意队伍停下来。他大声嚷道："队伍指挥官，出列！"中尉跑步过来敬礼："我是杜蒂斯中尉！""请出示证件！""杜蒂斯中尉"从挎包里拿出证件。少校看完证件，把证件还给中尉，接着走向大车。

中尉要排长带队伍先走。此时少校从口袋里掏出一盒烟，递给中尉一支香烟。中尉接过了香烟，但是没有点燃，而是放进了口袋。中尉对少校悄悄地说："西南方向，离村庄5公里。报务员在山洞里。而在村里……少校同志，祝你一路平安！"他没把话讲完，因为他看见克里格尔正向他们走来。

"中尉，也祝你成功！"二人只得挥手告别，双方继续赶路。米歇尔故意一个人走在队伍的末尾，他拿出少校给他的那支香烟，悄悄打开，找到一张字条：计划在4公里处逮捕这批人。米歇尔把纸条放回口袋。

克里格尔在队伍前面急匆匆地走着。从地图上判断，很快就要到隧道了。按计划，他们应当在那里留下第一批破坏小组，把隧道炸毁，使交通起码中断10天时间，然后趁苏联情报部门在这个地区展开调查时，再趁机炸断横跨德聂斯特河的大桥。

与此同时，麦尔尼钦科少校正领着切尔尼科夫上尉和洛巴诺夫军士来到藏着米科拉·斯克利亚尼和无线电台的那个小村庄，他们拨开一个山洞进口附近的矮树丛，看到了米科拉·斯克利亚尼。他举着一支自动步枪，用发抖的声音喊："是谁？我要开枪了？"

没等他说完，洛巴诺夫军士两手拿着一块篷布从背后向他扑去。这时，少校也跨过矮树丛，一下子把他手中的自动步枪击落。切尔尼科夫冲进山洞，从里面搜出一只背囊，里面有一部无线电台。但是，当麦尔尼钦科少校和他的随行人员走回村里时，却没有找到他们的汽车。在一家农户的门槛边上，他们发现一个人躺在地上，被打死了。

被抓住的德国报务员斯克利亚尼招认说是罗金什托克中尉干的，他奉命留在这里负责联络。这时罗金什托克开着劫来的汽车刚刚追赶上行军路上的破坏小组。他从汽车里跳出来，向米歇尔说："有人出卖了我们！"破坏分子们听后乱成一团。

米歇尔看见从西边的矮树丛里出现了一排手持自动步枪的苏联士兵，重机枪正对着这批人。于是，米歇尔冲着罗金什托克嚷了一声："你这个叛徒！"掏出手枪，一枪将他打死，然后转向其他破坏小组的成员："谁都不许动！别乱！"这一伙装成俘虏的破坏分子真的被俘虏了。

调查"医疗计划"

德国党卫军与盖世太保虽然都为希特勒服务，但是这两个特务机构为了各自的利益存在很多矛盾，它们争权夺利，抢夺地盘，有时为了邀功请赏，还互相打压。利贝尔就充分利用他们之间的矛盾，展开情报收集工作，为苏联提供了许多重要情报。

有一天，施伦堡别墅的值日官打来电话，叫利贝尔马上去。警卫让他把车一直开到湖边去。他下车后，走在两排高大的栗子树中间的路上，他看见在树林深处有两个人：施伦堡和一个穿着考究制服的客人。那位客人背对着他。施伦堡叫了他一声，挥手示意让他过去。

利贝尔走过去才认出，原来那个客人是希姆莱。他向希姆莱行军礼。施伦堡笑着说："利贝尔，党卫军全国总司令很想认识你。我们把你叫来，是要给你一项新任务。不过，遗憾的是，你又要去同盖世太保打交道了。"施伦堡接着说："你必须把盖世太保派往国外的主要人员的名单搞到手……"

希姆莱在一旁补充说："是指战后从事秘密工作的那些人……"利贝尔又行了一个军礼，

表示一定完成任务。看来德国人已经知道无法逃避打败仗的命运，正在为战后的间谍工作做准备。利贝尔告辞时，施伦堡悄声说："总司令对你的工作表示满意，希望你这一次不要使他失望！"

一天晚上，利贝尔在一家小咖啡馆里偶遇谍报局里的熟人哈克中尉。哈克曾经是东线司令部的报务员，有一次，他所在的地堡被苏军炮弹击中，哈克被炸伤后卡在地堡倒下的几根横梁中间。当时，利贝尔正跟党卫军一批高级军官视察前线。幸亏利贝尔把哈克拖出来了，否则他就会被压死。因此哈克非常感激他，但是哈克不知道，当利贝尔在帮他的时候，神不知鬼不觉地把他背包中的密码本拿走了。这事过了整整两年时间，那天夜晚他们在咖啡馆巧遇，哈克认出了利贝尔，他非常激动，紧紧拥抱了利贝尔。

哈克现在穿着盖世太保少校的制服。看来他已离开国防军参加了盖世太保，而且混得不错。这对于利贝尔来说，简直是天赐良机。哈克现在可以报答他救命之恩了。那个夜晚，他们坐了很久，一边喝酒，一边倾心地交谈着。哈克是一个毫无心机的人，他大谈自己在盖世太保里的地位。

哈克现在在柏林的盖世太保总部大楼工作，他住在柏林市郊一幢有花园的房子里。几天以后，利贝尔应哈克邀请到他家去做客。坐在陈设豪华的客厅里，利贝尔可以看出，哈克确实在盖世太保里享有特殊的地位。

利贝尔欣赏着客厅里的昂贵的艺术品。哈克高兴地对他说："亲爱的利贝尔，所有这一切跟这个房间里的一样东西相比，都算不了什么。"他把利贝尔叫到客厅角落里的一只箱子前。哈克打开箱子，只见里面有一叠放得整整齐齐的档案。

"你看看这是什么，可能对你有用……"哈克平静地说，"在这些档案中，有海德里希的最机密的名单。当他在布拉格被打死以后，这些名单被收存起来并加上了铅封。名单里面有帝国首脑们的档案，从元首起直到缪勒。你知道，海德里希这个人拘泥于细节，办事一丝不苟，他喜欢一切都在手头。"

哈克笑着说："现在，我是这只箱子的主人。居领导地位的纳粹主义者的一切，从出生到今天，我全知道！"

利贝尔故意开玩笑说："你是否准备写回忆录？"

哈克郑重其事地说："我准备明天去见缪勒！缪勒想让我也成为他的医疗计划的一部分，但是我不干！"说完，他从口袋里掏出钥匙，递给利贝尔："利贝尔，拿着！这只箱子也属于你！这就算是我报答你救命之恩的，我知道这些对你很有用……"

说完他站起身，从卷宗中抽出一本比较大的相册，他打开一页，上面有3张照片。哈克用手把这3张照片的次序打乱，然后示意利贝尔看一看。利贝尔一边盯着照片，一边说："最后一个和第二个相像，像是双胞胎。但是，第一个……"

"没错，利贝尔，这就是缪勒的'医疗计划'！"哈克说着，拍着利贝尔的肩膀。接着，他依次指着照片说："第一张是盖世太保的一位上校，第二张是达豪集中营里的一个犹太人，第三张还是那位上校，只不过进行了整形手术，使他和那个犹太人看起来就像孪生兄弟！"

哈克又翻了几页，每一页上也都有3张照片，随后他合上相册说："这里面有700个这样的面貌相同的人。你现在明白到底是怎么一回事了吗？"利贝尔恍然大悟："缪勒在准备自己的地下工作人员。"哈克点了点头，继续说："利贝尔，如果明天晚上我不在家里，你再等一天，那时你就打开箱子！"

利贝尔问："什么意思？"哈克说："很简单，缪勒想让我扮演犹太人。如果我回不来了，你就把全部档案交给你的上司施伦堡，他会奖励你的。"利贝尔捏着手中的钥匙，不再多问，把它放进口袋。

缪勒的这个"医疗计划"确实做得天衣无缝。他让那些与被消灭的集中营犹太人长得相像的军官，接受专门的整形手术，做犹太人的替身。他们只挑选已经断定没有任何亲友的那些集中营犯人，作为实施计划的对象，因为他们的亲属都被打死了，战后他们获得自由，再露面就没有人能认出他们了。每一个这样的"替身"，除了各种证件、私人的东西以及生活中的其他各种细节外，还有从集中营里获救或逃跑的"故事"。盖世太保的那些一丝不苟的专家们在这件事情上是不放过任何细节的。显然，缪勒已经预料到这场战争将输掉，他正在着手准备盖世太保的地下活动网。这个活动网由 1000 名特务组成，他们将被秘密地派往世界各国。

为了使利贝尔更信服，哈克问道："你认识京特尔少校吗？"

利贝尔点了点头。哈克怪异地笑了笑，接着说："他死了！"哈克继续说："上级告诉我们的是，他在柏林受到轰炸后在一次车祸中丧生。我们都去参加了葬礼，并献了花圈，有人致了悼词，他的老婆孩子哭哭啼啼。我很喜欢京特尔这个人，所以晚上我决定到他家里去一趟，把留在我这里的嘉奖证件送给他的家属。"

"我去他住的别墅时，他的家人正在吃晚饭。他们看见我来了都感到惊奇，我同样感到奇怪。因为他们的情绪都很好，难道在京特尔死后不久就该这样开心吗？我把嘉奖证件交给京特尔的老婆，突然我发现烟灰缸里还有一支正在冒烟的雪茄。我知道，在他们全家人中间只有他一人抽雪茄！"哈克笑了一笑，"原来棺材是空的！京特尔就是'医疗计划'中的一个！"

第二天晚上，利贝尔从自己住处打了两次电话到哈克家里，没有人接电话。难道真的像商定的那样，等到明天？可是，到那时候可能已经晚了。如果缪勒把他干掉了，盖世太保也会找到哈克的住处的。如果今晚去，又可能落入圈套，利贝尔思前想后，最后还是决定立即前往。

他开车到哈克住的那条街，把车停在一棵大树下，观察是否有人跟踪他。然后，走出汽车，慢慢地步行到大门口，看到窗户一片漆黑，花园里寂静无声。哈克果然不在家。利贝尔又回来把车直开到大门口，弄开大门，把车开到直通正门的小道上。当他确信附近没有人时，就打开门，但没有开灯，摸黑走了进去。他拉开窗帘的一角，随时观察外面的情况，然后，他很快跑进客厅，抱起那只箱子，出了正门，把它放进汽车里，赶回家。

回到家，他从箱子里拿出那本大相册，用缩微相机把相册上的照片依次拍下来。然后，他撬开地板，挖了一个洞，把箱子放进去，又遮盖好，直到天亮才忙完。他不可能把这一大箱材料运交给莫斯科总部，但是他可以保存这批材料，等红军一进入柏林就交给红军。那时，这批材料将变得非常珍贵，可用来彻底揭露纳粹分子的罪行。

然而，现在需要做的是尽快把那卷摄有面貌相同的人的缩微胶卷送往莫斯科，以便及时搜寻盖世太保未来的地下特务。然后，再把相册原件交给施伦堡。施伦堡一定会为这份极其珍贵的材料感到高兴的。这样一来，利贝尔自己也会得到施伦堡的更大的信任，为今后的活动提供方便。

第二天，利贝尔开着车，顺便到接头人——报贩那里去，把给莫斯科的缩微胶卷交给他。忽然，利贝尔看到报纸头版登了盖世太保少校哈克的讣告，讣告说，哈克少校"由于车祸受伤突然去世"。照片上有汽车相撞的场面、撞坏的汽车和哈克的尸体。

哈克是真的死了，还是他接受了缪勒的建议，成了"医疗计划"的一员，做了整容手术，作为"犹太人"被派到欧洲某个国家去潜伏？这对于利贝尔来说，也是个不解之谜。

挫败和谈阴谋

德军在斯大林格勒遭到惨败以后，节节败退。希特勒在军事上不再像以前那么嚣张了。纳粹分子越来越认为，这场战争已经没有取胜的希望了。因此，几乎是在同一时间，希姆莱、里宾特洛甫、缪勒和纳粹党的机关首脑鲍曼都在想方设法通过瑞士和瑞典这样的中立国同西方列强的代表进行接触。西方国家的情报机关也积极运转起来了，目的是彼此阻碍，要独自抢先进行谈判。利贝尔探听到这一情况，他觉得这对于苏联来说是极其重要的。于是，他加紧这方面情报的收集工作。

一天晚上，他刚要离开亨里希的住处，就听见有人在按门铃。进来的是一位德国国防军上校。亨里希介绍说："这一位是在总司令部工作的上校，克劳斯·冯·施道芬堡伯爵，当年是我父亲的朋友。"亨里希又说："伯爵在突尼斯前线受了伤，现在是后备军参谋长。"接着亨里希又向他介绍了利贝尔。

利贝尔当然要留下来听他们谈话。他们谈的大部分内容是东线问题。施道芬堡走后，亨里希说："希姆莱和鲍曼手下的人，以及缪勒的特务都竭力想在瑞士同美国情报机关头子杜勒斯秘密和谈。"利贝尔大吃一惊："在瑞士？同杜勒斯？"亨里希点了点头。并说："不只是施道芬堡，许多纳粹分子都开始认识到，希特勒是一个精神病患者，他正把帝国引向灾难！他们不愿意为他效力了，想要他的命。"

当晚，利贝尔就向莫斯科报告了德国军官在瑞士采取的秘密和谈行动。莫斯科指示利贝尔要随机应变，争取利用敌人的内部矛盾，挫败德国企图和谈的密谋，同时及时把有关情报发回莫斯科总部，以揭穿美国私自与德国秘密和谈的阴谋。

几天之后，施伦堡和利贝尔从专门的备用机场起飞，前往瑞典斯德哥尔摩。施伦堡此行的任务是会见瑞典国王的侄子福尔克·伯纳多特伯爵，通过这位伯爵同西方建立联系。施伦堡不想让缪勒或者鲍曼的代理人觉察，因此让利贝尔秘密地伴随。他们分开居住，利贝尔住旅馆，施伦堡住在德国大使馆。利贝尔要等待施伦堡的电话通知，然后才去"陪伴"。

伯纳多特是瑞典红十字会的名誉会长，这一头衔使得他能够同各国代表进行接触。希姆莱的助手施伦堡就是通过红十字会与他建立了联系。伯纳多特还是属于摩根财团的美国"国际商业机器公司"瑞典分公司的经理。这样，他同美国政府也有联系，美国政府授权他同希特勒分子进行秘密谈判。

在大使馆里，施伦堡得到消息，德国外交部长里宾特洛甫也同瑞典人建立了联系。当天晚上，他的一名使者将携带重要文件乘专机前往柏林。第二天中午，施伦堡跟利贝尔在酒吧碰头。他不容置疑地对利贝尔说："现在，你听好了。我的手下会送你去机场，你乘坐专机回德国。在这架飞机上，我们的人只有你和驾驶员两人。然而，驾驶员不一定靠得住。如果飞机不在我们的备用机场降落，而是继续飞往柏林的话，你就把携带文件的那名官员干掉，把文件拿到手。那名官员由里宾特洛甫手下的4名穿便衣的武装人员陪同。我相信，你能打败他们！如果你还活着，你就跳伞！"

利贝尔问道："如果驾驶员在备用机场降落？""那样的话，你就按兵不动，别的人会负责这件事。"施伦堡说完，就头也不回地走了。

这项任务需要利贝尔冒着生命危险去执行。施伦堡派人把他送到机场。飞机里只有6名旅客：里宾特洛甫手下的一名官员，他拿着一只公文包，4 名穿便服的武装人员，还有利贝尔。利贝尔在施伦堡手下的人给他指定的位置上坐下。在同一行前面的座位上，坐着那名官员。如果使用无声手枪的话，很容易把他解决掉。护送人员坐在另一边，他们能很好地观察到利贝尔的一举一动。

飞机很快就到了德国上空，利贝尔不知道驾驶员是否遵照施伦堡的命令办。他不时偷偷观察那些护送人员的举动。当飞机飞到专用机场上空时，利贝尔握紧无声手枪，如果驾驶员不降落的话他就准备动手了。

正当他紧张地计划着如何采取行动时，飞机开始降落了。飞机刚在跑道上停下，飞机上的人还没站起来，就听到了骇人的排枪声，子弹准确地击中随行人员和官员所坐的地方，五个人立即丧命。利贝尔吓得不敢动弹，他紧张地坐在自己的位置上。这是施伦堡精心安排的，显然，狙击手对飞机乘客的位置了如指掌，所以能弹无虚发。利贝尔没想到还有这么一手。

几秒钟后，利贝尔回过神来，从那位官员的位置上拿起公文包下了飞机。飞机舷梯两旁，站着两排手持自动步枪的士兵。一个士兵把他带到离飞机不远处的一辆汽车，把他送到希姆莱的防空隐蔽所。一名党卫军军官把他带到一间陈设舒适的大房间。希姆莱和施伦堡正坐在安乐椅里聊天。看到利贝尔进来，施伦堡满脸堆笑，满意地说："我向党卫军全国司令保证过，你肯定会完成任务的！"利贝尔把从飞机上拿来的公文包递给施伦堡。

利贝尔及时把纳粹德国试图与美国和谈的情况上报了莫斯科。不久，苏军日益逼近柏林，纳粹德国的末日来临了。在攻克柏林的炮火声中，党卫军领袖纷纷撤离，利贝尔神秘地失踪了。他在德国充当苏联主要情报人员这一危险而重要的使命显然结束了。

几天后，一架军用飞机在莫斯科的伏努科沃机场降落，一名旅客走下飞机，他就是阿贝尔。他的妻子和在战争期间一直与他保持无线电联系的莫斯科总部负责人在机场迎接他。

美国之行

"二战"结束后，虽然纳粹德国已经土崩瓦解，但是，阿贝尔的间谍生涯并没有到此结束。1946 年，阿贝尔接受了去美国的新任务。他的掩饰身份是美国公民安德烈·卡约蒂斯，职业是画家和艺术摄影师。

他先在加拿大适应了两年，于 1948 年 11 月 15 日，拿着美国公民安德烈·卡约蒂斯的护照在纽约港登岸。尽管这是他第一次来到美国，但他对纽约非常熟悉，而且英语讲得很好，没有人怀疑他不是美国人。他在百老汇附近的一家便宜旅店里安顿下来。他必须这么做。作为一个刚从被战争破坏的欧洲回来的收入微薄的美国人，他必须生活俭朴并尽快挣些钱。

阿贝尔多才多艺，会吹长笛，会弹吉他，还会跳舞，因此他利用百老汇的便利条件，开始了演艺生涯：在百老汇和布鲁克林当杂要游艺场的演员。阿贝尔为人诚恳，直率开朗，对人宽厚，他有一种独特的魅力，能够很快就得到别人的信任和喜爱，因此他成了那家小旅馆最受欢迎的客人。

慢慢地，他在这家旅馆里开始同自己情报网里的特务建立了无线电联系，并把情报网逐步扩大到美国各地。不久，他就成了苏联情报机构在北美的主要负责人。

有一天，这位惹人喜爱的"演员"退掉了旅馆里的房间。他说，他不想在百老汇挣这点"辛苦钱"，而想试试摄影行业，因为他爱好摄影，曾经是一名艺术摄影师。就这样，游艺场演员安德烈·卡约蒂斯于 1952 年搬进了法尔顿街第 252 号，摇身变为画家和艺术摄影师，改名叫埃米尔·戈德富斯。他在 5 层楼上布置了一个工作室。马路对面就是美国司法部大楼。

他可以从自己的窗口直接观察到进出这幢重要大楼的美国高级官员。

戈德富斯凭借他的独特魅力，很快就在新环境中结交了许多朋友。比如他的邻居柏特·西尔伯曼就很喜欢他。西尔伯曼是一位画家，他们的工作室紧挨着。因此他们交往频繁，互相借用颜料，有时候还请同一个模特儿。戈德富斯虽然也画画，但是他不愿出售自己的作品，主要靠当艺术摄影师来挣钱过日子，他好像从来不关心能不能挣到钱。

戈德富斯偶尔也离开纽约，有时，一离开就是个把月。走前，他总对西尔伯曼说："我要逃避纽约这个牢笼，到大自然里为自己的作品寻找景色。"其实，他是借机去视察各个情报活动点，并从分布在美国各地的特务那里收集对莫斯科有用的情报。戈德富斯把自己的身份掩饰得很好。直到 1957 年 6 月 21 日那一天，化名为埃米尔·戈德富斯的阿贝尔终于被美国联邦调查局发现并逮捕了。

早在 1953 年，美国联邦调查局就有了线索，起因是一枚 5 美分的硬币。1953 年夏天的一个晚上，一个名叫詹姆斯·博扎的男孩，在挨家挨户送报纸。有些人付给他的是 5 美分硬币。詹姆斯蹦蹦跳跳地走在马路上，不小心让一枚 5 美分硬币掉下来滚走了，他追上去，一脚踩住。他拿起这枚硬币时，惊讶地发现这枚硬币裂开了，而且像一个小盒子一样可以关上，硬币里面装着一小卷微型胶卷。

詹姆斯把这枚好玩的硬币给他姐姐看了，而他姐姐的未婚夫是警方的一名特工人员。于是这枚硬币就被送到联邦调查局。联邦调查局的情报分析员把那卷微型胶卷冲出来后，发现上面写着一系列数字。事情表明：在布鲁克林某个地方有一个间谍在活动，由于不经心，他把这枚硬币花了，而这枚硬币本来是用来装微型胶卷的。可是联邦调查局无法查到这枚可疑的硬币是谁给詹姆斯·博扎的。这件事也就不了了之了。

1957 年，美国联邦调查局逮捕了苏联情报部门的几个特务。其中有一人名叫雷诺·赫哈伦。美国警察使用威逼利诱的手段把他策反了。这个雷诺就是阿贝尔的助手，他整天花天酒地，胡作非为，阿贝尔曾经警告过他，可是他竟然不以为然！

雷诺交代了一些情况，最重要的是"马克"（阿贝尔的活动代号）这个名字，雷诺说，此人就是他们的总头目。他无法提供更详细的材料，因为马克十分谨慎，不向任何人透露自己的真实姓名和地址。雷诺说，只知道他住在布鲁克林。

这样一来，联邦调查局又想到那枚 5 美分硬币。在布鲁克林，围绕小詹姆斯卖报的地区，美国联邦调查局开始缩小范围。不久，画家埃米尔·戈德富斯就成了重点嫌疑对象。然而，当 FBI 去工作室找他的时候，他又外出了。

赫哈伦和他的小组被捕后，阿贝尔感到他自己有可能被出卖，因此他决定暂不回到布鲁克林的工作室。不过，联邦调查局还是在马路上的一家叫"莱塔姆"的小旅馆里找到了他。"莱塔姆"旅馆是一家供收入微薄的职员和领养老金的人住宿的小旅馆，那里可包伙食。警察查阅了许多旅馆的旅客登记簿，也没有放过这一家。

在这家旅馆里，有一个名字引起了联邦探员的怀疑：马丁·科林斯。他出生证号码是31024，而这个号码是属于一个叫伊米莉亚·弗曼的女人的，她已在 6 个月以前死去。这说明，科林斯拿的是伪造的证件。其实，这个马丁·科林斯就是阿贝尔。他从外地回来后，发现风头没过，不敢回原来的住处，就伪造了一个身份证，在"莱塔姆"旅馆住下，观察情况。

6 月 21 日早晨 7 点钟，阿贝尔正在纽约"莱塔姆"旅馆里睡觉，联邦调查局的人员冲进了他的房间。他们出示证件后建议阿贝尔跟他们合作，如果他不同意，就得戴上手铐离开这间房间。阿贝尔说："我不清楚你们谈的合作是指什么？"就这样，他们谈了 30 分钟，联邦调查局没能说服阿贝尔。最后，一个人出示了纽约移民局签发的逮捕令，理由是阿贝尔非法居留美国，未向该局登记。

阿贝尔后来回忆说，他在被捕的前一天夜里同总部进行了一次无线电联系，密码本就在旅馆房间里。那里还藏着其他一些东西。要在 6 名特工人员眼皮底下销毁这一切是很困难的，但是他给自己定下了一个"最低要求"：要不惜任何代价销毁密码和夜里刚收到的那份无线电报。

密码很小，销毁密码并不难。他把密码捏在手里，说要上厕所，在一名特工人员的密切监视下，把密码放到水中冲掉了。那个写有无线电报的字条在桌子上一堆白纸的下面。审问结束后，他们叫他收拾东西。他趁机从那堆纸下面抽出那张字条，然后不动声色地拿它来擦颜料。画板擦干净后，他就顺势把字条捏成一团扔了。遗憾的是，没能销毁其他证件。不过能销毁密码和无线电报，就已经相当不错了。

联邦探员给阿贝尔戴上手铐，带到汽车旁，让他坐在司机后面。他身边坐着移民局的一名特工人员，前面坐着另一个。阿贝尔开始考虑如何销毁一个重要证据，他的领带的别针中还有一小块很薄的相机底片，拍有关于一个重要问题的报告。很快，他就想到了办法。他装成整理领带，把别针拿下来。身边的那个特工人员发现后，立刻从他手中拿走别针，想也没想就把别针打开了。他一打开别针，那一小块底片就无声无息地掉到车厢里了。那个特工看了看别针，没有发现什么可疑的东西，就把它还给了阿贝尔。阿贝尔长长地舒了一口气，所有密件都已经安全处理掉了。

法院为阿贝尔指定的辩护人是丹诺万。丹诺万不仅仅是一位律师而且是一名间谍，从第一次与自己的当事人见面起，他就不错过任何机会，通过提出忠告和建议，不停地提醒阿贝尔，他可以选择同美国政府建立合作。美国人甚至开出了每年付给他 11 万美元的天价，当时人们的工资不过是每月 100 多美元。阿贝尔不为所动，冷淡地说："不！"后来，美国人才知道，苏联人给他的报酬是这个数目的 10 倍！当时是 20 世纪 50 年代！

在宣判的前夕，丹诺万给拜尔斯法官写了一封信，指出为了美国的利益应当保留鲁道夫·伊凡诺维奇·阿贝尔的生命。美国有许多公民在国外，在苏联的"相应级别"的美国人很有可能被逮捕，到时候可以拿阿贝尔交换美国人。他写道，关于此事，他同华盛顿的有关机关，包括司法部谈过话。法院采纳了他的意见。

于是，阿贝尔开始了铁窗生活。在狱中，阿贝尔情绪冷静，积极锻炼身体，他相信苏联会营救他的。果然，4 年零 8 个月之后，机会来了。

尾声

1961 年 5 月 1 日，美国报纸的国内版上有一条简短的报道，一架 U-2 型气象飞机迷失航向，进入苏联上空，被苏联击落，驾驶员鲍尔斯失踪。

这件事正好发生在四大强国政府领导人会晤的前夕。飞机到底发生了什么情况，西方没有人知道，而苏联方面保持缄默。因此还不清楚飞机是迷失方向，还是故意开到苏联上空，是在边界上被击落的，还是在深入苏联领土上空被击落的。艾森豪威尔总统是知道 U-2 飞机的这些特殊飞行任务的，因此他忧心忡忡。

5 月 5 日，赫鲁晓夫宣布了一条消息，声称 U-2 飞机是间谍飞机，并谈到了这次飞行的不光彩的下场。这一下，美国上下一片惊慌。但第二天，美国媒体对击落 U-2 飞机的最初的报道做了补充，《劳动报》上发表了被击落的飞机的照片。最后，莫斯科宣布美国驾驶员鲍尔斯还活着，他已交代了 U-2 飞机间谍任务的许多情况以及飞机是在斯维尔德洛夫斯克地区被击落的。

华盛顿政府无可狡辩，被迫承认 U-2 飞机是从事间谍飞行的。最初没有提到是艾森豪威尔总统批准这次间谍飞行，接着发表了由国务卿赫脱签署的一份新闻公报，公报披露了总统批准 U-2 飞机搜集情报，包括在苏联上空飞行的事实。

这时，华盛顿炸开了锅，争论焦点是是否建议进行交换。联邦调查局仍希望阿贝尔会为美国服务，因此反对交换。中央情报局的人，则想把自己的驾驶员换回来，以便了解 1961 年 5 月 1 日在斯维尔德洛夫斯克上空到底发生了什么情况，苏联人到底用什么秘密武器击落当时世界上飞得最快、最高的间谍飞机的。

1962 年 2 月的一天，阿贝尔的辩护律师丹诺夫又来了。他告诉阿贝尔，美方代表一直在同苏联大使馆代表进行会谈，现已商定一小时以后进行间谍交换。交换将在波茨坦附近苏占区和美占区会合处进行。跟阿贝尔一起从美国来的那位 FBI 官员对阿贝尔说："上校，难道你不担心他们会把你送到西伯利亚去？"阿贝尔笑着说："为什么？我问心无愧，有什么可担心的？"那位美国官员说："你再考虑考虑，现在还有机会！"看来联邦调查局实在是太希望和阿贝尔合作了。

汽车在苏占区和美占区交界处停下，那是一座大铁桥的中间，桥头有一块很大的牌子，上面用英文、德文和俄文写着："你现在进入美占区"。苏方有人走下车，同站在那里的一个人交换了几句话，然后示意，让美方人员过去。阿贝尔认出来了，那人是一位老同事。在另两个人中间站着个头高高的美国飞行员鲍尔斯。

苏联代表大声地用俄语和英语喊着："交换！"美国代表威尔金森从公文包里拿出一份由约翰·肯尼迪总统签署的文件，很快地宣读，证明阿贝尔已获释。阿贝尔跟威尔金森握握手，然后与丹诺万告别。他从容地走过两个地区交界处的白线。同时，鲍尔斯向美方走来。苏联同志拥抱了阿贝尔，他们一起走向苏联部分，坐进汽车，来到一幢不大的房子面前，他的妻子和女儿正在那里等他。

阿贝尔在美国的 14 年的情报工作到此结束。回到苏联后，为了表彰阿贝尔的卓越功绩，苏联最高苏维埃授予阿贝尔一枚列宁勋章，并送给他"苏联英雄"的称号。阿贝尔从间谍活动的第一线退下来后，没有消极在家里养老，而是积极从事间谍的培训工作。他总结自己几十年从事间谍工作的技巧和经验，并传授给后人。

1971 年，阿贝尔病逝于莫斯科。

"冷面杀手"斯塔辛斯基

1961 年 8 月 12 日，夜幕刚刚降临，西柏林笼罩在一层神秘的暮色中。警察司令部里一位不速之客的光临让所有工作人员惊诧不已。他身材瘦削，胸膛扁平，一双饱经沧桑却深邃而锐利的眼睛似乎在暗示着他不寻常的身份和经历。他告诉警察自己名叫包卡丹·斯塔辛斯基，是为克格勃效力的特工人员。为了躲避克格勃追杀而来到这里，请求联邦德国政府把他拘留起来。斯塔辛斯基的叙述详细有条理，细节之处也没有经不起推敲的地方，因此警察最终相信了他的话，并将他关押起来。经过审判，自首的他以谋杀罪获刑 6 年，间谍罪获刑 1 年。1966 年，他因表现良好被提前释放，之后去了美国，在那里用了假身份证以逃避克格勃的报复。据说他为此还故意与妻子离了婚，但是后来又在美国复婚，开始了新的生活。

初入谍门

斯塔辛斯基出生在苏联乌克兰西部一个小村庄，父亲是老实敦厚的农民。和当地所有村民一样，斯塔辛斯基一家信奉东正教，且都是乌克兰民族主义者。

1948年4月，斯塔辛斯基在乌克兰利沃夫师范学院攻读数学。他聪明机警，成绩优秀，极有可能在数学领域有所成就。然而1950年夏末，一次没有买票乘火车的经历彻底改变了他的命运。当逃票的斯塔辛斯基听说自己要被送到利沃夫的交通警察局时，他惊恐万分。谁都知道，那里有一个苏联国家安全队，是苏联国家安全部克格勃下面的一个特务机构。

西特尼科夫斯基上尉对斯塔辛斯基的到来似乎早有准备，他对逃票一事绝口不提，反而不断询问有关斯塔辛斯基家乡的情况。斯塔辛斯基愈发感到不安，终于，上尉开口表明了真实目的。原来，他们早就看上了斯塔辛斯基的"出身"，想通过他获取乌克兰地下运动的情况。

"您也可以选择不与我们合作，但是那样的话，您的家庭恐怕会陷入一些不便之中。"上尉话中有话，斯塔辛斯基明白这是警告。为了保护自己和家庭，他被迫答应了克格勃的要求。

谈话后不久，斯塔辛斯基与国家安全部正式签订了合作声明，之后，他被派往基辅接受为期两年的间谍训练，那里的教育与大学完全不同，除了政治洗脑，还有德文和间谍专业的知识。学成后不久，斯塔辛斯基被安排到一个暴力小组，负责粉碎乌克兰人的抵抗。聪明的斯塔辛斯基表现出色，又作为重点培养对象接受了特别训练。1955年，他以李赫曼的身份来到民主德国，开始了自己的间谍生涯，公开身份是民主德国国内国际贸易部的德语和波兰语翻译。斯塔辛斯基凭借自己的才智很快适应了生活，工作上的他如鱼得水，往来穿梭于各种场合，与不同身份的人打交道，传递情报，拥有一头波浪形黑发和一副英俊相貌的他也颇受当地姑娘的欢迎，尽管上司谢尔盖·亚历山大洛维奇一再告诫不准和任何女人保持长期性关系，他还是没能抵挡住爱情的诱惑，与21岁的民主德国姑娘英格·宝娜相爱了。当然，他对英格隐瞒了自己的真实身份。

性命游戏

经过几年时间的历练，斯塔辛斯基成长为一名优秀的特工。1957年，他迎来了事业的新起点。初夏的一天，谢尔盖带他来到一间陌生的办公室，会见了一名克格勃的高级官员。

"你看这个。"那人说着，从抽屉里拿出一根金属管状的东西，由3节拧在一起而成，约7英寸长，和人的手指头一般粗细。

"这里，"那人指着底部一节，"装着发射栓和火药，一旦点燃，产生的力量就会推动中间这一节金属杆。这根金属感又将管口的小玻璃针管撞破，毒药就喷出来了。"

"毒药？"

"是的。这毒药看起来像水一样无色无味，它们会以气雾的形式喷射出来，一英尺半以内的人一旦吸入这种气雾就会立即倒地而死。"谢尔盖面无表情地说。

解毒药包　　　　　　　钠硫化硫　戊基硝
　　　　　　　　　　　酸盐药片　酸钾

解毒药

为预防行动中误吸，使用毒气暗杀装置的克格勃特工都装备了解毒药。行动前三十分钟，他们会吞下钠硫化硫酸盐药片，并在行动后立即吸入一些戊基硝酸钾。

"死？让谁死？"斯塔辛斯基隐约猜到了即将交付给自己的任务。

克格勃官员笑而不语，露出一口洁白的牙，在昏暗的光线中显得阴森恐怖。

"我们先来试试它的效果吧。"谢尔盖避而不谈任务，"这气雾不会留下任何痕迹，只是使用者必须小心，防止让气雾伤到自己。一般使用之前要先服一粒解毒丸，开枪射击以后，迅速嗅一下这个瓶子里的解毒气体，就万无一失了。"

第二天，三人驱车来到一片僻静的树林，谢尔盖带来一条大狗。

"好吧，让我们见识一下最优秀特工的实力。"克格勃官员交给斯塔辛斯基一粒药丸。

斯塔辛斯基吞下药丸，拿起那把可怕的武器。

"保险销已经打开，你准备射击吧！"

斯塔辛斯基看到那条可怜的狗在摇着尾巴。

"射击！"

枪没有发出一点儿声响，大狗却突然倒地，再也没有动一下。看着斯塔辛斯基从容地嗅了解药，谢尔盖和克格勃官员脸上露出了满意的笑容。

几天以后，谢尔盖再次召见了斯塔辛斯基，给他布置了一个重要任务——刺杀流亡的乌克兰政治家利比特。利比特身居慕尼黑，过去5年来一直指挥着一个乌克兰抵抗组织，是苏联当局的眼中钉、肉中刺，但是他们一直没有机会捉到这只狡猾的狐狸，甚至连他的情况都知之甚少，只了解他有权有势，反应灵敏，戴一副眼镜，一顶贝雷帽。

"你有10天时间。这是解药丸，每天一颗。还有一瓶解毒药。手枪的保险销已经打开，你得按时行动，绝对不能超过18天。武器要销毁。还有什么问题吗？"

"没有了，先生。"

"好吧，小伙子，祝你好运。"

第二天，一个高个子年轻人搭乘法国航空公司的客机从柏林到达慕尼黑，在斯塔高斯酒店住了下来。酒店对面就是著名的报业大楼，是乌克兰流亡者聚会的地点。他似乎每天无事可做，常常穿一身普通的西服在慕尼黑大街晃来晃去，唯一特别的是那双古怪的、闪烁不定、像是受了惊吓的眼睛。但实际上他并不是一个受了惊吓的人，如果你仔细观察他的言行，比如吃饭、聊天，你就会发现他是个善于自我克制的人，容易交谈，适应性很强。这是特工的基本素质，斯塔辛斯基当然也不例外。当然，此刻的他名叫西格弗里德·德雷杰。

每天早上起床后，他都会吞下一粒解毒丸，把手枪揣在大衣内袋里，开始执行杀人任务。因为利比特行踪不定，情报人员只知道他会在附近出没，因此斯塔辛斯基的任务常常是买一份报纸，坐在报业大楼利比特办事处对面街上一个不引人注目的地方等待猎物的出现。连续两天，利比特都没有出现。按照上级命令，如果目标没有出现，他也不能擅自去寻找或追踪。他唯一能做的，就是继续等下去。

10月12日，已经是第三次吃药丸了。斯塔辛斯基有些厌恶这样漫无边际的等待，不过他转念一想，这种任务执行起来也不费力，无非是消耗时间而已。想到这里，他也就耸了耸肩膀，觉得无所谓了。10点钟，当他放下报纸打算伸个懒腰、找些吃喝消遣的时候，一辆汽车驶了过来，正停在离他几米远的地方。那个身材矮胖的民族主义者利比特推开车门下来，左右看了看，压低了贝雷帽檐，向大楼方向走去。

斯塔辛斯基顿时精神振奋。他迅速冲上那栋大楼的二楼，转身又向楼下走。包在报纸里的手枪被他紧紧攥住，一切都已准备就绪。利比特的脚步声渐渐清晰，从楼梯下方迎面走来。楼梯并不宽阔，他微微地侧身，准备与正在下楼的斯塔辛斯基擦身而过。就在此时，斯塔辛斯基猛地掀开报纸，举起右手扣动了扳机。利比特胖嘟嘟的身躯晃了两下，伸出去的手还没等摸到扶手，人就摔倒在台阶上，顺着楼梯翻滚下去。斯塔辛斯基夺路而逃，匆匆飞奔到门口，拧开瓶盖闻了闻解毒药。随后他整理一下衣冠，镇静地走出门去，一路径直来到早已勘察好的地方——一座花园，把枪和药瓶一起扔到小桥下面的水里，转身返回酒店。路过利比特办事处的时候，他看到那里围满了人，还有警车和急救车。回到酒店他马上退了房，辗转前往法兰克福，在那里用另一个化名订了一张第二天一早的机票，在大陆旅馆匆匆度过了最后一夜。

利比特的死讯是他从报纸上读到的："12日早上10点40分，乌克兰民族主义头目利比特先生被人发现倒毙在卡萨帕拉兹街八号的楼梯旁，死因为心脏病发作……"

回到柏林后，早已得知成功的谢尔盖为斯塔辛斯基开了一次庆功宴，庆祝他成功地迎接了第一个"熟人"。克格勃还特别奖励了他一架昂贵的康泰克斯相机。

危机重重

1958年5月，斯塔辛斯基被派往鹿特丹，执行监视"乌克兰民族主义者组织"缔造者康诺瓦尔克上校的墓前追思礼拜。斯塔辛斯基对出席仪式的人一一进行拍照，他发现一辆带有慕尼黑车牌的蓝色奥普·甲必丹汽车，车子的主人就是礼拜时的主讲人斯特凡·邦德拉。邦德拉不仅是"乌克兰民族主义者组织"慕尼黑分布的领导人，也是乌克兰抵抗运动领导人中最杰出的一位，与西方有着密切关系。美国和英国的特务机关都一度同他走得很近，因此他在当地移民中颇具声望。正是邦德拉的特殊地位让他名列克格勃死亡黑名单的前茅。很快，斯塔辛斯基就得到了新的任务：干掉邦德拉，像对待利比特一样不露痕迹。这一次任务比较艰巨，因为邦德拉使用的是波普尔的身份，是一个游离不定、捉摸不透的人物，他的行踪有时甚至连手下也难以捉摸。

为了掩盖追捕行迹，斯塔辛斯基获得了一个新的身份作为掩护——住在杜伊斯堡纳彭韦格大街69号的汉斯·乔基姆·巴德。巴德出生于卡塞尔，这对于通常细心的克格勃来说，采取这一做法是很冒风险的，因为巴德本人至今仍然健在。但克格勃也许正在玩弄鬼花样，因为他们已经察觉斯塔辛斯基同英格小姐的恋爱关系，无情的间谍活动正在迫使斯塔辛斯基陷入两难的处境：要么继续为克格勃效力；要么继续喜欢英格，与她终身为伴，被克格勃抛弃。

为了完成任务，斯塔辛斯基花了很多时间追查邦德拉的行踪，终于有一天，他跟踪到了邦德拉的住所——慕尼黑克雷特梅厄街7号。为了搞清楚房内的情况，他试图用一串从莫斯科寄来的万能钥匙打开房门，但是没有成功。后来他买了一把锉刀和没有加工过的钥匙坯，夜夜在这栋建筑物外面研究门锁。终于，他用锉刀做出了一把匹配门锁的钥匙，达到了目的。他本想把所得情报汇报给克格勃就结束任务，他不想再干喋血的"湿活儿"。然而莫斯科方面却执意不肯，命令他必须杀死邦德拉。或许是出于对自己安全的顾虑，或许是一种托词，斯塔辛斯基提出邦德拉通常随身带有保镖，谋杀具有一定难度，如果方法不当，很可能失手或暴露身份。对此克格勃的回答仅仅是给他加配一支双管手枪，以备急用。

面对克格勃的强势和安全威胁，斯塔辛斯基不得不再次受命当此重任。这一次克格勃给了他十天的期限。1959年10月的一天，邦德拉外出购物回来，准备进入寓所，他先是打开了公寓前门，然后一只手抱着装满食品的购物袋，腾出另一只手准备把钥匙拔出来。他的手刚刚握住插在锁孔里的钥匙，就听见一阵轻巧、奇怪的脚步声。

"门锁打不开了吗？"一个男人停在他身边，手里拿着一张报纸关切地问。

"噢，不，已经打开了。"邦德拉并没有在意，冷冷地回答。

男人微微一笑，忽然从怀里掏出一样东西对他一指，邦德拉只觉胸口一紧，顿时喘不过气来。他惊叫着回过头来，想看清楚发生了什么状况，男人已经迅速地消失了。也许是新的毒药效力较慢，也许是斯塔辛斯基这一次没有用尽全力执行暗杀，邦德拉挣扎着爬了两层楼梯之后才不甘心地倒下，在送往医院的途中死去。他的脸青一块紫一块的，十分可怕，医生判断死于氰化钾。

斯塔辛斯基的成功并没有让克格勃完全放下心来。在授予他红旗勋章后，谢尔盖告诉他莫斯科方面命令他回去接受新的任务。

对于上司关于他和英格关系的警告，斯塔辛斯基口头解释说，他认识这位女孩好久了，如果突然甩掉，怕她会因为伤心而把详细情况说给亲朋好友，这样的话事情恐怕就难以收拾了。他还趁机建议克格勃同意他和英格"假戏真做"地结婚，如此一来这个民主德国姑娘就可以作为一种掩护而有助于他完成任务。克格勃虽然没有当即答应，但是也表示"可以考虑一下"。

如今叫他回莫斯科，斯塔辛斯基本来兴奋的心情不由得沉重起来。天晓得此次与英格一别究竟有多久，他越来越向往自由自在的生活。

另一个让斯塔辛斯基感到紧张的原因是，克格勃对于这次行动的细节格外关注，问得十分仔细。几个苏联人对邦德拉的死做了检查，告诉他这一次的任务并不像上一次那么完美无缺，联邦德国警察已经做出了谋杀的论断。为了国家的利益，克格勃决定，在事件平息以前，斯塔辛斯基应该留在莫斯科。

逃离魔爪

在莫斯科的日子里，斯塔辛斯基十分想念他的女友英格·宝娜。他此番离去的借口是去波兰出差，虽然英格不会怀疑他的忠诚，斯塔辛斯基还是为自己的隐瞒感到担忧。他怕一旦吐露真相，英格会拒绝跟自己交往下去，而她的安全也会出现问题。要想万无一失，只有逃离克格勃的控制，去西方寻求避难。身在莫斯科的斯塔辛斯基暗暗下定了决心，继续向上级提出和英格结婚的请求。克格勃终于答应了，但是附加了一个苛刻的条件，那就是必须让他的未婚妻来莫斯科，从而确保她的可靠性。斯塔辛斯基明白，一旦英格来到莫斯科，苏联人就会把她作为人质永远留在那里，而他也终将被困死在间谍的苦海中。正在他绞尽脑汁寻找对策的时候，好运降临了。他被告知，必须告诉英格他的真实身份。"你必须问她是否愿意全力协助你的工作，如果她能保证，你们就可以结婚。但是你不能把自己谋杀利比特和邦德拉的事情告诉她。"

1959年的圣诞节，斯塔辛斯基终于来到东柏林。克格勃不许他回到联邦德国，甚至不准他进入西柏林地区。斯塔辛斯基早已暗暗盘算借此机会逃出这个杀人犯的圈子。

当他想方设法避开克格勃的耳目回到原处，推开英格工作的理发店的大门时，英格正在为一位男士理发。看到斯塔辛斯基，英格分外激动。二人紧紧相拥，焦急和思念此刻化为泪水流淌在二人脸上。

他们在英格的住所共进晚餐，斯塔辛斯基再也控制不住，把自己的真实情况全盘托出，仅仅保留了两次杀人的经历。不出他所料，英格对莫斯科十分反感，她希望他们逃到西方去。斯塔辛斯基告诉她，他也十分愿意与她前往，但是目前他们还在克格勃的监控下，而且他们要结婚，就得得到克格勃的允许。他们必须去莫斯科。

几天后，他们假称去华沙出差，告别了英格的父母辗转来到莫斯科。在莫斯科的两个月里，他们大部分时间都是在街上游玩，在斯塔辛斯基的陪同下，英格走遍了莫斯科每一条大街和公园。或许是英格的天真和对斯塔辛斯基的忠诚换取了克格勃的信任，他们被准予结婚。

斯塔辛斯基并没有放弃逃离莫斯科的想法。他开始自学英语，时刻准备着逃走。他们无时无刻不感到被监视和被考察。英格对这种生活日益敌视，而斯塔辛斯基则暗暗为外逃到西方而苦恼。以克格勃的行事作风，无论他跑到哪里，最终等待的都将是冷冰冰的枪口。种种迹象表明这种恐怖并非空穴来风。某天他们在自己家中发现了一台磁带录音机，而早在此之前他们与亲友的书信往来就已经被暗中控制和检查了，甚至每次外出，他们都会发现有眼睛在暗中注视着自己的动向。

"这简直就是活地狱！我受不了了！我们得逃出去！"英格在走向公园的路上抱怨。现在他们每次要说什么秘密的事情要么用纸笔，要么就得去公园，这让英格忍无可忍。更多的烦恼接踵而来。9月，英格怀孕了。克格勃怒气冲冲地命令他们把孩子打掉，因为有了孩子就意味着他们的特工生涯就此终结。

"要么你们就得把孩子送到养育院去！"在遭到斯塔辛斯基拒绝后，谢列平威胁说。

面对强势的暴力机器，斯塔辛斯基无言以对，他和英格商量了很久，决定尽快摆脱这种监狱式的生活，逃离魔爪。他装出一副妥协的样子，表示愿意继续忠于苏联，同时设法说服领导让英格去东柏林做一次短暂休假。"如果英格的父母不能很快看到他们的女儿，恐怕他们会提出令人难以回答的问题。"克格勃料到他不会耍什么花招，于是同意了他的要求。

斯塔辛斯基要求英格无论如何也要设法把在东柏林的逗留拖到她的分娩期，那时他就可以借此机会去那里照顾她。1961年3月31日，英格在医院生下一个可爱的儿子。看到电报的斯塔辛斯基高兴不已，立即打报告给谢列平要求前往东柏林探望妻儿。然而他的请求遭到拒绝。

"很遗憾，先生。我们已经考虑您夫人健康上的原因，两次延长了她的停留期，现在她更应该为了苏联的利益早日回到莫斯科来。"

斯塔辛斯基只好关照英格"注意身体，照顾好宝宝"。他本希望再次伺机离开莫斯科。然而4个月后，他突然接到英格的电话，英格悲痛不已地告诉他，他们的儿子死了。斯塔辛斯基悲痛欲绝。没过多久，他收到岳父的电报，要求他来这里看儿子最后一眼。这是最后一次机会了。斯塔辛斯基坚持要去东柏林给孩子下葬，克格勃没有理由拒绝，只得答应下来，但是他们提出必须安排一个护卫队员一同前往。8月10日，斯塔辛斯基在一个名叫尤里的克格勃特务陪同下飞往东柏林。尽管到处都有克格勃安插的眼睛，斯塔辛斯基仍趁机向英格暗示他已准备就绪，可以随时逃跑。

8月12日，葬礼在靠近边界的达尔哥夫墓地举行。那一天，克格勃动用了三辆汽车，十几个特工监视斯塔辛斯基夫妇。这些车辆和人员都安排在附近街道的关键地方，想要逃跑难比登天。斯塔辛斯基和英格只好趁着能凑在一起，而没有人在听觉范围内的机会，小心的快速盘算如何不知不觉地溜走。最让斯塔辛斯基担心的是英格在关键时刻会不忍心丢下儿子的遗骸逃跑，导致他们失去良机。事实上，那天英格的表现非常镇静，她眼中的悲伤似乎并没有令她失去理智。她嘱咐16岁的弟弟弗里茨，让他一会儿独自把花圈拿到墓地。在那条通向安全庇护所的唯一的路上，夫妇二人借用花圈作为屏障，悄悄来到花园尽头一所房子的后面，顺着旁边的栅栏小心地贴着地面穿过一片灌木林，到达了约定地点。在那里，弗里茨早已为他们提来了轻便的行李。

就这样，他们神不知鬼不觉地从克格勃眼皮底下溜走，在东柏林乘坐电气火车到达了西柏林的盖桑德布兰嫩车站。他们成功了。关于之后他们是如何逃往西方的，以及斯塔辛斯基是否得到西方的帮助，他们为什么先逃往东柏林等疑团，始终没有确切的答案。然而值得庆幸的是，就在他们逃走的第二天，也就是 1961 年 8 月 13 日，赫鲁晓夫下令封锁东柏林，建起了隔断民族的柏林墙。斯塔辛斯基投降后受到联邦德国和美国当局的审讯，尽管自首为他获取了减刑的机会，但是他的行径对许多将邦德拉视为民族英雄的乌克兰民族主义者而言，对于世界历史发展而言都是一个具有重要影响的因素。人们对他褒贬不一，但是最终还是给了他一个洗心革面、重新做人的机会。

"情报专家"伊利·科恩

伊利·科恩是以色列无可匹敌的摩萨德情报专家，享有"东方佐尔格"的美誉。他以从南美归来的阿拉伯大亨的虚假身份潜入叙利亚"经商"，并在很短时间内就成功结识了大马士革的军政要员，得以频繁出入于该国的政府机关。并由此窃取了大量的政府机密情报，为中东战争中以色列的胜利发挥了至关重要的作用。在当时的叙利亚总统阿哈尔兹·阿萨德眼中，他甚至是国防部部长的最合适人选。若不是 1965 年他由于间谍身份暴露被捕，这位优秀的间谍很可能将担任叙利亚的国防部部长。

伊利·科恩像

1924 年，伊利·科恩出生于埃及的亚历山大市，他的父亲是一名犹太商人。科恩从小过着正统的犹太人的生活。7 岁时，他被送入了亚历山大市由犹太人创建的学校读书，并从《圣经》中学习了希伯来语。科恩在学生时代不仅学习成绩突出，而且成了一名虔诚的犹太教信徒。

20 世纪 40 年代，埃及的青年人纷纷投入了犹太复国主义政治运动，科恩也开始参与其中。20 岁时，他正式加入了犹太复国主义青年组织。1947 年，就在科恩即将完成大学学业时，他被迫离开了大学，并在一家木材进出口公司做会计。学业的停滞并没有打乱他的步伐，他继续通过各种手段参与犹太复国主义的地下活动。

间谍生涯的艰难开端

1948 年，科恩参与了犹太人组织的自卫团，但在一次又一次的自卫反击失败后，他清醒地意识到，在埃及的犹太人已经无法正常生存。就在当时，以色列政府策划了一次埃及犹太人大规模出逃的移民行动，代号为"戈申"行动。科恩通过朋友的介绍，成了这次行动的特工人员。正是在这次行动中，科恩的语言特长得到了充分的发挥，他迅速地结交了大量的朋友，其中包括埃及的犹太居民、政府官员以及外国大使馆的工作人员等，他超强的组织能力为这次行动做出了巨大的贡献。也正是从这次行动开始，科恩的间谍生涯正式起步了。

刚开始的间谍生活似乎并不顺利。1951 年摩萨德成立，科恩秘密来到以色列，凭借在"戈申"行动中的突出表现被招募为特工。在接受了系统的特工训练后，他被派回埃及。1954 年，他因参加"犹太复国主义的极端行动"被捕，并最终被逐出埃及。1956 年，他辗转来到以色列，从事着普通人的工作。1959 年，他来到了特拉维夫的以色列情报机关摩萨德，并毛遂自荐愿意到任何一个阿拉伯国家从事秘密工作。前两次他的请求都遭到了摩萨德的拒绝，当他第三次登门申请的时候，他那执着的革命精神终于打动了一名以色列高级情报机关官员，这位代号"苦行僧"的高级官员秘密接见了他。经过长时间的多次的交谈，科恩的执着信念终于取得了"苦行僧"的信任。一段时间的观察后，"苦行僧"认为科恩是天生的当间谍的好材料，他的结论是："作为一名间谍，科恩的潜力巨大，他充分具备了一个秘密特工人员所必需的一切品质。"

于是，"苦行僧"对科恩进行了单独的间谍技术训练，并告诫他说："你战斗的地方将是叙利亚。你要创造条件，伺机潜入叙利亚政权的核心。"这对科恩来说并不困难，因为他的祖籍就是叙利亚，小时候曾在叙利亚住过一段时间。他不仅会说流利的阿拉伯语，还会说叙利亚方言。

科恩按照"苦行僧"的要求进行了刻苦的训练，他通过用心的学习，用很短的时间抹去了自己身上的犹太痕迹，并且掌握了西班牙语。为了审查科恩的学习成果，"苦行僧"安排他前往耶路撒冷进行间谍工作的实习。科恩在实习过程中表现良好，他获得的优质情报让"苦行僧"十分欣喜。实习过后，他认为科恩的间谍身份已经成熟，是时候委以重任了。

千方百计地站稳脚跟

1959年，科恩带着摩萨德发出的秘密指令出发了。但是，他并没有直接前往叙利亚，而是首先来到了南美洲的阿根廷。原来，摩萨德出于全面考虑，为他编造了一个天衣无缝的全新的身份：他改名为卡马尔·阿明·塔贝斯，是1930年出生于贝鲁特的叙利亚人。由于他的叔叔在阿根廷做生意发了财，他们全家于1947年迁往布宜诺斯艾利斯。此后他的父母先后逝世，他就一直和叔叔生活在一起。他成年后开办了一家进出口贸易公司并逐渐富裕起来。摩萨德尽量把他的双亲都塑造成了典型的爱国主义者，他们全家都保留着叙利亚的国籍，并渴望能在取得成就后重返祖国。这一虚构的经历是符合当时的阿拉伯家庭的实际情况的，毕竟由于贫困、战乱和革命等原因，这一时期有许多被迫颠沛流离的阿拉伯家庭。为了使"塔贝斯"的经历取得人们的信任，摩萨德甚至精心制作了一个家庭相册，其中有"塔贝斯"的全家福等照片。摩萨德要求科恩将他们编造的身世倒背如流，并且要像熟悉家乡一样熟悉布宜诺斯艾利斯。

科恩做得比摩萨德预想的还要出色许多。他很快就熟悉了阿根廷的生活，并操着一口流利的阿拉伯语频繁出入于著名酒店、俱乐部和咖啡馆。凭借摩萨德提供的雄厚财力基础，科恩迅速在拉丁美洲建立起了他所需要的各种关系。他最先结识了《阿拉伯世界》的主编阿勒桑，并很快取得了他的充分信任。在阿勒桑面前，他努力将自己描绘成一位厌倦移民生活的成功人士，渴望能回归祖国为民族的振兴贡献自己的力量。他的这一形象使阿勒桑十分感动。通过阿勒桑，科恩结识了当时叙利亚驻布宜诺斯艾利斯的官员阿明·哈菲兹将军。这位哈菲兹将军正是后来叙利亚的国家元首。于是科恩就这样顺利地找到了日后在叙利亚政坛最坚实的靠山。

1961年9月，阿拉伯叙利亚共和国成立。叙利亚和埃及的关系十分紧张，而大马士革上层也十分混乱，各派纷争不断，都试图得到有钱富商的支持。于是摩萨德抓住了这个时机，命令科恩赶赴叙利亚。于是，"塔贝斯"也就是科恩带着许多介绍信登上了开往贝鲁特的高级客轮。他在头等舱结识了其他的阿拉伯富商，并取得了当时一位有影响的叙利亚人阿尔德的信任。9天之后，阿尔德亲自驾车把他送往了叙利亚的边界，到达了目的地大马士革。科恩终于成功潜入了这个陌生的阿拉伯国家。

经过几天的准备，科恩像游子归国一样动情地对叙利亚的新朋友们说："我经过多年漂泊，如今终于回归故土，叙利亚是我的老家，我的余生都将在这里度过！"他专门选择了正好对着叙利亚武装部队总参谋部的寓所，因为如此一来，叙利亚军队的许多高级官员就都成了他的邻居。他在公寓门前挂出了"塔贝斯进出口公司"的招牌，并按部就班地开始了"买卖经营"。而这所公寓其实更像是他的根据地，正所谓最危险的地方就是最安全的地方，科恩在公寓里架起了电报机，并把它巧妙地设计成了微波炉的模样。

在大马士革商人中拥有极高声誉的阿尔赫申是"塔贝斯"生意场上的主要介绍人，加上科恩本身对人和善且善于言辞，"塔贝斯"很快便成了大马士革上层社会的一分子。在他结交的朋友中，有叙利亚总参谋长的侄子马齐亚中尉、有叙利亚广播局局长乔治先生，还有精锐伞兵团团长萨利姆上校等。科恩一一取得了他们的信任，每一次参加这些密友的私人聚会都能有很大的收获。最值得一提的是科恩仍然和地位已经相当于国家元首的阿拉伯叙利亚革命司令部全国委员会主席哈菲兹先生联系甚密。科恩曾在适当时机送给了哈菲兹妻子一件价值上千美元的皮衣，而哈菲兹先生更是对这位出手阔绰的爱国商人格外喜爱，多次在公开场合对他赞赏有加。于是，整个叙利亚上流社会几乎都认为"塔贝斯"是总统最亲密的朋友之一，因此，已经没有人再去怀疑他的身世和地位了。

大展身手的"塔贝斯"

于是，在马齐亚中尉的带领下，科恩几乎到达了戈兰高地前线的全部指挥部和阵地，全面了解了叙利亚的边界部署秘密：地下掩体中藏着的是远程大炮；叙利亚和以色列边境的西北坡上安置了80多门崭新的122毫米榴弹炮；而绵延24千米的叙利亚防线上，几乎所有强大的火力点都集中在550米高度的悬崖峭壁上……每当回到住所，他都会将这些发现一一上报给以色列。

通过在叙利亚总参谋部对面的寓所，科恩可以时刻观察叙利亚的军事动向。1962年3月，他发现总参谋部大楼的所有房间持续几天都灯火通明。长期的间谍经验使他察觉到了异常，于是他立刻向总部发出了电报："总参谋部持续三日灯火通明，街上有反常的军事调动。确信叙利亚军队正处于戒备状态，但并无任何军事暴动迹象。推测这些反常举动都是针对以色列的。"于是以色列军队果断地加强了沿海阵地的战斗力量。事实证明，他的判断果然是正确的。3月16日，战争爆发，准备充足的以色列军队大获全胜。

科恩的重要成就之一，是查明了叙利亚企图切断以色列水源的计划。

众所周知的，以色列是一个水源匮乏的国家，淡水几乎是以色列最宝贵的自然资源。加加利湖的湖水几乎为以色列人民提供了全部的水源，而加加利湖的湖水来源于约旦河和雅穆克河。约旦河发源于戈兰高地，为了使以色列陷入危机，叙利亚人企图通过改变约旦河源头的河水流向来切断约旦河流往加加利湖的水源。这项改造将是一项耗资巨大的工程，更是可以将以色列置于死地的工程。叙利亚总统哈菲兹将军将这项工程命名为"我们的秘密武器"，并且得意地说："我们不会在意这改向后的河水能派上什么样用场，哪怕让它们白白地流到沙漠里，也不能再让以色列使用它们。"

当科恩从哈菲兹将军口中得知这一情况后，立刻向摩萨德总部进行了汇报。以色列人得知后感到极为震惊，若是这一计划被执行，那么对以色列造成的影响不亚于一场全面的军事进攻。不久，科恩再次警告摩萨德方面，在最近的一次阿拉伯首脑会议上，纳赛尔总统催促叙利亚领导人加快实现改变约旦河流向的计划。这次警告引起了摩萨德的高度重视，他们命令科恩将查明这项计划的任务放在首位，并立即采取行动。

此时，负责这项任务的哈姆图上校正巧是"塔贝斯"的好友。于是科恩利用"塔贝斯"的身份向哈姆图上校表示自己对这项伟大的计划充满兴趣。完全信任"塔贝斯"的哈姆图上校便对他主动发出邀请，请他观看了工程设计书和图纸。与此同时，哈姆图上校为了讨好这位巨商"塔贝斯"，还将负责工程设计的黎巴嫩工程师米歇尔·萨布介绍给了"塔贝斯"。于是，萨布透露给了"塔贝斯"许多相关信息，还将另外一位工程师胡哈德·本·兰丹介绍给"塔贝斯"认识。兰丹说："我们需要尽快组织一个推土机队，负责整个土方工程的建设。"于是，科恩马上抓住机会，利用他作为商人唯利是图的本性，对兰丹说："我可以为这个项目投资，好使咱们几个能从中获利。"兰丹爽快地答应了他，并向他提供了工程的全部计划书和图纸，并允许科恩将它们带回家"仔细研究"。

就这样，科恩立刻向摩萨德方面提供了工程前期的全部图纸，以及各个施工阶段的预定日期。不久，他又向摩萨德报告说，叙利亚人已经建成了一个占地巨大的扬水站，以加快这项工程的进展速度。一旦等到扬水站建成，约旦河必将干涸。根据这些情报，以色列政府开始胸有成竹地采取针对这项工程的制止行动。1964 年 11 月，以色列军队仅仅向河水改道工程的工地发射了几发炮弹，就使得场地上的推土机、扬水站和其他设施被严重破坏。终于，在以色列政府的武力威胁和国际社会的干预斡旋下，叙利亚政府被迫放弃了这一计划。

此时的伊利·科恩所展现的工作能力已经远远超出了摩萨德总部的预料。整个叙利亚对科恩来说已经几乎没有秘密可言，他所提供的高质量情报甚至得到了以色列总理本·古里安的高度评价。从那时起，每当科恩的情报传来，便被立即上报总理本人。而总理古里安也不止一次地通过他所提供的情报将军事险情化险为夷。

鉴于科恩取得的出色成绩，摩萨德方面批了他三个星期的休假时间。1964 年 9 月，"塔贝斯"通过一次欧洲商务旅行，秘密地从慕尼黑折回了以色列。这三个星期里，科恩长久以来紧绷的神经得到了放松，他和妻子儿女在海边尽享天伦之乐。看着在沙滩上嬉戏的孩子和陪在身边的妻子，科恩突然意识到了幸福的家庭对他而言是多么难能可贵。在一个美丽的黄昏，他不禁对依偎在身边的妻子说："我已经厌倦了远离你和孩子们的生活，也许我可以去请求我的上司，让我担任其他的工作。我不想再离开你们了。"科恩并没有对他的妻子说过他的真实工作，一向只是含糊地说自己在国外做生意。但敏感的妻子其实早已经意识到自己的丈夫在从事的是极其危险的工作，她相信自己的丈夫，也坚信丈夫的工作对以色列来说是极其重要的。因此，她只是温柔地回答说："不，你有你的使命。我能理解。"妻子的深明大义反而使科恩更加感动，他紧紧地抱住妻子，深情地说道："好吧，我再出去一次，就这一次。等我再回来的时候，我将用余下的每分每秒的时间陪伴你们，一辈子也不再分开。"

送科恩上飞机时，他的妻子流下了不舍的眼泪。但她无论如何也没有想到，这一次分开竟然就是永别。

科恩意外被捕

毫无疑问，科恩是一名相当成功的间谍。在科恩的间谍档案中，摩萨德对他的评价是："他在很短的时间内就证明了自己是一名才智过人的间谍。他所捕获的情报无论在数量或是质量上都是第一流的。"但是，就是这样一名优秀的间谍，最终却由于一时的大意断送了自己一生的辉煌。

早在两年前，临近科恩在叙利亚住所的印度大使馆向叙利亚政府抱怨说，进行无线电通讯时经常受到莫名的干扰。但由于叙利亚政府缺乏必要的器材，直到 1965 年，叙利亚政府才聘请苏联专家用最先进的仪器进行了检验。结果，科恩发往摩萨德的电报被轻而易举地截获，而且叙利亚政府也进一步确定了这台隐藏发报机的确切位置。

长期以来顺利的发报过程让科恩放松了警惕，这几天来的频繁讯息中断并没有引起他的足够重视。当叙利亚的反间谍人员冲进科恩的公寓时，科恩正戴着耳机、手握电报按钮等待着摩萨德方面的回电。

随后，反间谍人员对科恩的 5 个房间进行了彻底的搜查。他们找到了一部微型发报机，以及藏在一块香皂后面的几小包致命毒药，并在公寓餐具柜门的夹层中搜出了科恩最近拍摄的还没来得及送往以色列的微型胶卷。

在被捕的最初几天，科恩并没有受到任何苦刑。因为叙利亚反间谍机构初步认为他只是被以色列收买的叛徒，因此希望通过较为人性化的审讯迫使他供出背后的指使者或者组织。在此期间，负责审讯的苏韦达尼上校试图让科恩向摩萨德发送几份假情报，借此来从他们的回电中得到新的线索。但发送情报的过程中，科恩通过技术手段向摩萨德报告了自己被捕的消息。这一消息立刻被上报给了以色列总理。

当审讯官苏韦达尼上校终于发现科恩原本是一名犹太人而非单纯的叛徒之后，便决定结束之前的小把戏。他让科恩向以色列政府发出了最后一份电报："摩萨德，致以色列总理和特工部门首脑：塔贝斯和他的朋友们是我们大马士革的客人，你们很快就会知道我们将如何结束他们的命运。"就在电报送出的一小时之后，大马士革对外宣布，他们逮捕了一名以色列的高级间谍。

他们将科恩送进了一座军营，并在那里对他进行了 4 个星期的严刑拷打。但是，科恩并没有屈服。他始终没有再多说一句话。

拯救科恩的行动

科恩被捕的消息传来之后，叙利亚全国震惊了。叙利亚政坛更是引起了轩然大波，许多人受到牵连。而以色列则竭尽全力地试图解救科恩，以色列政府发起了一场全世界范围内的大规模拯救科恩的政治战和外交战。驻各国的以色列使馆都积极地行动了起来，各个外交人员、以色列外交部和国防部的特派代表和一些非官方人士都纷纷站了出来，想尽一切办法对叙利亚政府施加舆论压力。

同年 3 月 7 日，以色列反间谍机关逮捕了 5 名叙利亚派出的特工人员。以色列方面并没有对他们进行严刑拷打，而是立刻公布了他们的名字，并向叙利亚政府提出用他们 5 个人，再加上一名之前被逮捕并判了刑的叙利亚间谍，来换取科恩一人。

莫里斯·局斯，一名刚刚为叙利亚总统哈菲兹做过肝脏手术的州立医院的医生，甚至给总统写了一封信，他在信中说："我以一个帮您保全了性命的人的名义，请求您宽恕伊利·科恩先生。"

一名妻子是叙利亚人的法国军官专门赶到大马士革，求见好友哈菲兹总统。他用一张巨额支票和一封答应为叙利亚提供大量工业、医疗设备的信，请求换取科恩的性命，并表示还可以再提供更多的交换金额。显然，他所代表的不仅仅是他一个人，而是整个以色列。

还有很多国家的政府首脑和知名人士，其中包括罗马教皇保罗四世、法国总统戴高乐、加拿大总理蒂芬贝克、国际红十字会以及美国、斯堪的纳维亚半岛和南美洲各国的国会议员、参议员、新闻界人士乃至各界要人都向叙利亚当局发出呼吁，请求"对科恩免除死刑"。比利时首相胡斯曼以及东欧几个共产主义国家的领导人甚至亲自到大马士革请求叙利亚当局赦免科恩。

但是，所有的交换条件和赦免请求都被拒绝了，一切营救行动宣告失败。两个月之后，叙利亚方面对科恩的审讯结束，科恩被特别军事法庭判处绞刑。

"东方佐尔格"虽死犹荣

1965 年 5 月 19 日凌晨 3 点半，在叙利亚首都大马士革的烈士广场，科恩被送上了绞刑架。叙利亚特别军事法庭宣读了判决书："被告人伊利·科恩，化名卡马尔·阿明·塔贝斯，非法潜入埃勒阿叻军事禁区，搜集军事秘密情报并交付叙利亚的敌人，对叙利亚的安全构成了极大的威胁。现以阿拉伯叙利亚人民的名义，判处其绞刑，立即执行。"在刑台之上，法庭的执行官最后询问科恩："你还有什么要说的吗？你在叙利亚有同谋吗？"伊利·科恩只是重复了一遍他仅有的那句供词："我并不以为我有什么罪过，我仅仅是做了我该做的而已。"随后，他径直走向绞刑架，并拒绝让刽子手给他蒙上眼睛。几分钟后，伟大的间谍科恩永远地离开我们。

得知科恩被处死的消息后，摩萨德的局长阿米特亲自率领部下来到科恩的家中为他举行了前所未有的哀悼会。他在悼词中说："在我们这个职业中，我们每个人都会止步于我们人类的局限性，但是科恩从来不屈服于这种局限性。他做得比任何人都好，我们甚至可以说他是最好的。他是如此伟大的人，是我们中间最杰出的人。以色列将永远记住他，历史将永远记住他！"

科恩生前为以色列军方提供的情报甚至在两年后的中东战争中都发挥了巨大的作用。谍报界常说：一个优秀的间谍能抵得上一个师的兵力。如果没有科恩的贡献，可能就没有今天以色列的和平。

伊利·科恩死了，可是在以色列人民的心中，他是一位不折不扣的民族英雄。

"德国养马大亨"洛茨

摩萨德是以色列的国家情报机关，在世界谍报机关中是颇具知名度的名称。摩萨德所培养出的超级特工，往往具有优秀的品质和高度的爱国热情。摩萨德特工中最杰出的代表，除了大名鼎鼎的"东方佐尔格"伊利·科恩，还有一名被称为"开罗之眼"的德国人沃尔夫冈·洛茨。洛茨并没有像科恩一样从小时候起就立志报国，但他在间谍生涯中所取得的成绩是有目共睹的。

早年活动

1921 年，洛茨出生于德国的曼海姆，从小在柏林长大。他的父亲是日耳曼人，在柏林汉堡国家剧院担任经理的职位。他的母亲是犹太人，是汉堡剧院的职业演员。1931 年底，洛茨的父母离婚，此后不久，他的父亲就去世了。在父母的教育下，沃尔夫冈·洛茨从小就极富表演才能。当时年幼的他绝对没有想到，喜欢戏剧表演的自己会成为一名间谍。

也正是在 1931 年，他进入了号称柏林莫姆森大学预科学校的人文中学学习，并于 1933 年顺利毕业。希特勒上台后开始了对犹太人的残酷镇压和杀戮，为了逃避迫害，洛茨跟随母亲逃往巴勒斯坦定居。在那里，洛茨接受了农业学校的培训，并对养马产生了浓厚的兴趣。通过一段时间的学习，他几乎掌握了包括骑马、养马、相马等一系列跟马有关的知识，这段经历使他在此后的特工生涯中受益匪浅。

洛茨曾多次站在这里瞭望，刺探情报。

1937年，洛茨加入了犹太复国主义地下组织"哈格纳"。第二次世界大战爆发之后，洛茨参加了英国军队，并开始同纳粹德国为敌。由于他颇具语言天赋，精通英文、德文、希伯来文和阿拉伯文，在1941年到1942年间，他被派往埃及帮助英军审讯并处置德国战俘。之后，他在埃及和北非一带度过了余下的战争时期，并最终升至军需军士的职位。战争结束后，他开始了为期三年的平民生涯。他返回巴勒斯坦，并在一家炼油厂担任领导工作，当然，与此同时他仍然坚持着参加"哈格纳"的地下活动。

1948年，以色列独立战争爆发，洛茨再度参军，并以中尉身份指挥了一支由犹太移民组成的部队参加了拉特伦战斗。他和他的部队以优秀表现频频受到嘉奖。从此，他成了一名职业军官，并参与了1956年的第二次阿以苏伊士运河战争，荣升为少校。

营造"德国人洛茨"

战后，以色列军事情报局招募特工，洛茨出众的语言天赋以及有部分德国血统的身世得到了他们的赏识。以色列军事情报局的首脑哈雷尔甚至分析了洛茨以下几个优势，来证明洛茨就是潜入埃及收集情报的最合适人选：首先，洛茨的部分德国血统使他拥有一副欧洲人的容貌，他那健硕的身躯、白皙的皮肤和金黄色的头发，让他几乎不费吹灰之力就可以装扮成一名真正的德国人。其次，洛茨的父亲就是德国人，他甚至不用改名就可以领取到一份真正的德国护照，然后利用这个护照明目张胆地进入埃及。而且，由于洛茨并不是纯粹的犹太血统，所以很容易就可以为他编造一份从1933年起就生活在德国的履历。由于他恰巧参与过对德国115师战俘的审讯，因此对他们的战绩和历史了解得十分透彻。因此在新的履历表中，只需要注明他曾参加了隆美尔非洲军团115师就不会有任何问题。至于关于战后的那部分履历，他可以称自己一直在澳大利亚靠养马生活，由于思乡心切返回德国后，发现战后的德国政局令他十分失望，于是最终来到了开罗。值得一提的是，德国的本土军官一般都十分擅长饮酒，而洛茨的酒量也不错，相信能圆满地骗过德国爱酒人士的眼睛。而且他本身就拥有高超的表演能力，这项能力也许得益于他的母亲，那位优秀的犹太演员。此外，他非常擅长与人交往，总是能很快博得周围人的好感，并能很快地投入自己的角色。在哈雷尔眼中，这一系列的安排几乎可以说是天衣无缝的。

于是，在1959年，以色列军事情报局找到洛茨，询问他是否愿意以联邦德国公民的身份作掩护，前往埃及实行秘密的间谍行动。经过一番深思熟虑之后，洛茨答应了他们，并开始接受了正规的特工训练。

在经过了系统的培训之后，以色列军事情报局安排洛茨于1960年回到了西德，开始了为期一年的"营造德国人洛茨"的计划。首先，他将自己的虚拟经历背得滚瓜烂熟：1921 年出生于德国的曼海姆城；1931 年进入柏林莫姆森大学预科班并完成了学业；1933 年毕业后参军被分配到隆美尔的非洲军团 115 师；1946 年在澳大利亚以养马为生，并逐渐取得了良好的经济收入；1957 年由于思乡心切返回德国，但并不能适应当时德国的政局，于是正在计划前往开罗。为了使自己的这一经历经得起推敲，洛茨用这一年的时间频繁地更换居住地址，他新档案的居住栏里先后出现了西柏林、曼海顿、科隆以及慕尼黑等著名城市的名字。他开始用最快的时间熟悉德国人的生活方式，并熟练掌握了德国人的生活口语，甚至还将生活中的新闻八卦人物和不太知名的政治家等可能成为人们话题的事物牢记于心。利用这一年的时间，洛茨还结交了许多新的朋友。他将自己装扮成一位对德国现政府不满的前纳粹军官，现在成了一名成功的商人。在柏林，他加入了一个骑马爱好者俱乐部，通过这一契机，他结识了更多的有用之人。

终于，在一年多的苦心经营后，"德国人洛茨"已经是在德国社会活灵活现的人物了。1961 年元旦，洛茨以一个德国旅游者、成功商人的角色抵达了埃及。

潜入埃及

洛茨先是住进了位于尼罗河岸边的亚历山大港的一间旅馆。他发现河对岸就有一个名为吉齐赫的骑兵俱乐部，于是抵达的第二天就以一个骑马爱好者和马场商人的角色造访了这家俱乐部。这家俱乐部是由当地军人成立的，俱乐部的成员也大多是当地的军警头目，当然，有钱的外国商人在这里一样很受欢迎。洛茨首先拜访了这间俱乐部的名誉主席、亚历山大市警察局局长尤素福·阿里·古拉卜将军。于是，在交谈过程中，洛茨开始充分运用自己的亲和力和对马术的了解，在不断夸赞古拉卜将军的马术多么精湛的同时，也不忘炫耀一下自己的养马生涯，并提出应该用阿拉伯牧马去改良德国纯种马的血液基因等大胆的理论。这使古拉卜将军对他十分欣赏，并马上提出愿意不遗余力地支持洛茨的纯种马改良计划。于是，洛茨顺理成章地成了将军家的常客。借此机会，洛茨逐渐认识了许多俱乐部的其他军官和埃及军界的各类名流。这些新朋友都认为洛茨是个腰缠万贯而且很有见地的商人，于是他的朋友圈也越来越大。随着这些新朋友接二连三的热情邀请，洛茨迅速融入了埃及开罗的上层社会。他成功营造的阔绰商人形象，使他在各个社交场合都被奉为贵宾。

短短两个月之后，洛茨就顺利完成了埃及卧底的任务，一位成功的德国商人洛茨已经是埃及有名的上流人士了。他的身份已经没有什么问题了。于是，洛茨奉上级指令返回欧洲，开始为下一步计划做必要的准备。在返回欧洲的近半年时间中，洛茨穿梭于以色列情报机关驻欧洲的各个联络站之间，频繁来往于慕尼黑、巴黎、柏林以及其他一些城市。

1961 年 7 月 6 日，正值炎热的暑期，以色列军方发射了"沙维特 2 号"火箭升空，这是以色列军方发射的第一枚火箭，那么为什么第一枚火箭却叫作"沙维特 2 号"呢？聪明的以色列人用这疑兵之计悠悠阿拉伯人，尤其是埃及人。因为埃及一直为巴勒斯坦人提供武器，对抗年轻的国家以色列。埃及总统纳赛尔甚至宣称，他们将支持巴勒斯坦武器、金钱和其他一切需要的战略物资。以色列和巴勒斯坦的对抗几乎成了和埃及的对抗。这次的火箭发射，就是针对埃及人的疑兵之计，另外还可以震慑下一直和自己对抗的巴勒斯坦人。

不幸的是，仅在一年之内，埃及就连续发射了 4 枚自主研发的火箭，将以色列的风头完全遮盖住了，以色列对此十分恐慌。对方竟然在这么短的时间内在军事技术上取得了这么大的成就，如果将这些技术应用到战场上，将会给以色列造成巨大的损失。以色列国家领导人十分震怒，令情报部门尽快查清事实。情报部门决定把这项任务交给洛茨。

最终，在巴黎当地的协调官阿穆恩转交给洛茨一大笔活动经费和一台十分先进的微型发报机，并正式地向他下达了接下来的任务：设法确定埃及军事防御工程的具体位置，并进一步了解其军事价值，并对即将送往埃及的德国和奥地利的飞机导弹设计师进行监视。

值得一提的是，当洛茨乘坐火车从巴黎赶赴慕尼黑的时候，竟意外邂逅了一位德裔的美国女郎，一向处事严谨的洛茨对这位身材修长、美貌非凡的金发女郎一见钟情。短短半个多月的时间里，两个人便双双坠入爱河。有些冲动的洛茨甚至在未经总部批准的情况下就与这位名叫艾尔特劳斯的美女结了婚，而且对她表明了自己的间谍身份和正在执行的任务。事后，他在向总部汇报时还严肃地表示："如果艾尔特劳斯不能陪同我返回埃及，那么我就不再执行任务。"其实年轻的艾尔特劳斯表示能理解丈夫洛茨的事业，爽快地答应了陪同他前往埃及并担当他的助手。

但是以色列军方还是对洛茨的这一大胆举动表示担忧。一直以来，洛茨在执行任务的过程中，虽然取得了显著的成果，但是有些举动稍欠妥当，例如：这次与德裔美国女郎的草率结合；饮酒过多，甚至被总部笑称"香槟间谍"；向"朋友"馈赠的礼物过重，出手过于大方等。但是，以色列军事情报局局长还是相信洛茨的，他说："洛茨能在很短的时间内巧妙地伪造自己并快速进入角色，充分显示了他的间谍天赋，我们应该对这样的人才给予充分的信任。"

于是，洛茨和妻子艾尔特劳斯结婚的事实被以色列总部接受，他们于 1961 年的秋天回到埃及。洛茨的谍报生涯终于正式开始了。

在驯马场和宴会上获取情报

为了方便伪装，洛茨租下了一套位于萨玛丽郊区的奢华寓所，这间寓所地处一个尼罗河的小岛之上，偏僻的位置和较高的地势都非常适合短波发报。

带妻子归来的洛茨又受到了古拉卜将军的热情欢迎，他也不远万里地为将军带来了一件贵重礼物——一台录音机。就这样，他和将军的良好关系进一步加深了。由于将军的大力支持，洛茨很快设法购进了几匹阿拉伯纯种马，并聘请了赫利奥波利斯马术中心的优秀教练木里凯为他训练几匹好马。洛茨聘请这位教练，不仅仅是因为他在驯马上很有一套，也是因为著名的赫利奥波利斯公司对他的谍报工作十分有利。要知道，当时的埃及军队几乎都集中在赫利奥波利斯附近沙漠中的庞大军事基地中，而且摩托化部队每一次较大规模的行动都必须从这里出发，足见这个地理位置的重要性。

于是，每天清晨，洛茨都会带着年轻貌美的妻子来到赫利奥波利斯马术中心，登上高达5 米的塔楼上，手中拿着高倍望远镜，一站就是数个小时。神情专注地盯着远处的军事基地，好像远处有一个极品美女正着优雅的舞姿向他走来，而他正垂涎三尺地傻傻等待着她走到近处。其实，他运用自己敏锐的嗅觉嗅探着每个可能有价值的信息，用一只望远镜将整个导弹基地尽收眼底。他认真地观察每一个细节，并牢记于心。他仔细记住每一种车型，并且迅速判断这些车辆是用来演习还是参与军事行动，是参与部队训练还是整修车辆。经过一段时间的摸索，他对这个军事基地的状况变得熟悉起来，他甚至能够通过车辆的变动来判断埃及部队的具体调动方位，可谓神乎其神。正是据此手段，洛茨准确地判断出埃及装甲部队正在计划向西奈半岛调动的重要情报。

没过多久，洛茨又购进了几匹战马。军官们很恭维这位喜欢养马的富豪，洛茨见这些军官对养马的兴趣十分高涨，闲谈之余趁机插话说："如果有一块再大一点儿的场地，我还能再培育出更好的良种马。可惜，我的马厩早已经满了，现在又找不到合适的场地。"这时一位热心的军官说："那您就把马放到我们军营的马厩里来吧！"骑兵军官阿勒维·加齐大喊一声："这个主意太好了！"洛茨这时故意装得很为难，苦着脸说："可是，我进不了你们的军营，怎么去照顾我的马啊？"骑兵高级军官哈达里上校笑着说："我给您和您的夫人办个通行证不就一切都解决了吗？"

就这么简单，洛茨夫妇被准许自由出入军事基地！洛茨十分高兴，不久后这些平时占尽洛茨便宜的军官们带着他们夫妇两个逛遍了整个基地的每个角落。对洛茨夫妇而言，这个军事基地已经没有什么秘密可言了，当然洛茨也将自己所接触到的信息转化成情报分批向以色列方面做了汇报。

洛茨夫妇还有一个重要的搜集情报的方法，那就是不定期地举办一些埃及社会上层人物尤其是军事政要之间的酒会，他们每次都会为宾客提供名贵的香槟酒。通过一次又一次的酒会，洛茨夫妇结交了许多重要朋友，其中包括军事后勤专家阿卜杜勒·萨拉姆·苏莱曼将军，军事反间谍局的福阿德·奥斯曼将军和穆赫·赛义德上校，甚至还有埃及共和国副总统侯赛因·沙菲。在这些友人眼里，洛茨是值得信任的前纳粹军官和著名商人，因此往往愿意在觥筹交错中向洛茨提供一些宝贵的情报。

在一次晚宴上，尤素福将军对洛茨夫妇发出邀请，说："我想邀请你们进行一次外出游玩，让你们看看其他普通旅行者见不到的东西。名胜古迹固然有趣，但我要向你们展示的是我们掌握的先进技术和军事力量，这正是现代的埃及、阿拉伯社会所取得的伟大成就。"洛茨夫妇当然愉快地接受了邀请。

在另一次晚宴上，洛茨认识了负责埃及海陆空三军调动和弹药运输的阿卜杜勒·苏莱曼将军。经过一段时间的谈话，洛茨从他那里摸清了埃及军队往苏伊士运河的调动情况、埃及军队的士气情况、军队上层对于和以色列作战缺乏心理准备等情况，以及埃及军队聘请的苏联军事专家的具体情况。最后，洛茨满意地站起来拍着苏莱曼将军的肩膀说："别太认真了，兄弟。如果你因为常常直抒己见而被军队撵出来的话，我就立刻在德国给你找个称心如意的工作。"苏莱曼将军甚至还回答说："能够找到一位偶尔吐露心里话的朋友倒也并非坏事。"

智探导弹基地

导弹，这种杀伤性极强的现代战争武器在如今的战争中十分常见。但是在20世纪60年代，导弹还是新奇玩意儿，许多导弹基地直到今天仍然保持着自己独特的神秘感。以色列情报部门对埃及的导弹基地十分好奇。

1963年，在以色列情报局局长梅厄·阿米特将军调任摩萨德局长后，洛茨夫妇也由军情局转归摩萨德直接领导。阿米特将军对洛茨夫妇十分看好，甚至称他们为特拉维夫的"开罗之眼"。

埃及的火箭计划是在"二战"结束后不久就开始的。洛茨发现，这个火箭的成功研制几乎完全得益于德国研究员。这得天独厚的条件为洛茨的谍报工作提供了不小的便利。德国一直是尖端科技人才的聚集地，但是战后德国签订了协议，不能制造自己的火箭等尖端军事力量。所以，德国的军事人才开始纷纷离开德国，为其他有需要的国家工作。约翰·冯·雷斯就是这样一个德国科学家，他接受埃及的邀请前来参与埃及的火箭计划。

洛茨夫妇在一次宴会上认识了纳粹长老冯·雷斯。冯·雷斯是个老夫子，思想固执，被纳粹的其他派别排挤到埃及混吃等死。在艾尔特劳斯看来，这个人的作用已经不大，没有什么价值了。可是洛茨并不这么认为，他认为这个老家伙虽然只会无休止地唠叨，但是他认识的人是可以利用的。冯·雷斯认识很多德国的导弹专家，这些人是很有价值的。"能够结识在埃及的德国专家，并且密切关注他们在开罗的工作，与搜集飞机，甚至导弹相关的信息的工作是同等重要的，"洛茨曾经这么和自己的妻子说，"我们要多方面地搜集信息，并且要扩大搜集信息的范围！"

很快，洛茨夫妇通过冯·雷斯结识了德国飞机和导弹制造专家布雷纳尔和舒曼先生。当时，布雷纳尔等人正围坐在一起为了飞机发动机的事情争吵不休。于是洛茨夫妇不失时机地凑上前去，洛茨说："哈哈，我的先生们，你们在吵什么呀？我想有8个小时谈公务已经足够了，让我来向你们介绍我的妻子。"于是，热情的洛茨夫妇给所有在座的科学家们留下了非常良好的印象。

从那以后，洛茨夫妇和这些从德国来埃及的专家们成了好朋友。洛茨夫妇的牧场也成了这些德国客人们经常光顾的地方。这也就为洛茨的情报收集工作提供了许多契机。洛茨又买下尼罗河三角洲的一片地来做马匹的牧场，那里距离一个埃及火箭试验场很近。在这里他可以准确地观察和记录埃及人的每次火箭试验的时间，以最快的速度发回以色列。夫妻二人不停地改造马厩、围栏，使这个跑马场成为诸多德国专家及埃及军官聚集的地方，他们闲暇时可以在此练习马术、闲聊，而洛茨则更注重收集他们无意中透露出的军事机密。

在埃及人看来，这个养马的富商是一个连飞机型号都分不清的商人，根本不会怀疑他是一个危险人物。洛茨伪装得很成功，他在别人面前之谈论自己的马和自己的生意，对于军事专家和军官们谈论的话题，他很少插嘴，好像并不是很感兴趣。事情就是这样，洛茨越是表现得不感兴趣，埃及军官和专家越是想向这位外行人展示自己的成就，于是洛茨顺水推舟，在他们的带领下数次参观了这个神秘的导弹基地。当然，他会抓住每个接触到情报的机会，运用自己携带的微型摄像机拍摄下来。在短短半年的时间里，他就得到了关于埃及军备工业部关于德国军事专家的人事任免信息、红海海军部署计划以及西奈半岛上部队的部署和战备物资运输情况……这些情报为以色列的战略部署提供了重要参考。以色列情报部门也因洛茨的优秀表现受到了上级部门的表彰。

1964年夏，洛茨根据指令调查楚沙卢发导弹基地的详细情况。楚沙卢发导弹基地位于苏伊士与伊斯梅利亚交界处，之前以色列军方的卫星曾经对这个基地进行过仔细的扫描，但是以色列军方怀疑埃及人用障眼法耍弄自己，对扫描到的信息的真实性表示担忧。摩萨德立刻派遣洛茨去核实这一消息。收到指令后，洛茨对妻子说："我们得亲自去一趟，这是唯一的办法了。"埃及的导弹基地戒备森严，连只鸟飞进都很困难，怎样才能混进去呢？洛茨打算扮成游客。于是，他们戴上了钓鱼竿和游泳衣驾车上路了。洛茨穿着运动裤和黄色体恤，头戴一顶浅红色的帽子，鼻梁上架着一副大大的墨镜，俨然一位标准游客的打扮。

洛茨夫妇驱车驶向沙漠地带，前后找了一个多小时，才在一条荒僻的分叉路上发现了一个哨所，岔道口上还有一个写着"禁止入内"的木牌。洛茨断定这条路就是通向导弹基地的。他们将车开过哨所时，先是驶入了可以通行的岔路，并仔细观察了一下这个哨所。只有一个百无聊赖的士兵单独站岗，车辆驶过时甚至没有引起他的丝毫注意。

等车驶出士兵的视线之后，洛茨对妻子说："你把车开回去，再试一次。我们必须想办法开进那条岔路，也许可以假装车子出毛病了。"于是，他们又折回了哨所。就在这时，洛茨发现那名站岗的士兵恰巧暂离了哨所，正在附近上厕所。于是他兴冲冲地说："快，冲过去，越快越好。我们的运气真是好极了！"于是妻子艾尔特劳斯猛踩油门，车子朝着通往军事基地的岔路飞速驶去。车子驶过岔路后，他们从汽车的后视镜里面看到，刚从厕所奔出的士兵正提着裤子跳着脚地高喊着些什么。

"别理他，继续往前开！"洛茨对妻子说。就这样，车子驶向沙漠深处，但是不久之后，就有一辆载满士兵的吉普车追了过来。为了方便脱身，洛茨立刻对妻子说："快，把车驶进沙漠。只要一进去，没有几个小时是弄不出来的。"于是妻子艾尔特劳斯加大油门将车拐入了路边的沙漠。汽车好像根本不听妻子的摆弄，左晃右晃地奔向了沙坑的深处。

当后面紧追的吉普车赶到时，看到的是洛茨正在气急败坏地教训妻子竟然将车驶进了沙漠。洛茨的表演才能得到了展现。一名士兵用冲锋枪抵着洛茨的胸膛，用阿拉伯语朝洛茨吼道："跟我们上车！"但是洛茨根本听不懂，而是用英语胡乱地说着什么。后来，这些士兵明白了洛茨的意思，他是想让这些士兵帮自己把车挖出来。当然，这对训练有素的士兵而言不是件难事儿。接着，一名上尉用英语对他们进行了讯问。洛茨回答说："我们是德国游客，今天准备去红海游泳。刚才我正在车上打盹，我的妻子竟然稀里糊涂地把车开到了沙地里面。"无疑，这位上尉对他的说法并不相信，上尉检查了他们的护照，又将他们的轿车仔细搜查了一遍，对他们说："您必须跟我走一趟。"洛茨问："去哪儿？"上尉回答说："去我们的兵营，您必须见见我们的上校。"洛茨心中暗喜，他们正愁无法进入军营呢！

于是，洛茨夫妇被带往了军营。途中，他们看到了排列整齐的导弹发射架、弹药仓库和指挥大楼。这一发现让他们感到十分兴奋，他们尽力控制住自己不去东张西望。来到基地司令办公室的外面，听到司令对上尉怒吼道："什么？你把他们带到这里来了？你疯了吗？你至少应该蒙上他们的眼睛啊！是不是我们还得邀请他们进一步参观我们的设施？行了，事已至此，你快把他们带进来！"这位司令肯定怀疑洛茨夫妇是故意混进基地的间谍。接着，警觉的司令对他们进行了长达20分钟的盘问，洛茨的每句回应都十分得体。当司令怀疑他是来搜集情报的间谍时，洛茨故意显得十分恼火，他说："这太荒唐了！恕我直言，我可不是一个普通的乡野村夫，我是有名气的，您只需给尤素福·古拉卜将军打一个电话就会知道了。他可以证明，他是我的朋友。"

这位司令有些迟疑，然后低声说："我知道这个人，但是他们警察没有在军队内的话语权，他也指挥不了我们！""军队，好，那你问问军队司令部的福阿德·奥斯曼将军，你可以给他打个电话吗？"洛茨从兜里掏出了电话本，恶狠狠地对着这位军官大喊一句。

经过这位司令和福阿德·奥斯曼将军一番通话之后，再和洛茨说话时态度就发生了很大的转变，他毕恭毕敬地向洛茨夫妇说："抱歉，洛茨夫妇。我们也是照章办事，还请您谅解。""您不必客气了，司令先生，"洛茨大方地说，"您也是出于安全考虑。我也有一些军人朋友，略知其中的道理。您的做法是正确的，我毫无异议。"将军客气地说："那么，在您离开之前，我想邀请您共进午餐。"饭后，他亲自带着洛茨参观基地的军事设施，事后他将岗亭的士兵一顿斥责，将当天发生的事情归咎于他们。就这样，洛茨用自己的智慧弄清了导弹基地的准确地点，"开罗之眼"再次出色地完成了任务，将情报顺利地传达给了以色列情报部门。

但是，自从这次"意外"，埃及的反间谍机构特工人员就开始注意到洛茨夫妇了。

"开罗之眼"暴露

1965 年春天，洛茨夫妇受邀前往马特鲁港游玩。他们和艾尔特劳斯的父母以及德国专家克尼泼费尔夫妇来到西部地区总督府，受到尤素福·阿里·古拉卜将军的热烈欢迎。也就是在这段时间里，埃及特工人员搜查了洛茨夫妇的住宅，并发现了他们的收发报机和其他情报工具。2 月 22 日，洛茨夫妇返回居所，却被等候已久的特工人员逮了个正着。

洛茨夫妇发送情报的事情证据确凿，办案人员甚至破译了他们 3 年来发出的电文。但是，洛茨坚持说自己是德国人，只是为了赚钱才为以色列收集情报。埃及人对此深信不疑，他们一直认为洛茨是前纳粹军官。一直到被捕的半个月后，洛茨才利用安全机关安排他接受记者采访的机会，公开了他们被捕的消息。

1965 年 7 月 27 日到 8 月 21 日，埃及法庭对洛茨夫妇进行了公开审讯，并宣布了他们的十大罪状。洛茨被判处终身苦役，并罚款 33 万西德马克。他的妻子艾尔特劳斯因协助他从事间谍活动，被判处 3 年苦役，并罚款 1 万西德马克。值得一提的是，虽然法庭有足够的证据证明洛茨是以色列人而非德国人，但最终并没有将他戳穿。究其原因，原来当时的埃及政府正想找机会赶走德国的专家，而洛茨的被捕正好为他们提供了借口。而且因为埃及还需要德国的经济援助，故并没有判处洛茨死刑。

11 月初，监狱副官把洛茨叫到办公室，曾为洛茨辩护的德国人克拉尔·乌班告诉了他一个好消息：经过多方协调，埃及政府已经同意释放洛茨夫妇，现在只是时间的问题。1968 年 2 月 3 日，监狱副官再次把他叫到办公室，不自然地说："先生，你已经获得自由了，今晚就可以离开埃及，乘飞机去德国。"

原来，这背后还有一场特殊的交易：以色列政府用捕获的 9 名埃及将军和 5000 名埃及战俘来换取了包括他们在内的 10 名在押的以色列人。

回到以色列以后，洛茨夫妇在特拉维夫附近的一个乡村定居下来，他们重新恢复了平静的生活。洛茨的妻子艾尔特劳斯也顺利取得了以色列国籍。在以色列这片新生的土地上度过了剩余的人生时光！洛茨在晚年写下了《香槟间谍》一书，用以纪念那段紧张、冒险的峥嵘岁月。

"007"的原型杜斯科·波波夫

间谍这个职业，是与"秘密""危险"等字眼密切联系的。成为一个成功的间谍，实属不易，而成为一名成功的双面间谍，同时为两个敌对的国家工作，这需要超强的智慧与勇气。祖籍南斯拉夫的杜斯科·波波夫就是这样的一名双面间谍。二战期间，他一面为纳粹德国情报头目阿布维尔工作，一面又是英国情报机构 M16 的心腹大将。曾经为英国情报机关工作的伊恩·费林明以波波夫为蓝本创作出了詹姆斯·邦德这一著名人物形象。事实上，波波夫的谍报生活，与"007"中的詹姆斯·邦德一样，充满着智慧与勇气的碰撞，他所经历的这段生涯的紧张性和危险性，甚至可以让电影中的"007"相形见绌。

《黄金眼》中的詹姆斯·邦德，波波夫是其原型。

开启间谍之路

1912年，杜斯科·波波夫出生于南斯拉夫的贝尔格莱德。他的父亲是著名的工商业巨子，从小的生活条件就十分优越。青年时代，波波夫是一个花花公子，非常富有，经常出入豪华酒店，喜欢冒险。他非常聪明，善于学习，会讲多种欧洲语言，在德国南方的弗莱堡大学学习法律专业，并最终获得了博士学位。后来，他回到了南斯拉夫，从事律师工作。

至于他是如何走上间谍这条路的，起因看似偶然，仔细深究却也是必然的。1940年2月，波波夫收到好友约翰尼·杰伯逊从柏林发来的电报，要求在贝尔格莱德塞尔维亚大饭店与他紧急会见。于是，波波夫驾车火速赶往约会地点。

杰伯逊是波波夫在德国弗莱堡大学结识的好友，大学期间他曾经将波波夫从监狱中保释出来。因此波波夫欠他一个人情。此时忧心忡忡的约翰尼有事相求，他盯着匆匆赶来的波波夫，无比真诚地说："我需要你的帮助，朋友。"

波波夫立刻点头示意他说下去。

"事情是这样的，"他继续说道，"德国有5条船被封锁在特立斯特，其中有一条是我的。我想把它卖给某个中立国家，却苦于没有机会。"

波波夫问道："哪个中立国家愿意购买呢？"

"这就是我找你来的原因呀，"约翰尼恳切地说，"我需要你利用你的社会关系帮我做成这笔买卖，而且不能引起别人的怀疑。"

原来，约翰尼的言下之意就是希望波波夫能做一名纳粹间谍。明白好友的意思后，波波夫很快就答应了他的请求。因为波波夫也很想为反法西斯事业尽自己的一份力，他决定将计就计。

于是，波波夫立刻前往英国驻巴尔干国家的商务参赞斯德雷克的办公室，对他详细说明了自己的计划：假借中立国家的名义将这几艘船卖给英国，以削弱德国的运输能力。几天之后，这个计划得到批准，英国顺利买下了这几艘船。

事成之后，波波夫和约翰尼再一次聚会，来庆祝这次计划的成功。酒过三巡，约翰尼对波波夫坦诚地说："兄弟，我在为德国情报局阿布维尔工作。我的上司对你的能力十分欣赏，他希望有机会可以好好和你谈谈。"

波波夫对此十分感兴趣，他立刻问道："你的上司是谁？他找我想谈什么？"

"是这样的，"约翰尼说，"他叫维尔西姆·卡纳里斯。我对他极力举荐你，于是他决定用买船的事考验你。没想到你完成得这么出色。我想，你一定会对这项工作感兴趣！只要搞到一些小道消息就可以了，你在外交界和政界认识不少人，这对你来说并不困难。"

于是，波波夫爽快地答应了下来。

第二天一早，波波夫去找到了英国商务参赞，并把事情的来龙去脉告诉了他。参赞并没有多言，只是简单地说："继续与他保持联系，我会派人送去你所需要的情报。"

没过多久，约翰尼的上司门津格少校亲自赶来，对波波夫说："我们德国需要一个精明能干的情报人员，能够在各个地方都畅行无阻。你丰富的社交关系对此十分有利，我们十分看重你的才华。同样，我们会付给你应得的高额报酬。"波波夫其实心里早已有数，他几乎毫不犹豫地接受了少校的安排。

一天过后，英国大使馆发给波波夫消息，称为他安排了一场会见。波波夫匆匆赶去，接见他的正是英国情报第六处即 M16 驻巴尔干的首脑史巴雷迪斯。波波夫讲述了自己的经历，并表明自己想要借机会打入德国情报局的内部，为击败纳粹德国尽一份力。波波夫在对话中表现出的决心和勇气，打动了史巴雷迪斯。史巴雷迪斯说："好吧，那你就去做吧。你要时刻与我方保持联络。另外，你要设法告知他们有一个急需用钱的外交官朋友，他可以通过传送外交邮袋来投递情报。"

就在这时发生了一件不幸的事。波波夫的父亲有一个专职司机名叫杜卡，当波波夫从英国大使馆出来的时候，杜卡发现了他，并偷偷拍下他走出大使馆的照片。杜卡生性好赌，嗜酒如命，总想借机发一笔横财，他威胁波波夫说："我知道你的秘密，如果你给我一大笔钱，我就当什么都没看见，否则我就把你的事向门津格告密。"波波夫害怕起来，把杜卡稳住之后，回去和他的哥哥伊沃商量怎么办。伊沃也是一个反纳粹分子，一听此事，立即说："干掉杜卡！"

"可以吗？"

"没问题，可以叫你的同学鲁卡斯帮忙。"

于是，一天晚上，波波夫兄弟二人和鲁卡斯把杜卡骗出来，然后掐死了他。

之后，波波夫很快又会见了纳粹德国的门津格少校。这次见面他们谈了很多问题，门津格为波波夫提供了一小瓶密写剂，并安排了如何互相联系等事宜。最后，他为波波夫起了一个化名"伊凡"。从这以后，波波夫正式开启了自己的双面间谍生涯。

双面间谍

英国的史巴雷迪斯在几周后向波波夫下达了第一个任务：搜集德国"海狮行动计划"的所有行动并报告。但是双面间谍并不好当，波波夫又很快被告知德国方面试图把他调去英国，搜集有关英国的各种地理方面的相关情报。可是聪明的他立刻猜出，德国安排他此行的任务就是去为"海狮行动计划"搜索轰炸目标。在前往英国之前，波波夫见到了德国为他安排的新上司卡斯索夫。卡斯索夫是个果断而干练的人，他在第一次见面中就教会了波波夫如何使用密码和投递文件，还为他提供了一架莱卡照相机。这次见面后，卡斯索夫将他安排在了一家由德国人经营的大饭店。

但是德国人的警惕性是非常高的，他们为波波夫安排了一场特殊的考验。当波波夫住进旅馆后，多次碰到一位金发碧眼的美女，并频频对他暗送秋波。波波夫起初并没有在意。当晚，波波夫冲完澡回到卧室，惊讶地发现这位金发女郎正躺在他的卧床上暧昧地看着他。看见波波夫走来，这位女子竟然敬上了一杯白兰地，充满诱惑地说："来吧，有趣的男人，陪我喝一杯。"其实波波夫早已察觉到了些什么，虽然表面顺从，内心却一直理智地保持警惕。他按着这个女人的意思向她讲述了自己的人生经历，特别是到里斯本后的表面计划。当他编完这些故事后，他发现这个女人表现得十分满意。这时，他确信了自己的猜测：这是德国为了考验自己而专门设置的间谍！事实果然不出波波夫所料，第二天当他向德国方面汇报了这一情况后，卡斯索夫满意地说："这件事你就不要在意了，上面对你的表现十分满意，我们期待着你从伦敦带来的好消息。"

在充分取得纳粹德国的信任之后，波波夫匆匆赶赴英国首都伦敦。但令他始料未及的是，英国方面更严格的考验正在等着他。英国情报局对他进行了为期四天的轮番拷问，过程极为严厉。但波波夫最终还是通过了考验，取得了英国方面的信任。之后，波波夫受邀前往英国M16少将孟席斯家中"度周末"。

在少将家中，波波夫向他提供了德国让他搜集的情报，并在英国 M16 处的"双十委员会"的协助下进行了大量的"情报搜集工作"：包括用相机拍摄的伪造机场和不太全面的飞机军舰数量和型号，以及重点地区的地形图，等等。经过少校夫人的介绍，他还结识了奥地利纳粹头目的女儿嘉黛·沙利文。这个姑娘长得十分俊俏，而且丝毫没有受到父亲影响，反而自行出逃到英国投身反纳粹斗争。

起初，波波夫对嘉黛本是一见钟情，但由于对上次金发女郎的考验心存疑虑，他按压住心头的爱意，故意对嘉黛敬而远之。后来，嘉黛被派来协助他的间谍工作，在慢慢接触的过程中，波波夫终于打消了疑虑，相信了嘉黛和他一样都是反纳粹的斗士。波波夫开始深深地爱上了这位姑娘。

但是，战争年代的爱情很难长久相守，更何况他们的职业是特工。这项合作任务结束后，波波夫为了刺探德国情报奉命回到里斯本，尽管难舍难分，尽管这一次相见可能就是永别，但为了自己伟大的事业和信念，他们选择接受命运的安排。嘉黛去机场给波波夫送行，看着波波夫离开的背影，嘉黛忍不住流下了眼泪。

回到德国，由于卡斯索夫对波波尔的工作完成情况十分满意，他告诉波波夫总部会嘉奖他。没想到，等待波波夫的又是一番细致且持久的审讯，他们对情报的每个细节都要刨根问底。还好波波夫经得住考验，一番盘问下来，德国方面还是批准了波波夫继续工作。

这次，由于取得了德国的进一步信任，英国 M16 开始逐渐重视波波夫的工作能力，并为波波夫起了一个专用代号——"三轮车"。从这时开始，"三轮车"波波夫在盟军谍报界的位置显得越来越重要了。

"三轮车"的贡献

在之后的工作中，"三轮车"的表现越发突出。波波夫提出的"迈斯德计划"帮助德国利用一个戏院老板为他们将活动经费转发给特工人员，也提高了自己工作的安全性；德军计划对英国发动毒气战，于是波波夫通过手段虚拟了一份报告，谎称英国对此已经做好了应对的准备，于是德国人放弃了这个计划；英国海军为了使德国不敢进犯东海岸，于是设计了一份虚构的水雷区图纸，试图用来恐吓德国舰队。波波夫将这一情报交给了自己的好友海军参谋总部的伊文，并利用他将这一情报送给了德国人。德国人对此深信不疑，进而打消了进攻英国东海岸的想法。

当然，波波夫在蒙骗德国人的同时，也为英国收集了相当可观的情报，包括希特勒计划进攻北非，"海狮计划"暂时搁浅，等等。其中最重要的是，他从德国那里学来了"显微点"技术，并将具体原理交给了英国。如此一来，能把整页的材料缩小到微小的胶片上，只有通过显微镜才能读出的这一"显微点"技术，使英国有效地破获了许多情报，也使英国的情报可以被更方便更安全地传送。

但是事情并没有想象中发展得那么顺利。1941 年 3 月，波波夫接到德国的命令，希望他前往美国协助卡纳里斯将军重建美国的间谍网，调查美国海军对战争的准备，详细搜集美国海军基地珍珠港的情报。波波夫只得奉命前往。而英国对此也束手无策，只得让波波夫暂离德国，并让他接受美国联邦调查局的领导。

波波夫在纽约住下来之后，开始建立新的关系网。在此期间，他巧遇几年前的旧情人——一位来自法国的电影明星。他乡遇故知，他们的感情也开始慢慢升温。很快他们开始频繁约会。一次，当波波夫和这位美女明星一起在迈阿密沙滩游玩时，突然走来一位联邦调查局的警官，他对波波夫严肃地说："你好，波波夫先生。我奉命而来对您提出警告，您的行为已经触犯了联邦妇孺法。另外，胡佛先生想和你谈些公事。"当时胡佛担任美国联邦调查局的局长。美国警官直接将波波夫带了防弹轿车，一路驶往美国首都华盛顿。

这次与美国联邦调查局的胡佛警官的见面并不愉快。对话期间，胡佛口出恶言："你是从哪里跑到这里来的？6个星期以来，你一直在追逐电影明星，我警告你，我不能容忍这种情况。"他怀疑波波夫的间谍身份，更怀疑他是为了金钱而买卖情报的无耻之徒。波波夫对此十分恼怒，一番争执之后，波波夫气愤地离开了胡佛的办公室。这次会谈让波波夫情绪十分低落，但冷静下来之后，他为了应付德国的情报要求，只得去《纽约时报》大厦，从最近的几期报纸中提供的数字资料，伪造成了几份绝密情报用以交差。

事实上，由于在第一次世界大战中，英国人曾向美国提供过虚假情报，从那之后，美国人一直不太相信英国人的话。在这次"二战"中，两国的情报机构除了合作更多的反而是钩心斗角，由此造成了许多巨大的损失。

就这样，直到1942年德国西线战事又起，波波夫才接到返回德国的命令，得以重新为英国提供谍报了。于是波波夫迅速离开了纽约，告别了这个令他失望的城市。

由于美国方面的不合作，波波夫此次美国之行令德国十分不满意。为了能重新赢得德国的信任，波波夫决定先发制人。一见到卡斯索夫，波波夫就主动说："这次美国之行真是糟糕透顶。我长期处于孤立无援的境地，几乎无人过问。虽然如此，我还是找到了一些有价值的情报。"于是，波波夫开始滔滔不绝地讲述了一些看似重要却不会损失英国过多利益的情报，并充分运用了他做律师时练就的优秀口才，终于将卡斯索夫说服了。卡斯索夫听后转而安慰波波夫说："我们一直对你充满信心。看来你的美国之行其实大有成绩，所以请你不要在意了。"接着，卡斯索夫派波波夫前往伦敦，他认真地说："那里需要你的统一领导。"

于是，在1942年的11月，波波夫终于再次踏上了英国的土地。波波夫在英国取得了相当大的成绩。波波夫先是应英国当局的要求，在约翰尼的帮助下不动声色地捣毁了一个德国在英国安插的间谍网。而后，德国机关要求波波夫增派人手来代替被捣毁的间谍网，加强情报搜集的工作。为了迷惑德国人的视线，波波夫从南斯拉夫将一些有关系的人偷渡了过来，宣称把他的"组织"扩大到了"几十人"。这一计划让德国损失了不少经费，而且德国得到的消息都是些真真假假、似是而非的内容。尽管如此，由于波波夫总是会在最后的紧要关头提供正确警报，虽然为时已晚难以挽救损失，但是德国当局对波波夫的能力还是没有丝毫怀疑。

有一次，波波夫向卡斯索夫要活动经费，他抱怨给的钱太少了。卡斯索夫解释说："请你相信我，我已经尽力了。上面把大笔钱给了一个特殊的情报员。他向我们提供了很多难以置信的重要情报。"

"是吗？我不相信有人能够在英国得到比我提供的情报更重要的情报。"

"他提供了德黑兰会议记录和盟军将要进行一次大规模登陆的消息。"

"真不可思议！这确实很了不起！他是什么人啊？"波波夫假装不经意地问。

"他是你的同乡。"卡斯索夫说。

波波夫立即把这一消息报告英国情报局。英国反间谍机构立即对参与德黑兰会议记录的人进行排查，最后嫌疑目标集中在英国驻安卡拉大使馆的一个阿尔巴尼亚随从身上。此人就是西塞罗。此人被揪出之后，德国在英国中枢机构的特务网几乎被全面捣毁。在波波夫的精心策反下，好友约翰尼也站在了英国一边，成了波波夫的得力助手。

间谍身份暴露

战争的发展对德国越来越不利，而且德国在英国安插的情报关系网不断受损，德国方面决定加强自己在英国的谍报组织建设。于是，阿布维尔决定推行一个名为"太上皇"的计划，让他手下的两个安插在英国的间谍组织互相侦查评价对方，用以提高双方的业务水平和基本素质。

波波夫迅速意识到了这个计划可能会使自己双面间谍的身份暴露，于是特别提高了警惕。他了解到，直接负责这个间谍互评计划的是阿布维尔手下的情报长官卡姆勒中尉。卡姆勒为人颇有建树，但苦于官运不佳，因此养成了孤芳自赏且有些愤世嫉俗的古怪个性。于是，波波夫为了亲近他，经常投其所好，故意在卡姆勒面前发牢骚，并多次声明他认为卡姆勒中尉才智过人，而卡斯索夫等人是如此无能，等等。就这样，久而久之，卡姆勒渐渐把波波夫当作了知心朋友，并多次与他推心置腹地交谈。在评价各地间谍组织期间，卡姆勒自以为是地把一个名叫"奥斯特罗"特殊间谍网透露给了波波夫，并有意无意地提醒波波夫应该注意这个"对手"。

原来，波波夫的间谍网并不是德国在英国唯一的底牌。而这个"奥斯特罗"正是一个同样掩藏很深的德国间谍组织。在约翰尼的大力帮助下，波波夫终于得知，自己的组织以及这个"三轮车"的代号确实已经处在"奥斯特罗"的怀疑当中。

于是，波波夫马上向英国方面进行了汇报，详细地阐明了自己的危险处境。次日，英国"双十委员会"决定，将会提供给波波夫一些可供验证的真实情报，用来打消"奥斯特罗"对波波夫的怀疑，巩固波波夫在德国情报机关的地位。

这个决定很快取得了效果，波波夫的间谍组织得到了德国更加深入的信任。当然，英国为了打击德国这次的"太上皇"反攻计划，也制订了相应的"海王星"计划：命令波波夫向德国发出虚假消息，谎称英美联军将组成三支军队进攻加莱海峡，并虚构了大量相关数据以使德国信服。于是，经过波波夫的一番努力以及英国方面的积极配合，德国的进攻计划最终宣告失败。

德国谍报部门在这次斗争中损失惨重，德国方面决定对组织成员进行一次更加严格彻底的审查，波波夫自然也在审查范围之内。于是，波波夫被命令立刻赶回德国。令波波夫没有想到的是，回到德国的一个多月时间里，德国总部竟然没有给他安排任何工作。原来，真正对他的考验正是藏在这一段貌似清闲的时光中。

一天，无事可做的波波夫应邀与一群老朋友在酒吧见面，这些人把一名貌若天仙的比利时姑娘介绍给了他。波波夫的心立刻被这位名叫露易丝的姑娘所打动，于是他邀请露易丝在酒吧喝了几杯。接着，相谈甚欢的他们很自然地回到了波波夫的住所。这些事情发展得很自然、很顺利，全然没有使波波夫察觉到什么。直到凌晨三四点左右，波波夫从睡梦中醒来，却发现露易丝正在悄悄地翻看他的办公桌的抽屉。原来，这个露易丝就是德国为了审查波波夫派来的侦探。幸好，波波夫的重要文件从不放在房间里，于是波波夫继续假装睡着，让露易丝把房间翻了个够。

露易丝这关波波夫算是通过了，但是真正的考验还在后面。约翰尼突然从柏林赶来，告知波波夫，德国方面计划在几天后对波波夫等人使用测谎血浆。据说这种血浆是一种致幻剂之类的东西，可以破坏人的意志，使人无法说谎。这个消息让波波夫很是为难。

约翰尼说：“听说这种药与人的意志力有关系，每个人对药物的反应不一样。”

波波夫说：“能不能先搞点这种药，让我有所准备。”

“我试试吧。”

约翰尼真的拿了一包药回来，并带来一名医生。这名医生仇恨纳粹分子，因此愿意为波波夫做实验。他给波波夫打了一针，说：“几分钟后就会有反应，有什么事到隔壁房间找我。”很快，波波夫感觉到头晕、恶心，他知道药性发作了，于是对约翰尼说：“你开始提问吧。”

约翰尼问他参与了哪些活动，接触了哪些人。波波夫要么回避，要么撒谎，虽然说话有困难，但是他竭力保持头脑清醒。为了实验自己对测谎血浆的承受能力，他又让医生加大剂量，这次他迷迷糊糊地睡了过去。他知道约翰尼问了一些问题，但是他不知道自己是如何回答的。当他醒来之后，约翰尼告诉他没有泄露半点儿情况。

当天晚上，波兰来的专家米勒上校对波波夫进行审查，让医生给波波夫注射测谎血浆。不一会儿波波夫就感到头晕目眩，但是他一点儿都不紧张，因为只是注射了 30 毫克，他在实验时用过 50 毫克。米勒问了他一些问题，他没有露出一点儿破绽。

于是，德国又将波波夫派回了英国，命令他领导那里的间谍小组，并为他提供了一笔数目可观的奖金。波波夫欣然返回英国。

1944 年 5 月，约翰尼开始倒卖黄金，结果在收购黄金时，被盖世太保侦缉队查获，他的家也被搜查了。除了黄金之外，还在他家搜出不少秘密文件，这些文件足以证明他是英国间谍。约翰尼被捕了。

一天深夜，英国 M16 紧急通知波波夫：约翰尼已经被德国逮捕，并在他的通讯录中查出了你们所有人。请你立即出动，在德国进行批捕之前展开紧急营救，我们会在比利时接应你们。听到这个消息，波波夫禁不住一阵晕眩，多年的心血功亏一篑。但是，波波夫立刻整理了思绪，赶赴里斯本开展营救工作。

但是为时已晚，虽然波波夫竭尽全力企图营救好友约翰尼，但约翰尼还是在奥拉宁堡集中营被处死。而波波夫手下的其他间谍人员也纷纷落网，波波夫也是历经千难万险才得以自保，并最终在比利时获救。

1944 年 6 月，英美盟军在诺曼底登陆，而德国由于信任了波波夫等人提供的错误信息，使同盟军大获全胜。纳粹德国的统治终于被瓦解了。

战争结束后，英国情报机关为波波夫手下的“三轮车”小组举办了盛大的庆功宴会，并向波波夫授予了帝国勋章。但是，波波夫的心情始终无法得到放松，他永远也无法忘记那位不幸牺牲的好朋友约翰尼。

1974 年，波波夫写成了一本名为《间谍反间谍》的书，用来纪念他辉煌的谍报生涯和最好的朋友约翰尼。

1981 年，他在法国南部的奥比奥去世，享年 69 岁。

"博士间谍" 理查德·佐尔格

1895年10月，理查德·佐尔格出生于俄罗斯的一个小镇。在他3岁的时候，他们全家迁往德国柏林。他的父亲是一名德国工程师，母亲是一名俄国人。因此，佐尔格从小就学习了俄语，这项能力为他之后的间谍生涯提供了必要的基础。

青年时期的佐尔格曾两次参军，并参与了两次战争。因为在作战时的勇敢表现，他曾被帝国陆军授予二级铁十字勋章。但战争的残酷使他在21岁时就落下了终身瘸拐。通过战争的洗礼，佐尔格深感苦闷与彷徨。他曾回忆说："那时的我们只顾在战场上拼命，却没有一个人能说出我们在为什么而战，更不用说战争的深远意义了。"于是，为了解开心中对战争的疑惑，他开始大量阅读各种社会书籍。

在经过对战争的深入理解和反思之后，他最终选择了相信共产主义。于是，他又对有关社会主义和共产主义的经典著作进行了深入的研究。经过了广泛的阅读和周密的思考之后，他感到眼前的道路越来越清晰，未来也越来越明亮，他对共产主义的信仰也越来越坚定。

1918年，佐尔格正式退伍，并选择就读于基尔大学，攻读国家法和社会学博士学位。在此期间，他结识了科尔特·格拉契教授，并加入了格拉契教授家中的学习小组。这位极具左翼思想的教授对佐尔格影响颇深。他们坚信德意志帝国势必战败，而共产主义和人民革命是势在必行的。

在学习期间，佐尔格加入了德国共产党，并从此开启了自己的革命生涯。他在汉堡拿下了博士学位之后，曾先后做大学助教、煤矿工人和报纸记者等工作。当然，佐尔格并没有丧失对共产主义的热情。在工作之余，他参与建立了青年马克思主义学习小组、筹建党的地下支部等工作，并出席了德国共产党第七次代表大会。

1923年，莫斯科马克思主义学院院长到访德国，佐尔格与他先后进行了两次会面。从那时起，佐尔格开始正式接触苏联共产党。在德共第九次代表大会上，佐尔格再一次获得接触苏联共产党的机会。其实，苏联的特工人员早已经注意到了年纪轻轻却才华横溢的佐尔格，并认为这位热衷共产主义事业的年轻人是他们理想的特工人选。于是，在经过几次会面与谈话之后，苏联军事情报局即红军四局向佐尔格发出邀请，佐尔格欣然接受。

1924年，佐尔格在德国共产党的周密安排下举家前往莫斯科。佐尔格精锐的政治头脑和对国际事务的独到见解，给四局局长别尔津将军留下了深刻的印象。第二年，佐尔格如愿加入了苏联共产党，被安排在四局的共产国际情报处工作。他的工作总能保质保量完成，使得局长别尔津对他频频称赞。

佐尔格的中国之行

这一时期，正值中国民族革命斗争蓬勃发展时期。在德国共产党组织的武装暴动宣告失败之后，苏联领导人开始把目光转向中国等远东地区。也正是因为这个原因，莫斯科决定把情报、谍报和宣传等机构的工作重点从欧洲转移到亚洲。

1929年，佐尔格经过了莫斯科的全面特工技术培训后，被安排前往中国，建立苏联间谍组织。佐尔格当然已经意识到了此次中国之行意义重大，因此自身对此也是相当重视。他立刻开始着手准备前往中国。

经过一系列的计划工作，佐尔格选择使用记者身份进行掩护。他对《农业报》的经理说，目前中国越来越受到国际社会的重视，而中国的根本问题应该是农民的问题，对中国的农业状况进行科学研究，定能有利于更加全面地了解中国。报社经理对他的言论大加赞扬，并决定支持他前往中国。

于是，1930 年初，佐尔格几经辗转抵达了中国上海。此时的上海作为中国最大的港口之一，汇聚了各地的商人、政要和记者，各种势力犬牙交错，形势非常复杂。佐尔格到达上海的最初几个月，并没有立刻抛投露面，而是全力筹建以上海为中心的情报组织网络。一方面，他通过各种手段广交朋友，试图寻找情报来源。另一方面，他开始潜心研究中国的特殊国情。

在此期间，佐尔格偶然结识了《法兰克福日报》的著名记者艾格尼丝·史沫莱特女士。史沫莱特是美国的著名左翼人士。通过她的引荐，佐尔格又结识了《朝日新闻》的驻华记者大崎保积。大崎在大学时期也曾经是当地马克思主义学习小组的成员，对中国共产党同样持支持态度。信仰上的相似使他们二人相见恨晚，从此之后，大崎顺理成章地成了佐尔格的重要合作者。

理查德·佐尔格像

这张苏联邮票上印的是佐尔格（1895 ~ 1944 年）和一枚苏联英雄勋章。

"一·二八"事变后，日本企图吞灭中国的野心暴露无遗，这使佐尔格完成任务的压力变得越来越大。他不仅需要研究了解中国的政治、军事状况，还要着手了解日本的真正意图，并研究日本的作战方案等问题。他充分利用自己的记者身份，周旋于总领事馆和记者联谊会等活动中，以便获取更多的情报。中国之行，佐尔格收获颇丰，他不仅了解到中国南京部队的驻地、武器装备等，还取得了南京军火库的图纸。在中国的两年时间里，佐尔格已经逐渐成长为精通中国事务的专家。在后来的回忆中，他曾说："若不是为了共产主义事业的需要，我应该会在中国待更长的时间，因为这个国家特有的魅力自始至终深深吸引着我。"

1932 年下半年，佐尔格在莫斯科的召唤下离开了中国。这两年的中国之行，给佐尔格的谍报生活积累了更丰富的经验，也提升了佐尔格在四局的地位。当然，最有利的是与大崎保积的相识，这为他之后前往日本奠定了难得的基础。

奉命前往日本，初步获取日方信任

1933 年的日本正是苏联在远东地区的心腹大患，四局局长别尔津决定派佐尔格前往日本搜集情报。佐尔格立刻开始计划如何正式前往日本。

1933 年 7 月，佐尔格准备好了高级介绍信、记者证和护照，以著名记者的身份登上了前往日本的客船。军国主义的日本在西方人眼里是个不可理喻的国家，佐尔格为了了解这个国家的基本政治颇费了一番头脑。

佐尔格深知，要想在日本站稳脚跟，就必须快速组织起一个情报网络。于是，他决定从德国大使馆入手。

佐尔格抵达东京后，首先去访问了德国大使馆。但由于希特勒刚刚开始执政，新任大使还没有到任，佐尔格并没有得到太多的有用信息。但是他的睿智和友善给众多使馆高级人员留下了很好的印象。眼看大使馆的工作尚不能正常运转，佐尔格请求大使馆的相关工作人员为他出具了一封介绍信，用于拜访日本外务司司长天羽荣二。

从大使馆出来，佐尔格立刻去天羽荣二家登门拜访。这位天羽先生是日本政府当红的新闻发言人，地位十分重要。通过和天羽的结识，佐尔格认识了一批优秀的日本政坛相关记者。

随后，佐尔格公开申请加入纳粹党，并于一年之后得到了批准。为了得到德国大使的信任，他还申请加入了德国记者协会。其实，得到德国大使的青睐还要归功于佐尔格的优秀文笔。1933 年底，佐尔格在《每日展望》中撰写了一篇材料翔实、见解深刻的文章，着重分析了日本的政治状况。当时的德国大使刚刚上任，对日本的政坛并不十分了解。当他看到佐尔格在文章中的精辟分析后，认为佐尔格是难得的人才，并开始与佐尔格分享关于日本政坛的资料和意见。

佐尔格的情报网络还有一个重要人物，他就是德国军官尤金·奥特上校。其实从最开始佐尔格就十分重视与军官的关系，他经常为奥特上校提供日本军事方面的有用情报，并向奥特汇报自己对日本形势的精辟见解。佐尔格的帮助使奥特上校迅速得到了升职，这使得奥特上校对他越发信任。1936 年，佐尔格突然发现日本政局面临一次危机，他经过全面的分析研究得出结论：国会选举后，青年军官集团将发动武装政变。佐尔格立刻将这一推论报告给了德国使馆，然而，他的这一报告并没有得到应有的重视。

1936 年 2 月 26 日清晨，青年军官果然发动了武装叛乱。这次突发事件虽然使德国大使馆陷入一片混乱，但是佐尔格的威望却一下子升高了。从那以后，大使和军官对佐尔格的言论越发信服。

就这样，佐尔格的情报网越来越坚固，于是，他终于开始着手于获取日军情报。

佐尔格大显身手

最吸引佐尔格注意力的是德日两国的关系发展状况。在此之前，佐尔格一直没能得到与德日谈判相关的可靠情报，直到有一天，奥特上校在宴席上多喝了几杯，无意间透露给佐尔格说：德日谈判又要开始了。于是，佐尔格要求助手大崎与他一起查清这个说法正确与否。

由于德日之间的谈判秘密被严格保守，佐尔格等人苦于无从下手。天遂人愿，一个偶然的机会助了佐尔格一臂之力。柏林方面将一名特别信使哈克派去了日本。这位密使曾与佐尔格有过一面之缘。佐尔格当晚为哈克摆酒接风，酒过三巡，哈克向佐尔格透露了他曾参与过德日谈判等重要内容，这些消息正是佐尔格梦寐以求的。原来，德日两国秘密签订了"反共协定"，佐尔格将这个发现立刻上报了苏联政府。

1937 年，近卫出任日本首相，而大崎正是近卫的密友兼谋士。由此，大崎得以直接参与日本国家政治事务，并可直接与首相对话。这使得佐尔格获得了更多的绝密材料。最值得一提的是：佐尔格经过自己对所得材料的全面分析，认为日本短期内不会进攻苏联，而是把攻取目标锁定在了中国。他把这一结论报告给莫斯科之后，日本果然于当年 7 月 7 日发起卢沟桥事变，进攻中国。

与此同时，佐尔格对德国大使和军官奥特的影响在不断加深。1938 年，奥特在佐尔格不断地帮助下晋升为少将，并成为德国驻日本大使。为了表示对佐尔格的感谢与信任，奥特安排佐尔格在大使馆工作。佐尔格得到了大使馆的全面信任，他逐渐可以接触到许多第三帝国的绝密资料。1939 年欧洲战争爆发后，佐尔格甚至得到任命，可以把柏林发来的官方电讯改编成新闻简报。

1940 年，佐尔格终于正式加入了德国纳粹党记者协会，并被任命为纳粹党日本地区的负责人。至此，他苦心打造多年的忠实纳粹党的形象终于形成。

这时的欧洲，战火在不断蔓延。德国已经先后攻占了波兰和法国。而且德、意、日三国同盟也正式形成。虽然这三国在军事条约中并没有提及攻打苏联，但谍报经验丰富的佐尔格知道，三国同盟对苏联的战争迫在眉睫。经过细致的观察和了解，佐尔格分析出，希特勒用兵狡猾，十分擅长声东击西、秘密作战。他认为目前德国声称要进军英国可能只是一个幌子，德国的真正目的正是进军苏联。

经过仔细的考察研究，1940 年 11 月 18 日，佐尔格向苏联方面发出警告：希特勒正在准备发动对苏战争。莫斯科马上予以回应，要求佐尔格提供相关证据。经过一番卖力的情报搜集，佐尔格终于在 12 月 30 日发出第二封密电：在苏联边境地区已经集结了 80 个德国师，德国企图沿着哈尔科夫—莫斯科—列宁格勒一线进入苏联。

随着德国动向的不断变化，佐尔格不断向苏联方面发出一封又一封密电。这些电报由于发布得过于频繁，引起了日本特种部队的注意。但是日本方面虽然截获了这个不明身份的密电码，但由于一时无法破译，并没有立刻发起抓捕行动。佐尔格顶着巨大的压力，仍然坚持给莫斯科发送他得到的最新情况。1941 年 5 月 30 日，大崎慌张地通知佐尔格：希特勒会见了日本驻德大使，并正式通知日本，6 月 22 日德国将对苏联不宣而战。佐尔格迅速发出急电，将这一关键信息通知给了莫斯科。他的这一情报让苏联避免了被突袭的可能，对苏联具有极其重大的意义。

苏德战争爆发后，苏联方面忧心忡忡。他们一面需要全力抵御德国的疯狂进攻，又在担心日本会后发制人，使苏联陷入腹背受敌的尴尬境地。于是，莫斯科要求佐尔格探清日本意图。

佐尔格立刻对日本的军事安排进行了全面的分析，他最终认为，虽然日本政府表面上在动员人民参战，但日本石油匮乏、能力有限，除非能保证速战速决，否则不会盲目参战。经过一系列的资料收集和理论论证，1941 年 10 月 4 日，佐尔格报告苏联方面：日本不会发动对俄战争，而是将在几个月内对美宣战。

这一情报解除了苏联的担忧，使得苏联全力回击德国进攻，从而避免了遭到纳粹德国的长期蹂躏。但是，这却是佐尔格最后一次给苏联发送情报了。

"拯救苏联命运的谍报大师"被捕

在这段时间，日本的警察局发现了这一活动频繁的间谍组织。先是大崎等佐尔格的得力助手一一被捕，1941 年 10 月 18 日，佐尔格也在自己住所内被警方逮捕。随后，就连军官奥特的大使职位也被撤销。

佐尔格被捕的消息传到德国时，德国方面表示极度震惊。佐尔格的人格魅力给德国人留下了强烈印象，他们经过多次确认才接受了这一事实。

1944 年 11 月 7 日，佐尔格在经受了法西斯式的残酷折磨与严刑拷打后，以叛国罪被秘密处死，年仅 49 岁。

1964 年，莫斯科当局在沉默了整整 20 年之后，才终于承认了佐尔格当年的间谍身份，并追认他"苏联英雄"称号。他因这一系列传奇谍报经历，被后人赞誉为"拯救苏联命运的谍报大师"。佐尔格终于成了苏联人民心目中的英雄。

总理办公室的大"鼹鼠"京特·纪尧姆

1974 年 4 月 24 日凌晨，在联邦德国首都波恩的乌比尔大街，京特·纪尧姆和他的妻子克里斯特尔同时被警察逮捕。这一事件，使整个联邦德国感到震惊。在此之前，纪尧姆已是联邦德国领导层的一个颇有身份的人，并一度被认为是当时总理维利·勃兰特的亲信。他被查明是东方派来安插在联邦德国总理身边的间谍，这是二次世界大战后以来最惊人的间谍案件之一。当时纪尧姆的案件受关注程度之大，使它几乎成为世界上所有媒体的头版头条。

众所周知的，二战后，德国被分裂为两个国家：西德，即德意志联邦共和国；东德，即德意志民主共和国。1961 年，为了防止东德人西逃，东德政府甚至在东、西德之间建起了一堵隔离墙——"柏林墙"，从此，德国变成了互相独立的两部分。而我们的主人公纪尧姆，正是生活在这个时期的德国。他就是东德安插在西德政府部门的重要间谍。

纪尧姆被捕之后，西德终于意识到自己的总理身边原来被安插着如此重要的间谍，而他们竟然在之前毫无察觉。这件事无疑是西德政府最大的丑闻之一。事态被曝光后，西德总理勃兰特主动提出了辞职，而西德反间谍首脑冈特·诺劳也被迫提前退休。总理勃兰特在辞职的时候说："我的做法是在为自己的疏忽负应有的责任。"

而在东德，情况截然不同。东德总理埃里希·昂纳克在当天发表谈话，他表示："我们必须向那些从事着'东西德国之间没有硝烟的战争'的勇士们致敬。"

纪尧姆夫妇潜入西德

京特·纪尧姆原本在东德一家的出版社工作。20世纪50年代中，他和妻子克里斯特尔奉命潜入西德。他的妻子克里斯特尔拥有一个干练的秘书所具有的品质：踏实肯干，缺乏想象力。京特则属于那种与众不同的人：他十分擅长交际，和什么人都能谈笑风生。打入最高层原本并不在东德方面的计划之中，但是纪尧姆夫妇的表现实在令人出乎意料。

在当时左派势力占绝对优势的法兰克福社会民主党内，观点保守的纪尧姆很快引起右翼人士的注意。他的妻子克里斯特尔也有了突破性的进展。60年代初，她被任命为比克尔巴赫办公室主任。比克尔巴赫是一位十分有地位的西德政治家，他可以接触到北约组织的战略文件和应付核危机的各项计划，例如著名的"模拟战争"计划等。

于是，纪尧姆用微型照相机拍摄下了这些文件，并将胶卷藏在一支空心雪茄里，送给了联络员。每个月，他和克里斯特尔都会在指定的时间里通过无线电与东德方面保持联系。

根据东德方面的指示，纪尧姆需要在政治上求得个人的发展。1964年，他成为社民党法兰克福区的负责人。后来，他成了法兰克福市议会的议员，并出任议会内社会民主党团主席。当时正值社会民主党内思想理论大变动的时候，纪尧姆出色的组织能力以及他所持的坚定的保守派观点引起了莱贝尔的注意。他正需要一个干练的人帮他对付自己选区内年轻的左派人士福格特的挑战，确保得到竞选议会的提名。经过一番沟通，纪尧姆决定帮助莱贝尔。于是，在纪尧姆全力支持下，莱贝尔在1969年9月的选举中稳稳获胜。莱贝尔马上许诺带他去西德波恩工作。

为纪尧姆夫妇的安全考虑，东德方面指示他们暂时按兵不动，不要急于在新政府内为自己谋求一官半职。于是他们选择静观其变。

莱贝尔和其他的工会领袖希望总理府内有一个心腹，帮助推动社会和政治改革方案的制定和实施。于是，勃兰特选择了纪尧姆。一年后，纪尧姆被提拔为负责与议会、政府各机构和教会联系的总理首席助理，然后，又升为高级文官，直接由总理办公室主任埃姆克领导。虽然埃姆克觉得纪尧姆能力突出，但始终对他存有戒心。

东德方面对纪尧姆的最大期待是：在国际危机酝酿期间能够及时向我方发出警报。所以，时刻关注政局发展成了纪尧姆的工作要义。东德给纪尧姆安排的任务基本都是政治性的，即通过他随时掌握勃兰特政府的情况。

大显身手

1970年3月勃兰特与德意志民主共和国总理维利·斯多夫在东德首次会晤前夕，纪尧姆设法搞到了西德的部分政策文件。东德进而对西德的意图和忧虑有了更好的了解。

纪尧姆的价值越来越高。1970年5月，社会民主党计划召开全国代表大会。开会期间需要在当地设立临时政府办公室，处理日常国务。纪尧姆顺利担任了该办公室的主任，并成了该办公室与西德外国情报局之间的联系人。此后，他又获准接触更多的机密。

然而对于东德来说，纪尧姆的真正价值在于他的政治嗅觉。根据纪尧姆的判断，勃兰特新近奉行的东方政策，标志着西德外交政策开始缓和。于是东德确信了勃兰特和其盟友的诚意。或者从某方面看，纪尧姆的行为实际上也促进了缓和。

后来，勃兰特宣布于1972年4月27日提前举行大选。社会民主党人开始乘竞选专列在西德全国游说时，机智勤奋的纪尧姆作为助手始终陪伴着勃兰特。竞选期间，纪尧姆与勃兰特的关系日益加深。在大选中，社会民主党人和自由民主党人组成的联盟出人意料地大获全胜。这意味着东方政策可以得到贯彻和执行，而纪尧姆的地位也丝毫没有动摇。

那年秋天，东德的另一名间谍格罗瑙在西柏林被逮捕。纪尧姆和格罗瑙平时工作上有来往，不过他们并不知道彼此同是东德间谍，但是调查格罗瑙的西德人员还是找了纪尧姆调查情况。当然，纪尧姆很轻易地化险为夷了。

1973年7月，欧洲安全和合作会议的首轮谈判揭开帷幕。当时任尼克松总统安全事务助理的基辛格提出了《大西洋宣言》。这个宣言的主旨是北约组织内的欧洲成员国同意接受美国超级大国的地位。华盛顿为了推行这一方针隐瞒了伦敦以外的其他北约成员国。事情泄露后，北约组织内部顿时大哗，法国更是认为这是美国在有意孤立他们。

因此，这个时期勃兰特总理收到电文大部分都是涉及北约内部对《大西洋宣言》的讨论。纪尧姆这时负责跟踪来往电传，这段时间他共复印了3份极其重要的电文。

第一份是1973年7月3日，尼克松用英文写给勃兰特的信。信中他请勃兰特和美国一道对法国人施压，迫使他们签署《宣言》。第二份是西德驻美大使对西德和美国之间秘密会谈的详细汇报。而第三份电文载有勃兰特私人顾问对整个事件的看法。他敦促勃兰特不要理睬美国人的压力，继续与法国保持良好关系。

但是，东德方面并没有原封不动地拿到这批文件。1973年挪威度完假后，纪尧姆的妻子克里斯特尔认为有人在监视他们。起初东德方面并没有在意。然而越来越多的迹象表明，克里斯特尔的怀疑是正确的。在接头地点之一的波恩一家餐馆的后花园里，她明显觉察到有人在监视她。她的对面坐着两个男人。克里斯特尔一眼瞥见了他们公文包里的照相机镜头。那天她恰好刚与信使安尼塔接过头，不过她们俩不愧是老手，轻松地喝完饮料后相互告别，在握手之际完成了情报的交接。安尼塔提着装有胶卷的手提包来到街上，企图甩掉跟踪她的人。可那个人步步紧逼，为保险起见，她顺手把微型胶卷扔进了河里。

间谍身份暴露

西德反谍报机构对纪尧姆的活动产生了怀疑。一名反谍报官员在处理另一桩案子时，注意到了纪尧姆这个名字。祸不单行，另一个巧合彻底断送了纪尧姆。这位注意到纪尧姆的名字的西德反谍报官员，在餐厅吃饭时与一位研究无线电讯的同事坐在了一起。

其实，早在50年代期间，东德情报局一直在使用苏联用过的密码方式与海外的间谍联系。每份电文以一个数字开头，这个数字就代表着某个间谍。西方情报组织破译了这套密码。他们唯一需要做的是找到这些阿拉伯数字代表的具体人名。1957年，西德截获了发给一个代号为G的间谍的几份电文。第一份祝贺G的生日。另一份是祝贺G的妻子的生日。最后一份说："祝贺第二个男人。"

16年后，在科隆的那家餐厅，研究收信人不明的电文的那位西德官员听了同事的介绍后，猛然想起了这个代号叫 G 的间谍。并透露说，此人 50 年代末开始活动，与社会民主党有联系，而且还收到东德头头们的祝贺电文。

于是，监听无线电通信的这位官员找出档案，查到了这几份吊人胃口的电文。他俩仔细查阅了涉及其他案情的社会民主党人的人事档案。查到格罗诺一案时，果然看到了纪尧姆的名字。

于是他们开始搜集能够证明纪尧姆是间谍的证据。西德反谍报机构为了不引起纪尧姆的疑心，先把他的妻子克里斯特尔置于监视之下。

1973 年 5 月 29 日，西德反谍报机构的首脑诺劳向内政部长根舍汇报了对纪尧姆的怀疑。他们决定暂不惊动纪尧姆，只是对他进行严密监视。事实上，一直到他被捕的那一天，除了已有的证据外，西德没有再找到新的证据。

收到克里斯特尔的报警后，东德指示她和纪尧姆停止一切秘密活动，但并没有及时撤回纪尧姆夫妇。

当年 4 月，纪尧姆在法国南部度假时，第一次觉察到自己也受到了监视。他的后面跟了许多西德密探的车子，但当时的他顺利避开了监视。

1974 年 4 月 24 日，西德警方凌晨来到纪尧姆家，并对他和他妻子实行逮捕。当时的他大叫道："我是德意志民主共和国的一名公民和军官，对我放尊重点！"正是这句话灾难性的话，纪尧姆等于当场认罪，而西德反谍报机构和刑事部门也避免了因缺少确凿证据而可能引起的尴尬。

1981 年纪尧姆回到东德后，开始撰写回忆录。他在书中解释说，被捕的时候是凌晨，他自己的儿子又在场，所以才有那样的反应。他的儿子皮埃尔在纪尧姆的生活中占有举足轻重的地位。但纪尧姆不得不对儿子隐瞒自己的真正信仰，这对于他是一件痛苦的事。皮埃尔这时已长大，并成了社会民主党左翼的一名社会主义者。他曾一度把父亲视为社会主义事业的叛徒。纪尧姆喊出的那句话，正是他内心深处最渴望告诉儿子的那句："我不是你想象中的那种人！"

纪尧姆的儿子皮埃尔被这突如其来的事件打击得不轻。最终，在纪尧姆的恳求和东德的安排下，皮埃尔走进了东德的学校。大约一年后，皮埃尔和他的女朋友申请移民西德。在他们的执意要求下，东德为他们尽快办好了出境手续。纪尧姆听到这个消息后极其失望。许多年后，这对父子才弥合了过去的裂痕。

纪尧姆被关在科隆的监狱候审，但他拒绝了西德方面的一切诱惑，没有见任何一个自己的同事。

勃兰特辞职两周后，一位东德官员在日记上写了下面一段话："勃兰特无疑在我们这个时代和历史发展的进程中留下了属于自己的足迹。他一生可谓硕果累累，而且现实政治的弊端更衬托出他人格的可敬可爱。而我们东德却在无意之中扮演了复仇女神的角色。人们现在当然可以理直气壮地问，让间谍纪尧姆在濒临暴露后还一直留在勃兰特的办公室办公，如此冒险的行为，难道不是代价太高、风险太大了吗？当然，面临身份即将暴露这种事，我们自然应该从最坏的角度考虑，应该一开始就想到一旦失去间谍纪尧姆，我们将会付出多么巨大的代价来挽救他的生命。但如果真的把事实摆在我们眼前，我们就真的可以做到这一点吗？我们如何确定要让纪尧姆走到哪一步才罢手？照此推论下去，所有国家的情报机构都得关门了。的确，我们应该从安全方面多加斟酌，可是当前并没有哪个国家愿意这样做，至少是现在还没有。有利益就必然要承担风险。"可见，东德方面在纪尧姆被捕后进行了深刻的反思。

让我们再谈谈纪尧姆被捕后的另一个主人公，前总理勃兰特先生。勃兰特总理一直是一位有能力、有思想且为人正直的人。他在战后德国历史上堪称是一位杰出人物，因为他十分善于因时因地做出恰当的姿态。访问华沙犹太人隔离区时，他曾双膝跪地，亲自悼念被杀害的犹太人亡灵。他还真诚地致力于弥补东德与西德、共产主义与资本主义世界之间的各种裂痕。而且我们还应该了解他的另一面，当年任柏林市长时，他曾是冷战中的一员反共大将。只是在出任西德总理后，他才出于国家安全方面的考虑，开始推行与东方和解的政策，即所谓东方政策。这里的东方既指东德，也指社会主义阵营的其他国家。不言而喻，我们可以百分之百地确认，他并没有把任何人当作真正的敌人，而是真心想成为所有国家的伙伴，想营造一个祥和的国家气氛。勃兰特总理的私人办公室内潜伏有东德间谍一事曝光后，他的政治生涯猝然结束。对此，也许东德特务机关应负全部责任。虽然他已与世长辞，但使得如此可敬的勃兰特先生陷入如此境地，始终折磨着东德特务机关的每个人。

东德也许永远无法回避人们的质问和责难：为什么要这么做？而且是对勃兰特总理？斯人已去，东德方面现在能为已故的勃兰特所做的唯一一件事，就是详述这桩战后德国最大的间谍丑闻的来龙去脉。于是，很多东德特务人员在自己的回忆录中纷纷提及这件事，并表达了对勃兰特先生的歉意。

就在勃兰特去世前不久，在一次宣布出版他的法文版回忆录的记者招待会上，他明确表示反对对东德的任何官员进行刑事起诉。其实，纪尧姆本来希望有机会亲自向他道歉，但他不想见到纪尧姆，特别回函说："那样会使我太痛苦。"他拒绝与纪尧姆见面。

孤寂的晚年生活

1981年3月，在一次间谍的交换中，克里斯特尔获释。当年秋天，纪尧姆也终于出狱。

有一件事一直被保密至今。早在纪尧姆被捕之前，他与妻子克里斯特尔的婚姻就已濒于破裂。他在法国曾有一个情妇，是一名年轻貌美的女秘书。纪尧姆由于自己的间谍身份濒临暴露，为了不牵连她，便独自从法国南部赶回了西德，并把自己在法国使用的全部物品搬出她家。这些做法令这位女秘书对他失望透顶，认为他在玩弄自己的感情。最后，当这个女秘书听说纪尧姆因为间谍罪被逮捕后，在极度抑郁中自杀身亡。也正是由于这个原因，纪尧姆和妻子克里斯特尔的关系一直非常紧张，并始终得不到改善。

出狱后，纪尧姆与妻子离婚，并在东柏林郊外的一所舒适房子里安了家。这所房子是为了奖励他为祖国所做的贡献提供给他的。年老的纪尧姆由于几年的监狱折磨身患多种慢性病，身体十分虚弱。于是，为了照顾纪尧姆的起居生活，更为了安抚这位妻离子散的老人，东德政府专门为纪尧姆安排了一名温柔贤惠的护士来专门负责他的生活。纪尧姆慢慢接受了这位体贴的护士，并最终与她结了婚。

1990年，西德统一了德国，这些以纪尧姆为首的，曾为了东德而出卖西德利益的大小官员们，纷纷被逮捕。

1995年夏天，纪尧姆久病不愈，离开人间。他的葬礼安排在柏林新建的马察恩墓地举行。墓地周围是一群高层建筑，如今成了昂纳克梦想中的工人共和国的混凝土遗迹。

值得一提的是，就在这简短的葬礼即将开始的时候，教堂的大门被砰然撞开，一个年轻人风风火火地走了进来。也许，我们每个人都希望这走进来的是他的儿子皮埃尔，或者他那优秀的前妻克里斯特尔。尤其是他深爱的儿子皮埃尔，因为他所了解的父亲只是个假象，而他真正的父亲是一个兼有双重身份的人。他完全没有理解他父亲的伟大，更没有感到作为一个优秀间谍的儿子应该感到的光荣。毕竟，当他明白这一切的时候，他们父子之间的隔阂已经铸成。历史证明，从事间谍活动可能会毁了很多人的家庭生活，尤其是与自己孩子的关系。这些孩子们在成长过程中所受到的伤害，也许更应引起我们的重视。

然而克里斯特尔和皮埃尔都没有露面，两人都拒绝了出席葬礼。看来，以往留下的深深的创伤，在纪尧姆去世的情况下也难抹去了。刚刚走进来的人，其实是纪尧姆的第二个妻子埃尔克，就是在纪尧姆生病期间被安排照顾他的那位女护士，也是他余生唯一所爱的人。走进教堂后，她一直默默地坐着，对人们好奇的目光视而不见，完全沉浸在对她所爱的那个人的回忆里。对她来说，纪尧姆不是什么赫赫有名或者臭名昭著的超级大间谍，而是一个每个月默默领取养老金的普通老人，一个眼看着自己熟悉并为之献身的制度逐渐分崩离析并试图找回人生意义的老人。最后，她顺着人流慢慢地走出了教堂，来到纪尧姆的墓地，看着棺木徐徐沉入墓穴中。按照共产党人的传统习惯，她将一支红玫瑰投入墓穴，默默地擦去了眼角的泪水。

身价最高的双重间谍埃姆斯

1994 年 2 月 21 日 10 点半，美国中央情报局官员阿尔德里奇·埃姆斯准时走出家门，准备去兰利总部上班。当他打开崭新的"美洲豹"轿车的车门，准备启动汽车的时候，一个高大的身影出现在车窗外，一张名片随即递了进来，一个冰冷的声音在他耳边响起："阿尔德里奇·埃姆斯先生，我是联邦调查局的莱斯利·怀泽，因涉嫌间谍案，你被捕了！"

怀泽的话音刚落，埃姆斯就瘫在了车里，口中喃喃自语："完了，这一天终于来了。"对埃姆斯来说，这一天确实非同寻常，从此，他就告别了他的奢华生活，永远失去了自由。由于出卖了大量的国家机密，并使十余名埋伏在俄罗斯心脏里的美国间谍送命，他将于几个月之后被判处终身监禁。

1994 年 4 月的一天，在宾夕法尼亚一所戒备森严的监狱里，身穿 40087-083 号囚衣的埃姆斯面对记者费力地回忆起这段持续 9 年、令他不堪回首的往事。

背叛总是有原因的

阿尔德里奇·埃姆斯出生于 1942 年，他的父亲就在美国中央情报局供职。念中学时，埃姆斯是班里公认的最机灵、最聪明的人，这不光是因为他有一个神秘的父亲，还因为他爱出风头，总想引人注意。

中学毕业后，他随大流进入芝加哥大学攻读学士学位，但两年之后，贪玩成性、不爱学习的他认定自己难于毕业，便中途辍学，子承父业，走进了中央情报局的大门。那一年是 1962 年，那年的埃姆斯刚满 20 岁。

少年得志的埃姆斯心高气傲，还是那么爱表现，那么不爱学习。怎奈眼高手低，心高命薄，在中央情报局经过近 20 年职场钻营，直到 1981 年，41 岁的埃姆斯才混到一个中层管理岗位。他清楚地知道：这已是自己仕途生涯的极限了，再往上升的可能基本没有。于是，埃姆斯不知不觉进入了传说中的中年危机：不思进取，情绪低落，还开始酗酒，常常一个人在夜店喝得酩酊大醉。

正是这种孤独和悲凉的心境导致了埃姆斯对祖国的背叛。1981年，他被派往墨西哥城，负责在那里发展新成员。墨西哥城是一座谍报活动的圣城：古巴人、苏联人、美国人在咖啡馆里明争暗斗。第二年春天到来的时候，埃姆斯发展了一名女性成员，她是哥伦比亚驻墨西哥大使馆文化参赞凯瑟丝·杜普伊女士。除了工作上的上下级关系之外，埃姆斯还与这位女士保持着情人关系，他们在工作之余频频幽会。此时埃姆斯的举动已经违反了特工工作纪律，但这并没有引起有关方面的重视。

阿尔德里奇·埃姆斯像

1984年，埃姆斯被调回华盛顿，出任美国中央情报局苏联东欧反间谍处处长，负责策反苏联官员。3月的某一天，埃姆斯第一次走进华盛顿市第15号大街苏联驻美使馆的铁门时，本是想要发现可以被利用的、自身有弱点的（如失败的婚姻、事业无成、酗酒或缺钱）苏联外交官或特工。但是，这一次埃姆斯碰到的恰恰是在这方面比他高明几倍的高手。他不但没有完成策反任务，还被克格勃成功策反。

苏联人通过调查很快发现了埃姆斯的真实身份。在克格勃看来，埃姆斯无疑是变节者的最佳人选：在中央情报局工作20多年，才混到一个中等职位，升迁无望，事业基本走到了尽头；婚姻失败；内心孤独；经常酗酒；工作紧张劳累，收入低，经常向人抱怨所承担的高额离婚赡养费和低收入给他造成的负担……但是，苏联东欧反间谍处处长的职位使他有机会接触最高级别的机密情报，苏联人得出结论：这是一个可以利用的人。

针对埃姆斯，苏联人不惜使用了美人计。正是在墨西哥城的社交场合，他们让埃姆斯邂逅了玛丽娅·罗萨里奥·卡萨斯。风姿绰约的玛丽娅，吸引了正闹离婚的埃姆斯。但是，玛丽娅的背景远非埃姆斯所知道的那样单纯。

据说玛丽娅早在1981年就被克格勃招募，负责搜集中美洲方面的情报。1983年4月至12月间，她又成为中央情报局驻墨西哥情报站的线人。1985年与埃姆斯结婚前，她又发展埃姆斯成为克格勃的"鼹鼠"。据说，当埃姆斯陷入情网不能自拔之时，玛丽娅提出了结婚的先决条件：加入克格勃。如此说来，玛丽娅还是埃姆斯的引路人呢！

不管怎么说，埃姆斯和玛丽娅很快坠入情网，这是千真万确的事实。但奇怪的是，埃姆斯没有按照惯例向他的上级报告此事，中央情报局的安全官员也没有给予足够的重视。在他们看来，这并不值得大惊小怪，因为生活在秘密世界里的人大多孤独，而打扮成外交官的驻外特工生活尤其苦闷，他们不仅要过一种双重生活，还会遭到那些真正的外交官的歧视。因此，像埃姆斯那样喝喝酒、玩玩女人，在中情局不算什么大不了的事情。

玛丽娅和苏联人向埃姆斯大灌迷魂药，称赞他如何天赋异禀，并确保他所做的工作会得到丰厚回报。当时的埃姆斯囊中羞涩，债台高筑，低品位、没质量的生活使他感到对人生的厌倦，最终他选择了为克格勃工作。就这样，埃姆斯成了一名美苏双重间谍。

许多年后，埃姆斯在监狱里面对记者回忆说："我当时需要钱。那时我的生活非常动荡，我刚从墨西哥回国，正在闹离婚，并准备与玛丽娅结婚。我欠了很多债，我认为我的经济状况已经非常糟糕，其实还没到那个地步，但我那时候已无法理智地考虑问题了。"

"我甚至考虑过抢银行，我脑袋里还有一些乱七八糟的想法。"埃姆斯坦承，"但是，我选择了我认为最容易实现的一种，那就是为苏联人工作。你知道我是干这一行的！那时候克格勃的工作很不景气，说句不好听的话，可能同我的状况差不多。我想，如果我同他们联系，他们是会帮助我的。事实上也正是如此。我得到了钱，渡过了难关，而他们则得到了情报，从失败的阴影中摆脱出来。"你看，即便是在克格勃面前，埃姆斯还想找到一种优越感。一旦缺乏了这种优越感，他就不能很好地生活。

金钱总是有力量的

钱，最能满足埃姆斯的优越感和虚荣心。他说："当我从克格勃拿到第一笔5万美元的报酬时，我是挺兴奋的。5万美元！这已经相当于我一年的薪水了。你想想，仅这一次，苏联人就付给了我中央情报局给我的一年的薪水，我无法不动心。当然，有些时候，我心里也是有些内疚的。毕竟，我在中央情报局干了这么多年。但我无法抵御金钱的诱惑，而且，我也是无可奈何啊！即使我想罢手不干，克格勃哪能轻易放过我呢？"

他承认克格勃的厉害："克格勃不愧是谍报活动的行家里手，他们给我规定的联络手法，即便我这个反情报专家，也不得不叹服。我与苏联人接头的地点，有时在国内，但更多的时候则在墨西哥城、波哥大，甚至在委内瑞拉的加拉加斯。好在我有特殊身份，飞来飞去还很自由。我很少同我的接头人会面，我们之间一般用秘密信箱联系。这个方法已经沿用几千年了，虽说比较麻烦，但使用起来有一种安全感。每次接头前，苏联人在我们原先约定的地方做一个记号，表示要我在特定的时间去接头。而我则在一个特定的地方用白粉笔画一个白道，表示我知道了。如果要改变计划，我们之间另外约定了一些联络方法。要不是这些方法，我想我维持不了这么长时间。"

在两国的情报机构间周旋，这当然是一份极度危险的工作，但是，克格勃没有欺骗他，高风险的确为他带来了巨大的利润回报。1985年4月～1993年8月，不到7年半的时间，埃姆斯的合法总收入不超过34万美元，但他的家庭和个人同期支出竟高达130万美元。此外，他还购买了16万美元的股票，为妻子支付了几万美元的学费，用信用卡支付各种高档消费45.5万美元，付电话费2.98万美元。这就是本文为什么要称埃姆斯是史上最高身价间谍的原因。

出来混总是要还的

其实早在1986年，美国情报机构的安全机关就觉察到内部出了问题。那一年的11月17日，联邦调查局外国情报处高级官员汤姆·杜哈德韦将经验丰富的反间谍专家蒂姆·卡卢索叫到了办公室。杜哈德韦神色严肃地对卡卢索说："我们怀疑有克格勃间谍潜入了联邦调查局内部，现在必须马上成立一个调查小组，尽快查明情况。"原来，曾为联邦调查局提供情报的两名苏联使馆人员已分别于1984年11月和1985年调回莫斯科，随后二人被苏联政府逮捕并处死，这引起了联邦调查局的警觉。卡卢索迅速召集了一批专家，开始调查潜藏在联邦调查局内部的克格勃，但是查了一年多，也找不出个头绪。而埃姆斯呢，也的确有资格狂妄自负，1986年和1991年他曾两度躲过了CIA测谎器的检查。

谍报行动的频频失败让联邦调查局大为恼火，但又一筹莫展，国会的指责也让他们脸上很难看。情势所迫，联邦调查局不得不捐弃前嫌，与中央情报局再次携手合作。此时，中央情报局也已开始了内部的搜查行动。1991年4月，联邦调查局两位经验最丰富的反情报分析家吉姆·霍尔特和吉姆·米尔本被派到中央情报局总部，开始与中央情报局以保罗·雷德蒙为领导的反间谍小组进行合作，联合展开代号为"天光"的调查行动。

在联邦调查局总部，卡卢索再次受命组建一个特工小组，以调查和搜捕中央情报局的"鼹鼠"。这次行动被命名为"演员"。"演员"和"天光"小组同时开始，分头行动。双方各自列出一份"可疑者名单"，所有直接参与谍报行动的人都被列入可疑者名单之列，而那些有不检点行为的人，比如酗酒、吸毒、擅离职守或突然离家出走以及不明收入来源等，也都在名单上依次排列。

最开始被列入名单的大约有两百人。到1992年秋，名单上的名字减少到40个。随着调查人员的筛选淘汰，埃姆斯的诸多异常表现使他的名字逐渐靠近名单榜首。调查人员同时发现他有大笔来路不明的钱财。雷蒙德曾提出疑问："埃姆斯在中央情报局工作，年收入只有6～7万美元，他怎么能买得起'美洲豹'牌轿车？他又怎么能用54万美元现金买一套豪华住宅？同时又怎么舍得花10万美元用来装修和购买家具？在过去的几年里怎么会有16万美元的股票？"

"天光"小组还发现他的存款数额高得惊人。"演员"小组也了解到更多的关于埃姆斯与苏联情报人员接触的情况，发现许多次会面的时间与他去存款的时间巧合。例如，1986年2月14日，埃姆斯同苏联使馆的一位官员秘密接头，一手交钱，一手交货。几天之后，他便在不同的三家银行分别存了5000美元、8500美元和6500美元。

"天光"和"演员"小组一致认定埃姆斯是最大的嫌疑人。1993年5月12日，一项针对埃姆斯的代号为"夜行人"的刑事调查拉开了帷幕。这个行动由联邦调查局著名的侦探莱斯利·怀泽负责，他就是本文开头我们提到的对埃姆斯实施抓捕行动的人。

怀泽以前侦探过许多类似的反间谍案，在埃姆斯案件中，怀泽又一次大显身手。他迅速组建了一个行动小组，所有进入行动小组的成员都经过精挑细选，每个成员都有不同的分工，有专门处理证据的，有负责访谈的，有监视埃姆斯的，有专门研究俄国问题的，甚至还有一名会计。

6月3日，怀泽下达命令：监视埃姆斯的一切行动。可是埃姆斯这只狡猾的老狐狸始终不肯露出尾巴来，联邦调查局的特别监视小组连续两天对埃姆斯进行24小时的监视，结果却一无所获。

6月23日，经司法部门批准，怀泽对埃姆斯的住宅进行了秘密搜查。联邦调查局人员从埃姆斯家中搜到了144份机密文件，其中大多数与苏联和东欧国家的情报与反情报活动有关，有些还涉及美国的高度军事机密，这些机密同他当时从事的缉毒工作毫不相干。另外，联邦调查局从埃姆斯家中的垃圾桶中找到了一盒废弃的色带，经过技术处理后，发现了这样一句话："除了在加拉加斯要得到一笔现金外，我还希望你们以更安全的方式给我汇一大笔钱。"后来的调查证实，当埃姆斯从加拉加斯回来后，他在当地的银行以玛丽娅的名义存了一笔钱，数目是8.67万美元。联邦调查局的特工从垃圾桶中还找到两份文件，其中一份写道："我的妻子了解我的所作所为，并且很支持我。"另一份文件则披露了中央情报局的人事、取得机密情报的渠道以及中央情报局正在进行的一些秘密行动。

搜查完毕后，联邦调查局在埃姆斯的计算机上加装了电子侦测器，在其房间加装了监听监视装置，在过道上安装了微型摄像机。此外，怀泽复制了埃姆斯住宅和汽车的钥匙。

7月20日，技术勤务小组的特工用自己配置的钥匙打开了埃姆斯的车门，把汽车迅速开进胡佛大厦的地下停车场。几分钟后，同一辆"美洲豹"牌汽车又开回原地，埃姆斯做梦也想不到，汽车里已被安装了一个电子信号发射器。

9月9日深夜，怀泽疲惫地回到家中，一筹莫展。"他妈的，又让那小子溜了！"他悻悻地骂道。这时，电话铃突然响了，怀泽急忙拿起话筒，是他手下的声音："头儿，那小子又出来了。"

埃姆斯和妻子驱车抄一条弯弯曲曲的小路进入华盛顿市区，似乎没有注意到后面有人跟踪。当他的汽车开到静悄悄的加菲尔德大街时，突然来了个U形急转弯。事后，特工人员用了好几天的时间也没弄明白埃姆斯葫芦里到底装的什么药，但是加菲尔德大街显然是一个重要的突破口，它很有可能就是俄国人与埃姆斯的联络点。

9月15日，特工们又从埃姆斯家附近的垃圾箱里找到一张撕碎的小纸条，在费了大半天的力气把它拼凑起来后，大致可以推断出纸条的内容："在波哥大会面。"

10月8日，埃姆斯夫妇带着他们的儿子保罗去迈阿密度周末。10月9日，天刚蒙蒙亮，怀泽的手下出现在埃姆斯家中，而怀泽自己则在办公室里遥控指挥。下午5点，搜查人员满载而归。电脑专家汤姆·默里从埃姆斯的电脑中发现了大量有价值的东西，如联络点和情报放置点的详细指示，关于会面的记录，等等。

10月10日，埃姆斯告诉他的上司，他要在本月去波哥大看望他的岳母，但是，机场的航班登记表却显示，他没有去波哥大，而是去了加拉加斯，而且当时他的岳母也不在波哥大。怀泽知道，埃姆斯又是到加拉加斯与他的雇主会面去了。

埃姆斯在加拉加斯期间，并没有逃过联邦调查局的监视。怀泽从电话录音里听出，埃姆斯似乎已经隐约地知道自己已被怀疑。他觉得时机差不多了，一有机会就应收网，否则，埃姆斯有可能跑掉。联邦调查局全面加紧了对埃姆斯的监视。

埃姆斯的波哥大之行一直拖到11月才成行。11月1日，埃姆斯抵达波哥大，等待他的不仅有他的克格勃老板卡列特金，还有怀泽所带领的联邦调查局特工。联邦调查局特工用隐形摄像机将埃姆斯与卡列特金可能会面的一些场所都监视起来，等待猎物出现。不料，狡猾的猎物没有进入他们的圈套。

11月2日，埃姆斯和卡列特金完成会面。怀泽未能将埃姆斯当场拿获，不禁气馁，但他知道自己要对付的不是一个平庸之辈，而是受过专门训练的行家里手，甚至还担任过世界上最大国家的最大情报机构的反间谍处处长，其经历和经验同怀泽相比一点儿也不逊色。

从波哥大回国以后，埃姆斯夫妇完全沉寂了。没有人知道卡列特金在波哥大同他讲了什么，但是，埃姆斯肯定知道了他已被怀疑，因为他此后不再有任何冒险举动。

形势越来越不妙，许多同事已知道局里在调查埃姆斯，埃姆斯的邻居也早就怀疑一些人在埃姆斯家周围的频繁出现。特别监视小组还发现不断有俄国情报人员在埃姆斯的住宅附近走来走去。一个已经暴露的间谍不仅无用，有时甚至还会造成危险，因此俄国人很有可能杀掉埃姆斯灭口。

更不妙的是，根据已有的日程安排，埃姆斯可能于近期到莫斯科出差，谁也没办法保证他会按时回国。搞得不好，煮熟的鸭子就会飞了，要是再出现第二个霍华德事件或菲尔比事件，联邦调查局可再也丢不起这个脸。于是，联邦调查局决定：逮捕埃姆斯！于是就发生了本文开头的一幕。

结局总是注定的

埃姆斯曝光后，美国朝野舆论大哗。从 20 世纪 60 年代开始，人们就怀疑中央情报局内部有苏联间谍，但一直无法将其挖出。埃姆斯曝光后，人们心目中期待已久的怀疑终于成了现实。美国舆论对埃姆斯一事反应强烈。总统克林顿在记者招待会上说，埃姆斯间谍案是一个"非常严重"的间谍案。国务卿克里斯托夫和美国驻莫斯科大使皮克林于 1994 年 2 月 22 日分别在华盛顿和莫斯科向俄罗斯政府提出强烈抗议。白宫认为，这次间谍案是对两国伙伴关系的一次严重破坏。美国参众两院议员则利用埃姆斯一案大做文章，攻击政府过于信任叶利钦。中央情报局立即派出一个高级代表团前往莫斯科，要求俄罗斯召回与埃姆斯一案有关的驻美外交官，并把其在美情报人员削减到美国在俄罗斯的同等水平。2 月 25 日，美国政府宣布俄罗斯驻美国大使馆参赞亚历山大·李森科为不受欢迎的人，限他在 7 天内离境。

相形之下，俄罗斯的反应则平和得多。一方面，俄罗斯外交部发表声明，呼吁俄美双方的情报机构将埃姆斯一案大事化小，小事化了，不要让两国领导人卷入这一纠纷。叶利钦总统的发言人科斯季科夫指责美国对间谍案反应过分，认为美国政府试图"相互猜疑，恢复冷战心理"。2 月 27 日，俄罗斯外长济列夫在接受全美广播公司记者采访时说，埃姆斯间谍案并没有什么不正常的地方，美国大可不必为此震惊，因为俄罗斯和美国尚未建立"全面伙伴关系"，更没有达成彼此停止秘密情报活动的协议。

俄通社·塔斯社还强调说基于国家利益的考虑，情报事务仍有必要存在，美国军方领导人也曾多次表示，他们并没有计划结束美国对俄情报工作，既然如此，俄罗斯为什么不能在美国从事情报活动呢？俄罗斯国防部副部长科列斯尼科夫则公开承认，埃姆斯在美国为俄罗斯工作，"他揭露了窃取俄罗斯情报的美国间谍，保护了俄罗斯的利益"。

基于美国政府驱逐了李森科，俄罗斯也采取了对等措施，于 3 月 1 日和 3 日宣布捕获了一名英国间谍和两名美国间谍，并宣布美国驻莫斯科大使馆参赞、中央情报局莫斯科情报站代表詹姆斯·莫里斯为"不受欢迎的人"，要求他在 7 天内离开俄罗斯，还指控美国驻苏大使馆二秘凯利·汉密尔顿与间谍案有关，企图以此来平衡国际舆论对埃姆斯间谍案的关注。

埃姆斯身为中央情报局对俄罗斯报工作的负责人，克格勃能将此人招募，很明显是这场间谍战的赢家。但是，问题并没有这么简单。埃姆斯虽然出卖了美国大量的国家机密，但美国并不是一味地被动挨打。因为中央情报局早就觉察内部出了奸细，且较早地将埃姆斯列为怀疑对象，及时调动了他的工作，将他从苏联分部主任的位置调任为缉毒中心黑海地区科的负责人，因而减少了一定损失。

更重要的是，在确认埃姆斯是俄罗斯间谍后，美国立即成立了一个反情报小组，专门编造假情报，经埃姆斯之手提供给俄罗斯，这些情报真真假假，极难辨认。俄罗斯得到这些情报很难说是福是祸。因此，俄罗斯是否一定为埃姆斯间谍案真正的赢家，现在也还很难断言。

不过不管怎么说，埃姆斯及其妻子玛丽娅肯定是输定了。4 月 28 日，美国联邦法院对埃姆斯进行公开审讯。莱斯利·怀泽在其长达 30 多页的公诉书上，列举了埃姆斯的罪状，说在过去的 9 年里，埃姆斯因出卖情报总共获得 250 万美元的酬金，是莫斯科所雇用的外国间谍中最富有的一个。

金钱，是当今所有出卖自己灵魂的人的唯一的动机。但是，假如怀泽的看法是正确的话，那么对埃姆斯来说，金钱似乎并不能完全解释他对美国的不忠行为。联邦法院最后以间谍罪和偷税漏税罪判处埃姆斯无期徒刑，并处罚金 25 万美元。比起他从克格勃收取的巨额酬金来，25 万美元不过是一个小数目，但是埃姆斯夫妇注定无福消受了，因为他们必须先要把牢底坐穿。

震惊新纪元的大间谍汉森

2001 年 2 月 18 日是一个星期天。像所有的星期天一样，美国弗吉尼亚州维也纳小镇上的法克斯通公园平静如常。几十名美国联邦调查局的特工扮成游人，分散在公园的各个角落。他们一边假装游园，一边密切注视着一座木桥上的动静，并用摄像机录下了这一切。

下午 5 点钟，一个身着黑色上衣的男子走过木桥。他停下脚步，弯腰系鞋带儿，看身边无人注意，把一个小小的包裹丢下了小木桥。

当黑衣男人刚一离开，联邦调查局特工立即获取了他丢下的那个用垃圾袋包扎并做了防水处理的包裹。从包裹中一本废旧的汽车说明书里发现了一个存有绝密文件的软盘。

当黑衣男人继续向公园另一个角落踱去时，埋伏在四周的特工人员一拥而上，将其扑倒在地，惊慌失措的黑衣男子只来得及说了句"同行们，你们好"，便被带上车。随后，特工们在附近一个隐秘角落找到了 5 万美元现金。

两天以后的 2001 年 2 月 20 日，美联邦调查局局长弗利宣布，联邦调查局 2 月 18 日逮捕了俄罗斯间谍、该局资深特工罗伯特·汉森。自此，一个惊天间谍案浮出水面，这位名叫汉森的男人，被称为震惊新纪元的最大间谍。

汉森的背叛

1944 年 4 月 18 日，汉森出生在芝加哥。1966 年在盖尔斯堡的诺克斯大学获得化学学士学位，后来在西北大学攻读牙科专业直到 1968 年。1971 年他获得该校会计硕士学位，1973 年成为注册会计师。1971 ~ 1972 年，汉森在一家芝加哥公司任初级会计师。上学期间，汉森还学习了俄语。20 世纪 70 年代初他被芝加哥警察局录用，在对内侦察处工作。1976 年，汉森被调到美国联邦调查局工作，专门负责对俄罗斯驻纽约外交官的跟踪。

被捕之前，汉森是 6 个孩子的父亲，生活在弗吉尼亚州一个较富足的郊区。56 岁的汉森和妻子拥有一栋复式结构的砖木房子，带车库，价值 30 万美元。他还拥有一辆福特轿车和一辆小型货车，车厢上还装有篮球架。

罗伯特·汉森像

汉森在美国联邦调查局工作了 27 年，他隐藏得十分巧妙，甚至几次通过了美联邦调查局测谎局负责人亲自对其实施的测谎检查。他使美国反间总局的颜面尽失：15 年之久竟然没发现藏在联邦调查局内的这只超级"鼹鼠"。

汉森在克格勃总部的代号为"拉蒙"，或简称"B"。汉森从未和任何俄罗斯人发生过联系，而一直通过"秘密信箱"向俄特工转交情报并领取报酬。汉森坚信，即使是莫斯科泄露了天机，他也不会被揭露，因为他的名字无人知晓。

汉森一家平常的生活非常简朴。他就像一个典型的美国中层人士，住房是中层人士都能买得起的那种，开的小车也是最常见的"福特"。汉森被捕后，邻居们震惊不已。他们说，汉森是一个虔诚的天主教徒。每个星期天他都携全家去教堂祈祷。汉森的妻子在当地中学教宗教史。6个孩子都非常爱自己的父亲，最大的2000年刚刚考上了大学。邻居们分析，可能是因为孩子多，生活拮据促使汉森出卖情报。

而事实并非如此，据美国媒介报道，汉森为苏联和俄罗斯服务，还不完全出于经济考虑。他在与克格勃合作6个月后的一封写给莫斯科总部的信里，汉森说自己十分仰慕著名的英俄双重间谍菲尔比，他说："我从14岁时看了菲尔比的回忆录后，就下决心选择了这条道路。"

同事们都称汉森是一资深专家，但很像恐怖片中的心理阴暗的坏人。平时，汉森常穿深色西装，同事们就叫他"死亡医生"或"殡葬馆馆长"。汉森经常辱骂美国是一个"个头大、易发怒和危险的痴呆儿"。

1985年10月1日，汉森主动把一封信放在苏联驻美大使馆情报人员的住宅前的信箱里。在用打字机打出的这封信中，一个署名"B"的人，答应在尽可能短的时间内向苏联"提供美国情报机构的最高机密档案，所有档案皆为原件，我相信，贵国的专家一定会对这些文件做出恰当评价。专家们一定会认为应该付给我10万美金"。他在这封信上声明，为安全起见，绝对不暴露身份，只会用代号"B"或"贝克"等化名与苏联情报官员联络，不会用真名，拒绝任何面对面接触。由于汉森极度精明，不仅美方多年不知其存在，就连俄罗斯在他被捕前也不知道其真实姓名和在联邦调查局的职务、级别。

汉森有自己独特的间谍工作方法。他要求苏联情报官员在需要情报时，在《华盛顿时报》刊登一则修车广告，内容为："道奇汽车，1971年出厂，外交家系列，需做引擎维修。有兴趣者，请于下周一、三或五下午电话联络。"在联络时双方还须说出暗语，汉森会在电话中会自称是"拉蒙"，而对方则要说："对不起，那卖车的人不在，请你留下电话号码。"汉森在通信中，把所有年、月、日和表示时间的数字加上6。比方说，2月10日会写成8月16日，而傍晚6时便会变成凌晨零时。

双方为交换情报资料和金钱等事先安排好的秘密传递地点，通常都是在华盛顿的郊区的森林里。汉森规定了看似普通的办法："我给你的暗号是在路标的侧面直贴白色胶带，表示我已经准备好可以取的包裹。""你给我的暗号是：横向贴白色胶带，表示东西已经放好。""我再给你的暗号是：垂直贴白色胶带，表示东西已经收到了。"汉森熟识电脑科技，2000年他又建议使用掌上电脑通信，来高速传送资料。

美国联邦调查局认为，从1985年开始，汉森一共向俄国人提供了27封信件和22个邮包约6000页的绝密情报。这其中包括美国的核武器发展计划、电子侦察技术、总统安全计划等绝密件。

对于自己当间谍的动机和所要冒的风险，汉森心里非常清楚，1987年，他在一封写给克格勃间谍官员的信中十分坦率地表示："美国法律对我这种行为处罚的严厉程度可想而知，所以我所干的一切就是为了钱。"在另一封信中，汉森建议克格勃用钻石支付报酬，他准备用这些钻石作为孩子们今后的开销。据统计，15年来，汉森总共从苏联和俄罗斯情报机构拿到约140万美元的报酬，其中包括现金和钻石。

据美国政府称，汉森同前苏联的关系由来已久。早在1985年，他被派往联邦调查局在纽约的分局时，就已经开始了。汉森也经常检查联邦调查局里关于自己的安全系统，看当局是否对他产生过怀疑——直到2000年，这种事都没有发生过。

1995年2月直至2001年1月，汉森都是联邦调查局驻国务院外交使团办公室的高级代表，长期负责针对俄驻外机构的反间谍工作。汉森曾在国务院二楼设有办公室，负责代表联邦调查局监视外国外交人员在美国的活动，并与国务院进行协调。国务院给予他不受检查的特权，他可接触有关外国使节官员活动及身份的机密资料，可以自由进出国务院总部保安禁区。有人说，汉森"能翻美国的家底"。此言一点不假。据媒介报道，2000年揭出的俄安全部门特工在靠近奥尔布莱特办公室安装窃听装置一案就与汉森有关。

汉森的价值

在汉森长达15年的间谍活动中，由于他前后出任多个直接关系到美国国家安全的职位，所以他可以合情合理地接触到大量与苏联和俄罗斯有关的绝密情报，甚至是美国政府内部最敏感最机密的情报，所以汉森向苏联克格勃和俄罗斯对外情报局出卖的情报不论是从数量来说还是质量来说，都令美国政府触目惊心。

笼统地说，汉森提供给克格勃和俄罗斯对外情报局的情报包括：潜伏在苏联和俄罗斯境内尤其是克格勃内的美国间谍名单，美国对苏联和俄罗斯的间谍行动技术，美国的反间谍技术、资源和手段，美国对俄罗斯间谍案的调查绝密情报等。

最让美国政府和情报部门震惊的是汉森提供了潜伏在克格勃内部的美国间谍的情报。美国情报部门当年费了九牛二虎之力，好不容易才将两名克格勃高级官员拉进自己的阵营，为美国政府充当间谍。这两名背叛了自己祖国的克格勃高级官员给美国情报部门和美国政府送去了极为可观的情报，美国政府一度得意地称这两名克格勃官员是"楔入克格勃心脏的两枚钉子"！

但是就在美国最得意的时候，这两名克格勃高级官员突然被紧急召回莫斯科，并且一去不复返。美国间谍机构后来才知道，这两个家伙刚到莫斯科机场就被直接拉进了克格勃的审讯室，随后很快被枪决了。美国政府实在想不通到底是谁把这两名克格勃官员的身份透露给了苏联克格勃，现在他们终于知道让他们痛失这"两枚钉子"的正是汉森。

汉森提供的更有价值的情报和总统安全有关。冷战时期美苏为了自身的安全，以达到制衡对方的目的，各自致力于发展核武器和运载技术，都具备精确打击和毁灭对方的能力。虽然美国的综合实力远远强于苏联，但还是时常感到苏联的核阴影的威胁。如果受到大规模的核打击，美国总统及其继任者如何生存？如何确保最高指挥不致瘫痪？这是被列为美国头号国家机密的"保护总统计划"或称"政府连续性计划"所要解决的问题。

长期以来，军事问题专家都想探知这个计划，却无法获得。而大间谍罗伯特·汉森不仅弄到了这份头号机密，而且把这个计划的具体内容透露给了前苏联。该计划包括一套"中央定位系统"，它一天24小时对总统继任候选人进行行迹跟踪，确保总统和这些继任者不会在同一时间出现在同一地点。总统讲话时，至少有一名阁员不在现场，他藏到了一个秘密地点，以防止国会突发灾难事件，使内阁成员全体丧生，导致政权瘫痪。

20世纪80年代，美国对"保护总统计划"进行了重大修改。原因是美国情报专家惊讶地发现，苏联的侦察卫星技术已经有了突飞猛进的发展，尽管美国的指挥中心等大型掩体进行了特殊加固和巧妙伪装，但已经无法逃过苏联卫星的眼睛。修改方案很快出台，美国安全部门决定在几个国家公园和度假胜地修建应急指挥中心。

按照设计，如遇特殊情况，总统和顾问将乘坐一辆与美国公路上跑的其他车辆没有明显区别的大货车或其他适合在各种路面跑的车辆，后面紧跟一辆18轮卡车，奔赴应急指挥中心。

一旦抵达，他们会立即进入一个特别加固的地下室，在那里指挥核反击战。据悉，在 20 世纪 80 年代末，美国军方在著名的风景区谢南多亚谷建成了至少一座应急指挥中心。

老布什总统在任期间把"保护总统计划"的名称改为"持久的宪法政府"。随后，美国通过了国家安全重组法案，并据此建立了一套相对分散的系统，由主要指挥中心和次要指挥中心组成。

另外，"保护总统计划"还有其他辅助手段，如"应急导弹通信系统"，该系统在导弹发射后通过无线电与地面部队保持密码联系。20 世纪 90 年代初，该系统暂停使用，但一切设施都完好无损，随时可以重新起用。还有一个辅助系统名为"打击后指挥与控制系统"，这是一个由具备发起报复打击能力的飞机组成的网络。汉森却将这些绝密情报全部交给苏联，美国的损失无法用数字衡量。

随着对汉森间谍案的审理，2001 年 3 月 4 日《纽约时报》又爆出惊人新闻：美国曾在原苏联驻美国大使馆下面挖了一条秘密通道进行窃听，而这一秘密也早已被汉森透露给苏方。

俄罗斯驻美使馆坐落在华盛顿威斯康星大道一座名为"奥图"的小山丘上。使馆早在 20 世纪 80 年代初就开始兴建，但直到 90 年代才开始使用。《纽约时报》的报道说，秘密地道就在建筑物的下面，地道的出口则隐藏在不远处居民区一座外表看普通的两层小楼里。地道是在十多年前挖的，耗资数亿美元，各种顶尖的窃听设备一应俱全，当时被认为是美国对苏联进行间谍活动中最尖端、最昂贵和最有效的系统。通道内可以听到使馆内各个房间的谈话，可以监听和截获使馆与莫斯科的电信来往。

苏联新大使馆破土动工时，美国中央情报局和国家安全局就在苏方雇用的建馆承包商的一些"关键"职位上安排了自己的人，连苏联方面采购的建材物资也都在美情报部门的监控之中。与此同时，中央情报局和国家安全局决定，要抓住大好时机挖掘秘密地道。不但瞒过了新闻界和民众，甚至连美国国会也一无所知。直到苏联解体之后，美方才准许俄罗斯外交人员全面搬入新大使馆。此时，美国精心策划的秘密地道也已完工。

最初，美国人在地道中还真能有所收获。但后来，窃听到的都是些鸡毛蒜皮的事，有些甚至还是假情报。这条耗资数亿美元的地道和有关窃听活动是汉森向苏联和俄罗斯提供的最具有价值的情报之一，因为汉森当年参与了这条秘密地道设计和施工的全过程。

苏联解体后俄方曾长时间没联络汉森，汉森曾写信给俄罗斯情报当局说："我愿意牺牲生命来帮助你们"，但你们"却把我浪费了"。上述情况证明，汉森作为间谍的价值真的是难于估量。

美国联邦调查局认为汉森间谍活动是美国有史以来最严重的叛国行为，对美国国家利益造成了极其严重的危害。汉森间谍案的曝光和其造成的影响在美国上下和国际社会引起了极大的震动。时任美国总统的老布什是在飞往圣路易斯途中的"空军一号"专机上接到这一报告的，深感震惊的布什说："对于热爱美国的人来说，今天是尤其艰难的一天。我要警告那些背叛自己祖国的人，他们迟早会被抓住，并且受到严厉处罚的！"

汉森的落网

汉森的落网得益于美国联邦调查局、中央情报局、国务院和司法部自埃姆斯间谍案以来长期紧密合作的结果。1994 年，美国中情局高级反间谍官员阿尔德里奇·埃姆斯间谍案和他的妻子罗萨里奥为苏联和俄罗斯从事间谍活动特大案件在查处过程中，美国联邦调查局和中央情报局隐隐约约觉得在这起间谍案的背后似乎还隐藏着一只更大的"鼹鼠"，因为美国人从克格勃内部搞来的情报都不是埃姆斯夫妇提供的，而这只"鼹鼠"不是在联邦调查局就是在中情局内部，如何挖出这只"鼹鼠"成了联邦调查局和中情局的当务之急。联邦调查局随即秘密抽调最出色的外国情报官和反间谍情报分析专家，其中包括汉森的同事展开秘密调查。中央情报局则想方设法让其在俄罗斯境内的潜伏间谍搞到相应的证据。

2000年深秋，一本神秘的卷宗被带回了华盛顿。厚厚的卷宗内，记录的是一个代号"B"的美国人向苏联的克格勃和俄罗斯的对外情报局出卖情报的详细情况。一石激起千层浪，但翻遍卷宗，却找不到这只"鼹鼠"的真实姓名，如采取拉网式搜寻，仅联邦调查局的在编人员就超过28000人，查证工作之浩繁无异于大海捞针。

恰在此时，俄罗斯对外情报局派驻纽约联合国代表团的秘书谢尔盖·特列季亚克夫和夫人伊丽娜暗中改换门庭，投靠了美国。此人向美国和盘托出了他所知晓的情况，并将十几封"B"写给俄国人的亲笔信交给了联邦调查局。调查终于取得了突破性的进展，汉森终于浮出水面，因为所有的秘密文件都能追溯到汉森那里。

然而，汉森不愧为联邦调查局训练出来的老牌特工，他的反侦察能力让联邦调查局的同事们咋舌，"他经常检查FBI的纪录，以发现他自己及其使用的接头地点是否正受到FBI的调查"。所以美国联邦调查局和中情局在半年多的时间里没有抓着他的任何把柄。直到美国国务院窃听器案件曝光后，汉森与俄罗斯间谍联系的方式终于被联邦调查局的调查人员发现了。

联邦调查局的特工注意到，2000年12月12日，汉森4次驾车通过弗吉尼亚州维也纳小镇法克斯通公园一交通指示牌，联邦调查局的特工怀疑此处可能就是俄罗斯间谍的接头信号点。至此，联邦调查局高层才确信汉森就是代号"B"的俄罗斯"鼹鼠"。2月18日，联邦调查局认为最后摊牌的时刻到了。根据获得的线索，联邦调查局获悉汉森将要在弗吉尼亚维也纳小镇法克斯通公园里向克格勃送情报。联邦调查局立即在法克斯通公园撒下天罗地网，进行了严密的布控，于是出现了本文开头的那一幕。

2002年5月10日，汉森因长期为苏联和俄罗斯提供情报，在美国一家联邦法院被判处终身监禁，不得保释。

出卖潜艇密码的沃克

"我要血染克格勃！"美国总统里根曾经恼羞成怒地大喊。苏联人精心编织了17年的间谍网络，给美国人带来了巨大的损失，让美国人恨得咬牙切齿。

他们全家都是克格勃

1984年11月中旬的一天，一个醉醺醺的女人敲开了联邦调查局驻波士顿办事处的门，她含含糊糊地告诉工作人员说，他的前夫约翰·沃克是苏联克格勃间谍，他非常有钱，却不肯付给她赡养费。在场的大多数工作人员并没有理会这个又醉又疯的女人，只有约瑟芬·沃尔芬听进了这个女人的话。因为从这个女人所说的可以判断，她描述的自己前夫的行为方式很符合苏联克格勃的特征，沃尔芬决定关注一下这件事情。

经过一番调查后，约瑟芬·沃尔芬获悉这个女人名字叫巴巴拉，其前夫叫约翰·沃克。他曾经是一个水兵，退役后在诺福克开办了一家快餐店，名叫"竹子"，无奈经营不善，亏了本。后来他混进诺福克西大西洋舰队潜艇电讯中心，做起了通讯官。此后，他就一夜暴富，1968 年他在当地富人区购置了房产，还购买了两艘游艇，待人接物出手阔绰，俨然一个富翁的样子。1976 年沃克与妻子巴巴拉离婚，一月后从海军部退役，与朋友合伙开办了一家侦探事务所。

巴巴拉还交代，有一次他们结伴前往华盛顿，他们租了辆车，在出租车后座上沃克故意放了一个装满垃圾的塑料袋。巴巴拉知道，在垃圾里藏着几卷丈夫视若珍宝的胶卷。前行一段路程之后，她看见丈夫把垃圾袋放在一棵大树下，沃克前行一段时间后钻进森林。他再次走出森林的时候，手里竟然拿着和刚才那只一样的塑料袋。不同的是，此时这个袋子里装满了美元。

更令沃尔芬吃惊的是，巴巴拉竟然声称前夫曾经引诱自己的女儿和他同流合污，一起做苏联克格勃间谍，而自己的女儿现在已经和前夫一样，成了苏联人的"走狗"！沃尔芬心想：如果巴巴拉所说真实，那么他所在的联邦调查局就可能拔掉一个苏联间谍团伙。想到这些，他心里一阵激动，于是拿起电话向联邦调查局侦查处处长戴维·萨迪进行了请示。

沃尔芬第一件要做的事情就是对巴巴拉所说的话进行核实。

几日后，联邦调查局的特工来到不法格，找到了沃克 25 岁的女儿劳拉。劳拉好像有所准备一样，对他们的到来并不感到意外。"你父亲曾经引诱你参加苏联克格勃，是吗？"对特工提出的问题劳拉沉着回答道："没错，他曾经多次跟我这么说过。"她生动地描述自己父亲引诱她协助自己出卖军事机密的情景，"我拒绝了！"劳拉斩钉截铁地说。

"他在进入潜艇电讯中心后，变得很有钱。"劳拉有些不屑地说，"他经常拿着一些盖有'机密'的文件袋子回家。"她又补充说道："过几天，他又会拿回家一整袋子的现金，袋子上写着：请将袋子销毁！"

和劳拉谈完话后，沃尔芬又接到了巴巴拉打来的电话，这次她又喝醉了："不仅沃克是间谍，他的哥哥阿瑟·沃克也是间谍，他曾经是海军少校；他和沃克的儿子迈克尔也知道这个情况，此时的迈克尔正在尼米兹号航空母舰上做水兵！"

"难道，难道沃克的全家都是苏联克格勃间谍？"沃尔芬不由地一惊！

艰难的调查取证

如果这母女两个的话都是真的，那么美国联邦调查局就将面临着一个已经存活十几年的间谍团伙。他们到底是不是间谍？他们到底卖给了苏联人什么样的关键情报？会不会威胁到美国的安全？沃尔芬心里冒出一连串的疑问。

联邦调查局的特工们开始了对这一家人的严密监控，时间慢慢地流逝，他们并没有得到有价值的线索。

一日凌晨，天还没亮，沃克就从自己的豪宅里悄悄地走出来，向四周扫视一圈，在确定没人跟踪后，驾车疾驰而去。沃克的车向西开去，时而猛然停车，在路边停留片刻，他在探测是否有车辆跟踪。殊不知，联邦调查局的特工们对这些伎俩早有预料，于是顺利地骗过了沃克。

沃尔芬见到沃克驾车驶进高速公路，他从容地说："换一辆车跟踪，那辆车再跟就会引起沃克的怀疑了。"沃尔芬淡淡地说："这条高速是通向首都华盛顿的，看来沃克要到华盛顿和苏联人进行交易啊！"

原来，5 月 17 日联邦调查局得到消息称，养育沃克的婶婶在宾夕法尼亚州去世，葬礼定于在5月19日举行,而沃尔芬跟踪沃克的这天正是5月19日。沃克没有去参加自己婶婶的葬礼,而是跑到这荒郊野外的高速上来,沃尔芬就断定这次沃克肯定是来和苏联人进行交易的。

"不好,我们跟踪的车辆消失了!"一名特工通过无线电向沃尔芬汇报。这时,沃尔芬向等在不远处的直升机发出了搜寻的指令,地面上的数十辆搜寻车辆也开始有条不紊地开始了搜索。

在距离华盛顿40公里的界碑处,直升机发现了沃克驾驶的汽车,而就在此时一辆车牌号为"DSX144"的蓝色宝马也驶入了直升机的监察视野。

"这是苏联大使馆的车辆!"沃尔芬兴奋地说,"车辆的主人是苏联大使馆的秘书,叫力克塞·加夫里洛维奇·特卡钦科,他是一名克格勃军官!"他合上了手里的资料夹,然后命令车辆拉开跟踪距离,以免沃克生疑。

太阳悄悄地露出了地面,时钟已经指向了早上8点30分,一夜没有休息的沃尔芬下车伸了伸懒腰,然后他手中的无线电又响了:报告长官,目标车辆停下了,嫌疑人在一个岔路口附近的电线杆处待了大约半小时,就驱车离开了。离开后在电线杆下方,发现一个易拉罐,上面用黄色的油墨画着一个不是很圆的圈。

"不要动那个罐子,小心留下指纹!"沃尔芬提醒着自己的同事,但这位同事好像理解错了他的意思,抬手把这个易拉罐捡了起来,装进了证物袋。

特卡钦科也在电线杆附近停了车,但是他没有发现这个易拉罐,于是根本没有下车,就疾驰离开了。9点08分,有人向沃尔芬汇报:苏联使馆车辆驶离了监视区域!

经过一天的放射式搜索,联邦调查局的特工于当日深夜在电线杆不远处的垃圾堆里找到了一只装满文件的黑色塑料袋。经过清点,这个文件袋子共有129份文件,大多文件都清晰地标明了"尼米兹号航空母舰,绝密"的字样。

"沃克的儿子就在这艘航空母舰上服役,他儿子也是克格勃!"沃尔芬松了一口气,"看来这一家子真是不简单!"

在文件中,特工们还发现了一封沃克写给苏联克格勃的信,从信的内容看,这个间谍网绝不仅仅包括沃克一家人,它比想象中的要复杂得多。在信中他提到了以"S、D、F、K"为代号的四个人。根据已经掌握的线索显示:"S"应该是沃克的儿子迈克尔·沃克;"D"显然是杰里·惠特沃恩;"K"可能是阿瑟·沃克;"F"至今仍是个谜。

晚上10点,沃克再次回到之前放置易拉罐的地点,在周围的垃圾堆里翻弄半天却一无所获,环视四周一圈后,匆匆地离开了现场。午夜时分,沃克在高速路上的汽车旅馆住下,特工们谎称请求帮忙修车,叫开了沃克的房门,然后一拥而上,将沃克当场抓获。抓到沃克之后,特工们才知道,原来沃克手里正攥着一把手枪,只是他还没来得及扣动扳机,就被猛冲进去的特工们制服了。

第二天上午,特工们驱车前往

迈克尔·沃克:代号S
服役于美国海军。

阿瑟·沃克:代号K
约翰·沃克的哥哥。

惠特沃恩的家，进行询问和取证。

"您的朋友沃克已经被捕了，您知道吗？"

"是吗？我还不知道！"他略有颤抖的声音告诉问话者，他心里肯定有鬼。

"你们喝水吗？"说着故作从容地走进里屋，将放在桌子上的一封信藏在了抽屉里，然后匆匆回到餐厅，为几位不速之客倒水。

"我们有证据证明您是苏联克格勃，您可以保持沉默，但是您说的每一句话都将作为呈堂证供！"

"我想解释！"惠特沃恩抢了一句说。

"您还是和法官说吧！"特工起身进屋，将放进抽屉的信取了出来。原来，这是他写给沃克的信。

迈克尔已经暴露，被海军军事法庭从以色列的尼米兹号航母上带回了本土，19岁的迈克尔就这么被戴上了手铐，开始了自己的牢狱生活。特工们还在弗吉尼亚海滩边上的小木屋里找到了阿瑟·沃克，他已经在这个小木屋里躲藏了半月之久，样子十分狼狈。当他看到十几个联邦调查局的特工们站在他面前时，他当场表示愿意配合，以揭发自己弟弟的滔天罪行。但是阿瑟表现得十分狡猾，他只是指认别人的过错，对自己的罪行却一字不提。但是经过特工们的攻关审讯，最终他还是说出了自己所知道和所做过的一切。

沃克家族纷纷落网；这个维持了17年的间谍网被美国人连根拔起。就这样，一个前妻贪酒揭发前夫，从而将自己前夫一家都送进监狱的谍海故事画上了一个句号。但是，对于沃克家族是在如何走上间谍之路的，我们还要继续讲述。

走上亡命之途

沃克很年轻时就参加了美国的海军，由于他的吃苦耐劳、不畏艰险，没几年他就从一名下士成了一名准尉军官。但是，被提拔为准尉后，沃克就再也没有得到重用。一时间很是失落，经常唉声叹气。泼辣的妻子成天在耳边骂他没出息、没本事，于是他尝试着开起了一个饭馆。时运不济，饭馆赔了钱，他又背起了一屁股的债务。

后来他被调往了大西洋潜艇部队司令部，做起了一名通讯官。这时他已经耐不住清贫的日子，他想找到一条能够快速致富的道路，但是他手里能够掌握的只有潜艇司令部的通信信息。很快，他想起了美国的死对头——苏联。于是，他决定毛遂自荐，成为苏联潜伏在美国的间谍。他选择了一个下雨的周末，街上没有几个人，他悄悄地摸进了苏联大使馆。

"站住，使馆重地，闲人免进！"使馆的卫兵大声喊了一句。

"我要和你们这里负责情报工作的官员谈一谈！"

苏联卫兵有些吃惊，然后向沃克打了个敬礼："请您稍等！"

卫兵将沃克引进了一个办公室，办公室里坐着一名年轻的苏联军官。

"我是美国海军大西洋潜艇部队的通讯官，二级准尉军衔，我有机会接触到美国潜艇部队的通信信息，"然后他停顿一下，"我希望贵国能够给出合理的价格！"沃克直言不讳，让苏联人省了很多的顾虑。

沃克为了表明诚意，当天就给苏联人带去了美国人普遍使用的 KL-47 发报机的密码本。苏联人当然不会这么容易就相信这个陌生的来客。

"您怎么证明你提供的密码本是真的？"苏联军官疑惑地问了沃克一句，"您的密码本上没有签字，应该不是真的吧？"

"美国国家安全局已经不再加印局长印信了！"

"您到底是什么人？我们不会相信一个陌生人的！"

沃克将自己的身份证件和军官证递给苏联人，苏联军官关门而去，待他回来时，脸色已经发生了变化，沃克判断，他已经取得了苏联人的信任。其实苏联人并没有完全信任沃克，只是他们想考验下这个莫名其妙的美国军官，也试图从他那里得到些许的情报，即使这个美国人真的是假意投诚，苏联人也想探个究竟，他们想知道美国人想做什么。

苏联人判定这个人并不是双料间谍，因为根据常理，一个国家的情报机关是不会让一个双间谍接触到核心的发报密码本的。沃克见此情境，急忙向苏联人表明：他还可以搞到美国海军通讯处的KWR–37、KL–11、KL–47等密码本，以及美国大西洋潜艇部队的通讯电报记录本。说完，沃克就略显焦急地在一旁等待。之后，他提出了自己的薪金要求：每周1000美元。这对于苏联大使馆来说，并不是难事儿，苏联军官当即就支付了沃克3000美金。因为如果沃克提供的密码本是真的，那么苏联人得到的将是能够解密美海军军方通讯的一切密电，他们再也不需要窃取美国人的行军计划，再也不需要截取他们的外交通讯，他们只需要监听美国的电报就可以了，这样省去了苏联人大量的人力、物力和财力。

美国人同样知道密码本的重要性，也采取了诸多的保密措施来保障自己的通信安全。但是，他们对密码进行科学严密的设计、专人专管、年度审核调查等都没有发挥作用，他们的密码本还是通过沃克传给了苏联克格勃。

沃克拿着第一笔到账的3000美元回到家中，心里还是有些忐忑，但是想起握在手里厚厚一沓的钞票，他才慢慢放下不安的心。他根本不知道，就是用他提供的密码本，苏联克格勃仅用几个月的时间内，就解密了美国军方密电达几百万份。美国军方的所有通讯几乎是对苏联透明，没有秘密可言。

在1968年的"天蝎号事件"中，苏联人第一次使用沃克提供的密码本尝到了甜头。5月17日，美国"天蝎号"潜艇在地中海训练回程的路上与苏联潜艇交火，奇怪的是这艘顶级潜艇只发射了一枚鱼雷就被苏联潜艇击沉了，仿佛不堪一击。

这艘"天蝎号"潜艇是1959年开始在美国海军服役的，舰艇身长76.5米，宽9.5米，排水量达3500吨，携带23枚"马克"鱼雷，在当时号称"鲣鱼"，是当时潜艇中的霸王。这种潜艇是专门为对付苏联海军核潜艇而设计的，它携带的鱼雷每颗都重达650公斤，射程也达到了5海里。

是日下午，"天蝎号"舰长弗兰西斯·斯拉特里命令潜艇返回诺福克港，就在归营的途中，他们的监听组探测到了苏联潜艇的电报信号，于是他们在没有得到指令的情况下擅自尾随苏联潜艇而去，很快就被苏联潜艇击沉，艇上99名官兵全部遇难。

经过美国情报部门的调查发现，苏联人之所以能够在很短的时间内击沉美国最先进的潜艇，是因为事前苏联人已经掌握了"天蝎号"的所有行踪信息。因为此时的沃克已经成了美国大西洋潜艇司令部通讯部的主要负责人之一。他之前将美国海军通讯的绝密密码本交给了克格勃，克格勃利用密码本就可以获悉美国舰船之间的所有通信信息，击沉一艘潜艇当然不是什么难事儿了。

再者，1968年1月23日，朝鲜军队截获美国"波普罗号"间谍船，他们将缴获的10多台通讯器械连同三台KW–7密码机一同交给了苏联，苏联结合沃克提供的密码本几乎将美国海军通信密码全部攻破，这样一来他们就对"天蝎号"的行踪了如指掌。可怜美国近百阵亡将士沉尸于茫茫大海，早已没了踪迹！

疑团揭晓

屡次将海军密码本卖给苏联克格勃之后，沃克获得了为数不少的报酬，因此他开始过着骄奢淫逸的生活。他不满足于天天面对糟糠之妻，不满足于天天过着清贫的日子，他用手里的钞票买了新房子、娶了新妻子。

1970 年，沃克辗转海军通信学校到了"尼亚加拉瀑布号"上工作，这是一艘世界上最先进的供应型舰艇，这艘舰艇上装配数量众多的发报机和密码机，以及重要的密码本文件。沃克运用职务之便，数次盗取舰艇上的秘密材料，还多次撬开办公室的保险柜。他利用休假之际，乘飞机前往华盛顿，将得到的情报交给苏联克格勃间谍，然后换回自己想要的美元。

1974 年夏末，沃克回到诺福克司令部工作。这时他已经谋划着将自己的朋友引荐给苏联人，好让他们和自己一样能够发财，过上富裕的生活。他将自己的挚友杰里·惠特沃恩介绍给了苏联人，惠特沃恩先后在海军舰艇"尼亚加拉瀑布号""星座号""企业号"上担任情报专员，他也通过沃克将大量的密码本卖给了苏联克格勃。

丧心病狂的沃克开始引诱自己的家人从事间谍活动。1983 年，他将自己的儿子迈克尔也召进了间谍组织，迈克尔将自己在"尼米兹号"作战室内搜集到的绝密文件的复制品交给了自己的父亲；沃克还将自己的哥哥召入了他的间谍网，阿瑟·沃克工作于 VSE 公司，负责维修海军正在服役的舰艇，他为自己弟弟提供的情报很少，但是他参与到了间谍网中了。至此，沃克已经将自己的间谍网和利益网在自己身边密集地罗织起来，这个由沃克家族组成的间谍网给美国军方带来了巨大的损失，这些损失是沃克家族绝对想象不到的。

那个时期，美国海军在太平洋上的军事演习总有苏联军舰尾随，跟踪观察，好像有人提前向他们传递了演习计划一样。越南战争爆发后，越南人时常能够预测到空袭的具体时机，美军的战斗机多次无功而返。更让人不解的是，越南人似乎对美国的轰炸目标也能预测得很准，早早做好防备，浪费美国人的弹药不说，还趁机设防，打落了数架美国战斗机。

进入 20 世纪 70 年代，美苏争霸进入炽热状态，美国由攻转守，开始了战略收缩。这个时期的苏联总是能够把住美国人行动的脉搏，总是能够准确地判断美国人的下一步棋如何走，总是能够提前美国人一步，给美国人设计好圈套。

在 20 世纪 60 年代，美国人在美苏争霸中的海上优势十分明显，可是仅仅 10 余年后他们的潜艇技术就仿佛被苏联人超越。苏联人能够研制出和美国人一样先进的潜艇，并且能够准确无误地对美国的潜艇实施水下跟踪。即使双方的潜艇交火，苏联人也能在短时间内解决和美国人的战斗，"天蝎号"事件就是一个典型的案例。

更让美国军方恼怒的是，苏联人竟然将自己的潜艇派往美国在太平洋的关岛、霍利洛克、罗塔等军事基地巡查，跟踪美军的潜艇，威胁美军在太平洋上的航空母舰也是时常发生的事情。

1980 年 9 月，美国卡特政府派遣 1.5 万人的部队准备突袭伊朗，可是苏联人竟然在美军登陆前就将自己由 22 个师组成的大军派往苏联和伊朗的边境，其中包括了装甲师和空降师。一旦美军在伊朗登陆，苏联就可以将其包围，一举消灭。美国人见此状况，不得不取消这次计划已久的行动。这时美国人才开始明白：原来，苏联人得到了我们的行动计划，他们是怎么得到我们的情报呢？这个问题一直困扰着美国人。

这些现象都让美国人困惑不解，直到他们逮捕了沃克——这个在美国祸国殃民的苏联克格勃间谍，他们才明白这一切原来都是一个小小的海军通讯官做下的罪孽！

当联邦调查局向美国总统里根汇报调查沃克一案的情况时，里根气愤地拍案而起："我要血染克格勃！"紧接着，美国政府下令驱逐25名苏联驻美外交官，将苏联驻华盛顿和旧金山的外交官减少了70名；苏联人也不示弱，他们驱逐了5名美国外交官，撤走了为美国驻苏联外交官服务的250名苏联工作人员，让美国外交官在苏联国内的生活变得十分艰难……这一年美苏双方的外交战，在世界外交史上都十分罕见，可见双方真是大动干戈！

沃克家族为了一己私利，将国家机密廉价卖给了苏联克格勃，让苏联人利用他们提供的情报对付自己的祖国，当然会使苏联在那个时期的美苏争霸中占尽了便宜。可能沃克家族以为他们在这笔长达17年的"生意"中赚了不少钱，但是他们的祖国却因此蒙受了巨大的损失。留给沃克一家人思考的时间很多，因为他们的下半生几乎都要在监狱中度过了。

最后还要感谢巴巴拉，是她在酒后举报了自己的前夫，让这个间谍网络浮出水面；更要感谢卖给她酒的酒吧老板，如果不是他卖酒给巴巴拉，巴巴拉就不会趁着酒劲儿来到联邦调查局；最终还是要感谢沃克，如果他支付给自己前妻赡养费用，他的前妻也不会满腹抱怨，进而对前夫不满……

当然，全权负责侦破此案的沃尔芬受到了美国政府的嘉奖……

追求红色真理的布莱克

他的背叛，缘于他对共产主义的崇拜；他的故事，深埋于世界谍海深处；他的传奇历程，始于他为社会主义苏联提供的一份又一份的情报资料；一切的谜底，都在他叛逃苏联之后揭开！

越狱成功后的布莱克，辗转来到了苏联莫斯科，在莫斯科他受到了苏联政府的最高礼遇。布莱克是苏联政府有史以来最为尊敬的异国间谍叛逃者，苏联政府授予他列宁勋章，安排他过上了安逸舒适的生活。但是布莱克的心情却是十分复杂的，回顾自己风风雨雨的前半生，他感慨万千，但他没有后悔，因为他选择了坚持自己的信仰。

天生我才

1922年11月，布莱克出生于荷兰，其父是英国籍犹太人，"一战"时参加英国皇家海军，战功赫赫，获得大英帝国勋章，其母是荷兰人，是个虔诚的基督徒。因为布莱克的父亲是犹太人，在宗教信仰上的分歧使得双方父母都极力反对他们两人的婚事，最终布莱克的父母决定私奔到伦敦。在伦敦，两位年轻人结婚，并生下了小布莱克。

布莱克13岁时，他的父亲就去世了，母亲带着布莱克投靠了生活在埃及的叔叔。在埃及的生活，给年幼的布莱克留下了深远的影响。由于他和其他小朋友国籍不同，自己又没有父亲，所以他和周围的小朋友格格不入，渐渐地布莱克变得性格内向，不爱说话，但是他的学习成绩十分优秀，尤其在语言的学习上表现出了惊人的天赋。

布莱克的叔叔是埃及共产党员，在布莱克仅仅十几岁时，就对共产主义具有了模糊的印象：他的叔叔对自己的信仰十分虔诚，他的叔叔很古板，有时却很狂热……17岁的布莱克回到荷兰，在一所中学就读。然而就是在这一年，第二次世界大战爆发，纳粹军人的疯狂进攻使得荷兰很快就沦落到了德国人的手中。布莱克在逃亡的路上被纳粹抓进了集中营，在集中营里，他见到了德国人的残暴，见到了自己同胞被焚烧、杀戮，出于生命的本能，布莱克千方百计地想逃出这个人间地狱。

经过几番努力，布莱克终于在看守困乏的深夜翻过了高高的围墙，顺利逃生。在逃生的路上，他义无反顾地加入了荷兰流亡政府组织的国内游击队，谁知这个组织很快就被德国人击垮。布莱克不得不再次想办法横渡英吉利海峡回到了故乡英国。在英国，他再次决定投身战斗以打击纳粹的残暴，他申请加入了英国皇家海军。

布莱克像

布莱克成功地变成了一名工作在扫雷艇上的海军战士。由于布莱克在语言上的天赋，他的上司推荐他做了军队外联处的翻译。调动工作后的布莱克，更加勤奋好学，刻苦地学习更多语言，不断取得优异的成绩。不久，他就被破格提拔为海军中尉。这个时候的布莱克已经能够熟练地掌握了英语、荷兰语、德语、法语，他已经成为英国海军中首屈一指的翻译人才。

为了能够让他适应海军情报工作，上级部门安排他参加军官政治素质培训班、潜艇训练班，等等。经过一番历练后，布莱克被调往海军情报部工作，不久又被调往英国特别行动局驻荷兰办事处。二战结束前，他还在盟军司令部做过一段时间的翻译官。战争中的历练，使得布莱克不断地走向成熟，成了可以独当一面的核心人才。在工作中，布莱克表现积极，他参与过翻译重要文件，他参与过审讯外国间谍，他甚至还给盟军司令长官艾森豪威尔做过一次翻译……

但是，布莱克开始变得狂妄，开始自以为是。他瞧不起身边的同事，更看不上和自己一样为盟军做翻译的人，他认为他周围的人都无法和自己相提并论。一路顺风顺水，让年轻布莱克变得轻狂、目中无人！

朝鲜战争中的转变

天生好学的布莱克在战争结束后也没停止自己学习的步伐，他开始学习俄语，这让他的领导感觉十分高兴。因为二战后，世界就进入了资本主义和社会主义之间较量的时期，几乎所有的资本主义国家都将自己的外交重点转移到了和苏联的外交关系上，这个时期正是缺少俄语翻译的时候。

布莱克从海军退役后，进入了唐宁学院学习俄语，他这个时候学习俄语仅仅是想读几本俄国作家的文学作品。1948 年。在朋友的推荐下，布莱克报考了外交部的翻译官。几天后，他顺利地通过了所有的考核，被安排到外交部的九处一科——一个从属于外交部的秘密情报机关，当然外界对此根本不清楚。

1949 年，布莱克被外交部派往韩国，他的身份是英国驻韩国领事。布莱克从容地安排着自己的工作，在闲暇之时和当地的官员建立了良好的人际关系。在别人看来，布莱克变得成熟、稳重，也学会了和人相处。但是这样平静的日子没过多久，就被战争所破坏。

1950 年，朝鲜战争爆发，朝鲜人民军很快就攻占了韩国首都首尔。各国的大使馆纷纷安排外交人员逃离朝鲜，布莱克在逃离的路上被朝鲜人民军抓住，送进了位于平壤的拘留所。在这里，布莱克的人生观和价值观都发生了巨大的转变，可以这么说，他的传奇人生就是在这里迈出第一步的！

当苏联人和朝鲜人知道了布莱克的身份后，就拼命地给他灌输共产主义思想。苏联人竟然在拘留所里开办起了共产主义培训班，由苏联共产国际官员库米兹奇担任负责人。在培训班里，教员们都特别"照顾"会说俄语的布莱克，经常和他进行激烈的辩论，经常找这个英国外交官就信仰问题进行交流。布莱克从小对共产主义的印象都来自自己的叔叔，他深深地记得他叔叔的狂热和古板，所以一开始他对培训班的教员们都很抵制。但是，一年半之后，布莱克就坦然地承认自己已经成了共产主义者，看来苏联人的洗脑策略起作用了，最起码在布莱克身上起作用了。布莱克向斯大林像宣誓，他将毕生忠于共产主义，忠于伟大领袖斯大林！

1953年，英国驻韩国大使馆工作人员被全部释放回国。布莱克也随团回到了英国伦敦。布莱克成了民族英雄，因为他在平壤拘留所里"表现出了对苏联人的强硬态度，表现出了大英帝国国民应该有的大义凛然"，当然这些都是布莱克的同事给出的结论，这些结论的依据是布莱克曾多次和苏联人展开的激烈辩论。

英国秘密情报局对每一个回国的外交官员都进行了审查，审查结果是："所有人都没有背叛自己的祖国！"

"布莱克的背叛"

经过一段时期的静心休养，布莱克恢复了以往的体力，只不过颧骨有些外突，看起来苍老了许多。

不久他被安排在伦敦工作，主要负责监察进出伦敦的电话和信件。在这个岗位上，布莱克很难做出成绩。于是他向上级部门写了申请，希望换一个能够让他发挥才能的工作。1955年，布莱克调往西柏林奥林匹克体育场情报局工作站，他的职务是技术行动部副主任，主要在苏联军官中挑选适合英国政府的"鼹鼠"。这样，布莱克就能够光明正大地和苏联人进行联系了，在上级部门看来，布莱克这么做是为了能够更好地完成本职工作，他们不但没有责怪布莱克，反而对他大加赞赏。

在布莱克为苏联人服务的几年里，他为苏联人提供了许多情报。利用这些情报，苏联人在自己间谍组织里发掘出了许多"鼹鼠"，为苏联人挽回了巨大的损失，因此苏联人十分重视布莱克，生怕发生什么意外而失去和布莱克的合作关系。布莱克在为苏联服务时，从来没有向苏联人索取一点儿报酬，由此看来，布莱克背叛自己的祖国完全是出于对共产主义的信仰。从后期的史料中我们可以看出，这个时期的布莱克表现出对社会主义苏联的向往，他拼命地读了许多苏联书籍，深入研究了马列主义著作。但是，谁也没有想到，布莱克会叛逃到苏联去。

英国人信任布莱克，苏联人也信任布莱克，布莱克在两国之间游刃有余，但他从来没有认为自己是双间谍，他将自己定义为共产主义者，他无私地为苏联人提供情报，却使英国对苏联的间谍渗透举步维艰。苏联人总是能够及时发现英国人策反的苏联军官并将其秘密处理掉。

1955年，民主德国安全局局长罗伯特·比亚维克想潜逃到英国，寻求政治避难。3年后，比亚维克在英国伦敦离奇失踪，这让当时负责他安全工作的秘密情报局十分尴尬：他们将这位叛逃到英国的"宝贝儿"安置在一个绝对安全的房子里，并派人日夜看守。比亚维克自来到英国那一刻起就再也没有出过这个房子的门，怎么就失踪了呢？

经过仔细的勘察，英国警察发现，比亚维克在安全房里待了3年之后，以为自己不会再有安全问题了，于是他决定出门走走，也就是他走出房门的那一刻，两个苏联特工就驾车飞驰过门口，将他拉上了车。一溜烟儿，就没了踪迹。

英国政府当然会怀疑是苏联人干的，但是他们一点儿证据都没有，空口说白话，国际舆论也不会帮助英国的。无奈之下，英国人只好哑巴吃黄连——有苦难言。其实，向苏联人透露信息的就是布莱克。当他得知这位苏联叛徒向秘密情报局打报告"申请出门走走时"，他立刻向在伦敦的苏联克格勃进行了汇报，建议他们马上派人到这所房子周围埋伏，伺机将其带走，之后让这个人在世界上永远消失。

在柏林工作期间，布莱克和埃特纳相识，并成了不错的朋友。后来布莱克得知，这个家伙吃喝嫖赌样样精通，花钱如流水，成天不务正业。因为缺钱，他选择了铤而走险，1950年他成为同时为英国人和苏联人服务的双间谍。这个人曾在二战时加入过德国纳粹组织，后来退出。他唯利是图，只要有人给钱，除了他自己的命以外的任何东西他都敢卖。他曾经出卖过苏联，将情报卖给英国，但是英国人根本不信任他。他又将英国人的情报卖给苏联，他能从苏联人那里时不时地搞到一些钞票，然后挥霍一空。

布莱克交友不慎，和埃特纳成为朋友后不久，埃特纳就知道了布莱克是苏联克格勃的人，于是他心里暗暗高兴，心想：说不定哪天可以把这个消息卖给英国人，相信这次英国人给的钞票肯定够花一阵子了！这也为布莱克的暴露埋下了伏笔。

此后，布莱克还向苏联人揭发了波波夫。1955年，布莱克偶然间看到了波波夫写给英国军方的信件，并顺藤摸瓜，确认了波波夫的间谍身份。波波夫出生于苏联，对苏联重工轻农的政策抱有不满，由此他寻找机会，向美国人透露苏联国内的高层动态。短短几年的时间内，波波夫就向美国人揭发了400余名苏联潜入美国的"鼹鼠"，他还向美国人介绍了苏联军事工业的发展情况。在波波夫被调往东德工作后，就失去了和美国人的联系，他试图通过英国军方将自己的情报转交给美国中央情报局，不巧这封信正好被布莱克看到。不久，波波夫被调回莫斯科，回到莫斯科他急于寻找他的接线人，正当他交给美国人情报资料的时候，被苏联克格勃当场将其捉获。从此，波波夫就从这个世界上消失了。

阴沟里翻了船

1959年，苏联克格勃希望布莱克能够回到伦敦工作，这样可以为苏联提供更多有价值的情报。不巧，英国外交部却将布莱克调往了中东。

不幸的事情发生了，埃特纳的妻子将自己的风流老公送进了监狱，而埃特纳将自己知道的全部交代了，其中就包括布莱克背叛英国投靠苏联的事情。所幸，由于埃特纳低劣的人品，他说的话几乎没有人相信。祸不单行，就在这时美国驻瑞士大使馆破获一起苏联间谍案，在查案的过程中，美国人证实在英国秘密情报局内部有苏联人的间谍。这消息对于英国秘密情报局而言简直是晴天霹雳。

"这怎么可能呢？为什么我们中间又出现了叛徒呢？"英国特工们都在议论着，相互指指画画。

"说不定他就是苏联人的走狗！"

"我怎么感觉这个人是你呢？"

一时间，英国秘密情报局内人心惶惶，相互猜忌的气氛越来越浓。

原来向美国人告密的是波兰总参情报局副局长戈列涅夫斯基，两年后他叛逃到了美国："苏联人的情报是从德国柏林的英国外交官手里得到的！"

英国秘密情报局终于相信了自己内部出现了间谍的事实："原来埃特纳说的是真的，那不同的是，她再也没有直起身。这位性感的社交明星、巴黎人的宠儿在刑场上香消玉殒了。

她的尸体并没有被安静地掩埋，而是被人们解剖、观赏、研究、评论。一名医学院的学生利用她的尸体做了阑尾切除手术实习。学生发现，哈丽只被4颗子弹打中。8年后，一名行刑士兵承认，他开枪的时候没有对准玛塔·哈丽。

玛塔·哈丽被处决后，有关她的死的传言很多。传闻说玛塔·哈丽没有死，她的一位有权势的情人给她找了一个替身。另有传闻说玛塔·哈丽企图以自己的肉体迷惑行刑的指挥官，让他暗示自己的11个手下放空枪，她可以躺在埋入泥土很浅且透气较好的棺木当中，然后再让"盗墓的人"及时发现，那么她就能够活命了。当然，这些都是虚假的谣传，是浪漫的法国人杜撰的故事。玛塔·哈丽被处决了，她被多方所利用，又最终被多方所抛弃。从某一角度来讲，玛塔·哈丽也是战争的牺牲品。

玛塔·哈丽曾在临刑前给她在巴塔维亚的女儿写下一封信，告诫她的女儿长大后不要追求荣华富贵，平平淡淡就是真正的幸福。然而也许是命运的捉弄，她的女儿班达小姐长大后"女承母业"，被美国招募为间谍，并于1950年死于非命。

玛塔·哈丽死后，她的头颅一直保存在巴黎阿纳托密博物馆，经过特殊技术处理后，仍保持生前的红唇秀发，栩栩如生。2000年，玛塔·哈丽的头颅不翼而飞，据说是被她的崇拜者盗走了。

1996年，荷兰政府为玛塔·哈丽彻底平反昭雪，不仅给她恢复了名誉，还在其家乡为她修建了纪念堂。这位曾遭人唾弃的色情间谍，成了荷兰人心目中美的化身。她的照片被制成明信片，俨然就是一副女神的形象。

玛塔·哈丽的间谍生涯一直被人们谈论，很多人对她进行专门研究。一些研究者将她的故事写成专著，她的生平多次被搬上银幕，美国著名影星葛丽泰·嘉宝还扮演过玛塔·哈丽。她的名声并没有随着岁月而消磨，反而被世人捧为古往今来最著名的间谍之一。她的绝世美貌和旷世传奇让人们津津乐道，回味无穷。

"月亮女神"辛西娅

贝蒂·索普，是第二次世界大战期间英国著名的间谍。她的代号为"辛西娅"，即月亮女神的意思。辛西娅不仅容貌秀丽，而且机智过人。她勇敢、无畏、果断、敢于冒险的性格，加上对男人与生俱来的吸引力，使她在谍海生涯中总是从容不迫、游刃有余。在与几个男人的周旋中，她为盟国、为英国获取了大量的军事和外交情报。

这位月亮般美丽的女人，为盟军在北非登陆做出了杰出的贡献。在纽约，她完成了一项重要的任务——窃取维希法国海军新密码本，这就为盟军开辟了返回法国、最终进入德国的凯旋之路。她的成就，在英国情报史上永垂不朽。她被人们称为"改变战争局势、缩短第二次世界大战进程"的优秀间谍。

放荡不羁的外交官夫人

贝蒂·索普1910年11月22日出生于美国明尼苏达州的明尼阿波利斯镇。她的父亲乔治·赛勒斯·索普，是美国海军陆战队的一名少将，曾随部队转战世界各国。她的母亲是位因循守旧的女人，她循规蹈矩地生活着，希望将来自己女儿也如自己一样安分守己地过日子。或许是物极必反的缘故，贝蒂从小就很叛逆，她不喜欢母亲强加在自己身上的诸多规矩。

第一次世界大战时期，因战争需要，乔治在古巴暂住了一段时间。贝蒂的童年大部分就是在那里度过的。在古巴，贝蒂学会了西班牙语，这就为她后来从事间谍工作打下了基础。

后来，贝蒂一家搬到了华盛顿，随后他们一家又迁往了夏威夷。1928年夏，贝蒂又随父母回到了她的出生地明尼苏达州。或许是受军旅生活的影响，少年贝蒂与别的少女不同。她喜欢冒险、刺激的生活，她总是做一些别的同学不敢做的事情。

少女时期的贝蒂就已经出落得明眸皓齿，楚楚动人。她有一头棕红色的头发，一对湖水般深绿色的大眼睛，丰满的嘴唇，婀娜的身姿。这样与生俱来的风流与妩媚，让她自然而然地成了众多男人追求的对象。据说，14岁的贝蒂就能够吸引男人的目光。她的第一个情人是位街头画家，二人情投意合，交谈甚欢。贝蒂常常免费为他当人体模特。从那时起，她就体验到了美貌带给她的独特魅力。

后来，贝蒂被送到瑞士日内瓦湖畔的一所女子学校接受教育。在那里，她学习了青年女子进入社交界所需要的知识与能力。之后，她游历欧洲，视野也随之不断开阔。返美后，贝蒂又进入明尼苏达州女子学院继续深造。这些经历，使贝蒂逐渐成长为举止高雅、成熟稳重的气质女郎。

在明尼苏达州女子学院上学期间，贝蒂经常和同学到附近的英国领事馆看无声电影。去的次数多了，彼此也就熟识了。贝蒂的美，吸引了领事馆的男士们，他们经常邀请她参加领事馆举办的舞会并借机大献殷勤。大使馆里，有位叫阿瑟·帕克的二等秘书，他也对贝蒂展开了热烈的追求。在众多的追求者当中，帕克并不占绝对优势。相反，他还有诸多的不利条件：在第一次世界大战中负过伤，因而身体状况不佳；自负，反应迟钝，与人交流有些困难；年龄偏大，比贝蒂大了整整20岁。

然而，令人大跌眼镜的是，正值妙龄的贝蒂最后却选择了和帕克结婚。这的确令人匪夷所思。不过有人认为，贝蒂之所以嫁给帕克，是因为她怀了帕克的孩子。当时的美国还比较保守，未婚先孕是件不体面的事情。为了遮丑，贝蒂只能和帕克奉子成婚。

婚后，贝蒂随丈夫一起回到英国。回英国后，丈夫执意要求贝蒂打掉肚子里的孩子。因为孩子过早地出生，会使他的婚前丑行暴露。这样一来，很可能影响自己今后仕途的升迁。然而，贝蒂却坚决要生下孩子。意见的相左，使夫妻二人经常吵架，严重影响了夫妻关系。为了打掉贝蒂肚子里的孩子，帕克还自私地怂恿她做一些剧烈的体育活动，以期引发流产。

1930年10月，20岁的贝蒂生下了她的第一个孩子。孩子出生后，帕克打算把孩子送人，伤心欲绝的贝蒂只好将孩子送到父母那里去。深受打击的贝蒂，心性大变，从此变得放荡不羁。她不再相信任何男人，她靠近男人，也仅仅是把他们看作性的对象。后来，贝蒂找了一连串的情人，这令她的丈夫非常无奈。他曾经自嘲地说："如果每个外交官夫人都像贝蒂那样放荡不羁，那么英国就没有什么秘密可言了。"

谍海初探

从事间谍工作，最初不过是贝蒂的一项个人喜好。她喜欢冒险、刺激的生活，不甘心做一个碌碌无为的平庸女人，间谍工作正符合她这种个性的人的需求。再者说来，贝蒂也有做间谍的双重优势，一方面是她有勇敢无畏、喜欢冒险的性格；另一方面则是她对男人有一种与希特勒的结伙表示不满，但这并不表示他愿意出卖意大利军事机密，充当盟国间谍。面对辛西娅的要求，莱斯并没有立即给予她肯定答复。他表示此事关系重大，容他仔细考虑一下。

第二天，就在辛西娅焦急万分地等待事情结果时，莱斯捧着一大把鲜艳欲滴的玫瑰花敲开了辛西娅的大门。看到鲜花，辛西娅知道自己成功了。进屋后，莱斯便把密码和译电本交给了辛西娅。接过东西后，辛西娅忘情地搂着莱斯亲吻起来，她喃喃地说："你为美国海军做出了杰出的贡献。"

辛西娅将密码和译电本拍照后，便派人将这些东西紧急送往了伦敦。辛西娅的这一成功，给意大利海军带来了毁灭性的灾难：1941 年 3 月 28 日，英国皇家海军在地中海大捷，意大利舰队被彻底击垮。战败的意大利海军尚且不知道，他们调遣、部署军舰的密码通讯，早已被及时破译并及时送到了英国舰队司令坎宁安上将的手中。

地中海一战，切断了轴心国与非洲的联系，致使隆美尔的非洲军团在海外孤立无援，这就为日后蒙哥马利元帅在阿拉曼取得胜利奠定了坚实的基础。

随着意大利海军的衰落，莱斯上将也就逐渐失去了利用的价值。为了减少日后的麻烦，英国情报局决定让莱斯回国。具有讽刺意味的是，正是莱斯自己的情报将他送上了被驱逐的道路。事情是这样的：莱斯曾经告诉辛西娅，意大利、德国海军要去美国搞破坏的联合计划。得知这一消息，英国情报局顺势将这一情报告知了美国。美国联邦调查局立即着手调查此事。不久，莱斯就被美国驱逐出境。

与情人并肩作战

1940 年 6 月，法国政府向纳粹德国投降后，组建了维希傀儡政府，成了"亲轴心国"。维希政府上台后，便在华盛顿培植起了自己的秘密警察势力。其工作任务是防止美国参战，工作方法则是宣传、破坏甚至暗杀。

为了阻止维希政府的荒唐行为，也为了向世界各国人民揭穿其真正嘴脸，英国安全协调局决定派辛西娅去维希政府驻华盛顿大使馆窃取情报。这是一项艰巨的任务，威廉·斯蒂芬森决定亲自向辛西娅交代任务。

1941 年 3 月的一天，斯蒂芬森以"威廉斯"的名义拜访了辛西娅。由于事先没有通知，辛西娅并不知道来人的真实身份。她担心造访者是轴心国间谍或者是美国联邦调查局派来的

法国维希政府的傀儡领袖贝当（居中者）

特工人员。经过小心的周旋与试探，她认定眼前的"威廉斯先生"便是她的上司斯蒂芬森。见她如此谨慎、机敏，斯蒂芬森确定辛西娅能够委以重任。于是，他亮明身份，直接向她下达了新的指令。

斯蒂芬森告诉辛西娅，维希政府正在鼓动希特勒扩大战争，并试图阻挠美国参战。所以他希望辛西娅能够截获维希法国驻美大使馆与欧洲之间的全部情报，即一切来往函电、私人信件和明码电报。得到全部情报，这的确是个难度相当大的任务。况且，

去华盛顿执行任务，还要时刻警惕秘密警察的监视，一旦身份暴露，就会有性命之忧。

尽管知道任务艰巨，辛西娅还是自信满满地接受了任务。对于她来说，冒险是一种刺激，风险越大，越能激起她挑战的欲望。再者，她坚信自己有征服男人的特殊魅力。她说，只要她愿意，就能够使任何一个男人向她吐露机密。

会谈后，辛西娅开始琢磨如何打入维希法国大使馆的事情。行动之前，她先做了充分的调查。在查阅和研究了使馆人员的具体情况后，她决计先从纽约下手。因为维希法国人员大多居住在纽约市的比埃尔旅馆里。相对于众目所视的华盛顿，从纽约下手更不容易引起人们的怀疑。

辛西娅了解到，大使馆的新闻专员是一个叫查尔斯·布鲁斯的人，他曾是法国海军的一名战斗机驾驶员，是个上尉。作为一名现役军人，布鲁斯还是比较忠诚于维希政府的。不过与其职务不相称的是，他不太喜欢德国人，反而对英国人怀有好感。

了解到这一信息，辛西娅决定把主攻目标放在布鲁斯身上。作为一名新闻记者，她很快与布鲁斯取得了联系。电话中，她要求采访大使，并请布鲁斯安排一下采访时间。或许是心情愉快的缘故，布鲁斯爽快地答应了她的要求。

第二天，衣着素雅、精心打扮的辛西娅准时来到了法国大使馆的门前。一到使馆，她就出示了自己的相关证件。接待她的正是新闻专员布鲁斯。双方一见面，就都被对方深深吸引。布鲁斯40多岁，英俊成熟；辛西娅三十出头，漂亮妩媚。

在大使到来之前，两人开始了闲聊。布鲁斯告诉辛西娅，他在服役期间获得过很多荣誉。他还说自己曾结过3次婚，但是婚后生活并不幸福。这些似乎是向辛西娅暗示，自己是一个追求浪漫的法国男人。

布鲁斯热情地指点辛西娅如何同大使打交道。他说，大使是个很难相处的人，他不了解美国人，更不了解欧洲及欧洲文化。所以他建议辛西娅最好以一种超脱的世界主义者的态度同大使打交道。见布鲁斯如此热心，辛西娅知道他已经为自己的魅力所倾倒。因为她知道，替女人着想，是男人献殷勤的最好方式。

采访大使时，布鲁斯在一旁陪同。在与大使的周旋中，辛西娅注意到，布鲁斯不时地向她眉目传情。采访结束后，布鲁斯还亲自将她送至门口。种种迹象表明，布鲁斯已经对辛西娅产生了一种特别的感情。

果不其然，采访后的第二天，辛西娅就收到了一束玫瑰和一张请帖——布鲁斯上尉邀她共进午餐。短短几个小时后，辛西娅就把布鲁斯带到了她的住处。郎情妾意之下，二人开始了热恋。对辛西娅来说，引诱布鲁斯不仅是间谍工作的需要，更是一种爱情的享受。布鲁斯是个浪漫的法国男人，他视野开阔、机智幽默，是个不可多得的好情人。

开始和布鲁斯交往时，辛西娅是谨慎的。她对政治及战争等敏感性问题很少提及。布鲁斯对此类事情也绝口不提。一次，他们在一家饭店吃饭时，看到一个维希秘密警察正坐在那里。于是，布鲁斯向辛西娅透露，他们的交往可能会有些麻烦，因为维希政府不喜欢法国人和美国人交往。

正当两人如胶似漆时，"噩耗"传来——为了节俭，维希法国大使馆要实行裁员政策。很不幸的是，布鲁斯也在裁员之列。这样一来，他就必须回到法国去。加斯顿·亨利·海大使告诉布鲁斯，如果他想继续留在大使馆工作，就只能拿原来一半的薪水。对布鲁斯这样一个喜欢交际、花钱大方，又要养活妻儿老小的人来说，半薪是远远不够的。思来想去，他决定回法国去。于是，他找到了辛西娅并向她说明了情况。布鲁斯希望辛西娅能和他结婚，然后二人一起回法国去。

辛西娅说事情突然，她要好好考虑一下。实际上，她是想乘机把这件事情告诉她的联系人霍华德。霍华德认为，这倒是一个策反布鲁斯的好机会。他说，如果布鲁斯能够提供情报给辛西娅，英国方面将付给他相应的薪水。这件事虽然有些冒险，但却不失为一个好办法。于是，在一次缠绵过后，辛西娅就将自己的间谍身份和盘托出。

"什么？你是间谍？原来你同我交往就是为了获取情报！"布鲁斯知道辛西娅的真实身份后，大声地咆哮道。

"布鲁斯，我是真的爱你。虽然我想从你身上获取情报，但是我对你的感情却没有半点儿虚假。为了以后长久的幸福，从现在开始，我们必须密切合作！"辛西娅泪眼婆娑地说道。

"但是，这是一种卖国行为。作为一名军人，我不可能背叛自己的国家。"

起初，布鲁斯并没有答应辛西娅的要求。但是，之后发生的一件事让他的态度彻底地发生了改变。事情是这样的：一天，布鲁斯接到了维希法国海军上将达尔朗发来的电报。电报中，达尔朗要求大使馆清查英国军舰和商船在美国船坞中的修理情况。显然，达尔朗是在给德国搜集情报。因为当时德国潜艇正在袭击英国军舰及一切为英国运输补给的货轮。

看到大使的复电，布鲁斯突然明白了，他是在为纳粹德国服务。想到这里，他决定同辛西娅合作。当晚，他就把这封电报拿给了辛西娅看，然后又把大使复电内容的副本交给了她。

"为什么要拿给我看？"辛西娅问。

"因为法国人没有为德国人收集情报的义务。"布鲁斯平静地回答。

就这样，布鲁斯成了辛西娅的情报提供者。凡是辛西娅感兴趣的东西，他都想方设法地弄到手。对英国情报局来说，布鲁斯的加入，无异于如虎添翼。工作上的合作，使两人的感情更进了一步。

夜闯机要室

1942 年 3 月，辛西娅接到一项新的任务：窃取维希法国海军的新密码本。这几乎是一项不能完成的任务：第一，密码本放在大使馆机要室的保险柜里，只有大使和译电员两个人知道保险柜的密码；第二，机要室日夜有人把守，即使是布鲁斯也无权进入，更不用说是辛西娅本人；第三，密码本有厚厚的几册，不能够随身携带。这样更增加了任务的难度。

"事情听起来似乎很难完成，但是我愿意干一些别人办不到的事情。"喜好冒险的辛西娅这次又自信满满地接受了任务。

回到华盛顿后，辛西娅找来了布鲁斯。一阵亲昵之后，她就急切地告诉了布鲁斯新接手的任务。

"什么？维希政府海军密码？我看你们老板是昏了头，而你也跟着老板一起发疯！"听说要盗海军密码，布鲁斯立即狂怒地吼道。

"这么说你是不肯帮忙了？"辛西娅挑衅地问道。

"不是我不愿帮忙，是因为在这件事上我无能为力。"布鲁斯无奈地摇了摇头。

"如果你不愿帮忙，那我就去找译电员贝诺瓦，说不定他有办法。"辛西娅赌气说道。

"亲爱的，你别费心机了。贝诺瓦是个快退休的糟老头子，他不会上钩的。"布鲁斯嬉皮笑脸地说道。

正如布鲁斯说的那样，贝诺瓦并没有答应辛西娅的要求。他是一个恪尽职守的古板老头，虽然他不喜欢德国人，但是也不会出卖自己的上司。值得庆幸的是，他没有揭发辛西娅的间谍身份。

初次碰壁的辛西娅并没有气馁，她很快就把目标转向了贝诺瓦的继任人德·L伯爵身上。通过调查，辛西娅发现伯爵是个好色之徒。他的妻子和孩子住在华盛顿的郊外，而他本人则住在城区内的一所公寓里。目前他的妻子正在怀孕，这个时候的男人最容易背着妻子偷情。得知这一情况后，辛西娅瞒着布鲁斯，径直去找伯爵帮忙。当然，这一举动也没有向她的联系人霍华德汇报。

辛西娅并没有事前预约，就直接按响了伯爵的门铃。对于她的突然造访，伯爵虽心存疑问，但还是热情地接待了她。寒暄过后，辛西娅坦率地说明了自己的来意。她说，自己是为美国人服务的，但她也爱法国，希望法国恢复完全的独立。为此，她需要维希政府的海军密码。她还表明，只要伯爵肯帮忙，他就能得到相应的报酬，而且他"要什么都行"。但是，辛西娅又一次碰壁了。因为伯爵虽然想在外遇上占点儿便宜，但是他绝不会拿自己的锦绣前程做筹码。于是，他果断拒绝了辛西娅的要求。

然而，就在辛西娅无计可施的时候，伯爵突然在旅馆的电梯里向她问好。一向自信的辛西娅以为伯爵改变了主意，于是欣然把他请进了自己的房间，并很快同他发生了关系。

这是辛西娅做间谍以来所犯的第一个天大的错误。当伯爵在她的身上发泄完欲望起身穿衣的时候，他满不在乎地说："亲爱的，你给了我美好的享受。可是海军密码，我还是不能给你。作为一名职业外交官，我有责任向大使报告你的一切！"

辛西娅意识到，自己的一意孤行闯了大祸。但是，事情已经发生，后悔也无济于事。然而，更糟糕的事情还在后面。当伯爵走出辛西娅的房间时，恰好和前来的布鲁斯撞了个正着。他嘲弄地对布鲁斯说："先生，很是抱歉，在此之前，我并不知道你们关系非同寻常。"说完后，他便得意扬扬地离去。

布鲁斯气急了，他不能容忍自己的情人被别人占了便宜。见到辛西娅，他气急败坏地扑了上去，狠狠地抽了她几个耳光。然而，生气归生气，冷静下来的布鲁斯还是原谅了情人的放荡不羁。毕竟，在这件事上，他也有不可推卸的责任。如果一开始他就答应帮忙的话，或许这样的事情就不会发生。眼前最重要的事情是如何弥补辛西娅犯下的错误。她的间谍身份已经暴露，而且伯爵还知道了她与布鲁斯关系暧昧。为了邀功，他极可能将这些事情向大使汇报。那样一来，辛西娅和布鲁斯极有可能被华盛顿的秘密警察杀害。布鲁斯当机立断，马上对伯爵可能采取的行动采取防范措施。

果不其然，第二天一大早，布鲁斯就被大使叫进了办公室。大使面带笑容地说："布鲁斯先生，冒昧问一个私人问题。听说你和那个美国女记者关系不错，这是真的吗？"

"是的，她是一位出色的女性。"布鲁斯毫不隐讳地回答。

"可是我听伯爵说，伊丽莎白·索普是一个美国间谍。她前几天曾引诱他出卖海军密码，并承诺给他一大笔酬金。对此，你有什么看法？"这时，大使的脸上已经没有了笑容，他在等布鲁斯对此事的解释。

听了大使的话，布鲁斯摆出一副不屑一顾的样子。他轻蔑地说："是伯爵遭到严词拒绝吧？我听说他昨天晚上闯入伊丽莎白的房间，欲行不轨，结果被人家给轰了出去！睚眦必报，这也是他这种人的一贯行为。"

"这是真的吗？"大使不解地问。

"当然，他是个惯于寻花问柳的人，要不怎么单独在华盛顿住一套公寓？而且，他这个人喜欢造谣生事，惯用谣言中伤别人！"布鲁斯愤愤不平地说。

"他还喜欢散布谣言？"大使皱着眉头问。

"是的。他还曾经说过大使您的坏话。他说您和德·瑞朗男爵夫人关系暧昧。"

听到这里，大使一脸尴尬，因为他确实是和德·瑞朗男爵夫人私通。他原以为这件事没人知晓，不曾想德·L伯爵早已将此事闹得人尽皆知。想到这里，他忍不住骂道："这个人真是个无耻的流氓！"

见自己的话已经奏效，布鲁斯决定趁热打铁。他说："伊丽莎白·索普是位优秀的记者，他的父亲在华盛顿也很有影响。现在我们如果捕风捉影地去招惹美国，恐怕到时候吃亏的还是法国人自己。"

大使听了表示赞同。不久之后，布鲁斯就听到了德·L伯爵被调离机要室的消息。眼前危机解决之后，下一步的行动目标就是获取机要室的密码本。经过商议，两人决定夜闯机要室。机要室位于使馆大楼的底层，房间里有一扇窗子，周围是长满树木的草坪。

对于夜闯机要室的建议，英国方面有些担心。因为法国大使馆属于外国领土，美国方面无权管辖，因而对其当事人无法进行有效保护。再者说来，如果美国联邦调查局知道英国安全协调局在华盛顿窃取情报，一定会对英国当局施加压力。但是，事情已经到了"箭在弦上，不得不发"的地步——伦敦方面已经多次派人催要密码本的下落。在这样紧急的情况下，除了冒险一试，他们再也想不出更好的替代办法。

为了撬开保险柜的大门，辛西娅特意会见了一个叫卡莱克尔的惯偷。他是一个身材瘦小的加拿大男人，其撬锁本领相当了得。因为答应为政府夜撬敌人保险柜的任务，他才得以提前释放。事成之后，他的报酬便是可以恢复自由之身。

找到了撬锁高手，下一个需要解决的问题就是如何把卡莱克尔秘密送到大使馆里。大使馆的夜间巡逻人员警惕性很高，而且随身佩带武器。值得庆幸的是，夜间值班人员仅有一位。在英国安全协调局的参与下，布鲁斯和辛西娅制订了一个进入大使馆的计划。布鲁斯告诉警卫人员，他手头积压了一大堆急需处理的文件，因而要有几个晚上的加班时间。说完这些，他顺手塞给了警卫一笔可观的小费，同时压低嗓音对他说："有个女朋友和我在一起，我不能带她去旅馆，那样会引起我妻子的怀疑。"

身为男人，警卫人员当然明白布鲁斯用意何为。他朝布鲁斯会心一笑，算是默许。就这样，接连几个晚上，辛西娅都和布鲁斯腻在大使馆里。对于这样的风流韵事，警卫员早已心知肚明。在布鲁斯的办公室里，辛西娅密切注意着门外的动静。她发现，警卫员巡逻很有规律，大概50分钟走完一个来回。在这样短的时间里，窃贼是无法打开机要室的保险柜的。

"必须让他睡过去。"辛西娅下了这样的决定。于是，她从总部那里要来了最新的安眠药戊巴比妥。一天晚上，布鲁斯将一瓶香槟带到了大使馆，之后就和辛西娅对饮起来。警卫员前来巡视的时候，布鲁斯高兴地对他说："来，喝上一杯！"

"多谢上尉，值班的时候是不能饮酒的。"警卫员答道。

"这可是上好的法国香槟，你就别再推脱，拿回去喝吧。"布鲁斯进一步劝解道。

"这不太好吧？"

"没事，我们不会和别人说的。"见警卫员心动，辛西娅乘机补充道。

喝完香槟的警卫员不一会儿就进入了梦乡。在警卫员酣睡之际，卡莱克尔悄悄地溜了进来。

那是一个老式的保险柜，锁孔处已经锈迹斑斑。或许是被关时间太久，卡莱克尔的技艺显得有些生疏，他用了很长时间才把保险柜的门打开。密码本就在柜子里面，可是今晚已经没有时间再做别的事情了。于是，他们把现场还原后，就悄悄地撤了出来。

第二天，辛西娅独自来到了机要室。可是，不管她怎样努力，就是打不开保险柜的门。一连几天，每次都是无功而返。万般无奈之下，她只好又请卡莱克尔亲自出马。

还是上次的问题，怎样把卡莱克尔顺利弄进大使馆里。这次不能再给警卫下安眠药了，否则他一定会有所察觉。思来想去，辛西娅想出了一个绝妙办法：黑暗中，她和布鲁斯脱得一丝不挂，两个人紧紧地拥抱在了一起。警卫员过来巡视后，手电筒的光正好照在了他们身上。见此情景，警卫连忙抱歉地说："对不起，打扰了！"之后便熄灭了手电筒，转身离开。这时，他们便乘机把卡莱克尔带进了大使馆的机要室。

这一回，事情进展顺利。卡莱克尔只用了几分钟就打开了保险柜。之后他们通过窗子把密码本送了出去。在离大使馆不远处的一辆车里，几架相机对着密码本逐页进行了拍照。拍照完后，密码本又被悄悄地送回了大使馆里。不久之后，这些照片便被送到了英国的伦敦。靠着维希海军的密码本，盟军在1942年6月顺利地占领了马达加斯加。后来，他们能在阿尔及利亚和摩洛哥顺利登陆，也是因为有了秘密本的帮助。

盟军在北非顺利登陆后，维希政府关闭了它在华盛顿的大使馆。使馆人员，包括布鲁斯一家都被扣留在宾夕法尼亚州的一家旅馆里。1946年，布鲁斯跟妻子离婚，与前来与他团聚的辛西娅结了婚。婚后，两人在一座富有诗意的古堡里过起了平凡的夫妻生活。1963年10月，辛西娅因病去世。10年后，布鲁斯也随她而去。

这就是英国杰出女间谍辛西娅的传奇一生。辛西娅曾经说："我是一个爱国者。我热爱美国和英国，后来我也很爱法国。我用'爱情'换取了情报，但是我问心无愧。我的工作挽救了很多人的生命，这就是我工作的意义。那些体面的女人在面对我所遇到的情况时会退缩，但是我不会。我觉得光靠'体面'的做法无法赢得战争的胜利。"

辛西娅用自己的美貌打开了几个男人的心扉，获取了重要的战争情报，改变了战局，缩短了二战的进程，她在二战中对盟国的贡献是不可磨灭的。

希特勒的情人南希·布鲁克福德

1940年5月，初夏的巴黎气候宜人，追求时髦的法国女人穿着漂亮的裙子，步履轻盈地在巴黎大街上招摇过市。公园里划船的孩子们在泼水嬉戏。咖啡馆里的男男女女漫不经心地闲聊着。巴黎，欧洲大陆上的这颗璀璨的明珠，沉浸在宁静、祥和的气氛中。而此时，希特勒的数十万大军已经打到索姆河岸边。法国的高层人士已经开始移居瑞典或逃往美国，各国驻法国的大使正在撤回本国，外交部的工作人员忙着焚毁文件。战争已经笼罩在欧洲大陆的"明珠"上空。

这时，英国女郎南希·布鲁克福德正在巴黎度假。南希出生于英国贵族家庭，她是亨利·布鲁克福德伯爵最宠爱的小女儿。她从小就调皮捣蛋，但是伯爵却十分溺爱她，对她管教不严。她长大后梦想出人头地，成为令人尊敬的贵族太太，她和英国王储恋爱了，但是不幸失败了。此后，她又异想天开地想学开飞机。为此她和家人闹翻了，独自跑到德国学习飞行，并与德国纳粹中将汉姆特·比特里希结了婚，成了一个德国人。不久，她成了纳粹头子希特勒的情人。她在英国的亲戚、朋友异口同声骂她是"叛徒"，伯爵家的败类。她并非有意背叛自己的祖国，只不过按照自己的生活准则设计自己的人生而已。

南希小姐接到一个电话，说有熟人来访，务必速回旅馆。她回到旅馆时，已经是下午3点了，她看到一个男人坐在客厅的沙发上。南希瞄了一眼，觉得这个男人很面熟，但是一时想不起来在哪儿见过。

这个男人自我介绍道："康氏巴比·邓巴。"南希想起来了，他是父亲的老朋友，以前她在英国的家中见过他两次，那时伯爵还在世。南希连忙说："对不起，让您久等了。"

邓巴站起来对她说："失去伯爵，我很伤心，能在这里看到他的小女儿真的特别高兴。我住在英国大使馆，一个杰出的英国人要来法国，希望你能去看看他。"南希很少和英国的亲戚朋友往来，考虑到家里人对她的排斥，她感到心烦意乱，本能地说："不，我不是叛徒。"

邓巴了解她的处境，和蔼地说："年轻人有权利选择自己的生活，说你是叛徒是不人道的。"南希听后心情略为开朗，脸上露出了笑容。

邓巴再次问她："一位杰出的英国人想见你，你不会拒绝吧？"

南希说："英国是我的故乡，我没有理由拒绝故乡来的亲人，不管他是杰出人物，还是平民。"她心里在嘀咕，所谓"杰出人物"到底是什么人呢？

"小姐如此爱国，伯爵在九泉之下也应该感到欣慰了。你晚上7点出门，手里拿着报纸，到旅馆右边的公用电话亭，到时候会有一个左手拿着白色手帕的女人向你借打火机，她会告诉你怎么找到那个人。"邓巴说完后，就告辞了。留下南希苦苦思索到底是什么人如此神秘，难道是英国的王储想和她叙旧？管他呢，只要不骂她是英国的叛徒，她就愿意去。

秘密会见丘吉尔

晚上7点，南希按照邓巴的嘱咐准时出门。她特意打扮了一番，穿了一件华丽的连衣裙，还喷了点儿名贵的法国香水。她拿着报纸朝旅馆右边的电话亭走去，刚站到那里，就有一个浓妆艳抹的女人从电话亭里走出来。这个打扮得像妓女的女人口里叼着一根香烟，左手拿着一块雪白的手帕。她看到南希走过来，迎上前去娇声地说："小姐，能借个火吗？"南希从挎包中掏出打火机递过去。

女人熟练地把烟点着，吸了一口，然后懒洋洋地把打火机还给南希，头也不抬地走了。南希刚想把她叫住，发现手里除了打火机，还多了一张纸条。她走进电话亭，打开纸条，上面写道："今晚8点请到大富豪餐厅用晚餐，如果8点50分还没有人跟你接头，就请到圣杰街教堂门口等候。"南希有点儿不耐烦了，见一个人竟然如此麻烦，不过她的好奇心也被吊起来了。究竟是什么人如此神秘呢？她假装吸烟，把纸条烧掉了。

南希8点钟准时来到大富豪饭店吃晚餐，点了三个菜。她还没有吃完饭，就有一个侍者过来说："夫人，请你结账。"她虽然感到奇怪，但还是把钱给了他。一会儿，那位侍者回来还她零钱，同时递给她一张纸条。

丘吉尔像

南希假装漫不经心地数零钱，瞟到纸条上的字：出饭店后请往右走 10 米，有一辆黑色的奔驰在等你。

南希走出饭店，看到右边 10 米外的地方确实有一辆黑色的奔驰。她又紧张又兴奋地走过去，一个年轻人从车里出来，用英语轻轻地对她说："南希女士，请上车！"她刚坐上去，汽车就开动了。看来这辆车要带她去见那个神秘人物。南希忍不住问："带我去什么地方？见什么人？"那人说："对不起，这是国家机密。不过请放心，你没有危险。我是英国军事情报局六处的。"南希知道，那是英国的间谍机构。

很快，轿车在一条黑暗的小巷停了下来。南希下车后，那辆车"呼"地一下开走了。正当南希不明所以的时候，她看到那里停着另一辆车，车上走出一个人，原来是邓巴。邓巴请南希上车。南希迷惑地问邓巴："见一个英国人为什么如此神神秘秘的？好像在做什么见不得人的勾当。"邓巴回答："马上你就知道了。"

车在法国外交部大楼停下来，但是邓巴没有进外交部，而是带南希走到旁边的国际大厦。到了五楼，南希看到很多英国警卫毕恭毕敬地站在那里。一个侍者向南希招手示意，把她带到一扇门前，向她鞠了一躬，拉开门请南希进去，然后把门关上。

南希进去后，终于明白为什么见一个人要如此复杂，因为她要见的是当时的英国首相温斯顿·丘吉尔。他坐在一张老式的法国旧沙发上，目光里失去往日的犀利，神情有点儿沮丧，像一个长途跋涉的老人。

"南希，你好！"丘吉尔望着惊愕得说不出话的南希，用柔和的语调说。

"首相阁下，没想到会在法国遇到您，真是太荣幸了。不知道您找我有什么吩咐？"既然是首相找她，绝不是为了拉家常，何况是在战争年代。

丘吉尔看出了南希的心思，站起来说："我只在法国待 7 小时，今天恐怕是我一生最沮丧的日子了。"

"是因为法国打了败仗？"

丘吉尔打量着南希，缓缓地点头，不无悲伤地说："何止是打了败仗？这次失败会使法兰西共和国从地图上消失……德国人的铁蹄将踏遍法国！"

丘吉尔面色凝重，坐了下来。南希感觉到战争的重担快把这位杰出的英国人压倒了，但是她还是能从他的眼神中看到坚毅和自信。

"德国人真的很厉害吗？"南希问。

"希特勒很会打仗，如果他全力进攻，恐怕任何防线都会被攻破。现在法国被打败了，我们大英帝国只能孤军奋战了。"

南希说："我相信希特勒不敢跨过英吉利海峡，他害怕英国的海军。"

丘吉尔说："我们的海军已经做好战斗准备，无论如何要阻止希特勒登陆。"

南希的爱国热情被激发起来，渴望出人头地的思潮开始涌动。她说："请问首相，我能为祖国做点儿什么？"

丘吉尔抬起下巴，审视着这个血统高贵却不安分的漂亮英国女人，他吸了一口气，意味深长地说道："南希，为了战争的胜利，成千上万的事需要人来做，英国只需要你做两件事，非常重要的两件事。"

"首相，只要我能办到，决不推辞！"

丘吉尔顿了顿，说："我们了解你在德国的情况，也知道你热爱英国，不希望英国打败仗。

我希望你尽快将希特勒的'海狮计划'搞到手,那是希特勒侵犯英国的作战计划;第二是必要时,将希特勒……"他做了一个割脖子的手势。

南希惊异道:"要我杀死希特勒?"

丘吉尔用军人的语气问她:"能做到吗?"

南希沉默了片刻,坚定地说:"能!"

丘吉尔追问她:"用什么办法?"

南希说:"为了英国,我将不惜一切代价,包括肉体和生命!他允许我在他面前佩带武器……"

丘吉尔激动地说:"亲爱的南希,你是英国的骄傲!我相信你一定能打败希特勒,但不知你什么时候才能成功。"

南希端起桌子上的法国金奖白兰地酒,扬起脖子猛喝了一口,仗着酒劲使自己恢复了平静,然后说:"我想当然是越快越好。不过,我需要机会。只有当我单独和他在一起时,才有机会下手。可能过几天就行,也可能过两个月才有机会。无论如何,我都会想尽一切办法接近他。"

丘吉尔用怜爱的目光看着眼前这个勇敢又自信的女郎。在英国首相面前,她不过是一个后辈,一个美丽、高傲、自以为是的小姑娘。但是她却敢用自己的身体去猎取希特勒,为英国人杀死这个战争魔王。这是一件惊天动地的大事,这个女孩却把它看得如此简单。丘吉尔的心情很矛盾,作为长辈,作为英国首相,他并不愿她这样做,他怎么忍心看着这么一个如花似玉的英国女人去接受希特勒的凌辱?但是考虑到战争将给英国人带来无穷的灾难,他又希望她这样做,并且渴望她能够成功。

丘吉尔不愧是一代杰出的政治家,他很快平静下来,站起身,端起一杯白兰地说:"好,你愿意为祖国去做这件事,有骨气!来,为你最后的胜利而干杯!"

南希闭上眼睛,一口气将这杯酒干了,眼眶里却充溢着激动的泪花。

丘吉尔握住她的手,安慰她说:"许多英国人对你有误解,使你承受了太多的压力,他们骂你是'叛徒',我对此很抱歉。而我现在又不能对他们说你是在为英国做一件惊天动地的事,甚至不能对你的家人说。南希小姐,我们在德国没有比你更重要的人了。当然,除了我以外,只有为数不多的几个人知道你在做什么或准备做什么。但是我向你保证,不管你能否成功,你都将是大英帝国了不起的英雄,英国将会给你无上的光荣,全世界人民都将知道你是一个改变历史的英雄。我们很快就会看到这一天!"

南希苦笑道:"但愿如此!"

窃取情报

丘吉尔回国后不足 10 天,法国就土崩瓦解,正如他对南希所说的,英国已经孤立无援,只有单独对德军作战。丘吉尔刚刚回到伦敦不到 30 天,英国潜伏在德国的间谍就把德国最高统帅部作战局局长约德尔将军在 1940 年 6 月 30 日的讲话送到了首相府:德国对英国的最后胜利只是一个时间问题。敌人再也不可能进行大规模的进攻战了。

约德尔是深得希特勒宠信的德国战略家,他这番信心十足、颇为自满的话,令丘吉尔伤透了脑筋。丘吉尔迫切需要知道德国人投入了多少军队,哪一天发起进攻。然而,英国的间谍发回的密电称:"德国空军和海军将单独担负对英作战。"这个情报既大又空,没有多少价值。而一个苏联间谍卖给英国人的情报是:"德国海军、空军人手一本英国地图,每一个团专门配备一个英文翻译,士兵正在练习简单的英语对话。"

所有迹象表明，希特勒正在准备发动一场进攻英伦三岛的战争，而丘吉尔对希特勒的详细军事计划还一无所知。丘吉尔迫不得已让英国的间谍头子设法与南希联系上。

柏林街头，一位绅士派头的人按响了南希住宅的门铃。这个公寓是希特勒送给她的，她接受了丘吉尔交给的重要任务后，便很快回到了德国。她一下子变了个样：着纳粹军服，佩纳粹徽章，行纳粹军礼。这个漂亮的英国女人深得希特勒的宠爱，她可以随便到德国的任何地方旅行，而且是坐希特勒的专机，她甚至可以随便出入希特勒的房间和办公室。南希成了希特勒的公开情人，希特勒亲切地称她为"我的小宝贝"。但是希特勒直到南希借道瑞士跑回英国后，才知道他身边的这个"小宝贝"一直在他身边搜集情报，并策划了几次暗杀他的行动。

绅士按了门铃后，女佣出来开门。绅士交给女佣一束鲜花，告诉她是元首送给夫人的。女佣走进卧室，将鲜花插在花瓶里，那是一束黄玫瑰花。南希回来后，将中间最大的一朵花的花瓣摘下来。只见花瓣的后面用针刺了几个字：速将进攻计划搞到手。这是英国总部发来的指示。

南希回德国后，曾跑到希特勒的办公室去勾引他，希特勒对她很好，南希撒娇地问道："我的元首，你什么时候打到英国替我报仇呢？"希特勒知道，英国人骂南希是可耻的叛徒，他多次表示过，要把那些骂南希的人的舌头全割下来喂狗。

希特勒说："我的小宝贝，快了，你复仇的日子不远了。"

南希继续撒娇："丘吉尔有强大的海军，我不相信你能够打赢他。"

希特勒对他的部下残酷而专横，但是对他喜欢的女人却很宠爱，凡是情人提出的要求，他都能满足。希特勒说："我已经对海军和空军下了命令，让他们尽快拟出打过英吉利海峡的计划，但是这帮草包却故意推迟……不过，小宝贝，我们马上就要开始行动了，可是雷尔德，他总是反对我攻打英国……但是我最迟要在7月31日考虑这问题。"

希特勒喋喋不休地说了这么多，他并没有感到这是在泄密，但是南希却都一一记在心里。第二天，德国准备在7月31日进攻英国的情报放到了丘吉尔的办公室桌上。丘吉尔很高兴，但是这还不够，他希望能够弄到希特勒详细的作战计划，但是南希一直无法搞到，所以他再一次通过英国的间谍头子向南希发出指令。

南希为此也很着急，因为最近几天希特勒很是烦躁，对女人没有兴趣。她一直在推测是不是他对自己有所怀疑，但是她的怀疑很快就被推翻了。她终于发现了希特勒烦躁的原因，原来海军的将领们对进攻大不列颠群岛似乎没有制订出行之有效的计划，而海军元帅雷德尔和空军元帅斯佩莱对英国作战兴趣不大，所以直到7月底，南希还没有搞到希特勒进攻英国的详细计划。丘吉尔却在伦敦的办公室焦急地等待消息。

8月2日，南希在希特勒的卧室里看到了关于进攻英国的"海狮计划"的第17号指令。8月3日，这个指令就到了丘吉尔手中：

绝密

关于对英进行海空作战的第17号指令：为了为最后征服英国创造必要的条件，我打算对英国本土进行比过去更猛烈的海空作战。

为此目的，我发布如下命令：

1. 德国空军应尽快以其所有的力量打败英国空军。

2. 对英国南部沿海港口的袭击应在尽可能小的规模上进行。

3. 空军主力应整装待命。

4. 可能于 8 月 6 日或在这个日子以后开始加强进行空战。

希特勒想试探英国武器力量，看看英国人的还击力量到底有多大。由于南希及时将情报送出，丘吉尔做好了充足的应战准备，而美国人又运来了 200 门远程高射炮支援，因此，希特勒的空袭并没有成功，反而被打下几架战斗机。反对与英作战派以此为由再次提出反对进攻英国的意见。

8 月 15 日，德国的"鹰计划"开始行动。这是对英国的一次大规模空战，在此之前的整个 7 月份，德国空军对在海峡里的英国战舰的攻击日益频繁。这个计划是对英国本土进行一次前所未有的轰炸，但是飞机每一次出动，似乎英国人早就有所防备，每一次都是被英国人打得狼狈而逃。原因很简单，"鹰计划"刚刚拟出，就被南希送到英国的谍报站。

英国人早就做好了战斗准备。英国皇家空军司令部只是机动地出动一小部分战斗机来应付，有 4 艘驱逐舰和 18 艘商船被德军击沉。但是德国空军付出的代价是 296 架飞机被击毁，135 架被击伤，而英国空军只丢失了 148 架战斗机。英国人甚至把战斗机飞到柏林上空，对德国人进行威胁，还扔下了"希特勒要打多久，英国就打多久"的传单。

希特勒像

二战初期，希特勒闪电袭击波兰、比时利、荷兰等国家，之所以所向披靡，不但得力于其手下善战的军事将领，更得力于迅疾的作战计划。

8 月 28 日，英国皇家空军派出了更多的战斗机袭击柏林，炸毁了一些街道，炸死了一些人。柏林人感到非常震惊，因为这是交战以来，外国人第一次在德国首都炸死德国人。

希特勒的"海狮计划"一直没有执行，丘吉尔却每时每刻都在紧张的备战状态。幸亏有南希这个超级间谍在希特勒身边，她几乎不费什么力气就能将那些标有"特级机密"的作战令搞到丘吉尔的办公桌上，致使德国空军和海军的几次试探性进攻都没有捞到便宜。可笑的是，希特勒并不认为泄露了作战机密，而是把失败的原因归结为地理环境因素。

经过几个月的狂轰滥炸，希特勒终于放弃了进攻英国的"海狮计划"，开始准备用闪电战攻打苏联，而此时的斯大林还蒙在鼓里。不久，丘吉尔收到了南希发来的密电："海狮计划"无限期推迟，希特勒意在苏联。大约在明年春天将对苏联有大的攻势。

丘吉尔终于可以缓一口气了。南希的第一个任务结束了，但是她还有第二个更加难以完成的任务。根据丘吉尔的指示，南希不再做窃取情报的工作，而是专心从事暗杀希特勒的工作。

上演美人计

纳粹德国保安局局长海德里希是一个好色无度的家伙，而且他和希特勒有些过节，如果能将这个人收买，那么暗杀希特勒就容易多了。

早在 1930 年夏天，海德里希还是一个海军中尉，一个偶然的机会他遇上了某中学的校花，一个长着一头金发的少女莉娜。很快，莉娜就被海德里希弄大了肚子。海德里希便与她订婚了。不久，另一位女士找上门来，说她和海德里希认识在先，应该取代莉娜，海德里希对这个女人不予理睬。但是这个女人很有来头，上告到海军首脑雷德尔上将那里。上将勒令海德里希与莉娜解除婚约，海德里希不服气，向纳粹党魁首希特勒求助。希特勒那时正在准备向德国最高权力冲刺，不愿得罪海军上将。1931年4月，海德里希接到判决书：有失荣誉，着即退役。

为此，海德里希怀恨在心，时刻寻找机会报复这两个德国高层要人。

1936年，海德里希和党卫军首领希姆莱勾结起来，很快成为纳粹中的头面人物。1939年，德国突然进攻波兰，海德里希为希特勒立下了赫赫战功，又是希特勒屠杀犹太人和捷克人的刽子手，其地位不断提高。海德里希成为实权派后，曾对南希百般勾引，但又碍于南希是希特勒的情人，不敢有非分之想。这一点早就被南希看在眼里。

为了收买海德里希，在一些私下场合，南希多次向他暗送秋波，把这个色狼撩得心痒痒的。于是他开始频繁地向南希送宝石、金首饰、玫瑰花……南希为了控制他，也不断地向他发出情意绵绵的信。有一次南希塞给他一张纸条，上面写着：元首不在的时候请光临寒舍。

海德里希看后怦然心动，他知道南希在暗示什么，而这种机会是很多的，因为随着欧洲战火的不断蔓延，希特勒经常离开大本营到前沿指挥所去督战。海德里希恰恰直接负责希特勒的保卫工作，希特勒什么时候走，到什么地方去，要去多长时间，他都一清二楚。

1941年3月，希特勒要离开大本营到前线指挥所去开一个高级军事会议，因为军事将领对于进攻苏联的战略决策出现分歧。海德里希在希特勒离开大本营后，就迫不及待地来到南希的别墅。南希刚刚午睡起床，还来不及梳妆，海德里希就急匆匆地跑进她的卧室，抱住她洁白修长的双腿一个劲儿地狂吻。南希则像一个母亲那样用手轻轻抚摸海德里希的头。

海德里希饥渴地说："南希，亲爱的，你让我想得死去活来……"

南希娇滴滴地说："我也是。可是你怎么不早点儿来呢？我知道你怕元首！"

这句话像一把刀子捅在海德里希的心上。他确实惧怕希特勒，但是他也时时刻刻都恨着希特勒。他在内心中发过誓，要把希特勒干掉。南希有意挑起他对希特勒的仇恨。果不其然，海德里希说："总有一天我会让他知道我的厉害。"

南希说："你就不怕他将你送上西天？"

"走着瞧，看谁送谁上西天。"海德里希抱紧穿着睡衣的南希，喃喃地说，"到了那一天你就永远属于我了……"

两人宽衣解带，走向欲望的深渊。从此，只要希特勒不在柏林，海德里希就成了南希的常客。

有一天晚上，海德里希说："亲爱的，你不要瞒我了，我知道你是英国的间谍。"

南希一听大惊失色，勉强保持镇静，说："亲爱的，你开什么玩笑？谁不知道我是英国的叛徒？"

海德里希说："德国人的计划就是你泄露给丘吉尔的。党卫军的监听器早就监听到你这别墅里发出的电波，而且已经将电文译出来了。"

南希没有想到这个家伙竟然知道了她的身份，此时要隐瞒，反而不妥。于是就直言不讳地说："不错，我是在为我的祖国做事。如果你认为侵犯了德国人的利益，请把我抓起来好了。"

海德里希说："如果我想抓你，还会等到现在吗？我怎么舍得你这如花似玉的女人去受党卫军的苦刑。不过，你要答应我一件事……"

南希见有一线希望，就说道："什么事？只要我做得到。难道将军还有什么难办的事要我这女人去办？"海德里希说："这事还只有你能办到。"南希说："我能帮你干什么呢？"海德里希带着仇恨的腔调说："暗杀元首。"

南希想，是不是在考验我？她知道海德里希是希特勒的大红人，这个党卫军上将和希姆莱是希特勒的左右手，他为什么要去暗杀希特勒呢？也许是一个陷阱，我可不能跳进去。

"你知道，将军，元首对我恩重如山。全德国的人都知道我是希特勒的情人，我手无缚鸡之力，如何能够办到？就算是可以，我又怎么去杀一个爱我的男人呢？更何况他是伟大的元首。"

海德里希说："亲爱的，别再演戏了。我早就侦破到英国白厅发给你尽快刺杀希特勒的密电。如果我不是有着和你一样的理想，我今天还会睡在你的床上？还会对你讲这些罪诛九族的事？"

南希在脑子里思考着他的话。现在看来，证据已经落在这个男人的手里，但是他为什么要杀希特勒呢？这个问题必须搞清楚，否则会上当，被狡诈的党卫军上将抓住把柄可不是闹着玩的。

南希说："亲爱的，元首这么信任你，你为什么要暗害他呢？"

海德里希说："你还不相信我？那我们真是白睡在一张床上了。"

南希说："我亲爱的将军，我不过是一个外国人，哪里能够理解你这位大将军的远大志向呢？再说，元首不是那么容易对付的，你可要小心从事。"

海德里希说："我很讨厌战争，而且德国的疯狂扩张绝没有好下场。希特勒是个战争狂，只要希特勒一天不满足，德国人民就一天没有安宁日子过。我曾经多次和他谈过，要谋求与美国和英国和平相处，但这个疯子根本听不进去……南希，亲爱的，德国需要的是和平，但是不杀掉希特勒，德国是不会安宁的……"

"杀了元首，德国更会大乱。"南希试探性地说。

"绝对不会。只要这个人是个和平使者。"

"可是杀了元首，谁接替他呢？难道是戈林？这个人也是个战争狂人呀！"

海德里希轻蔑地说："戈林是什么东西。既然要杀希特勒，他也别想活了。别忘了柏林是党卫军的天下。"

"这么说将军想统帅德国？"

"难道你不愿做德国第一夫人？"

南希终于把海德里希的真实意图搞清楚了。第一是他想取希特勒而代之，其次是想长期地占有自己的肉体。她要好好想想如何利用这个男人去达到自己的目的，她要海德里希过一段时间再来，她需要时间考虑。

南希启用第二套密码给伦敦发电，请示是否可以和党卫军上将海德里希合作。英国情报第六处很快就复电，完全同意她的计划，并证实希特勒和海德里希最近一段时间确实政见不和，而且海德里希是个自以为是的幻想狂，早就对希特勒的位置垂涎三尺。

海德里希深知希特勒是个专横独裁的人，谁动了他的女人绝没有好下场。他偷偷摸摸地与希特勒共同享有一个女人，心中的恐惧可想而知，但是他为南希的美丽所倾倒，并从她的肉体上得到了其他女人所不能给予的美好享受。当然，他更喜欢的是希特勒手中的权力。权力比女人和金钱都重要，有了它，没有什么办不到的。

希特勒从前线回来后，并没有立即去找南希，炮火连天的苏联战场使他无暇顾及女色。

海德里希却一天不见南希，心里就寂寞难耐。主要是他怕南希反悔，去希特勒那里告发他。这次，他来到南希的别墅时，不像前几次那样急于宽衣解带，而是追问南希考虑得如何，是否答应与他合作。当得到南希的准确回答后，他才发疯似的紧抱南希，共同投进欲海。

口红有毒

南希正要入睡，突然接到希特勒打来的电话，要她立刻去他的卧室。她刚放下电话准备起身，电话铃又响了，电话里传来海德里希的声音："宝贝儿，机会来了，你千万别错过，见机行事，祝你成功。"

　　南希去了希特勒的房间，她早就准备了暗杀希特勒的计划。海德里希甚至为她准备了工具。她那个随身携带的高级皮包里装满了各种各样的世界上一流的化妆品。其中有两支口红很特别，一支是玫瑰红的，那里面装满了致人死命的气体，只要拧一下外面包装的金属外壳，就会听见一声撕纸似的声响，然后这种无色无味的气体便会弥漫房间，只要两分钟，房间里的人就会因心脏窒息而死亡。另一支口红是紫红色的，只要放毒之前将它抹在口唇上，就能解除毒性。海德里希不想让她和希特勒一起死，他非常需要她柔软的身体，所以特意为她准备了这支解毒的口红。

　　希特勒卧室的门虚掩着。南希轻轻推开门走进去，希特勒歪坐在沙发上，脸扭向一边，一副疲惫不堪、忧心如焚的样子。南希坐在希特勒的大腿上，吻了一下他的额头，娇声媚气地说：“亲爱的狼，你前几天到哪里去了，我想你想得好苦啊！”希特勒只允许南希一个人称他为“狼”，而他则称南希为“天使”“宝贝儿”。

　　希特勒睁开沉重的眼皮，他早就感觉到南希来了，一边抚摸她一边说：“我上个礼拜去了新的指挥部，人们称那里为‘狼窟’。我在那里和我的士兵，那些优秀的日耳曼民族子弟一起生活。我多么舍不得离开你，多么希望能带你一起去啊！当然，那里不是你这个天使待的地方，那里的火药味太浓了，几乎能闻觉到死尸的臭味。”

　　南希娇滴滴地说：“狼，亲爱的，我不想和你分别，难道你不去那里就不能指挥战争？”

　　“不，天使。我的生命属于德国，我为了德国而发动战争，我怎么能离开自己的士兵呢？我会经常想你的。天使，用不了多久，你将会看到一个崭新的欧洲，那才是真正的文明，它将超过历史上任何一种文明。”

　　“嗯，我相信！狼，你一定会成功的。”

　　他抱着南希轻轻地叹了口气说道：“我太累了，我多么想休息啊！”

　　“伟大的元首，你是人类的救世主，怎么可以放弃伟大的事业而一个人享受悠闲呢？”南希动听的话使希特勒信心倍增。希特勒一生的情人很多，但是他最满意的只有两个，一个是爱娃，一个是南希。爱娃只会默默地接受他的一切性变态的折磨，而南希不仅会主动引起他的性欲，还非常关心他政治上、军事上的胜利。当希特勒被那些不听他意见的陆军元帅们搞得心烦意乱的时候，南希会给他安慰，骂那些元帅们是没有建树的蠢猪，不懂得元首的伟大。

　　“宝贝儿，只有你理解我，而陆军统帅部的那些蠢猪是一窍不通的。”希特勒环抱着南希，用他那张天才演说家的嘴朗声说道，“我毕生的努力就是为了创造一个全新的世界。我把我的生命、我们伟大的日耳曼民族交给了这场艰难而又崇高的战争，我的小天使，你知道吗？这场战争将从凶残的布尔什维克手里解救出一批臣民，让他们过幸福的日子。这场战争是为了文明而打的，我要把苏联从地图上抹掉，让整个欧洲不再有苏联人的威胁，宝贝儿，这是一场永载史册的战争。”

　　他在南希面前从不回避自己的任何政治主张，也不隐瞒任何军事机密。有时，他甚至会比手画脚对南希讲什么时候攻打苏联，由哪几个兵团出征，哪些高级军官不同意他的意见。总之，对他心爱的女人，他从不说假话。他当然不会想到一个被英国人骂为叛徒、被祖国遗弃的女人会是丘吉尔安插在他身边的间谍。

　　希特勒将南希的裙子解开，说：“天使，我很久没有和你在一起了，我希望你待在这儿，和我一起过夜。”

　　南希到底是女人，想到自己将要干一件惊天动地的事时，有些激动，也有些胆怯。她的心悬起来，脸上露出了异样的神色。希特勒捕捉到了这微妙的变化，不高兴地说："天使，你拒绝我？"

　　南希赶紧回过神来，说："不，我很高兴。"她把自己的裸体靠紧希特勒，为他脱下军装，刻意讨好他。

　　柏林的夜晚并不十分迷人，但是南希的姿色却使希特勒神魂颠倒。希特勒有个怪癖，与任何女人上床前，都必须要先淋浴，而且是与女人一起淋浴。

　　"走吧，美丽的天使，咱们一同去接受上帝的洗礼……"

　　南希与希特勒一同进入浴室。

　　洗完澡后，她搂着希特勒粗糙的皮肤，喃喃说道："狼，我每时每刻都想你。"她在用甜言蜜语麻醉希特勒，不让他起疑。

　　"我也是，天使，我见到你的第一天，我就觉得我一生都离不开你了。"

　　"我很高兴，亲爱的狼，能得到你的爱情是我毕生的荣幸。"她不动声色地瞄了一眼那个精致的真皮皮包，毒药和解药都装在里面。她正在寻思如何掏出来时，希特勒已经将她按在床上，她只好与他缠绵而暂时忘掉毒药。

　　南希的内心是痛苦的，但是为了国家，她必须奉献出自己美丽的肉体，让那些掌握实权的男人从她的肉体上得到乐趣。首先是希特勒，然后是海德里希、希姆莱、戈培尔……因为她只有同他们周旋才能保存自己，并不断获得新的有价值的情报。

　　希特勒气喘吁吁地例行完公事后，对她说："天使，你的声音很悦耳，我想听你读点儿东西……"

　　南希只好打开卧室中的保险柜，拿出那些机密文件。

　　希特勒经常在南希的朗诵声中安详地入睡，而南希却在朗读这些国家机密时，轻而易举地把德国的一切军事计划搞到手。

　　南希从一摞文件中拿出进攻苏联的演说稿，声情并茂地朗读：

　　"德国是伟大的国家，你们是勇敢的士兵。我们进行的这场战争是一场必要的但又是严酷的战争。这种伟大的战争将决定欧洲的命运，决定伟大的日耳曼民族的未来。德国士兵们，你们肩挑着我们伟大国家的未来。仁慈的上帝会帮助你们，会帮我们大家……胜利属于伟大的日耳曼民族！"

　　希特勒听得神采飞扬，兴奋地问南希："亲爱的，你觉得这篇演说和拿破仑大战前对他的士兵发表的演说能相比吗？"

　　南希从未读过拿破仑出征前的演说词，但是她知道，希特勒一生中最佩服的就是拿破仑，并时常拿自己与拿破仑比较。

　　南希说："我觉得这两份演说稿在气魄和力度方面不分高下。"

希特勒正在检阅军队

希特勒听后十分高兴："好，天使，我很想请你和我一起审定这篇演说稿。"

她一直在寻找机会打开提包，但是希特勒一点儿也不放过她，她找不到空隙。当他们审读完那篇野心勃勃的演说稿后，天已经亮了。

希特勒最后要南希为他朗读关于进攻苏联的"第20号指令"。南希高声朗诵道："德国武装部队必须准备在对英国的战争结束以前以一次快速的战役击溃苏联。准备工作必须在1941年5月15日完成，必须非常谨慎，以防泄露进攻的意图。用装甲部队纵深插入的大胆作战方式摧毁苏联西部的陆军主力，并且要防止有战斗准备的苏军完整无损地撤到广阔的地区去。这次作战行动的最后目的是要建立一道从伏尔加河到阿尔汉格尔的防线，以对付苏联的亚洲部分……"

这号指令详细地制定了进攻苏联的作战策略，希特勒正在做着吞并全部苏联领土的美梦。

第二天中午，海德里希悄悄潜伏到南希的别墅。他用讥讽的口吻说："亲爱的，你白白浪费了我一夜的睡眠，我可一向对你抱有厚望啊！我还以为你是一个勇敢的杰出女人呢……"

南希说："亲爱的，昨晚我一点儿机会也没有，元首一直缠着我，根本无法拿出那支口红，只好再等机会了。"

"好的，宝贝，我没有理由责怪你，因为我也把干掉希姆莱的机会错过了。以后咱们再合作。"

南希没有对希特勒下手，还有一个原因，那就是她想借希特勒的威力灭掉苏联，而且她必须把"第20号指令"尽快通知丘吉尔。

当然，她并没有忘记暗杀希特勒这一重大任务。

元首包厢爆炸事件

1941年9月15日午夜，丘吉尔给南希发来了密电，说有一个叫弗洛森的德国陆军上校将和她接头，并告诉了她接头的地点和暗语。

1942年1月16日，南希身穿一件黑色的貂皮大衣，左手拿着一本《圣经》走进了"梦巴黎"咖啡店。这个咖啡屋是英国人在德国的间谍总部。南希坐在北面的一个角落的桌子上。

中午12点，一个身穿皮夹克、右手拿着一本《圣经》的中年男人走了进来，他看了看四周，走到南希的前面，点了点头说："夫人，请问几点了？"南希说："我的表不准，也许是下午1点了吧？"男人说："如果你不介意的话，我想坐在你对面。"南希说："当然，这不是什么大问题。"两人各喝各的咖啡，并没有说话。喝完咖啡后，男人拿起南希放在桌上的《圣经》走了，而南希则将中年男人的《圣经》取走。

这个人就是德国陆军上校弗洛森。

当时的德军军队中从元帅到士兵，大有反对希特勒的人存在。一些高级军官也知道南希在伺机暗杀希特勒，所以很多反对希特勒的聚会他们也请南希秘密参加。但是她从未看见过这位陆军上校，也不知道他为什么要杀死希特勒。

上校的《圣经》里夹有一张用化学药水写的白纸条。南希将它显影出来，才对上校有了一个大概的了解。

弗洛森上校是一个宗教偏执狂，他信奉基督教，但是希特勒的空军却炸毁了法国的许多教堂，这便是他杀希特勒的起因。他找过美国、苏联、法国的间谍机构，但都被他们拒之门外。英国人经过周密调查，确定他杀希特勒的决心比任何一个人都大，于是让他和南希联系。他唯一希望南希帮助的就是告诉他希特勒外出的行踪，或者将他调到元首大本营。

南希在一次和海德里希行床第之欢时，将这个虔诚的宗教徒介绍给了海德里希。

南希说："亲爱的将军，我找到了一个能够代替我去完成任务的男人。我想你不会拒绝的，因为你不希望我死，对吗？"

海德里希说："只要这个人可靠，那是求之不得的。如果你死了，我活着还有什么意义？"

南希向他讲了弗洛森上校的情况。海德里希笑笑说："看来这个人可以利用，因为宗教对他来说是高于一切的。"

不久，弗洛森上校调到元首大本营任希特勒的军事地图联络官。

有一次，南希去希特勒的办公室，看见希特勒与希姆莱、海德里希、鲍尔曼等人在一起研究地图。看到南希走进来，希特勒热情地走过来拥抱、亲吻她，说："天使，你来得不是时候，我们正在研究进攻苏联人的计划，委屈你先坐一会儿好吗？"

海德里希一本正经地看地图。

"前线的战况怎样？要一张俄国西部，最好是乌克兰的地图来。"

海德里希走了出去，不一会儿弗洛森上校提着一个公文包跟着走了进来。

希特勒威严地说："联络官上校，地图准确度怎么样？"上校说："我的元首，百分之百准确。"说完就拿出一张军事地图来，同时将那个鼓鼓的黑色公文包放在桌子下。

南希贴着墙坐着，心想：如果那包里装的是烈性定时炸弹，那是再好不过了。希特勒、鲍尔曼、希姆莱、海德里希全在，炸弹一响，纳粹党的头脑就完了。上校虽然是海德里希调进大本营的，但是他对南希说过，他最大的理想是将这些人全搞掉。今天真是天赐良机，他终于有了这千载难逢的机会。不知是用引爆装置还是定时器……而她自己也难逃一死，她为了祖国，已经做好了牺牲的准备。但是，当她想到死神降临时，背上还是冷汗直流……她盯住公文包，希望那改变历史的爆炸声快响。

但是，好一会儿过去了，炸弹没有声响。

希特勒说："好，上校你的工作很出色。"这是打发他出去的话。南希睁开眼，只见上校微笑着，提起他的公文包走了出去。

可惜了这个绝好的机会。

南希跟着走了出来，到了走廊上，她小声地问："你为什么不干？"

弗洛森说："你不怕死吗？"

南希回答："我的生命早就交给这次行动了。"

弗洛森说："我刚调进来，第一次被召见，没有做好准备。"

1942年10月4日，希特勒要到外地演说，南希作为特殊服务人员换上了希特勒喜欢的黑色套裙，登上了希特勒的专列。她要陪同希特勒到外地去，希姆莱将他们送上火车，海德里希也走过来靠近她，用一种暗示的口气说："多保重，亲爱的，旅途愉快。"

当列车快要启动时，南希看见一个军官手提一个公文包走过来。只见他告诉卫兵，他是希特勒的随行人员，并主动出示了证件，便匆匆上了最后一节车厢。这个人就是地图联络官弗洛森上校。

到了夜间，大家在餐车听希特勒发表临时演说，无非是他将在欧洲大陆建立新秩序之类的话。

希特勒一时心血来潮，对弗洛森说："上校，去找一张欧洲地图来。"

弗洛森上校站起来朝包厢走去。不一会儿，他拿回来一张地图，向希特勒鞠了一躬，将地图摆在餐桌上。

一群人坐在车厢里，一分一秒地熬着。到了凌晨4点，希特勒还在问有没有前方的电报。4点半，他对南希说："天使……咱们走吧。"

南希知道希特勒要和她睡觉。她站起来挽起希特勒的手朝卧室走去，两人刚要脱衣上床，希特勒突然神经质地说："不，今天4点的进攻非常重要，咱们还是先去电报室看看有没有电报吧。"他搂着南希的腰从包厢走出来。他们走出没多远，"轰"的一声巨响，只见元首包厢里浓烟滚滚，黑气冲天，爆炸的气流将两人掀倒在地。

为了宗教而刺杀希特勒的弗洛森上校，听见爆炸声响后就服毒自尽了。但是他怎么也没有想到，希特勒只受了点儿皮肉轻伤，死里逃生了。弗洛森上校爆炸事件后，希特勒开始怀疑他身边的人。南希虽然没有被怀疑，但是单独接近希特勒的机会几乎没有了。

南希，这个直接受命于英国首相丘吉尔的英国美女间谍，肩负着刺杀希特勒的艰巨任务。虽然几次暗杀希特勒都没有成功，但是作为一名间谍，她的行动是相当出色的。1942年，她回到了自己的祖国。为了感谢南希，英国女王亲自授予这位杰出的英国间谍"金十字勋章"。这时，全英国这才知道她并不是叛徒，而是用自己的生命和肉体为祖国服务的特殊英雄。1951年，南希又被女王册封为大英帝国骑士。

元首身边的"小白狐"荷恩蒂

1944年8月的一个晚上，整个天空黑漆漆的，没有月亮，也没有星星，只有阵阵凉风吹过。树木和房屋都被黑暗包裹着，好像举行丧礼一样凄惨。

柏林郊区有一座阴森森的监狱，这时候显得更加阴森恐怖。当教堂响起当天最后一次钟声时，监狱沉重的灰色铁门被打开了。一个年轻貌美的姑娘双手被反绑着，由几个盖世太保推出来。他们在监狱旁一个荒凉的土丘停下来，一个上尉军官走到姑娘面前说："你还有什么话要说吗？"

姑娘笑了笑："请你回去告诉你的上司，让他汇报给我尊敬的元首，就说我荷恩蒂为元首而生，为元首而死。"说完，她把目光投向黑夜深处，不知是在想念元首，还是她的情人。

行刑的时间到了，盖世太保向这位美丽的姑娘举起了枪，荷恩蒂对此视而不见，仍然抬头挺胸，楚楚动人。随着一声口令，寂静的夜空被几声令人毛骨悚然的枪声划破，无情的子弹穿透了她那娇柔美丽的身体。她随着枪声倒下去。

这位倒下的姑娘便是纳粹的王牌女间谍荷恩蒂。可悲的是，她至死都不清楚自己为什么会落得如此下场。

初显身手

伊兰斯·荷恩蒂1918年出生在德国慕尼黑一个军人家庭。她父亲是党卫军的一名少校军官，顽固的纳粹分子，她哥哥是希特勒的司机。天资聪颖的荷恩蒂从小受到父兄的纳粹思想的影响，是一个忠实的纳粹信徒，对希特勒崇拜得近乎疯狂。她认为地球上只配雅利安这个种族生存，对希特勒推行的种族灭绝计划满腔热情。她在慕尼黑大学政治系毕业后，就给慕尼黑一个区的纳粹党头目当秘书。接着，她加入纳粹党，成了一个重要部门的机要秘书。

荷恩蒂出落得貌若天仙，她的肌肤犹如象牙雕刻一般洁白无瑕，高高的鼻梁显得非常文雅，一双碧蓝的大眼睛格外撩人。她微笑时，朱唇微启，犹如绽开的花瓣。她那一头金色的秀发在阳光照射下十分耀眼，好像天使一般。上天非常眷顾她，她不但是一个美女，而且是一个才女。她聪明过人，通晓三门外语，一口地道的牛津英语，简直可以以假乱真。

以荷恩蒂的聪慧和美貌，只当一个秘书对她来说太屈才了。一次，她去元首办公室找哥哥的时候遇到了希特勒。希特勒顿时被她卓尔不群的姿色迷住了，眼睛久久不能从她身上移开。当天晚上，希特勒请她共进晚餐，随后把她带到自己的卧室。荷恩蒂小姐一身雪白的打扮极大地刺激了希特勒的情欲，他将荷恩蒂抱上床，亲昵地称呼她为"我的小白狐"。

"小白狐"聪明机灵，喜欢冒险和刺激。一天，她穿上警卫的服装，挎着枪走进希特勒的房间，令希特勒大吃一惊，以为是刺客。"小白狐"柔声说："尊敬的元首，我不但要做你的情人，还要做你的警卫员。"希特勒悬在半空中的心才落下来。

经过这件事之后，希特勒觉得与其让荷恩蒂做警卫员，不如让她做色情间谍对帝国更有用。于是把她送到帝国的特殊警察学校进行专门训练。两年后，她以优异的成绩从学校毕业，成为纳粹德国情报头子施伦堡手下的一名得力干将。她利用自己的美貌布置陷阱，搜集了很多地下抵抗组织的情报，诱使十几名盟军和地下组织成员跌入她的圈套中。希特勒对她的成就大加赞赏，并亲自授予她铁十字勋章。

正是因为她的缘故，盟军和地下抵抗组织遭到沉重打击，一些盟军情报人员被抓获，甚至处死。盟军对荷恩蒂恨之入骨，责令盟军设在伦敦的 8104 特种部队特勤处处长史蒂芬少校找机会将其暗杀。史蒂芬身材魁梧，仪表堂堂，聪明过人，在情报方面卓有成就，他与荷恩蒂可谓棋逢对手。史蒂芬和"小白狐"虽然从未谋面，但是两人的对抗却持续已久。

1939 年秋天，在希特勒的授意下，陆军总部制订了一个"黄色方案"的行动计划，这个计划是希特勒发动西线进攻的作战方案。史蒂芬受英国军事情报局指派，亲自潜入德国，经过艰难险阻，最终将"黄色方案"拍成了微型胶卷带回英国。根据史蒂芬提供的情报，盟军最高统帅部在巴黎召开军事会议，制订了对付"黄色方案"的"B"计划。这个计划对法国的第一军团和第九军团做了重新部署和调整，也属于秘密文件。

在法国的德国间谍得知这一情况后，想尽了一切办法均未得到"B"计划的详细内容。最后"小白狐"亲自出马，她故伎重施，用色相勾引了法国的年老昏庸的军团少将长官，从而打通渠道，获取了"B"计划。直到德国取道比利时，横扫法国时，盟军统帅都还蒙在鼓里，惊讶希特勒对法国军队的布防了如指掌，而这一切都是"小白狐"的成功情报导致的。

1940 年，史蒂芬接到暗杀"小白狐"的命令之后，立即与荷恩蒂展开了斗智斗勇的间谍战。

名声大振

1943 年 5 月，盟军在北非取得胜利之后，决定再接再厉，在意大利西西里岛登陆。在这次战役前，负责保密工作的是史蒂芬少校。

史蒂芬采取了一系列保密措施，对保密计划的可行性相当自信。他命令他手下的一名男间谍假装坠入情网，巧妙地把盟军将在撒丁岛登陆的假情报出卖给德国的女间谍凯莱。他认为希特勒会相信盟军将在撒丁岛，而不是西西里岛登陆。但当盟军按计划作战时，却在原来敌方以老弱伤残兵为主的最薄弱的部位，遇到了异常猛烈的抵抗，盟军第五师整个师的兵力竟然遭到强敌包围，被打得所剩无几。史蒂芬因此受到艾森豪威尔将军的严厉训斥。

为什么假情报没有骗过希特勒呢？希特勒和他的元帅们最先也怀疑盟军会在撒丁岛登陆，而凯莱发回的情报也证实艾森豪威尔正向撒丁岛调集大批军队。然而，"小白狐"的密电改变了希特勒的计划。

史蒂芬调查发现，正当盟军在撒丁岛做军事演习，做出要从这个小岛登陆并横扫意大利的架势的时候，在意大利南端的西西里小镇上，出现了一个漂亮的金发女郎。这个美丽的姑娘自称是意大利地下反抗组织的情报人员。不久，她与盟军第五师的作战参谋在酒吧邂逅，两人一见如故，很快就如胶似漆，无话不谈。这个参谋名叫史莱特，是司令部的核心成员之一，参与制订登陆计划。

就在西西里岛登陆的前5天，金发女郎陪史特莱在酒吧里饮酒。女郎使尽了媚态风姿，用各种风情手段将史莱特灌得酩酊大醉。史莱特一只手捧着酒杯，另一只手抚摸着那金发女郎说："宝贝儿，亲爱的，咱们一醉方休……再过5天……西西里岛……北端的海滩上将有一场好戏……那时候，咱们怕要到那不勒斯喝意大利葡萄酒了……"

这个金发女郎就是纳粹德国的超级间谍"小白狐"。由于"小白狐"成功的刺探，史蒂芬导演的出卖情报的好戏，不但没有派上用场，反而使盟军遭到重创。"小白狐"因此而成为令盟军深恶痛绝的大间谍。希特勒不止一次地说："'小白狐'抵得上两个装甲兵师的部队。"史蒂芬领教了"小白狐"的厉害后，气得捶胸顿足，咬牙切齿地发誓，一定要报仇雪恨。

死在浴缸里的男人

纳粹德国的铁蹄踏遍法国后，法国的反抗组织成员纷纷逃往美国和英国。德国的间谍组织从俘虏口中得知，法国政府在逃离巴黎时，将一批地下抵抗组织的名单和大量先进武器埋藏起来，以便将来组织游击队，对德国军队实施有效的打击。至于埋藏在什么地方，俘虏却不知道，只知道负责处理这批名单和武器的是法国间谍机构的高级特工希尔上校，埋藏地点离巴黎不远。此外，德国潜伏在法国的间谍还提供了一个可靠的信息，希尔随政府要员逃离前，曾留下一个得力的助手保护这批名单和武器。至于这个人叫什么名字，住在什么地方却没有人知道。

施伦堡曾派了几个优秀的间谍去刺探，但都是有去无回。"小白狐"知道后，那种天生好斗的性格促使她离开了心爱的元首，只身跑到巴黎，她决心把地下抵抗组织的名单和武器找出来。

"小白狐"来到巴黎后，没有立即投入紧张的调查，而是趁着战乱

诺曼底登陆
盟军总司令艾森豪威尔及其指挥的规模宏大的盟军诺曼底登陆场面。

279

到处招摇撞骗，流连于战后巴黎的风光之中。这是"小白狐"即将开始工作的前奏，她喜欢一边在都市中闲逛，一边思考如何完成任务。

"小白狐"首先调动了巴黎的德国间谍，请他们提供施伦堡派来的几个人的行踪及其最后的下落。她很快就查明，施伦堡手下的几个间谍来调查这一案件时，都去过巴黎郊区的一个旧城堡，但回来一两天，就都神秘地失踪了。

"小白狐"觉得那个神秘的城堡一定有问题，决定去从城堡开始调查。

那个城堡其实是一个废弃的古堡，古堡周围有一片沼泽地和森林。"小白狐"估计，法国人的武器可能就藏在这里。但是，"小白狐"没有贸然走进古堡，她知道如果仓促进堡，很可能会中了埋伏。她决定潜伏在森林中，悄悄观察古堡的动静。"小白狐"在古堡的森林中隐藏了三天三夜，那古堡却没有一丝动静，好像已经在那里孤独地矗立了几千年，没有人进去，也没有人出来。"小白狐"并不灰心，她相信自己的判断。

果然，第四天来了一个英国男人，这个人穿一件白风衣，手里拿着一束玫瑰花。英国人将玫瑰花的花瓣一片片地撕下来，走一步，扔一片，一直走到古堡的大门前。他并不敲门，而是转身掏出烟，也不点火，而是顺着原路返回，走出15步后，才回过头去看古堡的楼上，只见那破旧的窗口上出现一盆红色的玫瑰花。英国人于是从口袋里掏出一个金色的火机，点燃烟，朝天喷了一口，然后转身大步流星地离开了城堡。

凭着这一系列奇怪的动作，"小白狐"已经知道这个英国人是间谍，他一定是来接头的。

这个英国人是史蒂芬上校的得力助手，英国军事第六情报处上尉戈扬。原来，希尔随法国临时政府逃亡时去了英国，投奔史蒂芬。史蒂芬曾随英驻法大使在法国待了两年，主要是想刺探德国人的情报。因为工作配合关系，史蒂芬认识了希尔，同是间谍，又是盟友，两人相处得不错。希尔到英国不久，就患了不治之症。临死前，史蒂芬去探望。希尔自知自己不久于人世，于是将埋藏名单和军火的事托付给史蒂芬，请他速派人去与自己的助手联系，迅速将那批武器在适当的时候散发给法国游击队。

史蒂芬从德国的英间谍口中得知，德国间谍正在全力搜索这批武器的下落，于是赶紧将自己的助手戈扬空投到法国与希尔的助手联系。

戈扬在古堡完成接头之后，回到了巴黎乐园大酒店，刚一进门，就被埋伏在房间的德国党卫军抓了起来。戈扬大声抗议，并出示了德国的居民身份证，但是党卫军士兵根本不理他，给他铐上手铐，拉着他上了警车，一路呼啸而去。戈扬被投进了临时监狱。

5天后，来了一个党卫军女上校审他。女上校用严厉的眼神紧紧盯了戈扬几秒钟，突然出其不意地大吼道："你是英国间谍！先生。"

戈扬轻微一怔，马上镇静下来，用德语说："上校小姐，你们不能乱抓自己国家的人民，我抗议，我将写信给元首……希特勒万岁！"

女上校并不回答他的话，而是走上前来，狠狠地给了他一记耳光，说："先生，伟大的德国是不可征服的，你还是老实点儿，说出你来法国的目的，否则我们的刑具是不认人的。"

戈扬抬起头："我抗议……"

女上校挥了一下手，士兵将戈扬拖了回去。戈扬吃尽了苦头，党卫军对他使尽了暴力，把他打得死去活来，但他就是不承认自己是英国间谍，更不用说透露来法国的目的了。

又过了几天，遍体鳞伤的戈扬又被带进审问室，审问者还是那位风姿超群的女上校。

女上校大声问道："先生，你还不老实交代吗？"

戈扬有气无力地回答："我抗议，我是德国人……我抗议……"

女上校挥了一下手，那些党卫军士兵全部鱼贯而出。女上校走到戈扬身边，用柔情的双手抚摸着戈扬的伤口，小声地用英语说："亲爱的，疼吗？"

戈扬听见她纯正的英语发音，不禁一愣，但马上想到这可能又是一个诡计，于是仍然有气无力地用德语抗议。

女上校微微一笑，用英语小声问道："你从海边来？"

戈扬为之一振，因为这是英国军事情报局第六处使用的接头暗语，难道这个德国党卫军女上校是自己人？

女上校再一次小声而坚定地问道："你从海边来？"戈扬仿佛忘了伤痛，也小声回答道："不，我从岸边来。"

女上校追问道："岸边有白玫瑰吗？"

戈扬说："不，没有，只有红玫瑰。"

女上校握紧戈扬的手，那温暖的、细腻的、光滑的小手，顿时点燃了戈扬的情欲，使他忘记了身在何处。

女上校说："我的代号是'白牡丹'，总部已经命令我必要时暗中帮你。"

女上校又告诉他，只要他再坚持两天，德国人没有证据，就会放了他，并告诉他今后的接头方法和地点。

戈扬知道，在德国党卫军中确实潜伏着一名代号为"白牡丹"的英国间谍。根据"白牡丹"提供的情报，英国海军曾在英吉利海峡有效地击沉两艘德国登陆舰艇。这次他来巴黎，也是"白牡丹"发密电给总部，说德国人正在搜索那批埋藏名单和武器，但是戈扬并未得到要"白牡丹"帮助自己的指示。不过，得到自己人的帮助，毕竟是一件好事。

按照"白牡丹"的指示，戈扬以德国出版商的名义住进了拿破仑大饭店，静候"白牡丹"的到来。

夜色笼罩着巴黎都市，被德国占领的巴黎失去了往日的繁华。

晚上11点，一位穿着黑色衣裙，戴着黑色帽子的神秘女郎匆匆走进拿破仑大饭店。她在1103号房前停了一下，偷偷向四周瞥了一眼，确定没有人时，才用手轻轻叩击了三下。门开了，英俊的戈扬一伸手，将女郎搂进了自己的怀抱。

这个女郎就是"白牡丹"。

"白牡丹"走后，戈扬从假牙里取出微型发报机向史蒂芬发了密电，告诉他这几天的经过。很快他就得到了史蒂芬的回答，总部的确指示"白牡丹"配合戈扬，并在密电中要戈扬听从"白牡丹"的指挥。

戈扬的疑虑打消了，乐得享受"白牡丹"的香色。他还把和希尔助手的接头暗号全部告诉了"白牡丹"。

一天，戈扬接到"白牡丹"的指示，说最近风声很紧，要他不要轻举妄动。入夜，"白牡丹"又来与他约会，戈扬刚要行鱼水之欢，"白牡丹"把他推开说："亲爱的，我要去洗澡。"说完自己走进卫生间，水声"哗哗"地洗了起来。外边的戈扬等了一会儿还不见"白牡丹"出来，于是冲进了卫生间。戈扬脱掉衣服，跳进浴缸，双手搂住"白牡丹"的娇躯，就是一阵亲吻。突然一声闷响，"白牡丹"的左手握着一支微型左轮无声手枪，子弹从背部穿入戈扬的心脏。

"白牡丹"踢了一脚戈扬，望着眼前的戈扬"睡"在血红的浴缸里，轻蔑地说："先生，你太累了，你需要永远的休息。"

这个"白牡丹"其实就是"小白狐"。

真的"白牡丹"早就被"小白狐"处死了。在处决前,"小白狐"用酷刑逼供,获得了"白牡丹"发报的指法。"小白狐"为了让英国相信"白牡丹"还活着,假装给英国提供情报,而她提供给英国的情报大都是假的,比如英军击沉的那两艘军舰其实是废弃了的,而且里面装的全是垃圾。

"小白狐"顺利地将那批名单和武器弄到了手。德国党卫军照单请客,令希特勒吃惊的是这些人中有许多是混进德军中的中下层军官。"小白狐"再一次得到了希特勒的赏识,被奖励一套高级别墅。

当她知道被她枪杀在浴缸里的是史蒂芬的得力助手时,她趾高气扬地说:"总有一天,我要将史蒂芬本人也宰杀在浴缸里。"

王牌女谍中圈套

在第二次世界大战的诸多战役当中,诺曼底登陆是给人印象最为深刻的战役之一。这场影响巨大的胜利是盟军全面反攻欧洲大陆的良好开端,也为后来的盟军进攻取得了有利的先决条件。这次战役的胜利与盟军在战前兵力部署上的精心准备息息相关,除此之外,另一条战线上——情报战中盟军特工人员在一场没有硝烟的战争中取得的胜利也是这场登陆战能够取得成功的至关重要因素。

1944年3月,战火纷飞的欧洲大陆。"二战"已经接近尾声,此时的希特勒已经节节败退。英美联军经过一年多艰苦奋战,已经彻底掌握战争优势,大规模渡海作战的准备工作已基本完成。盟军军队准备乘胜追击,大举反攻欧洲大陆,一场关于如何突破德军防守、登上欧洲大陆的计划正在紧锣密鼓地制订着。盟军在制订计划的同时,为了配合这次大规模的行动,美国特别小组组长老牌间谍史蒂芬决定成立"爱丽丝电影公司",进行情报欺骗,以让德军误信盟军将在荷兰登陆。这个计划如果能够成功执行,德军将会调集大量兵力布防荷兰,减少诺曼底登陆点的防御力量——这样的局面恰好是盟军所预期的,在诺曼底登陆时避免与德军的主力正面交锋,可以保存实力在踏上欧洲大陆后给予德军迎头痛击。

希特勒虽然已是强弩之末,却依然顽固地死守着欧洲大陆。对眼前的形势进行分析,希特勒已经预感到罗斯福和丘吉尔在欧洲登陆是不可避免的,但对登陆的时间和地点却狐疑不定。他在一次高级军官会议上说:"如果知道在哪里登陆,就好办得多。"但是没有一个军官能回答他的话。他命令纳粹德国的情报头目施伦堡派出间谍搞清楚美英登陆的地点和时间。施伦堡接受了任务以后,根据希特勒的指示,成立了一个神秘的"D"办公室。然而,"D"办公室的纳粹谍报精英们经过一个多月的艰苦努力,还是毫无成果。

希特勒多次破口大骂施伦堡无能。事实上,希特勒冤枉了施伦堡。1944年3月,不要说纳粹的谍报人员搞不清登陆的地点和时间,就是盟军的领袖和军事天才们也没有确定在哪儿登陆。经过全面的论证、调查和分析,盟军初步选定了从荷兰、加莱海峡和诺曼底3个地点登陆。这3个地点登陆各有优劣,但是选择哪一处,最后还得让罗斯福和丘吉尔来定夺。

一个月以后,罗斯福与丘吉尔经多次磋商,把登陆的地点定在诺曼底。这时候,潜入德国情报机关的美国特工约汉斯发来特级密电:

后方总部:
　　敌方已成立"D"办公室,意在探剌后方登陆确切位置。

鹰1号

约汉斯的密电被送到总统府。罗斯福立刻密召了美国中央情报局头目，指令他们立即成立一个反间谍组织，尽一切力量隐蔽自己的真正意图，扰乱对方视线。根据罗斯福的指示，美国中央情报局、欧洲盟军联合参谋部、英国军事情报局三家共同组成一个神秘的"A"委员会。这个委员会的任务是对德国情报部门进行混淆是非、颠倒黑白的欺骗，因此，有人又叫它"欺骗德国行动委员会"。美国中央情报局的专家戴维出任该委员会主任，他的公开身份是盟军前线指挥部情报处上校处长。戴维的任务就是要使纳粹元首希特勒和他的元帅们相信：盟军决定在加莱海峡登陆。

"D"办公室汇报给希特勒的情报总是前后矛盾，这令希特勒很恼火。不过根据情报分析，纳粹的首领们至少得到了可靠信息：美英可能在诺曼底、加莱海峡、荷兰三个地方中的其中一个地点登陆。但具体在哪一处呢？"D"办公室无法提供更准确的情报。

4月下旬，施伦堡的"D"办公室不断获取了美英将在加莱海峡登陆的情报。但是，希特勒的直觉使他感到，美英登陆的地点肯定在诺曼底，于是向诺曼底派兵。为了使希特勒改变自己的直觉，总统指令盟军参谋总部和中央情报局，要他们不惜一切代价用行动欺骗希特勒。

虽然希特勒对自己的直觉很有信心，但是重复千万次的假情报又令他不得不信。最终，希特勒使出了自己的撒手锏，派出纳粹的王牌女谍荷恩蒂小姐潜入英国。在元首的卧室里，在那张粉红色的双人床上，希特勒无数次对这个风情浪女说："我不相信施伦堡，我只相信'小白狐'荷恩蒂。"希特勒把这样一次重大战役的赌注押在一个女人身上，可见"小白狐"在元首心目中的地位。

1944年5月11日夜晚。英吉利海峡。一架纳粹德国的轻型飞机将希特勒的王牌女间谍"小白狐"空投到英国海港城市大雅茅斯附近一个名叫塞纳亚的小镇上。

"小白狐"此行的目的地是盟军的谍报机关，她清楚地记得出征前希特勒的交代和吩咐。希特勒和她共赴巫山云雨后，对她说："亲爱的，你一定要搞到美英登陆的确切地点和时间。"

1944年5月12日拂晓，英国海港城市大雅茅斯东南角的小城镇塞纳亚出现了一位天生丽质、身段凹凸有致的女人。当她被英国士兵押送到部队侦察科时，她对侦察员说："我是荷兰地下抵抗组织的联络员，我来英国是为了养病。"

接着，这个漂亮的女士出示了荷兰某地下组织的介绍信。一口流利的荷兰语，一副不知忧愁、天真无邪的纯洁外貌，加上她楚楚动人的天姿，使她顺利地过了几个关口，并被当地驻军的一支部队聘为临时翻译。

这个女人就是希特勒的王牌色情间谍，人称"小白狐"的荷恩蒂小姐。"小白狐"是个经验丰富而又十分狡诈、诡计多端的女间谍。潜入英国后，她没有直奔盟军总部伦敦，她知道那里的防范措施十分严密，不易打入内部。所以她利用声东击西的办法，放了个烟幕弹，来到海边的塞纳亚镇，试图从外围打入盟军内部。

然而，正如一句老话所说：狐狸再狡猾也会露尾巴。"小白狐"哪里知道，她的死对头，英国军事情报第六处处长、"A"委员会特别行动作战组组长史蒂芬上校，正在英吉利海峡岸边张开天罗地网迎接她的到来。两个死对头又要相遇了。对史蒂芬来说，上一次的惨痛教训仍在心中，这一次的行动便成了一雪前耻的良机。既然荷恩蒂此行的目的是来刺探关于盟军关于登陆作战计划的情报，何不将计就计，给希特勒送上一份"大礼"呢？想到这里，史蒂芬不但不觉得这位美女间谍的到来是一个麻烦，反而觉得这是一次为盟军行动提供掩护的有利时机。

　　前面几次交锋，史蒂芬都败在"小白狐"荷恩蒂的手下。这一次"小白狐"受希特勒派遣，亲自来到史蒂芬的地盘，她还会和前几次那样春风得意吗？她真的能把史蒂芬宰杀在浴缸里吗？

　　史蒂芬终于在部队中见到了自己的死对头，他的确惊讶"小白狐"的美丽，他想，如果不是敌人，这尤物倒是一个称心的情人。他当然不想惊动她，否则会打草惊蛇。史蒂芬虽然想和她上床行鱼水之欢，但是形势不容许，他只好把这个泡妞的机会给了他的下属。他不太需要"小白狐"的肉体，而是需要利用她来实现自己的欺骗计划。

　　军事第六情报处有一位青年军官叫艾斯坦，此人身材健硕，风度翩翩，仪表堂堂，庄重而多情。本来是个标准的男色间谍，但因他有些自负和轻率，一直没有派上用场，为此，他对史蒂芬很是抱怨。这一回，史蒂芬给了他一个重任，将他调到盟军总部情报处，负责与各反攻部队联络。史蒂芬自然知道，眼高手低的艾斯坦是无法胜任这个举足轻重的职务的，但史蒂芬不过是用他的一身好皮囊做诱饵去钓"小白狐"。

　　初夏的一个夜晚，为了"帮助"她达成行动，美国军方心领神会地在大雅茅斯附近举办了一次规模空前的舞会，主题是慰劳海外驻军人员。果然，为了找到窃取情报的合适目标，荷恩蒂开始在盟军军队里搜索潜在的"猎物"。"小白狐"穿一件袒胸露乳的镶边连衣裙，一会儿搂着这个跳，一会儿又搂着那个跳，她在物色一个高官。史蒂芬以一个普通军官的身份出现在舞场，他还主动邀请"小白狐"跳了一曲。开始"小白狐"还紧紧贴在他的胸口上，后来知道他仅仅是个中校营长时，态度便冷淡了。

　　舞会快散时，"小白狐"终于钓到了大鱼，她认识了情报官艾斯坦。她主动上前与之接触，在自己温柔邀请之下，两人跳起了贴面舞。艾斯坦禁不住诱惑，很快拜倒在荷恩蒂的石榴裙下。

　　凭着自己优秀的外形条件，荷恩蒂在情报战中无往不利，美人计这一古老的谍战计谋也是屡试不爽。荷恩蒂心中一阵窃喜——这一次，她只是略施媚功就已将一位盟军军官收服，这一切进行得比想象中要顺利得多。然而，她不可能想到，以为自己钓上一条大鱼的她此刻却已经咬上了一块"鱼饵"，成为别人的猎物。

　　史蒂芬目睹鱼儿咬钩，他暗自得意。艾斯坦的表现简直无可挑剔，他的一举一动都没有引起荷恩蒂的一丝怀疑——其实这次行动他完全是被蒙在鼓里，对于史蒂芬设下的这个圈套根本一无所知。

　　艾斯坦坠入情网，早就把纪律约束忘在九霄云外，他甚至愚蠢地向史蒂芬建议将荷恩蒂吸收进间谍组织。他的理由是，荷恩蒂在荷兰干过这一行，而且机灵能干，尤其懂得发密电的技巧。史蒂芬不同意，但又说要经过一段时间的考察，再报请上级批准。

　　艾斯坦向荷恩蒂提供了许多情报，他自己也搬进了荷恩蒂的寓所。艾斯坦与"小白狐"打得热火朝天时，史蒂芬已经开始进行下一步的谋划。

　　10天后，史蒂芬将艾斯坦召进办公室，对他说："总部决定将你空投到法国的亚利安山谷。那儿的地下武装遭到破坏，电台也毁了。你去的主要任务是帮助他们架设电台，然后到山顶的小树林等着，总部会派轻型飞机接你……怎么样，还有什么要求？"

　　艾斯坦虽然舍不得"小白狐"的肉体，极不情愿去，但军令如山，只好说："没有什么问题，保证完成任务。"

　　史蒂芬说："记住，这一次非常危险，德国在那里有很多部队，稍有闪失，你就回不来了。

除了武器外，你还必须带上氰化钾，以便紧急时采取措施。"（氰化钾是一种有剧毒的药物，间谍常用来自杀。）

艾斯坦说："明白。"

史蒂芬说："给你两天时间准备。记住，千万不许告诉第二个人。"

艾斯坦离开办公室后，就去找荷恩蒂缠绵去了。他不顾史蒂芬的嘱咐，告诉了她此行的目的，而且大骂上司给了他这么一个苦差事。

"小白狐"却劝他道："好好干。我的勇士，我什么都乐意献给你。"

"小白狐"的温柔和热情让艾斯坦心花怒放。直到出发前一个小时，艾斯坦才极不情愿地离开了柔情似水的情人。当他刚刚带上电台和武器登上飞机，史蒂芬就收到了打入盖世太保内部的间谍的密电："德军已经做好准备，要在亚利安山谷捉拿盟军的空投间谍。"

史蒂芬会心地笑了，显然艾斯坦已经把情报泄露给了"小白狐"。史蒂芬又在心中骂道："不争气的蠢猪，只知道女人，不知道纪律。"但又想这毕竟是自己导演的戏，虽然气愤，却又有点内疚。

出乎意料的是，艾斯坦居然完成任务回来了，而且一副得意扬扬的样子，好像史蒂芬所说的"危险"对他来说只不过是小菜一碟，内心有点看不起自己的上司。

史蒂芬一想就明白了，德国不杀他，是因为"小白狐"还要利用他，并且用他这次顺利完成任务来证实"小白狐"不是德国间谍，是真正的荷兰情报员，真是一箭双雕之计。史蒂芬不得不佩服对手用心之周密。

总部已经决定6月6日在诺曼底登陆，而希特勒在那里聚集了大量兵力。"A"委员会接到命令，务必要让希特勒相信盟军将在荷兰登陆。史蒂芬觉得时机已到，开始了第三次演戏。

史蒂芬将艾斯坦叫到自己的办公室，对他说："最高司令部已经决定6月6日在荷兰登陆，为了配合进攻，总部决定成立临时行动组，负责与荷兰地方组织联系，由你担任组长。"接着他又说："鉴于荷恩蒂小姐是荷兰人，又精通英语，因此，总部决定让她随行动组出发，直接听你指挥。"

艾斯坦："我非常乐意接受这个任务。但是我想知道为什么不在诺曼底登陆？"事实上，他早就把在诺曼底登陆的计划告诉了"小白狐"，他觉得总部这一改动，使他无法在自己的情人面前交代。

史蒂芬说："这是最新决定，是特级机密。因为德军已经知道盟军在诺曼底登陆的情报，他们正在往南调集军队。此次任务十分重要，执行任务过程中你必须跟特别情报组的同事断绝联系，直到任务完成后再恢复正常。"斯蒂夫向他交代道，"盟军即将越过德军布下重兵的荷兰海岸线，你到了荷兰首先要重建跟荷兰地下工作者的联系，并通过他们将信息传递给荷兰人民。"

"小白狐"的寓所里，艾斯坦说："告诉你，亲爱的，你的国家很快就要解放了。""小白狐"的确大吃一惊，说："不会吧，盟军不是要在诺曼底登陆吗？"

艾斯坦便将史蒂芬说的话告诉了"小白狐"，"小白狐"顿时兴高采烈，娇滴滴地说："亲爱的，答应我，等解放了我的国家，咱们就结婚，好吗？"

艾斯坦动情地点点头。眼前的这位小伙子似乎已经爱上了荷恩蒂，事情果然是按照史蒂芬所预想的路径发展。

史蒂芬料到艾斯坦会讨好"小白狐"，把这些"机密"透露出去，但他也相信，单凭这一点，

"小白狐"是不会轻信的。于是，他又向艾森豪威尔将军建议，采取了一个行动。

总部突然发出命令，驻守大雅茅斯的部队急速往荷兰边境调动。而荷恩蒂小姐因特殊情况，不再担任部队临时翻译员，而是暂调特别行动组。"小白狐"得知后，把情报发往元首办公室。但是部队只是朝荷兰方向移动了一点儿，就开向诺曼底。

史蒂芬怕"小白狐"说服不了固执的希特勒，又上演了一场苦肉计。

5月14日晚，一条高功率的突击舰艇将艾斯坦送过海峡，他的任务是将对岸的一名叫汉克的荷兰地下抵抗组织的领导人接到总部。艾斯坦自然又将这事告诉了自己的未婚妻"小白狐"。

在行动组办公室，艾斯坦和汉克磋商军情，但语言不通，于是艾斯坦建议由"小白狐"担任翻译，史蒂芬同意了。

一连两天，他们都在特别行动组做全面而又详细的商量。根据史蒂芬的提议，艾斯坦问了许多荷兰岸边德军的布防情况、地下抵抗组织的分布、重要军事基地、交通枢纽等情况。汉克还顺便根据史蒂芬的指示问了一下"小白狐"有关荷兰的情况，目的是让"小白狐"知道是在"考察"她。当然，"小白狐"的表演十分成功，没有半点儿纰漏。

汉克离开时手舞足蹈，他相信盟军将会在荷兰登陆，一再表示要准备好一切力量，迎接盟军的到来。史蒂芬却清楚，迎接汉克的将是盖世太保的严刑逼供。果然，汉克两天后回到荷兰，盖世太保第三天就采取行动，将他逮捕了。德军对他进行严刑拷打，痛苦的折磨让他说出了自己从史蒂芬那儿获得的消息。

盟军为了保证计划成功，又请来了另一位荷兰人贝克，他的遭遇与汉克如出一辙，在获得消息后也被盖世太保逮捕了。情报的两次泄露让德国人对其中的内容不再怀疑。从5月14日开始，希特勒根据"小白狐"发来的密电，开始往北面拼命地调部队。原先驻在南面的第五装甲师和第七十二步兵师奉命急调荷兰沿海地区，还从德国境内调来一个步兵师和一个炮兵团，陆续开进荷兰境内。到了22日，德军已经陈兵荷兰，有5.6万多部队把守着荷兰沿海地区。

但是希特勒始终半信半疑，直觉告诉他，美英只会在诺曼底登陆。

为了使希特勒深信不疑，艾森豪威尔将军下令将南部的两个舰队急速调往大雅茅斯附近。几天之后，又在空地上建起了新的军事基地若干个，这些自然是做给"小白狐"看的。果然，德国的空中侦察机频繁出现在大雅茅斯上空，大雅茅斯的电台也不断地与对岸联系。集结增兵荷兰的假象让德国人不敢怠慢，希特勒确定情报没有错误，继续往北边调军队，进一步布防荷兰——到5月底，荷兰境内已经集结了10万德军。

这样的行动已经让德国人进行了关键的排兵部署，但是为了让希特勒相信，史蒂芬决定再施一计——他决定让荷恩蒂"帮"他将伪造的荷兰登陆战作战地图交给希特勒。

史蒂芬将作战图放进了保险柜里，他命令霍华将钥匙忘在办公室的桌上，希望荷恩蒂亲自打开保险柜，将图取走。这种程度的伎俩当然骗不过狡猾的荷恩蒂，虽然先后3次在办公桌上发现钥匙，但是她并没有上当。

没能成功地骗过荷恩蒂，史蒂芬想到了艾斯坦。这次行动开始就是以他的魅力成功吸引了荷恩蒂，在即将要完成任务的时候，艾斯坦再次发挥出他的作用了。

首先，霍华以安全考虑为由将钥匙交给了艾斯坦。为了确保这份机密文件的安全，艾斯坦将钥匙带回了自己的寓所，他没有意识到荷恩蒂一直觊觎那份躺在公司保险柜里的作战地图，她很轻易地取得了钥匙的蜡模，并配好了备用钥匙。随后，史蒂芬又积极地为荷恩蒂留下作案时间——在他的安排下，霍华拉着包括艾斯坦在内的同事去饭店用晚餐，直到9点钟才回到办公室继续工作。这个时段办公室空无一人，荷恩蒂在黑暗中依然轻车熟路，她潜入办公室后，拿出事先配好的钥匙打开保险柜，迅速地将作战地图用微型照相机拍了下来。

就这样，荷恩蒂在极短的时间里完成了情报的窃取任务。她将地图全部拍摄完毕之后又放回了原处，紧接着离开了办公室。她与德国总部已经联系妥当，此刻，间谍部门已经派出潜艇来接应她。

霍华和同事们吃过饭于9点回到了办公室，他立刻检查了装着作战图的信封——如他所料，信封上用来确认是否已经开封的回形针已经脱落，荷恩蒂果然窃取了情报。

这时的荷恩蒂已经到达了海边，她一边快步向前走一边不停地环顾四周，夜色中什么也没有发现。然而，就在不远的身后，几位英美情报机构的特工一直悄悄地跟随着她——特工们并不是在跟踪她，而是一路上为她保驾护航，希望她能尽快登上潜艇。荷恩蒂就这样顺利地完成了这次的情报窃取任务，她成功地将情报得手之后，马不停蹄地回到了德国，亲自将这份珍贵的礼物献给了希特勒。

在之前已经被史蒂芬的计谋欺骗的希特勒看到这张作战图后，才彻底相信英美军队是从荷兰登陆，最终按照地图上的信息实施了德军的作战部署。6月6日，德军重兵把守荷兰时，盟军却已从诺曼底登陆欧洲了。盟军的调虎离山之计成功地将希特勒的军队引开，纳粹以空前巨大的规模和前所未有的速度，从法国调兵北上。德国通往荷兰的公路上军车不停飞奔，大量德军部队被派往荷兰。然而，战场上的溃败让希特勒勃然大怒。这样的结果让希特勒始料未及。

"小白狐"之死

艾斯坦被关进监狱吃尽了苦头，但却不承认是英国间谍。"小白狐"带作战地形图连夜乘飞机送到德军总部，将文件交给希特勒。这时离登陆的时间只有3天了。

1944年6月6日凌晨30分，决定第二次世界大战胜利的时刻终于来到。英美联军在护舰重炮的掩护下，美国海军少将穆恩指挥的坦克与登陆舰直扑诺曼底海滩。英美士兵蜂拥而上，毫无准备的德军被打得措手不及，落荒而逃。海防工事一下土崩瓦解。

巨大的登陆舰开上陆地，坦克、装甲车、重火炮开了出来。希特勒大肆吹嘘的"大西洋壁垒"在几小时之内就被攻破了。德国海军从海洋上被赶走了，德国陆军也不断受到袭击。战争虽然还没有结束，但结局已经显而易见了。而在此之前，"小白狐"窃取的情报一直是战争布防的主要依据。西西里岛的胜利使希特勒认为"小白狐"提出的情报是绝对正确的，因此当西线的总司令向希特勒报请出动装甲师支援时，自以为是的希特勒却说："那是英美惯用的声东击西的把戏，看看形势发展再说。"说完，他就搂着"小白狐"上床了。尽管西线告急电话响个不停，但没有人敢去打扰希特勒与"小白狐"的美梦。

直到下午3点钟，希特勒才从"小白狐"的怀中醒来。这时，美军已经在两处海滩，英军已经在一处海滩取得了立足点，并且向纵深推进了2～6英里。纳粹统帅这才从甜蜜的梦中醒来，坏消息已经使他顾不得还在床上裸睡的"小白狐"，他立刻批准利尔装甲师和党卫队第十二装甲师快速支援诺曼底。但是这个命令下得太迟了，因为主动权已经牢牢掌握在盟军手中。

希特勒的装甲师还未赶到诺曼底，盟军的运输机群已迅速穿越大西洋领空。3个空降师降落在德军前沿守卫部队的背后，前后夹击，希特勒的"大西洋壁垒"彻底破产。离希特勒灭亡的日子已经为时不远了。

诺曼底的胜利，使情报专家史蒂芬名声大噪。两个月后，他获得了艾森豪威尔将军授予的"自由勋章"。而曾经多次使他蒙受耻辱的德国纳粹间谍"小白狐"，却被盖世太保从希特勒的床上将她逮捕，关进了柏林的地下室，享受着与艾斯坦同等的待遇。

盖世太保是以"变节者""叛徒"的罪名将她扣押的。最初，希特勒并不想杀她，因为她毕竟是他的情妇，而且她过去立过战功。但是隆美尔、伦斯德等元帅强烈要求将她交给军事法庭审判。因为她一再发回了盟军将在荷兰登陆的情报，最后竟然带着"A"计划的文件跑回来，才使希特勒改变军事布防，致使德军失败。

经军事法庭审讯，"小白狐"罪不可赦，必须绞杀以谢天下。但是由于希特勒一直没有同意，谁也没有权力擅自决定绞死"小白狐"。

到1944年8月，希特勒在军事上接连失利。施伦堡的情报接连失灵，希特勒又想起地下室关押的"小白狐"，于是电令盖世太保将"小白狐"带到元首办公室。

当蓬头垢面的"小白狐"被带进来时，希特勒假惺惺地说："呵，亲爱的，让你受委屈了。都是隆美尔那些蠢猪逼我这样对付你的……"

"小白狐"满面泪痕地说："我生为元首的人，死为元首的鬼，从来没有做对不起元首的事……"

希特勒又为她安排了新任务。他要"小白狐"返回荷兰，根据上次回来时史蒂芬交代的密码，去寻找荷兰地下抵抗组织，以便一网打尽。"小白狐"提出要携带艾斯坦同行，希特勒也同样批准。

史蒂芬似乎早料到这一手，一开始给他们的联络信号全是假的，而且早已和荷兰地下抵抗组织取得了联系。"小白狐"和艾斯坦可谓白费工夫，发回大本营的情报全是假的，根据这些情报行动的德国军队，必然惨败而回。

"小白狐"的假情报再一次导致军队高级将领的愤怒，而一向无能的施伦堡又大肆渲染"小白狐"早已加入美国间谍网。9月4日，焦头烂额的希特勒迫于各方面的压力，在百忙之中亲笔签署了处决"美国间谍"荷恩蒂的命令。这位美丽的德国女间谍在间谍战中出生入死，一直以来使用美人计都屡试不爽。但她怎么也想不到，当她的老对手史蒂芬安排下一位美男等着她的时候，她已经掉入了一个很深的陷阱之中，而那份她在行动中得来的情报，最后却成了她死亡的宣判书。"小白狐"至死都不知道自己被史蒂芬耍得团团转。

"东方魔女"川岛芳子

1948年3月25日凌晨4点，静谧的北平还在沉睡中。北平第一监狱的铁门紧闭着，在昏暗的灯光下发出阴森森的寒光。几十名中外记者天还不亮就跑到这里，准备向中国乃至全世界报道一个爆炸性新闻。记者们焦急地等待着，不断敲门、叫门，里面却毫无反应。

凌晨5点，两名外国记者被获准进入监狱，而中国记者却被拒之门外。就在记者们质问监狱看守的时候，监狱深处传来一声沉闷的枪声。外面的记者骚动起来，把铁门围得水泄不通。不一会儿，监狱大门打开了，两个看守抬出一具女尸。只见那女尸蓬头垢面，满脸血污和泥水，让人感到恐怖、恶心。

当天的报纸出来后，人们才知道名噪一时的日本女间谍川岛芳子已经被处以死刑。这个被称为"东方魔女"的间谍曾经是日本策动伪满独立的秘密武器，她在日本侵华战争中也发挥了重要作用，曾参与"皇姑屯事件""九一八事变"等重大秘密活动，并亲自导演了震惊中外的"一·二八事变"以及营救末代皇后婉容等臭名昭著的卖国活动。因此国民党政府把她作为第一号间谍处决，以泄民愤。

川岛芳子像

这个女间谍究竟有何神通，竟能祸乱中华，并激起那么大的民愤呢？这与她奇特的出身和传奇经历有关。

末代皇族千金

川岛芳子，看起来是日本女人的名字，其实这个为日本人效命的女间谍不是日本人，而是清朝皇族。她1906年生于清王朝第十代肃亲王府，原名爱新觉罗·显玗。论资排辈算起来，显玗格格是末代皇帝溥仪的堂妹。

1907年底的一个早晨，北京街头大雪纷飞，肃亲王来到日军三等翻译官川岛浪速的住处。两人围坐在火炉旁，大谈东亚政局，谈到兴起时，肃亲王慷慨激昂地说："中国如不同日本紧密提携，自身的安全及东亚地区的安定均无保证。既然你我的理想抱负完全一致，何不结为手足？"

川岛严肃地说："殿下是大清朝皇族，我乃一介布衣，结为手足，恐怕不大合适吧？"

肃亲王当然清楚这个道理，但是他也明白清王朝已经朝不保夕了，川岛虽然身份卑微，但志向和抱负却颇叫肃亲王大加赞赏。

"皇族也好，亲王也好，均不过是人爵而已。人间最可贵的是天爵，从天爵而言，余不如卿。前人有'忘年之交'，你我可结为'忘爵之交'。"

川岛见肃亲王这样说，感激涕零，立即表示同意。为了加深与川岛浪速的关系，肃亲王决定把自己最宠爱的十四格格显玗送给川岛浪速做养女。

显玗不太爱说话，她安静、文雅，有点皇家小公主的样子。但是在父亲不断娇惯和宠爱下，渐渐滋生出一些霸道来，有时刁蛮任性，令人难以驾驭。

显玗很少同其他兄弟姐妹们一块儿玩耍。只要川岛浪速去肃亲王府，她总是抱着一堆玩具，到肃亲王为川岛提供的一间专用房间里摆弄。开始时，川岛也有些烦，但又觉得显玗毕竟是个孩子，再加上她又是亲王的女儿，也就无可奈何。因此，到川岛房间里玩耍，几乎就成了显玗每天的必修课。

显玗在房间里玩腻了，就一个人到院子里，骑在马上舞刀弄枪。肃亲王有十多个儿子，但是，他认为能继承他振兴清王朝的意志的，并且能坚持初衷不改的，不是别的男孩子，而是这个女儿。肃亲王对这个女儿寄予了很大的期望，但是也有些遗憾，毕竟她是女儿身。肃亲王有时会久久望着在院子里玩耍的小显玗，待收回目光时，长叹一声。

川岛渐渐对显玗生出好感，这并不仅仅因为显玗是肃亲王的女儿、他的养女，而是他日益看出显玗个性中的坚强，她是个内敛而大胆的孩子。显玗也渐渐对川岛表现出亲近之意。

不久，川岛决定回一趟日本。显玗得知此事后，幼小的心灵也感受到了离别的凄凉滋味。她对川岛央求："叔父，不要回去吧！"

川岛这时已经是肃亲王秘密实现满蒙独立的支持者，他自然不会为这些儿女情长所扰。

"我很快就回来的。"

在川岛动身的前一天晚上，按照惯例，肃亲王设了家宴为川岛饯行。显玗趴在川岛膝盖上，她那幼稚的央求和天真的语言，使川岛也有些恋恋不舍。

就在这次家宴上，肃亲王对川岛说："你把这个孩子带走吧！"

川岛沉思良久，答应了肃亲王的要求。

然而，毕竟显玗是肃亲王最宠爱的女儿，这次她并未跟随川岛去日本，而是在1912年春天，肃亲王派人将显玗送到已在东京的川岛家里。于是显玗带着肃亲王的信来到一个陌生的国度。信里写着："遵约将小玩具献君，望君珍爱。"

显玗到日本后，具有强烈武士道精神的川岛浪速，又参照武士大石良雄的名字，将她的名字改为男人的名字——良雄，想以此来体现肃亲王的意志，把显玗当成一个男孩来加以培养。但是，人们依然用女人常用的"子"字，叫她"良子"。这一名字，后来又叫成了"芳子"，于是"川岛芳子"这个名字就叫起来了。

在日本的早期生活，是川岛芳子一生中最大的转折。

川岛浪速往返与日本与中国之间，无暇照顾川岛芳子。川岛芳子的养母福子出身于九州名门之家，可她对川岛的态度始终冷若冰霜。于是，川岛浪速为她请了一位家庭教师。这位家庭教师名叫本多松江，也住在川岛家。本多对川岛的影响颇大，在感情上类似母亲一样的人物，川岛芳子亲切地叫她"赤羽妈妈"。日本投降后，关在监狱里被判处死刑的川岛芳子写下了对本多的怀念："听到我的死讯，将为我流下悲伤眼泪和真心叹息的，大概是我的赤羽妈妈了。"事实上，她与本多相处的时间并不长，如果这段时间长一些，本多的宽厚温情，可能不会让川岛芳子的性格发展到畸形。

川岛浪速出生于日本忍者之家，满脑子是分裂中国的反动思想，他自然向川岛芳子灌输了这些思想。归国后川岛家更成为日本法西斯主义学者经常聚集的"沙龙"，芳子从小便在这样的家庭环境中成长，在黑暗的氛围里耳濡目染，最终造就了她畸形的性格与人生信念。

少年川岛芳子的性格就已经变得浪荡、疯狂、粗野。同时，她从小被当成男孩来养，所以不爱红装爱男装。据芳子的一位同学回忆，川岛芳子当时已经将头发剪成短发。她常到温泉浴池"莴之汤"洗浴，其他女人见她进来，以为是男人，就大喊"这是女人澡堂，男人不能进来"。这时，芳子把挡在胸前的浴巾猛地一下甩开，以证明她是女人。看着其他女人惊愕的表情，她就会高兴得大笑起来。

12岁的川岛芳子头脑敏捷，反应迅速，对问题有自己的看法，辩论起来总占上风，而且有一股不服输的劲头，无异于一个男孩子。她最爱玩的一个游戏是叼着自己的腰带趴在地上当大马，让邻居孩子骑在身上。她说："行了吗？要抓紧啊！"就快速在地方爬起来。那些孩子有些害怕，她就鼓励说："别那么胆小啊，要像个男子汉！"当看到那些惊慌的孩子时，川岛芳子非常快乐。

一个秋天的上午，川岛芳子心血来潮，改换男装，那些认识她的孩子们大吃一惊，她却扬扬得意地宣布："从今以后，你们要叫我哥哥。"

孩子们都不答应："不，你不是哥哥，你是姐姐！"

"好孩子，要叫哥哥，叫哥哥我就给你们好东西。"她真的取出不少小玩意儿，那些孩子见这个"哥哥"还不错，于是不再喊"姐姐"，改叫她"哥哥"。

初恋与畸形的婚姻

在松本高等女子学校的林荫大道上，人们常常会看到一位英姿飒爽的女子扬鞭策马，绝尘而去。这位骑马上课、经常在上课时溜出去玩的女学生，就是日后祸乱中华、声名狼藉的川岛芳子。有时，拴在樱花树上的马挣开了缰绳，在校园里到处乱跑，学校被闹得天翻地覆。也许是因为她的皇族身份，也许是因为她格外美丽，没有什么人干涉她。

到了读高中的时候，川岛芳子更是出落得如花似玉，风华绝代。川岛芳子从小就有个性，当她摆脱稚气成为一个迷人的姑娘时，很快就成为周围男子迷恋的对象。很多年轻人去川岛家做客，与其说是仰慕川岛先生，不如说是去看川岛芳子。川岛浪速觉得自己正在一点一点地失去这个自己一手带大的可爱的女孩了，他对此无论如何也不能忍受。因此川岛浪速对养女非常严厉，如果她和异性谈笑，就会遭到他的白眼或斥责。如果她像男人一样骑马玩刀，他就很开心。

川岛浪速戴着一副金丝眼镜，有一双深邃的眼睛和浓重的眉毛，俨然一副正人君子的样子。然而，他并不像外表看起来那么正派。

有一天，川岛浪速把芳子带进书房里，说是要让芳子看一幅中国名画。川岛浪速走在川岛芳子的身后，芳子走进书房后，他就轻轻地锁上了门。川岛芳子生性敏感，门锁上时轻微的响声让她心头有种异样的感觉。果然，川岛浪速猛地把她死死搂住，劈头盖脸地亲吻她。

"不，爸爸，不，请别这样。"川岛芳子试图摆脱川岛浪速铁箍一样死死箍着的手臂，慌乱地说。

"别叫爸爸，我们并没有血缘关系。我已经忍了好久了，你知道我忍了有多久了吗？"川岛浪速大声喊叫着。

川岛芳子一次次试图挣脱出川岛浪速的双手，可是一次次失败了。

川岛浪速终于把川岛芳子压倒在地毯上……

当时，川岛芳子只有 16 岁。

川岛芳子改为男装也与此有关。芳子曾经说过："由于我是个女人，所以，他总是没完没了地纠缠我。那干脆，我就打扮成男人。"

有很多年轻人向川岛芳子献殷勤，其中不乏英才，但是她真正喜欢的是松本连队旗手山家亨少尉。山家虽然不算是美男子，但他与川岛芳子之间的感情却发展得很快，川岛芳子那时也许想借助婚姻改变自己的处境。与山家交往了近一年的时间，两人在感情上正打得火热，但在婚姻问题上，山家的态度一直是暧昧不明。性格直率的川岛芳子对此很不满意。

"军人的特点在您身上表现得并不明显。我可是个不做则已，要做就坚持到底的人，你应该明白这一点。"

"我通过陆军大学的考试后，再考虑结婚问题。"这算是山家给川岛芳子的一次明确的答复。

这也正是川岛浪速强暴川岛芳子前一段的事情。

由此看来，川岛芳子在这之前可能已经预感到，川岛浪速在抑制不住的时候会对她施以暴力，虽然川岛芳子在内心不愿承认自己这种想法的合理性。但在事实上，川岛芳子可能确实想通过这种婚约约束川岛浪速。

联想到这以后川岛芳子一生中唯一的一次自杀，山家这个人可能也是其中的一个重要的原因。在川岛芳子下决心结束这种拖泥带水的恋爱方式时，山家的这种暧昧的态度无疑会对醉于爱情的少女川岛芳子带来无情的打击。

也许山家考虑的是自己的前途，沉溺于与川岛芳子的恋爱游戏会破坏了他的前途，因此他无论如何也下不了决心同芳子结婚。

据山家的一位朋友回忆，川岛芳子那次自杀前不久曾特意找到山家。

"你还是那样考虑的吗？"川岛芳子握着山家的一只手。

"当然，我希望以后能有更好的前途。"山家并不理解川岛芳子。

据说，这一次川岛芳子甚至主动要求将自己献给山家。山家似乎也很激动，但最终还是克制住了。

川岛芳子绝望地站起来，理了理散乱的衣裳，头也不回地走了。

川岛芳子对山家由爱生恨，她是个记仇的人，可报复的机会却是在好多年以后。

第二次世界大战结束前两年，山家已经被提升为日本北支那派遣军司令部报道部中国班班长。后来，山家的职位也不过是中佐，可他却是王府井大街一角一座神秘的王公馆的主人。这一切使人颇为费解。

山家穿中国服装的时间比穿军装的时间要多，在王公馆度过的时间比在司令部的时间多。他究竟干了些什么事，局外人是不知道的，但确实有迹象表明山家是在做情报收集之类的特殊工作。

这一时期，川岛芳子知道山家的一些情况，可从未去找过山家，也从未提起过那一段恋情。大约是1943年，日本军部开始对山家骄奢淫逸的生活进行调查。山家也被调回日本，不久，山家被军部逮捕，送交军法会议审理。

据说川岛芳子曾给东条英机夫人和总理秘书赤松军务科长写信告发山家。川岛芳子的这种行为，可以说是她对初恋失败的一种报复。

有一阵儿，川岛芳子十分痛恨李香兰，因为李香兰到满洲电影制片厂当演员是由山家介绍的。川岛芳子根据这一点，认为是李香兰夺去了山家。川岛芳子出于嫉妒，甚至给日军司令部写信，想把李香兰弄进监狱。其实，李香兰与山家之间的关系是清白的。

1948年，山家在服刑时遭遇空袭，他趁机逃了出来，一副破烂不堪的寒酸样子。他找到李香兰后，希望她看在往日的情分，照顾一下自己的女儿。不久，山家在山梨县甲府山中上吊自杀。说来也奇怪，这个川岛芳子许多年都不能忘情的人在山梨县自杀的这一年，川岛芳子也在北平被处决。

在川岛芳子的一生中，唯一一次婚姻是在她21岁那年，那时的川岛浪速正忙于遇到挫折的满蒙独立运动。川岛浪速的计划是，首先同蒙古骑兵队首领巴布扎布建立联系，结成宗社党，然后举兵，实现满蒙独立。

巴布扎布出身于内蒙古的土豪世家。这个地区土匪横行，巴布扎布家也深受其害。血气方刚的巴布扎布非常向往除暴安良、抱打不平的江湖生活，于是就投身于绿林之中，不久就混出了名声，组建了自己的骑兵队。

由于上述关系，川岛芳子得以有机会认识了巴布扎布的孩子。遭受过爱情打击的川岛芳子，对巴布扎布的第二个儿子甘珠儿扎布渐渐有了好感。

1927年，21岁的川岛芳子有机会见到了在大连的哥哥宪立。

她向胞兄提出了一个要求："哥哥，我要结婚。"

"和谁？"宪立和芳子是同胞兄妹，从小两人就相对亲密一些。对于这个有时会显得异常顽劣的妹妹来说，宪立这位哥哥表现出了少有的宽容。

"甘珠儿扎布。"

"当真？"宪立有些吃惊。川岛芳子自从和山家分手后，性情一直起伏不定。现在突然提出要结婚，而且是和蒙古骑兵队长的儿子，宪立还是有些意外。

"是真的。"说完，川岛芳子的眼睛里闪过一层淡淡的愁云。

"那就恭喜你了。"宪立和芳子分别了许久，对彼此这些年的生活都很陌生。宪立不知道芳子想结婚的目的，他只知道芳子这样的女人不大可能遵守世俗所谓的妇道，但是结婚毕竟是一件好事。

"不用再好好斟酌一下吗？"宪立总有些不放心。

"不用了，这对满蒙独立也有好处。"川岛芳子沉静地说。

"哦！"这才是川岛芳子的真实想法，结婚在实质上对她并没有多少意义。原来她为自己选择了一场政治婚姻，不管怎么说，宪立还是高兴的。

川岛芳子对甘珠儿扎布的好感，并不能够算是爱情。比起川岛芳子对山家的那种情感，这一点儿好感实在不值一提。可是川岛芳子还是决定嫁给他，也许对她来说政治大过爱情和幸福的婚姻。

川岛芳子的哥哥见过甘珠儿扎布，似乎也认为这还算是一桩合适的婚姻，就从中撮合。川岛浪速也觉得这是一桩少有的良缘。他认为，为了掌握满蒙独立运动的主动权，无论如何也要让芳子同甘珠儿扎布结亲，即使此人完全不像他的父亲。因为芳子如果成为甘珠儿扎布的妻子，肃亲王与巴布扎布的遗志就有可能得到继承。

川岛芳子在和甘珠儿扎布的洞房之喜这一天，终于重新恢复了女装。甘珠儿扎布高高兴兴地把新娘子接进家里。在婚前，他就答应了她不少要求。在他眼里，川岛芳子简直就是仙女，为了和她结婚，有什么条件不能先答应下来呢？也许，他以为那不过是一个高贵女人的怪脾气，以后的一切自然得顺着他来。可是，他错了，川岛芳子是说话算数的，一旦她决定了，就会比一个男人还坚决。除了重新换上了女装外（这也许是川岛芳子唯一答应甘珠儿扎布的条件），其他的事，川岛芳子依然如故。川岛芳子从来就不甘心于做一位家庭主妇，她也丝毫没有妻子对丈夫的那种依赖性。

即使当着婆婆的面，川岛芳子依然我行我素，甚至随意地和其他男人来往，这也许是对养父这些年的性骚扰的一种反抗和报复。这种和异性的往来，虽然不一定和性有关系，可是作为一代风云人物巴布扎布的儿媳不怎么合适。

甘珠儿扎布梦寐以求的蜜月，到头来却是孤枕难眠。这也许是两人婚约中的一部分，川岛芳子如果没有心情，甘珠儿扎布就不能碰她。在最初的几天，甘珠儿扎布还斗胆试了一次，川岛芳子被弄醒之后，不由分说就朝甘珠儿扎布脸上打了一记重重的耳光。母亲这边也对甘珠儿扎布不断施加压力，为了摆脱夫人和母亲双方面压力的窘境，他只好伴随芳子前去蒙古旅游。

对自幼在皇宫和异国城市长大的川岛芳子来说，在辽阔草原上的蒙古王府的短暂生活让她十分满意。碧蓝的天空，大朵的白云，成群的牛羊，陌生的牧歌，都令川岛芳子深深感动。这让她想起在松本上学的快乐的日子，想起自己常骑的那匹马。

这一段短暂的时光很快过去，甘珠儿扎布对川岛芳子仍然是一筹莫展。川岛芳子也似乎觉得这桩婚姻难以为继，就希望甘珠儿扎布另娶一位新妇。川岛芳子甚至还亲自为他挑选了一位美貌的继室，并且亲自参加了甘珠儿扎布与这位新妇的婚礼。

她摆脱了家庭的羁绊，终于"海阔凭鱼跃，天高任鸟飞"了。川岛芳子告别了甘珠儿扎布。

"你还会回来吗？"甘珠儿扎布黯然神伤地问。

川岛芳子默默地摇摇头，流出了眼泪，这毕竟是她选择的丈夫，他毕竟是爱她的。在以后的岁月中，许多人只是因为她的色相而喜欢她。

川岛芳子有自己的打算，她认为要实现父亲复辟清王朝和实现满蒙独立的愿望，依靠那个怯懦无能的甘珠儿扎布是不成的。因此她抛弃了自己的丈夫，转而投向可供利用的日本军人。

东方魔女初显身手

摆脱政治婚姻的川岛芳子，重新改扮成男装，并讲一些只有男人才讲的粗话。但是，她的女人身体却有一种与众不同的妖艳的魅力。她也逐渐掌握了运用权术的本事，并且愈来愈得心应手。

1928年，在其养父和军界朋友的保举下，川岛芳子很快受到日本特务机关的重视。此时恰逢奉系军阀张作霖与日本关东军发生摩擦。日本关东军决定秘密除掉"东北王"张作霖。为了尽快达到这一目的，关东军特务处让川岛浪速游说川岛芳子去奉天尽快弄清张作霖返辽的日程安排。不用养父多费唇舌，跃跃欲试的川岛芳子就一口应承下来，以"省亲"为名抵达东北。

她只身来到奉天张作霖的府邸，要求与少帅张学良密谈。当时，张学良因忙于准备迎接父亲安全抵奉，派贴身副官郑某与这为美艳而个性鲜明的格格相见。见面过程中，川岛芳子施展自己独特的魅力，让郑副官对自己垂涎三尺。看到鱼儿上钩了，她就约郑某下次见面。经过短暂却亲密的接触，郑某很快将张作霖返回辽宁的具体路线和时间安排和盘托出。原来张作霖对外宣称自己随军返回，其实是先于军队乘车回到奉天。川岛芳子得到消息后，立即向总部汇报。

1928年6月4日凌晨5点左右，张作霖在皇姑屯被炸身亡。日本关东军阴谋得逞，川岛芳子功不可没。关东军稽查处对川岛芳子的谍报才能大加赞赏，称她为东方的"玛塔·哈丽"。

1930年，日本特务头子土肥原贤二召见川岛芳子。两人寒暄后，土肥原贤二说："现在给你一个重要的任务。为了加快帝国的'共荣'计划，必须加强上海的谍报工作。你立即赴上海，把这封信交给田中隆吉机关长，他会给你安排具体的任务。我相信，凭你特有的美丽和才智，完全可以达到预期的效果。"

说罢，土肥原贤二端起两杯白兰地，一杯递给川岛芳子，并将一封信递给她说："祝你一帆风顺，干杯！我等你的好消息，并希望能在东京为你庆功。"

早在1929年10月，田中隆吉以日本驻上海公使馆武官辅佐官的身份，在上海就职，当时他37岁。在三井物产的一次招待会上，他见到了23岁的川岛芳子，并立刻被她的美貌征服。

川岛芳子的美貌让招待会上每一个男人为之心动，而当时田中隆吉只是一名小小的陆军少佐，他只想过去和川岛芳子说几句话，可是一直没有机会。现在，机会终于来了。

这天，田中隆吉早早就去接川岛芳子。一个男装丽人上岸了，她肤如凝脂，冰清玉洁，尤其是那双略带男人英气的眼睛里散出奇特的魅力来。不用说，他一眼就认出那是川岛芳子。

田中隆吉欣喜若狂，立即把川岛芳子安顿在豪华套间。一开始，田中就想占有川岛芳子。

川岛芳子虽然放荡、堕落，但是她把美色当成换取利益的筹码，并不会无缘无故地和别人上床。田中毕竟是风月场中的老手，最终还是占有了川岛芳子的肉体。传闻，田中在一次酒后掏出随身携带的小手枪，顶住川岛芳子的腹部，川岛芳子不得不屈服。以川岛芳子这样的个性，绝不会对田中这样一个并非十分重要的人物屈服。不管怎么样，两个人不久就打得火热，经常在豪华套房里幽会。

为了猎取到重要的情报，一场"美人计"又开场了。

当时上海舞厅林立，国民党政府的要人经常在舞厅出没。田中搜集了大量可能在这些舞厅出现的国民党政府要人的照片和资料。为寻找机会，川岛芳子开始为人伴舞。时间不久，川岛芳子就利用自己漂亮的脸蛋、美妙的身姿以及娴熟的舞步，一下红极了整个上海的舞厅。很快，她就在众人中发现了第一个猎物，国民政府要员、立法院院长孙科。

川岛芳子已是情场老手，与男人周旋起来自是游刃有余。她骗孙院长说自己是一名朝鲜的大学生，因为在学校散布对日本人的不满情绪，被校方开除。自己流亡异国，举目无亲，只得出来做舞女，说得声泪俱下，楚楚可怜。孙科为了帮她跳出火坑，让她做自己的秘书。结果他桌子上的文件、密码电报常常不翼而飞。孙科没有怀疑她，但是国民党情报机关发现她形迹可疑，将她逮捕。川岛芳子给当时行政院院长汪精卫写了一封求情信。原来，汪精卫曾企图暗杀摄政王而被捕，肃亲王看他年轻气盛，免了他的死罪。汪精卫收到信后，想起十几年前的救命之恩，通过种种关系把她保了出来。

就这样，川岛芳子凭借着自己的美丽，在十里洋场的大上海兴风作浪，将她精心编织的谍网，一点点伸向更有价值的要害部门。

策划"一·二八"事变

1931 年 9 月 18 日晚 10 点 20 分，驻扎在中国境内的日本关东军炸毁了其所占据的柳条湖附近南满铁路的一段铁轨，反诬中国士兵所为，并以此为借口突然袭击沈阳北大营驻军。这就是震惊中外的"九一八"事变。

事变发生的同时，日本指使土匪和日本浪人们在铁路沿线到处放火，并制造一连串爆炸事件，扰乱治安。然后，日本关东军司令部以维护"秩序"和"稳定"为由，要求日本政府增兵。正如关东军所预期的，战火很快蔓延到整个东北三省和热河。

在上海的田中隆吉看到"九一八"事变很是羡慕，并试图在上海也制造类似事件。这时关东军参谋长板垣给田中发来密电，并给他汇来两万元经费。电文大意是："九一八事变已经按计划取得了进展，但考虑到联合国可能会反对满洲独立，希望你在上海挑起事端，转移各国的注意力，关东军则趁机实现满洲独立。"

田中把上司的指示告诉给川岛芳子，川岛芳子立刻说："在上海挑起事端并不难，无非是制造中日双方的流血事件，如果能死几个人，效果就更好了。"

田中满意地笑了笑，说："我刚才也是这样想的，问题是我们要制定一个具体的方案。"

川岛芳子沉思片刻，说："我在三友实业公司认识一个叫吴平的人，这个人有很强的反日倾向。三友公司是一个毛巾厂，据说是共产党的抗日据点。我可以做吴平的工作，让他纠集公司里的人工人去袭击日本人。"

"可以让他们去袭击日本妙法寺的僧侣。"

"好主意，正好妙法寺的僧人经常从三友公司的门前经过。"

第二天，川岛芳子就找到吴平，对他说，前天她到妙法寺游玩时，遭到日本和尚的调戏，她要吴平找一些人为她出这口恶气。

吴平早就被川岛芳子的容貌迷住，又听说她遭到日本人欺负，立刻就答应下来。川岛芳子从皮包中拿出 5000 元，说这是给他和工人兄弟的报酬。吴平见她这么慷慨，更是义无反顾了。川岛芳子走后，他立刻找了工厂的几个兄弟商量这件事。

1932 年 1 月 18 日午后 4 点左右，几个日本僧侣在三友公司门前经过，突然遭到几十名工人的袭击，三人受重伤。一个名叫水上秀雄的因伤势过重于 24 日死去。

事后，川岛芳子又去游说由侨居在上海的日本人组成的"支那义勇军团"，给了他们一笔钱，让他们去袭击三友实业公司，进行报复。三友公司厂房被放火烧毁，双方发生冲突，各有死伤。表面上看，这种报复行为与日本军方毫无关系，但是中日两国在上海的对立，已经到了一触即发的状态。世界各国的注意力转移到了上海，因为那里有各国的租界和侨民。

尽管后来上海市市长吴铁城就日本僧侣遭受袭击一事做出书面道歉，并无条件答应日本提出的无理要求（向日本道歉，处罚肇事者，负担伤亡者的治疗费和赡养费，立即解散抗日团体，取缔排日活动），但是日本第一外遣舰队司令官盐泽幸一少将还是在 1 月 28 日夜晚下达战斗命令，将战舰开进日本警备区外的上海闸北区，并与桂系精锐第十九路军，展开了激烈的战斗。这就是著名的"一·二八"事变。

就在"一·二八"事变的前几天，川岛芳子潜入了吴淞炮台，查清了炮台的数目，并向上司做了汇报。据说这一情报对日本的作战计划起了重要作用。事变爆发后，为了弄清楚十九路军的底细，川岛芳子第二天手持记者证，秘密地来到十九路军军长蔡廷锴的住所进行采访。她煞有介事地拿着采访本，对蔡廷锴的爱国热情赞美了一番之后，开始询问十九路军的实力和抗战计划。最终得知十九路军实力雄厚，而且蔡廷锴抗日意向坚决。日本军方得到这一情报后，采取迂回战术，避免了更大的伤亡。事后，植田谦吉对川岛芳子赞不绝口，夸她"抵得上一个装甲师团"。

很快，日军迫于国际压力，不得不尽早结束战争。在这个问题上，川岛芳子也起到了重要作用。一方面，她告诉十九路军军长蔡廷锴，日军已沿上海溯长江而上，建议他结束战争；另一方面，她告诉日本方面，中国军队开始抢夺民宅，说明中国军队已经丧失战斗意志。在此期间，川岛芳子还接近了国民政府中央政治会议秘书长唐有壬，并从他那儿获悉国民党的中央银行已经濒于破产，以及国民政府希望停战的迫切愿望。川岛芳子立即把这一情报报告给田中，田中电告日本政府，使日本得以在有利的形势下结束了战争。事后，唐有壬以泄露情报罪受到追究，川岛芳子把他隐藏在家中达两周之久。

在策划"一·二八"事变的过程中，川岛芳子这个有着皇室血统的男装丽人表现了出色的间谍才能。她通过进行一系列的阴谋活动为日本侵华战争打开方便之门，对中国犯下了累累罪行。

移花接木护送"皇后"

末代皇帝溥仪自从 1924 年被冯玉祥赶出紫禁城之后，就隐居在天津，投靠了日本人。事实上，他成了日本人手中的玩偶。为了建立傀儡政权"满洲国"，日本人需要溥仪出马。但是，溥仪比较胆小，委婉地拒绝了。于是，关东军制造了一起阴谋，使溥仪就范。

一天，溥仪在天津府邸静园收到两筐水果，并附有天津市市长赵欣伯的名片。溥仪打开水果筐后，吓了一跳，因为里面竟有两枚手榴弹。这引起了守护在溥仪住宅周围的日本警察的"警惕"，增加了兵力。几天后，日本警察和来路不明的所谓中国军队发生了断断续续的枪战。溥仪吓得胆战心惊，不敢在天津住下去了。

1931年11月10日深夜，一个风雨交加的晚上，日本特务头子土肥原贤二避开中国警察，把溥仪从天津弄到了旅顺的大和旅馆。由于走得匆忙，溥仪撇下了婉容。婉容最初被蒙在鼓里，当她得知溥仪离开天津后，闹得天翻地覆。消息传到旅顺后，溥仪连夜派人恳求日方将她接来。

1931年11月下旬的一天，一位着装入时、妖媚漂亮的女子来到溥仪在天津的住宅。她身穿胭脂色的旗袍，旗袍上用金丝银线绣着龙状的花纹，脚穿一双同样的布做的鞋子。这个女人就是川岛芳子。

川岛芳子来到愁容满面的婉容面前，郑重地行了个大礼，然后说："启禀'皇后'，臣是肃亲王之十四女爱新觉罗·显玗，因自幼在日本长大，又被唤作川岛芳子。"

婉容对肃亲王的这个女儿有所耳闻，但一直没见过。听说她是一个不守妇道的放荡女人，这个时候，她跑来干什么呢？川岛芳子似乎看出了婉容的心思，不紧不慢地说出自己来天津的缘由："'皇上'早已到了满洲，他把你撇下也是没办法的事。我这次来，就是奉命把你送到满洲去。"

婉容听后又惊又喜，出乎意料的是她不信任川岛芳子，不愿意走。她用试探口气问："听说满洲是个土匪窝，我们到了那儿性命可就难保了呀！"

"有日本人保护你们，什么土匪敢加害你们？再说，你若不去，谁来照顾'皇上'？满洲的治安很快会好起来，你还是趁早走为好。"

婉容终于被说服了。

婉容同意走了，可是如何在众目睽睽之下把她带走呢？溥仪出逃后，国民党加紧了对静园的监视。静园周围有不少"皮匠""锁匠""小贩"在转悠。

这天，川岛芳子故意当着众人的面，把一个生病的日本朋友接到静园安顿下来。这位病人朋友是一个美男子。川岛芳子避开婉容和其他人，和日军翻译官吉田的夫人一起商量。

"据说，'皇帝'就是藏身在柳条包里，才从这里逃脱的。"川岛芳子突然对她的两个同伙说。川岛芳子顿了一下，似乎是在叫两位同伴想点什么。

一会儿，她又冷冷地说起来："醇亲王住在英租界里，每个星期要从这里送一两次浆洗过的衣服。当时'皇帝'就是借这个出去的。只有司机明白，不是去英租界，而是直接到日军那里去了。自然，咱们不能用老办法了。"

"那你看呢？"吉田夫人望着这位颇有头脑的女人。

"我想也许……"川岛芳子凑近那位病人耳边说了几句什么，那男人就大笑起来，一时咳嗽得难以止住。吉田夫人起初不明所以，待川岛芳子也对她耳语几句之后，也笑起来。三个人笑了一阵，才各自睡去。

数日后，静园的用人放出风来，肃亲王的十四格格带来的朋友不幸病逝。溥仪的宅邸运来一口棺材。川岛芳子为亡友泪流满面，做出悲伤之态。化装了的婉容和用人都到灵柩前致哀。

此时的亡友则扮成婉容待在家里。

溥仪的宅邸里大张旗鼓地办了两天丧事。

第三天，棺材运出了溥仪宅邸。川岛芳子走在前面，化了装的婉容也在一边哭哭啼啼跟着棺材走着。按照传统，人死之后要运回老家。于是，婉容跟着送葬的队伍顺利地坐上一艘开往大连的日本军舰，平安到达旅顺。她对这次"可怕而成功的冒险"深感满意，把母亲留下的翡翠耳坠赠给川岛芳子，以表感谢。

婉容出现在旅顺后，有的说静园有地道，有的看出出殡有诈，说婉容躺在棺材里装死人。川岛芳子听后却不承认："胡扯！堂堂'皇后'能躺进棺材吗？棺材只不过是遮人耳目，其实'皇后'就在我身边，只不过换了身衣服罢了。"说完吐出一串烟圈，得意之情溢于言表。

由于川岛芳子的成功策划，婉容被平安无事地送到了溥仪身边。为了嘉奖川岛芳子，日本关东军授给她陆军少佐军衔。

"安国军总司令"

川岛芳子出色地完成护送婉容的任务后不久，又接到一个秘密指令：将马占山悄悄杀掉。

马占山是东北著名的抗日将领，他的势力威胁着日本建立伪满洲国的阴谋。关东军曾对他威逼利诱，但是他软硬不吃。于是，日本人想用美人计对付他。马占山正在天津活动，日本人趁机放出川岛芳子这条美女蛇。

川岛芳子来到天津后自然住进了日本租界的一座公馆，并化名为王梅，以舞女的身份出现在天津各个交际场所。因为马占山喜欢跳舞，而且爱带舞女到他的住处过夜。一天，川岛芳子在百乐园舞厅发现了马占山，于是主动邀约。马占山顿时被川岛芳子的美貌迷住了。跳了几支舞之后，马占山动了邪念，说："时间不早了，我看你也累了，我们出去走走吧。"

川岛芳子领会了他的意思，甜甜地说："马将军，您说得对，我家就在附近，不知马将军愿不愿意去坐坐？"

马占山求之不得，满口答应了。就在这时，马占山的随从突然大叫："司令，不能去，她住在日租界。"原来这位随从早就注意到这个妖艳的女人从日本租界走出来。川岛芳子见事情败露，立刻闪进人群，溜走了。马占山在天津没有势力，也就没再追究。

川岛芳子行刺马占山未遂，又开始策反潘复、石友三等国民党杂牌军首领。此后，她又为汪精卫伪政权到处奔波。当时，整个日本占领区的人们都知道有一个日本女间谍到处活动，都对她恨之入骨。

这时，川岛芳子与田中隆吉再次相会，并一同前往奉天拜访军政部最高顾问多田骏。很快，川岛芳子就以她那天生的妖媚勾引上了多田，认他为"干爸爸"。一会儿搂着他的脖子，一会儿坐在他的膝盖上，使多田成为她情场上的又一个俘虏。白天，川岛芳子一口一个"干爸爸"，晚上就钻进了"干爸爸"的被窝里。从此，川岛芳子投到多田骏麾下，跃跃欲试地想大干一番。

川岛芳子对多田骏夸口说："围剿土匪诸事，无须日军直接参加，可采取让满洲人打满洲人的办法。你如果能让我组织一支联合部队，大多数抗日的匪徒就会很快归顺我。"接着她引用养父的一句口头禅："如果有五千人马，我一定能平定满洲。"

多田骏听了这个不寻常女人的一番话，竟然真的拨出归顺的3000名中国士兵交给她指挥。川岛芳子被任命为"安国军司令"。她给自己起了一个中国名字"金璧辉"，因此她又有了"金司令"这一头衔。她身穿土黄色日军军官服，脚蹬长筒皮靴，腰挎手枪，胯下骑着一匹战马，威风凛凛。身穿军装的"金司令"着实风光了一阵子，川岛芳子在战场上充分显示了放荡不羁的性格。她经常在部队前面大声吆喝，疯狂冲锋。关东军不失时机地宣传，说清朝格格都率"义勇军"来参战了，以此提高士气。

川岛芳子在满洲有些不可一世的味道，她率领的安国军在许多地方烧杀掠夺，不仅干扰了关东军的军事行动，而且给后方宣传工作带来许多麻烦。古海忠之对这个女人十分恼火，马上下令将川岛芳子逮捕并押送奉天软禁起来。安国军就此群蛇无首，逐渐解散。安国军解散后，川岛芳子依然身穿黄色军服，佩戴上将军衔，以"金司令"自居。不久，她被遣送回日本。不甘寂寞的川岛芳子仍想打开门路，回到中国的舞台。她曾与东条英机的夫人胜子有过一面之缘，于是给东条英机府上打电话。胜子拒绝了川岛芳子要见东条英机的要求。其实，川岛芳子只是想借此显示自己身价之高贵，交际之广泛。

死亡之谜

在日本宣布无条件投降的头一年，川岛芳子反省了过去的许多事。她曾说："什么满洲国！日本人说得似乎头头是道，但实际上都是日本的殖民地。"也许正是因为如此，川岛芳子在东京治病的时候，就曾经有人怀疑她是中国派去的间谍。

随着日本广岛和长崎两地滚滚浓烟升起，日本失败的命运已经显而易见。此时的芳子已经成了残花败柳，风光不再。再也没有人向她献殷勤了，她就像一块破旧不堪的抹布一样被日本人抛弃了。川岛芳子这时内心十分苦闷，身体也变得虚弱。她有时便装疯卖傻，以此消愁解闷，结果反而更加陷入忧郁之中。川岛芳子为解除不堪忍受的身心痛苦，后来抽起了鸦片。

1945年8月15日，日本无条件投降。当时川岛芳子住在北平，依附的靠山轰然倒塌，让她感到惊慌失措。更让她感到无地自容的是，她一直使唤的中国仆人，竟是国民党军统局的密探。

1945年10月10日，国民党军统局命令第一"肃奸团"逮捕川岛芳子。凌晨4点，几名手持短枪的宪兵冲进了北平九条胡同34号川岛芳子的公寓。名噪一时的川岛芳子变成了阶下囚，关押在北平南郊的监狱。在牢房里，她经常哼唱日本歌曲，聊以自慰。有时她会回忆往事，想到得意之处，甚至会笑出声来。但是这并不能消除她内心的苦闷和彷徨。

不久，法院借现场验证的名义，将川岛芳子押解到南京，由南京法院审理。一段时间以后，又将她押解回北平，关押在宣武门外第一监狱第三号牢房。

在法庭上，她依旧表现得狂妄和骄傲，常让法官哑口无言。与此同时，她通过各种关系为自己推卸罪责。她首先派人找到田中隆吉和多田骏，请他们出面向美国驻日本最高军事长官麦克阿瑟将军求情，对国民党施加压力。接着，写信给自己的养父，请求他证实自己是日本人，要求摆脱因涉嫌汉奸罪而被判处死刑的危险。最后，她亮出自己的王牌——日本在北平和南京的谍报网，请军统头子戴笠营救她。此外，她还通过孙科等国民党上层人物疏通关系，企图逃脱罪责。

1947年10月5日，北平高等法院法官做出正式判决，判定金璧辉是叛国者，并处以死刑。判决文称：一、被告虽有中国和日本双重国籍，但其生身父亲为肃亲王，无疑是中国人，应以汉奸罪论处；二、被告同日本军政要来往密切，在上海"一·二八事变"中进行间谍活动，引发了"上海事变"；三、被告参与将溥仪及其家属接出天津，为筹建伪满洲国进行准备工作；四、被告长期和关东军往来，并被任命为"安国军司令"。死刑宣布后，由于李宜琛首席律师的上诉，拖了一年时间，直到次年3月才执行。

据说，在行刑前，她还哼了一支日本小调：

"山沟里的玫瑰花开不败，
一阵春风花又开，

......

　　三十年后我又重来……"

　　由于行刑场面非常神秘，许多人都不相信死者是川岛芳子。为什么不准中国记者进入刑场采访？为什么死者面部有很多血污，以致看不清面目？川岛芳子生前头发并不长，为什么死者的头发却很长？

　　同年4月的一天，北平的大街小巷响起了报童们的叫卖声："最新消息！最新消息！3月25日处死的女奸贼金璧辉替死者是刘小姐！"报纸上披露，被处死的不是川岛芳子，而是同监女囚刘凤玲。刘凤玲在监狱里得了重病，眼看不行了。国民党政府逼迫刘母以十根金条的代价出卖女儿。刘母起初不忍，但被逼无奈，只好答应了。双方约定，行刑前，刘母先取走四根金条，行刑后再来拿六根。但是刘母在行刑后去讨要金条，不但没有要到，还惨遭毒打。她第二次去要时，就再也没有回来。刘凤玲的妹妹悲愤交集，把国民党的这一阴谋揭露了出来。

　　还有一种说法，军统局为了保护这个有重大利用价值的女间谍，在枪毙时做了手脚。一天夜里军统局的一位年轻的少校秘密探望了川岛芳子，告诉她："行刑时，士兵的枪是空枪，没有子弹……但是你要应声倒下。验尸由我来做，我们的同事会把你运到安全的地点。"有人说她被带到了苏联，有人说她被带到了美国。有人说她一直在苏州一所监狱关着，直到死去。

　　川岛芳子的生死问题至今让人关注，这也许是一个永远也解不开的谜了。但是，对于一个心狠手辣又妩媚妖艳的女间谍来说，与其苟延残喘，不如饮弹而死更显"女中豪杰"的风采。

法国"百灵鸟"玛尔塔

　　玛尔塔·里舍是一名法国骑兵军官的女儿，她的母亲是马埃岛上的塞舌尔人。玛尔塔拥有法国女郎的美丽和风骚，不但容貌出众，而且聪明伶俐，擅长骑马和射击。1914年，她嫁给炮兵上尉亨利·里舍，同时改随夫姓。新婚后不久，第一次世界大战爆发，亨利被派往前线参加战争。

　　1916年，法国情报局的反间谍机构的领导人拉杜上尉看上了漂亮的玛尔塔，想招募她做间谍。正当玛尔塔犹豫不决的时候，前线传来她丈夫阵亡的消息。那时玛尔塔只有20岁，丈夫的牺牲让她痛不欲生，带着为夫报仇的决心，她毅然答应了上尉的请求。从此，她以"百灵鸟"为代号，开始了间谍生涯。

勾引男爵的特别使命

　　"百灵鸟"被派往德国，目的是让她打入德国内部，成为法国安插在德国政府内部的鼹鼠。然而，玛尔塔的初次间谍行动并不成功。很快，她就被德国当局怀疑，被识破身份之后，她仓皇逃回巴黎。

　　第一次的失败并没有让拉杜上尉灰心，他又把玛尔塔派往中立国西班牙，命她打入德国在西班牙的间谍网，掌握同盟国在西班牙的一举一动。拉杜上尉早就得知，德国在西班牙设有庞大的间谍网，领导人除了德国大使基波公爵之外，还有陆军武官冯·卡列和海军军官冯·克隆。

　　1915年，欧洲大陆炮火连天，作为中立国的西班牙相对宁静一些。然而，同盟国和协约国都利用它的中立地位，间谍活动特别频繁。西班牙是一个地理位置非常重要的战略要地，无论是哪一方，要想从大西洋向地中海增派军舰，必须通过狭窄的直布罗陀海峡，而且不论哪一方，要想了解对方在地中海的军事力量，也必须盯住这个海峡。西班牙恰恰位于海峡的北岸，因此西班牙成了各国间谍大显身手的场所。

西班牙的疗养胜地圣塞巴斯蒂安表面上呈现出一幅歌舞升平的景象，各交战国的有钱人都到那里躲避战乱，事实上，这个城市笼罩着一层紧张的气氛。51岁的德国海军军官冯·克隆男爵是疗养地跑马场的常客，他迷恋骑术，以"欧洲第一骑士"自居。

冯·克隆是鲁登道夫将军的侄子，也是德国总参谋部的几名要人之一。他的公开身份是海军军官，实际上他是德国在西班牙东南部间谍网的负责人。他的间谍任务主要有两个：一是监视协约国海军在地中海北部，特别是在直布罗陀海峡的行动；二是破坏协约国在该地区为监视德国海军而设置的情报网。

作为一个间谍网的负责人，冯·克隆是非常出色的，他不但成功地完成了任务，而且从西班牙沿海的一些基地向法国输送了一批又一批破坏小组、暗杀小组、爆破小组，给法国造成了很大损失。法国反间谍机构费尽周折，才发现这些破坏性的间谍活动的背后指使人竟然是文质彬彬、绅士风度十足的海军军官冯·克隆。鉴于冯·克隆在第三国享有外交豁免权，所以对他不能来硬的。法国情报局了解到，这个男爵虽然已经年过半百，但是好色成性，拉杜上尉决定放出他非常看好的女间谍"百灵鸟"，因此冯·克隆成了玛尔塔锁定的第一个目标。

拉杜上尉指示玛尔塔，一定要勾引冯·克隆男爵，打入潜伏在那里的德国间谍网，成为安插在那里的内线，为法国提供情报。

1916年夏天，玛尔塔以贵妇人的身份住进圣塞巴斯蒂安的一座意大利别墅，还给自己起了一个德国味很浓的名字：贝蒂·费尔特。她凭借自己的美貌迅速融入疗养地的社交圈，成为引人注目的交际花。

一天傍晚，冯·克隆男爵像往常一样来到跑马场。他刚跨上马背，就看到一个身穿火红色外衣的女郎骑着一匹棕黑色的烈马从他身边一掠而过。这位女郎在奔驰的马背上颠簸，就像一簇跳动的火焰。男爵看得呆了。谙熟马术的冯·克隆从来没见过哪个女人敢驾驭这种烈马，这名女子的骑术显然非常高超。

原来这位骑马的女郎就是玛尔塔·里舍。她的父亲是一名法国骑兵上尉，她从小就受到父亲的影响，酷爱骑马，而且胆子很大，很多男孩都不敢骑的烈马，她却能驾驭。

冯·克隆男爵立刻想结识这位技高胆大、风姿迷人的女郎，于是用大头军靴在马肚上一夹，烈马嘶叫一声，一溜烟儿地朝着红衣女郎的方向飞奔而去。眼看要追上红衣女郎了，冯·克隆看到这位女郎不仅骑术一流，而且长得美艳绝伦，于是叫住她，对她的骑术大加赞赏，并说："我是德国驻西班牙海军军官，名叫冯·克隆。"玛尔塔没想到这个戴着墨镜的瘦高的德国人就是她要钓的大鱼，这次意外的相遇让她也感到惊奇。她赶紧勒住马，说："我叫贝蒂·费尔特，很高兴认识您！"

冯·克隆一听这个德国女人的名字，好像见到亲人一般露出一脸激动："小姐是德国人吗？"

玛尔塔回答："是的，我是比利时的德国侨民。"

"那么，你为什么来到西班牙呢？"冯·克隆继续问。

"我的父亲是马术教练，战争爆发后被法国人抓走了，为了躲避战火，我来到西班牙。"

"你在西班牙有亲人吗？"

"没有，我一个人来到这里，不认识任何人，也没有固定的工作和住所。"她说着不禁黯然神伤。

冯·克隆听完她的讲述满心欢喜，想使她成为自己的情人。男爵虽然好色，但是行事却很谨慎，他命令自己的手下立即调查玛尔塔的背景。几天后送来的调查结果显示，这位女郎所说的都是实话，只是隐瞒了一件事。这名女子来到西班牙其实是为了躲避一桩难堪的离婚案，由于她行为不检点，她的丈夫已经宣布解除与她的婚姻。她面临两种选择，要么闹到法庭上弄得众人皆知，要么忍气吞声地远走他乡，她显然选择了后者。他们还查到，她虽然有几件像样的衣服，但是手头拮据，急需找点事儿做。

男爵看完这份报告心花怒放，心想如果把她发展为德国间谍，既可以帮她渡过难关，还可以把她留在自己身边，岂不是两全其美？于是，男爵表现出一副绅士十足的派头，表示想请玛尔塔做自己的秘书。玛尔塔经过一番"考虑"之后，非常感激地接受了他的帮助。

男爵的女秘书

德国驻西班牙使馆中出现了一个名叫贝蒂·费尔特的女秘书，玛尔塔由此开始了双重间谍的生涯。

冯·克隆男爵与玛尔塔频繁接触之后，对她更加着迷。终于有一天，男爵把玛尔塔拉进卧室，玛尔塔半推半就地让男爵体会到了法国女人的风情。此后，玛尔塔成了男爵的贴身情妇，她不仅可以随便出入男爵的卧室，还可以随便出入男爵的办公室，随便翻阅办公室里的文件，没有任何限制。

为了方便风流快活，男爵在马德里的巴尔基里奥街给玛尔塔买了一座楼房。那里既是他们约会的地方，也是德国间谍的联络站。男爵每个月都会不定期地在那里住几天，这几天会有神秘人物来访。开始时，有人来访时，男爵总是让玛尔塔到卧室去，但是玛尔塔表现得懵懵懂懂，似乎对他们的谈话毫无兴趣，不久，男爵就不在乎了。这时，当男爵与来访者谈话的时候，玛尔塔就听到了情报，并且记住来访者的容貌。几天后，法国情报局的人就会根据玛尔塔形容画出这些人的相貌。

有一次，男爵要去西班牙南部的加的斯处理一项特殊任务，即使是这样保密系数很高的行动，男爵也带上玛尔塔同行。在那里，男爵和一个人会谈了好一阵。当时，德国人正准备把摩洛哥拉入同盟国，他们利用摩洛哥人对法国殖民者的仇恨，成功地拉拢了沿海一些重要部落的酋长。

双方商定，德国为这些部落提供武器装备，这些部落则抓紧时间扫除亲法国的势力，并制造仇恨法国人的气氛。男爵正是为了这件事而来，但是他没有想到这项军事机密被躲在门后的玛尔塔听到了。她了解到几艘军火船的停泊处，她和男爵刚刚踏上归途，那几艘军火船就伴随几声轰轰的爆炸声沉入地中海。

玛尔塔能够抓住一切可以利用的机会窃取情报。一次，男爵正和一个神秘访客小声商议某事，玛尔塔立刻跟上去躲在窗户外面偷听，他们的谈话内容被玛尔塔听到了。几分钟之后，这些情报就出现在法国情报局的办公桌上。男爵做梦也想不到，自己每天搂着睡觉的美人竟然是自己的敌人。

玛尔塔是一个优秀的间谍，她窃取情报并非只靠偷听，大部分时间她都与男爵在豪华酒吧、高级饭店、棕榈遮蔽的沙滩或灯光暖昧的卧室度过。正是在这些场所，她神不知鬼不觉地从男爵口中获取情报，然后通过联络人把情报送出去。几经传递，情报就被送到法国情报局了。

做间谍最重要的是隐藏身份，一旦身份暴露，不但无法继续工作，很可能会危及生命。玛尔塔隐藏得很好，然而有一次，她酒后失态，在男爵的办公室里又哭又喊，不但说到她阵亡的丈夫，而且大骂德国人。幸亏当时男爵也喝醉了，只是抱着她的身体不停地亲吻，没有留意她在说什么。否则，玛尔塔很可能被处死，而他就不必为泄露军事机密而被送上德国的军事法庭了。

男爵对聪明能干的玛尔塔一片痴情，对她的信任远远超过上下级的关系。一次，男爵委托玛尔塔把一份重要文件送到丹吉尔。玛尔塔知道这份文件事关重大，需要尽快送到巴黎或英国方面。她乔装改扮之后，冒险直接来到英国驻马德里领事馆，把大概情况做了汇报。然后她拿着签证来到丹吉尔，刚到目的地，就被一个谎称是联络员的假脚夫把文件骗走了。幸亏此时英国领事馆已经把情况通知英国当局，避免对英法造成严重的损失。

玛尔塔此次行动虽然失利，但是并未引起男爵的怀疑。过了一段时间，男爵又交给她一项重要任务，让她带着两只装有象鼻虫的热水瓶横渡大西洋，交给阿根廷的间谍。象鼻虫是农作物害虫，德国间谍机构企图通过这种害虫把病害传染给那些从阿根廷运往协约国的小麦，使协约国陷入粮荒。玛尔塔很快把这一情报传给巴黎，法国情报局指示她务必挫败德国这一阴谋。

当玛尔塔登上开往阿根廷的轮船时，潜伏在船上的法国特工与她秘密接头，他们一起商量如何破坏德国的阴谋，而且使玛尔塔不受怀疑。他们想到了一条妙计。首先，为了不让象鼻虫活着到达阿根廷，他们把象鼻虫浸湿后再弄死，接着把它们和玛尔塔带来的喂养它们的麦子混在一起，重新装瓶。然后，他们把写给德国间谍的文件发往巴黎，为了不引起怀疑，玛尔塔用显影墨水写了几页纸代替男爵的指令，然后洒上一些海水，使字迹模糊。

玛尔塔在海上漂泊了几周之后，终于达到了目的地布宜诺斯艾利斯。她很快找到德国方面的联系人海军武官缪列尔，非常抱歉地说："对不起，途中遇到很大的海浪，海水从舷窗泼进我住的那个船舱，文件全被打湿了。"缪列尔辨认不出文件上的字迹，自然不知道如何处理那两个热水瓶，但又不敢随便扔掉，只好把它们锁在保险柜里，等待上级的指示。

港口大爆炸

1916 年 7 月底，阿尔赫西拉斯港口开来了 5 艘大货船，货船被帆布蒙着，不知道运的是什么货物。潜伏在这个港口的协约国间谍立即注意到这一情况，他们通过港务局内线了解到港口最近的货船出入港计划中并没有这 5 艘大货船。那么，这 5 艘货船是从哪儿来的呢？为什么停在这里呢？协约国的特工开始展开调查，玛尔塔也接到了这项任务。

在接到任务的前几天，玛尔塔已经感觉到有什么事情要发生了。从 7 月 25 日开始，每天都有人到男爵家和男爵进行秘密会谈。有些人是玛尔塔以前见过的，有些是从未见过的。每当他们一来，男爵就把他们请到密室里，关上门，开始谈话。而不是像以前一样在客厅里当着玛尔塔的面交谈，玛尔塔感觉到事情的严重性，可是她又不能贸然进密室，以免打草惊蛇。

接到任务后，玛尔塔开始思考如何打听到男爵等人在密谋什么事。这些天男爵送走那些神秘客人之后，有时自己还要出去，把玛尔塔一个人丢在家里；有时则把自己关在密室里研究一些文件和材料，直到深夜才拖着疲惫的身体走进卧室。他太忙了，无暇顾及玛尔塔。玛尔塔使出情妇拿手的一招，她开始抱怨，尤其是当男爵倒在床上呼呼大睡的时候，她的抱怨就更加厉害了。

"你觉得男女在床上就是呼呼大睡吗？你不想干点儿别的事吗？"玛尔塔推了男爵一下，

气呼呼地问道。

"亲爱的，我怎么不知道？可是你没看到我这几天很累吗？我忙着处理一件大事，等这件事完了，我带你去比利牛斯山下的疗养区痛痛快快地玩两周，怎么样？"

玛尔塔不依不饶，用柔软的身体挑逗男爵，她知道男爵有反应了，娇嗔地说："是什么了不起的大事啊？难道比我还重要？"

"无非是枪支弹药之类的事情，你不会感兴趣的。"

"不感兴趣也可以听听嘛，你这几天对我理都不理，也许我能帮上忙呢。"

在玛尔塔的温柔攻势下，男爵只好投降，说出了他认为她不会感兴趣的事：德国已经和直布罗陀海峡南岸的摩洛哥的两个部落酋长达成协议，德国向他们提供60门远程大炮，并派出军官训练这些部族的散兵如何使用这些大炮。摩洛哥的部落则负责用这些大炮轰炸进入直布罗陀海峡的协约国船只。玛尔塔很快想到阿尔赫西拉斯港口的5艘大货船很可能装载着这些大炮。这对协约国是极大的威胁。

玛尔塔一边假装赞叹德军的伟大，一边琢磨怎么把情报送出去。第二天，玛尔塔借口去妇女用品商店找到法国的联络员，把这一情报告诉了他。几天后的一个晚上，几条小渔船在夜幕掩护下驶到阿尔赫西拉斯港外的泊锚区。十几个蛙人背着黑乎乎的潜水包跳入水中。半小时后，他们悄无声息地回到渔船上，快速驶出港口。

不一会儿，泊锚区响起几声惊天动地的爆炸声，那5艘装着大炮和弹药的货船爆炸时发出的火光映红了半边天。德国当局暴怒，他们认定一定是驻西班牙的间谍网出现了奸细，于是派出一个调查小组到西班牙进行调查。

然而，由于男爵对玛尔塔非常信任，调查人员也不敢追查这位漂亮的女郎，最终这件事不了了之。这次大爆炸并没有把冯·克隆男爵惊醒，他依旧沉迷于美色，对玛尔塔毫不怀疑。他经常让玛尔塔办一些重要的事务，如果玛尔塔顺利完成任务，他就为这位漂亮的女部下颁发丰厚的奖金，如果玛尔塔"不小心"把事情搞砸了，男爵也不责怪她。玛尔塔在这位风流的男爵的提携下，地位越来越高，在德国间谍网有了一定的影响。

摧毁间谍网

玛尔塔获取的最重要的情报是有关德国潜艇的情报。她发现德国潜艇经常在西班牙海岸进行秘密的补给并领受任务，她掌握补给的时间和地点之后，把情报发往法国，法国舰队成功地对德国潜艇进行偷袭。她还窃取了德国将于1918年发功大规模潜艇攻势的详细计划，使法国做好防御准备。此外，玛尔塔成功地窃取了德国情报机构研制的密写剂样品，这对法国情报机构是一个重要贡献。因为德国发明的密写剂是独一无二的，法国二局截获德国间谍的密写情报，往往因为没有掌握密写剂的成分而无法解读。

正当玛尔塔的谍报工作紧锣密鼓地进行时，一次意外的车祸使她不得不结束自己的间谍事业。

1917年秋天的一个晚上，男爵开车带玛尔塔兜风，好色的男爵在车上就和她亲热起来，结果狂奔的汽车与另一辆汽车相撞。玛尔塔的腿被压断，头部也受了重伤，男爵也被车窗玻璃割伤。残疾的玛尔塔只能在家中休养，很难再进行间谍活动，但是心高气傲的她想在退出之前有所作为，为协约国做出最后的贡献。

玛尔塔知道冯·克隆负责德国在西班牙的间谍招募工作，他手中最有价值的情报就是德国在西班牙的间谍名单。她想窃取名单，摧毁德国在西班牙的间谍网。玛尔塔把自己的计划秘密报告给拉杜上尉，最初拉杜上尉觉得非常危险，不同意，后来经不住玛尔塔再三劝说，就同意了。这个计划如果成功，确实非常诱人，对法国来说是一个很大的收获。

玛尔塔一直在寻找机会，一天中午，机会终于来了。男爵在午睡，玛尔塔在他睡得正酣的时候叫醒他："亲爱的，我需要钱用，把保险柜的钥匙给我。"男爵睡得正香，神志不清，迷迷糊糊地把钥匙交给玛尔塔，并且告诉她保险柜的密码。玛尔塔的心狂跳不止，这真是天赐良机。然而，她打开保险柜之后，发现老谋深算的男爵已经把名单放在了别处。

多次扑空之后，玛尔塔决定亮出底牌放手一搏。她单独约见德国驻西班牙大使拉第波尔亲王，并称自己是法国间谍，已将掌握的德国在西班牙的间谍名单通知法国方面。当时西班牙是中立国，德国所有间谍活动都是秘密进行的，玛尔塔此举正中德国间谍网的要害。亲王对这个男爵的情妇表示怀疑，但是他的想法早就被玛尔塔看透。玛尔塔拿出从男爵那里偷来的保险柜的钥匙，并说出开柜密码，随后拿出几张从保险柜偷出的保密文件。亲王露出紧张之色，玛尔塔知道自己的目的达到了。正如她所料，德国驻西班牙的间谍纷纷被召回，德国将在很长一段时间内失去在西班牙的间谍网。

一直蒙在鼓里的冯·克隆男爵得知真相之后大吃一惊，没想到自己干了一辈子间谍，竟然让一个女人蒙骗了这么久，他回想过去，知道这个女人从他这里窃取了大量情报，如果让德国当局知道，他难逃罪责。男爵没有慌乱，立即让手下逮捕她。可惜，他的行动慢了一步。玛尔塔已经先发制人，将男爵写给她的情书拿给亲王看。而且，在西班牙，德国人没有权力逮捕她，亲王只能请求她不要告诉西班牙政府。冯·克隆男爵回到德国后，被送上柏林的军事法庭。

不久，玛尔塔安全回到法国巴黎，受到法国二局戈贝上校的接见。1933年，玛尔塔荣膺勋章，政府表彰她在战争期间做出了突出贡献。玛尔塔在战争中提供的情报非常重要和珍贵，她有足够的资本荣获勋章，没有人对她的成功和贡献表示非议。虽然她急流勇退，但是她是世界公认的优秀间谍。正如谍报界一位资深人士所说："玛尔塔是法国双重间谍中最机智的一个，她能够抓住一切可以利用的机会窃取情报，这种随机应变的能力是许多间谍望尘莫及的。"

她给自己的间谍生涯画上了完美的句号。

番外篇

玛尔塔回到巴黎之后并没有见到她的直接领导人拉杜上尉，后来才知道拉杜上尉已经被捕，因为他的一个部下背叛法国，成为德国间谍。玛尔塔为此感到非常遗憾。玛尔塔在间谍事业上的成功，很大程度上归功于拉杜上尉。拉杜上尉把她从绝望中拉入这个行当，教给她基本技巧，时时领导她，帮助她，并一直信任她。玛尔塔对拉杜上尉也非常忠诚，两人的成功合作成为间谍史上的佳话，人们提到玛尔塔就会想到拉杜上尉，称玛尔塔为拉杜上尉的"百灵鸟"。玛尔塔退出间谍事业后，拉杜上尉的情况仍受到人们的关注。

战争结束后，拉杜上尉被无罪释放，恢复了以前的一切职位。他出来后第一件事就是给自己这位得意的女部下写了一部传记。他把玛尔塔的故事写得引人入胜，使人们对这个漂亮的女人刮目相看。一个女人在两国之间充当双面间谍需要非凡的勇气和智慧。事实证明，玛尔塔的间谍水平堪称一流，她不仅成功地隐藏在德国的间谍网，而且平安回到巴黎，如果没有非凡的应变能力是万万不行的。

拉杜上尉利用业余时间写了好几部关于间谍斗争的故事，直到1933年去世为止，他一直进行这方面的创作。

在拉杜上尉去世之前,他曾接到德国著名女间谍"博士夫人"的邀请信,说她想和拉杜上尉好好聊聊。拉杜上尉和这个女间谍头子是宿敌,这个女魔头向来以毒辣闻名于世。拉杜上尉一眼看出这是个骗局。他的上司也劝他不要上当。于是他巧妙地回避"博士夫人"的邀请。

几个星期之后,拉杜上尉收到"博士夫人"寄来的两张照片。这两张照片是什么意思?拉杜百思不得其解。然而,不久拉杜患上了一种怪病。原来,阴险的"博士夫人"在照片上抹了一层传染性病毒,只要一接触照片,就会染上一种怪病。拉杜上尉病情严重,不久就去世了。

丘吉尔直接指挥的芭特勒

1943年秋天的一个晚上,被德国法西斯占领的法国图尔城上空隐隐传来飞机的轰鸣声。不久,一架小型军用飞机出现了,它慢慢减速,越飞越低,最后开始超低空滑翔。当飞机离地面还有1米多时,一个人敏捷地从飞机上跳了下来。这个人双手抱头,蜷缩着身体,顺势一滚,趴在地上,等飞机离去才站起来,掸掸身上的尘土,很快消失在夜幕中。

这个人就是第二次世界大战时期著名的英国女间谍约瑟芬·芭特勒。这是她50多次秘密地从英国空投到法国从事间谍活动中的一次。

第二次世界大战全面爆发后,英国急需优秀的情报人员打入敌人内部。英国首相丘吉尔亲自设立了一个由12个人组成的间谍小组。这12个人互不联系,直接听命于丘吉尔。芭特勒就是其中一个,主要负责法国敌占区的谍报工作,她巧妙地以各种伪装的身份打入德军内部,获取了大量绝密情报。

早年生活

1901年,约瑟芬·芭特勒出生于英格兰白金汉郡。她的父亲是一个富有教养的人,他有7个孩子,约瑟芬是唯一的一个女孩。由于从小就和6个兄弟一起长大,所以她的性格和男孩子一样顽皮淘气,而且富有责任心和正义感,爱打抱不平。

最初,她和兄弟们有一个德国家庭女教师,她是一个严厉的人,在芭特勒看来简直像一个专制的君主。他们都很讨厌她,为了表示反抗,他们经常捉弄她。

有一次,他们注意到每天午饭以后,德国女教师休息的时候,就把她自己本来盘在头上的辫子放下来,深情地抚弄。而且每当这个时候,她就强迫芭特勒他们平躺在地板上休息,她说这样对"脊椎骨"有好处。于是,芭特勒他们决定教训德国小姐一顿。他们从园丁那里借了把花园里用的剪刀,因为一般剪刀不能迅速地把辫子剪断,而速度是关键。芭特勒他们趁德国小姐午睡的时候爬了过去,"咔嚓"一声,把她的辫子剪掉了。事后父亲严厉地惩罚了他们,可怜的德国小姐愤怒地离开了。

芭特勒8岁的时候,被送到比利时的布鲁日修道院。在修道院中,芭特勒学会了法语,并且培养了一种过目不忘的能力。这对她日后的间谍工作起了不可估量的作用。在布鲁日修道院,芭特勒是唯一的新教徒学生,所以院方让她独自一人读《新约圣经》,学习赞美诗。每当修道院院长问她读了什么的时候,她就能够一字不漏地背诵一大段。合上书,芭特勒还能够长时间记得住自己看过的东西。

第一次世界大战时期，修道院的职工和学生都从比利时转移到法国南部城市芒通。芒通离战地很远，但是也有许多穿军装的人来来往往。不少英国别墅的主人把他们的房屋提供给协约国受伤军官作为疗养所。

芭特勒18岁的时候，家里来了一个从来没有见过面的表妹。这个表妹叫弗洛伦斯，比她小两岁，因为成了孤儿，被芭特勒的母亲接来抚养。由于她们两人的母亲是孪生姐妹，所以她们俩长得也非常相像，棕黑色的头发，大大的嘴巴，淡褐色的大眼睛。表妹带着惊异的神情注视着芭特勒，芭特勒也同样惊讶她们俩竟然如此相像。如果当时她们知道这种相似对她们日后生活所产生的影响，她们一定会更加激动不已。

她们两人的相貌虽然相近，但是在性格方面却差异很大。芭特勒是一个比较严肃的人，而弗洛伦斯轻松愉快，她喜欢跳舞并且善于模仿别人。芭特勒喜欢医学，而弗洛伦斯喜欢演艺事业。

第一次世界大战以后，芭特勒进入巴黎大学攻读医学，兼修社会学。最后，她获得医学博士学位和社会学的学位。在求学期间，芭特勒还广泛地参加了各种体育活动，不仅成了一名柔道能手，同时也是一个优秀的跳高运动员和网球选手。此外，她还学会了击剑。

芭特勒从巴黎大学毕业以后，加入了以蒂埃里·德·马泰尔为首席外科医师的私人肿瘤诊所小组。20年代末期，芭特勒经常访问德国。德国有一些杰出的外科大夫是犹太人。那时反犹太人的情绪正在德国迅速扩散，芭特勒亲耳听见一些德国人说出这样的话："犹太人和斯拉夫人是下等人，必须由优秀的日耳曼人来处理他们。"她感到非常震惊，她对纳粹政权产生了强烈的反感。

1935年～1939年，纳粹德国迅速崛起，欧洲局势动荡不安，战争的威胁迫在眉睫。芭特勒毅然决定离开巴黎，回到英国，她想用自己的医学知识报效祖国。然而，一个偶然的计划改变了她的命运，使她从一个医学家转变为著名的女间谍。

丘吉尔看中了她

1938年，慕尼黑会议之后，伦敦郡议会开始招募公民参加兼职的民防队工作。毫无疑问，如果德国成为英国的敌人，它一定会袭击伦敦，尤其是袭击犹太人众多的伦敦东区。民防队很快就召集了不少志愿者参加工作，应募者都接受了紧急救护训练。

回到英国后，芭特勒觉得紧急救护队是她贡献力量的最好的地方。如果战争爆发，她的医学知识可以派上用场，而且她还会开汽车。

对德宣战以后，伦敦郡民防队已经拥有一批训练有素的消防员、医护人员、警察和救护车司机。当伦敦遭到受轰炸的时候，伦敦东区果然首当其冲。民防队不负众望，救护工作十分出色。

1940年6月，法国投降以后，志愿紧急救护队由一个志愿组织改组成为一个雇佣机构。许多妇女离开志愿紧急救护队，有些妇女组成了交通队。这个交通队的任务是为政府要员开汽车和在空袭的时候协助医院进行疏散工作，芭特勒就是其中一员。她替许多政府要员开过车，其中包括战时内阁成员克里浦斯爵士。

当空袭减少后，芭特勒以为可以重新恢复医疗工作了。可是，上级命令她去设在伯克利广场的经济作战部报到。经济作战部是一个很大的工作部门，占据了几幢豪华的公寓，那里的人们都非常忙碌。芭特勒会见了一位名叫"H博士"的人。

H博士告诉她："你的工作是与欧洲地图打交道。"芭特勒说："除了汽车路线交通图以外，我对地图一点儿也不熟悉。"H博士说："你很快就会熟悉这个工作的。"就这样，她成了一个文职人员。

芭特勒在这个部门工作不久后的一天，H博士把一个人领进了她的房间，并告诉她，这个人希望在她房间里待一会儿，因为其他房间都没地方。芭特勒同意了，然后她继续干她的工作。这个人穿得很讲究，人也很英俊，大约45岁光景，他的举止像个军人。

那个陌生人沉默了一会儿，突然问道："你是一个文官吗？"

"不是。"芭特勒平静地说。

"你喜欢文官吗？"

"我没有想过这件事。"芭特勒头也不抬地回答说。

他沉默了片刻，然后问芭特勒干什么具体工作，芭特勒感到这个人喜欢和女人搭讪，有些讨厌。

"我干这又干那。"芭特勒回答说。虽然她做的不是什么保密工作，但是她不想透露给一个毫不相干的陌生人。

他笑了一笑，继续问道："这和那是些什么内容呢？"

"这和那，就是这和那。"

芭特勒的意思是让他"莫管闲事"，但是她爱理不理的态度并不能使那个人住口。他继续说："不过你总得有个身份吧。"

芭特勒正色说："先生，您应该知道不要随便提问题，请原谅我要继续干我的这和那。"

那个人暗暗点头，然后站起来走到门口说，"我想他们现在准备好了。再见，很高兴认识你。"芭特勒头也不抬，继续干她的工作，心想，这个人太不识趣了。她想不到，正是这个人改变了她的命运。

几天后，H博士把芭特勒叫到另一个部门——战地情报服务处。这是一个保密严格的军事单位，他说今后你就要在这个部门工作了。芭特勒的工作是翻译来自法国的秘密报告，这些报告不少是用法国方言写的。由于芭特勒懂得好几种法国方言，翻译起来并不费力。在这个处工作的军官正在制订进攻欧洲的计划，因此保密措施非常严格，出入大楼必须签名。使用的纸张完全是空白纸，不准使用公用信笺。

工作一段时间后，芭特勒发现她很喜欢这个神秘的工作。

1942年2月底，芭特勒在收件箱里发现了一封写给她的信，信封上写着"绝密"两个字。她很好奇，打开一看，上面写着："今晚6点半以后去斯托里门报到，届时将派车来接你，到达后约见兰斯先生。请保密。通知看后即行销毁。"斯托里门是什么？兰斯先生又是谁？芭特勒很疑惑。

晚6点半，芭特勒的电话铃响了，有人通知她："有车在大门口等你。"于是她来到门口，签名外出，门口果然有一辆小轿车在等她。芭特勒上车后，司机启动汽车，她发现汽车正在驶向白厅。不久，汽车在一个政府部门的入口停下。司机为芭特勒开了汽车门，芭特勒向他说了声"谢谢"，就走进了大楼。这里有许多军人。芭特勒认出他们是科尔斯特里姆国民军，因此她断定她来到了陆军部的一个部门。一个军官向芭特勒走了过来，问她有什么事，芭特勒说要见兰斯先生。他点了点头，就去打电话。不一会儿，一个穿着便衣的年龄较大的男人走了过来对芭特勒说："晚安，芭特勒小姐！我就是兰斯。欢迎光临斯托里门！"

"斯托里门"是丘吉尔所谓的"秘密点"，战时内阁在这里办公。海军、陆军、空军的高级人员在这里制订各种作战计划。有些人把它称为"地洞"，军方把它叫作"附属建筑物"。

斯托里门是政府部门建筑物底层40英尺（约12米）下的一系列地下建筑，拥有占地6英亩（约24291.5平方米）的防弹房间。这里有不同颜色的电话与各基地直接联系。

芭特勒对兰斯先生说："经济作战部叫我来向您报到。"兰斯点了点头说："跟我来。"他们沿着一条通道向地下室走去，在一个房间门口停了下来。兰斯先生敲了敲门。里面有声音说："进来！"听到这声音，芭特勒愣了一下。这怎么可能呢！一定是在做梦。没等芭特勒反应过来，兰斯先生已打开门把她引了进去。芭特勒觉得自己有些站立不住了，赶忙在门口的一张空椅子上坐了下来。门关了，屋里那个人果然是英国首相丘吉尔。

丘吉尔坐在对面的一张椅子上，手里夹着雪茄，打量了一下芭特勒，然后随和地说："有人告诉我，你完全能够保守秘密——在任何时候都是这样！"

当芭特勒从震惊中恢复过来，回答道："如果有必要，我想我能够做到。"她的心还在怦怦狂跳，但是语气很平静。

"你知道我今天为什么召见你吗？"

芭特勒摇摇头："没有人告诉我，我也没有去猜测。"

丘吉尔满意地笑了："很好，我现在告诉你。战争进行得非常激烈，我们需要准确的情报才能取得胜利。我想让你成为我的情报人员，你愿意做这项工作吗？"

芭特勒没想到首相会安排给她这样一项工作，感到有一些疑惑，回答道："如果您让我给病人开刀，或者给您开车，或者给您当卫兵——因为我学过柔道，我都可以答应您。可是对于情报工作我一窍不通，怎么能担任这么重要的工作呢？"

"没有人天生就懂得怎么做情报工作。你刚才说学过柔道，为什么要学习柔道呢？"

芭特勒告诉他，巴黎大学有些男学生很放肆，总想占女生的便宜，她不得不教训他们一下。她曾把两个男学生扔下了楼梯，在此以后，他们就不敢惹她了。

"他们该不至于受重伤吧？"

"哦，不，他们只是鼻青脸肿。"芭特勒笑起来。

丘吉尔也笑了。他问芭特勒怎么会懂得法国的方言的，还问了一些其他的问题。显然，首相十分了解她的背景。

"也许你自己不知道，你的条件非常适合做情报人员。你对法国和法国方言的熟悉，你的记忆力和照相机一般的头脑，这些都可以为祖国服务。一会儿就会有人来向你说明怎样去为祖国服务。我不准备把他的姓名告诉你。我们就称呼他为少校！"丘吉尔用炯炯有神的蓝色眼睛注视着芭特勒说："说到名字，我们称呼你什么呢？为了祖国你必须隐姓埋名。你的姓名的起首字母不是J.B吗？……J和B……杰伊·比，我们就叫你为杰伊·比，怎么样？"

这时有人敲了一下门，少校进来了。芭特勒大吃一惊，他就是那天在芭特勒的办公室里待过，问这问那，受过她奚落的人。

"你见过少校，还记得他吗？"丘吉尔问。

芭特勒尴尬地点点头。

丘吉尔大声笑道："少校，我知道你选对人了。"接着，他很严肃地对芭特勒说，"杰伊·比，你在志愿紧急救护队的一切档案都转移了。你暂时搬进斯龙街的一套公寓房间去。你要与亲戚、朋友完全断绝关系。在任何情况下，都不能让他们知道你的真正工作，你将没有任何社交生活。哦！对了，你有一个和你长得一模一样的表妹。如果有约会，你就推辞掉或者让你的表妹冒名顶替。少校会去看她，把情况告诉她，但是你不可以自己去找她。"

芭特勒问："为什么要让表妹来冒名顶替呢？"

丘吉尔说："必须让别人认为你仍旧在英国，而且仍旧在经济作战部工作。"丘吉尔告诉芭特勒，她仍将有一部分时间继续在经济作战部工作，为了掩人耳目，当她不在英国的时候，她的表妹就冒名顶替她。芭特勒的表妹是一个出色的演员，丘吉尔相信她会对这个骗局感兴趣的。丘吉尔对芭特勒说，当她搬进斯龙街公寓以后，有一位皇家工程兵团的少校会来看她。以后由他护送芭特勒往返坦普斯福德机场，一个飞机的驾驶员会把她空投到法国。

丘吉尔同她结束会晤之前，再一次强调保守秘密的必要性，并对她说："你也许要像这样工作两三年。这就要看战争时间的长短了。你不要期待勋章和荣誉，你的工作意味着牺牲，但是我相信你会很好地为祖国效劳的。"

从白厅回到住处之后，芭特勒还以为自己在做梦。她需要一点时间恢复自己的理智，于是向经济作战部请了两天"病假"。三天后，她就在新公寓安顿下来，等待事情的进一步发展。

没过几天，少校与芭特勒联系，要求她检查衣橱和手提包等物，看看有没有什么"英国制造"的东西，这些小东西会暴露她的身份。芭特勒检查了她所有的东西，包括小粉盒、鞋袜、手帕、手套等，凡是英国制造的东西，都交给少校带走。

少校问芭特勒抽不抽烟，她说不抽。但是，少校让她带些香烟，因为她要携带一个改装为指南针的打火机。此外，少校还给芭特勒一个法国制造的香烟匣。芭特勒的手表也被取走了，换了一块可以做指南针用的手表。表壳上刻有制造商的名称——巴黎里沃利路的一家代销商。芭特勒必须是一个彻头彻尾的法国人，不能有半点疏忽。

芭特勒的掩护身份是代课老师，因为德国人一般不去搜查学校。

当时，法国北部是德国占领区，中部和南部是自由区。少校给了她两个身份证，一个在占领区用，另一个在自由区使用，当然，这些身份证都是伪造的。少校还让她回忆并且牢记法国妇女的行为举止，去法国之后，芭特勒必须忘记英国，而要像一个法国妇女那样去思想、行动。少校又让她向一位日本武术大师学习空手道。她还被送到林肯郡学习从低空飞行的飞机上跃降的技术，这对41岁的芭特勒来说有些困难，但是最终她掌握了这项技术。此外，她还学会了收发无线电报。

初次行动

1942年7月的一个晚上，芭特勒和少校来到了斯托里门。丘吉尔首相看起来不像往日那么愉快，他问少校芭特勒的训练进行得如何，少校回答："杰伊·比的训练取得了很好的进展，完全可以胜任搜集情报的工作。"

丘吉尔问芭特勒："你对巴黎熟悉到什么程度，有没有巴黎朋友？"芭特勒告诉他，她认识一个咖啡店的老板鲍里斯，还认识从前在巴黎居住过的公寓的看门人雅克。雅克是一个左翼的工会活动分子。如果他是自由的，而且还在巴黎，芭特勒相信他会帮助她的。因为芭特勒曾经给雅克的妻子治过病，他妻子患了晚期癌症，芭特勒努力让她多活了两年。雅克说这两年是他一生最愉快的时刻。

丘吉尔说："我们现在急需关于巴黎的第一手资料，你准备好接受任务了吗？"

"是的，先生。"丘吉尔对她如此信任，使她感到非常自豪。

丘吉尔对她说，此次任务的代号是"盲目的行动"，因为是她单枪匹马第一次执行任务，这种行动可能遭遇的危险是无法预料的。

两天以后，一位客人来到芭特勒的公寓。他是皇家工程兵的一个少校，奉命送她去机场。

芭特勒把要携带的一切东西都检查了一遍，最重要的东西是法国的身份证和法郎。当她爬上飞机后，飞机很快就起飞了。驾驶员的第一句话是："事情很困难啊！"芭特勒很快就领会了他说的困难指什么。在接近法国的时候，高射炮在向他们开火，幸亏驾驶员技艺高超，躲过了炮火。

他们沿着一条河流飞行，黑暗中，河流像一条缎带闪闪地发光。河流旁边有个小山包，适合跃降。突然，驾驶员说一声"准备"，飞机慢慢地飞低了。驾驶员命令说："下去！"芭特勒抱头缩身跳下去，平安地降落到法国的土地上。

飞机飞走了。芭特勒坐在地上定了定神，拿出地图和指南针，找到了去图尔的方向。她拎着小提箱孤零零地朝公路走去。芭特勒的鞋子在河边沾了一些泥，她情不自禁地把鞋脱下，仔细地用草把泥刮掉，然后用卫生纸把它们擦干。这个细节救了她一命。

3个小时后，她来到图尔车站，用一口流利的法语买了一张去巴黎的车票，没有引起任何人的注意。她同另外三个乘客一起进了车厢。他们彼此点了点头，芭特勒就在门旁边的一个位子上坐下，取出她携带的一本诗集。

一会儿，一个德国盖世太保走过来，向他们打量了一番，然后走到芭特勒面前对她说："把你的鞋给我瞧瞧。"

芭特勒感到莫名其妙，但是她知道质疑盖世太保不会有好下场的，只好把鞋子脱掉，交给他。他用一把锉刀把鞋底刮了一刮，然后又把鞋帮与鞋底之间的夹缝、鞋跟刮了几下，没有发现什么，就把鞋子还给了芭特勒，去检查别的乘客去了。

芭特勒悄悄问身旁的一位旅客，为什么他们要检查旅客的鞋子，而不检查身份证。他说，他们在检查鞋子上有没有泥。原来那些没有通行证的人往往是从自由区偷渡歇尔河或卢瓦尔河到占领区来，鞋上常常沾着河边的泥。芭特勒一听吓了一跳，看来她本能地把鞋子刷干净，帮她逃过了一劫。

到巴黎后，芭特勒顺利地通过了检票口，她将在这里停留6天。芭特勒首先来到一个小咖啡馆。在巴黎读书时，她和同学们经常到这里喝咖啡，并且与咖啡店老板鲍里斯和他的妻子珍妮成了朋友。1938年，芭特勒回英国前还特地向他们辞行。

咖啡店里有几个德国兵在喝咖啡，鲍里斯站在柜台后面忙碌。他一眼就认出了芭特勒，感到很诧异，但他很聪明，并没有打招呼。芭特勒要了一杯咖啡，当他把咖啡送到桌子上的时候，芭特勒问他能不能借用一下电话。芭特勒知道店里没有电话，要打电话必须去店后面他的家里。鲍里斯说："当然可以。"然后领芭特勒去打电话，于是芭特勒跟着鲍里斯走了进去。一进门，鲍里斯就抱住芭特勒激动地说："天啊！你怎么回来了？"

珍妮这时也看见了芭特勒，她诧异地睁大了眼睛，芭特勒示意她不要出声。鲍里斯回到酒吧，芭特勒轻轻地对珍妮说："等会儿我从后门进来。"珍妮点了点头。于是芭特勒就回到酒吧，喝完了咖啡，她故意大声问鲍里斯电话费是多少钱，这是说给德国兵听的。芭特勒付完咖啡费和电话费，假装离去，然后绕了一个圈从后门进入鲍里斯家里。

珍妮开始给芭特勒讲述占领区的情况。盖世太保动不动就杀人抓人，人们纷纷逃离巴黎，许多人死于去南方的途中，但是也有人从南方又折回巴黎。巴黎有不少的盖世太保，他们的总部设在塞纳河左岸。

一会儿，鲍里斯来了。芭特勒告诉鲍里斯她想同以前她在圣路易岛居住的公寓的看门人取得联系。鲍里斯替她通了电话，发现雅克仍在那里看门。两小时以后，雅克同芭特勒见了面。芭特勒编了一个故事，说她没有去英国而是到里维埃拉去了。她要在巴黎住一个星期，希望能在原来的公寓住，雅克痛快地答应了。于是芭特勒与珍妮、鲍里斯拥抱告别，并答应还要再来看他们。

芭特勒向雅克解释说，她的战争时期姓名是一个法国人的姓名，说完她把身份证拿出来给他看。雅克笑道："这些证件伪造得不错，但是你还必须有一个开列了居住地址的工作证。我替你弄一个以公寓为居住地址的工作证，我可以帮你办成这件事。"

雅克热情地告诉芭特勒她需要的有关巴黎的情况，还向芭特勒介绍法国中部的抵抗运动的情况。雅克说，他认识一些人与诺曼底和里昂地区有联系。那里的抵抗运动分子，大都是来自农民、工人组织的游击队员，同他一样是共产党员。雅克同意把诺曼底的一个联系人的姓名、地址告诉她。

芭特勒还了解到，雅克似乎在所有大车站都有联系人，他们可以弄到车票。铁路、邮局、电报局的工作人员都愿意帮助抵抗运动。可以想象，如果能把这些人组织起来，他们可以在敌后造成多么大的混乱。

6天过去了，任务基本完成，芭特勒要回英国了。她没有提到英国，只说回到南方去。雅克也没有问芭特勒是怎样从自由区到占领区和巴黎来的。在非常时期，她不能向任何人泄露自己的身份。雅克说如果她再回来，他有可能把芭特勒所需要的诺曼底的联系人的姓名和地址给她。

芭特勒和鲍里斯夫妇告别后，坐上了去图尔的火车。车厢里有几个德国人，芭特勒埋头看书，没有瞧他们，他们也没有注意这个普通的"法国妇女"。到图尔后，芭特勒来到与莱桑德飞机约会的地方。

芭特勒在林肯郡学习"跃降"的时候，同时还受了"接机"的训练。等到飞机飞到上空之后，她用手电筒的光发出闪光信号。驾驶员收到信号后，莱桑德飞机不声不响地着陆了。不到5分钟芭特勒就上了飞机，她顺利地完成了第一次任务。

回到伦敦后，芭特勒向丘吉尔汇报完这次巴黎之行，丘吉尔表示很满意。芭特勒提供的这些情报对他做出全局的决策有很大帮助。随后，芭特勒被送回斯龙街的公寓，在那里等待下一次任务。

奥斯汀行动

1943年下半年，盟军开始筹划开辟欧洲第二战场。纳粹德国则在加强法国西海岸的防御工程，妄图建立起一道盟军不可逾越的"大西洋堡垒"。他们组织了许多建筑材料专家参与这个庞大的军事工程，其中有一名是英国人，他以前是法国某家大水泥公司的高级工程师。德国占领法国后，他投靠了德国人。

丘吉尔想了解德国人构筑的"大西洋堡垒"的运作情况，于是命令芭特勒再赴法国，和当地抵抗组织合作，绑架那个英国人。这个行动的代号为"奥斯汀行动"。

当时，芭特勒已在法国发展了4个成员，他们是皮埃尔、于勒、安乐尼和乔治。少校问芭特勒，她的小组成员是否可以找到这个英国人的行踪。芭特勒说她的人都不在巴黎，只有公寓看门人雅克在巴黎。如果她与里昂附近的于勒取得联系，于勒可以同雅克接触，雅克在大多数政府机关和铁路售票处都有朋友。

不到4天，雅克就找到了那个人，他目前正住在里昂的一家旅馆，在那里为德国人工作。可是，德国秘密警察驻扎在那个旅馆，他们对旅馆采取了严密的保安措施，一般人不许进入，就更别提从旅馆里绑架走一个人。

　　怎么才能进入旅馆侦察情况呢？怎样才能摸清那个英国人住在哪个房间呢？绑架之后如何安全撤退呢？

　　第二天，芭特勒和少校来到斯托里门。丘吉尔已经了解情况了。他问芭特勒："杰伊·比，你有办法混进这家旅馆吗？"芭特勒对丘吉尔说："这是完全不可能的，这家旅馆显然是由德国秘密警察占用的。"

　　丘吉尔若有所思地说："不知道教授能不能帮助我们？"

　　"教授"指的是丘吉尔的科学顾问林德曼教授。教授果然想出了一个办法。他认为最好的办法是把一些能发出强烈臭味的药片抛进旅馆外面的水沟里。药片溶解后发出的奇臭就会沿着水沟进入旅馆。旅馆将不得不找工人来检修，那时伪装成管子工的芭特勒的4名小组成员就可以混进去了。

　　丘吉尔觉得这个计划，不但有用，而且有趣。"不错！"丘吉尔说，"这样就可以了解旅馆的内部情况，不过我们要为杰伊·比安排一个出路。"

　　3天以后，药片准备好了。芭特勒把它们带到了法国。在法国，芭特勒找到她的小组成员，带着他们把药片投入旅馆外的下水道。果然，不仅旅馆臭不可耐，连附近的几座建筑物也传染了臭气。几天后，德国人找了工人来查找原因。芭特勒的4名小组成员乘机混了进去。

　　他们查出那个英国人的房间在三楼临街。窗前有小凉台，所以必要时可以从外面进去。不过，他们认为必须找到人们看不见的一个出口，可是旅馆后面是一条死胡同。他们检查了死胡同，以便查出一层楼有多少窗子。他们发现女盥洗室有两扇小窗，但是窗子上的玻璃是霜花的，从外面无法推开。不知道从里面能不能打开。可以尝试从那里逃出来。事成之后，一个叫文森特的汽车司机可以把他们送到接头地点。

　　了解到这些情报后，芭特勒立即回到英国。少校为她筹划进入旅馆的计划。最后，芭特勒想的一个办法得到认可，冒充从巴黎到下比利牛斯地区波城一个学校去任教的教师，中途在里昂下车停留一两天，因为她在波城的工作下星期才开始。雅克可以帮她弄到工作证、身份证以及到南方去的通行证。进入这家旅馆以后，她立即要求会见这位英国人，就说她是他们家里的老朋友，他的母亲托芭特勒给他捎个口信。只要能单独同他见面，芭特勒就设法从他那里得到所需的情报。

　　现在芭特勒考虑的问题是如果她同这个英国人见了面，不能成功地绑架，而他又不愿意合作，那么她怎么办。芭特勒把这个问题向少校提了出来。少校斩钉截铁地说："把他干掉！"

　　芭特勒一听说不出话来了，她从没想过去杀人。她是一个医生，她曾经宣誓要保全人的性命。少校似乎有点儿看透了她的心思，说："喝一点儿酒吧！"他给芭特勒倒了一杯白兰地，芭特勒一口就把它喝光。少校说："杰伊·比，我们必须接受现实。"

　　芭特勒知道他的话是对的，但是她一直担心这个时刻的到来。

　　"现在感到好些了吗？"少校问芭特勒。

　　芭特勒点了点头，但是她仍暗暗地对自己说："我一定不杀人。"

　　丘吉尔也赞成这个计划，但是他让芭特勒在执行任务的时候，必须在便服里面穿上一件军服，而且还要携带一片毒药。如果她不幸被法国维希警察捕获，她的军服会使她受到尊重，而且会按照日内瓦有关军事俘房协议规定的被对待，而如果作为一个平民被捕获，她就会被认为是一个抵抗运动分子，受到酷刑或被送往集中营或被枪决。但是，德国秘密警察并不做这种区分。如果芭特勒不幸被秘密警察抓住，她就必须把那片毒药吞下去，以避免受酷刑。

第二天午夜，莱桑德飞机再一次把芭特勒空投到里昂附近。芭特勒小组的成员在那里迎接她的到来。巴黎的火车大约早上8点钟才到里昂，芭特勒利用这段时间把计划告诉她的小组成员，并详细讨论了行动的细节。

火车一到站，芭特勒立即从车站去旅馆，要求会见那个英国人。他们中间两个人站在女厕所窗户底下或旁边等她，另外两个人就站在大门口，尽量挨近英国人房间的窗子那里等候，密切注意那个英国人房间的窗子。如果芭特勒进去以后发生了麻烦，她就把窗帘拉开一条小缝。如果他们看见窗帘移动就立刻翻阳台进来。

芭特勒告诉他们，她有结束自己生命的办法，必要时她会使用它。如果最坏的事情发生了，于勒就向英国发密电："任务失败"。

火车到站后，芭特勒发现车站内外戒备森严，检票的不是铁路职员而是秘密警察，维希警察站在旁边。轮到芭特勒了，她拿出了去波城的车票。秘密警察恶狠狠地瞪了她一眼说："你到里昂来干什么？"

芭特勒解释说她在波城工作，星期一才开始上班。她的一位巴黎的朋友托她看望她在里昂的儿子。秘密警察问她要看望的人的姓名和地址。芭特勒就把姓名和旅馆的名字告诉了他。芭特勒说这个人是英国人，但是已经归化多年了。盖世太保问她是否在里昂过夜，"里昂一定有许多旅馆。"芭特勒平静地说。

盖世太保继续问："夫人，你的证件呢？"

芭特勒毫不迟疑地打开了手提包，取出身份证、工作证和通行证。盖世太保仔细地检查了芭特勒的身份证，又上上下下打量了她一番。芭特勒假装耐心地站在那里。最后他把身份证、通行证、车票统统交给芭特勒说："你可以走了。"芭特勒松了一口气，赶紧离开了车站。

芭特勒很快来到那个旅馆，要求会见那个英国人。接待台的人说他的房间是3楼27号，这正是皮埃尔和安东尼告诉她的那个房间。她发现接待台附近有几个德国人是在车站见到过的秘密警察，看来德国人还是怀疑她。

芭特勒紧张起来，她勉强克制住想跑到楼上的冲动，慢慢地走上楼去。她想，如果有盖世太保在那个人的房间里等待着我，怎么办？也许可以从阳台上跳下来逃走！

芭特勒走到27号房间门口，敲了一下门，里面的人说："请进！"她一下子把门大大地打开，以便看清这个人是不是单独在房间里。确定只有他一个人之后，芭特勒走了进去，随手把门关上。她看见钥匙插在门上，就靠在门上，一只手在身后把门锁上，把钥匙抽了出来。这个人没有注意到这些。芭特勒用英语跟他说："我是从英国来的。我寻求有关水泥方面的情报，你是专家，你可以帮助我吗？"

他对芭特勒这番话的反应是整个事情的关键，芭特勒聚精会神地分析他的反应。如果他是被迫给他德国人做事，他的反应应该是惊异、希望和警惕。可是，他没有任何这种反应。"是的，当然。"他冷冷地说，同时转过身去想离开芭特勒，"等一等，我去把文件拿出来。"

他对芭特勒的到达和英国的情况并不感到惊异。芭特勒记起了她动身以前丘吉尔和少校对她说的话："如果他接待你时不提出询问，你可以断定他是一个叛徒。"那个英国人的态度暴露了他自己。看来，他不可能乖乖合作。

"你提供的情报一定对英国大有帮助……"芭特勒一面说话一面慢慢地向窗户旁边移动，假装不小心碰了一下窗帘，把窗帘挪动了一下。同时她没有停止说话。

很快，皮埃尔和安东尼一下子跳到房间里。这个英国人张开了口，还没来得及喊出声音来，就被皮埃尔打昏了。当他跌下去的时候，安东尼抱住了他。在这一系列行动极其迅速而又没有任何声音的。

他们两人把这个叛徒从阳台上弄到二楼的阳台，然后弄到街上。这时，街上的行人很少，即使普通人看见有人被绑架，也不敢管闲事。危险的是维希警察，但是好在里昂有不少维希警察是他们的朋友。芭特勒让他们到文森特的车库去，借一辆车，把这个人运送到接头点去。

随后，芭特勒从鞋子里取出毒药，把它放进左边袖口摺边，以便在需要的时候，她可以立刻取得它。她把帽子、手套和空手提包都放在房间里，轻轻地开了门锁走了出来，重新把门锁上，把钥匙放进口袋里。芭特勒出来得正是时候，因为4个德国军官正走到楼梯口。她转身向着门高声喊道："我一会儿就回来！"假装向房间里的人说话的样子。

当芭特勒走向楼梯的时候，军官们挡住了她的去路。他们中间有一个人问道："你找到了你的朋友吗？"芭特勒知道他们已经了解她的情况了。"啊，是的，谢谢你。"芭特勒回答说，"他要我在这里过夜。"

一个军官问芭特勒："你现在上哪里去？"

芭特勒说："下楼去向接待台报告我要住下来。我还要填表、签名。"

"夫人似乎对这里的规则很熟悉。"

"当然"，她说，"我从巴黎来的，一向是一个奉公守法的人。虽然这里是非占领区，我想情况也是一样的。"

他们见芭特勒既没有戴帽子，也没有带手提包，于是信以为真了，让开了道。芭特勒暗中祷告，希望他们跟随下楼来。如果他们有人去房间查看，发现房间锁着，里面没有人，那她就完了。芭特勒不敢回头，她的右手在向左手袖口挨近。但是，她听见四个人都跟了下来，于是她如释重负地把右手放了下来。

当芭特勒走近接待台的时候，她发现原来的职员换了一个女孩子。芭特勒向女孩子说明了情况，她拿出登记簿和表格放在她的面前，并给她一支笔。芭特勒正准备填写，忽然她停了下来对女孩子笑着说，是否可以先去一下卫生间，她向芭特勒指了指走廊。芭特勒记得小组成员所画的图样。女厕所就在接待台右侧走廊末端。芭特勒再一次抑制住想拔腿就跑的念头，慢慢地走了过去。她走进女厕所之后，欣喜地发现里面没有人。她立刻把门关上，并且加了闩。她向四周一看，果然有两扇不透明的霜花玻璃窗。令芭特勒吃惊的是，窗子是密封的，从里面也不能打开。可是，她已经没有退路了，要么逃出去，要么从袖缝里取出药片吞掉。

好在芭特勒是受过严格柔道训练的人，并且窗外还有她的两个忠实部下在等着她。窗子的玻璃看起来又厚又坚固。能冲出去吗？她摆好了练功的架势，肺部充满了气，猛地迎头向一扇窗子冲了过去。窗子砸碎了，她一个倒栽葱摔了出去，正好跌入了乔治的怀抱，乔治连忙把她扶住。芭特勒毫发无损，很快恢复了正常呼吸。他们冲到街上，跑到在前面等候他们的文森特的汽车里。文森特没等他们坐好，就猛踩油门，飞快地冲出去。

当他们来到莱桑德飞机准备降落的田野时，皮埃尔和安东尼已经在那里了。他们看见了芭特勒很高兴。囚犯被绑得很结实，还没有恢复知觉，芭特勒向他们讲述了她逃出来的经过，皮埃尔忧虑地说："事情还没有结束。德国人一定会暴跳如雷，展开全面的搜捕。"

"我们都平安无事，"芭特勒说，"这就是伟大的胜利。我们抓住的这个人是一个很重要的猎物。"

芭特勒不准备随机回英国，两个人的体重加在一起，会使飞机的飞行有困难。不一会儿，他们就听见了莱桑德飞机的声音，芭特勒发出降落信号。飞机降落后，他们把这个英国人装上飞机，捆在驾驶员旁边的座椅上，由驾驶员带回伦敦，交给了少校。通过这个英国人的口供，丘吉尔获取了大量"大西洋堡垒"的情报。丘吉尔对芭特勒的工作赞叹不已。

"霸王"作战计划

1944年5月，盟军利用各种手段和途径迷惑德国人，使德国人以为盟军的登陆地点是法国的加莱地区，从而掩盖了真正的登陆地点——诺曼底。登陆计划，即"霸王"作战计划确定下来之后，丘吉尔急于了解德国隆美尔装甲部队的确切去向，因为这将直接关系到盟军登陆作战的成败与损失的大小。

丘吉尔把这艰巨的任务交给了他的优秀间谍——约瑟芬·芭特勒。丘吉尔要求芭特勒务必在1944年6月3日将有关情报送回英国，因为6月5日或6日盟军就要开始反攻了。

根据少校的安排，芭特勒以一个小学校长的身份来到诺曼底的卡昂地区。卡昂地区地理位置十分重要，纳粹德国在此驻有重兵。芭特勒来卡昂的目的就是要摸清德国装甲部队的位置与去向。

芭特勒去的那个小学非常小，全校才50个小学生和6名教职工。为了保证孩子的安全，芭特勒决定通过法国抵抗组织把孩子送往南方安全区。

5月30日，德国占领军征用了这个小学，把芭特勒的小学作为临时指挥部，在小学的房间里挂起了各种各样的军用地图，地图上还插了许多红红绿绿的小旗子。他们要求学生和教职工立即撤走，但要求芭特勒留下做人质，这正是芭特勒求之不得的。

6月1日，有十几辆德国坦克开到小学附近，其中有当时德国最先进的"虎式"坦克。芭特勒立即判定，附近肯定有德军的装甲师。因为当时只有到装甲师一级才能拥有"虎式"坦克。

芭特勒为了"取悦"德国人，更为了得到更多情报，从小学的地窖里取出一些咖啡和葡萄酒，走进德军指挥部。当时，物资奇缺，德国军官们好久都没喝到咖啡和葡萄酒了。这些东西都是抵抗组织从德军军需部偷来的。德国军官们一见这些好东西，非常高兴，也就放松了对芭特勒的警惕。有些军官喝着葡萄酒还和芭特勒聊了起来。芭特勒迅速地看了几眼挂在墙上的德军军用地图。地图上密密麻麻地插满了各种颜色的旗子。

"这些旗子真好看，它们是干什么用的？"芭特勒假装好奇地问。

"它们代表我们的坦克师和摩托化步兵师的位置。"德军军官呷着咖啡，不经意地回答，他们无论如何也不会想到这个小学校长会是英国大间谍。德军的坦克果然在卡昂地区。记忆力极强的芭特勒早已把这些地图记在脑子里，而且精确得就像用照相机拍的。她回到房间后，迅速把这些地图用密写剂画在一块花手帕上，然后把它藏在小学后面的一个树洞里，由少校派来的人悄悄取走，并送回英国。

盟军空军了解到这些情报后，6月3日、4日两天出动了大量轰炸机，猛烈地轰炸卡昂地区，把许多隐蔽在树林中的德军坦克

德"虎"式坦克

是当时威力最大的坦克之一，广泛应用于苏、德、北非和西欧战场。

炸成一堆废铁。

6月5日晚9点，芭特勒悄悄爬到床底下收听英国BBC的新闻广播，新闻之后，收音机里传来播音员低沉的声音："秋天，小提琴在沉闷抽泣，它们的令人厌烦的单调使我伤心……"这是法国诗人韦拉尔的诗句。这是盟军事先约好的行动暗号。这意味着，盟军的登陆行动将于12个小时后进行。芭特勒非常激动，盼望已久的时刻终于来临了。

6月6日，"霸王"行动如期进行，纳粹德国的防线在盟军的海空军的攻击下，顷刻间分崩离析。芭特勒胜利地完成了她最后一次使命，于6月10日撤到南边的葡萄牙，并从那儿回到了英国。回到英国后，丘吉尔接见了她，并给予她高度赞扬。

希特勒的"公主间谍"斯蒂芬妮

据英国《泰晤士报》报道，2002年，随着一本名叫《希特勒的间谍》的书在德国出版，二战时纳粹德国最神秘的女间谍斯蒂芬妮·冯·霍恩洛亚终于浮出水面。大多数欧洲人也许根本不知道她是谁，但她却是二战时期对欧洲最具影响力的间谍之一，在德国的情报机构中，几乎没有一个人可以和她相比，她是如此狡猾、聪明，也如此危险、可怕。希特勒称她为"我亲爱的公主"；美国联邦调查局二战时的秘密备忘录称她"比一万个男人更可怕"；历史学家玛撒·史夏德称她为"完美间谍"。

当年，英美情报机构已经知道她与英国政府内一些重大泄密有着脱不掉的干系，她窃取的情报给希特勒带来了巨大的帮助，使英国损失惨重，但是由于抓不到她的把柄，根本拿她没办法。英美情报机构根本无法知道她是如何获得那些情报，并将它们传递出去的。一切都是个谜！由于她的智慧和左右逢源的社交才能，二战结束后她不仅逃过了审判，而且还成了德国一家媒体的高级顾问。

由于她的间谍身份隐藏得非常好，在所有有关二战的历史资料里，关于她的内容寥寥无几。德国著名历史学家玛撒·史夏德通过查阅上千卷二战时的资料、纳粹德国的情报记录、英国军情五局和美国联邦调查局的秘密档案，以及所有能收集到的有关斯蒂芬妮·冯·霍恩洛亚的书信和手迹，才最终描绘出这个"隐形"间谍的真实面貌和传奇人生。史夏德称，尽管他已经尽了最大努力，但仍然觉得无法传递她的睿智和狡诈于万一。他称她是"最完美的间谍"，"历史上，她是独一无二的"。

报业巨头的情人

1891年，斯蒂芬妮·冯·霍恩洛亚出生在奥地利维也纳，当时她的名字叫斯蒂芬妮·里切特。"冯·霍恩洛亚"是在她嫁给一个奥地利贵族后，随的丈夫的姓。这个姓是具有几百年历史的德奥皇室姓氏，这个家族的成员在19世纪及20世纪初担任了许多德国的军政要职。

20世纪20年代，在嫁给霍恩洛亚几年后，斯蒂芬妮与丈夫产生隔阂，两人最终离婚。斯蒂芬妮孤身一人离开奥地利，来到伦敦，并成为一名记者。斯蒂芬妮虽然算不上绝色美人，却也姿色出众，风采迷人，而且她身上有一股独特的气质，能一下子将男人的目光吸引住。年轻时，她在维也纳的沙龙里，就是众多花花公子和贵族子弟追逐的对象。来到伦敦后，她凭借独特的风度和美貌立即征服了伦敦的社交界，成为当时著名的交际花。

斯蒂芬妮那高贵、妩媚的气质引起英国《每日邮报》老板罗瑟米尔子爵的注意。这位子爵对她情有独钟，并展开热烈的追求。经过一番努力，斯蒂芬妮终于成了他的情人。1932年，罗瑟米尔为了赢得斯蒂芬妮的芳心，还跟她签了一份合同，聘请她为《每日邮报》的社会版记者。罗瑟米尔付给她的薪酬比当时所有记者都要高——每年5000英镑，这在当时可是一大笔钱。此外，如果她发表文章的话，还会另外发给她不菲的稿酬。

希特勒的"公主"

1933年，斯蒂芬妮以《每日邮报》记者的身份到德国采访。在柏林的一次集会上，她跟希特勒相遇了，她的谈吐和气质一下子吸引住了希特勒。野心勃勃的希特勒隐隐约约感觉到，这个女人将来对他会有很大的帮助。于是，他用世界上最美的语言赞美她，甚至称她为"斯蒂芬妮·冯·霍恩洛亚公主"，并要求手下的纳粹党徒也都这么称呼她。

那时，希特勒刚刚登上总理的宝座，他领导的纳粹党迅速崛起。他正在为发动第二次世界大战积极地做着各项准备，他最想得到的就是有关英国的各种情报。但由于英国的防守严密，他派去的间谍往往有去无回，甚至被英国情报机构策反。

当希特勒得知斯蒂芬妮是位"英国记者"时，心中不由地高兴起来，如果能让斯蒂芬妮将来在英国为他工作，那就太好了。在知道她还认识《每日邮报》的老板罗瑟米尔子爵时，希特勒更是大喜过望。因为，在他刚刚发迹执掌德国政权时，《每日邮报》的老板罗瑟米尔子爵曾对他的纳粹政权制度大加赞赏，给过他很多的舆论支持。为了表示感谢，他还跟罗瑟米尔子爵有过书信交往，但一直未能谋面。于是他立刻请斯蒂芬妮给他安排一次与罗瑟米尔的秘密会面。

1934年12月，希特勒和罗瑟米尔在柏林进行了一次秘密会晤。罗瑟米尔毫不隐讳地向希特勒表达了自己对他的崇拜。斯蒂芬妮也参加了这次会晤，返回伦敦后，她就成了希特勒安插在伦敦的秘密间谍。

情敌吃醋

希特勒跟斯蒂芬妮公主保持着一种"非常亲密的关系"。希特勒的另一位女间谍尤妮蒂对此大为不满，她非常嫉妒。于是，她通过盖世太保调查斯蒂芬妮的祖籍，发现斯蒂芬妮竟是一个带有犹太血统的女人。尤妮蒂将此事告诉希特勒的一位高级助手，让他将此事转告希特勒，她认为斯蒂芬妮根本不值得希特勒"如此关心"。

该助手经过调查，发现斯蒂芬妮还是个专业的"敲诈犯"，当年她嫁给奥地利贵族霍恩洛亚，仅仅是敲诈成功，令霍恩洛亚不得不娶她而已。这位尽职尽责的助手指出："如果元首跟一个犹太女人保持如此亲密的关系，将会对元首的'远大事业'造成负面影响，这个女人最终会毁了元首，就像她毁了其他男人一样。"尽管两人都向希特勒发出了警告，但希特勒并不把这些警告放在心上，仍然和斯蒂芬妮保持亲密关系。

希特勒凭着直觉就知道，她不仅不会毁了他，而且还会给他以"巨大帮助"。他能够感觉到斯蒂芬妮对他是忠诚的。当该助手再次警告他时，希特勒说："盖世太保已经调查过她的父系，她是正统的日耳曼血统。"

1936年，斯蒂芬妮和希特勒的一位副官冯·瓦德曼上校相遇。这位副官一见到"斯蒂芬妮公主"，就立刻魂不附体，堕入了爱河。斯蒂芬妮也对英俊的冯·瓦德曼颇有好感。没过多久，他们就开始瞒着希特勒偷情幽会。然而，纸包不住火，此事很快被斯蒂芬妮的情敌尤妮蒂发现，并添油加醋地报告给希特勒。希特勒大发雷霆，立即撤销了瓦德曼的副官职务，命令他马上离开德国，再也不要踏上德国土地一步。但希特勒对斯蒂芬妮依旧宠爱，并没有任何惩罚措施，这让情敌尤妮蒂大失所望。

狡猾的美女间谍

在英国期间，斯蒂芬妮本来一直住在伦敦的上流社会住宅区，对一些不合口味的追求者，她向来拒之门外。自从成为希特勒的秘密间谍后，为了扩展情报渠道，斯蒂芬妮一反常态，对伦敦政界和军界的重要人物来者不拒。她经常出入各种政治沙龙，以采访为借口引诱政府要人，致使当时英国政府的众多掌握机密文件的官员纷纷拜倒在她的石榴裙下。短短几年中，她已经在英国军政界游刃有余，几乎没有她打听不到的情报。有一段时间，可以说英国唐宁街的政府要人在自家床上讲了些什么话，柏林很快就能知道。当然，这全归功于斯蒂芬妮。

随着众多政府官员落水，很多关于英国军队和高层决策的秘密情报源源不断地流向纳粹德国。而且一些在德国隐藏得很好的英国间谍，莫名其妙地失踪了，而英国情报机构甚至还不知道他们是怎么暴露的。英国军情五处的领导者敏感地觉察到英国政府里混进了一只大"鼹鼠"。军情五处经过一番调查，最后将目标集中在斯蒂芬妮身上，她和众多泄密的政府要员都有床上关系，那只大"鼹鼠"很可能就是她。军情五处的特工对她每天的行动进行全程监视，但就是抓不住她泄露情报的证据。他们对这个狡猾的女人一点办法也没有。

有时候，蒂芬妮还与跟踪她的英国特工玩捉迷藏游戏——在走进伦敦闹市一家女性用品商店后，她再也没有出来。跟踪的特工等了半个小时，终于耐不住性子，进店四处寻找，甚至连女厕所都没放过，但是斯蒂芬妮就像是从空气中蒸发了。当气急败坏的特工冲出店门，想向上级报告跟踪失败时，却又发现斯蒂芬妮正站在商店门口，笑吟吟地看着他。由于英国情报机构始终捉不住她的把柄，再加上她和英国政界的特殊关系，英国特工始终不敢逮捕她。

斯蒂芬妮不仅通过色相勾引男性政府官员，还凭借自己的记者身份和睿智的谈吐，赢得女性政治家的好感。她最大的成就之一，就是赢得了美裔英国政治家、英国第一位下议院女议员南希·阿斯特的信任，加入了她创办的"克利夫登"组织。由于南希当时跟未来的年轻国王爱德华三世关系密切，这使得斯蒂芬妮轻而易举地就可以得到大量英国政治中的绝密情报。

为了对斯蒂芬妮的贡献表示感谢，1938年，希特勒授予了她一枚"纳粹金十字勋章"，还奖励给她一座奥地利犹太人的城堡。

被人遗忘的历史

1939年，希特勒正式向英国宣战，不久后，斯蒂芬妮为自己的安全着想，离开伦敦去了大西洋彼岸的美国。事实上，她在美国建立了一个"和平的开端"组织，继续秘密为希特勒筹集战争资金。有一次，斯蒂芬妮终于被联邦调查局的特工抓住了把柄，遭到了拘禁。

1945年德国战败后，斯蒂芬妮凭借高超的外交手腕，不仅逃脱了军事审判，而且得到释放，回到了德国。她靠自己的魅力，轻而易举地在德国一家媒体找到了一份高级顾问的工作。

战后，斯蒂芬妮对外始终保持着低调的态度，绝口不提她在英国和美国的那段历史，也绝口不提她和希特勒的特殊关系，几乎没有人知道她曾有过一段惊险刺激的间谍历史。

1972年，斯蒂芬妮去世。在媒体同行和后辈眼中，她一直是一个富有魅力的老人，并受到人们的尊敬。直到2002年，《希特勒的间谍》一书出版，人们才知道斯蒂芬妮曾经是二战期间纳粹德国的间谍，而且是一位非常狡猾的间谍。

"燕子"皇后玛加丽塔·科涅库娃

2003 年，俄罗斯圣彼得堡市的国立博物馆举办了一场世界著名的"女性间谍展"。这些女间谍有的风流妖媚，有的乖巧可人，有的贵为公主，有的藏身于青楼。展览中，一个名叫玛加丽塔·科涅库娃的女间谍以她的美貌和风度引起了众多参观者的关注。俄罗斯政治警察博物馆馆长路德米拉·米哈依洛夫娃说："大多数俄罗斯女间谍都是貌如天仙，受过良好教育，并且机智敏捷，而玛加丽塔正是其中的佼佼者。"

玛加丽塔·科涅库娃美丽聪慧且品位高雅，集美貌、风度、艺术修养于一身。她是早期社交界的宠儿，俄国的第一男低音歌唱家夏里亚宾和天才作曲家拉赫玛尼诺夫都曾一度被她的美貌、风度征服。她的丈夫是 20 世纪苏联著名雕塑大师谢尔盖·科涅库夫。谢尔盖·科涅库夫享有"俄罗斯罗丹"的美誉。他早期的作品大理石雕像《尼凯》《斯拉夫人》《跪着的女人》在国际上都享有很高的声誉。

1924 年，年轻貌美的玛加丽塔随丈夫来到美国，举办苏联艺术展。展出完成后，经莫斯科政府批准，玛加丽塔与丈夫谢盖尔·科涅库夫以访问学者的身份在美国居住了下来，这一住就是 20 多年。

在美国定居期间，玛加丽塔被另一名身在美国的苏联女间谍耶丽扎维塔·扎鲁宾娜选中，并招募为间谍，进入克格勃进行间谍培训。玛加丽塔在克格勃的代号是"卢卡斯"，专门为苏联收集美国高科技方面的情报。耶丽扎维塔·扎鲁宾娜是苏联在美国情报站负责人瓦西里·扎鲁宾娜的妻子，她也是一位出色的间谍，身材苗条，容貌艳丽，并熟练地掌握了英语、德语、法语和罗马尼亚语等多国语言，是个受过克格勃严格训练的女间谍。来到美国以后，她结交甚广，认识各个阶层的朋友，并暗中招募为苏联服务的间谍。

在玛加丽塔去世 10 多年后，她的后裔公布了她生前保留下来的一些信件。其中 9 封书信经俄罗斯、美国安全部门的共同鉴定，证实出自 20 世纪最伟大的物理学家、相对论的创立者爱因斯坦之手。此事顿时引起了巨大的轰动。这段离奇的动人的情话，发生在第二次世界大战期间。玛加丽塔·科涅库娃通过与科学家爱因斯坦的私交，执行着苏联政府安排给自己的间谍计划，为苏联核武器的研发窃取重要信息。

"曼哈顿"计划

20 世纪二三十年代，在意大利、德国和日本相继兴起了以极端民族主义和极权主义为核心内容的法西斯主义势力和运动。由于德国法西斯的疯狂种族主义迫害，一批科学家离开欧洲来到了美国。奥本海默、波尔等就是在 20 世纪 30 年代来到美国，并带来了原子弹研究的原理和基本材料。这个时候，德国的科学家海森堡已经在组织科学家加紧对原子弹这一新式武器的开发了。一旦德国制造出足以毁灭世界的原子弹，后果将不堪设想。基于这种考虑，1939 年夏，匈牙利科学家格拉德向美国政府提出应抢先研制原子弹，以防范德国的势力，而几乎没有这类知识的官员们却将格拉德的建议视为天方夜谭。沮丧的格拉德只好找到爱因斯坦，说服他直接致信总统罗斯福，说明核裂变可制造出威力巨大的新型炸弹，爱因斯坦在格拉德拟定的信上签上了自己的名字。这位爱好和平的科学家并没有想到，自己这个为了阻止战争爆发的行动，将酿成人类历史上最大的悲剧之一。

1941 年 12 月 7 日，日本偷袭美国珍珠港。此后不久，美国正式成为第二次世界大战参战国。美国国家科学院在以往研究成果的基础上递交的研制核武器申请也得到了批准。1942 年夏，面对纳粹德国氖及氚产量令人担心的增长，美国秘密拨款 25 亿美元，加紧开发核武器，这就是秘密开发原子弹的"曼哈顿"计划。该计划在美国物理学家 J. 罗伯特·奥本海默的领导下，大批物理学家和技术人员也都参与了进来，高峰时期参加者人数超过 10 万人。

1945 年 7 月 16 日，美国成功地进行了世界上第一次核爆炸，并按计划制造出两颗实用的原子弹，整个"曼哈顿"工程取得圆满成功。在工程执行过程中，负责人 L.R. 格罗夫斯和 R. 奥本海默应用了系统工程的思路和方法，大大缩短了工程所耗时间。这一工程的成功促进了第二次世界大战后系统工程的发展。

"燕子皇后"接受任务

爱因斯坦像

1945 年 7 月 16 日，美国人成功地试爆了第一枚原子弹。莫斯科早在此前两周就掌握了原子弹的爆炸参数及具体日期，所以当美国总统杜鲁门向斯大林炫耀说美国已经研制出一种"具有超常杀伤力"的新式武器时，斯大林并未感到吃惊。面对敌对大国的威胁，苏联也加紧了原子弹的研发。1945 年 8 月 18 日，苏联国防委员会成立专门委员会，负责原子弹的研发。然而从参与"曼哈顿"计划中的科学家那里旁敲侧击得到的美国原子弹情报，不足以指导苏联在短期内成功研发出原子弹。于是，苏联国防委员会决定动用他们早已精心准备好的玛加丽塔间谍这颗"棋子"。玛加丽塔担负的重要使命就是通过爱因斯坦窃取美国研制原子弹和发展高能物理的绝密情报。

苏联克格勃把专门进攻男人的女间谍，叫作"燕子"。玛加丽塔便是克格勃专家远隔太平洋，严格按照爱因斯坦的独特口味，为他精心设计的"燕子皇后"。玛加丽塔经过长期艰苦的学习，才具备了能与爱因斯坦轻松交谈的才干，以及与爱因斯坦发生心灵契合的素质。她像一块集艺术、政治为一体的美味巧克力一样，瞬间就能使爱因斯坦对她产生兴趣。

在"曼哈顿"计划中，爱因斯坦并没有直接参加原子弹的研发，但是研发原子弹的原理却是由他提出的。他提出了公式 $E = MC^2$，其中 E 代表能量，M 代表质量，C 代表光速，如果 C 是个很大的数字，那么 C^2 就是一个更为巨大的数字。很小质量的物体在高速撞击下将产生巨大的能量，并且这种反应还是连锁的，集中它所产生的巨大能量足以毁灭整个世界。为德国法西斯研制原子弹的大科学家海森堡和为美方研制原子弹的大科学家奥本海默，都是爱因斯坦的密友，并曾向爱因斯坦请教。苏联要研发原子弹，除了从参与"曼哈顿"计划的科学家那里获取情报外，从爱因斯坦这个世界上最智慧的大脑得知开发原子弹的原理也是重要路径之一。玛加丽塔担负的重要使命，正是通过与爱因斯坦建立特殊关系，窃取美国研制原子弹和发展高能物理的绝密情报。而将玛加丽塔吸收成为间谍的耶丽扎维塔·扎鲁宾娜，同时也通过一个名叫"棋手"的间谍接近了科学家奥本海默的妻子，进而接近了奥本海默，套取关于原子弹的其他情报。

接近目标

爱因斯坦一生都没有掩饰过对战争的厌恶，"一战"爆发的第二个月，他参与发起了反战团体"新祖国同盟"。这个组织被政府宣布为非法，其成员大批被捕并遭到迫害。在这个组织被迫转入地下的情况下，他仍坚决参加这个组织的秘密活动。1914 年 10 月，德国科学界和文化界在军国主义分子的操纵和煽动下，发表了所谓的《文明世界宣言》，为德国发动的侵略战争辩护，在《文明世界宣言》上签名的有93人，包括伦琴、普朗克、斯脱等享有世界声望的德国名人都在上面签了名，但爱因斯坦却坚决予以拒绝。在拒绝的同时，他在反战的《告欧洲人书》上签上了自己的名字，成为《告欧洲人书》仅有的四位国际知名签名者之一。1931年在牛津大学短期任教期间，他参加的争取和平活动甚至多于科学会议。1933年希特勒上台后，为逃避纳粹党的迫害，爱因斯坦定居美国，并成功地进入了美国的普林斯顿大学。

1935年6月，美国普林斯顿大学邀请玛加丽塔的丈夫科涅库夫为爱因斯坦塑一个雕像。得知这个消息后，玛加丽塔的上司当即要求她借此机会与爱因斯坦结识。接到命令后，玛加丽塔便设法利用爱因斯坦首次迈入科涅库夫工作室的门槛观看自己塑像的机会，故意与爱因斯坦搭话。两人在交谈中慢慢地沟通、了解，爱因斯坦对这位美貌且风度迷人的俄罗斯女性深深着了迷，而玛加丽塔也对这位举世闻名的科学天才颇有好感。这一年，玛加丽塔39岁，而爱因斯坦56岁。

玛加丽塔在回忆录中提道：

他非常谦逊，经常自嘲有一头蓬松的乱发。当谢尔盖凝神于雕塑时，爱因斯坦却异常活跃，他对我谈起了自己的相对论。我听得非常专注，但实在太难懂了。或许是我的专注激发了他的兴致，他竟然拿起纸笔写下许多公式，试图向我解释。讲着讲着，我也开始在纸上信笔涂鸦，竟然画出了他的头像。爱因斯坦非常高兴，并且给图像取名叫"阿尔玛"。而"阿尔玛"正是"阿尔伯特"和"玛加丽塔"的缩写。

20世纪20年代，科涅库夫夫妇被盛名所包围，常常参加各种艺术展览和集会。而到了30年代，他们逐渐淡出了公众的视线。年过半百的科涅库夫开始研究神学理论，他成天把自己反锁在工作室里，过着离群索居的生活，整日琢磨着神秘主义和神学的问题，成为一个虔诚的基督教信徒。在这个问题上，科涅库夫还差点与爱因斯坦发生冲突。有一次，科涅库夫在电梯里与爱因斯坦邂逅，他问爱因斯坦："您信上帝吗？""不信！"爱因斯坦回答得非常干脆。"傻瓜。"出于礼貌，玛加丽塔没有把科涅库夫的最后一句话翻译给爱因斯坦，但爱因斯坦却完全听懂了。后来，当科涅库夫到普林斯顿做客时，爱因斯坦又找机会向他阐述了自己对宗教的理解。

1936年，爱因斯坦的第二任妻子，他的表妹艾尔莎病逝，爱因斯坦很长一段时间都沉浸在妻子逝世的痛苦当中。他的悲伤是可以理解的，因为只有艾尔莎知道，在他写不出方程式的时候，该放莫扎特的钢琴协奏曲还是舒伯特的弦乐四重奏；当他思念欧洲老家时，该朗诵歌德的《浮士德》还是席勒的《欢乐颂》。甚至，哪天的洗澡水里该放晶盐或香草，咖啡里该放鲜牛奶或炼乳……也只有艾尔莎才能掌握好。可是，温柔贤惠、举止优雅、体贴的艾尔莎，在随爱因斯坦从纳粹统治的德国逃到美国定居的第三年，便因患肾病不治而撒手西去，这在爱因斯坦的心灵上划下了一道不可愈合的伤痕。

爱因斯坦每当思念艾尔莎而不得一见时，便拿起他们从德国柏林老家带来的那把古铜色小提琴，伫立在艾尔莎那永远含笑的遗像前，闭目演奏贝多芬的小提琴奏鸣曲《春天》，每当这时爱因斯坦便仿佛和艾尔莎正踏在莱茵河畔萋萋的芳草地上携手欢笑，一同走向回家的路途一般。然而，这只是一场团圆梦，曲终梦醒倍觉凄凉与孤独。玛加丽塔的出现使爱因斯坦的悲伤情绪减少了许多。爱因斯坦自从与玛加丽塔初次相见，便有许许多多心里话想向她倾诉，有一个接一个的共同话题想与她畅谈。艾尔莎病逝后，玛加丽塔频繁与爱因斯坦接触，爱因斯坦的心慢慢被玛加丽塔所占据。

1940 年 5 月 31 日，欧洲弥漫着战争的硝烟，美国也到处能嗅到刺鼻的火药味。玛加丽塔联合爱好和平的人士以及在美国的苏联同胞积极参加反战工作。由于她的积极努力以及个人影响，她被选为援苏协会秘书长，指挥手下数百名工作人员。她的照片也频频出现在美国的各大报纸上，埃莉诺·罗斯福夫人也成了她的密友。爱因斯坦也是坚决反战、支持和平的阵营中的一员。想到自己的同胞正在遭受德国法西斯的屠杀，生为犹太人的爱因斯坦怎么也不能平静。与那些持隔岸观火态度的美国女性不同，玛加丽塔的爱国和反战令他颇为敬佩。

40 来岁的玛加丽塔已经不再是身段苗条、活泼可爱的年轻女孩，但是岁月沉淀下来的沉静和智慧正是爱因斯坦所欣赏的。玛加丽塔和科涅库夫没有孩子，由于丈夫整天沉浸在神学和艺术的世界里，她除了参加反战活动，就是饲养小白鼠，把母爱给了这些小宠物。即使在爱因斯坦拜访的时候，她也不会冷落小白鼠。

除了两位夫人，爱因斯坦还曾经有过不少的情人，但面对这位迷人的俄罗斯女性、有夫之妇的玛加丽塔，爱因斯坦犹豫了。玛加丽塔毕竟是给自己雕塑像的大师的妻子，他不能破坏朋友的家庭。然而，爱因斯坦实在是太倾慕这位女性，他思考了好久终于结结巴巴地向玛加丽塔提出了约会。玛加丽塔害羞地低下头，沉思了半天后回答道："我想，我应该拒绝您。可是，我怎么能拒绝您呢？因为，因为您是爱因斯坦啊！"玛加丽塔半推半就的态度更是激起了科学家爱因斯坦的苦苦追求，他给玛加丽塔写了无数封情书。玛加丽塔当然也接受他的感情。作为克格勃的间谍，玛加丽塔的任务本来就是接近"曼哈顿"计划中的科学家，而现在爱因斯坦提出约会，正中玛加丽塔的下怀。

爱因斯坦与玛加丽塔在普林斯顿大学的一间小办公室里建立了他们的私人空间。爱因斯坦在那间被他在写给玛加丽塔的情书中称为"我们的洞房"的办公室里，与玛加丽塔频频约会，有时彻夜不归。然而，爱因斯坦与玛加丽塔的关系进展得并不是那么顺利，爱因斯坦是著名的大科学家，而玛加丽塔也有自己的丈夫。两人偷偷地相处，也承受着世俗道德的谴责。恋爱中爱因斯坦成了一名诗人，1943 年，他挥笔为玛加丽塔写下了隽永的情诗：

无休止的指指戳戳令我厌倦
你亦不能挣脱婚姻的樊篱
这是我们共同的不幸
但却是命中注定
心乱如麻，四肢无力
飞到普林斯顿来吧
静谧与安宁将你拥簇
我们一起翻开托尔斯泰
当你疲惫时，抬起双眸
凝望着我，流盼间溢满温柔
我从中捕捉到了上帝的光辉

从诗中可以看出，玛加丽塔几乎就是爱因斯坦心中的女神，是爱因斯坦生活中的伴侣，也是他精神上的慰藉。但是这段爱恋却只能永远笼罩在世俗的阴影之下。爱因斯坦怎么也不会想到，令他魂牵梦绕的女神玛加丽塔竟然是苏联间谍。而玛加丽塔呢，接近爱因斯坦只不过是她完成自己间谍计划的一步，女间谍最大的忌讳就是动感情，但是她似乎难以抵挡爱因斯坦的感情攻势，已经陷入了爱河。尽管如此，她也只能小心地掩饰身份，寻找机会执行自己的任务。

玛加丽塔与爱因斯坦的频繁接触，并没有引起整日离群索居的科涅库夫的注意。为了获得单独与玛加丽塔在一起的机会，爱因斯坦可谓绞尽脑汁。1939 年，爱因斯坦写信给科涅库夫，说玛加丽塔患有严重的疾病，信后还附有医生的证明，建议她到风景如画的萨拉纳克莱克休息一段时间。其实，医生是他的朋友，而他所租的游艇和别墅就在萨拉纳克莱克。后来，爱因斯坦和玛加丽塔便以此为借口，经常到岛上度假。

实施计划

1945 年 8 月，玛加丽塔与爱因斯坦最后一次去萨拉纳克莱克度假。湖光山色，风景如画，玛加丽塔却无心欣赏。上级派给她的任务，关系到她和她的丈夫，还有俄罗斯亲人的安全，如果稍有闪失，即便自己和丈夫可以在美国政府的庇护下度日，但是在苏联的亲人实在难说，克格勃对间谍控制之严厉她心里非常清楚。玛加丽塔在写给丈夫的一封信中，便透露了她当时的焦急心情："我担心我的建议能否奏效，我还没有跟爱因斯坦谈过与副领事见面的事，我不确定他是否愿意冒险与副领事见面，不过我将尽一切努力。"

在呵护备至的情人面前，玛加丽塔失声痛哭，向爱因斯坦吐露了心中的秘密，并向爱因斯坦主动坦白了自己的"燕子"身份，请求爱因斯坦与苏联驻纽约副领事巴维尔·米哈依洛夫见面。面对痛哭的玛加丽塔以及她说的这一切，爱因斯坦惊讶万分。但是爱因斯坦十分清楚玛加丽塔的处境，知道她如果完不成任务，就会面临很多麻烦。为了换取情人的笑容，爱因斯坦决定冒险一试。

另一方面，无孔不入的美国中央情报局，早就因为爱因斯坦同情共产党而秘密监视他，在中央情报局的调查档案里，有着厚厚一叠关于爱因斯坦的记录。爱因斯坦不知道美国政府对他的怀疑和监视，但是他深知与苏联的接触必将给他带来莫大的麻烦。

然而，原子弹在日本广岛、长崎爆炸之后，爱因斯坦和"曼哈顿"计划的大多数科学家一样，陷入了深深的自责之中。自己曾经力推的为了人类和平着想的伟大计划，最终给人类带来了莫大的伤害。通过玛加丽塔向苏联透露原子弹的制造秘密，除了使情人脱离困境，爱因斯坦也有关于人类和平的考虑。他不愿让美国独家垄断杀伤性极大的原子弹，成为足以威胁世界的核大国。当初为了阻止德国开发原子弹而促成了美国的研发成功，现在，为了遏制美国原子弹的发展，只有借助苏联这个超级军事大国的力量了。只有力量均衡的核对抗，才能阻止可怕的核战争。

考虑许久的爱因斯坦终于与苏联副领事米哈依洛夫秘密见了面，考虑到安全因素，他们的会面被安排在了普林斯顿郊外的一个小湖边。在米哈依洛夫的建议下，爱因斯坦给苏联科学院写了份电报，在电文中爱因斯坦主要强调了原子武器给世界带来的新危险。这次会面的成功，玛加丽塔显然是最大的功臣。

爱因斯坦在 1945 年 10 月写给玛加丽塔的信中写道："我在纽约收到了这封急电。我时常想念你。我全心希望你能够快乐勇敢地开始新的生活。我已经与领事见过面了，完成了艰难的任务。"爱因斯坦在信中透露，只有完成"艰难的任务"，玛加丽塔和科涅库夫才能顺利返回祖国。

玛加丽塔到底是否从爱因斯坦那里搞到了有价值的情报？历史烟尘淡去了记忆，守口如瓶的当事人也已经去世，留下众多历史谜团。1995年，原苏联克格勃的领导人苏多普拉托夫在《情报机关与克里姆林宫》一书中称，玛加丽塔从爱因斯坦那里得到了大量导弹、核武器的尖端技术资料。不过美国专家并不愿意承认，他们认为，爱因斯坦从事的大多是理论研究，与美国原子弹的发明并没有直接联系，他本人也没有参加"曼哈顿"计划的研发。苏联间谍之所以对他感兴趣，很可能是为了意识形态上的原因，"很显然，如果大科学家爱因斯坦肯为苏联说话，支持苏联开发原子弹，那么苏联的原子弹开发就更加名正言顺了"。

其实，爱因斯坦爱上一个苏联女间谍，通过她接受社会主义思想，并在美国多次发表此类议论，也许是比他透露原子弹制造秘密更为重要的事件。而短短4年后，苏联便成功地爆炸了原子弹，这也让人不能不遐想，斯大林确实获取了制造原子弹的某些技术捷径。

交任归国

玛加丽塔顺利地完成了自己的任务，她的身份也已经透露给了爱因斯坦，难免受到美国政府的追查。为了安全起见，苏联方面命令玛加丽塔夫妇回国，以免招惹不必要的外交麻烦。面对玛加丽塔就这样要永久离去，爱因斯坦难受万分，他也曾经试图苦苦哀求玛加丽塔留下来，但是玛加丽塔继续留在美国的危险性，爱因斯坦比谁都清楚，两人最终泪眼相别。玛加丽塔回到了苏联，此后再也没有到过美国。

1945年12月，科涅库夫夫妇安全返回苏联后，苏联政府给了他们一大笔奖金和一幢乡间别墅，玛加丽塔夫妇也随即退出克格勃并且隐居。玛加丽塔遵照克格勃的指示，寄给爱因斯坦一个虚假的收信地址，用异地通信的方式安慰爱因斯坦受伤的心，帮他平稳度过感情危机。

不久以后，苏美陷入了冷战阶段，玛加丽塔被迫彻底切断了与爱因斯坦的通信联系。正是因为这个原因，爱因斯坦给玛加丽莎的信中写道："我开始阅读关于魔法和预兆的书，它让我确信，冥冥之中有恶魔夹在我们之间，弄丢了我们的信……我坐在沙发上，叼着你送的烟斗，用你喜欢的铅笔奋笔疾书……如果你不忙，赶快给我回信吧！"

科涅库夫早就知道了妻子和爱因斯坦的特殊关系，但是他并不特别介意，因为他将所有精力都投入到神学研究和艺术创作之中，玛加丽塔则足不出户，沉浸在对往事的回忆里。10年后，1955年，爱因斯坦因为动脉瘤破裂而去世。直到爱因斯坦去世，他再也没有见过玛加丽塔。1980年，在丈夫科涅库夫去世6年之后，玛加丽塔也永远合上了双眼，并带走了她对爱因斯坦的怀念。

在漫长的分离的日子里，爱因斯坦和玛加丽塔都只能生活在互相的思念之中。爱因斯坦在那张写有亲笔题词的自画像中这样写道：

苦难也罢，甜蜜也罢，都来自我不能左右的外部世界，而我只能孤寂地生活着，回想往事，我曾经痛苦万分，也曾甘之如饴……让一切都留在永远的记忆中吧。

有人说，这首小诗是爱因斯坦思念玛加丽塔有感而发所作的。然而，爱因斯坦至死也没有再见到这位令他魂牵梦萦的俄罗斯女性。那张凝结着痛苦的思念与甜蜜的回忆的自画像，至今仍然保存在爱因斯坦纪念馆。

玛加丽塔回到祖国，安静地老去、死去，临死前她让家人销毁了大部分信件。保留下来的他们在美国的最后几年和回国初期的一些信件中，有9封书信经俄罗斯、美国安全部门的共同鉴定，证实出自20世纪最伟大的物理学家、相对论的创立者爱因斯坦之手。从玛加丽塔至死保留的爱因斯坦最动人的9封情书以及手表等物品来看，这位美丽的女性并未能忘怀与爱因斯坦曾经的甜蜜时光，一直珍藏着对爱因斯坦的那份爱情，他们的这种二战催生下的"旷世之恋"再被世人知晓后广为赞赏和流传开来，这其中的情感交织也为世人嘘唏。

绝不屈服的季娜

在第二次世界大战期间，苏联情报机构不仅向欧洲以及其他法西斯轴心国派出了大量的谍报人员，同时，也向被日本军队占领的中国等亚洲国家派出了许多情报工作者。在这些人当中，除了受过专门训练的职业情报专家，还有很多志愿工作者。他们大多是普通的苏联公民，最初都以战地服务人员的身份来到中国，后来因为战争的需要，苏联情报机关从这些人中选拔出了一些具有某些方面特长的工作人员，以各种合法身份作为掩护，深入日军占领地区，为苏联设在中国的情报中心和苏联国内的情报机构搜集一些有价值的情报。特殊的工作任务和严酷的战争环境，造就了他们不平凡的经历。季娜就是这些志愿工作者中的一位。

志愿航空队的"百灵鸟"

1916年，季娜·彼得罗娃出生在莫斯科，她是一位很普通的俄国姑娘，父亲是一个平常的公司职员。季娜天资聪颖，学习非常出色，中学毕业之后，以优异的成绩考进了莫斯科外语学院。季娜是一个热情、开朗、乐观的女孩，很受老师和同学们的喜爱。在大学，她依然保持着良好的学习习惯，而且还十分热衷于参加各种社会活动，课余时间经常活跃在校学生会和共青团组织的各项活动中。

1939年，季娜大学毕业后，来到一所中学当英语教师。这时，第二次世界大战已经爆发，日本军队开始在中国大陆发动了大规模的侵略战争。法西斯侵略者点燃的战火使这个具有五千年历史的文明国度生灵涂炭。苏联与中国有着上千公里共同的边界，自然对中国的战情保持着高度的警惕。紧接着，德国进攻波兰，欧洲大陆也战火纷飞。苏联为了确保本国的安全，必须采取措施。

这时，日本军队为了打通太平洋战场的陆路交通运输线，开始拼命向南方推进，但是由于战线拉得太长，无法"速战速决"。中国军民以顽强的精神竭力地抵抗着日本侵略者的进攻。美国、英国、苏联、法国等国家虽然没有向日本宣战，但是为了阻止日本法西斯在中国战场上的攻势，遏制日军向整个亚洲的扩张，以招募社会志愿者的形式，通过民间行为帮助中国人民抗击日本军队的入侵。

那个年代，中国的航空技术还十分落后，只有为数不多的飞行员，可以用于作战的战斗飞行装备也远远落后于欧美国家，同样落后于日本。因此，来自英国、苏联、美国等工业发达国家的志愿航空队显得尤为重要，这些志愿飞行员大都具有多年的飞行经验，他们在中国战场参加与日本军队的直接交锋，为了与日本空军争夺制空权进行殊死搏斗，大大提高了中国军队空中作战的能力，改变了日本空军独霸中国空中战场的局面。

但是，外国志愿航空队在中国战场上与日本空军作战有一个巨大的困难，那就是地面指挥中心与空中作战的外国飞行员的通信联络问题。当时中国空军中懂得英语、法语或者俄语的人员实在是凤毛麟角，因此后来各国在招募志愿航空队时，除了重点选拔有经验的飞行员之外，也考虑选择优秀的外语人才。

正是在这样的需求之下，季娜报名参加了苏联志愿人员。她是一个具有强烈正义感和爱国热情的青年，对于德、意、日法西斯的侵略行为极为不满，二战爆发后，她曾多次组织学生示威游行。遗憾的是，由于身材弱小，她没能实现应征入伍的愿望。现在，一个直接参加反法西斯战争的工作机会出现了，她非常激动地来到招募志愿者的报名点。

除了作为母语的俄语之外，季娜还通晓英语、法语。她用英语和英国人对话时，无论是语调还是神态，都让人以为她是一个地地道道的英国人。负责招收志愿者的官员对她的情况非常满意，不过在填写报名表之前，接待人员还是友善地提醒："小姐，去战场可不像在学校教书那么简单，不仅条件艰苦，而且可能会有生命危险。"季娜有点生气了："你看我像个怕死的人吗？"

季娜填上所有的报名表格，成为一名苏联赴中国的志愿人员。随后，她被安排到无线电技术培训班学习了两个多月。季娜是一个聪明勤奋的姑娘，很快就掌握了无线电知识，牢记很多无线电密码，并掌握了一些飞行知识。随后，她便被派到了中国的腹地——四川成都郊外的双流野战机场。

这是各国志愿者共同使用的机场，各国的几百名指挥员、飞行员和几十架飞机驻扎在这里。战争使这个机场成了男人的世界，年轻漂亮、开朗乐观的季娜给这个充斥着警报声和火药味的战争环境带来了难得的生气。各国的指挥员和飞行员都热情地欢迎她的到来。

季娜在这里的任务是通过机场指挥部与在空中作战的各国飞行员进行无线电联系。她那柔和甜美的女中音发出的作战指令，不仅准确、清晰，而且悦耳动听，亲切温暖，对于那些在空中沙场紧张作战的各国飞行员来说，这无疑是一种最好的心理调适。英国的一位飞行员亲切地称她为"百灵鸟"，飞到哪里就把快乐带到哪里。季娜在通信联络中发挥的作用也是毋庸置疑的，苏联空军志愿飞行队的最高指挥官雷恰戈夫上校称赞季娜的工作时说："你的到来等于给我们又增加了一个飞行中队，我们太需要像你这样的翻译了。"

季娜就被安排在机场附近的宾馆里住——在战乱时期能够享有这样的待遇已实属不易。季娜大部分时间都与飞行员在一起，一起用餐，一起出操，一起娱乐。以前，由于语言不通，各国飞行员无法正常交流，生活很枯燥。如今，季娜成了他们的翻译，她无论走到哪儿，身边总是有一群飞行员围绕。她成了各国飞行员们生活中不可缺少的一部分。季娜也在这里实现了自己的价值，度过了一段快乐的时光。然而，随着战事的恶化，季娜的平静而快乐的生活被打破了。

上海租界的"英国小姐"

在成都机场的苏联志愿飞行队的指挥官雷恰戈夫上校不仅仅负责对日空军的作战任务，而且担负着搜集在中国的日本军队情报的职责。由于四川盆地的闭塞，对情报搜集工作十分不利，苏联上级军事指挥机关决定从成都基地选派精干的人员，到中国的一些被日军占领的大中城市中，以合法的身份活动，设立电台，扩大情报搜集的范围。为此，雷恰戈夫上校认定，季娜是在基地所有苏联志愿人员中的最合适人选。

1940 年 7 月的一天，四川成都双流野战机场苏联航空兵基地无线电指挥室里，一个身材苗条、金发碧眼的年轻姑娘，戴着耳机，对着话筒，时而用俄语发出指令，时而用英语与人交流。温和甜美的声音在指挥室回荡。直到下午 6 点多，看到接班人员来了，她才站起来，伸了伸腰，拿起手提包，准备回宿舍。

这时，一个通讯员把她拦住，说："季娜，雷恰戈夫上校找你，让你马上去他的办公室。"

季娜有点儿纳闷，雷恰戈夫上校是最高指挥官，自己只是一个普通的翻译，他找我干什么？季娜随着通讯员来到上校的办公室。雷恰戈夫正在办公桌前等她，见到她进来，连忙站起来："果然名不虚传，真是一只漂亮灵巧的百灵鸟。"

季娜笑了笑，开门见山地问道："上校先生，您找我有什么事吗？"

雷恰戈夫把门关上，对他说："你的工作非常出色，军方对你非常满意。"

季娜谦虚地说："那是我应该做的。"

"季娜，我今天叫你来，不是为了表扬你，而是准备给你安排一项重要的任务。你知道，现在战争进行得相当激烈，日本人已经侵入中国腹地，而且对我们苏联虎视眈眈。战场上不仅需要浴血杀敌的战士，还需要杰出的情报人员为我们搜集情报。你知道战争中情报的重要性吗？准确的情报可以让我们不战而胜，错误的情报可能让我们全军覆没。"

"可是，上校先生，我只是战地服务人员，能帮上什么忙呢？"

"季娜，四川环境闭塞，对搜集情报相当不利，上级让我选派精干人员去中国被日军占领的大城市，以合法的身份在暗中搜集情报。经过考察之后，我认为你比较适合这个工作，只是这项工作很特殊，也很危险，不知道你是否愿意接受？"

"你的意思是让我当间谍？"

"准确地说是情报人员，不过你有选择权，如果你不愿意，可以拒绝。"

"上校先生，您为什么认为我会拒绝呢？只要是有益于祖国，有益于反法西斯的事情，我没有理由拒绝。"

出乎雷恰戈夫的意料，季娜十分爽快地答应了这项任务。让一个天真烂漫的女孩从事危险的间谍工作，当然需要特殊的训练。很快，苏联国内派来了一个专门的小组，对外声称是对在成都基地的苏联飞行员进行身体普查的医疗小组，然而实际上这个小组的任务是对季娜进行短期的高强度间谍训练。他们要季娜牢牢记住自己的"身世"：她叫"艾伦·蓓薇"，1916 年出生在新加坡的一个中产阶级英裔家庭，父亲是一个专门制造包装茶叶、咖啡用木箱的小工厂厂主。她在新加坡上了英语小学和中等医学专科学校，现在打算到上海寻找更好深造的机会。同时，季娜还受到了更加严格的无线电收发报训练，专门小组还向她面授了反跟踪、反窃听、反审讯的课程。季娜的记忆力很强，没花多长时间就掌握这些知识。

两个月后，季娜从一艘由香港开来的轮船上走下舷梯，来到已经被日本军队占领的上海港。在码头上，中国陆军参谋部设在上海的情报站人员与季娜接上头，并把她送到了事先已经预定好了的落脚点——南京路上的国际饭店。她提着自己简单的行李，走进了这座当时全中国最豪华的旅馆。在饭店的前台，季娜一次付给了账房三个月的房钱。尽管季娜认为没有必要在如此昂贵的饭店住这么长时间，但是她必须这样去做，因为这是出发前由特派小组计划好的步骤之一——必须出手大方阔绰，这样才像一个来自海外的英裔中产阶级家庭的小姐。进入自己的房间之后，季娜将她此行最重要的物品——一只小皮箱放进了衣橱。在这个小皮箱里，装着足够使她在中国生存半年的活动经费。

季娜在来到上海的一个月里就顺利地在英文版的当地报纸《上海时报》上找到了几处合

适的寓所。有意拖到了第三个月时，她才不慌不忙地搬进了她认为最合适的一家。这是一家地处五国共管的公共租界，季娜凭着自己手中的英国护照才有权利住进这个区域。这套房子的男主人在海外经营着自己的橡胶生意，养尊处优的女主人听说"蓓薇"小姐是来自英裔家庭的女学生，便很高兴地答应把一套可以独立使用的房间腾出来租给季娜使用。当然，为了假戏真做，她在一家教会办的医学院报名注册，继续学习。

3个月过去了，按照离开成都时事先制订好的活动计划，所有的准备工作都已经按部就班地完成了。一天，季娜准时向她的联系人发出了约会暗语通知。她在霞飞路的街心花园里顺利地见到了她的联系人——一个身材高大、潇洒英俊的年轻人。他的化名叫"林克"，他谈吐文雅，但是凌厉的眼神中透露出一股军人的英气。季娜与这位同样装成英国人的同胞联系上之后，很快就摆脱了身处异国他乡的孤寂感觉。她从这个跟自己经历差不多的年轻人那里，得到了雷恰戈夫的消息，并收到了国内上级的指示，而且，她还知道了家人的近况。

在他们的第三次会面之后，林克带来了国内机关的指示：情报站可以启用了。在此后不久，林克给季娜送来了一台无线电收发报机和密码本，并教给了她基本的使用方法，并提醒她注意隐蔽。很快，她便投入了一种特殊的生活状态之中。白天，季娜只用不多的时间到这个上海有钱阶层子女们集中的学校里读书，而用更多的时间借着购物的名义逛街，主要的目的是熟悉周围的环境。晚上，偶尔陪房东太太打打牌，渐渐地她还学会了中国麻将的玩法。到了深夜，她在无线电约定的时间，偷偷架起电台与上级联系。

无线电波好像一座无形的桥梁把她和自己的祖国联系起来。季娜在发出联络员送来的所有情报的同时，还收到了许多国内和欧洲战场的消息。

严刑逼供

1941年6月22日，季娜起床后梳洗了一番，准备去一家咖啡馆与林克会面。在门口，她遇到房东太太，微笑地打了个招呼。房东太太正在听收音机，她说："艾伦，你知道吗？德国已经向苏联发动全面进攻了。"季娜心中一紧，自己的祖国也卷入战争了吗？但是她表现得漠不关心，因为她现在的身份是英国人，和苏联毫无关系。和房东太太聊了几句之后，她匆匆跑到街上，买了一份报纸，果然，报纸上已经刊登的德国进攻苏联的新闻。季娜神情落寞地来到咖啡馆，坐在角落里，眼泪情不自禁地流下来。

顿时，上海租界内的气氛变得紧张起来。租界巡捕会突然上门造访。这在苏联与德国爆发战争以前是从来没有过的。虽然说是为了防止威胁租界安全的流窜犯罪嫌疑人员隐藏在某个房间中，但是他们除了检查护照之外，也开始有目的地搜查一些他们认为可疑的地点。不仅如此，日本驻在上海的宪兵部队也开始突然闯进租界区，对居住在那里的外国人和中国人进行搜查和逮捕。季娜使用的是英国护照，并没有引起他们的怀疑。尽管情况非常危险，季娜一直没有中断她的秘密工作，而是更加努力地搜集和传递情报。她希望通过自己的努力，为自己的祖国做点贡献。

1941年12月8日，日本海军成功地偷袭了美国海军驻扎在夏威夷珍珠港基地的太平洋舰队。12月9日，日本政府正式地同美、英等同盟国宣战，太平洋战争爆发了。珍珠港事件使全世界为之震惊，这场战事所掀起的强大冲击波，首先波及了地处太平洋西岸的东方国际大都市——上海。

从此，日本驻上海宪兵司令部正式派部队进驻一向被视为"国中之国"的上海五国公共租界，那里不再是外国冒险家和中国有钱人的乐园。日本人成了那里的警察，到处烧杀抢夺。

上海租界内人心惶惶，许多外国人不顾在上海的生意，纷纷变卖财产，打点回国。日本人在租界里张贴通告，限制租界内居民的各种"越轨行动"。在通告里的一系列禁令中，有一条是禁止租界内的任何人，以各种名义使用无线电台与外界联系，如果有违犯者，一经查出，即以战时间谍罪送交驻上海的日本宪兵队特设军事法庭审理。

日本人进驻上海使季娜的处境非常危险。这时，持有英、美等国护照的外国人，已经成为日本宪兵重点防范的对象。季娜潜入上海前精心编造的英裔"蓓薇小姐"的身份和英国护照，反而使她面临更直接的危险。为了使发生危险的可能性降到最小的程度，季娜的上级指示她尽量减少无线电联络的次数和时间，并且为她设计了几套在突发情况下实施的应急方案。同时，还指示林克以同季娜谈情说爱为掩护，帮助她在房间里为电台找到最佳的隐藏地点。做了这些聊胜于无的应变措施之后，虽然还是随时都要面临被搜查的危险，但是季娜多少松了口气。她开始一丝不苟地按照上级和林克为她制定的严格程序，又发出了几篇已经被大大缩减了的简短电文。

然而，遗憾的是，驻上海的日本宪兵队不久前又得到了来自德国的最先进的无线电波方位测定的技术和设备的援助，大大加快了逐个侦破设立在上海租界所有敌方电台的步伐。驻上海日本宪兵队的无线电侦听电台早就注意到了季娜电台的存在。日本宪兵队的电子战专家不但已经将季娜电台编了序号，而且已经掌握了她发报的指法特点、出现的时间、使用的波长等因素，并做了详细的记录。一张无形的网，已经在季娜的身后越收越紧。可是，季娜对此一无所知。

1943年10月的一个深夜里，季娜像往常一样，从衣柜的壁板后面取出电台，轻轻打开卧室的小窗，架好天线，调好发报机。在与苏联方面顺利地接通了联系之后，她迅速地将白天林克交给她的两份不长的情报发出。

然而，就在她发出第二份密电接近尾声的时候，突然从外面传来了急促而沉重的敲门声。在夜深人静的时候，这样强烈的敲门声让人心惊胆战。季娜大惊失色，她马上意识到，一直担心的事情终于发生了。

她竭力使自己保持镇静，问道："是谁？"

"日本宪兵队，赶快开门！"

她按照事先制定好的方案，急忙把密码本撕碎，再扔到抽水马桶中冲掉，然后迅速收回天线，拆除电台，把所有通信设备隐藏到衣柜后的壁板中。门板被敲得咚咚作响，越来越急促。季娜在匆忙中换上了睡衣，再把床铺弄成刚刚睡过的样子，这才来到门前。

"这里只住着我一个女人，你们必须把房东太太叫来我才能开门。"

不一会儿，门外传来了女房东的声音："蓓薇小姐，你快开门吧，我也没有办法。"

这时，季娜不得不把房门打开。全副武装的日本宪兵闯了进来，一名日本军官用手枪逼往季娜，其余的人马上在房间的上上下下搜了起来。这些日本兵很有经验，没用多长时间，就找出了隐藏在衣柜后面壁板里的电台和天线。

"小姐，你能解释一下这是什么东西吗？"日本军官得意地说。

"我是一名无线电爱好者。"季娜看到电台被搜出来，反而平静下来。

"不要狡辩了，把密码本交出来！"

"什么密码本？刚才我还在睡觉。"

"你这会儿嘴硬不要紧，我们请你去宪兵队慢慢说。"

日本军官命令季娜换好衣服，带上被搜出的电台及其他东西，上车回到宪兵队。当季娜被这一伙日本宪兵押着走出房门的时候，房东太太惊慌失措，却又带着几分同情地望着她。

到了日本宪兵队，季娜面临着严酷的审讯。她被强制坐在一张粗糙的木椅上，对面照过来强烈刺眼的灯光。她心里明白，虽然日本人没有马上对她施用酷刑，但是在来中国之前，她就听说了日本人对于战俘和间谍的残忍手段，她知道一生中最严酷的考验已经开始了。

一名略懂英语的日本军官用生硬的语调审问她："谁派你到上海从事间谍活动的？在上海你和谁取得联系？"

"我不是什么间谍，也没有从事任何间谍活动。"季娜沉着回答。

"那么对于隐藏电台你将有何解释？"

"我不过是个业余无线电爱好者，这在我们的国家是很常见的事。可是你们禁止无线电爱好者们发报，所以我不得不把电台隐藏起来。"季娜按照事先编好的理由应对。

"小姐，也许你还不知道，我们已经掌握了你从事反日间谍活动的所有证据。"日本军官威胁道，"如果你坚持不说实话，我们有的是办法把你的嘴撬开。"

季娜心中明白，日本人要对她施用刑法了。虽然在成都进行间谍培训时，来自国内的特派小组的教官曾经告诉过她日本人残酷而血腥的各种刑法，但是她仍然幻想，也许这位看起来受过高等教育的军官，对待一位欧洲女性总不会像对待普通的亚洲人那样残酷无情吧。但是，季娜把日本人想得过于仁慈了。

会讲英语的日本军官很快将季娜交给了一伙专业的施刑人员。这些人把她带进了一间用来严刑逼供的密室，开始对她使用各种酷刑。满屋的刑具，有的她曾经听说过，有的却是闻所未闻。季娜心想："日本人除了无线电台外其他什么证据也没有掌握，而且他们还不知道我是苏联人。他们想从我这里了解林克甚至雷恰戈夫的情况，如果让他们得逞，苏联在中国的间谍网就会遭到严重破坏。"大不了一死，她决心用沉默来对待日本宪兵的严刑拷打。季娜一次次被折磨得昏死过去，又一次次地被用凉水浇醒，她一次又一次地挺了过来。

每次审讯完之后，日本宪兵就把她投进一间大牢房里。那里关押的全都是中国女犯人。季娜担心暴露自己的反日情绪，便有意端着欧洲人的架子，和她们保持着较远的距离。尽管如此，这些中国人看到她被折磨得遍体鳞伤，还是尽可能地帮助她，给她腾出最好的位置，送给她一些可以御寒的被褥和衣物，把省下来的食物送到她的嘴边，努力说服她尽量吃一点儿。就这样，季娜硬挺了下来，闯过了日本宪兵严刑拷打这一关。

但是，日本人已经盯了她很久，有充分的证据证明她是一个间谍，怎么可能轻易放弃呢？一天，季娜被传唤到了审讯室。会说英语的日本军官没有马上让手下的人动用刑具，他拿出一瓶香槟酒和两支高脚杯，然后把酒斟满，把一杯酒放到了季娜面前的桌上，自己拿着一杯，慢慢地踱到窗前，端着酒杯，凝视着杯中泛起的泡沫，背对着季娜，久久地沉默着。突然，这个日本军官长长地叹了一口气。"战争！"他用厌倦的口气说，"一切都是因为这场无聊的战争。"短短的沉默之后，他接着说："如果没有这场战争，我想你一定还在上学吧？"他看季娜没有回答，就接着说了下去。"战争前，我大学刚刚毕业，学的是英文专业，分配在外交部。我本来可以到英国、美国、加拿大、澳大利亚等这些国家去当外交官，可是因为这可恶的战争，我被派到中国，做这种让文明人不齿的事情。"季娜依然沉默着。

这个日本军官接着说："可是，我很不理解，我到中国是出于无奈，你作为一个欧洲人，为什么来到这个是非之地，为中国人工作呢？我们日本和你们欧洲国家一样，都是文明社会，在对待中国人的立场上是应该一致的，怎么可以被他们利用呢？只要你告诉我，你在上海的联系人，并交出密码本，我保证你不会受到任何牵连，你可以自由地留在上海或回国去上学。"

"你说得不错，"季娜终于打破了沉默，"我也十分希望这样。可是我的确是个普通的无线电业余爱好者，根本就没有你所说的联系人和密码。"说完这些，季娜再也没有开口。"既然这样，我就爱莫能助了。"会讲英语的日本军官再一次把季娜交给了施刑专家。接着，季娜承受了更加严厉的酷刑，她又是一次又一次地昏厥，一次又一次地被凉水浇醒。她没有屈服。

1942年12月20日，上海的日本军事法庭审理了"英国公民艾伦·蓓薇"的间谍案。季娜被判处了6年有期徒刑。在法庭上，季娜仍然保持沉默，拒绝回答一切问题。当宣读判决书的时候，她被法警扶起虚弱的身体，脸上没有任何表情。

两年半以后，日本战败投降。季娜没有在上海的监狱中住满6年，中国军队把她从日本人的监狱中解救出来，季娜和中国以及其他国家的所有难友恢复了自由。在季娜获释的第三天，她就同苏联驻上海领事馆取得了联系。同年，她终于回到了自己的祖国。经过犹如地狱一般的日本人的严刑拷打，坚强的季娜凭借对祖国的热爱和反法西斯的信念挺了过来。值得庆幸的是她看到了反法西斯胜利的那一天，重获自由的季娜好像获得了新生。那些曾经审讯和拷打过季娜的日本宪兵在日本东京的远东国际法庭上，都受到了应有的惩罚。

"谍海冤魂"勃洛恩

1944年5月，在英国和美国部队为首的盟军强大攻势下，驻守在各地的意大利法西斯节节败退。盟军的坦克开进了罗马，被墨索里尼统治已久的古城终于获得解放，重新焕发了光彩，圆顶的建筑物上军旗随风飘扬，街道上万众欢腾。

进城后的盟军官员还没来得及感受胜利的喜悦，就开始紧张地部署善后处理工作，各部门开始处理自己管辖的事务。在城东南的一座建筑物里，刚刚住进这里的盟军战地联络处的军官们还没来得及好好休息，一位金发碧眼的姑娘便慌慌张张地闯了进来，声称要见负责情报的军官。查林中尉停下手中的工作，说："我是查林中尉，负责这方面的事务，你有什么事？"

姑娘说一口流利的英语，自称名叫埃·勃洛恩，她讲述了一个离奇曲折的故事："我曾经是挪威抵抗组织的成员，一名报务员，由于秘密电台被盖世太保破获，我成了德国人的俘虏。我现在的身份是德国间谍，负责搜集盟军在这里的军事情报……"

报务员被逮捕

1942年冬天的一个深夜，斯堪的纳维亚半岛上的挪威首都奥斯陆到处是一片冰天雪地。由于戒严和灯火管制，整个城市一片死寂，只有冰冷的月光和几点寒星给黑黢黢的大地带来一丝光亮。

冷冷清清的街道上，一辆标有纳粹标志的电波测向车正在缓缓前行。一个月以来，每到夜深人静的时候，它就像幽灵一样在这座城市的大街小巷游荡。车轮沙沙地向前滚动，测向天线有规律地转动着。它是法西斯德国的工具，正在搜索那些在深夜发送电报的盟军的间谍。同时，城市的另一条街上还有另一辆幽灵般的测向车在游荡。

凌晨1点10分，测向车驶向了富人住宅区的马歇尔街，街道两边是一些豪华的花园式建筑。在两个星期里，这是测向车第五次来到这条街上了，根据前几次掌握的规律来看，今天晚上那个潜藏在这里的秘密电台很可能会工作。

果然，5分钟之后一个鸟鸣式的电波声出现在跟踪员的耳朵里——嗒……滴……嗒……嗒。就是它！按键沉重、呆板又拘谨，这显然是一个新手在用一个老式的发报机敲打，但是沉重、拘谨的电报也能发送出重要情报。跟踪员相信这次一定能捉住那个发电报的人，他调整天线，把追捕到的音量稳定在最清晰、最响亮的刻度上。跟踪员用对讲机与另一辆测向车取得联系，两辆测向车从两个方向捕捉到同一信号，然后根据三角坐标，很快就把那个电台的方位确定下来，并立即通知指挥中心。

党卫军少尉准格尔带人立即扑向马歇尔大街街心公园右侧的那栋幢乳白色的房子。几分钟后，一个金发碧眼的妙龄女郎被逮捕。

整个抓捕过程似乎过于简单，审理此案的盖世太保恩里克斯少校反而感到困惑不解："同盟国为什么使用这样一个笨拙又漫不经心的谍报员？竟然一连两个星期在同一时间、同一地点，用同一套密码向伦敦发报。难道这里面有诈？"他还听说这个谍报员非常漂亮，据说还当选过挪威小姐，而且出身于贵族家庭，真是不可思议！他让手下把被捕的女郎带来，他想一睹芳容，并亲眼见识一下这个连最基本的谍报常识都不懂的谍报人员。

这个蹩脚的谍报人员被押进来，果然是名不虚传的挪威小姐，只见她红唇皓齿、鼻梁挺拔，一双碧蓝的眼睛好像要滴出水来，金色的直发像瀑布一样垂到肩膀上。她散漫地靠在沙发椅上，简直就像某位著名画家笔下的色彩画。

少校看得呆了，他好不容易收回心神，说："我来自我介绍一下，我是恩里克斯少校，盖世太保驻挪威的最高负责人，也许这个头衔让你听起来会有点儿刺耳。请问小姐的芳名……"

"埃·勃洛恩。"

少校稍微顿了一下，埃·勃洛恩？这让他想起了希特勒的一个情妇爱娃·勃洛恩，这种联想未免有些荒唐，他清了清嗓子，似乎他在这个美丽的挪威小姐面前总是走神，因为这个漂亮的贵族小姐怎么看也不像间谍。他勉强镇定下来说："勃洛恩小姐，请坐，用咖啡还是白兰地？"

"白兰地。"她毫不客气，好像到了自己朋友家里。

趁倒酒的工夫，少校打量了一下这个年轻漂亮的姑娘，原来她还穿着睡袍。

"我能问一下您为什么穿着睡袍来到我的办公室吗？"少校想让她下不来台。

"这要问问你的部下。"姑娘语气中充满了讽刺，她丝毫没有觉得尴尬。

"怎么回事？"他转头问那个押她进来的士兵。

"准格尔少尉把她抓来的时候，就是这样，也许……"

"立即去小姐家把她的衣服和生活用品搬来，开我的车去，半个小时后，向我汇报。"

那个士兵出去之后，少校表示歉意地耸了耸肩，对勃洛恩说："这些士兵太粗鲁了，不过，问题很快就解决了。"

"我并不介意。"勃洛恩笑着说，她惬意地靠在沙发上呷了一口白兰地。少校马上转移了视线。

"勃洛恩小姐，对于交战国的人员，我不想用'俘虏'这个词，但是既然到了我这里，审讯是不可避免的。在这种情况下，开诚布公和互相了解是极为必要的。虽然盖世太保的少校头衔听起来有些刺耳，但是我绝不会向你这么漂亮的小姐严刑逼供。如果你了解我的过去，或许感觉会好一些。"少校把门关上，迟疑了一下，缓步走到窗前，望着窗外的风景，自言自语地说，"我原本并不是军人，而是一个艺术家，是柏林大学艺术学院油画系的助教。如果没有战争的话，恐怕我现在已经是副教授了。我多么喜欢气宇轩昂地站在讲台上或画架前对学生讲达·芬奇，讲莫奇格里昂尼，讲油画的技巧和色彩的奥妙……"

"您讲得不错，可惜我对油画一窍不通。"

"对不起，我不是有意卖弄，但是油画确实是我的第二生命。"

"那你怎么成了盖世太保的少校呢？"勃洛恩微笑着问道，好像她成了审讯官。

"是因为战争，战争改变了一切，对我是如此，对你也是一样，难道不是吗？勃洛恩小姐，你是名门望族的大小姐，奥斯陆医学院二年级的学生，如今却成了盟军的间谍，整天摆弄一架1932年出厂的旧发报机，也许你想为祖国做点儿事，但是却成了盖世太保的阶下囚了。"

"那又怎么样？"勃洛恩依旧微笑着说，她似乎对目前的处境无动于衷。

"小姐，你应该为自己的命运担忧了，根据元首的命令，凡捕获盟军间谍，格杀勿论。"少校想吓唬一下这个不知天高地厚的小姐。

"你叫我来，就是为了告诉我这个吗？"她把玩着手里的酒杯，"什么时候执行？"她的神情好像她是一个女王，而不是将被执行死刑的人。

少校逮捕过很多间谍，他们要么胆小怕死，要么破口大骂，从来没见过像勃洛恩这么优雅的间谍。

"100多年前，帕特里克·亨利在北美大地上大声疾呼'不自由，毋宁死'，今天轮到我喊这个口号了。"勃洛恩表情严肃地说出这番话，她的侧脸宛若雅典女神像。

少校震惊了，他自诩为一个艺术家，但是在一个真正的视死如归的爱国者面前，他显得多么渺小啊！按照规定，他完全有权力把她枪毙，但是，不知道是被她的美色所迷惑，还是被她那面对死亡毫不畏惧的浩然正气折服，他不想杀死她。

"有一个办法可以免你一死。"他期待勃洛恩能放下身段，跟他合作，他又给勃洛恩的酒杯里斟满了白兰地。

"宣誓效忠元首，供出同伙，说出联络员，还是向伦敦发假情报？"勃洛恩当然知道怎么做就能使自己免于一死，她抢先说了出来。

"你很聪明，不过，同时要求做这些未免多了点儿。只要你完成这里面的任何一件事，我就可以保证你的生命安全，怎么样？只要做一件事就行了。"少校像老师开导学生一样循循善诱。

"只做一件事，我就能恢复自由吗？"勃洛恩知道这个少校对她有好感。

"当然，我以一个少校和一个艺术家的名誉担保。"

"一个前艺术家。"勃洛恩根本看不起他。

"对，是这样。"少校尴尬地笑了笑。

"我需要考虑一下，明天给你答复。"

"当然可以，我有足够的耐心。哦，勃洛恩小姐，我个人对你的经历很感兴趣，如果你不介意的话，明天我想和你聊一聊家常，可以吗？"少校的态度很真诚。

"这个问题我也要想一想，明天见。"勃洛恩莞尔一笑。像她这么漂亮的女人自然有很多的追求者，她知道怎么应付男人的邀约，她跟在士兵后面姗姗离去。

少校对她的待遇真不错，也许觉得她是一个贵族少女，所以没有把她投入潮湿黑暗的牢房，而是把她安置在一个小客厅，这对她是莫大的恩赐。深夜，勃洛恩躺在客厅的沙发上辗转反侧，尽管这个大沙发很舒适，但是她还是久久不能入睡。虽然她面对少校的时候表现出超乎寻常的镇静，但是现在她有些害怕了。毕竟她只有21岁，战争爆发之前，她还是一个衣来伸手、饭来张口的阔小姐。她热爱自己的祖国，痛恨纳粹德国。但是，平心而论，她走上这条充满危险的道路，很大程度上是她看了几本惊险的小说之后心血来潮做出的决定。

一年前，她通过朋友找到挪威抵抗运动的一位负责人，并说出自己相当间谍的愿望。

"什么？你想当间谍？"负责人并不相信她的话，"你先坐下，慢慢说，不要激动。"负责人打量这个容貌漂亮、身材姣好的姑娘。

"我想为祖国贡献一点儿力量，我想做间谍或者类似的角色。"

"如果我没听错的话，你说你想当间谍之类的角色。我相信以你的条件，你一定可以成为一名出色的演员，但是，我这儿可不是影视公司。"那人无奈地摊开双手。

"不，我不想当演员，我要当一名真正的间谍。"

负责人这才认真考虑她的请求，他问了勃洛恩很多问题。谈话结束之后，他觉得勃洛恩是一个聪明伶俐、充满激情的人。她具献身精神，热切地渴望参加到战斗中的，而且充满幻想。最后一条是她的致命弱点，间谍活动并不像小说中描写的那么有趣，更多的是危险，然而勃洛恩小姐没有认识到这一点。经过她的一番软磨硬泡，负责人最终决定让她加入外围组织，做一些简单的工作。

于是，勃洛恩成了挪威抵抗运动外围组织爱神小组的一员。这个小组全部由一批与勃洛恩类似的怀着一腔热血的中学生、大学生组成。他们接受抵抗运动的领导，但是只有少数几个领导者与抵抗运动发生联系。他们从事一些简单的活动，比如散发传单、张贴标语、通风报信，或者从事一些比较简单的侦察活动。勃洛恩有一股初生牛犊不怕虎的勇气，在多次行动都表现出色。几个月后，她被抵抗运动负责人挑出来进行特别报务训练，想让她担任挪威地下抵抗组织与盟军的联络工作。

当勃洛恩接受培训的时候，发生了一次意外，抵抗组织的电台遭到盖世太保的袭击，一个老报务员和电台都落在了盖世太保手里。情况非常不妙，这个老报务员是挪威抵抗组织唯一的一名报务员，他正是勃洛恩的老师。勃洛恩当时有事外出，幸免于难。但是这样一来，她只学了20来天的报务，根本没掌握发报技巧就失去了老师，而且挪威和伦敦的联系也中断了。

在这个节骨眼上，盟军袭击了挪威的一家重水工厂。几年前，希特勒的科学家利用挪威的重水工厂专门生产制造原子弹所需的重水。盟军派出小分队对这个工厂进行袭击，但是结果并不理想，而伦敦方面正在焦急地等待结果。

挪威抵抗组织的领导人一筹莫展，这时勃洛恩自告奋勇，决定试一试。别人没有什么办法，只好同意了。不知从哪里搞来一台老掉牙的电台，折腾了几天之后，它居然发出了"滴滴嗒嗒"的声音。勃洛恩高兴地用它一试身手，她用不熟练地指法断断续续地向伦敦发报，汇报完情况之后，请求伦敦方面的指示。她为自己能出一份力感到无比自豪，每天晚上情绪高涨地工作着。但是，作为一个地下工作人员，她还太幼稚。她根本不懂怎么隐藏，更没想到德军会有电波测向车。一连几个星期，她都在自家的暗室里按照同一时间表，使用相同的密码向伦敦发报。这样做下去，她的被捕只是一个时间问题。

勃洛恩曾经多次设想万一自己被捕怎么办，她还准备好迎接种种非人的折磨，虽然她不确定自己能否承受那种折磨。因为她曾经听挪威抵抗组织的一位负责人说过，盖世太保有足够的办法让犯人开口，尤其是女犯人。比如，剥光衣服鞭打，用烙铁烫乳头，在一群男人和女人面前被轮奸，关在暗无天日的牢房里喝又脏又臭的水，等等。她本是娇贵的小姐，她无法想象如何面对这些酷刑。但是，如今她真的落到盖世太保手里了。眼前发生的事却让她困惑不解，那个自称是艺术家的盖世太保少校并不像传说中的如狼似虎的德国秘密警察。这个不谙世事的少女的心理防线出现了一个漏洞，这正是她人生悲剧的开端。

第二天早上，勃洛恩便告诉少校，她同意他提出的条件，即从供出同伙、供出联络员、向伦敦发假情报、宣誓效忠元首这几件事选择一件事。她选择了最后一件。少校履行诺言免除了她的死刑，把她送到德国南部的一个战俘营。

"谢谢你的合作，你的选择是正确的，勃洛恩小姐，珍惜青春吧。战争会结束的，而人应该活下去。"

勃洛恩觉得这个少校很真诚。

少校接着说："但是我现在还不能绝对信任你，你需要经过一段时间的改造，那是你获得新生必须经过的台阶。我的一个朋友在那里负责，我会让他特别照顾你的。我该做的已经做了，如果你表现得好，很快就会获得自由，这取决于你自己。"

勃洛恩被押上了开往德国的列车，几天后，她来到了戚里斯战俘营，少校虽然向她保证过，通过他的朋友关系，她可以得到比较好的待遇，但是战俘营的日子并不好过。这个战俘营原是一座采石场，一切设备都没有变，只是用盟军战俘代替原来的工人。男战俘负责开山炸石，女战俘负责运送石料。每天，妇女们冒着寒风在采石场不停地奔跑，所走的路程长达几十千米，她们个个疲惫不堪。加上天气寒冷、小车沉重、伙食粗劣，很多人都一病不起。

德军的看守非常严格，根本没有逃跑的机会，被抓回的逃犯不经审讯，一律枪决。德国监工们整天牵着狼狗在工地转悠，一旦发现有人偷懒，一声口哨，狼狗便扑上去，露出犀利的牙齿，妇女们被吓得再也不敢偷懒。除了穷凶极恶的监工之外，战俘营还有20来个女看守，负责管制这些女战俘。她们是因为军龄或健康原因从前线退下来的，曾经和盟军交过手，因此特别仇恨战俘，稍有不顺就大打出手。如果惹怒了她们，则会被剥光了衣服推到雪地里站几个小时，这是她们处罚女战俘的常用手段。

"你们如果不安分守己地干活，我就把你们交给男看守，他们可什么都干得出来。"女看守这样威胁女战俘。

但是，勃洛恩似乎并不需要威胁，她干活卖力，顺从看守，从无怨言，看守对她的表现很满意。而且，她还主动向女看守要宣扬纳粹言论的书籍看看。

"我觉得《我的奋斗》是一本非常好的书。"有一次她对女看守说。

"你看过这本书？"对方非常惊讶。

"嗯，我对元首提出的'生存空间'理论很感兴趣，如果可能的话，我还想再看看。"

很快，一本崭新的《我的奋斗》送到勃洛恩的手中。同时，看守把一份报告送到战俘营负责人沃尔德少校的桌子上。沃尔德少校正是前艺术家恩立克斯的朋友。他想起恩立克斯对勃洛恩的评价，现在这个盟军女战俘不但变成了一个老实顺从的犯人，而且思想得到了改造，主动读起了《我的奋斗》，可见战俘营的工作是卓有成效的。

他把勃洛恩叫到办公室里，尽管勃洛恩这时穿着战俘统一的灰色粗布衣服，但是依旧掩饰不住她的美丽。沃尔德心想："恩立克斯一定占了这个小姐的便宜。"

《我的奋斗》

"根据你这几个月的良好表现，我决定对你免除劳役，考虑到当前的局势，不能放你回国。你可以选择在这儿当看守，或者到学校学习一段时间，然后再为伟大的日耳曼民族工作。你自己考虑一下。"少校一本正经地说。

"不用考虑，我现在就可以回答，我选择去学习。"

"很好，你选择了正确的道路，就这么定了。"

直到深夜，少校才让勃洛恩离开办公室。第二天早上，她便启程在一个便衣男子护送下，来到德国东部的一所间谍学校，开始接受正规的特工训练。至此，问题已经发生了实质性的变化，勃洛恩从一个充满热情的爱国青年，一个挪威抵抗组织的战士，变成了一个叛国者，一个德国间谍。也许只有她自己能解释清楚这种变化是如何发生的，但是有人相信她的解释吗？一个挪威情报人员曾这样评价勃洛恩这个充满争议的人物："如果她被捕后像一般俘虏那样受到酷刑，或许她可以做一个坚定的爱国者，即使她由于受不了酷刑而被迫招供，人们就算不能原谅她，但是也可以理解她。而如今一切都显得不可思议！"

勃洛恩在间谍学校表现也很出色，各门功课都名列前茅。她学习勤奋，而且接受力很强，最突出的是她的语言天分。她能流畅地讲四国语言，并能看懂另外两种文字。她与班上一位芬兰青年认识不久后，又学会了一些芬兰语。她的出类拔萃很快引起人们的注意，学校里的男同学都想对她献殷勤，女同学则表示出明显的嫉妒。

然而，学校的领导者对她却并不看好。学校负责人之一马列中校研究了关于她的所有档案之后对她表示怀疑，觉得她并非忠于元首。勃洛恩从一个爱国者向一个叛国者的转变似乎太快了，快得让人难以置信。而且她没有受到严刑逼供，也没有受到任何诱惑。她怎么可能如此轻易地改变信仰？

"她表现出来的一切都是在演戏，目的是为了破坏帝国的事业。对她这样的人不仅不能重用，而且应该立即枪毙。"马列中校这样对他的同僚说。

有些人觉得他说得有道理，但是也有些人不以为然。另一个负责人赫茨中校说："按照弗洛伊德的精神分析原理很容易解释，对她这样一个妙龄少女来说，在死神面前很容易改变主意，这是生存本能的驱动……"

他们各执己见，僵持不下，最后决定采取折中的办法，先观察一段时间，摸清她的真正动机之后再做打算。

然而，就在这时发生了一件事，使勃洛恩的命运进一步复杂化。她同时爱上了两个人，一个是和她一起接受间谍训练的丹麦青年，一个就是那个相信她的赫茨中校。

勃洛恩与丹麦青年保持暧昧关系完全可以理解，两人正值青春妙龄，每天一起接受紧张、严格的训练，生活毫无乐趣可言，彼此发生生理和心理上的吸引毫不奇怪。但是，她与赫茨之间的关系如何解释呢？按照勃洛恩自己的说法，她是迫于无奈主动去勾引赫茨的。她听说了学校领导围绕她产生的分歧，并意识到事情的严重性。如果最后结果偏向对她持异议的一方，那她就小命难保了。于是，她决定以自己的身体为代价，得到赫茨的保护。事实证明，她成功了。

1944年2月，勃洛恩顺利从间谍学校毕业了，她被派往意大利。

"那里的形势不妙，虽然凯塞林元帅的装甲部队挡住了盟军，但是盟军占领意大利是迟早的事。你到了那儿以后尽快找个地方安顿下来。耐心潜伏，等盟军过来之后，你再开始行动。"她的上司兼情人赫茨这样嘱咐她。

于是，她很快出现了罗马，她的掩饰身份是一个在战争中失去丈夫的年轻寡妇。她凭借自己的美貌和与生俱来的贵族气质很快打入罗马上层社交圈。她生活奢华，挥金如土，广交朋友，各种各样的男人频繁出现在她的家中，她成了罗马的交际花。

盟军攻陷罗马之后，她很快就找了个机会来到盟军的情报机构。

德国间谍为盟军服务

勃洛恩对查林中尉和盘托出自己的经历，她说："我是个爱国者，憎恨法西斯，投降和充当间谍都是出于不得已，但是从来没有背叛自己的祖国，也没有出卖过任何同胞。我时刻想着为反法西斯做点儿贡献。现在，我特别希望回到自己人这边。"为了证明间谍的身份，她告诉查林中尉，在她住所的浴缸下面有一台"康林—3型"发报机，可以和德国谍报局联系……

勃洛恩讲述的故事匪夷所思，查林中尉觉得这事很蹊跷，很难相信这一切都是真的，但若她说的是谎话，又是为了什么呢？也许她是一个骗子，想打入盟军内部刺探情报。在弄清楚她的真正身份之前，他不敢贸然表态。他只好让勃洛恩小姐留下地址，回去等盟军方面的消息。

"我马上向上级汇报，必要的时候我们会来找你的。"

勃洛恩走后，查林中尉命令一名特工悄悄地跟着她。半个小时后，特工打来电话告诉中尉，那个女人的住处和她留下的地址是一致的。他命令特工继续盯着那幢房子，同时派了几个人去调查勃洛恩的背景状况，他想知道她到底说了多少真话。

没过多久，调查的人陆续回来了。一切如她所述，勃洛恩没有说假话，至少她在罗马这段经历是真实的。这倒使中尉犯难了，他把这件事报告他的上级哈根少校。

哈根少校是潜藏在罗马的神秘人物。一个星期以前，他还是罗马最大的一家夜总会的领班，盟军一进入这城市，他摇身一变就成了英国陆军少校。他常年乔装打扮，混迹于社交场所。他的真正身份是英国特别行动署意大利处的副处长。暗地里，他在罗马组建了一个庞大的间谍网，这个间谍网为盟军解放意大利立下了汗马功劳。所以，在盟军司令部里，他对罗马情报事务最有发言权。

哈根有着一双猎鹰般敏锐的眼睛和过目不忘的记忆力，当他读到查林报告的时候，眼前就浮现出一个金发碧眼、体态优雅，具有异国情调的女人的形象。她虽然只到他的夜总会来过两次，但她那双碧蓝色的眼睛却给他留下了难以磨灭的印象。在他所掌握的纳粹德国派驻意大利的间谍中却没有她的名字，而现在她竟然声称自己是德国间谍，这个女人到底是哪边的？哈根少校也不得其解。

为了弄清楚勃洛恩的来历，少校决定亲自出马，立即搜查勃洛恩的住所。

凌晨5点，正当勃洛恩裹着鸭绒被酣睡的时候，少校带人包围了她的住所。勃洛恩被急促的敲门声惊醒了，她睡眼惺忪地把门打开，门刚一打开，哈根少校就冲了进来，后面跟进来几个人把勃洛恩团团围住。勃洛恩吓了一跳。

"对不起，小姐，我是盟军的哈根少校，怀疑你是德国间谍，投降我们是一个骗局！"

"我确实是德国派来的，但我是被迫的，请你们相信我，让我回到自己人这边来。"勃洛恩快哭了。

"我怎么才能相信你呢？"

她告诉少校：电台在浴缸下面，和德国谍报局联络的密码用密封罐装着，放在卫生间的水箱里。频率变化表在那个绿色的口红膏罐里。在通向地下室的第5级台阶下面还有一支手枪和两颗突击手榴弹。

搜查的结果和勃洛恩所说完全一致。除此以外，他们再没有发现任何有价值的东西。哈根手下的无线表电专家和密码专家对电台和密码进行了技术鉴定，结果证明确实是德国的东西。

哈根半开玩笑地说："看来你真是纳粹间谍？"

勃哈恩反问道："您以为这是闹着玩的吗？我痛恨纳粹德国，我可以用实际行动证明我是站在盟军这边的。"

少校说："那么，你现在给柏林送几份情报，可以吗？当然是他们需要的情报。"

勃洛恩明白少校要考验她，说："这正是我希望做的。"

于是，哈根少校草拟了几份假情报，让她发过去。在几位专家的监督下，勃洛恩连续向柏林发了5份情报，报告了盟军在罗马周围的"布防情况"。一个小时后，她完成了这项任务等着哈根少校有所表示。

一位无线电专家把哈根少校叫到另一个房间，对他说："勃洛恩在拍发第三份电报时，拍法异常，甚至到了令人吃惊的地步。"停顿了一下，继续说："像她这样经过德国间谍学校严格训练的间谍在发报时竟出现这样的现象是不可思议的。除非她患有某种神经官能症，否则只能理解为她是在向柏林表示某种讯号。"

看到哈根少校和专家在房间里密谈，勃洛恩知道他们还是怀疑她。她一再申辩说她是问心无愧的。她说她从心里仇恨德国人，以前所做的一切都是为了蒙蔽、欺骗他们。所以盟军一到，她马上向盟军坦白了一切，而今，德国人大势已去，她更没有必要去为他们效劳了。她愤愤地问："难道连这样的常理还需要解释吗？"

她不知道在间谍战中是没有常理的。

其实，哈根少校并不同意专家的话，勃洛恩再蠢也不至于当着专家的面要花招。于是决定再试一下，他又拟了一份电报，说盟军一艘大型货船运载着"某种极为新式的武器"，正由那不勒斯驶向西西里岛。电报详细指出了这船的航运路线和时间以及护航舰相处的位置。电报要求速派潜艇采取行动。当然，这封电报仍由勃洛恩拍发给柏林。

第三天，这艘货船在第勒尼安海上遭到德军潜舰的攻击，两枚鱼雷命中了它的右舷腹部。它很快就沉没了。当然，当德国潜舰向基地报告战果时，他们怎么也想不到那是一条装有几千吨工业垃圾的即将废弃的老破船。船上的"水手"都是皇家海军的精锐水兵，个个精通水性，当船开始下沉时，他们早已游到不远处接应的船上了。

哈根由此做出判断，他对专家们说："你们对她怀疑可以理解，但不能成立。如果在上次的电报中，她真给了柏林什么暗示，那么，这次德国潜艇就不会出动了。而现在，德国潜艇果然出动了，那就说明他们还是相信她。当然，你们也许会说，她明知我们在试探她，所以又在电报里做了手脚。告诉柏林这次是真情报，潜舰应该出动。但他们也都看见的，她这次发报一切正常。还有，如果是德国人派她打入我们这边，就应该想到她必须通过审查，根本不需要她在电报里做什么提示，不是吗？因此，我认为，把她上次的异常表现理解为莫名其妙的恐惧，还是说得通的。"

专家们没有理由反驳，于是哈根少校决定使用勃洛恩。到战争结束时，他通过勃洛恩的电台一共向柏林提供了50多个假情报，还诱捕了8名德国间谍和骗取了大量特工器材及经费。为了感谢勃洛恩做出的贡献，哈根少校在战争结束时向盟军情报协调委员会报告说："即使勃洛恩真是一名企图打入盟军内部的德国间谍，那么她干的这些也足以能够赎清她的罪孽了。我希望把她送回挪威。"

情报协调委员会同意了哈根的意见，于是，勃洛恩被释放回国。

勃洛恩心情澎湃地登上了回国的客轮，她多么希望快点回到祖国。但是，她万万没有想到，在她的祖国挪威，等待她的不是鲜花和微笑，而是牢狱之灾。勃洛恩回到家乡的第二天便遭到逮捕。罪名虽然简单，却足以置人于死地：叛国投敌。她不知道一个间谍一旦被敌人抓住过，就很难被信任了，何况她还投降了，成了一名德国间谍。在挪威人看来，她是可耻的叛徒。现在德国覆灭了，他们猜想勃洛恩是为了逃避盟军的追捕才回到家乡的。

勃洛恩苦苦解释，自从她被盖世太保抓获以后，既没有出卖同伴，也没有供出组织，只是口头上表示了一下"愿意忠于元首"，而且，在她后来成为德国间谍以后，非但没有帮助德国人，反而为盟军干了不少事。她还出具了盟军情报部门的保荐信，但这些都无济于事。她的嗓子喊哑了，眼睛哭肿了，但是人们根本不相信她。

"盖世太保为什么把你待为上宾？"

"你为什么能不伤一根毫毛地从战俘营里出来？"

"为什么你能去德国间谍学校学习？"

"为什么你能轻而易举地加入纳粹德国情报组织？"

"为什么德国战败后你才回到祖国？"

这一连串的质问使勃洛恩的所有解释都显得苍白无力。勃洛恩很快就被押上了奥斯陆地方法庭，她这段时间茶饭不思憔悴了很多，已经失去了往日的容颜。法庭宣布的具体罪名是：背叛祖国，投降德寇；刺探军情，出卖情报。她被判处无期徒刑，罚终身劳役。

新闻界也群起而攻之，称她为"挪威女性的耻辱""德寇怀里的小荡妇"。勃洛恩成了人人喊打的过街老鼠。一切辩解都无济于事，她只好保持沉默。至此，勃洛恩在很大程度上已经成了挪威民众发泄情绪的牺牲品，至于她是否真的背叛祖国已经并不重要了。

哈根少校闻讯专程赶往挪威，他向有关当局指出，鉴于勃洛恩战争后期为盟军立下的功劳，她目前的遭遇是不公正的，应当予以纠正。但挪威当局根本不理睬他，哈根四处奔走也毫无结果，最后只得失望而去。

勃洛恩被关到大牢里，很快就疯了。半年后的一个早晨，监狱看守发现她撞死在抽水马桶的水泥槽边。在她身边，一张纸上歪歪扭扭写着："我没有叛国投敌。"

两天后，在一个淫雨霏霏的下午，勃洛恩的尸体被埋入一个无名公墓，墓碑上没有写她的姓名，但是有这样一行字："一个不幸的女人，她死于一场不幸的战争。"

用布娃娃做暗语的迪金逊太太

1943 年 7 月，美国联邦调查局以间谍罪逮捕了一名女间谍。经过审判，美国法院判处这名女间谍 10 年徒刑。值得一提的是，这名女间谍虽然用布娃娃做暗语传递情报，但是粗心大意的她寄送情报时三番五次写错了地址，结果情报没有送出去，却暴露了身份。

奇怪的信件

1942 年 1 月，珍珠港事件之前的某一天，英国驻西印度群岛情报部门收到一封可疑信件。这封信是一位住在美国波特兰市的吉尔伯特夫人写给阿根廷的莫利娜里夫人的。由于当地邮局没有找到收信人，就把这封信交给了英国情报部门。英国情报部门对这封信进行了检查，发现这封信的内容特别奇怪，竟然通篇都在讨论布娃娃。大意是说她有一个"手足脱落的布娃娃"，需要找一个"布娃娃修理店"进行修理。一个布娃娃需要修理，有必要写信告诉远在阿根廷的朋友吗？收信人一栏写着：阿根廷布宜诺斯艾利斯奥希钦斯大街2563号伊内斯·莫利娜里夫人收。信封上盖着章："查无此人，退回原处。"

英国情报部门猜测，这可能是一封密码信件，于是将这封信转发到美国华盛顿的联邦调查局，让他们协助调查发信人。联邦调查局负责处理这封信的是这类案件的专家威廉警官，他在办公室里整整花了一上午的时间思考这封信的内容，可是看不出任何破绽。下午，他根据发信人的地址找到发信人吉尔伯特夫人。奇怪的是，吉尔伯特夫人声称她压根就没有寄出这封信，她也没有阿根廷的朋友，根本不认识什么莫利娜里夫人。虽然她平时喜欢收集布娃娃，但是她也没有"手足脱落的布娃娃"，更不会找人修理布娃娃。

吉尔伯特夫人不像在撒谎。威廉警官调查了一番，得知吉尔伯特夫人平时为人本分，没有什么可疑之处。这封信到底是怎么回事？有人在搞恶作剧吗？可能性不大。威廉警官相信，这封信里面隐藏着一个大秘密。

布娃娃里面到底有什么秘密呢？尽管威廉警官想进一步调查，可是由于缺乏更多的线索，就把这件事先搁置一边了。

几个月之后，美国联邦调查局又收到一封关于布娃娃的退信。发信人是居住在俄亥俄州的普林菲尔德市的威尔逊夫人。这封信同样是写给阿根廷的莫利娜里夫人的，跟上一封信大同小异，信的内容仍然是谈论关于布娃娃的事情。负责此事的同样是威廉警官，他打开信一看，只见上面写着：

亲爱的莫利娜里夫人：

很高兴收到你的来信。你在信中问我关于收集布娃娃的事情，我倒有点儿进展。前几天，我居然买到了3个爱尔兰布娃娃，其中有一个背着渔网，另一个是背着柴草的老妪，第三个是个小娃娃。

另外这几天我要替母亲编造收入表。由于工作原因，我正在学习打字，过几天，我就要到母亲那里去。

您的朋友法伦·威尔逊
1942年3月1日

威廉警官在向威尔逊夫人调查时，她说自己从来就没有写过这封信。她同样喜欢收集布娃娃，可是从来没买过什么爱尔兰布娃娃，而且她母亲已经去世好几年了，怎么可能在信中提到母亲呢？当然，她也不认识阿根廷的莫利娜里夫人，怎么可能给她写信呢？

威廉警官想起几个月前吉尔伯特夫人收到的那封退信，收信人同样是莫利娜里夫人，而吉尔伯特夫人同样表示没有寄出那封信。这中间一定有蹊跷，到底是谁在寄出这类讲布娃娃事情的信呢？威廉决定查个水落石出，可是经过几天的调查，毫无头绪。

不久后，威廉警官又接二连三地收到寄给阿根廷布宜诺斯艾利斯市奥希钦斯大街2563号莫利娜里夫人的退信，寄信人都说自己没有寄出这封信。信的内容都和布娃娃有关。例如，其中一封信中这样写道："我已让孙女修理布娃娃""侄女伊丽莎白很想得到一个中国的布娃娃""在唐人街买了7个穿中国服装的布娃娃""为了圣诞节用，买了5个英国布娃娃，2

个没有盒子，1 个有盒子"。那么，这布娃娃中究竟有什么秘密呢？

威廉警官反复阅读每封退信，终于找到了一丝线索。一封退信的寄信人是布朗夫人，信中写道：

亲爱的朋友：

谢谢你的来信，内华达州的表妹最近在西雅图找到了一位医生治疗，效果不错，很快就会康复，估计下个月最迟 5 号就能工作了。

另外，一个重要的事业团体的太太，把一个德国造的穿法兰绒草绿色裙子的旧布娃娃送人了，不过我想，这和那件事没什么关系。

您的朋友布朗夫人

布朗夫人说，她根本没有内华达的表妹，也从来没穿法兰绒绿色裙子的布娃娃，更不认识千里之外的莫利娜里夫人，怎么可能给她写信说这些莫名其妙的事情呢？

威廉警官想，既然没有内华达的表妹，信中为什么要说内华达州和西雅图呢？为什么要编造这样一个表妹呢？内华达州和西雅图有什么联系呢？他忽然眼前一亮，珍珠港事件爆发后，一艘"内华达号"军舰被鱼雷击伤，目前正在西雅图修理。他立即拨打海军作战处的电话加以确认，果然"内华达号"下个月初就能修理完毕，重新开赴战场对日作战。

原来信中谈论的各种布娃娃是各种舰船的暗语代号。威廉警官破解了信中的暗语，非常兴奋，有了这条线索，其他的信件也很快破译出来。比如，"背渔网的布娃娃"指的是航空母舰，"背着柴草的布娃娃"指的是大型战列舰，"小布娃娃"指小型舰艇，"在唐人街上买了 7 个穿中国服装的布娃娃"指的是 7 艘已开进旧金山港修理的战列舰，"两个没有盒子的英国布娃娃"指的是两艘战列舰在停泊中……

看来事关重大，寄信人是日本的间谍，潜伏在美国，把美国军舰的情况通过这种布娃娃信件传递出去。到底是谁在寄这些信呢？

为了解开这个秘密，美国联邦调查局专门成立了一个"布娃娃侦察小组"，密切注视着信件来往情况，并对此开展了深入细致的调查。

珍珠港事件

威廉注意到，信封上虽然以不同人的名义发出，但是发信地址全是纽约，由此可以断定，发信人在纽约。信件都是用打字机打的，当时美国有 800 万部打字机在使用。联邦调查局进行大规模调查，查出了写信人使用的打字机的型号。

在调查过程中，他们发现，这几封信上写的发信人都喜欢收藏布娃娃，而且都经常光顾纽约一家布娃娃商店。接着，调查的重点集中到了这家布娃娃商店。神秘的布娃娃信件案已经明朗化了，原来写信人就是这家商店的女老板迪金逊太太。她是一个以经营布娃娃为掩护搞间谍活动的间谍。联邦调查局立即对迪金逊太太进行严密监视。

友情陷阱

第二次世界大战爆发后,日本竭力在亚洲南部扩张自己的势力,企图建立"大东亚共荣圈",这就势必会与美国发生冲突,双方关系恶化。美国为了防止日本窃取情报,加强了反间谍力度,使日本间谍网遭到重创。

日本为了避免战争爆发后对美国情况一无所知,派遣情报人员的同时,四处活动,希望在美国建立间谍网。但是,美国反间谍机构严防死守,尤其是在华盛顿海军武官那里,更加警惕。要想用日本人做间谍,似乎太困难了。因此,日本人一方面在第三国家广泛建立针对美国的情报网,一方面用各种方法引诱美国公民,充当日本间谍。

1938年,在美国纽约麦迪逊大家的一家高档餐厅,一个美国太太正在宴请一个日本人。桌上酒菜不多,但是价格不菲。美国太太频频劝酒,日本人已经略有醉意。

这位美国太太就是纽约那家布娃娃精品店的女老板迪金逊太太。她的店规模不大,但是店里卖的布娃娃都是精品,相当高档,在当地很有名气,很多上流社会的太太、小姐,还有好莱坞女星都经常光顾这里。

然而,一年前,迪金逊太太的生活还没有着落。当时,她和丈夫刚刚从旧金山迁居纽约,本想闯荡一番,大赚一笔,但是天有不测风云,没想到来纽约不久,丈夫就患心脏病。为了给丈夫治病,她花光了所有的积蓄,还借了一屁股债,最后,丈夫还是撒手人寰了。丈夫去世后,迪金逊太太在纽约举目无亲,又背着一身债务,生活苦不堪言。

就在这时,一个日本人来看望她,他们是老相识,迪金逊太太来纽约之前就认识他。旧金山是美国海军基地,日本的舰船也经常去那里访问、运货。当时,迪金逊太太的生意就是给美国海军基地的舰船和日本舰船供应蔬菜和水果。迪金逊为人和蔼可亲,经常邀请美国海军军官和日本海军军官到家中吃饭,因此和很多美国海军军官和日本海军军官都有交情。

这个日本男人叫龟田,体格健壮,慈善安详,以前是日本海军中佐。迪金逊太太曾请他吃饭,后来他经常光顾迪金逊太太家,和她聊天。迪金逊太太也很喜欢把自己知道的奇闻轶事讲给他听。有时,会讲一些她在美国海军基地的所见所闻,或者来她家的美国海军军官告诉她的一些事。龟田似乎对这些事很感兴趣,每次迪金逊太太说的时候,他都认真地听着,从来不表示厌烦。

没想到,她丈夫去世后穷困潦倒的时候,龟田还能到纽约来看她。一直感到人情冷漠的迪金逊太太对他感激不尽,向他倾诉来到纽约后的种种不幸遭遇和生活的艰辛。龟田听后深表同情,给了她5000美元,帮助她还清债务,还给了她一笔钱让她做生意。

还清债务之后,迪金逊太太开了这家布娃娃店。由于迪金逊太太为人热情诚恳,经营得当,不出几个月,布娃娃店就红火起来。迪金逊太太彻底改变了捉襟见肘的生活。

这天,龟田再次来到纽约看望她,迪金逊太太为了表示感激,特地宴请他。

慈眉善目的龟田说:"我现在定居在波特兰了,恐怕以后见面的机会更少了。"话语间流露出依依不舍深厚的情谊,迪金逊太太对此也表示遗憾。

酒过三巡之后,龟田说:"我记得你在旧金山有很多海军军官朋友,是吗?别光顾着做生意,抽时间去看看那些老朋友。"

迪金逊太太听着这没头没脑的话觉得很奇怪,疑惑地看着龟田。

龟田笑了笑说:"那些海军军官肯定知道一些海上的事,如果你能打听到,有人愿意花钱买。"

迪金逊太太惊讶地说："你不会是想让我当间谍吧？"

龟田坐直身子，盯着迪金逊太太说："为什么不会呢？你在旧金山的时候就做得很好啊，以前那些海军朋友不是经常给你讲一些有趣的事吗？这对我们很有帮助。日本方面对你很感激，所以前几个月让我给你送来 5000 美元，你不正是靠着这笔钱还债开店的吗？和朋友聊聊天，就能赚大钱，这有什么不好的呢？"

迪金逊太太愣住了，怪不得龟田以前总是打听那些美国海军军官的情况呢，她一直信赖的朋友竟然给她挖了一个致命的陷阱。久别重逢的兴奋、多年的友谊和对朋友的感激都荡然无存，龟田并没有好心地帮助她，而是想借机利用她。她虽然想赚钱，过上富裕的生活，但是做间谍是要冒着生命危险的，一不小心脑袋就要搬家。她是一个已过中年的普通妇女，只向往平稳安定的生活，并不想冒险。可是，听龟田的意思，自己在旧金山的时候就已经无意中泄露了一些军事情报，而且自己已经拿了他的钱。如果他说自己是间谍，那她根本没办法解释清楚。最后，她麻木地点了点头，龟田得意地笑了。

粗心间谍写错地址

迪金逊太太正式成了日本海军司令部第三部的间谍，以布娃娃商店为情报站，秘密搜集美国舰队动向的情报。她常常光顾旧金山海军基地与那里的军官攀谈，凭着往日的交情，设法从他们那里获取情报。在那些海军军官眼中，迪金逊太太只是一个上了年纪的妇人，做着小本生意。谁能想到这个和蔼可亲的、真诚善良的美国白人妇女竟然是日本人的间谍呢？

开始的时候，她从海军朋友那里打听消息，通过信件寄到波特兰龟田的住处，再由龟田寄到日本。事情似乎真如龟田所说那么简单，"和朋友聊聊天，就能赚大钱"，因此迪金逊太太逐渐放松了警惕，不再感到紧张和恐惧，间谍似乎并不是惊险、神秘的工作。然而，正是这种疏忽大意的情绪使她露出了破绽。

珍珠港事件之前，美国和日本的关系越来越紧张。迪金逊太太不能把信直接寄到龟田那里，龟田让她把信寄到阿根廷的莫利娜里夫人那里。为了防备信件被美国情报部门截获，龟田让迪金逊太太编一套双方能看懂、别人看不懂的隐语。迪金逊太太想了很久也想不出来。后来，她在整理账目的时候，灵光乍现，何不用布娃娃做隐语呢？而且她可以用那些买布娃娃的顾客的姓名和地址把信发出去，这样即使这些信在中途出了问题，别人也不会找到她头上。龟田觉得这个想法不错。就这样，美国的战舰变成了信中的布娃娃，类似朋友之间聊家常的短信却隐藏着重大军事机密。

可惜，粗心大意的迪金逊太太记错了收信人的地址，化名为莫利娜里夫人的地址是阿根廷布宜诺斯艾利斯奥希钦斯大街 1414 号，她错写成了"2563 号"。于是，一封又一封怪信被退回来，并出现在联邦调查局威廉警官的手中。

迪金逊太太一直没有发现这个错误，直到最近一段时间，她经常看到一些陌生的男人在她店里转来转去，却不买东西，一种不祥的预感笼罩着她。难道联邦调查局发现了她的间谍身份？她开始感到害怕了。寄到阿根廷的信件一直没有回音，龟田也很久没有音讯了。一系列事件联系起来，她头皮有些发紧，越来越感到情况不妙，但是她不知道哪个环节出了问题。

手足无措的迪金逊太太没有办法，只好到波特兰去找龟田。她按照龟田给她的地址，来到安妮大街的一家中国饭馆，可是当她向服务员询问时，对方却说这里没有龟田先生这个人。她一下子慌了手脚，不知如何是好。

回到纽约之后，她发现自己的布娃娃店还在被人监视，她想这里不能再待下去了，可是她能去哪儿呢？美国很大，可是联邦调查局要想找她，到哪儿都能找到。干脆出国吧。她简单收拾了一下行李，从银行中取出全部存款，准备逃到异国他乡。

可是，她刚到飞机场，就被联邦调查局的人逮捕了。原来威廉早就确定了迪金逊太太的间谍身份，之所以迟迟没有逮捕她，是想查出更多的日本间谍，因此只是对她进行严密的监视。她的一举一动，联邦调查局都了如指掌。现在，她准备逃到国外，于是立即把她逮捕了。

她为什么找不到龟田呢？原来珍珠港事件之后，所有的日本侨民都被当成间谍关了起来。迪金逊太太暴露之后，龟田很快就被供了出来。

1943 年 7 月，纽约地方法院对迪金逊太太进行了审判，迪金逊太太因间谍罪被罚款 1 万美元，判处 10 年徒刑。神秘的布娃娃间谍案到此画上了句号。

不甘做模特的艾琳

1943 年 9 月，第二次世界大战打得正激烈，但是美国本土远离战火硝烟，夜间的歌舞厅依旧灯火辉煌。美国纽约哈黛模特公司的著名女模特艾琳和比莉走进"五月花"豪华大舞厅。她们这些靠出卖身姿养活自己的女人并不关心战争的胜败。

比莉说："艾琳，今晚我们玩个痛快怎么样？趁着年轻要及时行乐啊！现在咱们年轻漂亮，有人愿意把钱撒在身上，过几年成了老太婆，还有谁愿意为你花钱啊？"

艾琳撇了撇嘴，并不认同她的论调。

比莉说："小妖精，难道你不想赚钱，不想男人？"

艾琳说："我想赚钱，也想男人，但是灯红酒绿的生活缺少刺激。如果有既能赚钱又刺激的活儿就好了。"

比莉说："你还是现实点儿吧，别整天想那些男人干的事。"

艾琳不服气："男人能干的事，女人也能干，男人不能干的事，女人照样能干，你相信吗？"

比莉想了想，说："是呀，女人能生孩子，男人就不能。"说完两个人哈哈大笑起来。众人都看着这两个性感、漂亮、肆无忌惮的女人。无论是身材、脸蛋，还是气质、风度，两人都艳压群芳。尤其是艾琳，本来就身材苗条，加上性感的装扮和妩媚的步伐，她一进舞厅就成为男人猎取的对象。

这时一个风度翩翩的男人走过来，对比莉说："亲爱的姐姐，你和这么漂亮的大美人同来，怎么不给我介绍一下？"

比莉说："艾琳，这是我那臭名远扬的弟弟比特德，他是海军陆战部的上校。你可别爱上他，他到处拈花惹草，不是好东西。"

比特德反唇相讥："亲爱的比莉小姐，你的情人加起来快有一个连了，你有什么资格说我？"

艾琳微笑着看姐弟俩互相攻击，礼貌性地打了个招呼。她虽然没见过此人，但是早就有所耳闻。比莉的父亲是国会议员，而且是一个大富翁。这个比特德举止文雅，气度不凡，到底是从上流社会出来的人。

比特德很优雅地伸出手，请艾琳跳舞，两人走进舞池。

比特德说："我那讨厌的姐姐常常提起你，说你是纽约一流的模特。以你的条件完全可以成为世界名模，我可以为你在巴黎开一个时装发布会，你一定会一炮走红。"

艾琳说："如果去巴黎，我更想参加战争，那样才刺激。"

比特德好奇地说："像你这样的女人应该考虑的是金钱和享乐，怎么会对战争感兴趣？"

艾琳说："亏你还是议员的后代，罗斯福总统说女人对社会的贡献是男人没法比的，女人为什么不能打仗？"

比特德对这个女人产生了兴趣，一本正经地问道："你有男朋友吗？"

艾琳笑道："这和参加战争有关系吗？"

比特德说："这是第一因素。"

艾琳回答："目前没有，就算有，也改变不了我参加战争的决心。"

"懂外语吗？"比特德继续问。

"我大学主修的德语，还会法语和西班牙语。"

比特德说："也许你能实现这个愿望，我的上司会对你感兴趣的。"

比特德告诉她联络方式，先走了。后来又有人约艾琳跳舞，但是艾琳一直想着比特德的话，根本没有心思跳舞。她喝了点儿饮料，就和比莉告别了。

特殊培训

艾琳开始等待比特德的消息，几天过去了，一直没有消息，艾琳以为他没把这事放在心上。

一天，突然来了一个从华盛顿打来的长途电话。艾琳拿起电话，听到一个陌生的声音，她已经想不起是谁了。那个人说："艾琳你好，我是比特德，你的愿望可以实现了，我的上司对你的情况很满意，已经批准你入伍了……"

艾琳非常兴奋，很快辞掉了模特公司的工作，3天后来到华盛顿，找到比特德。比特德对艾琳说："你不是喜欢冒险吗？现在你已经正式成为海军情报局的一员了。"原来比特德是海军情报局的间谍头目。他在舞厅看到艾琳妩媚迷人，又懂外文，就认定她是做间谍的好材料，经过调查发现她的家庭背景简单，而且有敢于冒险的精神，完全符合一个女间谍的标准。

艾琳惊奇地说："间谍？"

比特德说："难道你不愿意吗？"

艾琳的心怦怦直跳，说："间谍确实很刺激，但是害怕自己干不了，误了军机大事。"

比特德鼓励她说："你的条件非常适合做间谍，凭着你的美貌和机灵，只要稍加训练就能胜任。现在海军陆战队很快就要越过大西洋向德国发起进攻，急需一些间谍打入敌人内部获取情报。要知道，一个出色的间谍抵得上十万精兵。"

艾琳非常兴奋，她渴望冒险的心理得到了满足。比特德接着说："做间谍最重要的一点，就是不管在什么情况下都不能暴露自己的身份，不管是亲人、朋友，还是我那多事的姐姐。"

艾琳心想，这样岂不是很孤独，但是事已至此，也没什么好说的。比特德让司机把她送到中央情报局的警察学校接受训练。从此，她开始了色情女间谍的特殊训练。

训练的第一步就是勾引男人，这对她来说并不困难，作为纽约的女模特，她的一颦一笑，举手投足都对男人有致命的吸引力。即便是上床，她也没有丝毫的难为情。教官在这个项目给了她5分。她很快学会了擒拿格斗和射击。但是，在枪决活人这个项目上，她只得了两分。

教官把一个双手被绑住的德国人带到射击场上，对艾琳说："你必须杀死这个人，因为他知道你的秘密。如果你不杀死他，他就会杀死你。"

艾琳举起枪，但是下不了手，她与这个男人素不相识，实在于心不忍。

教官说："他是一个死有余辜的人，他杀死了你的亲人，奸污了你的姐妹，你杀死他代表正义，快开枪！"

艾琳的手在发抖，她无法想象一个活人在自己面前倒下去。

教官说："艾琳，你再不开枪，就一辈子留在这里训练吧，永远别想从这所学校走出去，直到你杀死一个人为止。"

艾琳的恐惧占了上风，她可不想一辈子在这里训练，她心想即使我不打死他，照样有人打死他。她默默祷告：我只是执行教官的命令，请你不要怨恨我……她再次举起枪，闭上眼睛，咬紧牙关，扣响了扳机。

"砰"的一声，枪响了。艾琳的心提到了嗓子眼——我杀人了，我杀人了，我成了刽子手……她浑身颤抖，不敢睁开眼看。她好不容易稳定了情绪，睁开眼睛，很奇怪，地上没有血，那个德国人没有倒下，正在微笑着看着她。难道她没有打中吗？原来她拿的是道具手枪，根本打不死人。早知如此，第一次她就开枪了。

教官说："记住，做间谍要当机立断，决不能心慈手软。间谍之战是战争的一部分，随时都有死亡的危险。如果你不忍心下手，你就会被别人打死。"

训练了两个月之后，艾琳被叫到比特德的办公室。比特德说："艾琳，你表现得很好。根据总部的指示，你将被派往西班牙。"

艾琳说："西班牙不是中立国吗？我以为要去法国或德国呢。"

比特德说："西班牙表面上是中立国，但是希特勒一直在给西班牙总统佛朗哥施压，如果西班牙对盟军宣战，那么我国海军陆战队就很难在法国登陆成功。只有让西班牙保持中立，才能保证盟军在南部登陆。你的任务就是搜集情报，关注德国人在西班牙的动态，确保西班牙处于中立状态。不要小看此次行动，这关系到盟军能否登陆成功。"

艾琳没想到比特德会把如此重要的任务交给自己，想到此行的刺激和危险，她感到无比兴奋。临走时，比特德对她说："盟军在南部登陆的计划代号是'铁砧行动'，你此行的任务就是确保'铁砧行动'的成功，你的行动也有代号，叫'台风行动'。亲爱的艾琳，这是你第一次单独执行任务，希望你能成功。"

台风行动

艾琳提着简单的行李上了火车，在第六节软卧车厢里，她放下行李就躺下了。她并没有感觉到危险，只是觉得旅途有点儿单调寂寞。

她在闭着眼睛想象在西班牙会发生什么事，突然感觉有人在抚摸她。她大吃一惊，一下子翻身起来，睁眼一看，原来是和她同时接受训练的鲍罗，不知他什么时候走进了车厢。

比特德交代过，不许向任何人泄露自己的行踪。艾琳严守纪律，鲍罗怎么会知道她在这节车厢，而且神不知鬼不觉地走进自己的包厢？

艾琳说："鲍罗，你必须离开这里，这是干我们这一行的纪律。"

鲍罗说："我的小姐，何必这么认真呢？别听比特德那一套，他是个冷漠无情的人。我们是在执行任务，有谁知道呢？"说着就环抱住艾琳的柳腰，吻了她一下。

在训练的时候，鲍罗就对艾琳暗送秋波，发起爱情攻势，但因为纪律严格，两人没有机会谈恋爱。鲍罗中等个子，身材健硕，举止潇洒，很会讨女孩子欢心。艾琳对他也有好感，但是毕竟在执行任务。"别这样……鲍罗。"她试图把他推开。

"不用怕，车上没有咱们的人。"鲍罗再次吻上她的嘴唇。

火车快到终点了。鲍罗抱着艾琳吻了好一会儿，叹息道："如果不是战争，我马上和你结婚，每天都和你厮守在一起。"

艾琳说："亲爱的，我愿意和你厮守在一起。"这个温柔的男人已经在她心中种下了种子，她觉得自己已经坠入了情网。

他们没有互相打听对方的任务，也没有问到何处去。艾琳到了西班牙首都马德里。虽然欧洲大陆上一片战火硝烟，到处都是血雨腥风，但是马德里的人们却过着宁静祥和的生活。然而，在这片宁静背后同样是暗流涌动。

艾琳按照比特德的指示来到市中心的一座大楼，对服务员说："小姐，我找美国轮船运输公司的总裁波尼先生。"服务员带她来到 506 房间，房间上挂着公司的牌子。艾琳敲了门，说明来意之后，一个高大的男人领她来到总裁办公室。在意大利楠木书桌后面，坐着一个矮胖的中年男人，他正在翻一本杂志。

艾琳问道："你是波尼先生吗？"

男人看了看她，没有答话，放下杂志，点燃一根雪茄，抽了一口。

艾琳接着问："我有一批货，急于运来，贵公司能帮忙吗？"

男人将雪茄在烟灰缸中捻灭，说："可是最近有台风，小姐知道吗？"

艾琳问："是几级？"

男人说："是 12 级。"

艾琳说："可是我听新闻说是 8 级。"

男人冲她点了点头，把她带进另一个办公室，对那个高大的男人说："她是从总部来的。"高大男人赶紧上前握手说："艾琳小姐，我正盼着你的到来。我是波尼，美国间谍在西班牙的总负责人。"

波尼的轮船运输公司是美国海军情报局设在马德里的一个情报站。波尼表面上是总裁，其实是间谍头子，负责搜集德国的军事情报。

艾琳说："我的具体任务是什么？"

波尼说："台风计划的内容只有我一个人知道。德国在马德里的间谍有几百人，你的任务是尽快找到纳粹在马德里的间谍头子，搞清楚他们的意图。几乎所有部门都有他们的耳目，你要小心谨慎。你去找一个叫维斯·卡尔的人，他会带你进入一些高级社交场所，结交一些政府要员和权贵。你要施展你的本事，从他们那儿获取情报，然后把所有情报送到我这儿。明白了吗？"

"明白了。"

波尼拿出 3 张照片交给她，照片上写着他们的名字：索里王子、保莉娅伯爵夫人、拉萨尔。波尼说："这几个人是德国安排在马德里的高级间谍，你要查清楚谁是主谋。"

艾琳接过照片，按照波尼的指示找到维斯·卡尔。维斯·卡尔带她住进一家高级饭店，并把她介绍给很多政界的朋友，说她是美联社的记者。她频频出入高级舞厅和上流社会的家庭舞会，一个叫沙娜的侯爵夫人对她非常热情。维斯说这个人是马德里消息最灵通的人，让艾琳与她好好相处，探听出有价值的情报。

1944 年元旦，艾琳和维斯出席西班牙外交部的新年舞会。当他们进入会场时，艾琳立刻注意到一个 40 岁左右的中年男人。她好像在什么地方见过。她低声问维斯："那个人是谁？"维斯告诉她："他叫拉萨尔，是德国一家报社驻马德里的记者。"

艾琳这才想起，她在波尼给她的照片上见过这个人，但是现实中拉萨尔和照片上略有不同，显然，他化装了。

艾琳兴奋起来，大鱼要上钩了。她跟随拉萨尔走进舞场，但是她没有机会下鱼饵，因为大鱼直接走进了德国贵宾室。不一会儿，一个浓妆艳抹、穿金戴银的贵夫人也走进了德国贵宾室。艾琳认出了她，她就是照片上那位保莉娅伯爵夫人。这时，一个高大威严的男人走进客厅，一群侍者和保卫人员护送着他，艾琳知道这就是索里王子。他也走进德国贵宾室。

3 个需要密切关注的重要人物先后走进德国贵宾室，这绝不是巧合，德国间谍一定有重大行动。她想看看贵宾室还有什么人，这时有一位服务员端着盘子往德国贵宾室送饮料，她计上心头，眼看贵宾室的门打开了，她用在间谍学校学的一招"妙手回春"，用手指弹出一颗巧克力糖，不偏不倚正好打中服务员端的饮料，饮料洒落一地。服务员一惊，盘子掉在地上，他赶紧收拾地上的杂物。屋里的人不知道发生了什么，都向外望。这时艾琳站的角度正好可以看到屋里所有的人，她看到了伯爵夫人对面的那张冷酷的脸。贵宾室的门很快关上了，但是她的目的已经达到了。

舞会已经开始了，艾琳用暗语告诉维斯是希姆莱在召集那 3 个人密谋。维斯惊异道："怎么可能？希姆莱已经 3 年没来马德里了。"他不相信艾琳这个刚出道的新手能够在一刹那就认出希姆莱。其实，从艾琳在决定做间谍那天，她就对德国间谍头子的所有照片进行了研究，就算希姆莱乔装打扮，她也能认出来。

艾琳在舞会上出尽了风头，频频被人邀请，但是她一直关注着德国贵宾室。舞会进入了高潮，4 个密谋者还没有出现。令艾琳欣喜的是，她结交了索里王子的儿子，伊拉洛·索里。她在小王子身上使用各种温柔手段，令小王子心动神迷。小王子约她下周到他家的别墅参加家庭音乐会。

舞会结束后，索里王子、拉萨尔和保莉娅伯爵夫人走出贵宾室，但是希姆莱没有出现。维斯问艾琳："你是不是看错了？"艾琳坚定说："绝不会错！"

第二天，她把舞会上的情形向波尼做了汇报。波尼表示满意，他拿出一份总部发来的电报，上面说："内线提供，希姆莱已经到了马德里，请紧急查出其目的。"

波尼命令艾琳调查希姆莱与哪些人在一起，在哪些地方逗留，到马德里的目的是什么。艾琳表示一定完成任务。

小王子成为美国间谍

一天晚上，艾琳和维斯相约去美联社的记者宴会。艾琳换上一件丝质晚礼服，正在化妆时，突然听到阳台上有奇怪的声音。她心道，不好！有人正从隔壁的阳台上往这边翻。她立刻从包里掏出微型手枪，躲在窗户后面。她看到一只手扒在隔墙上，本想朝那只手开一枪，让他自己摔死，但是她又想看看是谁想偷偷潜入她的房间。那人刚爬到阳台上，艾琳就跨出一步用手枪对准他的太阳穴，同时她认出了那个人。

"鲍罗！原来是你，你来这里干什么？"

鲍罗镇静自若，用手拨开艾琳的手枪，抓住她的手亲了一下。

艾琳异常激动："你什么时候到的马德？你怎么知道我住在这里？"

鲍罗说："总部派我来马德里执行一项任务，至于我怎么知道你在这里，我是间谍，陌生人的住址都能查到，何况是你？"

艾琳说："你这样鬼鬼祟祟地来，万一我开枪，你早就没命了。"

鲍罗说："亲爱的，我想给你一个惊喜，我知道不该来打扰你，可是你太漂亮了。我太想你了。"说完抱住她。这时，门铃突然响起来。鲍罗连忙穿上衣服，拿起手枪。艾琳说："是我的联络人，快躲起来！"

艾琳飞快地整理好。鲍罗躲进了衣橱。

维斯进来，说："怎么这么久才开门。"说着巡视了一遍房间。艾琳解释说刚才在卫生间。维斯没说什么，但是他并不相信艾琳所说的。两人在美国大使馆举办的记者宴会上借吃饭交换情报。

到了周末，艾琳精心扮了一番，前往索里王子的别墅。王子的别墅坐落在一片树林里，不远处有一片湖泊。别墅外面看起来很朴实，里面却装修豪华。佣人们忙进忙出，好像在准备重大活动。艾琳按响门铃，出来迎接她的不是女佣，而是小王子伊拉洛·索里本人。小王子已经等待她多时了，他拉着艾琳的手说："艾琳，这个周末音乐会是我专门为你举办的，西班牙很多上流社会的人都要来，但愿你能满意。"显然，小王子已经上钩了。客观地说，小王子的气质、风度、言谈举止都不比鲍罗差。艾琳心想，如果能和他发展一段恋情，那多浪漫啊！

小王子说："艾琳，我带你去见见我的父亲。"艾琳求之不得，跟随小王子来到索里王子的卧室。小王子推开门，说："对不起，父亲，打扰一下，这是我最近认识的朋友艾琳。"

老王子是一个威严、雄壮的中年男人，他站起来打量了一下艾琳，说："你好，艾琳，伊拉洛经常提到你，很高兴你来参加晚会。"

艾琳鞠了一躬，谦虚地说："能见到王子阁下是我最大的荣幸。"

晚上8点，客人陆续到齐了，音乐会准时开始。小王子首先表演了一个手风琴独奏《西班牙斗牛士之歌》。激昂的旋律把音乐会的气氛带动起来。艾琳没想到小王子有如此深厚的音乐功底，她用余光扫视了一遍会场，发现拉萨尔、保莉娅伯爵夫人都在场。德国的高级间谍都到齐了，她准备好好调查一番。

王子的别墅很大，每个客人都有自己的房间。艾琳趁人们专心欣赏贝多芬的交响乐时，悄悄跑回自己的房间，她准备搜查拉萨尔和保莉娅伯爵夫人的房间。她刚把万能钥匙拿在手，突然听到敲门声。她只好把钥匙藏起来，原来敲门的是那个消息灵通的沙娜侯爵夫人。这位侯爵夫人热情好客，很喜欢艾琳。

侯爵夫人进屋后，一脸沮丧，好像遇到了什么难题。艾琳说："尊敬的侯爵夫人，你好像不大高兴，什么事让你不开心了？"

侯爵夫人唉声叹气好半天才说："最近我得到一个消息，我很害怕，可是找不到人诉说，你是美联社的记者，也许你可以帮我。"

艾琳心想也许有大新闻，赶忙说："如果我能帮上忙，那是我的荣幸，但不知道是什么事。"

侯爵夫人好像下了很大决心，说道："你知道德国的间谍头子希姆莱最近来到马德里吗？"艾琳假装吃惊，说："是吗？怎么一点儿风声都没有？"侯爵夫人说："希特勒想让佛朗哥加入轴心国，向英美宣战，但是佛朗哥不听从德国人指挥，他一方面不希望自己的国家卷入战争，另一方面德国和意大利的败局已定。希姆莱这次来马德里的目的其实是暗杀佛朗哥，扶另一位王子上台。"艾琳这次真的大吃一惊，侯爵夫人所说的另一位王子显然就是索里王子。她必须阻止希姆莱的暗杀计划。

艾琳说："可是，夫人，我能帮你做什么呢？"

侯爵夫人说："你可以去大使馆对美国大使说这件事，大使先生会对佛朗哥说起这件事。另外，有一个美国人参与了这阴谋。"

原来侯爵夫人前两天去王宫参加了一个舞会，她跳累了，就找了个房间躺在沙发上休息。一会儿，进来几个人，他们小声商量干掉佛朗哥的计划，没有发现她，但是她却在镜子里把这些人看得一清二楚。侯爵夫人肯定地说："我听到了那个美国人的名字，好像叫……"

正当侯爵夫人要说出那个人的时候，又有人敲门，侯爵夫人便不再说了。艾琳打开门一看，原来是小王子伊拉洛·索里。

小王子说："原来你在和侯爵夫人聊天，我到处找你都找不到。"三人走出房间，艾琳却还在想着侯爵夫人的话。如何阻止暗杀行动？那个美国叛徒又是谁呢？只能再找机会向沙娜侯爵夫人打听了。

音乐会进入了高潮，小王子和艾琳伴着舒缓的旋律翩翩起舞。小王子吻着艾琳的头发，动情地说："亲爱的，西班牙所有女性在你面前都黯然失色，感谢上帝让我遇到了你。"听着如此甜蜜的话，让艾琳也有些动情了。她说："谢谢王子的赞美，认识你是我的福气。"

音乐会在凌晨1点结束，客人们都回到自己的房间休息了。艾琳很想去沙娜侯爵夫人那里问个清楚，可是小王子缠着她不放，最后提出送她回房间。刚一进屋，小王子便把艾琳抱在怀中，真诚地说："艾琳，我发誓，我一定要娶你为妻，相信我，我会爱你一生的。"

艾琳觉得火候到了，说："王子，我也爱你，可是我是美国人，听说西班牙已经向美国开战，我们的爱情不会有好结果的。"

王子急了："不，我们西班牙讨厌战争，不会对美国宣战的。"

艾琳心中闪过一个大胆的想法，何不把他发展成美国的间谍，把他安插在老王子身边，这样不就很容易搞到暗杀计划了吗？以小王子的政治态度来看，他绝不会支持暗杀计划。于是，艾琳把自己的真实身份告诉小王子，并说为了他们的爱情，他必须加入美国间谍组织。艾琳许诺，只要战争一结束，她就留在西班牙，永远陪在小王子身边。小王子激动万分，当即答应艾琳为美国服务，直到战争结束。

就这样，西班牙王孙伊拉洛·索里成了美国的间谍，向美国提供了大量情报，甚至说服老索里王子离开希姆莱的组织，使希姆莱的暗杀计划破产。艾琳逐渐爱上了这个爱好和平的"斗牛士"。

谁是内奸

艾琳回到马德里后，向波尼报告了乡间别墅的情况。波尼非常满意，并叮嘱她尽快与侯爵夫人取得联系。

晚上，一阵急促的电话铃声把艾琳吵醒，打电话的是波尼，他用暗语通知艾琳侯爵夫人已经死了，法医鉴定死于心肌梗死，但是这显然是谋杀。波尼叮嘱艾琳不要上门探寻原因。

艾琳听到这个消息后彻夜难眠，侯爵夫人对她很好，帮了她不少忙，而且她死后就很难查出那个美国叛徒是谁了。是鲍罗、维斯，还是波尼呢？她决定向总部请示。比特德的回答是："请和波尼相商。"艾琳把自己的想法对波尼说了，波尼沉思片刻后，给了她一个纸条，让她按照纸条的地址去找凯斯。凯斯是美国安插在德国情报网中的内线，也许这个人能挖出叛徒。

艾琳回到住处，拧开电灯时，一个人从床上鱼跃而起，扑上她。吓得她惊慌失措，以为是有人要刺杀她。待看清楚是鲍罗时，便有些不高兴。鲍罗说："亲爱的，我等你两个多小时了，怎么现在才回来，是不是和那个王子约会了？"

艾琳很意外，她和王子约会是秘密进行的，除了老王子和几个仆人之外，没有人知道。鲍罗怎么知道的？

艾琳说："你吃醋了？"

鲍罗回答："是啊，我怎么能和风流倜傥的西班牙王子比呢？不过，如果他想把你从我身边抢走，就必须和我决斗……"

艾琳醒来已经是中午12点了。她懒洋洋地起床，随意梳洗了一下，提起皮包去和凯斯接头。到了凯斯的住处，她发现很多可疑的人。她在附近的商店转了一圈，几个可疑的人还在周围游荡，艾琳敏感地觉察到凯斯肯定出问题了，她对凯斯的住宅看也不看，就消失在人群中了。

艾琳确定没有人尾随自己，才跑到一个公用电话亭用暗语给波尼打了一个电话，告诉他凯斯可能出事了。波尼指示她不要轻举妄动，但要设法弄清楚凯斯的情况。艾琳决定去找小王子伊拉洛·索里打听一下。

她来到豪华的王宫，正好碰到小王子要出门。小王子看到艾琳，高兴地说："亲爱的，我正要去找你呢，你知道一个叫凯斯的德国人吗？他已经被处决了，因为有人证明他为美国人搜集情报。"

艾琳赶紧问："王子阁下，你知道是谁证明凯斯为美国服务吗？"小王子说："目前还不知道，但是我从父亲那里得知此人是你们中间的人，所以我准备去通知你，让你小心……"艾琳非常感动，小王子不但打听到情报，还处处为她着想。她抱着小王子说："亲爱的索里，你一定要帮我。"

艾琳向波尼汇报了此事，波尼说："看来组织内部出了内奸，今后一定要小心，以后我们不能直接见面了，有急事就用暗语互相通知。"艾琳想到沙娜侯爵夫人也说过有一个美国人在为德国做事，看来此事千真万确。

波尼说："我必须给你一个东西，以备危急时使用。"艾琳接过一看，原来是一个黑色的药丸。波尼解释说："纳粹的刑具非常狠毒，万一你被抓住而经受不住拷问，这个东西就可以帮你解脱。只要把它放在嘴里轻轻一咬，就可以结束生命。"艾琳虽然喜欢冒险和刺激，但是从没想过会冒生命危险。现在，她感觉自己随时都可能被人出卖。波尼给她那粒毒药，就是不想让她出卖其他人。

1944年6月4日，盟军攻下罗马。1944年6月6日，英美海军陆战队在诺曼底登陆成功，摧毁了希特勒的"大西洋壁垒"。希特勒开始感到恐慌，西班牙的亲德派也预感到希特勒的末日不远了，西班牙警方开始对德国间谍进行围剿。

艾琳接到一个电话，是老索里王子打来的，她感到非常意外。老王子约她到皇家剧院的包厢里密谈，而且让她单独到场。艾琳有点儿惊慌，老王子可是德国的间谍，但她还是答应按时到达。她觉得就算看在小王子的面子上，老王子也不会伤害她，何况小王子曾告诉她说老王子的思想已经开始转向英美。

晚上6点半，艾琳打扮了一番，带着一把微型手枪，准时来到剧院大门。不一会儿，老王子的轿车停在她面前，威严、干练的索里王子下了车，吻了一下艾琳的额头，说："亲爱的，我不希望第三个人在场，所以没有通知伊拉洛，你不会不高兴吧？"艾琳说："能单独和阁下在一起，是我的荣幸。"艾琳挽着老王子的手臂走进包厢。演出很精彩，但是他们并没有看演出。老王子小声说："我知道你的身份，我就直说了吧，以前我是希姆莱的朋友，主张西班牙和德国结盟，但是现在看来我错了，希特勒是个地地道道的疯子。现在德国的败局已定，我更希望西班牙中立。"

艾琳知道这是小王子发挥了作用，她每次和小王子床笫之欢以后，都让他劝说他父亲支持佛朗哥保持中立。起先，老王子想脚踩两条船，不得罪德国，也不得罪英美。诺曼底登陆成功以后，他看到希特勒已经无力回天了，才改变策略，偏向于英美，支持佛朗哥保持中立。

老王子继续说："最近我得到一份情报，对你们特别重要。我不好直接去美国大使馆，但是要必须让大使馆知道。第一，我们西班牙不再动摇中立的决心，不管德国人的威胁有多大。第二，我听希姆莱说，他在西班牙的美国情报网安排了一个盖世太保，据说这个人和你很亲近，希望你万事小心。"

听了老王子的话，艾琳如雷轰顶，她努力控制自己的情绪，才没露出惊慌之态。她虽然已经知道组织内有内奸，但是没想到这个人和自己很亲近。她问王子这个人是谁，王子说，希姆莱从不提及这个人的名字，只用代号"鳄鱼"称呼他。

艾琳更加恐惧了，感觉有一张无形的大网在向她扑来。她一直在思考老王子的话，"据说这个人和你很亲近"，那么这个人是谁呢？是维斯、鲍罗，还是波尼本人？

艾琳想到她刚要去和凯斯接头，凯斯就被出卖了。是波尼指示她和凯斯接头，内奸不太可能是波尼。她曾让维斯配合行动，难道是他接到指令后就通知盖世太保把凯斯干掉了？她一直与鲍罗秘密约会，在凯斯死的前一夜，他们曾约会，难道是他偷偷跑到密码室看了波尼的指令？然后通知盖世太保杀死凯斯？

她理不出头绪，于是给比特德发电报，把这几个人的情况说了一下。比特德回电说待查，没有通知她向谁请示。

一场骗局

过了几天，艾琳接到总部发来的密电："为顺利实施'台风计划'，确保部队南部登陆成功，特派鲍罗前往马德里执行特别任务，具体与艾琳协商。"艾琳接到电报后很高兴，至少她可以公开和这个情人联系了。

第二天，波尼给她打来电话，用暗语通知她下一个礼拜日去参加皇家俱乐部的舞会。到了礼拜日下午，艾琳走出住所，朝皇家俱乐部走去。她走在街上，感觉有人在跟踪她。她假装停下来买东西，不经意地向后扫了一眼，发现50米外有两个男人正跟着她。她加快脚步，那两个人也加快脚步，她慢慢走，后面那两个人也慢慢走。她看到一辆出租车驶来，她一招手，车就停下来。艾琳说："到皇家俱乐部。"那司机便把车开得飞快，把那两个盯梢的男人甩掉了。

艾琳来到皇家俱乐部看到很多熟人，波尼、维斯和鲍罗都在，但是他们假装互相不认识。索里王子父子也在，小王子看到艾琳，立即迎上去，挽着艾琳的手交谈起来。这时，鲍罗走过来，说："小姐，我能请你跳一支舞吗？"艾琳愉快地答应了。

两人走进舞池，舞步轻盈，配合默契。虽然他们假装不认识，但是眉眼传情，越跳情意越浓。艾琳还能镇静自若，但是鲍罗已经流露出很久不见的难耐情绪。他紧紧抱着艾琳，小声说："亲爱的，我们终于又见面了。"艾琳问："你来这里干什么？谁通知你的？"鲍罗说："是总部通知的，你的处境很危险，也许出了内奸，你小心点儿为好。"鲍罗搂得更加紧了。

过了一会儿，鲍罗亲了一下艾琳的额头说："亲爱的，我得走了，一会儿我送你回去好吗？半小时后我在大门口等你。"艾琳点头同意了。舞曲结束后，鲍罗消失在人群中。

保莉娅伯爵夫人走过来，对艾琳说："你认识刚才跳舞的男人？"艾琳回答："尊敬的伯爵夫人，我刚刚认识他。"伯爵夫人说："那就好，我告诉你那个男人不是好东西。开始的时候他会向你献殷勤，然后占有你，达到目的之后，就把你甩了，他是个十足的骗子。"

艾琳说："如此说来，夫人认识他？"

伯爵夫人回答："没错，我就上过他的当。两年前，他曾疯狂地追求我，我被他的疯狂征服了，后来我才发现他只是看中了我的钱，所以我提醒你，千万不要上他的当。"

艾琳自认为了解鲍罗的为人，对伯爵夫人的话，并不太在意。半小时后，艾琳在大门口找到鲍罗，两人上了一辆出租车，很巧，司机就是送艾琳来的那个人。汽车刚刚发动。保莉娅伯爵夫人突然冲过来，大叫："鲍罗，你下来，我有话问你。"鲍罗满不在乎地说："夫人，有什么事？"伯爵夫人瞄了一眼车上的艾琳说："我想跟你讨论一下两年前你许下的承诺。"鲍罗觉得很没面子，对艾琳说："对不起，亲爱的，你先回去，我一会儿就到。"说完，就下车了。

司机一言不发，发动车子冲出皇家俱乐部，向市区飞奔而去。然而快到市区的时候，司机手一转，汽车转到另一条路上。艾琳察觉到不对，问道："为什么走这条路？这不是我住的旅馆的方向。"司机回答："这条路比较近。"

不一会儿，汽车开进灌木丛覆盖的小路，路两边非常荒凉。艾琳感觉这个司机有问题，早就把手枪握在手中。司机可能从反光镜中看到了艾琳的手枪，猛一刹车，汽车原地颠了一下，艾琳的手枪抖落在地。汽车还没停稳，艾琳就打开车门，朝树林跑去。这时她听到远处又有汽车驶来，心想：完了，看来这个司机还有帮凶。

司机越追越近，艾琳的晚礼服总被灌木挂住，前面的灌木丛又矮又密，艾琳绊了一跤。健壮的司机猛扑上来，一手掐住她的脖子，一手去解她的裙子。艾琳用力挣扎，但是摆脱不了他的控制。她急中生智，抓起一把泥土，朝他的眼睛扔去。男人急忙松开手去揉眼睛。艾琳趁机逃跑。司机大骂着追上来，并掏出手枪。

"砰"一声枪响，艾琳慌乱地回过头来，她没有中枪，那个色狼却倒在地上。后面一个人大叫："艾琳，你没事儿吧？"原来是伊拉洛王子。惊魂未定的艾琳扑到他怀里失声痛哭。

伊拉洛把她扶上自己的车，带她到自己的别墅。小王子如同抱着一个婴儿一样，轻轻抚摸艾琳的脊背。艾琳渐渐从惊恐情绪中平静下来。

第二天，艾琳从小王子的别墅回到住处，看到鲍罗两眼通红地坐在地板上。鲍罗一见她，立即站起来抱住她："亲爱的，你昨晚去哪里了？我一夜未合眼，以为你出什么事了，正准备去找你。"

艾琳把昨晚的事叙述了一遍，鲍罗懊丧地说："都怪我，被那个老妖精缠着，没有送你回来，倒让那个王子捡了个便宜，否则英雄救美的应该是我。"

艾琳突然想起了什么，问道："你认识那个保莉娅伯爵夫人吗？"鲍罗说："何止认识？两年前我曾热情地追求她，后来得知她和纳粹德国有密切联系，就弃她而去。我怎么能为了有钱而漂亮的贵族女人，就忘记自己的祖国呢？"艾琳对这个回答比较满意。

鲍罗说："总部让我配合你，我很高兴。最近比特德有什么指示吗？"艾琳说："没有。""那么波尼呢？"鲍罗继续问。艾琳回答："也没有。总部指示我把知道的一切消息及时通知你。"

鲍罗说："铁砧行动马上就要开始了，不知是否选好了登陆地点和登陆时间？"

艾琳说："目前还没有指示，但是据我所知，很快就会有。"鲍罗抱着艾琳亲了亲说："我讨厌战争，战争一结束，我立刻向你求婚。"艾琳笑着说："那太好了。"其实她心里不知道更喜欢小王子，还是更喜欢鲍罗。鲍罗说："你好好休息吧，晚上我再来找你。"说完就走了。

艾琳确实需要休息，她躺在床上很快就睡着了，做了一个美梦，在鲜花簇拥下，她正在举行婚礼，可是她看不清新郎是谁。正当她要走近看时，电话铃声骤然响起，打破了她的美梦。她在心中骂道："讨厌的电话。"

电话是波尼打来的，问她有什么新情况。艾琳说已经和鲍罗接上头了。波尼很高兴，说鲍罗是美国在马德里最优秀的情报员，让艾琳和鲍罗密切合作。最后，波尼告诉艾琳，铁砧行动将全面进行，从现在起，密电全部由艾琳解译。总部最近可能会发来有关南部登陆的特级密电。艾琳听了非常兴奋，她知道战争快要结束了，经过那次虎口脱险之后，她对战争已经没什么兴趣了。

过了5天，总部的密电发来了，艾琳将密电译出来，上面写着："立即做好一切战斗准备，盟军很快就要在南部登陆，登陆地点是马赛岛。"波尼对艾琳说："胜利就在眼前了，在盟军到达之前，情报人员必须先去马赛岛，为盟军登陆做好准备。你立即通知鲍罗赶赴马赛岛，配合大部队开辟法国南部的情报站。你要提醒他注意，不能把这次行动告诉任何人。"

艾琳回到住宅后，正好鲍罗打来电话。鲍罗问："你去哪儿了？我一直给你打电话，却没人接。"艾琳说："我去波尼那里译了一份特级机密回来。""什么机密？""电话里说不方便，我到你那儿去告诉你吧。"

艾琳来到鲍罗的旅馆，对他说："总部发来特级密电，盟军将在马赛岛登陆。总部让你去马赛岛做前期准备工作，然后同部队一起在法国南部建立情报站。"

鲍罗听后脸泛红光，他兴奋地对艾琳说："我终于盼来了这一天。我什么时候走？"

艾琳回答："两个小时以后。"

鲍罗匆忙收拾了一下行李，和艾琳走出旅馆。艾琳说："再见了鲍罗，万事小心，我等你的好消息。"说完便走向另一条大街。鲍罗追上去，扳住艾琳的双肩，将她的身体转过来，深情地望着她说："亲爱的，也许这是咱们的最后一面了。你知道吗？自从在警察学校见面那天起，我就深深地爱上你了。只要我能活着回来，就一定要娶你。"艾琳感动得流下泪来，鲍罗吻了吻她的泪水，大步流星地走了。

5天后，艾琳从收音机里听到消息，盟军登陆成功，几乎没有遇到敌人的抵抗，但是让她吃惊的是，登陆地点不是马赛岛，而是离马赛岛很远的马克西姆附近。她怀疑自己听错了，但是当播音员第二次说出登陆地点时，她一下子蒙了。到底是怎么回事？

艾琳来到美国轮船运输公司，所有的同事都在欢庆胜利。前线战报说，被德国占领4年之久的巴黎很快就要解放了。人们都欢欣鼓舞，只有艾琳一个人闷闷不乐。她感觉自己被愚弄了，总部的密电明明说登陆地点是马赛岛。她来到波尼的办公室向他发火："你们为什么不相信我？为什么让我把假情报告诉鲍罗？"

波尼微笑着说："艾琳，你为登陆成功立下了大功，正是因为你把假情报告诉鲍罗，盟军才能顺利在马克西姆登陆。"

艾琳这才明白，原来组织内潜藏的内奸是鲍罗，而这一切总部和波尼早就知道了。他们利用艾琳向鲍罗传出假情报，让他上当。鲍罗把假情报卖给德国人，德国人将大部队集中在马赛岛附近，盟军乘虚而入，大获全胜。鲍罗因为提供假情报，已经被希姆莱秘密处死。

艾琳还是无法接受这个事实，她为自己不被上司信任而感到羞辱。

波尼说："艾琳，总部是相信你的，但是如果太早告诉你真相，你就会死在鲍罗手上。你不会忘记沙娜侯爵夫人和凯斯吧？他们就是死在鲍罗手里的。事实上，皇家俱乐部晚会那天，鲍罗就准备除掉你，是小王子救了你，其实，就算小王子不出现，维斯也会把那个冒充司机的盖世太保干掉。我们没告诉你真相，是为了保护你，如果鲍罗察觉你识破了他，他会立刻杀死你。"

无论波尼怎么解释，艾琳还是觉得这是一个骗局，波尼骗她是为了让她把假情报送给鲍罗，鲍罗讨好她是为了得到美国的情报，她为自己被利用而感到难过。原来这一年多来，她一直生活在骗局中。她认识的人当中，唯一让她感到真诚的是小王子。

几天后，有人敲响了艾琳的房门，她以为是小王子，急忙去开门。开门后大吃一惊，继而冷漠地说："比特德，你好，你怎么来了？"

比特德说："我从法国南部来，总部让我向你问好。"

艾琳冷冰冰地说："我没什么好不好的。"她的情绪依然不好，她拼命为眼前这个人干事，却没有得到充分的信任。

比特德将一个档案袋交给她，说："这可以解释一切。"

艾琳疑惑地打开档案袋，只见标题上写着：有关海军情报局工作人员鲍罗的调查报告。调查报告详细记载了鲍罗的生平，以及他沦为内奸的过程。原来，两年前，鲍罗疯狂地爱上了保莉娅伯爵夫人，这个贵妇得知他是美国情报员后，慷慨地把身体献给他，还给了他很多钱。鲍罗在美色和金钱的诱惑下，很快成了希姆莱间谍网中的重要人物。美国中央情报局经过多次调查，才发现这个隐藏了两年之久的内奸。

看完报告，艾琳陷入沉思中，她终于发现平淡生活的可贵。

1945年5月8日，德国宣布投降。为盟军立下赫赫战功的艾琳没有回国，而是接受了西班牙小王子伊拉洛·索里的求婚，嫁入西班牙王室，过着王子与公主的幸福生活。

"谍报之花"贝格·史妮芬

二战结束后，英国首相丘吉尔的会客大厅里，一位长相标致、气质非凡的女子正在与丘吉尔首相亲切交谈。从丘吉尔首相那充满祥和与满足的笑容中，不难看出首相对这位女士的赞赏与肯定。这位女子到底做了什么能得到首相如此接待？

美丽的英国女郎

1939年9月1日，希特勒纳粹政府挑起了第二次世界大战，理由是波兰军侵犯了德国的边境。很快，德国便占领了欧洲绝大部分国家。1940年6月，当时的欧洲强国法国被其攻占，成了德国的傀儡政权，站在了希特勒的立场上。

面对欧洲大陆的战争形势，新当选的英国首相丘吉尔忧心如焚。他亲自指示英国安全协调局，要想尽办法、不惜一切代价尽快搞到希特勒关于战争行动计划的军事机密。接到指示后的安全协调局，出动了它的"王牌"间谍——贝格·史妮芬。

出发去德国前，贝格·史妮芬首先给自己设定了一个身份——法国女记者。她之所以选用这种特殊身份，是因为当时法国已沦为德国的附属国，法国人民的身份在德国会受到很好的照顾和保护。

做好了各种准备之后，1941 年 6 月 22 日凌晨，贝格·史妮芬由英国的一架专机送到了德国的易北河岸边。她这次的任务是打入德国内部，不择手段窃取德国的军事机密。

到了柏林后，她按原计划去拜访了嫁给德国伯爵做妻子的美国朋友露易丝和做了法国大商人太太的英国妇女布伦蒂。她们都是英国情报网中的间谍，主要负责介绍新来的间谍进入柏林的上层社会，为新间谍进行活动提供良好的社会环境。

在露易丝的帮助下，贝格·史妮芬很快结识了德国陆军中校布鲁斯。他是德国当时陆军参谋部的作战参谋，专门负责记录整理希特勒下达的各种作战计划。从他那里，贝格·史妮芬可以得到英国想要的军事机密。选定着手目标以后，贝格·史妮芬开始了她的行动计划，首先她必须让这个中校爱上她。

与布鲁斯的第一次见面是在德国伯爵夫人露易丝家的客厅。为了吸引布鲁斯的注意，贝格·史妮芬特意精心挑选了一件杏黄色的低领连衣裙。她是一个经过特殊训练的女间谍，其魅力不可小视。做完介绍后，伯爵夫人便知趣地离开了。布鲁斯本来就是一个好色的军官，贝格·史妮芬的这身打扮更是让他想入非非。他眼也不眨地直盯着贝格·史妮芬，贝格·史妮芬也装成一见倾心的样子。当然，布鲁斯确实也是个英俊而潇洒的军人，并且有着丰富的历史、地理和军事知识，对文学和音乐也有一定的造诣。贝格·史妮芬想如果不是身负特殊任务，或许自己会真的爱上他。他们很快就熟悉了，还开了一些幽默而略带挑逗性的玩笑，然后各自介绍经历。

"中校，我是法国的新闻记者，见到你很高兴！"贝格·史妮芬说。

"认识你是我最大的乐趣。"布鲁斯也诙谐地说。

贝格·史妮芬又说："我爱好广泛，喜欢结交敢做敢当的男人，结过婚，有一个孩子，不知中校是否介意？"

"我是一名军人，至今未婚，情人不少，最喜欢和结过婚的法国女郎上床，尤其是像你这样貌美如花的少妇……"布鲁斯的话语中充满着挑逗的气息。

说完，两人不约而同地哈哈大笑。

"中校，你很直率，我非常喜欢，不过，请问您为什么喜欢结过婚的女人呢？难道如花少女还不如那些半老徐娘？"

"史妮芬女士，我想问你，一个成熟的苹果和一个半生不熟的苹果，你会吃哪儿？"布鲁斯说。

两人相视而笑。贝格·史妮芬知道鱼已咬钩，她懂得如何掌握分寸，于是采取欲擒故纵的策略，便岔开话题，谈起了战争形势，两人各持己见，但这并不影响他们的谈话氛围。

临别时，布鲁斯吻了她。这次见面完全在贝格·史妮芬的掌握之中。贝格·史妮芬确信她能够从这个陆军中校身上得到有用的情报。当晚她向英国情报局第六处发出密电："已有货主。"

过了几天，布鲁斯拿着一束鲜艳的红玫瑰，邀她共进晚餐。两人去了一家豪华酒店。两人在饭店里相处亲密无间，情趣和谐，如同真正的恋人一样。贝格·史妮芬看出这个德军中校确实已经为他着迷，而她自己不过是逢场作戏，德军中校只不过是她要利用的一个棋子。

她了解到布鲁斯中校喜欢佳肴美酒,喜欢高消费,但是凭他那点中校级军官的薪水,经常到这种高档场所根本负担不起。于是,她心中构思了一个巧妙的捕鱼计划。

贝格·史妮芬陪着布鲁斯慢慢享受了一顿丰盛的晚餐,饭后布鲁斯原本想在客房中包一个单间寻欢作乐,却被贝格·史妮芬以要见一位德国外交官为借口拒绝了。布鲁斯很失望,但是贝格·史妮芬对他说:"亲爱的,只要我们真心诚意,以后有的是单独相处的机会。"

布鲁斯中校已经钻进了贝格·史妮芬精心布置的网,并注定为此付出沉重的代价。

阴谋与"爱情"

1941年8月20日,英国情报总局发出密电催促贝格·史妮芬"速将德国对莫斯科实施的军事计划搞到"。

英国之所以急于要这个军事计划,是由于1941年初秋以来,德国以闪电战进攻苏联,苏军难以抵挡,德军长驱直入,侵占了苏联的大片河山。而传言德国的下一个目标就是英伦三岛。希特勒的空军为了配合元首的宣言,也不失时机地对英国首都进行大规模的轰炸,英国市民个个惶恐不安。因此英国政府急于想知道,希特勒最近一段时期的作战计划,而当时英国的另一个王牌间谍南希由于参与谋划暗杀希特勒的行动暴露,已经停止了活动,隐蔽起来,寻找机会回国。这个艰巨的任务只能由贝格·史妮芬来完成。

8月21日傍晚,柏林的大街上,贝格·史妮芬给布鲁斯挂了个电话,约布鲁斯中校晚上见面。布鲁斯当然求之不得,满口答应,一定要见到她,不见不散。然而,他根本不知道贝格·史妮芬已经在他的嘴里放下了一个鱼钩。

晚上,西装革履的布鲁斯中校如约到了贝格·史妮芬的住处。布鲁斯刚一进门,就想拥抱贝格·史妮芬,却被她推到卫生间去洗漱。布鲁斯苦笑着,只好听从指挥。他走进卫生间时,没有忘记把公文包也带进去。这使贝格·史妮芬更肯定了布鲁斯公文包中有机密文件的想法。

中校冲洗出来,手时刻不离开那公文包。为了尽快拿到公文包里的文件,贝格·史妮芬诱使布鲁斯上了床。风云过后,贝格·史妮芬去厨房煮了一杯热气腾腾的咖啡。对中校说:"喝吗?"中校用警惕的眼光看着她。她端起一杯,喝了两口,亲昵地说:"喝吧,亲爱的。"说着将喝过的那杯递给布鲁斯。布鲁斯此时的确有点干渴,见贝格·史妮芬喝过后,便接那杯,"咕嘟咕嘟"喝了下去。不一会儿,布鲁斯便鼾声如雷,呼呼大睡起来,任凭贝格·史妮芬怎么推也推不醒。原来,贝格·史妮芬在递咖啡杯的一瞬间,早将夹在手里的速溶高度安眠药放了进去。

药物很快生效,中校睡得像死猪一般,贝格·史妮芬赶紧翻身下床,打开中校的公文包,果然,里面全是些记录手稿。贝格·史妮芬拿出微型照相机,将这些内容全部拍照完。其中有一份很重要的手稿,正是希特勒刚刚发布的军事计划:

在冬天到来以前要达到的最重要目标,不在于占领莫斯科,而是拿下克里米亚,拿下顿尼茨盆地的工业和煤矿区,并切断苏联的高加索石油供应线。北路的任务在于围困列宁格勒和同芬兰军队会师。

这些记录稿对英国人来说是非常重要的。拍完照片,贝格·史妮芬立即通过发报机将这份情报发往英国情报局。之后,贝格·史妮芬又用橡胶泥将中校的几把钥匙的模型复制了出来。做完这一切,贝格·史妮芬又钻进布鲁斯怀中,依偎着直睡到黎明。

醒来后的中校，没发现任何异常，但他万万没有想到的是他记录的国家军事秘密已经完全被英国情报局掌握得一清二楚。

就这样在贝格·史妮芬精心布置的爱情迷局下，布鲁斯记录的一批又一批的德日军事情报被送往英国情报局。可好景不长，贝格·史妮芬就接到了英国情报局命令她停止一切活动的通知。原因是有内线称她已经暴露。然而，喜欢冒险是史妮芬的本性，她决定铤而走险去德国陆军参谋总部，用复制的钥匙打开那里的全部保险柜，尽管那里戒备森严。

贝格·史妮芬总是缠着布鲁斯到他的办公室去玩，但是德国陆军参谋总部戒备森严，闲杂人等不得入内。为了讨好情人，布鲁斯绞尽脑汁，想出了一个两全齐美的方案：要贝格·史妮芬化装成德国女军人，取名贝莉拉，做自己的内勤秘书，官为少尉，还给她弄了一个军官证。这样贝格·史妮芬就可以大摇大摆地出入陆军参谋总部。

不久，贝格·史妮芬便以内勤秘书的身份成功进入了布鲁斯的办公室。在每天"上班"的过程中，贝格·史妮芬慢慢和卫兵们混熟了，每天"上班"都出示军官证，而且对卫兵们很客气，那些卫兵也主动向她行礼。她悄悄记下了那些游动哨多久转一圈的规律，为日后的工作提供安全保证。

过了一段时间，贝格·史妮芬感觉时机成熟，决定实施那个蓄谋已久的重大行动。首先她以要回家看望父母的名义向布鲁斯中校请了一周的假。中校信以为真，还亲自送她到车站，并给了她一些钱。但是女少尉在下一站就下了火车，坐当天的列车返回柏林。

下午3点，贝格·史妮芬进入陆军总部，卫兵们对她丝毫没有怀疑，依旧对她行礼。贝格·史妮芬在一个不易被人发现的角落整整待了一个下午。直到天黑，她悄悄地进入了中校的机要室，可打开保险柜并不顺利，花了近4个小时，保险柜才终于被打开了。贝格·史妮芬用微型照相机将这些标有"军事机密"的记录逐页拍照下来，直到黎明快要来到柏林时，才将这些中校的记录送回原处。

然后，贝格·史妮芬又神出鬼没地消失了。

时间紧急，贝格·史妮芬还来不及冲洗胶卷，就把它转给了地下情报站直接送往伦敦。这些情报对英国、美国甚至苏联都非常重要。从这些情报中，英国情报部门掌握了德国的作战方案以及他们的各种兵种的战斗力，各种新式武器的研制方法。其中一份关于纳粹政府正在研制一种杀伤力很大的轰炸机的备忘录引起美国总统罗斯福和英国首相丘吉尔的重视。一旦希特勒的轰炸机研制成功，这个疯狂的纳粹党元首将会对英美进行丧心病狂的攻击。两国首脑都表示，要不惜一切代价摧毁希特勒的轰炸机基地。

不合作者——死

贝格·史妮芬接到紧急通知：第一是必须设法搞到德国轰炸机基地的准确位置；第二是立刻进入隐蔽状态。因为，德国已经知道了参谋部有英国间谍活动的事情。总部还指示贝格·史妮芬，立即将布鲁斯中校处决，以求保全自己，因为这个陆军中校是唯一可以证明贝格·史妮芬是间谍的人，而且布鲁斯已经受到了盖世太保的监视。

贝格·史妮芬有自己的想法。她打电话给布鲁斯，告诉他自己已从法国回来，并约他第二天在柏林剧院门口见面。布鲁斯依约而去，贝格·史妮芬却没有露面，而是在暗中观察情况。她发现布鲁斯果然已经受到德国当局怀疑，并被盖世太保监视。

过了几天，贝格·史妮芬又打电话给中校说上次失约是因为临时生病住院，请他晚上到自己的住处。

晚上，布鲁斯穿上军装，刮了胡须，精神焕发。在前往贝格·史妮芬住处的路上，突然，一辆黑色轿车停在他的身旁，车上下来一个人，不由分说地把他拽上车。中校见是贝格·史妮芬，惊喜地叫了起来："亲爱的贝格……"

贝格·史妮芬驾车快速摆脱了盖世太保的跟踪。对布鲁斯说："你不知道秘密警察在暗中监视你吗？"布鲁斯先是大吃一惊，但又很快坦然地说："我怕什么，我是参谋总部的军官，他们凭什么监视我？"

到了一家豪华饭店门前，贝格·史妮芬停下车子，两人亲昵地走进电梯，他们刚一进门，那辆车就由另一名英国间谍开走了。

贝格·史妮芬早已经做了详细的脱身计划，换了另一个住处。

刚进房间，布鲁斯便猴急似的要与贝格·史妮芬上床，却被她严令拒绝了。贝格·史妮芬严肃地对中校说："你真的没有感觉到盖世太保在监视你？我告诉你，你随时会有生命危险！"

"你是不是在说梦话呀？"布鲁斯笑着说道，"我从来不做对不起伟大的德国的事，对元首更是绝对的忠诚，盖世太保又能把我怎么样？"说着，布鲁斯又把脸凑向贝格·史妮芬。

布鲁斯是个狂热的纳粹分子，完全同意希特勒的侵略行为，他为自己是日耳曼人而自豪。想让他改变信仰，背叛祖国，恐怕没有可能。贝格·史妮芬本想拉他下水，但是看到中校顽固不化的态度，贝格·史妮芬深知说服不了他，她决定最后摊牌。

贝格·史妮芬严肃地说道："中校，你不要乱来。今晚你是不会得到我的。"

"为什么？难道做我的妻子不好吗？我正准备向你求婚呢。"中校迷惑不解地问。

贝格·史妮芬深吸一口气，手在凌乱的头发上掠过，将脸凑近中校耳边，轻声说道："除非你答应我一个条件。"中校说："好，你说，只要我能办到。"

"除非你放弃德国，为我的祖国服务……"贝格·史妮芬一字一句地说。

中校自言自语："放弃德国，为法国……"

"不，不是法国，是大英帝国……"布鲁斯话还未说完，贝格·史妮芬就义正言辞地纠正道。

布鲁斯仿佛晴天霹雳，一时语塞，半晌才反应过来，怒声吼道："你是英国人？"

"难道不像吗？"贝格·史妮芬轻视地笑道。

"你竟然是英国女人！"布鲁斯握紧拳头朝向史妮芬。现在的他恨不得要吃掉眼前这个女人。

贝格·史妮芬依然不慌不忙，她轻轻地将中校的拳头按下，平静地说："亲爱的中校大人，我不仅是英国女人，而且是英国海军第六情报处的上校，怎么样？没有想到吧？"

布鲁斯做梦也没想到，这个跟自己同枕共眠了无数次的女人竟然是敌国的高级间谍。

"不，叫我放弃我的祖国，做梦！我誓死保卫我的国家和元首，这是我一生的使命！"布鲁斯歇斯底里地大叫起来。

"中校，事实上你已经为我们大英帝国服务了。"贝格·史妮芬说，并把自己窃取德国军事计划的事情一一详述给布鲁斯听。布鲁斯简直不相信自己的耳朵。

"我要把你送进德国监狱，你这个英国婊子……"醒悟后的布鲁斯疯了似的抓着贝格·史妮芬的手吼道。

"中校先生，我进了监狱，那你会去哪里呢？纳粹政府对泄露国家机密的人应该是判处绞刑吧。我劝你还是为自己的生命考虑一下！"贝格·史妮芬平静地说。

史妮芬的话还真提醒了布鲁斯，出卖国家机密是要处以极刑的。可让他背叛自己的狂热崇拜者又是绝对不可能的，现在唯一活下去的办法就是杀人灭口。中校下意识地摸了一下枪。

"中校，你的枪在这儿。"贝格·史妮芬冷笑道，说着便举起了枪。原来，他的枪早在狂吻贝格·史妮芬时被卸下。

见自己的枪在史妮芬手中，布鲁斯立刻换了一副笑脸，说道："亲爱的，为了我们的爱情，我可以考虑你提出的条件……"

说着，一个反手擒拿，便将贝格·史妮芬手中的枪夺了过来，对准了史妮芬的头。"我现在代表德国陆军参谋总部判处你死刑，你这个不要脸的英国美女蛇，差点把我害死……"

布鲁斯扣动了扳机，可是枪没有响。

"子弹在这儿呢，中校，你手中的是空枪。"贝格·史妮芬用手晃了晃，讥笑道。

布鲁斯愤怒到了极点，把手中的枪朝史妮芬扔去，却被史妮芬轻轻一闪躲过了，空枪落到了地板上。

布鲁斯又挥着拳头向史妮芬打来，可是，这个连一个人也没杀过的中校哪里是经过特训的高级间谍的对手，没几下便被乖乖制服，趴倒在地。

也巧，布鲁斯刚巧趴在了那空枪旁边，他迅速捡起空枪及落在地上的一粒子弹，倒退几步将子弹装进枪里。但是还来不及发射，"砰、砰"两声响，他的心脏早已被史妮芬的微型消音枪射穿。

"你不合作，就见鬼去吧！"贝格·史妮芬望着倒在血泊中的布鲁斯中校平静地说。

螳螂捕蝉，黄雀在后

贝格·史妮芬成功地将布鲁斯中校杀死，暂时摆脱了盖世太保的追踪。然而如何获得制造厂的准确位置呢？英国情报局指示她设法联系上一个叫埃尔文·卡季的科学家，他当时担任制造厂的厂长。

她去找露易丝伯爵夫人帮忙，伯爵夫人动用了自己所有的关系，还是没有找到与卡季有联系的人。后来，在英国情报组织的外围人员布伦蒂太太和她丈夫法国石油商人雷利的帮助下，贝格·史妮芬成功地见到了埃尔文·卡季。

布伦蒂的丈夫雷利是个法国石油商人，虽然利用石油赚钱是他的首要目标，但是出于对纳粹政府的不满，他也常常暗地里无偿资助反纳粹政府武装枪支弹药。维希政府虽然对此早有耳闻，但鉴于他对石油的控制，又和希特勒的军队在做生意，所以对他还是礼让三分。

过了几天，由于工厂飞机首航试飞需要些燃料，埃尔文·卡季便找雷利帮忙。也许卡季能答应让贝格·史妮芬进他的工厂，布伦蒂赶紧打电话给贝格·史妮芬。

接到电话，史妮芬兴奋得几乎要跳起来。晚上7点，精心打扮的她来到布伦蒂的别墅。

晚宴隆重而热烈。贝格·史妮芬以雷利"外甥女"的身份，很快成了宴会的主角。她还和卡季跳了一曲舞，老头很满意。

埃尔文·卡季是一个科学家，他并不关心政治，只是一心想早日把喷气式飞机送上蓝天。这次由于战争的需要，希特勒给他提供了一切必要条件，包括研究所需的大笔经费，他何乐而不为呢？于是，他接受了命令。

埃尔文·卡季非常喜欢贝格·史妮芬。在雷利的建议下，宴会后，将贝格·史妮芬以厂长私人秘书的身份带回了工厂。

有了合法的身份后，贝格·史妮芬便开始搜集工厂的秘密情报，并把这些情报用密码发回英国。

她发现这个秘密工厂位置非常特殊，守卫森严，即便是作为厂长秘书的她，也不能随意走动。要想遏制希特勒的疯狂轰炸，只有将这个工厂炸毁，没有别的办法。然而，靠她一个人的力量根本不可能，怎么办？史妮芬焦急万分！

英国情报部门叫她与一个叫约翰的人接头，要求她尽快将这个工厂的平面图通过地下联络站送回伦敦。然而，过了好几天，这个叫约翰的人也没有来找她。

机会来了，一天，厂长到车间去检查工人的操作技术去了。恰巧，有电话来要找他，贝格·史妮芬便以找厂长为借口走进了工厂中心区。她沿着宽阔的大路往前走，并迅速记忆着这个厂区的位置。大家都知道她是厂长的情人兼秘书，没有人注意她。她沿着厂区边缘的铁丝网走了一圈，大约走了 5 个小时才巡回了一周。她担心回厂长办公室后记不清楚，便装成要去方便的样子，走进了一栋旧仓库，掏出纸和笔，迅速勾勒出中心车间的平面图，并对重点车间做了暗号。

她的这一切行动，正被 500 米以外一个党卫军注视着。当她把画完的图纸塞进口袋准备离开时，一支冰凉的手枪抵住她的后背：“小姐，请把手举起来，我已经注意你很久了！”贝格·史妮芬先是一愣，然而，很快便冷静下来，她装成很无辜的样子举起了双手，她知道反抗没有任何用处，现在只能静观其变。

“小姐，你被捕了。”那个党卫军从她的口袋里取出图纸低声地说道。

贝格·史妮芬想这一下可完了，但又一想，我是厂长秘书，也许这个身份能镇住他。

于是她回转过头，妩媚一笑，说道：“你是不是搞错了，我是埃尔文·卡季厂长的秘书，你凭什么抓我？”

“小姐，我注意你很久了。你在这里鬼鬼祟祟地画工厂的图纸，难道也是厂长叫你干的？”那士兵说。

“作为厂长的特别秘书，不熟悉厂里的情况我能工作吗？”贝格·史妮芬也表现得不甘示弱。

出乎意料的，那个士兵沉默了一会儿竟然把手枪塞回了枪套里，让贝格·史妮芬回去。她简直不敢相信自己的耳朵，呆呆地站在了那里。见贝格·史妮芬不动，那个士兵催促说：“你不想走吗？”

听到那士兵催促，贝格·史妮芬大梦初醒，这一切发生得太突然，她还来不及想明白这个党卫军放她走的原因是什么，便一溜烟儿跑了。

回到厂长办公室后，贝格·史妮芬的心情还没有平静下来，办公室的门就被推开了，那个党卫军士兵竟然跟了进来。贝格·史妮芬又紧张起来。

士兵掏出揉得一团糟的图纸递给她。“小姐，我怕你回来时通不过岗哨卫兵的检查，所以当时没有交给你。以后要小心些，如果需要帮助的话，我会尽力而为的。”士兵说得很恳切。

贝格·史妮芬问他为什么帮助自己。士兵说他不愿意看到战争，希望能为贝格·史妮芬服务。史妮芬虽然很想把这个士兵争取过来，自己开展工作也会方便许多。可是，作为一个老牌间谍，她办事还是相当谨慎的，更不会轻易暴露自己，也不会轻易发展情报员。她装出听不懂士兵的话，拒绝了士兵的要求。

她决定自己还是要继续等待时机与约翰接头，这是最安全和可靠的一种办法。

1942年8月6日，希姆莱受希特勒委托，前来这个秘密工厂检查指导工作。下午两点，三辆黑色奔驰轿车驶进工厂。埃尔文·卡季率领全厂职工在厂门口欢迎希姆莱的到来，希姆莱下车后，对全厂职工发表了简短演说，无非是希特勒的那一套，什么苏联很快就要垮台，英国已经朝不保夕，伟大的德国必将胜利……

希姆莱和工厂要人一一握手，还特意跟贝格·史妮芬寒暄了几句，夸她"名不虚传，名不虚传"。

之后，希姆莱和埃尔文一起去各车间参观去了，办公室里只有贝格·史妮芬一人。她从希姆莱的谈话和眼光中感觉到自己处境似乎有些不妙。史妮芬忐忑不安起来，想会不会是自己暴露了？难道希姆莱已经对自己产生了怀疑？

正在这时，有人敲门。进来一位秘密警察，他是和希姆莱一起来的一位警察中校。中校进来后，看四周无人，便悄悄对贝格·史妮芬说："小姐请问现在几点了？"

这是总部规定的暗号，贝格·史妮芬激动不已。但她还是很镇静地看一下表说道："先生，现在是5点1刻。"中校看了一下自己的表答道："不对吧，怎么我的是6点30分呢？"贝格·史妮芬说："先生，我的是伦敦时间。"

暗号全对上了，警官急忙对她说："我是约翰，请快把地图交给我。"贝格·史妮芬拉开保险柜，将那张厂区平面图交给了约翰。

约翰告诉她，她已经暴露了，希姆莱的秘密警察正在调查她的情况。现在还没有收网，是想通过她将英国的地下情报网一举破获，并指示她今后不要轻易活动，也不要向总部发报，有事他会通知她，并要她做好随时撤离的准备。

原来，那个交还给她图纸的士兵确实是假意投诚，放她一马的目的就是想钓到更大的鱼。他是盖世太保珂索连，曾去过布鲁斯中校的陆军参谋总部，偶然和贝格·史妮芬对面走过，因为史妮芬长得美艳，所以印象深刻。那天下午，他正好发现贝格·史妮芬在到处转悠，便悄悄地跟踪，果然发现了贝格·史妮芬图谋不轨。珂索连将此事向希姆莱做了汇报，希姆莱指示他要放长线，不必打草惊蛇，并指示要通过这个女人将她背后的英国情报组织一网打尽，可惜强中自有强中手，英国也在他们中间安插了自己的老牌间谍约翰。而珂索连上报的情况，首先就是由他看后才转呈希姆莱的。

现在，贝格·史妮芬的处境相当危险，而且时刻都有被捕的可能，她只好接受约翰的指示，暂时处于隐蔽状态，不参加任何活动。一连几个月，贝格·史妮芬都在工厂的办公室里，干完分内事后，便闭门不出，偶尔和埃尔文·卡季去一趟城里，也仅仅是跳跳舞，会一下客户，很少接触其他人。珂索连找过她几次，也没有发现什么秘密。双方都在等待时机，直到有一次，她接到总部密电，要她将身边的钉子拔掉，以便于开展下一步的工作计划。

作为一个经验丰富的女间谍，贝格·史妮芬完全能够顺利完成上司交给的任务。而珂索连也是一个老牌盖世太保，他也不会因为贝格·史妮芬的藏而不露而放松警惕。但是和绝大部分盖世太保一样，珂索连也是一个好色的德国军人，这也成了他致命的弱点。

贝格·史妮芬和约翰设计了一个圈套，决定将珂索连无声无息地干掉。

贝格·史妮芬趁厂长埃尔文·卡季回城去办事的时机，将珂索连叫到办公室，说是有重要机密告诉他。珂索连以为这个间谍网要出笼，兴冲冲地来到贝格·史妮芬的办公室。

珂索连一到办公室，贝格·史妮芬就装出非常感激的样子，表示非常感激珂索连，故意说自己是在为美国办事，还说珂索连已经通过了自己的考察，决定发展他为情报员，并拿出5000美金说是上司给他的酬劳，而且自己也早已经和上司联系好了，明天去见他……至于今天晚上，自己要好好地慰劳慰劳他。说着贝格·史妮芬摆弄着风骚的姿势，珂索连哪里能抵得住她这样的诱惑，很快便上了钩。

珂索连这一晚睡得非常香甜，朦朦胧胧中伸手去抱贝格·史妮芬，手却搂空了。他睁眼一看，天已大亮。这一下吃惊不小，要是被上司知道他被贝格·史妮芬拉下水，可不得了。他大叫道："贝格，贝格……"

贝格·史妮芬从卫生间走出来，说道："我已经和上司联系好了，今晚我们去见他……"

到了晚上10点钟，贝格·史妮芬接到约翰的电话，知道一切已经准备好了，她便叫珂索连一起去他们预先已经计划好的瓦洛大街的明珠酒店。

珂索连有些紧张，他也害怕这是一个陷阱，于是他脑子里迅速搜索着通知其他盖世太保的办法，想让他们暗中保护自己，可是，贝格·史妮芬并不给他机会，便一阵旋风似的把汽车开到了柏林的瓦洛大街。

下车后，贝格·史妮芬先抬头看了看六层楼七号房间，见窗帘是半开半遮。她知道一切已经准备就绪。便挽着珂索连的手到了六楼，轻轻敲开了七号房间。珂索连一见开门的是约翰，大吃一惊。随后便暗自得意起来，心想终于抓住一条大鱼了，他开始幻想被希姆莱提拔的情景……

还没等他的美梦做完，刚刚进门的他已经被约翰一拳打昏，塞进了抽水马桶。约翰用刀割断他的血管并撒了一把特制的化尸粉，没一刻钟的工夫，珂索连便从这个地球上无影无踪地彻底消失了。

亲自指挥轰炸德军基地

杀死珂索连之后，贝格·史妮芬利用约翰的中校身份，成功逃过了盖世太保的搜捕。约翰告诉她英国的轰炸机将在三天后轰炸德国的这座秘密工厂。他们的任务是向天空的飞机报出准确的目标，要完成这个任务，必须夺取一个雷达站。两人一商量，决定偷袭工厂旁边的一个雷达站。

这个雷达站非常小，守卫的士兵也不过五六个，而白天也只有一个岗哨，到了晚上，最多也只有3个。

第三天夜里11点钟，雷达站被黑夜所包围，约翰便带领了一队德国警察出现在通往雷达站的小路上。

也许是脚步声惊动了岗哨的哨兵，那哨兵一拉枪栓，喝问道："谁？"约翰镇定地说："国家警察局。我们上山来搜捕一个英国间谍。"说完掏出证件给哨兵。那个哨兵还没来得及查看证件，便见了上帝。但是不巧，一只狼狗咬住了约翰的皮靴，使他动弹不得。贝格·史妮芬掏出消音手枪，才把那条恶狗打死。

他们轻车熟路地直奔士兵宿舍，那里的士兵们还在做着美梦呢。约翰一脚将门踢开，拉亮电灯："对不起，我们执行公务，你们全被捕了。"一个瘦瘦的少尉军官迅速反应过来出了什么事情，便偷偷地伸手去枕头下摸枪，结果被贝格·史妮芬的消音枪击中头部死了。其余士兵见状，纷纷举手投降，不敢轻举妄动，乖乖做了俘虏。

另外几个"德国警察"也同时奔向雷达测控指挥室，室内只有一人值班。还没等他反应过来情况时，已经去见上帝了。随后，"德国警察"坐在指挥台上，此时，伦敦的轰炸机已经悄悄飞到了德国领空，在"德国警察"的指挥下，希特勒的飞机试验基地被炸成了粉末。

此后不久，在贝格·史妮芬的亲自指挥下，英国飞机又顺利地在希特勒的新式武器——A1 号飞弹发射基地投下了数万枚毁灭性炸弹。而此时 A1 号飞弹的几万支炮口的方向恰好都是直指伦敦。

二次大战后，艾森豪威尔将军在他的回忆录中称赞贝格·史妮芬说："如果没有英国空军对纳粹新式武器基地的成功轰炸，盟军的登陆将会极为困难，也许根本不可能。"

贝格·史妮芬一直潜伏在德国继续着间谍活动，虽然她也暴露了几次，但都凭着她的机智和勇敢化险为夷，直至德国宣布投降，她才回到了英国，并和"德国中校警察"约翰结了婚。英国的一位空军高级将领称赞她是"拯救伦敦的女英雄"。由于她的功劳卓著，特别是将直指伦敦的 A1 号飞弹基地成功摧毁，她受到了首相丘吉尔的亲自接见并被授予"自由勋章"一枚。

"红玫瑰"卡拉·索米娅

1937 年 9 月，一个漂亮的金发碧眼的女人乘船到达日本横滨，她迈着轻盈的步伐走下舷梯，显示出迷人的风度和气质。当她出现在东京街头的时候，没有人会想到她是第二次世界大战中杰出的女间谍。

这个女人名叫卡拉·索米娅，苏联人。她的祖父是马克思的好友，并且是马克思主义的忠实信徒。她的父亲直接参加了十月革命。卡拉·索米娅长大后，参加了共产国际情报局工作。日本大举入侵中国后，她因为精通日语而受共产国际派遣，来到日本搜集日本的军事情报。为了让她顺利融入日本社会，共产国际指示德国共产党为她办理了德国护照和记者证，让她以《柏林日报》驻日本记者的身份进入日本开展工作。共产国际给她的指示是：成立一个间谍组织，有效侦破日本人的特级军事机密，并将这一行动取名为"红玫瑰"。

东京街头的"红玫瑰"

卡拉·索米娅到达东京后，住在一个离闹市区很近的中档的稻田饭店。她在那里接触的人比较复杂，容易开展工作。她刚住下，就发现一个矮小精干的日本人在暗中监视她。索米娅每次出门，他都会在后面跟着，无论她去会朋友，去德国大使馆，去报社，还是去上厕所，这个日本人都尾随其后，直到深夜索米娅熄灯睡觉，他才离开。索米娅还发现自己的房间被人搜查过，并且窗口安装了小型的窃听器。难道她暴露了身份？奇怪的是，每当索米娅遇到那个日本男人，他都会非常客气地向索米娅鞠躬致意。他的行为更像保镖，而不像在监视。

有一次，索米娅想和这个日本男人开个玩笑。晚上，她回到自己房间后，开着灯睡觉，直到天亮。第二天索米娅出门时，发现这个日本男人显得非常疲惫，显然，他在门外盯了一个晚上。

索米娅笑着说："你在门外守候了一个晚上，真让我感动！请问你叫什么名字？"索米娅能说一口流利的日语。日本男人愣了一下，回答："松下智勇，请多关照！"索米娅学着日本女人的样子鞠了一躬，说："卡拉·索米娅，德国人，《柏林日报》驻大日本帝国的记者，请松下君多多关照。不过，现在请你回去休息吧。我今天要赶一篇稿子，不会走出稻田饭店一步。松下君辛苦了，你这样保护我，真是过意不去。"她边说边从口袋里掏出一些日元，塞在松下智勇手中。

松下智勇确实很累，他接过钱，犹豫了一下，就走出饭店回去休息了。下午5点，松下智勇吃饱喝足后，又出现在稻田饭店门口，他问了问服务员，得知索米娅果然没有走出饭店一步，才放心了。然而，就在他回去睡觉的时候，索米娅向共产国际发出了第一份情报，报告了她的工作计划和她被监视的情况。共产国际很快做出回应，对她的工作计划很满意，并告诉她，日本警察局对每个进入日本的外国人都进行监视，不管他是小偷、乞丐、演员、记者，还是政府官员，让她万事小心，不要轻举妄动。尽管当时日本和德国是盟国，但是日本人对德国人同样不放松警惕，德国人到了日本也会受到便衣警察的"保护"。

卡拉·索米娅这才知道日本人并没有怀疑自己，这只是日本人的特别防卫措施。松下智勇依旧天天像影子一样跟着她，不管刮风下雨，他总是客客气气地跟在她后面，从不干涉她的行动。如果索米娅请他帮忙，他也会踏踏实实地提供帮助。索米娅了解到松下智勇的任务就是忠实地记录她每天的行踪。

在这种无孔不入的监视下，索米娅不能展开间谍活动，她尽量让周围的人都知道她的记者身份，结交了很多日本新闻界的朋友。她不仅在《柏林日报》发表文章，还用日文在日本报刊上发表文章。她在《东京每日新闻》上发表了一篇题为《日本现行经济分析》的文章，对日本经济政策和日本经济发展趋势做了入木三分的剖析，引起强烈反响，受到日本政府官员、大商人和新闻出版家的关注。

索米娅通过报纸打出了名气，开始结交对自己有利的朋友，比如各国驻日本大使馆的外交官和各国驻日本的记者，日本的政治家、实业家、军官、作家、记者、演员，等等。其中，有一个人是她最应该去认识的，那就是法国朝日新闻驻东京记者科兰·普林顿。普林顿是捷克斯洛伐克共产党员，是共产国际给索米娅安排的助手。索米娅已经在一次记者招待会上认识了这个英俊的捷克小伙子，但是还没有和他接头，她认为时机还不成熟，她不想冒险。

科兰·普林顿比索米娅早一年来到东京，他是一个精明干练的小伙子，深得共产国际信任。他已经组织了几个人，建立了一个小范围的间谍网。这些人包括美国共产党员布什·凯利奇、日本共产党员桑林正平、加拿大共产党员维思·布希尔。普林顿耐心等着上级的到来，只要"红玫瑰"一到，这个间谍机构便马上开始行动。

外国记者驻东京的办事处在同一座大楼里，索米娅的办公室在七楼，普林顿的办公室在五楼。索米娅接到共产国际发来的立即开始工作的指示后，她决定和普林顿接头。她先在《东京每日新闻》上刊登了一则寻人启事。第二天，在会客室里，她右手拿着一朵红玫瑰，左手翻阅巴黎出版的《生活》周刊，等着普林顿到来。

普林顿按照寻人启事的暗示来到索米娅的办公室，当他看到这个漂亮的纳粹德国的女记者时惊呆了。他无论如何也想不到，自己的上司竟然是这个女人，他在每次记者聚会上都看到这个女人。在他的印象中，索米娅只是个花瓶，虽然她有才华，但也不过是凭着美貌结识权贵，才能混入上流社会。

也许是索米娅德国记者的身份让他反感，但是，普林顿毕竟是一个老练的间谍，他寻思，既然是共产国际派来的，肯定不一般，连我也没看出什么蛛丝马迹，这个女人果然隐藏得很好。共产国际曾发密电告诉普林顿，他的上司也是一个外国记者。普林顿设想了10余个可能是他上司的外国记者，偏偏没想到这个德国女人。

普林顿从索米娅身边走过，故意掉了一把钥匙。索米娅抬头说："先生，你的钥匙掉了。"普林顿接过钥匙，说："非常感谢，这是我保险柜的钥匙。"索米娅说："这么重要的东西，以后要小心保管。"普林顿说："是的，您批评得对。"

暗号全对上了。

普林顿说："小姐，能借你手里那本杂志看一下吗？"

"当然可以。"索米娅把《生活》周刊递给普林顿，然后起身走了。

普林顿回到住宅，翻开《生活》周刊第28页，夹缝上写着一行小字：家里指示，立即行动。

第二天，普林顿在《东京日报》上登出一则消息：一位外国客商欲收购日本古画4张。当天晚上，科兰·普林顿、布什·凯利奇、桑林正平、维思·布希尔四人在桑林正平家中集合，等待上司的到来。桑林正平和他的妻子以及7岁的女儿住在东京的贵族区，家里的布置豪华而高雅。

晚上9点整，索米娅来到艺术氛围浓厚的桑林正平家，4个下属站起来欢迎她。普林顿说："一切准备就绪，我们等你很久了。"

桑林正平带索米娅参观暗房冲洗室，那是一个密不透风的小房间，房间里摆满了各种冲洗照片的先进设备，还有5台微型照相机。桑林正平拉了一下隔板，又出现了一个小房间，房间里只有一桌一椅，桌子上有一部电台。

索米娅对每个人的职责进行了分工。最后对桑林正平说："桑林君，《东京美术报》有一位叫小田三喜的画家，这个人和我是老相识，请你帮我与他联系一下。"桑林正平说："我认识小田君，明天我就去。"

1932年，索米娅受共产国际委派，去过中国上海，在那里她认识了日本青年画家小田三喜。小田三喜对日本的侵略中国的行为非常不满。经过长时间的接触，索米娅和小田三喜建立了深厚的友谊。

桑林正平来到《东京美术报》编辑部，要求会见小田三喜。小田三喜来到会客厅，桑林正平鞠了一躬，开门见山地说："小田君，有人托我问你是否愿意见一位名叫卡拉·索米娅的德国记者？"小田三喜向四周看了看，说："桑林君，走，到我家去，我给你看一幅我的新作，望你多多指教。"

两人来到小田三喜的家中，小田三喜兴奋地说："索米娅如果想见面的话，最好是明天中午樱花公园南门。"

第二天，东京樱花公园南门，两个老朋友久别重逢，紧紧握住对方的手。索米娅在小田三喜面前并不掩盖自己的身份，她说："小田君，我在日本非常需要你，不知你现在有什么想法？"

小田三喜坚定地说："反对战争，拥护和平是我一生的立场，只要你从事维护和平的职业，我不管你为哪个组织工作，都会不遗余力地支持你。"就这样，小田三喜也加入"红玫瑰"间谍网。

1939年3月，根据共产国际的指示，卡拉·索米娅和科兰·普林顿正式结婚。他们的结合为今后的间谍工作提供了很多方便。为了庆祝新婚之喜，他们宴请了很多客人，大多是新闻界的同行，外国驻东京的记者，外国驻日本大使馆的外交官。大家开怀畅饮，宴会直到深夜才散，最后房间里留下了6个人。新娘卡拉·索米娅严肃地布置任务，她说："我们现在聚在这里是为了世界和平，不是为哪个国家服务，而是为了反对法西斯主义的侵略战争。"

小田三喜和桑林正平表示："我们是日本人，但是我们不与日本人民为敌，谁发动战争，我们就与谁为敌。"

索米娅宣布共产国际的指示："查清四件事。一、日本是否有侵略苏联的计划？二、希特勒政府与日本帝国的关系如何？三、日本军事工业有什么尖端技术？四、日本政府对英美采取什么态度？"

索米娅最后说："我们的任务非常艰巨，但是我相信我们一定能取得成功。"6个人的手紧紧握在一起。

代号为"红玫瑰"的间谍组织开始了它的行动。

德国将军的兼职秘书

在新婚宴会，索米娅认识了德国驻日本军事观察团的海军上校科特奥。科特奥为索米娅的姿色倾倒，热情地邀请索米娅去军事观察团的驻地横滨旅游。对这次邀请，索米娅求之不得，因为她知道所谓军事观察团其实是德国的间谍组织，而科特奥正是这个组织的核心人物。共产国际情报部门告诉索米娅，科特奥是一个经验丰富的间谍，与德国高级将领联系密切，他到日本的目的是谋求德日两国间谍机关的合作。共产国际指示她与这个人搞好关系，最好打入这个组织内部。

索米娅应约来到横滨，科特奥对她的到来感到很高兴，在异国他乡遇到自己祖国的同胞确实不容易，何况还是一个皮肤白净、双腿修长的美女。

科特奥说："亲爱的索米娅，很高兴你能来，希望你多住几天。我看过你写的文章，非常犀利，在日本和德国引起很大反响，所以我想请你帮忙。"

索米娅说："我只是一个普通的记者，能帮什么忙呢？"

科特奥说，他正在写一份军事政治评论，可是日本经济和政治这部分让他感到头疼，而索米娅对日本经济和政治的见解非常独到，所以他希望索米娅帮他。索米娅虽然很愿意做这个差事，但是身为记者去干涉德国军事观察团的事务会引起日本人的注意，她说："上校，我很愿意帮忙，但是如果我经常出入军事观察团，会引起日本人的不满。"科特奥说："你放心，如果日本人找麻烦，我就通过外交部疏通。"看来，科特奥是真的想让索米娅帮忙，但是还有一层原因，索米娅的美貌让他垂涎三尺，他想让这个有妇之夫成为自己在日本的情人。

索米娅确实帮科特奥写了一篇军事政治评论，这篇文章在《法兰克福报》发表后，引起德国军政界的轰动，连希特勒也对科特奥的表现给予肯定，提名他为军事观察团的团长。科特奥成为德国军方驻日本的全权代表，他感到通往德国高层的大门已经向他敞开。他当然知道这是索米娅的功劳，于是叫她到横滨分享成功的果实。在科特奥豪华的别墅里，准备了丰盛的菜肴和法国白兰地。科特奥端起酒杯对索米娅说："亲爱的索米娅，为了表示对你的感谢，我敬你一杯。"索米娅嫣然一笑，举起酒杯。

几杯酒下肚，科特奥开始动手动脚，索米娅佯装醉态，半推半就，两个人在客厅里搂搂抱抱，不一会儿就翻身倒地，扭成一团……

第二天早上，心满意足的科特奥带着索米娅在海边散步。索米娅带着日本出产的最新式的照相机，让科特奥给她拍照。两人一路说说笑笑，挑逗调情。看似在漫无目的地走，其实在索米娅的带领下，已经走到了日本海军的禁区。他们拍了50多张照片，索米娅正鼓动这个好色的上校多拍几张，迎面走来两个日本宪兵。

索米娅心说不好，她装成恍然大悟的样子对上校说："亲爱的，这地方不能拍照，如果胶卷落在这些日本宪兵手里，咱们就完蛋了。快把胶卷和相机藏在衣袋里，你有豁免权，日本兵不会搜查你。"科特奥笑了笑说："你紧张的样子真可爱，你放心，有我在，他们不敢搜查你。"说完，将相机放进口袋。

两个宪兵走过来，满脸怒气地要看证件。科特奥出示了自己的外交武官护照，并拿出两张与东条英机和山本五十六的合影，给宪兵看。宪兵的态度立刻缓和下来，还立正行礼。他们还要看索米娅的证件。科特奥说："她是我的妻子，刚到日本探亲，请不要查问了。"日本宪兵虽然不太情愿，但还是走开了。

索米娅亲了一下科特奥说："亲爱的，没有你堵挡风墙，恐怕我要被他们抓走了。"科特奥说："也是我一时疏忽，进了日本的军事禁区。幸亏有那两张与日本大军阀的合影。在亚洲，当官的照片是一切禁区的通行证。"他没有意识到，他帮共产国际的间谍过了一关。

索米娅把胶卷带回东京，普林顿把照片洗出来。照片的背景全是日本军事基地。小田三喜借口去中国，把这些照片交给共产国际在上海的办事处。这些照片成了共产国际研究日本军事实力的第一手资料。

1939年6月20日，《横滨新闻报》刊登了一条新闻，新闻说德国为了加强德日两国的合作，德国海军高级代表团不日将到日本进行友好访问。6月27日，索米娅接到科特奥上校的加急电报："速来横滨。"索米娅猜想这次也许能钓到大鱼，所以应约前往。科特奥热情地欢迎她。正如新闻上说的，德国组织了一个以少将为成员的高级军事访问团在海军副参谋长布格尼茨的带领下来到横滨进行友好访问。科特奥觉得索米娅是德国记者，不但能讲标准的日语，而且是一个日本问题专家，因此让她来陪同布格尼茨。另一方面，他想让这个情人开开眼界，证实自己在德国军界的实力。但是，他万万没想到，自己把情人送到布格尼茨的口中了。

索米娅成了布格尼茨的临时秘书兼翻译，她陪同布格尼茨走访日本秘密军事基地，接触了许多日本高级军官。她知道要想获得有价值的情报，必须结识高级官员。一旦结识一个高层人物，就会有更多的高层人物想结识你。

布格尼茨在日本住了7天，索米娅寸步不离，和他同吃同住，还参加一些友好谈判。在参观日本军事科学院的时候，索米娅将日本研制的各种军事新科技了解得一清二楚。她有不懂的就问那个年老体衰的院长，院长毫无保留地回答她的问题。就这样，索米娅获得了大量日本军事情报。

在布格尼茨离开的前一天，日本军界举行了欢送宴会，参加宴会的有日本陆军大将东条英机、关东军司令官本庄繁、关东军的宪兵头目桥本、天皇的女婿东久迩管等人。布格尼茨把这些军界要员介绍给索米娅，这些人对索米娅都产生了好感。哪个男人不喜欢美女呢？

宴会快结束的时候，索米娅还认识了她的对头日本间谍头目土肥原贤二。他因有急事没有来得及出席欢送晚会，他用德语向布格尼茨表示歉意。布格尼茨用外交辞令应付了两句，并把他介绍给自己的临时秘书兼情人索米娅。土肥原贤二用德语向她问好，索米娅却用日语回答："土肥原君是世界上最杰出的情报专家，你对日本的功劳大大的……"

土肥原贤二听后非常高兴，夸夸其谈地向"德国女郎"卖弄自己的本事。索米娅假装有不懂的问题向他请教，他竟然热情地谈起自己在中国的特务组织。这些情报很快传到共产国际的情报总部去了。这也怪不得土肥原贤二，谁能想到德国将军漂亮的女秘书竟然是共产国际的间谍呢？

布格尼茨还向索米娅介绍了关东军参谋长板垣征四郎，他是日本的高级谍报人员，专门搞政治谋杀，也是索米娅的对手。现在两个人却把手言欢，用日语热切地交谈，板垣征四郎对她完全放松了警惕。索米娅说："关东军虽然厉害，不知道能否打得过高大的苏联红军？"板垣征四郎说："小姐，不久你就会知道关东军是如何打败俄罗斯人的。"索米娅心中一惊，看到日本人要对苏联挑起事端。

在欢送宴会上，索米娅几乎认识了日本所有高级军官，这是一个不小的胜利。布格尼茨临走之前，邀请索米娅去他的住处整理材料。将军说："小宝贝，我真舍不得你，跟我回德国吧，怎么样？"索米娅娇嗔地说："我很想跟你回去，可是你不怕你的夫人知道吗？"这句话说中了布格尼茨的痛处。他的夫人是个贵族后裔，和希特勒、戈林等德国要人都有交情，却是一个醋坛子，对丈夫管得很严。布格尼茨害怕她对希特勒吹枕边风，保不住现在的地位，因此不敢惹这个母老虎。经索米娅一提，将军的情绪一下跌倒了谷底。

索米娅递给他一杯威士忌，这个老将军喝了之后，很快躺在床上一动不动。索米娅推了推几下，老头一点儿反应都没有。索米娅敏捷得像一只小猫一样，跳下床，把将军的密码文件包打开，从自己的小包中取出微型照相机，将标有"A"级机密的军事文件和布格尼茨的一些笔记全部拍照。

这些情报传到共产国际总部后，人们大吃一惊，因为布格尼茨的笔记上写着"元首：俄国要从地球上消失……最迟两年……"。斯大林根本不相信，因为苏联刚刚和希特勒签订《苏德互不侵犯条约》。然而，事实证明索米娅的情报是准确的。不到两年时间，希特勒果然大举进攻苏联，但是苏联毫无准备，不到 3 个月，莫斯科就陷入紧急状态。如果当时索米娅提供的情报引起苏联当局的重视，德国的军队就不会如此轻易地攻下苏联大片河山。

窃取首相府的绝密文件

索米娅的情报组织在东京取得了一席之地，但是他们遇到了新的困难。索米娅带来的发报机功率不够大，使得和共产国际的联系经常中断。索米娅只好请求共产国际配备新的发报机。为了掩护这个谍报组织，索米娅决定成立一个无线电维修公司，由美国共产党员布什·凯利奇出任老板。他们以公司做幌子，安装了一台最大频率的发报机。布什·凯利奇不久以进口器材为由，从德国进口了一批新式零件。"红玫瑰"顺利地避开监测器，与总部取得联系。这家公司很快红火起来，并且在上海开办了分公司，由加拿大共产党员维思·布希尔出任分

公司经理。这个分公司实际上也是一个谍报站。

1939 年，科特奥要回德国参加军事演习，同时需要向上级对日本的情况做书面汇报，他再次让索米娅帮忙写文章。他对索米娅绝对信任，从保险柜中取出绝密文件给她看。索米娅从材料中了解到日本进口德国的军舰和远程高射炮的数量，她将这些数字一一记下。第二天，索米娅在横滨的码头送别这位老情人。

回到东京后，索米娅对下属

1939 年 8 月莫斯科，苏德签订《互不侵犯条约》，图为斯大林（右二）与德国外长冯·里宾特洛甫（右三）在条约签订仪式上。

说："日本和德国正准备签订一个反苏联反共产国际协约。"她让小田三喜去查清协约的具体内容。小田三喜的画很受日本政客欢迎，而且他是日本著名的"中国问题专家"，经常出入达官贵人的私宅。

小田三喜去找外务省的官员尾奇，他们曾是东京美术大学的同学。两人聊了一会儿，小田说："尾奇君，听说日德在柏林的谈判并不成功。"尾奇笑道："你听谁说的？据我所知，柏林的谈判非常成功，但是德国已经和苏联签订了协议，所以这个日德协议还有待完善。"小田还想打听具体条款，尾奇说："具体条款我也不清楚，但是肯定对苏联人没好处。"这个情报发回共产国际情报部，苏联外交部很快向德国提出抗议，说德国和日本签订了不利于苏联的政治协议。德国外交部长宾特洛甫用尽外交辞令，劝苏联不要轻信谣言，但是在索米娅提供的证据面前，只好说这个协议是针对共产国际签署，并不影响苏德友谊。

1939年，日本侵华进入僵持阶段，军政大权正握在大军阀手中。为了尽快征服中国，军阀成立了一个智囊团，叫作"中国问题研究会"。智囊团由已经升为首相府秘书的尾奇领导。经尾奇引荐，小田三喜也成为这个组织的成员。这个组织每周五晚7点在樱花大饭店聚餐，在宴会上交换情报。小田三喜遵照索米娅的指示，每次宴会必到。他不时提出一些有价值的建议，以期得到上层人士的注意。他也因此掌握了日本的大政方针，一旦他的意见被采用，他立即把他的计划发到共产国际总部。共产国际会立即通知中国的情报机构采取应对措施。因为这个原因，日本在中国战场吃了不少败仗。

在一次宴会上，尾奇激动地告诉小田三喜，德国人要对苏联采取行动了。日本军阀一直担心苏联进入中国战场，扰乱中国的形势。如果德国进攻苏联，那么苏联就无暇顾及东面了。小田三喜把这一情报回报给索米娅，索米娅觉得这一情报非常重要，立即通知共产国际。然而，斯大林对这些情报不屑一顾，再次错过了做好迎战准备的时机。

日本画家桑林正平参加了"日本军官美术协会"，通过与日本军官联系，获得了很多情报。1940年1月，桑林正平约了一个空军作战处的青年军官去野外写生。他们从早上画到傍晚，收工的时候，青年军官说："本来想明天与桑林老师再出去画一天，可是后天我有一项重要任务，要搞到一个中国机场的地图。"桑林正平没有作声，因为索米娅交代过，不要轻易直接打听情况，以免引起怀疑。那个军官却忍不住夸耀道："皇军的空军将把中国北方机场炸成一片废墟。"桑林正平附和着赞叹日本空军的实力是无敌的。青年军官得意地笑起来，他没想到自己一句自夸的话，已经泄露了一条重要的军事机密。"红玫瑰"组织立即通知上海的维思·布希尔，让他通知中国空军做好准备。结果，日本不但没有偷袭成功，反而被打落了四架飞机。

不久，小田三喜又获得一个重大消息。尾奇私下告诉他，日本和德国已经达成一致，德国向苏联进军的同时，日本将修改"蚕食中国的方针"。索米娅指示小田三喜，无论如何要得到这两份文件的复印件。窃取这种机密文件是要冒生命危险的，但是不入虎穴，焉得虎子？

周五的晚宴上，小田三喜对尾奇说："我想看看首相府对中国方面的文件，我身为'中国问题专家'，如果不知道政府对华政策，怎么能提出好的建议呢？"

尾奇犹豫了一会儿，说："这个文件是绝密文件，只有高级将领才能翻阅，但是你是我的好朋友，又是首相的顾问，应该允许你看。但是，你只能去办公厅看，时间只有两个小时，不准做记录。"小田三喜同意了。

晚宴结束后，小田三喜竭力掩饰内心的激动和紧张，跟随尾奇来到首相府办公厅。他戴着钢笔式微型照相机，快到办公厅时，他想起索米娅说过"要小心谨慎"，他悄悄把公文包中的胶卷拿出放在上衣口袋里。

到了门口，卫兵让他把公文包留下，然后打开机要室的大门让他进去。随后将他反锁在屋里，他暗自庆幸把胶卷拿了出来。否则，现在他已经暴露身份了。

小田三喜打开绝密文件，看到大屠杀计划，以及使用细菌弹和化学武器的策略，他震惊之余强压住心头的怒火，迅速打开钢笔照相机，按动快门，不停地照，足足照了一个小时才拍完最后一页。还有一些时间，小田三喜这才开始翻阅文件内容。日本吞占中国大片领土之后，由于战线太长，军火和物资供应不上，准备将"七三一"工厂的化学武器在中国大面积使用。此外，日本人近期还将在太平洋对美国采取军事行动，但是没有具体说要轰炸珍珠港。

小田三喜交还了文件，对尾奇表示感谢，特别指出自己对太平洋上的计划不太满意，应该再具体一些。尾奇问："小田君对太平洋也有研究？"小田说："别忘了，中国就靠近太平洋。"尾奇表示，制订太平洋计划时，一定要让小田君参加。

普林顿用了一个晚上的时间才将那些缩微照片冲洗出来，索米娅用放大镜看了照片上的内容，感到事态严重，决定把全部胶卷交到总部，并把日本将在太平洋向美国开战的情况告诉美国驻上海领事。问题是乘坐飞机必须通过日本警察的检查，如何通过飞机场安全检查呢？小田三喜说，可以乘坐政府要员的专机。索米娅摇摇头，她虽然认识不少政府要员，但是没有足够的理由说服他们搭乘专机。桑林正平说："土肥原贤二最近要去上海，如果和他同行，就万无一失了。"索米娅说："可以试一试。"

索米娅打了一个电话到土肥原贤二的办公室，嗲声嗲气地说："土肥原将军还记得我吗？我是德国记者卡拉·索米娅。"土肥原贤二回答："记得，记得，你是布格尼茨将军的秘书，咱们是老朋友了。"

索米娅知道这个间谍头子对自己有好感，于是告诉他应《柏林日报》委托，她要采访他，请他谈谈日本对世界战局的影响。土肥原贤二早就听说索米娅的文章受到希特勒和东条英机的赞赏，加上垂涎于她的美色，于是爽快地答应了。晚上7点，一辆日本高级轿车将索米娅送到土肥原贤二的住处。只见客厅里放着中国传统龙凤雕花屏风，屏风前是一张中国式的楠木八仙桌，四个靠背木椅放在桌边，墙上挂着一张王羲之的真迹，墙边矮柜上摆着几件中国瓷器。索米娅赞不绝口："将军不愧是中国通……"

两人从中国谈起，谈到目前的战争局势。索米娅借机说，她很想去中国了解现在中日战争情况，只是一直没有机会。土肥原贤二摸着她细腻光滑的小手，说："如果你真想去，我可以带你去。"索米娅说："真的？"土肥原贤二说："我过几天就要去上海，我们同行一定很愉快。"说着就把索米娅抱入怀中。

6天后，土肥原贤二亲自开车来接索米娅，对她说："你不是要去中国吗？上车吧。"索米娅没有准备，借口收拾衣服，进房把微型照相机的胶卷放进内衣口袋里。土肥原贤二的车没有遇到任何检查就进入了飞机场。土肥原贤二挽着索米娅的手登上一架日本战斗机。索米娅有些紧张，她身上装有日本的绝密文件，而护送她运送这些文件的竟然是日本最大的间谍，这是间谍史上绝妙的讽刺。

索米娅到上海后，住进德国租界。晚上，她和"红玫瑰"在上海的负责人维思·布希尔接上了头，并将胶卷交给他，由他把胶卷寄到共产国际。索米娅在上海逗留了7天，在此期间她把日本将要在太平洋向美国挑战的情报以1万美元的价格卖给美国驻上海的领事馆。这份情报引起美国中央情报局的注意，但是美国总统罗斯福却不以为然。

军事观察团的上尉

索米娅回到东京后，科特奥打来电话，让她立即去横滨。她听出科特奥上校非常激动，也许有什么好消息。果然，科特奥一见她，就抱着她亲吻，对她说："亲爱的，我被提升为少将了，这都是你的功劳！"以前，科特奥只是一个海军观察团的负责人，现在他成为德国陆、海、空三军在日本的统帅，相当于德国驻日本大使。索米娅高兴地说："祝贺你，亲爱的！"索米娅确实很高兴，因为科特奥的级别越高，她就能获得越有价值的情报。

科特奥说："亲爱的，为了感谢你，我已经向陆军参谋部提出申请，希望你做军事观察团的专职上尉新闻官员。"索米娅愣了一下，说："亲爱的少将，谢谢你的提携，但是你知道我是一个自由记者，受不了军队的约束。"她并非欲擒故纵，这确实是一个打入敌人内部的好机会，但是如果她接受这个职位，她将面临盖世太保严格的审查，她伪造的德国履历很可能会出问题。

科特奥以为她嫌军衔太小，说道："上尉的军衔虽然很小，可是我已经尽了最大努力，连布格尼茨将军都说了不少好话，可是陆军总部那帮饭桶只给发上尉军官证……"索米娅接过军官证，上面写着卡拉·索米娅，女，28岁，德国维也纳人，德国驻日本军事观察团上尉，连照片都已经贴上了。看来她的担心是多余的，于是她接受了这个职位，穿上德军上尉的女军官服，还配备了一支左轮手枪。

为了表明自己是一名纳粹分子，索米娅故意在公开场合讽刺一位苏联驻日本的女记者，两个人还厮打起来。她取得了德国人的信任，军事观察团的全部绝密资料都经过她的手。当时，德日签订了反苏协议，科特奥派到苏联的间谍常常还没站住脚就被共产国际抓获，他从来没有怀疑过索米娅，而是认为那些人全是笨蛋。

在东京，德国人交换情报，由德国大使布鲁特去军事观察团汇报，而索米娅恰恰出现在军事观察团的办公室，她把德国和日本的各种情报源源不断地传到共产国际总部。布鲁特被索米娅的姿色所倾倒，非常喜欢在她面前卖弄。有一天，他从日本陆军总部回来，对索米娅说："中苏边境有好戏看了。"

索米娅若无其事地说："会有什么好戏？日苏不是签订友好协约了吗？"

布鲁特说："日本人是不会遵守协约的，告诉你吧，关东军会在那里惹是生非。"

索米娅当晚就把电报发到共产国际，让苏联小心中苏边境。然而，她的情报没有引起足够的重视，5天后，关东军的一个旅团借口追逃犯，跨过边境，打死了一些苏联士兵。苏联从北部调来一个师，才把日本人赶走。

1940年8月10日，希特勒放弃了攻打英国的"海狮计划"，制订了一个向苏联开火的军事计划。11日晚，索米娅从横滨回到东京，正准备把这一情报发往莫斯科。但是她经过一家饭店时，被布鲁特和他的手下拦住，要请她喝酒。这些人都是德国大使，从他们口中往往能套取情报，但是今天索米娅身上携带着发往莫斯科的密信，她不想陪他们喝酒，但又不愿使他们不快，只好喝了一会儿。与总部联系的时间快到了，她心急如焚，如果这帮德国间谍发现她口袋里的密码，恐怕连性命也保不住。她快速寻找借口离开："我明天还要回横滨有急事向科特奥少将汇报……"一个武官听后，大笑道："是不是在床上汇报啊？"索米娅大怒，"啪"的一声一个巴掌打在那个武官脸上，站起来就要离开。其余人都不敢吱声了。

时间紧急，索米娅向布鲁特借了一辆摩托车，她跨上车飞速前行。然而，在一个拐角处，侧面冲出一辆小轿车，索米娅已经来不及刹车了，她惊叫一声，被撞倒在地。索米娅被撞得浑身上下剧烈疼痛，很快就失去了知觉。她被肇事者送到医院急救室后醒了过来，她强烈要求自己的丈夫普林顿到医院后才上手术台。医生只好通知普林顿。普林顿正焦急地等着索米娅回来发电报，却接到她受伤住院的消息，急忙赶往医院。如果警察从她身上发现密码，就糟了。

普林顿刚刚赶到，日本警方也到了。这时索米娅已经不能开口说话了，她听到普林顿在叫她，勉强睁开双眼朝上衣口袋望了一眼，普林顿会意，立刻从口袋中掏出密码。索米娅被送到手术室抢救。普林顿回家后立即把电台和照相机转移到桑林正平处，在那里把索米娅搜集的情报发到共产国际。不一会儿，日本警察就来搜查普林顿的房间，但是没有找到任何可疑的东西。

索米娅的手术情况很好。共产国际对她的伤势非常关注，发来电报表示慰问。此外，军事观察团的科特奥每隔几天就来看望她，远在德国的布格尼茨将军也对她表示慰问。德国大使布鲁特对她格外殷勤，因为这场车祸是由他引起的。为了讨她欢心，布鲁特常把一些军事机密当成笑话讲给她听。而她的丈夫普林顿来看望她的时候，就把这些情报记下来，发到共产国际总部。虽然索米娅在医院住了两个多月，她照样搜集了很多德国和日本的情报。

窃取"巴巴罗沙"计划

1940年8月，希特勒频繁向苏联边境调兵。越来越多的情报证明德国准备向苏联发动大规模战争。索米娅出院后立即指示部下把工作重点集中到搜集德国对苏联作战的工作上来。

1941年1月，小田三喜从"中国问题研究会"上得知，日本外相松冈洋右将到德国去访问。索米娅估计德日将就战争问题进行协商。她回到横滨对科特奥说："听说日本外交大臣要去德国访问，难道将军不想回德国吗？"科特奥说："那是礼节性国事访问，有德国大使陪同，我去干什么？"索米娅说："这次访问肯定以军事为主要内容，你是德国驻日本的最高军事代表，不去恐怕不好。"科特奥思索了一下，觉得索米娅说得有道理，于是致电希特勒，希望和日本外相一起回国，希特勒批准了他的请求。

1941年2月，日本外交大臣、德国驻日本大使、德国驻日本军事观察团团长同机前往柏林。索米娅致电共产国际，希望共产国际说服斯大林接见他们，以便离间日德关系。三人来到莫斯科，斯大林在克里姆林宫设宴招待他们。斯大林建议苏日签订互不侵犯条约。松冈表示他将把这一建议转达日本政府。斯大林请德国大使和科特奥向希特勒转达他的问候，两人表示一定办到。

松冈一行来到柏林后，与希特勒进行会谈，科特奥以军事观察员的身份参加。希特勒鼓动日本向美国宣战，进犯新加坡、越南。松冈表示那会引起苏联的不满。希特勒表示不用担心苏联，德国已经在苏德边境准备了200个步兵师、20个坦克装甲车师、20个骑兵师、10个空军师，随时向苏联发动快速进攻。只需6个月，就能把苏联彻底征服。

这时，松冈接到日本政府的指示，授权与斯大林签订互不侵犯条约。松冈从柏林回国途径莫斯科时完成了这一任务。

4月24日，科特奥回到日本，他给索米娅带了一件昂贵的鹿皮大衣和一件巴黎名牌真丝裙。两人像久别在夫妇一样，在被窝里搂着聊天。科特奥把松冈与希特勒谈判的细节全都告诉了这个共产国际的女间谍。索米娅问他："德国攻打苏联的可能性有多大？"科特奥回答："元首责令陆军参谋总部制订一个叫'巴巴罗沙'的计划，这个计划就是进攻苏联的军事策略。"索米娅问他这个计划的内容，但是科特奥对此一无所知。

索米娅会东京后立即向共产国际做了汇报，但是共产国际并不相信德国将进攻苏联的说法，除非索米娅搞到"巴巴罗沙"计划的具体内容。然而，希特勒对这个计划严守秘密，除了他本人外，只有几个陆军元帅知道具体内容。

1941 年 5 月，索米娅找了个借口来到德国，她希望通过出卖色相，在布格尼茨的卧室中获得"巴巴罗沙"计划的具体内容，可惜他也不知道。不过布格尼茨把她介绍给自己的老朋友——陆军元帅博克。博克是柏林第一集团军总司令，1940 年 6 月，他率领集团军将法国人打得落花流水。博克的部队是希特勒进攻苏联北部地区的主力部队，5 月正是战前的准备阶段。博克的事务非常繁忙，但是出于对老朋友的尊重，他同意接见布格尼茨推荐的女记者的采访。

博克为人非常谨慎，在采访办公室里不苟言笑，一本正经。索米娅很难从色情方面下手，好在她是有名的记者，她的文章曾受到希特勒的称赞，元帅对她毫无戒备。但是，当她问到德国会不会攻打苏联时，将军说："这个问题你最好去问元首。"这个不置可否的回答使索米娅坚信苏德大战一触即发，但是她还是对"巴巴罗沙"计划一无所知。

采访结束后，元帅请索米娅到自己的别墅共进晚餐。索米娅知道这是窃取情报的绝好机会。元帅与索米娅对饮了几杯葡萄酒后，说："怪不得布格尼茨对你推崇备至，你的风采是德国女人少有的，而你的思想，连大部分德国男人都望尘莫及。"索米娅非常感谢元帅的夸奖。元帅又说："这是我在柏林最后一次喝酒，不久我就要到东线去了……"索米娅听出了话外之音，为之一振，她娇声说："元帅，英雄喝酒需要美女助兴，我虽然算不上美女，但是愿意为将军跳舞助兴。"说罢打开桌上的唱片机，轻舒手臂，翩翩起舞，她那优美的身姿展露无遗。元帅很快眼醉心迷，呆呆地望着这个旋转的美女。索米娅伴随着音乐旋律，边跳边脱掉身上的衣服，看得元帅再也把持不住……

一阵激烈的运动之后，元帅睡着了……索米娅在酒里放的安眠药发挥作用了。她连忙找来元帅的日记本，用照相机拍下全部内容。1940 年 12 月 20 日的日记引起了她的注意："元首指示：'巴巴罗沙'计划以快速的战役击溃苏联，准备工作务必在 1941 年 5 月 15 日完成，最迟在 6 月底执行。不能泄露任何进攻意图。"1941 年 5 月 7 日的日记有这样几句话："元首认为，用装甲部队向苏联发动大面积进攻，以摧毁苏联步兵主力，与此同时空军和炮兵一起出动，深入苏联腹地，最后建立一道伏尔加河—阿尔汉格尔的防线。"虽然索米娅没有找到"巴巴罗沙"计划的原件，但是日记中的内容已经泄露了计划的核心内容。

6 月 2 日，索米娅回到东京，向共产国际报告：希特勒已决心向苏联宣战。战线有三条：一是斯大林格勒，二是列宁格勒，三是莫斯科，时间是 6 月底前。然而，斯大林并不相信这些情报。

6 月 6 日，索米娅再次发出特急密电："德国驻日军事观察团全部撤回德国，有迹象表明德国马上就要进攻苏联。"

6 月 11 日，索米娅再次发出密电："德国集中了 12 个集团军、155 个步兵师、6 个坦克师、9 个炮兵旅，将在 6 月 20 日左右进攻苏联。"

6 月 14 日，索米娅再次发出密电："德国人的战术是侧翼包抄和迂回机动，包围、孤立并最后歼灭苏联的 7 个集团军。"

索米娅发出的所有密电都是真实的，然而斯大林太相信《苏德互不侵犯条约》，而不相信"红玫瑰"间谍组织发回的密电。令索米娅和她的部下感到气愤的是，6 月 14 日发出最后一封密电后不久，苏联塔斯社代表官方发出了一则消息：苏联外交人民委员会声明，有关德国打算进攻苏联的传闻是某些人蓄意制造的谣言……索米娅冒着生命危险，出卖自己的肉体换来的情报竟然被说成是谣言。

1941 年 6 月 22 日凌晨 3 点 30 分，德军的大炮在苏德边境几百公里的战线上发出震耳欲声的轰鸣声，终于震醒了沉浸在苏德互不侵犯美梦中的苏联人。战争发展的情况与"红玫瑰"提供的情报完全一致。斯大林这才知道"红玫瑰"是一个了不起的间谍组织，亲自指点"红玫瑰"小组，表示嘉奖。共产国际则指示他们尽快查明日本是否参战。

1941年9月13日，"红玫瑰"向共产国际发出密电："日本政府暂时决定不进攻苏联，但是关东军仍留在中国东北。如果苏联战败，最迟1942年春，关东军将北上。"

此后，"红玫瑰"继续以日本为根据地为共产国际提供了很多有用的情报。

索米娅和她领导的"红玫瑰"小组在德国进攻苏联前获取了绝密情报，虽然由于斯大林的麻痹大意，苏联军队没有根据这些情报做好准备，但是这并不影响"红玫瑰"成为二战中最杰出的跨国间谍机构。

二战结束后，由于种种原因，索米娅并没有回到苏联老家，而是和她的丈夫科兰·普林顿寄居瑞典，过着与世无争的生活。

抵得上一支部队的汉密尔顿夫人

汉密尔顿夫人原名叫埃玛·哈尔特，她是英国伦敦穷人家的孩子。她家里虽然穷，却对未来有着美好的憧憬。18世纪末，她在一所中学读书，期望自己毕业后能够在贫民区当一名老师，改变贫民缺少文化知识的状况。

但是，18世纪末的英国正值多事之秋，一面和刚刚宣布独立的美国打仗，一面对法国宣战。虽然战争没有打到伦敦，但是英国到处都在征兵，整个伦敦鸡犬不宁。战争毁灭了埃玛·哈尔特的梦想。

从贫民妓女到王宫里的间谍

一天，埃玛·哈尔特的一个邻居被征走了，送到一条运兵的战舰上。邻居的父母就这么一个儿子，如果儿子战死沙场，他们就失去了依靠。老两口哭得死去活来，但是人们只能安慰他们，却帮不上忙。政府征兵是没有道理可讲的。乐于助人的埃玛·哈尔特听说这件事后，偷偷骑了一匹马，来到那艘战舰，请求船长放了她的邻居。船长看着这个貌美如花的小姑娘，好像被她的话感动了，竟然爽快地答应了，并热情地邀请她去他的房间坐一会儿。还给她倒了一杯酸酸甜甜的饮料。埃玛高兴地喝了，可是不一会儿她就迷迷糊糊地睡着了……

就这样，一个未满16岁的少女失去了她最宝贵的童贞。埃玛失身后痛苦欲绝，她感到生活无望，理想破灭，她恨透了英国军人，恨透了英国国王，恨透了战争，如果不是因为国王向美国和法国开战，到处征兵，她也不会失身。她痛恨那些花天酒地的有钱人，他们整天醉生梦死，穷人却过着艰难的生活。

绝望的埃玛很快变得放荡不羁，开始卖笑为生。她虽然没几件像样的衣服，但是却长得美艳动人，当她静静地坐着的时候，宛若希腊女神。她凭着自己的姿色成了伦敦南部的贫民区小有名气的妓女，纨绔子弟争相追捧她。

本来，妓女的命运无非是年轻时及时行乐，恣意放纵，人老珠黄之后，就门庭冷落了。但是，埃玛非常幸运，贵族子弟查尔斯·格雷维尔改变了她的命运。

查尔斯·格雷维尔见到埃玛的第一眼就被她深深吸引了，他是情场高手，没有像其他嫖客那样如狼似虎地占有她，而是像一个情人那样用甜言蜜语使她春心荡漾。接触几次之后，埃玛已经被他弄得神魂颠倒，把全身心都放在他身上。

格雷维尔带埃玛出国旅行，来到两西西里王国的那不勒斯。格雷维尔的舅舅威廉·汉密尔顿爵士是英国驻两西西里的大使，同时也是小有名气的考古学家和文物收藏家。格雷维尔把埃玛介绍给自己的舅舅。

埃玛的故事至此有两个版本，有人说埃玛被玩世不恭的格雷维尔当成"礼物"送给舅舅，也有人说埃玛看上了汉密尔顿爵士的地位和财富，主动勾引汉密尔顿……历史学家对此莫衷一是，没有定论。事情的结果就是埃玛很快与这个年过六旬的鳏夫正式结婚，成了汉密尔顿夫人。

60岁出头的汉密尔顿对女人的鉴赏力像对古玩的鉴赏力一样高明，他从埃玛身上看到了一种与众不同的气质，把她当成一件美艳绝伦的文物收藏起来。当然，除了可以打发寂寞时光之外，她还可以为他的社交活动增色不少。金发碧眼、气质脱俗的埃玛果然成了汉密尔顿公馆里众人瞩目的对象，来访客人对她赞不绝口。

埃玛的魅力不仅限于她的美貌和身材，她那动人的歌喉和出色的舞姿很快使她成为那不勒斯王宫里的交际花。斐迪南国王虽然长着一副公鸭嗓，但是对歌剧很感兴趣，高兴了很会唱上几段，他非常喜欢英国悲剧里的强调，这正是埃玛擅长的。于是，国王和汉密尔顿夫人在王宫的大厅里合唱了《爱尔兰王子》中的著名唱段《我永远不能忘》。汉密尔顿夫人还赢得王后玛丽的好感，王后邀请她共进午餐。

英法公开宣战之后，双方争夺的目标之一就是南意大利的两西西里王国。两西西里国王斐迪南是一个胆小而多疑的人，当有消息说法国将向那不勒斯进军时，斐迪南想妥协，对他来说，最重要的是保住王位。但是，王后玛丽坚决主张站在英国一边，与英国结盟，共同对付法国人。王宫里顿时炸开了锅，主战派和主和派争论不断，谁也说服不了谁，最后只好保持中立。

英国人当然希望能够拉拢两西西里王国共同对付法国人，他们为了促使事情朝着自己希望的方向发展，决定派出一个说客去游说王后玛丽。英国人很快选择了汉密尔顿夫人。从此，汉密尔顿夫人登上历史舞台，在间谍史上写下浓墨重彩的一笔。

王宫里的奇怪客人

英国外交大臣给汉密尔顿夫人写了一封亲笔信，托人转交给她。汉密尔顿夫人很快给外交大臣回信了，但是没有人知道外交大臣在信中写了什么，也没有人知道回信的内容。这就是历史学家纷纷猜测的"汉密尔顿夫人的回信"。一封什么样的信才能化解埃玛对英国的仇恨，并能说服她为英国服务呢？没有人能回答这个问题。事实是从那以后，汉密尔顿夫人从一个贪图富贵的交际花蜕变成了周旋在两西西里王宫中，影响国王和王后对外政策的英国间谍。

汉密尔顿夫人从王后那紧缩的眉头中察觉到王宫里正发生着不寻常的事。她从王后的一个贴身侍女口中得知王宫里来了一个奇怪的客人，这个客人来了5天却从未在公开场合露面。

汉密尔顿夫人隐约感到这件事和英法战争有关。到底是怎么回事呢？她有必要搞清楚这件事。她需要探探王后的口风，借口陪王后练琴找机会探听消息，但是被王后拒绝了。后来，她在那不勒斯港了解船只进出港口的情况，得知那个神秘客人是从西班牙来的。西班牙是反法联盟的成员国，也是英国多年的盟友，西班牙使者为什么鬼鬼祟祟的呢？汉密尔顿夫人觉得肯定不是什么好事。

第二天，埃玛进王宫。经过几番旁敲侧击，终于了解到实情，原来西班牙王室已经决定退出反法同盟了。汉密尔顿夫人听到这个消息大吃一惊，这事非同小可。反法联盟是英国费了九牛二虎之力才组织起来的，包括普鲁士、奥地利、尼德兰、西班牙、那不勒斯和撒丁王国，从南到北对法国形成包围之势。如果西班牙退出反法联盟，英国人就失去了得力助手，而法国人却失去了后顾之忧。如果其他国家纷纷退出反法同盟，那对英国来说就太不妙了。

从王宫出来后，汉密尔顿夫人立即给外交大臣送出密信。英国大使看到这个消息后，同样大吃一惊，立即派人将密信送回英国。事实证明，这一情报对英国的命运影响重大。英国根据汉密尔顿夫人的情报迅速调整对法政策，并迅速收缩英国军队，调整反法同盟的战略部署，使英国免受突然打击。

外交大臣本来吝于表扬，但是他称赞汉密尔顿夫人时说："夫人，您至少挽救了我们30万士兵的生命，我只想对你说，英国感谢您，上帝感谢您。"外交大臣在向王室汇报时写道："汉密尔顿夫人一个人能抵得上5个步兵连队和一个特混舰队……"

阿布基尔海战背后的秘密

外交大臣的赞誉之词并非言过其实。1798年8月，英国皇家海军特混舰队司令霍罗肖·纳尔逊上将率领英国特混舰队在东地中海的尼罗河口上的阿布基尔港重创法国舰队，使拿破仑入侵埃及的军队失去了海上屏障。英国皇家海军重新掌握了地中海的控制权。纳尔逊上将经过这场战役之后名垂青史。但是很少有人知道他靠什么取得了战争的胜利，事实上他得到了汉密尔顿夫人的帮助。如果没有汉密尔顿夫人的情报，也许这位司令早就葬身地中海了。

1779年10月，拿破仑打败奥地利并迫使它退出反法同盟之后，能够与法国抗衡的国家就只剩下英国了。拿破仑被连连胜利冲昏了头，决定远征印度，夺取英国在东方的殖民地。他决定先率大军横渡地中海，在尼罗河口登陆埃及，然后以埃及为跳板进军印度。

英国岂能坐视不管，英国舰队在地中海上蓄势待发，决定拦截法国舰队。但是拿破仑不愧是天才军事家，他声东击西，耍了不少花招，巧妙地蒙骗英国人，3.5万名法军没有损失一兵一卒就在埃及成功登陆了。英国人恼羞成怒，发誓要找到法国舰队，与法国人决一死战。

纳尔逊司令率领他的舰队在地中海上来回巡视了整整三个月，官兵们忍受着烈日、狂风和疟疾，个个精疲力竭，食品和淡水也日渐减少。最后，他们终于在两西西里的一个小港休整时打听到法国舰队的下落，原来它们停在尼罗河口上的阿布基尔港里。纳尔逊抖擞精神，下令立即出海全速驶向埃及。然而，各战舰汇报的情况让他皱起了眉头，原来战舰上的食物和淡水只够支撑半个月了。这对战舰上的官兵来说，无疑要了他们的命。纳尔逊司令立即命令去两西西里岛采购。但是，两西西里王国恪守中立立场，不向交战双方的任何一方提供军需品。纳尔逊司令使用了外交手段、私人交情、金钱贿赂等多种手段，还是什么都没有得到。

纳尔逊一筹莫展，如果把舰队开回英国补充给养，肯定会贻误战机，但是没有足够的给养，就不能出海作战。这可怎么办呢？他在航海图前来回走动，希望能想出办法。突然，他想到英国驻那不勒斯大使汉密尔顿公爵。5年前，纳尔逊曾去他家喝过酒，听说他和那不勒斯王宫里的人关系不错，何不托他帮帮忙呢？于是，他给汉密尔顿爵士写了一封密信。

汉密尔顿爵士接到密信后，立即来到那不勒斯王宫谒见国王斐迪南。他慷慨陈词，晓以大义，软硬兼施，请王国伸出援助之手。他哪知道，法国打败奥地利之后，早把斐迪南国王吓破了胆。他怎么敢给英国舰队提供给养呢？汉密尔顿爵士碰了钉子。

"你怎么能去求他呢？没用的东西！"如今的汉密尔顿夫人趾高气扬。

"他是一国之主，不求他求谁？只有他能下令给我们的舰队提供给养。"

汉密尔顿夫人自有主张，她匆匆扮相一番，穿好衣服，乘车来到王宫。这时，天色不早了，玛丽王后已经准备休息了，听说汉密尔顿夫人有急事相见，就叫她来到寝宫。夫人拿出纳尔逊写给汉密尔顿爵士的信。

王后看了看说："你想让我批准给你们的舰队给养？"

"是的。"

"可是那不勒斯是中立国，这样一来就违背了中立的诺言。"

"战争只有胜负，没有诺言。在战争时期，我们能做的只有打败仇敌，保护自己。法国是我们英国的仇敌，也是那不勒斯的仇敌。请王后想一想，如果法国在东方得手，势力必然大增，到时候英国必然败北，英国失败后，那不勒斯又将如何呢？"

王后是聪明人，很快领会了汉密尔顿夫人的意思。

"我敬仰的王后陛下，您的决定一向是英明的，请您恩准吧，英国舰队的命运在此一举，英国的胜败在此一举，而英国和那不勒斯的命运是息息相关的。"

"既然上帝赋予我成全你们的权力，那我就行使吧！"

王后给两西西里岛的总督写了一封信，凭着这封信，纳尔逊的舰队迅速开进锡拉库扎港，得到了淡水、食物、药品等足够的给养，特混舰队的官兵很快进入了最佳状态。

"将士们酒足饭饱，战舰焕然一新，一切都预示着此番出战必大获全胜，这多亏了你，我的尊敬的朋友！"纳尔逊给汉密尔顿爵士写了一封热情洋溢的感谢信。

汉密尔顿爵士受之有愧，对夫人说："他应该感谢的是你。"汉密尔顿夫人得意地笑了笑。

美女爱英雄

1798年8月初的一个黄昏，尼罗河口波涛汹涌，纳尔逊率领舰队逼近阿布基尔港。暮色掩护下，纳尔逊一声令下，特混舰队的大炮齐发，法国舰队大乱。第二轮轰炸后，4艘法国战舰葬身海底，幸存的法国舰队急忙回击，却根本抵挡不住英国特混舰队的猛烈炮火。一场混战之后，法国舰队只有2艘战舰趁天黑逃走，其余的11艘有的被击溃，有的被俘获。数千名法国士兵的血染红了大海。法国舰队的司令也在混战中被炸死，英国战舰全部完好无损，纳尔逊终于报仇雪恨了。

1798年9月，纳尔逊上将率领舰队重新回到那不勒斯，那不勒斯万人空巷，夹道欢迎这位神话英雄般的人物。

在那不勒斯的王宫里，王后亲自主持了规模空前的宴会，为这位凯旋而来的将军接风洗尘。人们众星捧月般地围绕着这位其貌不扬的小个子男人，频频向他敬酒、献花，纳尔逊应接不暇。

玛丽王后身旁有一个美丽的贵夫人意味深长地盯着纳尔逊将军，那便是汉密尔顿夫人。她想起5年前这个男人曾出现在她家的舞会上，那时的他丑陋、平庸、毫无可取之处。5年后的今天，她不得不对他刮目相看，他那瘦小单薄的身体里似乎有无穷的力量，呆板的面容显示出军人的刚毅和智慧。

纳尔逊将军在5年前汉密尔顿爵士家的舞会上就对汉密尔顿夫人着迷了，但是当时他远远没有资格请她跳舞。如今，在专门为他举办的王宫舞会上，他大胆地邀请汉密尔顿夫人跳舞，并趁机表达自己的爱慕和感激之情。这时他已经知道自己的军队是如何得到那不勒斯补给的。

舞会结束后，汉密尔顿夫妇把这位英国的英雄请到汉密尔顿公馆。纳尔逊上将在汉密尔顿家一住就是两个月。此时的他已经完全被汉密尔顿夫人所倾倒，汉密尔顿夫人也对这位英雄爱慕有加。他们很快坠入情网，并一直保持私通，直到纳尔逊去世。这桩丑闻毁了纳尔逊的前程，甚至断送了他的婚姻。

汉密尔顿夫人作为玛丽王后的密友，很快为王后谋得了纳尔逊的支持。当法国人在罗马教皇辖地威胁那不勒斯的时候，纳尔逊迅速让王室成员和汉密尔顿一家登上了他的战舰，把他们送到西西里岛的巴勒莫。此后，纳尔逊常常往返于那不勒斯和巴勒莫两地，以至于他的下属说他对汉密尔顿夫人比对他的职责更感兴趣。

情场得意的纳尔逊很快就体验到了职场失意的痛苦。地中海舰队司令圣文森特勋爵生病后，凯思勋爵接替了他。纳尔逊认为应该由他而不是凯思勋爵接替这一职位。凯思命令他封锁马耳他，并规定他的分舰队必须驻扎在锡拉库扎或西西里东海岸的某个海港。纳尔逊为此非常恼怒，显然凯思有意使他脱离汉密尔顿夫妇和王后的势力范围。

由于健康因素，纳尔逊将军请求返回英国，并获得应允。不久，他和汉密尔顿夫妇一起回到祖国。在返回途中，经过北意大利、奥地利和德国的时候，纳尔逊受到热烈欢迎，在雅茅斯登上英国的土地时，英国人民同样热情地接待了这位旗开得胜的英雄。但是，回到伦敦后，在英国上流社会，纳尔逊却遭到了冷遇，原因是他与汉密尔顿夫人公开保持暧昧关系。

纳尔逊并不在乎别人怎么看，他依旧深爱着汉密尔顿夫人。当时纳尔逊已经47岁，而且他有自己的妻子，他的妻子出身于名门贵族，很有教养，但是纳尔逊为了汉密尔顿夫人，向妻子提出了离婚。他的离经叛道对于以含蓄著称的英国人简直不可思议，何况汉密尔顿夫人也是有夫之妇。

往来信件可以证明纳尔逊确实对汉密尔顿夫人爱得很深。在拉法尔加海战之前，他曾经给汉密尔顿夫人写过一封信，称呼是"亲爱的和最被爱的埃玛"，在信中他直白地表达自己的感情，"我爱若生命的你"。甚至纳尔逊在临终之前还反复叮嘱他的好友哈代上尉："请好好照顾我亲爱的埃玛·哈尔特，好好照顾可怜的埃玛·哈尔特。"谁能想到铁骨铮铮的将军，竟然有如此柔情似水的一面？也许这就是爱情的力量。

历史学家对汉密尔顿夫人和纳尔逊将军的爱情故事记载得丰富多彩。他们的爱情既有法国的浪漫，又有莎士比亚式的悲情，情节曲折动人，令人感叹。

汉密尔顿夫人作为一位间谍，出色地完成了自己的使命。

"跳伞皇后" 安琪拉

苏联花样跳伞冠军安琪拉被人们誉为"跳伞皇后"。她是一位出色的选手，曾多次在国内外高空跳伞大赛中获得殊荣。然而，就在事业蒸蒸日上的时候，她却"叛逃"到了意大利，成了一名"反共斗士"。当西方国家赞叹她高超技艺的时候，她却利用跳伞的机会替苏联情报总局搜集情报。当意大利当局有所察觉的时候，她又偃旗息鼓，专心从事她所钟爱的跳伞事业。10年后，因一次紧急追捕，她不幸暴露了身份，被意大利警方逮捕。

"叛逃"的跳伞皇后

20世纪50年代，苏联体坛出现了一位年轻的花样跳伞冠军——安琪拉。她是一位出色的选手，曾多次在国内外高空跳伞大赛中获得殊荣。因此，被人们誉为"跳伞皇后"。然而，让人意想不到的是，这位名震体坛的跳伞冠军，最后却叛逃到了西方。

1954年春天，安琪拉随苏联代表团到意大利参加演出。在意大利首都罗马演出完毕后，安琪拉便趁外出购物的机会，偷偷地溜入意大利的一个政府部门。她告诉那里的官员，自己很向往自由、民主的西方世界。在苏联，她经常受到政府无端的迫害与刁难。为了摆脱困境，她决定趁此次演出机会逃离苏联。最后，她请求意大利政府能给予政治避难。意大利政府见她言辞恳切，在体坛又有一定的影响力，于是爽快地答应了她的要求，并聘请她为罗马跳伞俱乐部的终身运动员兼教练。当教练期间，安琪拉经常应邀为意大利伞兵和北大西洋公约组织的空军进行跳伞表演或担任短期授课。

得知安琪拉叛逃的消息，苏联方面十分震怒。他们向意大利政府提出了抗议，要求将叛逃者引渡回国。对于苏联的这一抗议，意大利政府并没有予以理睬。与苏联方面态度截然不同的是，国际上的"反共斗士"们听到这一振奋人心的消息，都载歌载舞、奔走相告。为了扩大影响，他们还举办了各种形式的庆祝活动。

在罗马跳伞俱乐部里，安琪拉邂逅了该俱乐部的教练乔治·菲利克斯。很快，两人便坠入情网。不久之后，他们就喜结连理。婚后，安琪拉和丈夫合伙开办了一家花样跳伞表演公司。他们经常率团到欧洲各地去巡回演出。演出过程中，安琪拉结交了许多军政要人，其中几个还成了她的忠实粉丝。

"反共斗士"的日子过得似乎很是惬意。但是，安琪拉的真实生活远不止这些。事实上，她并不是真的叛逃，而是在秘密执行一项特殊的任务。她的真实身份是苏联情报总局第三局的一名情报人员。此次叛逃，只是苏联方面使用的一个障眼法，真实目的是让她去领导一个在意大利的间谍网。

高空窃密

在意大利站稳脚跟之后，安琪拉便开始着手组建间谍网并担任领导工作。1956 年秋，她将自己的丈夫菲利克斯成功地策反了过来。菲利克斯出身卑微，对资产阶级有着一种天然的仇恨。他认同社会主义，支持工党政府。他觉得欧洲国家应该有自己的发展道路，而不是处处唯美国马首是瞻。有了这样的心理基础，策反工作便容易了许多。菲利克斯是位跳伞专家，他被聘为军队跳伞的技术指导，这样就有机会接近北大西洋公约组织和意大利的海空军基地。利用跳伞的机会，菲利克斯能拍到大量的军事机密。

事实上，安琪拉也是位高空窃密的行家里手。跳伞时，她将一架袖珍式的照相机安装在安全帽的前端。这样一来，就可以俯瞰禁区，拍摄到里面的一些军事基地。安琪拉使用的是一架高性能的照相机，是当时世界上最先进的间谍工具。它每秒钟快门自动开启 9 次，能够在 3000 千米的高空拍摄清晰的地表物体。通常情况下，在 2000 千米的高度上跳伞，可以争取到 10 到 12 秒的拍摄时间。安琪拉就是用这短短的几十秒时间进行拍照的。拍照后不久，这些胶片便会被秘密地送回莫斯科的情报总局。1956 年底，菲利克斯到敖德萨秘密接受了半个月的特工训练。训练结束后，他便当了安琪拉的情报传送员。

在北约表演时，安琪拉结识了蒙哥哈利将军。这时，苏联方面得到情报，在意大利北部的一个小岛上，有北约组织和意大利军方的一个军事禁区，那儿的秘密工厂正在研制、生产各种各样的新式鱼雷。为了得到这个军事基地的平面图，苏联方面向安琪拉下达了拍摄任务。

如果是在别的地方，这一任务会轻而易举。但在那儿进行拍摄，却是异常地困难。因为意大利当局在那里设有严密的监控。除了基地的专用飞机外，其他任何飞机都不能进入该领地上空，否则将会予以击落。正在犯愁之际，安琪拉猛地想起了蒙哥哈利，因为负责警戒任务的正是这个刚刚结识不久的将军。

为了套住蒙哥哈利，安琪拉使出了浑身解数。凭借高超的技艺和美貌，安琪拉让将军对她产生了好感。此时，她乘机邀请蒙哥哈利一起去热那亚参观一个女子跳伞训练队的演出。

将军没有推脱，欣然前往。

一个午后，安琪拉和将军来热那亚海边散步。面对一望无垠的海湾，安琪拉来了兴致，她提出要在海上做一次跳伞的表演，要求蒙哥哈利给她安排一架飞机。面对安琪拉的这一要求，将军显得有些犹豫。凭他手中的权力，安排一架飞机当然没有问题。但是这里靠近秘密军事基地，是个禁地。看出了蒙哥哈利的犹豫，安琪拉突然兴致全无。她非常遗憾地对将军说："我们还是回去吧，我不想让你为难。"

看出了安琪拉的沮丧，将军不忍心拒绝，他想，安琪拉是跳伞冠军，又是反共的"自由斗士"，对她应该有点儿特殊照顾。再者，如果连一架飞机都不能安排，也有损于自己做将军的威严。于是，在稍微迟疑之后，蒙哥哈利答应了她的要求。

第二天清晨，安琪拉乘坐一辆军用飞机来到了海湾上空。飞机盘旋一段时间后，安琪拉便跳出了机舱，开始了自由落体运动。12秒后，她拉开了降落伞绳。在这宝贵的12秒里，安琪拉将禁地内的鱼雷制造工厂及其码头设施全部摄入了照相机的镜头之中。就这样，北约秘密军事基地便被苏联方面偷窥了去。

被捕入狱

胆大心细的安琪拉，在搜集情报的活动中，没有留下任何破绽。相比之下，她的通讯员丈夫却显得不够谨慎。他曾到罗马的苏联大使馆找过空军武官柯切托夫，这一行为为他们以后的身份暴露留下了线索。

1956年冬，苏联驻奥地利的商务参赞叛逃到了西方。他供述自己是一名克格勃官员，并交代克格勃已经在意大利组建了一个强大的间谍网。这一说辞立即引起了意大利反间谍部门的恐慌，他们开始着手追查此事。这时，凡是与苏联外交官有交往的人，都被列为怀疑对象。当然，安琪拉夫妇也在被怀疑的范围之内。

苏联方面得知此事，便暗中通知安琪拉夫妇，要他们停止一切间谍活动。从此以后，安琪拉和丈夫便不再搜集情报，而是心无旁骛地经营自己的跳伞表演公司。这样平静的日子，一过就是10年。

10年后，安琪拉在协助克格勃抓回叛逃者事件中不幸暴露了身份。1967年3月，斯大林之女斯维特兰娜借护送丈夫骨灰回印度的机会逃到了西方。斯维特兰娜身份特殊，她的叛逃严重影响了苏联方面的国际声誉。为此，苏联当局命令克格勃间谍要不惜一切代价地将其控制住，必要时候可以处以极刑。

据克格勃可靠情报，斯维特兰娜离开新德里后，将途径罗马，最后飞往瑞士。于是苏联方面命令意大利间谍首领安琪拉实施抓捕行动。接到命令后，安琪拉迅速展开了行动。她打算在罗马机场通往市区的咽喉地带下手。安琪拉是这样计划的：由其手下扮演成警察和群众等候在那里，等斯维特兰娜的车辆经过这里时，便伺机将其绑架。如果抓到活的，就将她暂时关押；如果行动不力，就用特制的燃烧弹将其烧死。一切准备就绪，就等着斯维特兰娜的到来。可是，在他们还没来得及行动的时候，罗马警察就先行一步将他们逮捕。原来，意大利反间谍部门一直没有放弃对安琪拉夫妇的监视。虽然他们没有找到任何相关证据，但是对他们的间谍身份早已知晓。意大利当局之所以迟迟没有采取行动，是因为一时没有抓住他们从事间谍活动的把柄。斯维特兰娜叛逃后，意大利反间谍部门立即加强了对安琪拉夫妇的跟踪，他们的一举一动都在警方的掌控之中。等安琪拉的手下到齐之后，罗马警察就带枪袭击了他们的住处，安琪拉夫妇及另外的三名间谍当场被捕。随后，警察从其住处中搜出发报机、密码本、窃听器等间谍工具。

至此，一桩震惊世界的克格勃间谍案水落石出。面对警方的审问，安琪拉默不作声，她只是在心里默默地背诵着《圣经》上的那句话："耶稣说，本来我可以干更多的事情！"这里，我们不难看出，安琪拉对自己所做的事情并不后悔，她只是遗憾，自己没有机会再为祖国做更多的贡献。

"大鲈鱼"多顿夫人

她是一位美国军官的妻子。"二战"期间，她像许多无辜的人们一样，经受着战争带来的灾难——过着和丈夫分别、流离失所、食不果腹的艰苦生活。然而，这一切并没有压垮这位坚强的军嫂，她选择了抗争，她用一种力所能及的方式为战争的胜利贡献了自己的力量。她就是被人们所广泛颂扬的"大鲈鱼"多顿夫人。

多顿夫人的打工生涯

1941年冬天，是多顿夫人灾难生活的开始。这一年，"二战"的炮火已经波及了太平洋地区的许多国家。由于战争原因，美国国内物资极度匮乏。为了摆脱生活困境，多顿夫人带着女儿黛安娜来到了丈夫正在服役的美军步兵三十一团。然而，安稳的日子没过多久，美军就被日军逼到了环境恶劣的菲律宾山区地带。在那里，多顿夫人的女儿黛安娜感染上了疟疾，由于条件简陋，黛安娜的病情一天天加重。看着生命垂危的女儿，多顿夫人决定带孩子下山治病。于是，她带着孩子来到了菲律宾的首都马尼拉。

在医院里，因多顿夫人手头没钱，医生拒绝给孩子看病。就在多顿夫人走投无路时，她遇到了她的远房亲戚——罗克斯法官。罗克斯法官帮她垫付了孩子的医药费，并热情地收留了她。

就这样，多顿夫人在马尼拉住了下来。实际上，罗克斯法官并不是一般的美国侨民，他的真实身份是美国谍报机构驻马尼拉情报小组的负责人。经过数日观察，罗克斯发现多顿夫人不仅聪明睿智、美丽迷人，更重要的是经历过苦难的她对日本法西斯产生了强烈的仇恨。这一切，正是一名谍报人员所具备的先决条件。于是，罗克斯就把自己的想法告诉了多顿夫人。

"您是说，我可以做间谍？"多顿夫人激动地问。

"是的，我相信你的实力。"罗克斯法官肯定地回答。

"那我试试吧。"多顿夫人有些不自信地接受了罗克斯法官的建议。

第二天，多顿夫人就在一个叫"安娜·费伊"的小酒吧里找了一份工作。这个小酒吧位于日本占领司令部的附近，便于监视日本人的一切活动，而且来这里消费的多是一些日本士兵和下层军士，也有利于情报搜集工作。多顿夫人对外宣称自己是意大利人，因与丈夫离婚，生活无所依靠，才来这里做女招待。这样一来，这些日本兵便不再对她心存戒心，反而是争相同她喝酒、聊天。醉酒后的他们总喜欢拿温柔贤惠的多顿夫人做倾诉对象，他们或一吐心中的不快，或抱怨战场上的不如意境况。这时，多顿夫人总是轻言软语地安慰他们。事后，她从这些倾诉或抱怨中整理出一些零星线索，然后将这些情报不时地向罗克斯法官汇报。

就这样，多顿夫人在这个小酒吧里巧妙地同敌人周旋了两个多月。在这两个多月的时间里，她学会了经营酒吧之道，这也为稍后"絮巴基"夜总会的开办奠定了管理基础。

从女招待到女老板的转变

去"安娜·费伊"酒吧消费的都是一些低级士官，从他们身上难以搜集到重大有用情报。于是，多顿夫人决定开一家更高级的夜总会，用以接待日本驻马尼拉的高级官员和海陆军高级军官。这样，就有机会套取更有价值的情报。她的这一想法得到了罗克斯法官的大力支持。

为了筹集经费，多顿夫人四处奔波，她甚至把自己的结婚戒指和手表都抵押给了债主。当然，为了使夜总会顺利开张，美国谍报机构也暗中替她出资不少。

经过多方准备，多顿夫人的"絮巴基"夜总会终于如期开张了。这家夜总会位于马尼拉市中心的一幢小楼里，从这座小楼的窗子里就能看到日军司令部里的一举一动，因此是搜集情报的理想场所。

"絮巴基"在日语里是"山茶花"的意思。日本人喜欢山茶花的娇艳，更喜欢它的象征意义——来之不易的成功。因而，"絮巴基"一开张，便吸引了大批的日本人来这里消遣。

为了吸引更多的日本人，也为了更好地掩护自己的身份，多顿夫人招募了一大批能歌善舞的女子，她还花重金雇用了一名叫菲莉的菲律宾女孩做夜总会领班。

在当时的马尼拉，电费是一笔昂贵的开支。为了节省费用，当地的夜总会通常只在周末举行一些歌舞活动，平常时间则是早早地关门打烊。为了拓宽情报渠道，多顿夫人坚持每天都举办娱乐活动，因为这样就能更好地吸引驻菲的日本上层人物前去"絮巴基"消遣。

一天晚上，"絮巴基"的舞会刚刚开始，一位日本医疗船的军官便走了进来。多顿夫人想从他口中套取情报，便示意菲莉陪他喝酒。菲莉心领神会，赶忙拿出了这位军官钟情的低度米酒，陪他喝酒聊天。后来，多顿夫人也借故加入了他们的话题。聊天中，多顿夫人得知：这艘医疗船只正打着国际红十字会的名义，偷偷地向太平洋上的布干维尔岛运送兵力。因为按照惯例，美国人是不会袭击红十字会的船只的。听到这一情报，多顿夫人立即向山里的美军指挥部汇报了这一情况。

"大鲈鱼"的牢狱之灾

多顿夫人经常将一些吃穿用品送给山区的美军，借以改善他们的恶劣生活条件。山上的美军都很尊敬她，拿她当自己的亲姊妹看待。菲律宾人民也很佩服她这种坚毅的性格，于是给她起了个"大鲈鱼"的外号，即勇敢、无畏的意思。多顿夫人非常喜欢这一善意的称呼，受它启发，她在以后的情报传递过程中经常借用一些具有象征意义的食品名称来代替具体的语意，如："青菜已经到了采收的季节"表示情势危急；"青菜需要追肥后再送来"则表示情势不是那样紧急。这样一来，传递情报就相对安全了许多。

在多顿夫人的悉心经营下，"絮巴基"的生意越做越大，盈利也越来越多。于是，她就用多余的资金购置一些医疗仪器和药品，亲自给山上的部队送去。遇到紧急情况，她会请当地的居民给部队送去，很多居民也乐意帮她这个忙。

菲律宾姑娘菲莉是个得力的助手，她不仅帮多顿夫人经营夜总会，还帮她多方面搜集情报。一次，一艘日本航空母舰上的军官来到了"絮巴基"，他郁郁寡欢地坐在那里喝闷酒。见他这个样子，菲莉询问旁人后才知道他失恋了，此时正心情郁闷地借酒消愁。于是，菲莉走过去，轻言细语地同他攀谈起来。在她的开导下，这名忧愁的日本军官，脸上终于露出了久违的笑容。

自此以后，这名日本军官就常来夜总会消遣。每次来夜总会，菲莉都很热情地接待他，陪他喝酒，唱歌给他听，不久之后，俩人就成了情人关系。一天，这位日本军官来"絮巴基"与菲莉告别，因为他们的舰队即将离开马尼拉。听说他要远去，菲莉依依不舍地同他告别，并以写信为借口，问他要通信地址。这位军官不知是计，痛快地说出了舰队的航行路线。他告诉菲莉，他们停泊的第一站是新加坡，而后直奔太平洋上的腊包尔岛。这个路线，正是日本海军进攻太平洋的路线。得知这一消息，菲莉立即把这一情报告诉了多顿夫人，多顿夫人立即将这一消息告诉了罗科斯法官。

几个月后，这艘舰队的另一位军官来到了"絮巴基"，他告诉菲莉："你的情人死了，我们的舰队在海上遭受重创，很多士兵都战死了。"说罢，号啕大哭起来。

就在多顿夫人的夜总会日益红火的时候，噩耗传来。她的丈夫在一次执行任务时，不幸被捕，最后惨死在卡巴纳多监狱之中。

丈夫的惨死，加深了多顿夫人对日本法西斯的仇恨。此后，她总是想方设法地帮助卡巴纳多监狱里的美国士兵，因为她不愿意丈夫的悲剧在他们身上重演。当时，监狱里败血病流行，伤员们急需大量维生素C补充体能，增强自身免疫力。得知这一消息后，多顿夫人买通了狱卒，将大量的橙汁和水果源源不断地送到了伤员手中。她还写信鼓励他们坚强生活下去，直到战争胜利的那天到来。

1944年5月的一天，一位负责向狱里传递情报的交通员被捕。日本情报人员在他的身上发现了多顿夫人写给监狱神父的信，于是便怀疑她是谍报人员，随即多顿夫人被捕入狱。

劫后重生

在狱中，敌人问她"john"一词是什么意思，因为他们怀疑这个在信中反复出现的词汇是某个英国人的名字。多顿夫人告诉他们，那只是"demijohn"小颈瓶一词的缩写，除此之外，并没有其他特殊的含义。日本情报人员并不相信她的解释，于是对多顿夫人进行了一番严刑拷打后，把她关进了一间黑屋子里，一日三餐只给一碗饭和两杯水，他们打算继续用饥饿来折磨她。

3个月后，一无所获的日本情报人员已经不再寄希望从多顿夫人那里得到什么有价值的情报。于是，他们匆匆以间谍罪宣判了多顿夫人的死刑。

值得庆幸的是，多顿夫人并没有因此殒命。因为此时美军已经收复了太平洋上的诸岛。日本军队仓皇撤退，他们已经顾不上这些被投进监狱的囚犯。于是，多顿夫人得以死里逃生。

出狱后的多顿夫人衣衫褴褛，面容憔悴，但是她的内心却十分激动。因为她重新获得了自由，她又可以回到祖国、亲人的怀抱，这正是她此生所向往与追求的目标。望着初升的太阳，这位勇敢、机智的美国女人流下了激动的泪水。

司法部里的女间谍柯普朗

她曾是一名激进的文学青年，但却在毕业后做起了保守的政府官员；她容貌俏丽、姿态迷人，却终日埋头工作，不懂浪漫。当她走进司法部的大楼时，大楼上下立刻传来了一片啧啧的赞美之声。她就是冷战开始之时苏联方面安插在美国司法部的女间谍柯普朗。就是这个才华横溢、让大家赞不绝口的大美女，屡屡给联邦调查总局的官员们制造麻烦，让其一度陷入了恐慌。

进军司法部

朱迪·柯普朗出生在纽约一个犹太商人家里。南北战争之前，其祖父带领全家移居美国。她的父亲是一位玩具商人，家庭收入中等偏上。柯普朗在巴理森社会关系学院读书时是学校的风云人物。她主修的是社会法和心理学。但是，她的兴趣点不在自己的学业上，她所感兴趣的是当前国际局势的变化。那时，第二次世界大战还没有结束，柯普朗对二战进程尤为关注。

二战中，面对德国法西斯的入侵，苏联人民进行了顽强的抵抗。抗战中，苏联人民所表现出来的决心和勇气令柯普朗敬佩不已。这种敬佩，也表现在她的课堂学习之中。一次，教世界政治的哈利教授正在讲台上大贬斯大林的时候，柯普朗突然站起来向教授提出了一个刁钻的问题。

"教授，您说95%的苏联人对斯大林政权心怀不满，但您又怎样解释他们正如此顽强地抵抗着德国人？"

"抵抗德国人是出于他们的一种民族生存感。"哈利教授这样回答

"可您刚才还说只要有一点点的外部势力进入苏联，他们整个社会的基础就会分崩离析。现在德国人进去了，可他们的社会并没有因此而崩溃。"柯普朗反驳道。

教授被她的话问得哑口无言。稍后，他讪讪地说："柯普朗小姐，为了我的授课计划得以顺利进行，我建议，这个问题我们课后讨论！"

事后，教授无奈地说："她是个天生的圣斗士。"

不仅如此，柯普朗还在文章或演讲中发表自己的过激言论。在学校出版的《号角》周刊上，柯普朗以"小刺猬"的笔名发表了一系列观点鲜明、笔锋犀利的战斗文章。在文章中，她愤愤不平地斥责丘吉尔是"小人"和"伪君子"，因为他"不遵守开辟第二战场的诺言"。演讲中的柯普朗慷慨激昂，她认为罗斯福政府对苏制定的租借法案是件令人宽慰的好事，但力度远远不够。她还认为应该给苏联更多的援助，因为如果苏联人完了，那西方世界的失败也就指日可数了。一旦苏联那巨大的资源落入希特勒手中，他会把整个世界都吞掉……

柯普朗激进的言论并未使她落下"同情赤色分子""皈依共产主义"的罪名。因为二战开始不久，美国舆论界就有援助苏联抗击纳粹德国的呼声。正因为如此，柯普朗的观点得到了很多人的赞同。在不少人眼中，她是一个积极进取、有远大理想抱负的非凡女子。

毕业前夕，柯普朗参加了一个苏美青年互访活动的接待工作。她负责接待的是一个乌克兰的青年战斗英雄代表团。代表团中的每一位成员都是在战场上与纳粹敌人进行过生死搏斗的英雄。这其中还有一位年轻姑娘，她是一名出色的狙击手，据说在战场上她先后击毙了300多名德国士兵。这些战斗英雄让柯普朗崇拜不已，也就是这次接待活动，使她的思想发生了巨大转变，为其以后的间谍生涯奠定了基础。正如联邦调查局分析的那样：从那时起，她便开始了与苏联人非同一般的接触关系。

当代表团走后，柯普朗突然一改往日的激进，整个人都安静了下来。她不再醉心演讲，也不再发表一些激进的文章。她开始频繁出现在图书馆、阅览室等一些以前很少光顾的地方。

面对老师和同学们疑惑不解的目光，她给出了这样的解释：我突然发现，自己该好好准备毕业论文了，否则我就不能顺利毕业找工作了。

"我猜想你的毕业论文一定是与苏联有关的题目吧？"有人这样同她开玩笑。

柯普朗莞尔一笑，继而否定地摇了摇头。是的，她的论文题目既不是"论苏联共产主义的社会基础"，也不是"大战中的苏联民族心理"，而是《东欧战场上的局势展望以及美国所应采取的对策》。在这篇论文中，柯普朗以翔实的资料和精辟的分析论证了希特勒不可逆转的战败局势。同时，她也一反常态地指出，苏联在军事上取得优势后，美国就应减少并最

终停止对苏联的援助。

这一观点得到了很多人的赞同。至此，人们明白了：柯普朗早先所表现出的激进观点是爱国的一种表现。因为一个东方巨国的覆灭会使纳粹德国腾出手来扑向西方，所以在苏联处于危急关头时，她才会大声疾呼要给它提供援助。这样一来，柯普朗在人们的心中的就更加完美了。她的论文得到一致好评，学院还授予她优等生的称号。

这样的才华，这样的好评，对她今后找工作将大有帮助。但是，柯普朗的工作之路并非一帆风顺。毕业后，她填报了自己的第一工作志愿：中央情报局。金斯顿教授也给他在中央情报局的一位朋友写了一封信，大力推荐这位才华横溢的才女。但是，在例行的安全检查后，柯普朗却没有被中央情报局录取。显而易见，她违反了情报局的入职潜规则——学生时代曾发表过一些激进言论。于是，柯普朗又填报了第二志愿：司法部。这次似乎没有什么阻力，5天后，她接到了司法部的录用通知书。

1944年6月，柯普朗正式成了美国司法部纽约办事处军务局经济作战科的一名职员。至此，她的人生历史翻开了新的一页。

秘密潜伏

工作后的柯普朗勤勤恳恳，除了工作，她很少过问其他事情。柯普朗变了，她由一名激进的青年学生变成了一位沉稳的政府官员。工作期间，时常有一些社会团体慕名而来，要她在诸如"支持东欧人民重建家园倡议书"上签字，或在"保卫世界和平协会"里挂个理事的头衔。面对这些，柯普朗总是如临大敌似的躲闪开来。

"我讨厌那些东西！"面对同事，她这样解释道。说这话时她那迷人的双眸会微微眯起，眼神中透露出一丝不屑与嘲弄。

没有人知道柯普朗为什么会在如此短的时间内有如此大的转变，她的表现前后简直判若两人。若干年后，联邦调查局给出了这样的解释：她接受了苏联人的"劝告"或"指导"，以一个保守主义者的面目出现，并尽量争取在政府的要害部门取得一个高位，或起码在敏感的岗位上取得一个位子，长期潜伏下来……

这样的解释合理与否，我们不得而知。但是，这一时期的柯普朗的确是变得十分保守。在经济作战科，她的工作是负责审查与政府和军方有军火合同关系的厂商和公司。凡是被经济作战科认为不合适的厂商和公司就不能得到政府的军火订购合同。对于这一工作，柯普朗是严谨的，她要求那些厂商和公司在政治上要绝对地清白，否则将被立即转入"绿名单"中去。勤奋、刻苦的工作表现，使柯普朗给同事们留下了很好的印象，也使她在短短半年时间里赢得了上司的好评。

"你是个有才能的姑娘，在这里工作还不能释放你所有的能量，所以我想推荐你到更重要的工作岗位上去。"她的上司麦克法兰对她做出了这样的承诺。

1945年初，麦克法兰正式通知柯普朗：美国司法部已经发来了调令，要她在一个星期之内到华盛顿总部报到。

"那儿有更重要的工作等着你去做。好好干吧，我相信你能胜任新的工作。"麦克法兰鼓励道。

至此，柯普朗的人生历史又翻开了新的一页。在华盛顿总部，柯普朗被分到了外国代理人登记科，做了一名助理政治调研员。这不是很大的官职，但是对柯普朗来说，这一工作的意义非同寻常。

柯普朗被告知去负责西欧几个国家的工作。这一点不是很对她的兴趣，但柯普朗还是愉快地接过任务，埋头苦干起来。美国法律规定，凡是在美国营业的外国公司，其代理人都必须到司法部去报到、登记，并接受司法部的审查。当然，这只是表面文章。实际上，美国司法部还兼有其他不为人知的使命：帮助中央情报局搜集外国公司、企业的资料；协助联邦调查局清查外国公司、企业及代理人的背景；大战的特殊时期，司法部还担任一些谍报性的工作任务。因为这样的特殊职能，司法部里的官员们能够接触到大量的机密文件，诸如中央情报局的《国外活动动态》，联邦调查局的《每日简报》《本周摘要》以及其他一些情报研究机构的调研资料。作为一名调研员，柯普朗有资格查看这些绝密文件。这是戏剧性的一个转变，当年被中央情报局拒之门外的柯普朗在兜兜转转之后，反而获得了阅读其机密文件的便利。这一点让她感到非常满意。

柯普朗无疑是位干练的职员。日常工作中，她将一切事务都处理得有条不紊。她写出的调研报告，论证充分，极具说服力。这样果敢、高效的工作能力，很快使她得到了上司的认可，于是科长推荐她去负责苏联和其他几个东欧国家的工作。

柯普朗的工作热情更高了，她每天都以高亢的情绪忘我地工作着。为了处理日常繁重的案卷工作，柯普朗经常加班到很晚。工作之余，她会到阅览室去阅读各种机密文件，因为这样能更好地了解情况，有利于今后工作的开展。柯普朗最感兴趣的是联邦调查局的《国家安全备忘录》，那里面有对苏联和其他东欧国家驻美外交官的监视和策反活动情况的记载。科里有几个档案柜塞满了有关国家保安系统方面的资料，放着占空间，扔了又怪可惜。正在科长为这些文件头疼之际，柯普朗主动请缨，要求整理这些文件。科长非常痛快地答应了她的请求。

从那时起，柯普朗就养成了去纽约度周末的习惯。她每隔两三个星期就会去纽约一次。这一点，科长深表理解。原来，在过去的这几个月当中，柯普朗与科长的关系发生了微妙的变化。他们之间除了外在的上下级关系之外，还有内在的情人关系。科长虽是有妇之夫，但这丝毫不影响俩人之间的风流韵事。柯普朗对科长说："我不在乎你有没有妻子，这一点与我没多大关系。为了公平起见，我也要求你不要干涉我的私事。我虽没有结婚，但是我却有要好的男朋友。他人在纽约，所以我每个月都要去见他几次。"

对于这个解释，科长表示完全理解：毕竟不能给她婚姻，所以他也没有权力去干涉她的私人生活。在工作上，科长给了她很大照顾。每当柯普朗写调研报告时，她就向科长借阅一些只有科长及科长以上的官员才能看的内部文件资料。对于这一要求，科长从来没有拒绝过她。

就这样，柯普朗在这个岗位上一干就是 3 年。在这 3 年时间里，她一如既往地勤奋工作着，日子过得极有规律。她不时地向科长借阅一些文件，用完之后便会如期奉还。除此之外，她与科长的关系也有了进一步的发展。本来，她可以优哉游哉地继续这样工作，但是一场"邮袋风波"搅乱了她的整个生活。

身份暴露

为了得到其他国家特别是苏联和东欧一些国家的外交秘密，美国联邦调查局的情报人员总在往来的外交邮袋上下点功夫。联邦调查局称这一举动为"阿里巴巴计划"。这一偷拆外交邮袋的行为，需要各行各业的专家参与，因为事情要做得完美无缺，不留痕迹，这需要相当高的专门技术。靠着这一手，联邦调查局搜集了许多国家，特别是苏联和东欧国家的外交秘密。

1947年8月，联邦调查局在苏联大使的外交邮袋里发现了让他们疑惑不解的事情。在这个苏联外交部发给苏驻美使馆的文件中，赫然有这样一段话：商务处三秘古斯塔夫·鲍尔在4月份的头三个星期中共酗酒8次。其中6次是在公共场所。特别有一次他酒后开车，把车的前灯撞坏了……

这段记录不正是自己对苏联外交官的监视记录吗？怎的这一信息落入了苏联人的手中？这时候，美国联邦调查局意识到自己的秘密被泄露了。于是，他们开始着手追查此事，并加紧了对苏联外交邮袋的"阿里巴巴计划"，希望能从中找出一些线索。

当然，苏联方面也相当谨慎。他们一般不会在外交邮袋中夹带一些可能暴露他们情报来源的信息资料。上述情况纯属偶然，谁都不知道类似事件还有没有可能发生。尽管如此，联邦调查局的情报人员还是死死地盯紧了往来于莫斯科与华盛顿之间的外交邮袋，他们在等待着类似"偶然事件"的发生。两个多月过去了，他们并没有再从苏联的外交邮袋上发现任何的蛛丝马迹。与此同时，他们从内部追查这一泄密案件的努力也没有取得任何实质性的进展。因为联邦调查局对苏联外交官的监控记录一般要归入《每日机要》的备忘录里。而《每日机要》备忘录的阅读人群又非常广泛。上至总统办公室、内阁部长、参谋长联席会议的长官，下到中央情报局、司法部等一些有关单位的中级官员们，都有权阅读这一文件。据联邦调查局统计，能够阅读这个《每日机要》备忘录的不下千人。这还是保守估计，因为这一千人还不包括上述人群周围的秘书、副官、调研人员。如果连这些人员也统计在内，数字要远远大于千人。想要从这么庞大的人群中筛出泄密者，任务难度可想而知。

1948年12月14日，联邦调查局在苏联的外交邮袋中又发现了新的线索：一张联邦调查局提供的"不被信任"的公司及个人名单。这一黑名单属于国家AAA级的绝密资料，现在它在苏联的外交邮袋中被发现，无疑说明美国内部潜伏着苏联方面的间谍。

于是，联邦调查局立即着手追查此事。此次调查比上次要容易得多，因为这份AAA级的绝密资料，只提供给有关单位参考，不作为政府文件加以传阅。这样一来，被怀疑对象的范围就大大缩减。仔细算来，只有联邦调查局、中央情报局和司法部这3个机构的负责这方面事务的官员有机会接触这一黑名单。于是，联邦调查局就在这有限的范围内展开了排查。

在司法部里，有权阅读这一绝密文件的只有司法部部长、刑事局局长及外国代理人登记科科长。按照惯例，联邦调查局对3个人进行了逐一调查。很快，他们便把目光落在了外国代理人登记科科长身上。科长郑重声明：在他手里，绝密情报绝对不会出什么纰漏。但是他又表明，出于工作需要，他的政治调研员偶尔会向他借阅一下这些文件。于是，联邦调查局的工作人员对柯普朗进行了严密调查，因为她是重点被怀疑对象。

很快，柯普朗的档案资料便摆在了调查人员的面前。他们根据她大学时期的言行举止，推算出她可能已经成了苏联共产主义的信徒。联邦调查局的官员认为，那次与乌克兰青年代表团的接触使她产生了共产主义的信仰。或许从那个时候起，她就接受了"某人"劝告，一改往日的激进思想，韬光养晦，以求日后渗透到政府的机要部门中去。这样看来，她毕业前夕想去联邦调查局的想法就合情合理了。

从那时起，柯普朗的一举一动便被人暗中监视了起来。她的信件被偷偷拆阅，她的电话被秘密偷听，凡是与她有往来关系的人都要受到监视。为了防止她与苏联人用无线电联系，联邦调查局甚至从美国陆军情报部借来了一辆电波测向车，停在了离她住处不远的一个车库里。天罗地网已经撒好，柯普朗这只笼中小鸟却浑然不知。她依旧一如既往地工作着，依旧隔三岔五地去纽约度假一次。

联邦调查局的情报人员跟随她到了纽约，发现她与一个黑头发的矮个子男人取得了联系。经过一番调查，证实了这个矮个子男人全名叫瓦伦丁·亚历克西维奇·古比切夫，是苏联派驻联合国的一名工程技术人员。一切都已明了，收网行动随即展开，一场暴风雨就要来临！

抓捕行动

局长胡佛打算将柯普朗调离工作岗位，因为她随时都有可能做出损害美国利益的事情。但是，为了揪出柯普朗的同伙，联邦调查局决定放长线钓大鱼。他们准备以柯普朗为主线，将她身边的间谍连根带叶一齐拔出。

为了诱柯普朗上钩，负责这起案子的兰菲尔抛出了第一个诱饵。他着手起草了一份文件，文件中说他已在安托格贸易公司（苏联的间谍情报机构）安插了一名情报人员。看到这一消息，柯普朗立即动身前往纽约，随后她将这一消息告诉了前来与她会面的古比切夫。接着，兰菲尔抛出了第二个诱饵。他在《每日机要》备忘录中写道：安托格贸易公司有觊觎美国地音探测器的嫌疑，我们正和该公司的美方代表艾西多尔·吉比·尼德尔曼取得联系。此人有意要成为我们的人，但是其诚意有待考证。备忘录中，兰菲尔透露的这个美方代表实际是苏联方面安插在美国的情报人员。看到这一消息，毫不知情的柯普朗觉得事态严重，于是她决定动身前往纽约。

这天，又到了柯普朗去纽约度假的日子。联邦调查局的特工们也做好了抓捕准备。这是一次代号为"纽约行动"的联合行动。出发前，局长特意交代：要在他们交货的时候实施抓捕，一定要人赃俱获。于是，在柯普朗去纽约的路上，联邦调查局的特工一路尾随。

为了这次抓捕行动，联邦调查局动用了30多名特工和7辆装有无线电传呼器的警车。到了接头地点，柯普朗和古比切夫察觉到有人跟踪他们，便装出不认识对方的样子擦肩而过。就在双方交汇的那刻，古比切夫给了柯普朗一个不为人注意的暗号。之后，两人各朝着不同的方向

埃德加·胡佛像

胡佛在二次大战期间指挥反间谍工作，他努力想把外国情报搜集工作揽于联邦调查局控制之下，但没有成功。

走去。

古比切夫跳上了一辆公共汽车，柯普朗则坐上了一辆有轨电车。公共汽车开过三站后，在第四站上，古比切夫在车门即将关闭的刹那，敏捷地跳了下来。之后，他窜到马路对面，跳上了一辆相反方向的公共汽车。在车门即将关闭的那刻，他又嗖地跳了下来。他这样做不是消耗过剩的体力，而是在和跟踪他的人玩"捉迷藏"的游戏。克格勃的《海外活动指导手册》中有这样的建议：在执行任务中被对方跟踪，要装作若无其事的样子。这时候，要专心致志地看报纸，不要刻意注意往来的车辆。然后，要在车门即将关闭的瞬间，迅速地冲进去。同样，

在下车的时候也采用相同的战略，先是装出一副不想下车的样子，然后在车门即将关闭的时刻跳下车去……

无疑，古比切夫正按照这本指导手册的建议设法摆脱"尾巴"的跟踪。与此同时，柯普朗也在绞尽脑汁地同跟踪者周旋。

经过一番周折，柯普朗和古比切夫在 36 号地铁站碰面了。这次，他们没有擦肩而过，而是站在那里说话。但是，柯普朗并没有把手里的东西交给古比切夫，这令跟踪他们的联邦调查局特工有些不知所措。胡佛局长再三交代，要人赃俱获，才能进行抓捕。但如果不采取措施，就会让他们两个全都跑掉。因为这时，古比切夫正在电话亭里给苏联大使馆打电话。等大使馆的车一到，联邦调查局的抓捕行动就会宣布失败。

无奈之下，他们只好呼叫总部，请求上级下达抓捕命令。在焦急的等待之后，总部的命令终于达到。于是，他们迅速包围了还未来得及逃走的柯普朗和古比切夫。眨眼之间，俩人便被塞进汽车，然后特工们载着二人绝尘而去。

法庭审判

特工们从柯普朗随身携带的包里搜出了兰菲尔故意虚构的第二份备忘录的复印件，并发现了比这更重要的东西，即 30 份联邦调查局的机密文件及三个人的简历（通常情况下，克格勃收买某人，都会索要该人简历）。这些资料，足以说明柯普朗是个不折不扣的苏联间谍。于是，美国联邦政府以间谍罪的名义将她告上了法庭。

1949 年 4 月 25 日，法院对柯普朗案进行了开庭审理。法庭上，柯普朗被指控为出卖国家机密罪。面对法官的质问，她一笑置之，反问道："我什么时候，在什么地方，向谁出卖了国家机密？"接着她说："不错，那晚我是和古比切夫在一起，但那是我们之间的私人约会，并不是间谍之间的接头行为。联邦调查局的工作人员也看到了，我并没有向他递交任何东西。"

"那你为什么偷偷摸摸和古比切夫约会？"法官问道。

"因为我深深地爱着古比切夫，但众所周知他早有妻室。尽管如此，我还是割舍不下对他的感情，于是我们只能偷偷约会。再者，他的妻子已经知道了我的存在，因而派私家侦探跟踪我们，所以我们约会时更加谨慎。"

"那你为什么把机密资料放在手提包里，带到公共场所？"法官问道。

"这是我的疏忽，因为约会心切，匆忙中忘了将资料放回。这是失职的行为，但远没有犯罪那样严重。"柯普朗振振有词地说道。

此时，柯普朗的辩护律师阿基博尔德·帕尔默也对法庭强调说："我的当事人和古比切夫秘密见面，纯粹是情人间的私下约会。至于你们所说的古比切夫包中的 125 美元是给柯普朗的情报经费，我认为这个说法也不成立。因为那样重要的文件其价值远远超过 125 美元。"

这时，兰菲尔出庭作证。他表示，他虚构的那份备忘录有一部分是真实的情报，目的是找出向苏联提供情报的真正间谍。兰菲尔指着从柯普朗手提包中搜出的影印文件说："这不是指正柯普朗的最好证据吗？"

阿基博尔德·帕尔默反驳道："这些资料不能证明任何问题，如果要用这些资料证明柯普朗有罪的话，必须向法庭提供有关的全部备忘录。"

帕尔默的这一席话，使联邦调查局骑虎难下。他们不愿意公开全部备忘录，那样做会给美国带来很大损失。但如果不公开全部备忘录的话，又不能完成对柯普朗的指控。事情一时陷入僵局，法庭被迫中途休庭。

一小时后，法庭重新开庭，并给出如下裁决：联邦调查局的备忘录涉及国家机密，不宜公布于众。但本着公平原则，允许被告辩护人调阅与柯普朗手提包中影印资料相关的备忘录。

尽管极不情愿，联邦调查局还是把相关备忘录拿给帕尔默查看。很快，这部分资料就被媒体曝光了。因为资料的曝光，联邦调查局安排在各地的十几名情报人员也因此暴露了身份。

后来，主诉官又拿出她与夏皮罗关系暧昧的证据来证明她与古比切夫之间的见面是间谍之间的接头行为而非恋人之间的秘密约会。当然，这一指控并没有得到柯普朗的认可。经过20多小时的激烈辩论，法庭最后宣布柯普朗有罪，她被判处40个月到10年的有期徒刑。

事后，柯普朗积极上诉。于是，法院在1950年初对柯普朗案件进行了第二次开庭审理。这次，古比切夫也被告上了法庭。法院一致裁定二人有罪，柯普朗被判处有期徒刑20年，古比切夫则被判处有期徒刑15年。面对宣判，古比切夫声称自己是外交官，享有外交豁免权，因而不应该受美国法庭审判。而美国法庭坚持说古比切夫只是联合国的雇员，因而不能享受外交豁免权。

法庭宣判后不久，苏联方面就同美国政府进行了交涉，在交纳了10万美元的保证金后，他们将古比切夫保释了出来。事实上，大家都心知肚明：如果今天古比切夫被投进监狱，那么，明天莫斯科法庭就会宣判一个"美国间谍案"，那时肯定会有一个美国公民被投入克里姆林宫的监狱。

柯普朗并没有被人保释，她只能通过上诉来摆脱困境。二审宣判后，柯普朗继续上诉。幸运的是，她碰到了利德尔·汉德大法官为她翻案。汉德认为，联邦调查局在采取行动之前并没有申请逮捕证，因而其逮捕行动是不合法的。鉴于此，其现场缴获的证物也是无效的。就这样，柯普朗在交了4万元保证金之后，被拘留所放了回来。

"她没有进监狱并不是因为她无罪，而是因为她钻了美国法律的空子。"《纽约时报》的一篇文章这样评论道。不过，事实的确如此。

被释放后的柯普朗生活过得更加滋润，尽管联邦调查局不准她离开东海岸，但这丝毫不影响她过轻松自在的日子。上诉期间，她嫁给了41岁的苏科洛夫律师。从拘留所出来后，她在纽约郊区购置了一座别墅，过起了平凡女人的生活。傍晚时分，人们常看到贵妇人打扮的她，牵着一条狗，在别墅附近的林荫路上漫步……

这就是二战后美国轰动一时的第二苏联间谍案。这起间谍案由于新闻媒体炒作，而有意无意地被蒙上了"桃色"的外衣，这使得整个案件更显得真假难辨、曲折离奇。它有一个骇人听闻的开端，最后却是个不了了之的结果。但是，这一事件对美国的触动却是巨大的。《纽约时报》社论称它为一颗"清醒丸"，"使美国的公民们开始认识到苏维埃帝国是怎样无孔不入地对美国社会进行渗透的。"《纽约明星报》对此事做出了这样的评论："毋庸讳言，像柯普朗这样的事件并非苏联人所特有。然而，除玛塔·哈丽式的人物外，苏联人比我们享有一个明显的优势——颇有诱惑力的意识形态。柯普朗是从什么时候开始醉心于激进主义的理论？我们不得而知，但是，有一点是肯定的。她确实信奉这套理论……"

克格勃祖母级间谍诺伍德

她是苏联在英国招募的最有价值的间谍——有报道称，她为苏联提供的核军事机密使苏联提前两到三年引爆了第一颗原子弹；她是英国历史上活动时间最长的克格勃祖母级间谍——从1937年开始，其间谍生涯一直持续了40年；她是一个理想主义者，对于自己的"叛国"行为表示从不后悔——她说，当间谍不是为钱，而是为理想，因为自己是共产党员，她希望苏联能够与西方拥有平等的实力地位；她是共产主义的忠诚信奉者——每天买30份当地共产党的报纸，然后把它们分发给邻居和朋友，这一习惯一直坚持了很多年；她就是可以和"剑桥五杰"相媲美的克格勃著名女间谍——梅利塔·诺伍德。

诺伍德的共产主义信仰

1912年3月25日，诺伍德在英国出生。她的母亲是位地地道道的英国人，父亲则是一名拉脱维亚的移民。她的父母都是左派活动分子。其父亚历山大是拉脱维亚著名的社会党人。移居英国后，他创办了一份名为《南方工人、工党和社会主义者》的左派周刊，并将列宁和托洛茨基的作品翻译成英文，供读者阅读。她的母亲也加入了当地的合作社。

20世纪30年代，诺伍德一家搬到了伦敦。当时英国经济萧条，有很多失业工人。在伦敦街头，诺伍德目睹了失业者生活的艰辛。诺伍德了解到，此时的苏联经济也不景气，但是在苏联，普通群众每天都能得到廉价的食物。诺伍德曾跟母亲前往德国。母亲开导她不要仇恨德国人，因为他们在一战期间受到了不公正的对待。

在父母的影响下，年轻的诺伍德成长为一名左派分子。1936年，她加入了英国共产党。后来，诺伍德嫁给数学教员希拉利，丈夫希拉利也是一名英国共产党员。

诺伍德从不掩饰自己的党派信仰。在她50年前与丈夫合力贷款买下的小屋里，到处都贴满了支持古巴领导人卡斯特罗的标语。她说："一般来说，一个人不应背叛他的祖国。但如果，比如说，英国政府决定采取反古巴的政策，而我支持古巴，我就会帮助古巴。"每天清晨，诺伍德都要买30份当地共产党创办的《晨星报》，然后将它们逐一塞进朋友和邻居的信箱之中。关于苏联领导人，诺伍德说出了自己的看法。她说："我爱戴列宁，不过，斯大林没有那么好，他不是一个百分百的好人。"

诺伍德间谍身份暴露后，她曾对记者说："我是一个理想主义者，我希望苏联能和英国、美国、德国等西方国家拥有相同的实力、地位。"她还说："他们（诺伍德的父母）反对战争、反对宗教，但是他们将这些思想强加给我。"对于叛逃的米特罗欣，诺伍德气愤地说："他真是一个卑鄙小人。我是一个和平主义者，但我也可能会对他开枪。他的出卖行径会让很多人牺牲，他这样做就是为了钱，我觉得我甚至不愿冲着他吐唾沫。"

退休后，诺伍德仍然支持苏联，支持和平与社会主义。她在接待那些前来拜访的记者时，手里都是拿着印有古巴革命领袖格瓦拉头像的杯子喝茶。

不是为了钱

20世纪30年代，苏联的社会主义思潮风起云涌。很多英国年轻人开始崇拜苏联，认为苏联的政治制度是未来社会形态的理想选择。有些左派人士认为，苏联是法西斯"灰色瘟疫"的唯一克星。借助这一有利时机，苏联在英国招募了大批间谍。就是在这个时候，诺伍德成了苏联的一名间谍。

1932年，苏联间谍安德鲁罗思坦将诺伍德介绍给了苏联的情报机构。1937年，她正式成了苏联的一名间谍，代号"霍拉"。同年，诺伍德被伦敦一家金属研究机构雇用，参与有关冶金方面的项目研究。当时这一有色金属研究学会正在进行有关英国原子弹计划的部分研究工作。诺伍德虽然职位不高，但是她有机会接触一些绝密情报。起初，诺伍德只是将一些在工作中接触到的数据报告给苏联情报机构。后来，她不断潜入公司高层办公室，用微型照相机拍下众多绝密材料，然后她再前往伦敦南部的郊区，将这些资料交给前来接应的苏联情报人员。1937年～1940年短短3年时间内，她向苏联情报机构提供了大量的科技情报。

诺伍德在这个工作岗位上一做就是35年，直到1972年她才退休回家。在这35年的职业生涯中，诺伍德没有得到任何晋升，她始终是这个研究所的一名小职员。对于诺伍德来说，这样普通的岗位并没有什么不好，因为普通的工作更不容易使自己暴露身份。

但是，作为间谍来说，诺伍德的成绩却是突出的。她行事隐秘，其间谍身份起初连她的丈夫都不知晓。为了安全起见，诺伍德很少与苏联情报人员联系，但是她所提供的情报却具有相当高的价值。有报道称，当时斯大林对英国原子弹设计的了解，甚至比英国政府的各部长们都要详细。当然，这种说法未免有些夸大其词，但是诺伍德提供的情报确实加速了苏联原子弹研究的进程。可以说，她对苏联核武器的发展做出了不可磨灭的贡献。因为其突出表现，苏联军事情报机构和克格勃一度展开了对她领导权的争夺。最后，诺伍德接受了克格勃对她的领导。

诺伍德不但自己为苏联提供情报，她还负责为克格勃招募新间谍。1965年，诺伍德发展了一个名叫亨特的政府官员。这名新间谍从1967年开始为苏联方面提供情报，此后的14年时间里，他向苏联情报部门提供了大量的有关英国军火销售方面的信息和资料。

1979年，诺伍德和丈夫以旅游的名义来到了苏联。这时，苏联方面要给她发一大笔奖金作为酬劳，但是诺伍德拒绝了。她说："我不想要钱，我不是为了钱才当你们的间谍，我希望苏联能够与西方拥有平等的实力和地位。"尔后，她欣然接受了克格勃发给她的一枚战斗红旗勋章。她认为，接受荣誉勋章是件值得自豪的事情。

后来，诺伍德中止了与苏联情报部门的合作，开始了她普通人的生活。她每月领着35美元的退休金，过着深居简出的生活。如果不是因为米特罗欣的叛逃，诺伍德的间谍身份或许永远不会被人识破。

晚年间谍身份的暴露

1999年，诺伍德的间谍身份曝光。这时，她已经是位87岁的老人。导致她身份曝光的，是苏联克格勃绝密档案馆馆长瓦西里·米特罗欣的叛逃。

瓦西里·米特罗欣曾在苏联克格勃第一总局的档案处工作。1972年，克格勃要乔迁到莫斯科郊外的新办公楼里。于是，米特罗欣就利用工作之便，将一些有用情报誊抄在纸上，然后将其秘密带出。回到家中，他将这些资料打印出来，然后拿到郊外的别墅妥善收藏。

苏联解体后，米特罗欣生活落魄，过着穷困潦倒的生活。这时候，他心中萌生了出卖情报、获取巨额报酬的罪恶念头。1992年，米特罗欣带着部分情报叛逃。最初，他想将这些资料交给美国人，于是他首先来到了位于拉脱维亚的美国大使馆里。美国使馆工作人员认为，米特罗欣的这些资料不过是克格勃的一个"糖衣炮弹"，大可不必当真。即使他不是受克格勃的指使，这些誊抄资料也不过是他达到个人目的的假情报。于是，他们严词拒绝了米特罗欣的

隐藏情报的螺丝帽与钱币
米特罗欣在书中提到用来隐藏情报的各种工具。

请求。

但是，米特罗欣并不死心，在遭到拒绝后他转而去了英国使馆。英国使馆工作人员觉得此事非同小可，遂将这一事件报告给伦敦的相关部门。伦敦方面接受了米特罗欣的条件，为他及其全家办好了所有的相关证件，之后把他秘密带回英国。为了得到全部情报，伦敦方面派理查德·汤姆林森以外交官的身份前往莫斯科，在米特罗欣郊外的别墅里，汤姆林森找出了全部资料，之后将之运回伦敦。

后来，米特罗欣与英国著名间谍小说家克里斯托弗·安德鲁合作，联合推出了《剑与盾：米特罗欣的克格勃绝密档案和克格勃的秘密历史》一书。这本书一经面世，便立刻引起轰动，并很快成为畅销书籍。在这本书中，大批的克格勃间谍曝光，87岁的诺伍德也不幸位列其中。其实，早在米特罗欣叛逃之初，英国情报部门就在米特罗欣带去的克格勃资料中发现了一个代号为"霍拉"的间谍，但是他们不确定"霍拉"的真实身份。7年后，安德鲁经过深入研究发现："霍拉"就是87岁高龄的诺伍德。其间谍生涯可以追溯到1937年。当时，诺伍德是苏联内务人民委员会的间谍，而该机构正是后来克格勃的前身。

诺伍德是苏联间谍的消息不胫而走，这让她的邻居们大吃一惊。在他们眼中，诺伍德只是个普通的银发老太太，她和蔼慈祥，会做美味的苹果酱……这一切，都和神秘莫测的间谍特征风马牛不相及。莫说邻居，就是诺伍德的女儿听到这一消息也备感意外，她自始至终都不知道自己的母亲是位间谍，直到上述书籍出版后，女儿安妮才知道母亲的真实身份。

面对这一"风波"，诺伍德显得相当平静，她似乎已经预料到了这一天的到来。身份曝光后，诺伍德成了媒体关注的焦点。一觉醒来，她发现门外站满了一大群媒体记者。面对记者们的追问，诺伍德平静地告诉他们在门外等候，稍做准备之后，她就在自己的花园里向记者发表了声明。

在接受采访时，诺伍德承认她曾经与克格勃合作过。她说："我当间谍不是为钱，而是为理想。我对钱没有兴趣，我想要的是苏联能够与西方平起平坐。"她还说："我从来不认为我是一个间谍，至于别人怎么说，那是他们的判断。"当有记者问及她这样做是否后悔时，诺伍德斩钉截铁地说："绝对不会！"她解释说，自己是一名共产党员，她希望苏联能够与西方国家并驾齐驱。她认为，这个世界应该有某种平衡，如果一个大国独自控制核武器，那将打破这种平衡，那时，西方国家可能会对苏联发动先发制人的袭击……不可否认，诺伍德是一名坚定的共产主义信仰者。

按照惯例，诺伍德应该接受法庭审判。但是作为一名间谍，她的作用显然在很多年前就已结束。虽然她曾通过英国情报部门的审查，获准接触秘密文件，但是到了1951年，她的这种权利就被取消了。再者就是米特罗欣的誊抄档案和诺伍德在接受采访时承认的事实也都不能作为法庭证据。鉴于此，当有人提出以叛国罪起诉诺伍德时，英国政府并没有予以采纳。稍后，英国司法部门宣布对87岁的诺伍德免于起诉。

2005年6月2日，这位93岁高龄的老人在位于伦敦南郊的寓所中安然离世。诺伍德去世后，她的家人为她举行了秘密葬礼，随后将其火化。25 天后，诺伍德去世的消息由《泰晤士报》首次公布。随后，各大媒体也纷纷登载了她的讣告及生前经历。这就是克格勃祖母级间谍梅利塔·诺伍德。

蝴蝶女郎艾莉娜

古巴外交部次长落入一个声称喜欢蝴蝶的妙龄少女的圈套。在爱情游戏中，古巴重要军事机密源源不断地流进了美国中央情报局的档案库。

郊外邂逅

67 岁的古巴外交部次长查理士有一个习惯，每天早上或傍晚，他都要骑马溜达一圈。他曾经是一个出色的骑师，虽然已经年近古稀，但是他希望通过这种方式证明自己依旧年轻力壮。他在骑马到近郊饱览自然风光的时候，确实感到心情舒畅，充满活力。

一天早上，查理士照常骑马外出，一个漂亮的年轻女郎牵着一条大狗迎面而来。大狗突然朝着马狂吠起来，马儿受到惊吓，嘶鸣一声，抬起前蹄，差点把查理士摔下来，幸亏他是一个骑术高超的骑士。狗脱绳而逃，少女受惊晕倒在地。查理士大吃一惊，急忙勒住马，下马把少女救起。

"姑娘，你醒醒，醒醒……"

少女脸色苍白，缓缓睁开眼睛，迷茫地看着查理士，好像不知道发生了什么。

"姑娘，你没事吧？"查理士带着歉意说，"对不起，我的马吓着你了。"

"哦，我想起了，我的狗朝着您的马乱叫……"姑娘环顾四周，"我的狗呢？"

"它往南边跑了，不用担心，我会把它找回来的。姑娘现在有什么不舒服吗？"

"我感觉有点儿头晕。"姑娘娇滴滴地说。

"我送你回家吧，你住在哪里？"查理士关心地问。

"就在前面树林的别墅里。"

查理士搀扶着姑娘来到别墅，让她躺下休息。

"感觉好些了吗？要不要看医生？"

"不用，谢谢您！"姑娘笑了笑，露出甜美的酒窝，"先生，我还不知道您怎么称呼呢？"

"叫我查理士好了，姑娘，你叫什么名字呢？"

"我叫艾莉娜，你可以叫我蝴蝶女郎，因为我喜欢蝴蝶，经常在附近捉蝴蝶，所以人们都叫我蝴蝶女郎。"

查理士笑了起来："蝴蝶女郎，这个名字很美，很适合你，真是名如其人啊！"

艾莉娜害羞地低下头："您别取笑我了，我只是个乡下姑娘，您才是了不起的骑士呢！"

查理士摇摇头，感慨道："40 年前也许我算得上出色的骑士，现在我已经老了！"

艾莉娜眨着美丽的眼睛说："我看您一点儿都不老啊，您的身手多矫健啊，那匹马都立起来了，您却没有摔下来！"

查理士得意地笑了："说到身体健康，恐怕小伙子都比不上我，不管多烈的马，我都能把它驯服。"

这时艾莉娜已经从惊吓中恢复过来，她让查理士自己坐一会儿，她去冲咖啡。查理士环顾客厅，发现墙上挂满了美丽的蝴蝶标本，还有一张美国昆虫学院发给艾莉娜的奖状。

艾莉娜给查理士端来咖啡。

"艾莉娜，你真是名副其实的蝴蝶女郎，连美国昆虫学院都认可你！"

艾莉娜开心地说："我喜欢别人叫我蝴蝶女郎，查理士先生，您也喜欢蝴蝶吗？"

查理士开玩笑地说："认识蝴蝶女郎之后，就算不喜欢也会变得喜欢了。"

艾莉娜突然跳起来，抱着查理士吻了一下说："我太高兴了！"

面对这个美丽的、单纯的、调皮的蝴蝶女郎，查理士突然心跳加快，他突然有一种冲动，想把蝴蝶女郎抱在怀里亲吻。他控制住自己，尴尬地笑了笑说："你太有魅力了。"

艾莉娜目不转睛地盯着查理士，一字一顿地说："您也很有魅力呢！"

查理士心猿意马，不知道这个小丫头在用什么魔法，含糊地说："我有什么魅力，我一个老头子……"

艾莉娜用柔软的小手掩住他的嘴，撒娇地说："不许你说'老头子'，在我眼里你很年轻呢，就像传说中的英雄，就像——白马王子！"

查理士面对这个情窦初开却又连连出招的女孩子，有点儿手足无措，他一把抓住艾莉娜的手，激动地说："我太感动了。"

艾莉娜又是甜甜地一笑，说："既然你这么感动，我求你一件事，你不会不答应吧！"

查理士愣了一下，这个小丫头古灵精怪，绝不像表面看上去那么单纯，强笑着问道："什么事呢？"

艾莉娜神秘地笑了笑："你猜猜！"

查理士含糊地说："告诉我吧，我怎么猜得到呢？"

艾莉娜认真地说："您骑马的样子真潇洒，我也想骑马，您能教我吗？"

查理士顿时觉得这个蝴蝶女郎非常可爱，当即答应："乐意效劳！"他不知道再待下去还会发生什么事，连忙说："我待得太久了，对不起，我得走了。"

艾莉娜一下子挡在他面前，撒娇说："不许走，除非你答应我以后来看我，教我骑马。"

查理士被她弄得心痒难搔，笑着说："我答应你，明天就来看你，行了吧？"

蝴蝶女郎的陷阱

美国中央情报局在利用间谍方面不甘落人后。艾莉娜就是美国中央情报局派出的间谍，任务是侦察苏联运人的洲际导弹。艾莉娜不是什么乡下姑娘，而是哈佛大学的高才生。她喜欢冒险生活，于是毕业后投身于中央情报局，毛遂自荐去古巴侦察苏联洲际导弹在古巴的下落。

艾莉娜在古巴的一个幽静地方定居下来，这是一个宁静而又充满诗情画意的村庄。闲来无事，她就捉蝴蝶，把它制成标本，挂在墙壁上，还有一张美国昆虫研究院赠给她的奖状。她很快得到"蝴蝶女郎"这一称呼，在外行看来，她俨然是一个蝴蝶专家。其实，这一切都是中央情报局的安排。

她的别墅旁有一条公路，古巴外交部次长查理士每天骑马必须经过这里。查理士已经67岁了，他喜欢早上骑马缓缓而行，饱览路旁景色。而且他对蝴蝶也很感兴趣，经常捉蝴蝶放在手掌上欣赏。艾莉娜显然同他有共同爱好和语言。中央情报局给他挖好了陷阱，查理士就是艾莉娜要捕捉的"蝴蝶"。

当天晚上查理士失眠了，他已经很久没有这种动情的感觉了。他做着激烈的思想斗争。"她可以做我的孙女呢!"他自嘲地想,但是转念一想,"爱情不分年龄,何况,她并不觉得我老,她说我是白马王子呢!"

"别做梦了,她年轻、漂亮,怎么会看得上一个糟老头呢?"他警告自己。

"不对,她不是吻我了吗?还用手掩住我的嘴。她是一个轻佻的、容易冲动的姑娘,只要我敢抱住她……"他又开始想入非非。

他在迷迷糊糊中进入梦乡,他教艾莉娜骑马,艾莉娜很聪明,很快就能策马奔驰了。他们骑着马来到山顶上看风景,突然一头野兽冲出来,使艾莉娜的马受惊狂奔起来,艾莉娜惊叫着从马背上摔下来。查理士大惊失色,急忙赶过去,抱起艾莉娜。只见艾莉娜浑身是血,已经死了。查理士失声痛哭,大喊着艾莉娜的名字猛然惊醒,这才发现原来是一场梦。他再也睡不着了,满脑子都是艾莉娜的影子,他悄悄对自己说:"我爱上她了。"

第二天一早,查理士迫不及待地骑上马朝艾莉娜的别墅走去。快走到的时候,他突然停下来,他自惭形秽,丧失了勇气,喃喃地说:"我太老了,足以当她的祖父。"他掉转马头,走到昨天艾莉娜晕倒的地方,又停了下来,强烈的思念啃噬着他的心,多么久违的感觉啊!

"也许我可以单纯地教她骑马,我们可以做普通朋友,只要见到她,我就会很开心。"这个老家伙又掉转马头,朝艾莉娜别墅的方向走去。

查理士把马拴好,鼓足勇气,尽量让自己的步履显得轻松、自然,他按响门铃。

艾莉娜好像还没起床,她穿着薄薄的睡袍把门打开,看到查理士后,惊喜地说:"真的是您吗?查理士?"

查理士假装轻松地回答:"我们不是约好了吗?"他看着睡袍内艾莉娜玲珑有致的身体,呼吸有点儿困难。

艾莉娜观察入微,看出了查理士的心思,她突然上前抱住查理士的脖子,抽泣地说:"我以为再也见不到您了。知道吗?我昨晚做了一个梦,梦到您骑着马走了,再也不理我了。"

查理士的心怦怦地跳着,他太感动了,抱着艾莉娜说:"我不会离开你的,我昨晚也做了一个梦……"

此后,查理士天天来拜访艾莉娜,艾莉娜偶尔学学骑马,但是她更喜欢和查理士聊天,聊政治问题。而查理士非常喜欢在心上人面前炫耀自己在这方面的见解。

"亲爱的,美国人会打过来吗?"她不无担忧地问,"他们多强大啊!"

"不会的,亲爱的,他们不会打过来的。"

"可是,他们曾经打进来过,如果打起仗来,到处是战火和枪声,我们就不能像这样幽会了。"

"放心吧,美国人现在不敢放肆。"

"为什么?"

"因为我们有洲际导弹。"

"是苏联老大哥援助我们的吗?"

"嗯,艾莉娜,我们不谈这个了,我们快活快活吧,你不知道我多想你。"查理士说着就要脱艾莉娜的衣服。

艾莉娜撒娇说:"别急嘛,我们先聊聊天嘛。"

"好吧,你想聊什么?"查理士把小情人抱在怀里。

"我不相信苏联人真的肯援助咱们,他们那么大方吗?"

“苏联人有他们的想法，援助我们等于援助他们自己。”

“那您见过他们送来的导弹吗？”

“岂止见过，我还摸过呢。”查理士笑起来。

“您撒谎，您在哪里见过？”

“小宝贝，这怎么能告诉你呢？这是军事机密。”

“为什么不能告诉我？您不相信我？”艾莉娜挣脱查理士的怀抱，噘着嘴假装生气地说，“我把什么都给您了，您却把我当外人……”

“亲爱的，别生气，听我说。”查理士的心揪起来。

“您骗我，您觉得我什么都不懂，您怎么可能见过导弹呢？您为什么捉弄我？”艾莉娜哭了起来。

“艾莉娜，告诉你吧，我是外交部次长，我真的见过导弹，怎么会骗你呢？”

艾莉娜嘲笑道：“你是外交部次长？我还是总理秘书呢，告诉你吧，导弹就放在卡斯特罗的办公室里。”

查理士急了：“艾莉娜，相信我，我不会骗你的，导弹就在……”他在艾莉娜耳边小声说出导弹的位置，然后说：“千万不能告诉别人。”

艾莉娜郑重地点点头，惊奇地问：“您真的是外交部次长？”

查理士叹了口气，从口袋里拿出证件给她看。艾莉娜接过证件，好奇地看了看，然后怯生生地说：“亲爱的，您不会生我的气吧？”

查理士抱着她一阵亲吻，怜爱地说：“我疼你还来不及呢，怎么会生你的气？”

艾莉娜娇媚地说：“我真幸运，爱上了一位革命英雄，您以后一定要讲革命故事给我听。”

从此以后，两人亲热的时候，艾莉娜就缠着查理士讲领导人们的日常工作和生活，查理士只当是小女孩的好奇心比较重，不经意间透露出了很多会议机密。有时候，艾莉娜要求查理士晚上陪她过夜，查理士就带着机密文件来到艾莉娜的别墅。这些机密文件都被艾莉娜拍照了。

蝴蝶女郎不懂蝴蝶

虽然就年龄而言，查理士完全可以做艾莉娜的祖父，但是他还是堕入情网。在他看来，她就像一只美丽而无害的蝴蝶。就这样，蝴蝶女郎成了查理士的情妇。他俩情意绵绵地度过了两个月，艾莉娜掌握了一切所需要的情况，并提供给了中央情报局，结果中央情报局派秘密特工炸毁了古巴的洲际导弹隐蔽库。

古巴当局怒不可遏，一方面极力掩饰导弹隐蔽库被炸的真相，一方面开始寻找泄密原因。一切了解此秘密的人都受到审查，查理士自然也在审查之列。他们派人跟踪查理士，进而了解到艾莉娜是他的情妇。高官包养情妇并不是什么稀罕事，古巴当局不想贸然拘捕她，就先派人去她的住处调查。

一个路过艾莉娜别墅的游客向艾莉娜讨水喝，并向她问长问短。

“啊，多么美丽的蝴蝶啊！我的家乡也有，可惜我不会制作标本。”

“你也喜欢蝴蝶吗？”艾莉娜笑着问，“我们古巴有很多这种蝴蝶呢！”

游客摇摇头：“不是很喜欢。你这房子很宽敞，是租的还是你自己的呢？”艾莉娜反问：“有什么关系吗？”

游客笑了笑：“我想在古巴住一段时间，需要租一套房子，所以问问。”

游客又东拉西扯地问了很多问题才起身告辞。

游客走后，艾莉娜觉得不对劲，立即溜之大吉。

那位游客是古巴情报局的工作人员，回到情报局后立即报告，艾莉娜很可疑，因为她的墙上挂着美国昆虫研究院颁发给她的奖状，可是她的蝴蝶方面的知识非常贫乏，竟然说一种亚洲蝴蝶是古巴蝴蝶。而且，这个美丽的妙龄少女为什么要和一个老头子上床？她生活节俭似乎没从外交部次长那里得到多少金钱，那么她得到什么别的好处了呢？

古巴情报局经过一番研究后发现这个女人确实有很多可疑之处，为了慎重起见，决定先拘捕审问。可是，当情报局的警察来到艾莉娜的别墅时，却发现那里已经人去楼空。显然，她是一个经验丰富的高级间谍。

艾莉娜走时没有给任何人打电话，更没有人知道她是如何出走的。当晚，查理士去找她时，被古巴情报人员拘捕。查理士拒绝承认泄密，但是他解释不了为什么艾莉娜会一去不复返。他被判无期徒刑，他的余生将在监狱度过。

艾莉娜安全返回了中央情报局，得到中央情报局的嘉奖。

害死切·格瓦拉的塔玛拉

1997 年 7 月 12 日，距离古巴首都哈瓦那 15 公里的圣安东尼奥空军基地聚集了一大群人。他们表情肃穆，正在默默地等待什么，没有人说话。这些人有古巴党、政、军的最高领导人卡斯特罗和其他方面的高级官员，也有附近的工人和居民。

湛蓝的天空中出现了一架印有古巴标志的银色飞机，飞机缓缓降落。一个被裹得严严实实的箱子被几个军人抬了下来，放在一辆汽车上，汽车在官方车辆护送下开走了。在场的人们目送车队离去。那个箱子里装的是古巴人民崇敬和爱戴的游击队领袖切·格瓦拉的遗骨。30 多年前，切·格瓦拉在玻利维亚客死异乡，现在终于魂归古巴。

1967 年 10 月 9 日，被视为第三世界共产革命运动的领袖式人物而被西方国家视为是左翼运动象征的切·格瓦拉在一次由美国中央情报局策划的军事行动中被捕。不久，这位"游击之王"被人连开 6 枪杀死。人们一直认为他是被玻利维亚军队所害，但其实他的死与一个女人有关。

在莫斯科的一幢豪华公寓里，一个女人正斜躺在沙发上，嘴里吐着烟圈，面无表情地看电视里播放的切·格瓦拉的遗骨运回古巴安葬的新闻。这个女人名叫罗拉·马丁内兹，她曾与切·格瓦拉相爱多年，然而后来她背叛了他，并把他害死在玻利维亚的丛林中。她害死大英雄之后，哈瓦那的宣传机器却在声嘶力竭地宣扬她是"古巴游击队的女英雄"。

这到底是怎么回事？原来罗拉是一名间谍，她是苏联克格勃第一管理局第二分局的一个专职教官，曾负责拉丁美洲国家的间谍活动。如果你查看官方记录，你会发现，这位名叫罗拉的女子已经死了，她的尸体满是弹孔，被埋在玻利维亚森林深处的一个无名坟墓中。事实上，她活得好好的，并且回到苏联。西方情报机构说："罗拉的案子是西方间谍档案中最离奇的一件。"

妙龄女郎练成特工

罗拉·马丁内兹的原名叫海蒂·塔玛拉·朋克。她于 1937 年出生在南美洲一个老共产党员的家庭，在南美洲度过了快乐无忧的少年时代。1952 年，15 岁的塔玛拉离开家乡，来到东德斯大林施塔德读中学，后来进入汉堡大学攻读药物专业。天生丽质的塔玛拉很快被评为学校的校花，所到之处，总会引来人们惊艳的目光。

青春美丽的塔玛拉经常幻想自己的未来，她的父亲是一名共产党员，她从小就听父亲讲革命的故事，她觉得父亲是一个英雄人物，希望自己以后也能参加革命。因此，塔玛拉上中学的时候就积极参加各种社会活动。

格瓦拉像

塔玛拉不仅学业优秀，而且舞跳得非常好。一个周末舞会上，她认识了一个矮胖的中年男人。舞会结束后，婀娜多姿的塔玛拉哼着小曲，踩着舞步，和几个女友一路叽叽喳喳地回到学校。一个姑娘悄悄指了指她们身后那个矮胖的中年男人，说："癞蛤蟆想吃天鹅肉。"这个人在舞会上就一直盯着塔玛拉，现在又执着地尾随她们到校门口。塔玛拉并不介意，这种事她见得多了，她出现的地方总会招来欣赏的、爱慕的甚至贪婪的目光，因此她对崇拜者并不放在心上。

但是，这个中年男人给塔玛拉留下了印象，因为他不是校园里那些稚嫩的学生，而且他长得矮胖、丑陋。

几天后，塔玛拉被请到校长办公室里。一进门，塔玛拉惊异地发现那个矮胖的男人也在校长室里。校长说："塔玛拉同学，这位是东德公安部的一位上校。他会问你一些问题，你要如实回答。"说完，校长就出去了，留下塔玛拉和矮胖的上校两个人在办公室里。塔玛拉感到有些不安，但是上校表现得很和蔼，谈的话题很广泛，包括她的出身、爱好等，塔玛拉的疑虑很快就消失了。上校与塔玛拉交谈了一会儿，漫不经心地听着塔玛拉的回答，不时地点点头，好像早就对她的情况了如指掌。最后，上校对她的表现很满意，庄重地说："塔玛拉同志，你非常聪明，而且见解独到，请允许我第一个向你表示祝贺，从现在起你被提名在我党内担任重要的工作。这是极大的荣誉，你一定要努力工作。"

塔玛拉没有掩饰内心的喜悦和激动，她一直期待着为共产党工作，没想到这么快就实现了。她为这个职业感到兴奋和骄傲，而且从事这项工作可以得到优厚的待遇和优越的地位，因此她愉快地接受了，她对上校说："能够为党工作是我的荣幸，我将尽全力为党为国家贡献力量。"上校满意地点点头，并和塔玛拉握手，表示祝贺。

其实，塔玛拉当时并不知道自己的工作具体是什么，她只知道自己的梦想就是"为党工作"，这也是父亲的心愿。事实上，她已经成为东德谍报机关的一名成员。在以后的日子，除了学校的课程之外，上校还把她带到别的地方，进行一些特殊技术的训练，比如如何窃听、如何用密码发电报、如何进行策反工作，等等。塔玛拉的想法很简单，她只想学会更多的本领，为党和国家做更多贡献。

第一次任务

1959年春天，塔玛拉即将大学毕业。一天晚上，一辆黑色轿车把塔玛拉接走，汽车飞驰了一个小时，来到威廉·皮克大街和罗莎·卢森堡广场拐角的一幢楼房前。这里是东德秘密情报机关的总部。塔玛拉下车后，怀着惶恐不安的心情来到总部客厅，等待领导的接见。客厅里富丽堂皇，铺着紫红色高级地毯。不一会儿，一个身材高大、肥胖的警官出现在客厅里，他上下打量了塔玛拉一番，打了个招呼，然后开门见山地说："你的情况我已经知道了，现在交给你第一个重要任务。"他点上一根香烟，把任务的情况和要求交代了一番。

原来，古巴国家银行行长切·格瓦拉要到东柏林访问，格瓦拉是古巴领导人卡斯特罗的得力助手。他访问东柏林的目的是借助银行行长的身份为古巴筹措一笔贷款。苏联政府为了保持和加强在南美洲的影响力，需要对古巴等国进行高级情报活动，因此要求东德情报机关尽量在古巴领导人身边安插间谍。塔玛拉的任务就是在格瓦拉访问东德期间尽量接近他，并与他保持亲密关系。至于以后的任务，到时候负责人就会通知她。

塔玛拉早在中学时期就特别崇拜切·格瓦拉，她知道他是马克思主义革命者和古巴游击队领导人，是一位传奇英雄，一位国际主义战士。没想到如今她竟然有机会一睹这位英雄人物的风采，而且她的任务就是主动接近他。她为即将到来的任务感到无比喜悦，好像在做梦一样，她幻想着如何和这位古巴领导人开口说第一句话，如何和他拉近关系，想着想着兴奋的红晕绽放在她那漂亮的脸上。

在拉丁美洲，切·格瓦拉的名字和他的游击战争理论家喻户晓。格瓦拉原名埃内斯托·格瓦拉，后来改为切·格瓦拉。1928 年，他出生于阿根廷罗萨里奥省的一个中产阶级家庭。他父亲是一名土木工程师，拥有一家建筑公司。格瓦拉的父亲思想开明，具有民主和社会主义思想倾向，同情劳苦大众，反对独裁统治。30 年代，西班牙爆发了反对独裁者佛朗哥的内战，格瓦拉一家支持共和派，结交了很多西班牙内战的斗士。"二战"期间，他们坚决反对法西斯的侵略战争，拥护同盟国。格瓦拉在这样的家庭中受到进步思想的熏陶，培养了正义感和同情心，幼小的心灵里播下了革命的种子。少年时期的格瓦拉喜欢大仲马的作品，这位作家对英雄人物的刻画，对他产生了深刻的影响。

1951 年 12 月至次年 7 月，格瓦拉和好友阿尔维托在阿根廷首都布宜诺斯艾利斯大学医学系读书期间，曾经背着药箱周游南美洲。他们走过智利、秘鲁、巴西、哥伦比亚、委内瑞拉等国的农村和矿山，一边为那里的劳动人民治疗疾病，一边考察民情。南美之行使格瓦拉了解到很多农民没钱治病，衣不蔽体，食不果腹，过着牛马不如的生活。格瓦拉的心灵受到强烈震撼，他觉得治好一两个病人，并不能使穷苦百姓从水深火热中彻底解脱出来。在此期间，他接触了无产阶级思想，尤其是阅读了马克思、恩格斯和毛泽东的书籍之后，他坚信：改变拉丁美洲不平等的唯一解决之道就是闹革命。他找到了自己的责任和使命，变得热血沸腾。

1953 年，格瓦拉毕业后获得医生资格。他决定离开阿根廷，离开生活条件优越的家庭，再次到南美各国周游，这次他的身份不是医生，而是一名具有坚定信念的革命战士。当火车开动时，他挥着手流着泪对送行的父母说："一名美洲战士出征了。"从此，他再也没有回到自己的祖国。

1955 年 7 月，格瓦拉在墨西哥结识了古巴革命者卡斯特罗，两人一见如故，惺惺相惜。当时，卡斯特罗组建了游击队，正在同古巴独裁者巴蒂斯塔进行斗争。卡斯特罗看出格瓦拉具有革命领导者的气质，邀请他参加古巴革命运动。格瓦拉强烈反对美帝国主义的侵略行径，反对独裁统治，于是欣然同意。就是在这时候，格瓦拉把自己的名字改为"切·格瓦拉"，在阿根廷，"切"的意思是"好朋友"，这足以证明他与卡斯特罗之间的友谊。此后，格瓦拉成了卡斯特罗的左膀右臂。

1956 年 11 月，卡斯特罗积蓄了一定的力量之后，率领 82 名战士从墨西哥出发，于 12 月 2 日登上古巴科罗拉多斯海滩，同政府军展开激战，但是寡不敌众，卡斯特罗的队伍损失惨重，最后只剩下 12 名战士和 7 支枪。起义部队被迫进入马埃斯特拉山区进行游击战。格瓦拉对游击战情有独钟，在以后的多次战斗中屡建奇功。他被提升为总参谋长，成为游击队的最高军事指挥官，直接协助卡斯特罗指挥战斗。

1958 年，游击队的声势壮大起来，发起全国起义的时机已经成熟。在卡斯特罗和格瓦拉的率领下，起义军先头部队攻占了被称为古巴轴心的战略要地圣克拉拉市。起义军在各地捷报频传，独裁者巴蒂斯塔感到自己的末日已到，仓皇逃到国外。亲美的巴蒂斯塔独裁政权被推翻，以卡斯特罗为首的革命新政府宣告成立。

格瓦拉作为古巴新政府的领导人之一担任了一些要职，帮助卡斯特罗在古巴建立了社会主义制度。格瓦拉对美国实施强硬政策，在古巴遭到美国经济封锁后，他与苏联签订了贸易协定。在这段时间内，他也因为对美国的强硬态度而逐渐闻名于西方。

1959 年春天，格瓦拉的专机徐徐降落在东柏林机场，随后他被安排在当地一家高级宾馆。很快，一位美貌的妙龄女郎出现在他的眼前，东柏林的外交官向格瓦拉介绍："塔玛拉小姐是一位拉美事务专家，又是一位会讲西班牙语和德语的天才语言学家，她将为您的谈判活动提供帮助。"塔玛拉见到自己心目中的英雄的时候，崇敬与爱慕之情油然而生，他那高大、魁梧的身材深深吸引着她，使她春心荡漾。初次见面，格瓦拉也被这位美丽、活泼的年轻姑娘所吸引，情不自禁地多看了她几眼，意味深长地说："有您的帮助，这次访问一定会圆满成功。"塔玛拉报之以娇媚的一笑。

能够认识塔玛拉这样一位美丽、可爱的姑娘，格瓦拉感到非常高兴。塔玛拉的才能让他产生了爱慕之情，塔玛拉的谈吐文雅、大方，让他感到轻松、愉快，很快他们就成了亲密的朋友。在格瓦拉离开东德之前，他们已经是一对难舍难分的情人。回国后，格瓦拉常常想起塔玛拉，经常询问她的情况。他无论如何也想不到，这个单纯可爱的女孩是苏联克格勃安插在自己身边的间谍，日后竟然要了他的命。

塔玛拉出色地完成了第一次任务。东德安全部对她的表现非常满意。表面上看，塔玛拉是为东德服务，而其幕后的指挥者则是苏联克格勃。东德安全部把关于塔玛拉的报告提交给克格勃，克格勃的官员满意地说："塔玛拉是做间谍的料，如果对她进行进一步的训练，她将取得更大的成就。"于是特意将她召到莫斯科进行了全面的特工训练。就这样，塔玛拉成了一只克格勃的"燕子"。

女友原来是克格勃"燕子"

苏联作为超级大国，希望在全球具有影响力，远离苏联的拉丁美洲是苏联控制的薄弱环节，为了加强对拉美的影响力，苏联克格勃决定派出间谍。出生在拉美的塔玛拉成了最合适的人选，于是她被派往古巴的首都哈瓦那，去和格瓦拉重叙旧情。

1961 年春天，24 岁的塔玛拉在莫斯科经过一年的训练，掌握了一个合格间谍应该具备的各种技巧。她已经成为一只羽翼丰满的燕子，她带着克格勃的特殊使命飞到了古巴，开始了新的间谍生涯。

1961 年，格瓦拉任古巴工业部部长。一个风和日丽的下午，一辆小轿车停在格瓦拉的官邸前。风采依旧的塔玛拉走近格瓦拉的办公室，悄悄来到格瓦拉的身边。当格瓦拉抬头看到她的时候突然怔住了，这不是做梦吧？他朝思暮想的情人竟然来到身边了。塔玛拉说："亲爱的切，我没有打招呼就来了，你不会怪我吧？"格瓦拉激动地说："怎么会怪你呢？我高兴还来不及呢！"

政务缠身的格瓦拉没有想这个昔日情人为什么突然来到古巴，他只当是老天要成全他们。他忘情地把塔玛拉抱在怀里。此时的塔玛拉也暂时忘掉自己的身份，完全被格瓦拉的人格所倾倒，她尽量控制自己的激动之情。久别重逢使他们感到无比快乐，他们喝着咖啡，兴致勃勃地谈论着分别之后的事情。当然，塔玛拉没有说自己在克格勃接受训练，而是说她在东德一家医院实习。

晚上，格瓦拉设宴为塔玛拉接风洗尘，此后格瓦拉的私生活完全被塔玛拉占据。他们一起吃饭，一起去公园散步，一起参加音乐会。塔玛拉用自己的容貌、身体和柔情完全征服了格瓦拉，使他拜倒在自己的石榴裙下。不久，格瓦拉帮她在哈瓦那大学找了一个职位，此后，她又转到古巴教育部工作了一段时间，并成为古巴女民兵的一位军官。

在此期间，塔玛拉与格瓦拉的感情稳定，塔玛拉充分发挥克格勃间谍的伎俩，在耳鬓厮磨之际从格瓦拉那里套取了很多机密情报，她按时把这些情报送到莫斯科的杰尔任斯基广场。

莫斯科方面采用特别的方式对塔玛拉发出指示，每当莫斯科电台播放探戈舞曲《莫斯科的夜晚》，就表示莫斯科要与她取得联系。第二天，塔玛拉就会去事先安排的无人接头地点。无人接头地点非常隐秘，一般人很难察觉，可能是墙上的一个洞、一节空心铁管，或者倒在地上的树干上的一个窟窿。克格勃控制的间谍在那里留下或收取情报。用这种方法联络，可以避免一个间谍被捕后在严刑拷打之下泄露其他的间谍。塔玛拉经常在无人接头点得到指示，比如哪些情报是克格勃需要的，哪些情报暂时不需要。有时候她将没有冲洗的胶卷放在那里以便苏联方面的人取走。克格勃对她的工作非常满意。此时的格瓦拉完全沉浸在爱情的甜蜜中，丝毫没有察觉这是一个陷阱。

在玻利维亚"重逢"

时光荏苒，3年之后，格瓦拉与卡斯特罗发生矛盾，塔玛拉得知格瓦拉有了新的打算，立即向克格勃报告："格瓦拉很快就要离开古巴，去拉美的其他国家宣传他的革命思想，他选择的国家是玻利维亚。"克格勃觉得这个情报非常重要，命令塔玛拉立即采取行动，在格瓦拉到玻利维亚之前，先到那里为自己做好合理的掩护。

1964年冬天，街道上一片冷清，塔玛拉的公寓里也空空荡荡的，桌子上留着一封信，信上写着短短的几行字：亲爱的切，请原谅，我不能和你一起战斗了……格瓦拉看到这封信之后，感到怅然若失，孤独和寂寞之感向他袭来。他是一个铮铮铁骨的硬汉子，但是他的心也希望有一个温暖的归宿。他不明白为什么美丽的塔玛拉离他而去，他的心仿佛结了一层冰霜。

塔玛拉离开格瓦拉后，一个人拎着手提包，带着克格勃给她弄的假护照，风尘仆仆地来到小城拉巴斯。护照上的名字不是塔玛拉，而是"罗拉·马丁内兹"这个假名，护照上还注明她的父亲是阿根廷人，她的母亲是德国人。

罗拉在拉巴斯住下后，又在玻利维亚最高学府圣安德烈大学的经济系注册，重新开始了大学生活。她在这里上大学有着不可告人的目的，她住在一所简陋的房子里，很少参加社交活动，但是她的外交手段惊人。她聪明伶俐，喜欢民间音乐，从不讨论政治，很快给那里的人们留下了安静的、与世无争的、纯朴善良的印象。

罗拉觉得自己的计划取得了初步成果，她决定在玻利维亚的土地上树立自己崭新的形象。不久，她离开学校，在玻利维亚总统的新闻办公室谋得一个职位。办公室里的几个女秘书总是拉着她去参加各种宴会。她虽然不想引起人们的注意，但是又不得不去。因为她得到克格勃总部的指示："你要在拉巴斯小心地建立关系网，不得有任何可能引起人们怀疑的行为。"

慢慢地，罗拉在拉巴斯社交界混得如鱼得水，她以记者的身份在玻利维亚到处旅行，建立各种联系，她还借口录制民间音乐，深入玻利维亚内地，同时开展间谍活动，建立了一个有200多人的庞大的间谍网。而塔玛拉成了这个间谍网的总指挥。她相信只要革命一开始，这些人就会积极地参加。1966年初，她又接到克格勃总部的命令，申请成为玻利维亚公民，并与玻利维亚人安东尼奥·马丁结婚。结婚后不久，她就离婚了。至此，她已经在玻利维亚做好了掩护工作。在格瓦拉到达玻利维亚之前，她就在玻利维亚共产党的协助下建立了自己的游击队伍。游击营地设在卡尼里石油城附近的曼卡华卡，那里位置偏僻，有一个荒废的牧场，周围的群众基础对开展革命活动非常有利。

格瓦拉几经周折，由布拉格、苏黎世、达喀尔，终于在1966年11月到达拉巴斯。一个晴朗的中午，格瓦拉走进一家饭店。罗拉正和她的两名游击队战友吃饭，他们一边吃饭，一边小声地谈论着什么。罗拉突然看到迎面走来的格瓦拉，她愣住了。这时格瓦拉也认出了罗拉，露出惊讶之色。罗拉避开他的视线，显得心慌意乱。格瓦拉不动声色地走到罗拉身边，意味深长地说："很久不见了，你怎么也在这里？"她只是点了点头，支支吾吾地不知道说什么好。

格瓦拉感到很无趣，在另一个餐桌前坐下，他一直无法原谅塔玛拉不辞而别，在这里见到她，让他感到非常懊恼，他凝视着桌上的酒杯，心里很不是滋味。过了一会儿，罗拉向他走来，脸上充满歉意的神情："我有话对你说。"格瓦拉毫无表情，似乎无动于衷，冷漠地盯着她说："我只是到这里办点儿事，以后再谈吧。"

罗拉从心底爱慕格瓦拉，她身为克格勃的燕子身不由己，不得已才离开了他，她知道自己不辞而别会让格瓦拉伤心，她确信格瓦拉还是爱她的。她不顾格瓦拉冷淡的态度，向他解释自己为什么不辞而别，谎称自己还是一个少女的时候，在从南美的家乡来到东德之前，曾经认识一个男子，那是她的初恋，她崇拜他，爱他，回到古巴后，她想找到他……格瓦拉不等她说完，忍不住说："你和我之间算什么？"罗拉没有回答，盯着他的眼睛看了一会儿，留下自己的住址，然后转身离开了。格瓦拉看着她的背影，心里有一种说不出的滋味。

傍晚，格瓦拉回到旅店，发现自己的房间一片狼藉，显然玻利维亚当局的警察进行了搜查。他立即想到他的两个假护照很不安全，在这里只有塔玛拉能帮他，他不能因为感情问题而耽误大事。于是来到玛尔塔的住处，让她帮忙搞到两个证件。塔玛拉说："我当然乐意帮忙，可是你为什么不能原谅我呢？"格瓦拉默默无言。塔玛拉沉默了一会儿，说："我来这儿以后经常想起你，你在哈瓦那寂寞吗？"格瓦拉看了她一眼，还是没说什么，但是他的眼神中充满了深情。塔玛拉扑到他怀里说："切，我爱你，无论我做什么，我都是爱你的，你要相信我……"格瓦拉点点头，紧紧地抱着她，热烈地吻着她。

过了两天，塔玛拉给他送来几个伪造的证件，格瓦拉立即销毁了自己的假护照。新证件证明格瓦拉是一个正在搞科研的美国社会学家，塔玛拉则改名为塔尼亚。塔玛拉热情地对格瓦拉说："我再也没有勇气离开你了，我们在一起生活，并肩战斗，好不好？"这正是格瓦拉一直期望的，他用力点了点头。

塔玛拉把格瓦拉带到游击营地。格瓦拉开始建立自己的革命武装，着手推翻玻利维亚政权的活动。当地的玻利维亚共产主义者购买了武器，并将密林地区移交给格瓦拉充当训练区域。格瓦拉建立了军火库、训练场、秘密营地和秘密的野战医院。

情人的阴谋

不久，格瓦拉开始在玻利维亚带领游击队员进行活动，对玻利维亚当局发动了一次突然袭击，把玻利维亚军队打得晕头转向，损失惨重。这次战斗的胜利使格瓦拉信心倍增，游击队员们士气高涨，队伍不断扩大，对玻利维亚政府形成威胁。玻利维亚政府组织了一个反暴

1959 年 1 月，卡斯特罗进入哈瓦那，古巴革命取得胜利。

动部队，专门对付游击队。这支部队由美国中央情报局提供武器，由美国侵朝战争和越南战争的退伍军人进行指挥，以适应丛林战。800 多名士兵经过训练后对游击队进行反击。格瓦拉虽然面临强大的对手，但是依然占据上风，取得了很大的胜利。在军事和政治方面产生了巨大的影响。

在组织反暴动部队的同时，美国人还派出了一批特工，侦察游击队的行踪，试图活捉格瓦拉。为此美国重金聘用流亡到美国的古巴特工，其主要任务是确认格瓦拉的身份。但是这名古巴特工非常敬仰格瓦拉的为人，不忍心让他落入美国人手中，几次放过了格瓦拉。

《世界新闻报》披露，当时格瓦拉和他的游击队十分困难，幸亏有女友罗拉的帮助。罗拉及时从玻利维亚共产党那里取得一笔由莫斯科秘密转来的经费，解了燃眉之急。有了这笔经费，格瓦拉的革命搞得有声有色，取得很大进展。他们煽动学生闹事，袭击并摧毁兵营，鼓动锡矿工人罢工、停产，玻利维亚当局为此坐卧不安。莫斯科虽然拨来经费，支持格瓦拉闹革命，但是他们仍然担心格瓦拉过于成功，怕拉丁美洲地区失控，最后纳入古巴而不是苏联的轨道。因为格瓦拉在那里宣传卡斯特罗主张的马克思主义，这种马克思主义与苏联共产党的政策是矛盾的。因此苏联官方认为，如果格瓦拉过于成功，玻利维亚就会落入卡斯特罗手中，其结果必然导致拉丁美洲其他国家都进行格瓦拉式的革命，从而纳入古巴而不是苏联的轨道。莫斯科决心改变现状，铲除后患，决不能让格瓦拉继续在那个地区活动，克格勃终于向罗拉发出了"杀令"。

接到克格勃的命令后，塔玛拉有些震惊，她一直以为苏联和格瓦拉是站在一条战线上的，从来没想过克格勃的头目会命令自己杀死心爱的人。她的内心慌乱极了，立即把记录着密令的纸条烧成灰烬。她感到失望和不知所措，她同格瓦拉一起奋斗，为革命事业付出心血，而且他们真心相爱，她怎么忍心将他杀死呢？然而，她是克格勃的间谍，接受训练的时候就曾经被警告，个人情感不能违背组织的旨意。权衡再三之后，她决定执行命令。

1967 年 3 月，丛林中的格瓦拉正在准备一场新的突围战，力图重新拉起一支队伍。他派一名游击队员设下哨卡，准备夜间行动。

3 月的第一个星期天，玻利维亚一个山地上空阴云密布，塔玛拉带来 3 个人穿过层层密林，借口给卡斯特罗的密使带路，来到格瓦拉的秘密营地。这 3 个人是一名法国记者、一名阿根廷的联络官，另一名是塔玛拉随身的女亲信。他们的真正目的是为政府军新一轮的进攻"踩点"。到了营地后，他们大失所望，因为格瓦拉已经带着人去外面巡逻侦察去了。塔玛拉在营地等了半个月，仍不见他回来。她心急如焚，决定向玻利维亚当局告密。

深林中的夜晚格外幽静，塔玛拉和两位密使隐蔽在游击队的营房里小声地商量着一条借刀杀人的毒计。塔玛拉说："以前为了我们的事业，一直反对玻利维亚当局，如今我们必须抛弃以往的恩怨，借助反暴动部队的力量完成任务。"两个特使点了点头。塔玛拉对她的亲信说："把这封信交给玻利维亚反暴动部队的领导，不得有误！"信上写着游击队营地的具体位置。

玻利维亚总参谋长接到这份情报之后，极为重视，立即命令反暴动部队包围游击队营地。黎明时分，枪声大作，游击营地在没有设防的地点突然遭到袭击，游击队员们已经知道出事了，他们奋勇杀敌，但是敌众我寡，无法冲出重围，战斗十分惨烈，游击队员死伤惨重。游击队的军火库和储备库被查获。此后，反暴动部队根据塔玛拉提供的情报，继续对格瓦拉的游击队进行疯狂的镇压。

格瓦拉和他率领的 17 名游击队员因为外出而幸免于难。如果他们不能摆脱反暴动部队的搜捕，那么格瓦拉辛辛苦苦组建的游击队就被彻底摧毁了。幸存下来的游击队员处境越来越危险，他们一夜之间被迫转移好几次。在人迹罕至的森林中，队员们只能采食野果充饥，他们一个个面黄肌瘦，疲惫不堪。格瓦拉一直不明白，为什么潜藏的游击队阵营一个接一个被除掉，政府军是怎么找到游击营地的？他怀疑有内奸，但是他无论如何也想不到让他牵肠挂肚的情人塔玛拉出卖了他。他认为自己的对手只有美国和玻利维亚当局，没想到苏联老大哥在背后给了他一刀。

格瓦拉时刻注意隐藏自己和队员的身份，小心执行每次行动，伺机对政府军发动反击。面对强敌，他毫无畏惧，表现出了坚定的意志和必胜的信心。然而，游击队还是很难摆脱被动挨打的局面。如此躲躲闪闪地打了半年仗，却总是处于不利的地位，游击队已经名存实亡了。到了 10 月上旬，他带来游击队员来到尤罗峡谷地带，他以为这次一定可以打政府军一个措手不及，其实，这是塔玛拉给他布置的最后一个陷阱。

埋伏在尤罗峡谷的游击队员本想突袭之后返回丛林中，没想到刚打了第一枪，背后就被政府军包抄了。显然，政府军是有备而来的。游击队陷入重围，格瓦拉在指挥战斗时不幸受伤，被几个玻利维亚军人抓住，关押在一所小学教室里。他们请来美国中央情报局的人，确定他们抓到的就是格瓦拉。为了避免夜长梦多，他们决定不经过任何审判立即将他枪决。

10 月 9 日黎明，玻利维亚总统雷内·巴里恩托斯上将亲自签发立即执行死刑的命令，师长詹蒂诺上校将这个任务交给一个排的士兵执行。然而，人们忌惮格瓦拉的威名，没有人有勇气执行这个任务。最后，行刑队采取抓阄的方法决定由谁来枪决。最后，任务落在马里奥·特兰中尉头上。为了壮胆，马里奥中尉猛喝了几口威士忌，然后踹开关押格瓦拉的教室门，拔出手枪对着憔悴不堪的格瓦拉连开 6 枪。一代"游击之王"，从此再也无法战斗。

约尔格·G.卡斯坦尼达所著的《伙伴：切·格瓦拉的生平》一书中记载了格瓦拉的临终遗言："开枪吧！你这个懦夫，你要杀死的是一个男子汉！"

据第八师的情报处处长、负责向上级汇报格瓦拉被处决过程的阿南尔多·苏塞多·帕拉达上校称，格瓦拉在行刑前说的："我知道你们要杀死我，我本不该被你们生擒。告诉菲德尔（卡斯特罗），这次失败并不意味革命的失败，革命将在世界各地高奏凯歌。告诉阿丽达（格瓦拉的妻子）忘记一切，重新嫁人，活得高兴些，让孩子们念书。叫行刑的士兵瞄准一些。"

格瓦拉死后，卡斯特罗式的革命烈火在南美洲被扑灭了。不幸的是格瓦拉直到死都不知道自己深爱的、信任的情妇塔玛拉是克格勃的间谍。

格瓦拉被杀后，塔玛拉也备受煎熬。她的良心受到谴责，成天惶惶不可终日。她怕游击队员知道她向玻利维亚当局告密的事实，也担心受美国中央情报局控制的反暴乱部队不会放过她。于是，她决定杀人灭口，趁两军交火之际，杀死了两名密使。随后，她把自己的女亲信带到一个偏僻的地方，问道："我给你的那封信，你交给谁了？""您不是让我交给总参谋长托里斯将军吗？""好哇！你这个叛徒，竟然把政府军引来包围我们！"说完朝着女亲信的心脏射出几颗子弹，女亲信含冤死去。

为了给自己找替身，塔玛拉掏出自己的证件，塞到女亲信的衣袋里。她自己借助另一套伪造的证件平安逃到俄罗斯。这个曾经爱上，后来又背叛了格瓦拉的女人以后一直住在莫斯科，分管克格勃在拉美的谍报工作。

后来，玻利维亚当局发现了女亲信的尸体，声称她就是塔玛拉，把她葬在无名坟墓中。此时，哈瓦那的宣传机构还追认她为著名的游击队员塔玛拉，称她为游击队中的女英雄。塔玛拉听到这样的荣誉称号，恐怕会羞愧难当。

"卡斯特罗的超级女间谍"安娜·比伦·门特斯

2002年10月16日，被称为卡斯特罗的"超级女间谍"安娜·比伦·门特斯因从事间谍活动被华盛顿一家法院判处25年有期徒刑。至此，震惊美国的古巴女间谍案暂时画上了句号。

地区法官理卡多·欧比纳在判决中说："门特斯必须为她的叛国行为付出代价。她作为国防情报局的一名高级情报分析员，她的行为'伤害'了自己的同胞和国家，因此必须受到惩罚。"

军情局古巴情报科长竟是间谍

2001年9月21日上午，也就是"9·11"恐怖袭击事件发生后的第十天，几名全副武装的美国联邦调查局的特工闯进了华盛顿博林空军基地，直奔美国国防部军事情报局古巴事务科科长的办公室。

领头的特工冲着埋头工作的古巴事务科科长安娜·比伦·门特斯晃了晃手中的搜查证和逮捕令，说："我们是FBI，你被捕了！"这位中年女科长抬起头，稍微感到意外，但是没有惊慌失措，她好像已经预料到这一天迟早会到来。她从容地站起来跟着人高马大的特工走出办公室。被美国新闻界称为卡斯特罗的"超级女间谍"就这样落网了，她是美国目前逮捕的为古巴从事间谍活动的级别最高的官员。

FBI官员称，门特斯被捕之前，早就被反间谍部门盯了很长时间了，"9·11"恐怖袭击促使当局加快了对门特斯的逮捕。

2002年3月19日，华盛顿一家法院开庭审理安娜·比伦·门特斯间谍案。负责这一案件的美国检察官称之为"经典间谍案"。在法庭上，联邦检察官指控她向古巴提供情报，并泄漏了4名美国特工的身份。她对此供认不讳，称"这些指控是真实的、准确的"，并承认为古巴充当了17年的间谍。当法官询问她认罪的原因之一是不是"你的确犯有罪行"，门特斯回答说："是的。"但是，她并不认为自己的所作所为有什么不对，她认为美国对古巴的封锁政策是残酷和不公平的，她觉得自己有义务帮助古巴抵制美国政府将美国的价值观和政治制度强加于它。因此她通过提供机密情报帮助古巴反抗来自美国的政治和经济制裁。

她说："我的所作所为只是针对极不公正的美国政策。我的最大愿望是看到美国和古巴能够友好相处，我希望我的行为能触动我们的政府，放弃对古巴的敌意，以宽容友好、互相尊重、互相理解的精神与古巴政府合作。"

根据门特斯和法院达成的认罪协议，门特斯面临25年的监禁，而且不得假释。即使在出狱后的5年中，她的一举一动也将受到当局的监控。而且她要在法院监督下完成500小时的社区服务。这意味着门特斯的余生将在失去自由的情况下度过。作为交换，她将全力与政府合作，向政府坦白所有她本人和她所知道的其他人的间谍活动。

门特斯对古巴的贡献

1957年2月28日，门特斯出生在美军驻德国的军事基地。她是一个地地道道的美国人，父亲是职业军官。门特斯长大后回国读书，1979年毕业于弗吉尼亚大学。1985年，她从众多竞争者中脱颖而出，被国防部军事情报局录取，担任情报分析员。1988年，她前往约翰霍普金斯大学高级国际研究学院深造，并获得硕士学位。从1992年开始，她专门从事古巴情报分析。此后，她很快成为这方面的专家并升任古巴事务科科长，全面负责古巴的情报工作，包括向美军南方司令部的高级军官、国会议员和情报部门高官汇报有关古巴的情报，并且向美国政府最高决策层提供有关古巴问题的各种分析、报告。作为古巴事务科的科长，她有权接触最高机密。军情局一名负责人说："门特斯100%了解古巴的现状，知晓90%我们在古巴所搞的间谍活动。她简直就是皇冠上的钻石。"

门特斯一直单身一人，住在华盛顿西北区马考姆大街的一座公寓大楼里，开一辆红色丰田汽车。她能说一口流利的西班牙语，而且精通无线电和电脑。

自1985年进入美国国防情报局工作以来，门特斯一直充当古巴的间谍，向古巴泄露了大量美军机密情报和美国的反恐怖绝密情报。据FBI称，门特斯为古巴工作几乎是免费的，她只接受了古巴给的极少的费用以支付开支。检察官称，门特斯向古巴方面泄露的美军机密十分敏感，有些甚至不能在法庭档案中留下记录。

她向古巴当局提供情报，成功戳穿几名前往古巴以承包工程做伪装的美国间谍，泄露了一位赴古巴的美军情报军官的行程，并且使一名深藏在古巴首都哈瓦那多年的美国老特务暴露了真实身份。此外，她向古巴提供了大量有关美国海军对古巴战争预案的情报。古巴接头人让她提供1996年战争演习的情报："几乎所有情报都有价值，留意其中是否有特别针对古巴的计划。"

美国曾经对古巴制订了一个绝密的"特别行动计划"，据说此计划只有极少数高层人士知道。然而，由于门特斯泄密，古巴方面成功粉碎了这一计划。更重要的是，门特斯作为古巴问题专家给国会撰写的关于古巴的报告，影响了美国对古巴的政策。

1998年，门斯特跟随美国参议员外交关系委员会的两名参议员访问古巴，随后参与起草了美国军情局、中央情报局、国家安全局、国务院情报与研究局等重要情报部门共同炮制的《古巴对美国安全威胁论》联合报告。报告称："尽管冷战已经结束，但是古巴对美国的'非常规威胁'和'情报威胁'非常严重。古巴现有的科研设施足以支持生化战的初级研究……"门特斯完全不同意这些观点，她认为古巴对美国的威胁，尤其是生化威胁根本没那么严重。

事实证明，门特斯成为"卡斯特罗的超级女间谍"已有近10年的时间，但是她为什么为卡斯特罗服务，美国反间谍机构至今没有找到原因。不过，FBI官员找到了她传递情报的途径。

门特斯与古巴"情报总局"之间的通信联络方式极为先进：在华盛顿的公寓里，门特斯通过高频短波收音机接收古巴"情报总局"发出的加密短波无线电指令，这些无线电指令是由"一系列杂乱无章的数字"组成的。门特斯接收信号之后，把这些数字输入电脑，再插入一张载有解密软件的磁盘，电脑就会自动将那些看似没有任何意义的数字变成西班牙文字。门特斯遵照秘密指令采取行动，搜集情报，然后将获取的机密情报存在磁盘上，再通过直接或者间接的方式将磁盘送到古巴方面的联络员手中。

由于古巴情报大量泄露，给美国造成严重的损失，FBI 为了找出隐藏的鼹鼠进行了严密调查，但以前从未想到出身于军人世家的门特斯会为古巴当间谍。2001 年 5 月，FBI 的密探从门特斯的电脑上发现了蛛丝马迹，于是穷追不舍，对她监视起来。7 月，FBI 高官就宣称，他们已经发现了在美国活动"最大的最高级古巴间谍网"，其调查正在不断深入，并有把握逮捕更多的嫌疑人。为了抓捕更多的间谍，FBI 没有立即动手。目前，这个间谍网已有 8 人被判刑，还有 3 人仍在审讯中，但另外 4 人成功撤回古巴。

神通广大的古巴"情报总局"

古巴是位于加勒比海西北部的一个岛国，离美国的佛罗里达海岸很近。1959 年，卡斯特罗领导的古巴革命推翻了美国支持的巴蒂斯塔独裁政府，成立了社会主义新政府。从此，古巴成了美国的眼中钉，美国怎么能容忍自己的眼皮底下有一个共产党执政的搞社会主义的国家呢？美国更担心的是古巴的革命会像磁铁一般吸引拉丁美洲其他国家建立社会主义制度。因此，美国政府向古巴频频发难，对古巴实行政治和经济制裁，试图颠覆古巴革命新政府。从 1960 年开始，美国中央情报局就开始策划对古巴领导人实行暗杀行动。中央情报局的档案显示，仅仅在 1960 年～1965 年期间，即古巴革命胜利后的最初几年，中央情报局就实施了针对卡斯特罗的至少 8 起暗杀活动。据说，卡斯特罗曾经遭到 638 次暗杀，他曾经风趣地说："我觉得可以炫耀一下这种没有什么刺激性的'记录'：没有任何时代或任何国家的任何政治家像我这样，多次成为暗杀计划的目标。"幸运的是，卡斯特罗一次次躲过了各种各样的杀手间谍。

卡斯特罗的新政权成立不久，苏联克格勃就帮助古巴组建了"情报总局"，但东德的"秘密情报局"在从事间谍和反间谍行动培训方面给了古巴情报总局一些具体的指导。古巴情报总局破获美国特务的反间谍能力和对美国的渗透能力绝对不可小觑。古巴"情报总局"对敌情报活动能力非常出色。美国的联邦调查局（FBI）和中央情报局（CIA）视其为强劲的对手，因为这两个情报部门直到现在仍不知道古巴情报总局是如何把门特斯发展为双重间谍的。

CIA 的官员称，它在古巴发展的特工人员，几乎全部被"情报总局"收买过去，成为双重间谍。这些双重间谍一方面向美国传递假情报，另一方面却把美国的真实情报提供给古巴政府。同时，古巴情报机构向美国军事机构、政府部门和学术团体的渗透能力却相当惊人，大量古巴间谍涌入美国，不少占据重要职位的美国官员被策反。仅在 2001 年，FBI 和 CIA 以及国防情报局的反间谍机构就先后摧毁了 21 个间谍网，逮捕了数十名古巴间谍。

"沃斯普古巴间谍网"是其中最有影响力的一个。这个间谍网的 15 名成员不仅成功打入了美国反古势力的内部，而且准备渗入专门对付古巴的美军南方司令部和中央司令部。身为美国迈阿密高级移民规划局官员的马里安·法吉特被古巴情报总局收买，他利用工作之便将其所接触的大量美国反古势力情报源源不断地发回古巴。有了这些重要情报的支持，卡斯特罗在抗衡美国时做出了很多正确的决策。

别有用心的美国政客

门特斯间谍案曝光后，美国政府、情报机构、反间谍机构中的一些冷战思维不死的政客立即以此为借口反对古巴，并借题发挥，将此事与布什总统在国情咨文中所说的"邪恶轴心"联系起来。一些政客甚至怀疑古巴是"9·11"事件背后的主谋，而门特斯正是这次事件的策划者之一。一名美国高级官员指出，2001年8月，一名在美国邮政系统工作的古巴间谍曾向古巴方面报告美国邮政系统的运作情况。根据联邦调查局的资料，2001年9月11日当天，门特斯在自己的办公桌前肯定看到了波托马克河对岸美国国防部冲天而起的大火和浓烟。9月14日，门特斯离开军情局的办公室后，联邦调查局的特工一直跟踪她到她家里，发现她急呼古巴驻联合馆使馆的一台寻呼机，显然，她急于和古巴方面取得联系。

此后不久，俄罗斯突然宣布关闭在古巴的最大监听站，美国官员认为此事也与"9·11"事件有关。联邦调查局的官员甚至找到很多古巴训练恐怖分子的"罪证"。比如，古巴为爱尔兰共和军培训城市战战术，古巴暗中支持巴斯克分裂分子，古巴支持哥伦比亚革命武装力量，等等。

当然，也有不少美国情报专家和国际问题专家对所谓"邪恶轴心论"提出反对意见，他们认为这是毫无根据的猜测，有些甚至是无中生有的编造，为的是推卸责任，或者是反古势力别有用心的陷害。许多美国情报专家和国际问题分析家认为，任何国家任何时候间谍活动都是正常的，美国指责古巴间谍活动的同时，自己不也是对古巴大肆进行间谍情报活动吗？

据悉，有关门特斯被捕的消息在开庭审理之前一直被作为绝密事件处理，此事是由某些"消息人士"透露出来的。既然早在2001年的9月21日就已经逮捕了门特斯，为什么到第二年3月才开庭审理呢？为什么在这半年时间里美国政府毫无反应，反而偏偏选在古巴与美国关系开始出现改善的时候抛出这枚"重磅炸弹"，并且借此大肆宣扬呢？

现在，美国情报机构在美古关系出现改善的势头，而且古巴已经表示愿意配合美国反恐行动的关键时刻抛出所谓的"古巴超级女间谍"案实在不是明智之举。但是，对于美国国会内部那些冷战思维不死的鹰派政客们来说，在布什总统推出所谓的"邪恶轴心"说的时机抛出这桩间谍案正好起到了推波助澜的作用。

倒在情人枪口下的玛丽

每个间谍都有一段刻骨铭心的故事，这些故事大多是惊险而刺激的。但是对于法国反间谍人员亨利·杜蓬特而言，他永远忘不了自己在一战期间的一次艳遇，永远忘不了那个身穿蓝衣的美女。这个故事既是浪漫的，也是哀伤的。每当回想起来，杜蓬特就流露出无限伤感和哀愁。他本想把这个故事永远封存在自己的记忆里，但是有一次他在酒醉之后，忍不住对自己的朋友讲述了这段艳遇。那是惊险的间谍生涯中的一段田园牧歌式的爱情插曲。

小镇艳遇

故事发生在1917年，即第一次世界大战结束前一年。法国二局的特工人员杜蓬特被派遣到工作繁忙的X地工作，他的任务是审查嫌疑人，对他们进行盘问。杜蓬特是一个优秀的间谍，他非常热爱特工工作，每当他用自己的智慧和那些间谍嫌疑人较量的时候，他都表现得异常兴奋。他几乎没有好好休息过一天，甚至每天都要夜间加班，超负荷的工作使他劳累过度，疲惫不堪。但是工作责任感又使他不得不这样卖力地做，他常常无奈地说："这就像卸一艘船上的废料！"

这种没完没了的工作做了半年之后，上级通知他可以去休假半个月。终于可以放松一下了，杜蓬特非常高兴。他不喜欢嘈杂的灯红酒绿的都市生活，决定去找一个宁静安详的田园小镇。第二天，他就离开了被战火侵扰的巴黎，便服轻装来到一个战争尚未光顾的安静的小镇。纵横交错的田间阡陌，古老的房屋和树木，房前流过的小河，树上啁啾的鸟儿，这里好像是一个世外桃源。看着这些自然景物，杜蓬特感慨道："多么美丽的一个地方啊！"他的心情好起来，像逃学的孩子一样忘记了战争和公务，摆脱了一切烦恼。他决定痛痛快快地玩上一阵子。

杜蓬特住进当地唯一的一家旅馆。那里整齐干净，女服务员也讨人喜欢。老板非常精明，注意到来这里度假的都是单身汉，于是雇用了很多漂亮姑娘充当服务员。杜蓬特很快就喜欢上了这个小镇，不但风景优美，人也很美，而且有一种口味独特的美酒。坐在阳光下的躺椅上，一边看风景一边品尝美酒，总是喝不够。

一天午餐时间，杜蓬特从躺椅上走下来，来到餐厅。出于间谍的职业习惯，他坐在餐桌旁之后，本能地用鹰一般敏锐的眼睛环视四周，餐厅里有十几个人，大家都在专心吃饭。他排除了这里有间谍的可能性，于是轻松地招招手，叫来服务员点了菜。他太饿了，当美味的牛排送上来之后，他大口地吃了起来。无意中一扭头，他一下子呆住了，他看到一个身穿蓝衣的漂亮姑娘坐在邻桌。这个姑娘金发碧眼，明眸皓齿，雪白的皮肤透露出青春的气息。她独自一人静静地坐在那里，简直就像一幅色彩明亮的油彩画。杜蓬特看得心跳加快，竟然忘记了咽下口中的牛排。这个姑娘就是后来一直让他魂牵梦绕的蓝衣女郎。

杜蓬特是一个训练有素的特工，怎么会在一个年轻女子面前控制不住自己呢？这也情有可原，毕竟杜蓬特是年轻气盛的小伙子，还没有结婚，漂亮的异性对他有非凡的吸引力，而他的工作性质却使他不能随便接触异性。因此见到这个漂亮女子的时候，他就立刻失去了抵抗力，何况这个蓝衣女郎确实长得非常标致。杜蓬特没想到在自己短短的假期里竟然能有一次艳遇。

具有浪漫情趣的杜蓬特已经春心萌动了，开始幻想怎样和这个美女搭讪而不被拒绝，他一边心不在焉地吃牛排，一边全心全意地望着这位姑娘。他已经感觉到，这个漂亮姑娘对他的出现同样有好感，因为她也不时地看过来。终于，两人的目光相遇了。杜蓬特摆出绅士派头，举杯向蓝衣女郎致意，她的脸顿时泛起了红晕，显得非常害羞，不好意思地笑了笑。杜蓬特继续应付地吃饭，有几次牛排碰到了鼻子，逗得那位姑娘笑出了声。

午餐就这样没完没了地吃下去，餐厅的人越来越少。杜蓬特想趁热打铁，找机会结识这位漂亮姑娘。杜蓬特看到那个胖老头领班，有了主意，把他叫过来，给了他一点儿小费，让他帮忙向那位姑娘转达自己的意思，请她和自己喝咖啡。杜蓬特忐忑不安地等着姑娘的回应，他觉得在这个纯朴的乡村，这个纯真的姑娘应该不会同意和一个陌生男子这么快坐到一起。出乎意料地是，当那个领班向姑娘说明了他的意思之后，姑娘虽然害羞得满脸通红，但是她腼腆地点了点头，还向杜蓬特嫣然一笑，暗送秋波，含情脉脉。杜蓬特激动得热血沸腾，晕头转向地站起来邀请那位姑娘坐在自己身边。他闻到姑娘身上的淡淡香味，更加心神荡漾。

相反，姑娘一点儿都不觉得拘谨，落落大方地坐在他身旁，然后开始自我介绍。原来，她叫玛丽，巴黎一家商行的秘书，因为不喜欢巴黎的喧嚣，也来到这宁静的小镇度假。她本来想和一个女同事一起来，可是女同事临时有事不能来了，她不想放弃来这里旅游的计划，只好一个人来了。

姑娘说话的声音像银铃一样清脆悦耳，杜蓬特心里越发喜欢，他很庆幸自己选择了这个小镇而没有去别的地方。他不能随便告诉别人自己的真实身份，因而假称自己是哈瓦斯通讯社的一般职员，并说他同样讨厌热闹的巴黎，所以来这里度假。共同的爱好使他们有了共同的话题。他们像同路人一样谈起了当地的风土人情，以及法国各地的特点。杜蓬特不时给姑娘讲一些逸闻趣事，姑娘听得津津有味，并且非常佩服他的见识。他们越谈越投机，俨然是一对老朋友。浪漫的杜蓬特不失时机地说："你真漂亮，就像这个美丽的小镇，有了你，我的假期也变得不那么枯燥乏味了。"听了这句话，玛丽好像很感动，她的脸更红了，眼神闪避着，目光中闪着一种期待。杜蓬特心痒难搔，他知道他们的关系更进了一步。妩媚多情的玛丽简直快把他熔化了。

为了想和她进一步发展，杜蓬特问玛丽有没有什么安排，得知玛丽想划船游玩之后，杜蓬特高兴地说："划船可是危险的事，在这方面我是行家，我愿意为小姐划船！"玛丽高兴地答应了。杜蓬特第二天就租好了船，带着玛丽向河流上游的丛林划去。

一句泄露身份的话

船在水面上静静地行驶着，两岸浓密的树荫使河水变成了暗绿色。杜蓬特坐在前面划船，玛丽躺在船尾的软垫上。两人不时爆发出欢快的笑声，就像一对交情很深的老朋友一样，无所不谈，谈到兴起的时候，两人的目光火辣辣地凝视着对方，好像要让对方感觉到自己的热情。躺在船尾的玛丽对杜蓬特充满了诱惑，他根本没有心情欣赏沿岸的风景。

到了吃饭的时间，他们将船停在一处幽静的港口，杜蓬特扶着美丽的玛丽走下船。他们把带来的食物摆在草地上，两人津津有味地吃起来，一边吃点心，一边喝酒，任凭蝴蝶和蜜蜂在他们周围飞来飞去。酒足饭饱之后，玛丽温顺地躺在草地上，一双明亮的大眼睛对所有的男人都有致命的吸引力。她那丰满的身体在蓝上衣包裹下呈现出优美的曲线，透露出一种不可名状的性感。她身上散发的淡淡香味更是让人迷醉。杜蓬特用胳膊支着身子，着迷地望着这个尤物，一次次强忍住自己的冲动。

玛丽的皮肤在阳光下闪耀着青春的光泽，她偶尔伸出手臂拢拢头发，每一个动作都那么妩媚动人。杜蓬特再也忍不住了，他靠过去，本能地俯下身子，吻了吻她。她那柔滑的嘴唇热烈而多情地回应着他。杜蓬特趁机用强壮有力的手臂紧紧搂住她的腰肢。他们就像一对热恋中的情侣一样，亲密地搂在一起，躺在草地上长时间热烈地亲吻对方。谁能想到这两个享受甜蜜爱情的人竟然是间谍！

他们划船回来后，一起吃了晚饭，然后沿着小河散步。回到旅馆的时候，旅馆的人已经都睡了，餐厅里和柜台前已经没有人了。玛丽跟随杜蓬特来到楼上的房间，月光透过窗户洒满屋子，把房间照得很明亮。玛丽不声不响地脱掉衣服，银色的月光照在她那雪白的皮肤上，使她看起来像一座古希腊雕像。杜蓬特看得热血上涌，用力搂住她，吻个不停。玛丽同样激动不已，她兴奋地搂着他的脖子叫喊起来："Ah,ichliebedich（德语：啊，我爱你）！"

听到这句话之后，杜蓬特的心凉了半截，他感到自己血管里的血一下子凝固了。他不敢相信自己的耳朵，这位自称是巴黎人的漂亮姑娘，在极度兴奋时竟然说了一句德语。这句德语让杜蓬特魂飞魄散，再也没有心情做爱了。因为作为一名间谍，他已经知道玛丽十有八九是一名德国间谍。他感到这个女人非常可怕，他像抱住一具死尸一样恶心。

他立刻松开她，跳下床，抓起衣服就穿。他必须离开这里，并将这一情况向上级报告。

正在等着男人宠爱的玛丽依旧春心荡漾，她没有发现自己不小心说了德语，看到杜蓬特穿衣服感到很吃惊，困惑地望着他说："怎么了，亲爱的？"

"我去买包香烟，烟抽完了。"他顺口回答。

她倒在枕头上快活地笑起来，指着床头柜上的一包香烟说："你怎么高兴得把烟都忘了？"她春情荡漾，张开双臂。

"很遗憾，玛丽，我不能。请你不要问。我出去买包烟，半小时后回来。如果我回来时你还在旅馆，我只好逮捕你，把你送到附近的警察局。"

"逮捕我？你开什么玩笑？"

"不是开玩笑，如果我告诉你，我不是在哈瓦斯通讯社工作，而是在第二局工作，你也许就明白了。"杜蓬特盯着她的眼睛说。

玛丽自然明白他是什么意思，也就无话可说了。

杜蓬特接着说："说真的，你很迷人，我无法用语言描述你的美丽，可惜我们各为其主，必须分手，希望这次分手是永别。因为这次我不忍心杀你，如果下次再让我碰到你，就不会这样做了。"

杜蓬特失落地走出旅馆，沿着河边走去。让自己神魂颠倒的女人竟然是敌人，他多么希望自己的推断是错误的，他多么希望能再见到玛丽。但是，当他回到旅馆，玛丽和她的行李都不见踪影了，没有留下任何蛛丝马迹。她逃跑了！这等于她承认自己是德国间谍。他再也不能和这个蓝衣美女在草地上缠绵了，他们短暂的爱情就这样结束了。和她度过的这一天太难得了，这是他一生中最快乐的一天。他知道玛丽对他并没恶意，因为这一天中她有很多次机会可以杀掉他，而且她似乎并没想从他嘴中套取情报。二人只是在繁重的工作之余享受了一次短暂的浪漫恋情，虽然他们都是间谍，但间谍也是人，也有七情六欲。杜蓬特有点儿后悔了，他不应该那么快就揭发他。如果他在假期和这个让人神魂颠倒的性感美女在一起，多好啊！他有所警惕就不会让她搞到情报，事后还可以劝她洗手不干。可是现在呢？就剩下他一个人了。他再也没有心情度假，反而有一种失恋之后的沮丧。他甚至无法入眠，一直在想念那个蓝衣美女的影子，想念她的一颦一笑，想念她那诱人的娇躯。他埋怨自己的愚蠢和鲁莽，由于自己的冲动，白白失去了和美女一起度过销魂假期的机会。他转而痛恨那句德语，要不是因为那句该死的德语，他们现在还在一起卿卿我我呢！

情人的枪口

杜蓬特无心游览美丽的田园风光，惆怅地告别了那个美丽的小镇，回到巴黎的营地。同事热烈欢迎他回来，但是他还是闷闷不乐，试图借助繁忙的工作使自己忘记美丽的蓝衣女郎。他没有向上级报告他的遭遇，似乎这个浪漫的插曲就此结束了。杜蓬特没想到自己还有机会见到那个让他魂牵梦绕的情人，更想不到是由他宣布情人的死亡。

两天后，一个下级军官气喘吁吁地跑到杜蓬特的办公室，向他报告说："我们的两个士兵在一个村子抓住了一个女特务。她试图从一位军官那里窃取情报，结果被抓住了。她就在外面，你要审问她吗？"杜蓬特的职责就审问间谍嫌疑人，当然要审问。他出去一看，惊呆了：被捕的竟是他朝思暮想的玛丽！他勉强控制住自己的情绪，没有叫出来，努力保持平静，不让别人看出他认识这个女间谍。

她态度傲慢，试图挣脱束缚。两名士兵扭着她那纤细的手腕，不让她乱动。当她看到杜蓬特时，突然变得安静下来，那双含情脉脉的眼睛盯着他看。杜蓬特控制住自己的声音问道："怎么回事？"

"报告中尉，我们在红兔旅馆站岗时，这个女人和一名骑兵军官住在一个房间。那位军官对她的目的已经有所察觉，于是假装喝醉。这个女人问他属于哪个师，在什么地方驻营。军官证实了自己的怀疑，便故意把她留下，派人来告诉我们这件事。我们逮捕了她，把她带到营地来。我们搜了她的包，搜出了这个小本子。"

只见小本子上记有部队的番号、一些军官和各司令部位置的地图的名字。地图上有德语地图常用的箭头和符号。本子的最后一页竟然是和柏林方面联系的地址。

毋庸置疑，她是一个德国间谍。杜蓬特鼓足勇气，抬起头看着她，问道："你还有什么要说的吗？"

玛丽淡然一笑，耸耸肩说："这是战争！"

杜蓬特很敬佩她的淡定，但是这次面对她，他没有权利也没有理由放过她。看到杜蓬特的严肃表情，玛丽的勇气终于消失了。她挣脱了士兵，扑到他的跟前，跪在地上抱住他的腿，吻着他那沾满泥浆的靴子。

为了不让士兵听懂，绝望的玛丽用德语对杜蓬特说："发发慈悲吧！看在上帝的面上，饶了我吧！"她痛苦地说："求求你，我还年轻，我不能死啊！"

杜蓬特呆呆地站在那里，一句话也说不出来。在那些下级面前，他绝不能露出恻隐之心。然而，命运偏偏给他出了一道难题，没有人能代替他履行自己的职责。他咬咬牙对士兵说："先带下去，明天再审问吧！"

第二天，审讯结束，玛丽被杜蓬特判处死刑，按照惯例，杜蓬特问她临刑前有什么要求。这时的玛丽已经平静下来，不再惊慌，她嘴角挂着凄美的微笑，对他讲起那天发生在小镇的浪漫故事，最后她说："我要一包××牌香烟……"她说的正是杜蓬特喜欢抽的香烟牌子，"这些香烟使我想到那幸福的一天，也使我想起那个男人。一天的时间太短了！我很感激那个男人，他曾给了我一次机会，可惜他不能给我第二次了。"

玛丽在第二天凌晨被处决了。

若干年后，当杜蓬特酒醉后向自己的朋友讲述此事的时候，他依然情绪激动："太可悲了，我当时简直无法承受这件事。即使是现在，当我和妻子躺在床上的时候，有时还会突然惊醒，好像看到了蓝衣美女——我永远无法知道她的真实姓名，但是她的影子却一直折磨着我。对这件事我并不感到耻辱，可是为什么偏偏落在我头上呢？我怎么能忘掉她那张脸呢？"

这是战争啊！这就是战争的残酷！间谍的心应该是冷若冰霜的，间谍的职业性质决定了它与浪漫无缘。间谍不能拥有自己的情感世界，即使丧失最珍贵的东西也不能感到惋惜，他们的职责就是执行任务。然而，杜蓬特在度假的小镇邂逅了浪漫爱情，他多么想像正常人一样在小路上散步。这个浪漫的爱情故事最后却以悲剧收场。美丽的蓝衣少女玛丽倒在了情人的枪口下。

剑桥五人帮

在世界间谍史上，苏联内务人民委员会的"剑桥五人帮"的传奇故事一直被人们津津乐道。20世纪30年代，是内务人民委员会大规模招募间谍的时期。在剑桥大学的三一学院，研究员阿诺德·多伊奇领导着一个共产主义五人小组，创造了特工时代的辉煌。这个小组包括四名大学生：安东尼·布伦特、盖伊·伯吉斯、约翰·凯恩克罗斯、唐纳德·麦克莱恩，以及大名鼎鼎的金·菲尔比。尽管他们当时只是籍籍无名的学生，但是苏联做了很多准备，等待他们以后能够获得有影响力的地位，从而提供重要的情报。阿诺德·多伊奇是这几个人的招募者和联络员，被誉为剑桥五人帮的精神导师。

由于他为苏联间谍工作做出了杰出的贡献，他的肖像被永久地挂在苏联对外情报总局的纪念馆内。对外情报局的官方赞美词中这样写着：画像中"他那机敏、锐利的目光和坚毅的面容"能够立刻"吸引住参观者的注意力。"虽然多伊奇受到很高的赞誉，但是直到1990年内务人民委员会才公开承认多伊奇的特工身份。甚至在今天，他职业生涯的某些贡献仍然被莫斯科认为是不适于公开的。

精神导师多伊奇

阿诺德·多伊奇是一个奥地利的犹太人，他容貌英俊，而且博学多才，是苏联情报界学者型的间谍。1923年6月，他中学毕业后考入维也纳大学哲学系。1928年7月，也就是在他进入维也纳大学学习大学课程不到5年之后，他就以优异成绩获得了哲学博士学位，而此时的他只有24岁零两个月。虽然他学的是哲学，但是他在大学的前四年里，把主要精力投入到自然科学的研究上，主要学习物理和化学，同时对心理学也有所涉猎。

或许是为了隐瞒共产党员的身份，在整个学生时代他在档案和履历表中都称自己是个严守犹太教教规的犹太人。实际上他的宗教信仰早已发生了转变，他对共产主义的奋斗目标怀有强烈的责任感，这个目标就是建立一个没有压迫、没有贫富差别的世界新秩序。苏联，这个世界上第一个工农政权的神圣革命形象成了他向往的国度。离开维也纳大学后，多伊奇就开始为第三国际国际联络部充当秘密通信员，穿梭于罗马尼亚、希腊、巴勒斯坦和叙利亚之间。1929年，与他结为夫妻的奥地利人约瑟芬也开始为第三国际联络部工作。

在这段时间里，多伊奇的公开身份是赖希的追随者，而秘密身份是苏联间谍。1933年，他携妻子来到莫斯科。他从第三国际国际联络部调入苏联内务人民委员会的外国科，并作为一名国家政治保安总局的特工在莫斯科接受训练。他的妻子则成了一名无线电报务员。他的化名是"斯蒂芬·朗"，代号"斯蒂芬"，后来他还使用过"奥托"这个假名字。法国是他任职的第一站，在这里，他建立起了通往比利时、荷兰和德国边境的秘密穿越点，并为在法国的渔船上安装战争期间供国家政治保安总局使用的电台做好了准备。他的第二站是英国，正是在这里，他招募了四位了不起的剑桥学生，成立了"剑桥五人帮"。

招募"剑桥五杰"

1934年初，多伊奇用他的真实姓名来到伦敦，以"大学讲师"和"研究者"的身份进行演讲，并用他的学术成就混入了学术界。到伦敦后不久，他就从临时住所搬进了汉普斯特德的劳恩大道的一所公寓。劳恩大道是伦敦激进的知识分子云集的地方。这里的楼房后来被称为"劳恩道公寓"，是汉普斯特德一带最亮丽的建筑。多伊奇住在7号，他的隔壁居住着著名犯罪小说家阿加沙·克里斯蒂。那时她正在创作《东方快车谋杀案》。人们很容易设想多伊奇与克里斯蒂一起讨论过她的这一作品中的构思，但是事实上，他们可能从来也没有见过面。因为克里斯蒂还有其他住所，而多伊奇则很可能要保持低调。

当时这外部有走廊的公寓大多数房间的前门从街道上就能够看见，但多伊奇房间的正门正好被楼梯间挡住了，这就使多伊奇和来访者能够在不被别人察觉的情况下进出自己的公寓。为了使自己的学术伪装更天衣无缝，多伊奇在伦敦大学选修了一门研究生心理学课程，他甚至还曾利用业余时间去教过课。1935年，他的妻子完成了在莫斯科的无线电操作培训后，来伦敦与他团聚。

内务人民委员会的档案记录显示，在英国期间，多伊奇共发展了 20 名间谍并与另外 29 人有联系。这其中包括剑桥大学 5 位年轻的研究生，他们是这些间谍中最出色的，到"二战"时他们被称为"剑桥五人帮"。《七杰》这本非常畅销的小说在 1960 年发行以后，布伦特他们就经常被称为"剑桥五杰"了。多伊奇成功的关键在于，他采取了新的招募策略，即在著名大学里年轻的激进分子掌握权柄之前就对他们进行培养。

在给内务人民委员会总部的信中，多伊奇曾这样写道："在这些大学里，由于共产主义运动开展得很广泛而且思想激进的学生的数量也很大，这样，我们从党员中挑选个别人出来并不会引起其他人的注意。人们会忘记他们曾经加入过共产党的经历。而且即使有时有人想起来他们曾经是共产党员，那么也只会认为那是他们年轻时的一时冲动，特别是对那些被视为资产阶级接班人的人。我们要做的只是给这些人一个新的政治身份。"

英国政府的很多青年才俊都来自牛津和剑桥这两所大学，很自然这两所大学就成了多伊奇寻找发展对象的根据地。可能是机遇方面的原因，多伊奇招募的间谍多出自剑桥而非牛津大学。多伊奇首先注意到了剑桥大学特里尼蒂学院的金·菲尔比，并很快把他发展为间谍。其他"四杰"都是菲尔比被发展后产生的直接或间接的结果。布伦特、伯吉斯和凯恩克罗斯都是特里尼蒂学院的学生，而麦克莱恩则来自特里尼蒂教会学校。

正如多伊奇当初设想的，他招募策略取得了显著的成功。在第二次世界大战初期，"五杰"都成功地打入了英国外交或情报机关。他们提供了大量的高级情报，以至于莫斯科有时几乎都不敢相信如此轻易地就能得到英国的机密。

1993 年出版的内务人民委员会和国外情报局合作编写的《奥尔洛夫传记》中，称他是招募剑桥大学里的间谍的"主谋"，这种说法会使读者产生误解。造成这种说法的原因是苏联的等级制度森严，高级官僚通常都会把下属取得的成绩归功于自己。奥尔洛夫是当时参与英国间谍行动的最高级别的情报官员，因此他把发展菲尔比等人的功劳算在自己头上。

其实，奥尔洛夫在伦敦只待过一年多一点的时间：1934 年 7 月份，他在伦敦住过 10 天，然后就是 1934 年 9 月 ~ 1935 年 10 月的这段时间。在这段时间里，多伊奇的级别比他低，因此在实施情报活动前必须得到他的批准。偶尔，奥尔洛夫主动对多伊奇的行动下达一些指示。但是，在米特罗欣记录的档案中清楚地表明，制定把菲尔比和其他剑桥精英发展为苏联间谍的策略的人是多伊奇，而不是奥尔洛夫。而且，菲尔比自己也承认，他是在多伊奇的感召和鼓动下才加入苏联情报局的。

三个火枪手

菲尔比是一个怀着崇高的共产主义信念的热血青年。1933 年 6 月，他从剑桥三一学院毕业。1934 年，他来到维也纳，在维也纳国际工人救援组织工作。同时，他还是处于地下状态的奥地利共产党的秘密通信员。不久，菲尔比与离过婚的共产党员利兹·弗里德曼相识，并结了婚。第一个发现菲尔比可以被发展为苏联间谍的人是利兹的朋友伊迪丝·苏斯契茨基。伊迪丝本人是被多伊奇发展为间谍的，当初也正是因为她，多伊奇才开始注意菲尔比。

1934 年 5 月，在多伊奇到达伦敦几个星期之后，金·菲尔比和利兹·菲尔比也回到了伦敦。几个月前，伊迪丝·苏斯契茨基也在伦敦住了下来，并和另一个被多伊奇招募的间谍，英国医生亚历克斯·图德·哈特结了婚。这对新婚夫妇的联合代号是"箭"。1934 年6 月，伊迪丝·图德·哈特带着菲尔比来到伦敦的雷根特公园。多伊奇正在那里等着他们。在公园的长凳上，菲尔比与多伊奇进行了第一次交谈。据菲尔比后来为内务人民委员会撰写的一本回忆录称，当时多伊奇对他说："我们需要能够打入资产阶级政府机构里面的人。为我们打入进去吧！"但是当时，多伊奇并没有告诉菲尔比，他是为苏联服务的间谍，而是使他相信自己参加了共产国际反对国际法西斯主义的地下斗争。多伊奇告诉他，他的第一个任务就是隐藏自己的真实身份，与共产党断绝一切联系，并争取博得英国亲德分子和亲法西斯分子的信任。菲尔比自从与多伊奇见面后，就有了他的第一个代号，这个代号有两个版本：德语的 SOHNCHEN 和俄语的 SYNOK。它们大致都是英语里"小男孩"的意思。这样的代号在这一时期很常见。

50 年后，菲尔比仍然记得他与一个被称为"奥托"的人的第一次约会。他说那是"令人惊奇的"："他是个了不起的人，绝对了不起。我很快就发现了这一点。而且这种感觉再也没有失去过……一见面，你就会注意到他的眼睛。他注视着你，仿佛在这一刻世界上没有什么比你和与你交谈更重要的事了……而且他这人非常幽默。"

多伊奇的人格魅力是毋庸置疑的，他对人性有深刻的理解，同时丰富的人生经历使他具有深刻的社会洞察力。在内务人民委员会的历史上，多伊奇是一位非常出色的指导员，他和"剑桥五杰"配合得如此默契。他那富有魅力的个性和对自由的理解，以及对未来人类一定能从资本主义贫富两极分化的社会中解放出来的信念对"剑桥五杰"具有巨大的吸引力。他们坚决反对严格的性道德和英国那套陈腐的阶级制度。而且在学术上的成就，多伊奇也远远超过"剑桥五杰"。

菲尔比为苏联情报部门所做的第一项主要工作，就是把剑桥大学里另外两个发展对象——唐纳德·麦克莱恩和盖伊·伯吉斯推荐给多伊奇。1931 年，唐纳德·麦克莱恩走进了剑桥特里尼蒂教会学校的大门，也许当时的他还不是一个坚定的共产党员，但是在一年以后，在菲尔比的影响下，他就已经是一个坚定的共产主义者了。麦克莱恩长得一表人才，而且学习优秀，主攻现代语言专业。他的父亲曾是自由党的一位前内阁部长，麦克莱恩被多伊奇视为打入权力机关的最佳人选。1934 年 6 月，麦克莱恩从剑桥大学毕业，但当时他并没有马上决定要到英国的政府机关里做事的愿望。他本来想到苏联去教英语或继续在剑桥攻读博士学位。不久之后，他改变了自己的想法，准备参加第二年外交部的选拔考试。

他之所以做出这一转变，很大程度上是受多伊奇的影响。1934 年 8 月，通过菲尔比的介绍，两人进行了第一次会面。多伊奇在信仰和意识形态上感染了他，并和他讨论了择业和对外联系等方面的问题，鼓动他为内务人民委员会工作，并要求他断绝与共产党的公开联系，找机会进入英国政府部门。麦克莱恩同意了。和菲尔比一样，麦克莱恩使用的第一个代号也有两个版本：德语的 WAISE 和俄语的 SIROTA，这两个词都是"孤儿"的意思。（因为两年前他父亲去世了。）

麦克莱恩成功地使他的母亲相信他已经放弃了大学时代对共产主义的幻想。1935 年 8 月，他以优异的成绩通过了外交部的选拔考试。当被问到他在剑桥读书时的共产主义观点时，他决定"毫不掩饰地承认"："是的，我曾经有过那样的观点，而且至今也没有完全摆脱它。"他认为坦诚的态度一定能赢得主考官的认可。果然，他们相互点了点头，交换了一下目光然后笑了。1935 年 10 月，他进入了英国皇家外交部，成为"五杰"中第一个渗透到权力机关中的人。

盖伊·伯吉斯加入"剑桥五人帮"是受到麦克莱恩的引荐。当时，盖伊·伯吉斯还是一个特里尼蒂学院历史研究专业二年级的学生。他是个精明、善于社交的人，堪称剑桥大学的风云人物。他同样被共产主义思潮感染，思想激进，经常设想共产国际对法西斯主义发动一场地下斗争。当时，德国共产党组织了一个反希特勒的"五人帮"。这个组织让他激动不已，事实上德国五人帮并不成功。但是，也许正是受此影响，他才成为"五杰"之一。他经常和加入共产党的朋友谈论德国五人帮，这些朋友当中就有麦克莱恩。当麦克莱恩违背命令，偷偷向他透露自己在从事秘密工作的时候，伯吉斯急切地希望得到麦克莱恩的推荐。

盖伊·伯吉斯像

1934年12月，麦克莱恩为多伊奇和伯吉斯安排了第一次见面。在此之前，多伊奇对这位在剑桥名声显赫的人物早有耳闻。如果伯吉斯遇到一个满口教条的、缺乏想象力的指导员，很可能会被当成无法无天的疯子而不是可造之才。但是多伊奇却认为，正是其疯狂的性格能够给伯吉斯的间谍工作提供良好的掩护。在此之前，苏联历史上还没有过像伯吉斯这种类型的间谍。当被邀请参加共产国际反对法西斯主义的地下斗争时，伯吉斯对多伊奇表示他感到"非常荣幸，并准备为此牺牲一切"。他的代号是"小女孩"（正好与菲尔比的代号"小男孩"相对），明显暗示出了他的同性恋倾向。多伊奇慧眼识英才，最终在间谍事业上获得了一个得力助手。

像对待菲尔比和麦克莱恩一样，多伊奇给伯吉斯布置的第一个任务就是断绝与左派人士的联系，并在思想上与政府保持一致，以便于日后能够成功地打入政府机关。伯吉斯利用他那鲜明的个性特征和特殊的性取向赢得了一些高官的重视。1935年下半年，他成为年轻的保守党右派国会议员杰克·麦克纳马拉上校——也是一个同性恋者——的私人助理。他们曾一起赴纳粹德国开展取证工作，但是据伯吉斯说，实际上主要是和希特勒青年会的成员发生同性恋行为。凭借高超的社交技巧，伯吉斯与欧洲大陆的许多同性恋者搭上了关系，其中最重要的人物是爱德华·普法依弗，此人是法国国防部长爱德华·达拉第的办公厅主任。伯吉斯曾经对他的朋友吹嘘说，他曾和普法依弗以及另外两名法国内阁成员参加同性恋者的活动。

情报站危机

1935年2月，伦敦秘密情报站出现了安全危机。当时使用"马克思·沃利施"这个化名进行活动的伊格纳季·赖夫被召到国内事务部接受口头审查，在审查他的官员的桌面上摆着厚厚的标有"沃利施"这个名字的档案。奥尔洛夫向内务人民委员会总部汇报说："看来英国政府已经发现了一些线索，但还没有找到真凭实据，因此决定要辞掉他。"国内事务部指示立刻将赖夫解雇，赖夫只得服从。奥尔洛夫担心此事会牵扯到多伊奇，因此作为一项防范措施，由他来直接控制菲尔比、麦克莱恩和伯吉斯。当时，他们三人已经被称为"三个火枪手"了。奥尔洛夫的伪装身份是一名美国商人，他在雷根特街上开了一个出售进口电冰箱的商店。他相信这种伪装还是安全的。但是不久之后又出现了一次危机。他偶然遇到了一个几年前曾经在维也纳教过他英语、知道他真实身份的人。于是，奥尔洛夫匆忙离开了伦敦，而且再也没有回去，对"三个火枪手"的指导工作重新由多伊奇接管。

在多伊奇的指导下，菲尔比、麦克莱恩和伯吉斯很快就掌握了做间谍的基本技巧。尽管内务人民委员会没有明确地告诉他们说他们是在为苏联工作，而不是在协助共产国际与法西斯主义进行地下斗争，但是他们已经心知肚明，无须正式地通知了。多伊奇在给总部的报告中写道："他们都知道自己是在为苏联工作，他们非常明白这一点。我与他们的关系是建立在我们都是共产党党员的基础上的。"从这段话可以看出，多伊奇并没有把他们当成为他工作的下级间谍，而是把他们当成为了共产主义这一共同理想而一起工作的同志来对待。其他那些没有多伊奇这样崇高境界的指导员都对他的态度表示不满意，他们非常不高兴菲尔比、伯吉斯和麦克莱恩把自己当成内务人民委员会的官员，而不是下级间谍。

1963年，当菲尔比逃到莫斯科之后，他惊讶地发现，他没有军官头衔，而且苏联永远也不会授予他军衔。于是，他对那些急于知道内幕的西方记者宣称他是内务人民委员会的上校，甚至是将军。在1968年出版的回忆录中，菲尔比仍然称自己"是一位任职已有30余年的苏联情报机构的军官"。

1935年的安全危机之后，多伊奇和秘密情报站采取了更多的防范措施，以避开英国安全局和其他反间谍部门的监视。通常情况下，在准备与一个间谍见面之前——地点通常都在伦敦——多伊奇总是先让人开车送他到城外，仔细地观察自己的汽车是否被跟踪。在确认没有尾巴之后，他才乘坐公共交通工具回到伦敦，而且中途要换好几次车。在旅途中，他把拍摄了秘密文件的胶卷藏在梳子、旅行必需品和家庭用品里。给内务人民委员会总部的报告通常是用隐写墨水书写，寄到哥本哈根的一个地址，再从那里转寄到莫斯科。

虽然内务人民委员会和国外情报局在20世纪90年代初期公开了一些关于"三个火枪手"的鲜为人知的材料，但是它们从来不会提到诺曼·詹姆斯·克卢格曼这个人。他是多伊奇在1936年发展的一名间谍。克卢格曼也在剑桥大学特里尼蒂学院攻读现代语言学专业。还在霍尔特的格雷舍姆学校读中学时，克卢格曼就加入了共产党。他与唐纳德·麦克莱恩同龄，而且是朋友。麦克莱恩的共产主义思想很大程度上是受到克卢格曼影响。

克卢格曼有一个坚定的信念，那就是英国的资本主义制度已行将就木。他后来回忆说："我们每一个人都知道，革命就要到来了。如果有人说，革命在30年内不会在英国爆发，我会笑掉大牙。"

由于他是英国最活跃的年轻的共产党员之一，他和年轻的马克思主义诗人约翰·康福德是剑桥大学里两个最卓越的共产党活动家。当时被人们称为"詹姆斯和约翰"。虽然1937年刚满21岁的康福德就在西班牙内战中牺牲了，但克卢格曼仍坚持斗争，并成为英国共产党的宣传和教育部长、政治委员会委员和党的官方历史家。他的共产党身份非常明显，因此不可能像"五杰"那样脱离共产党组织并打入资产阶级的权力机关。

但是，多伊奇有一项工作很适合克卢格曼：他可以为苏联内务人民委员会发现招募对象，他可以说服学生党员参加党的地下斗争，而不是其他激烈的斗争。内务人民委员会征得了英国共产党领导人的同意之后，多伊奇开始做克卢格曼的工作，把他发展成了间谍，代号是梅尔。英国共产党和当时西方其他国家共产党一样，认为苏联共产党的利益和共产国际息息相关，因此都对苏联的决定表示支持。由于牵扯到英国共产党，所以直到1998年，俄罗斯国外情报局都拒绝承认曾经把克卢格曼发展成为间谍。内务人民委员会保守最严密的一个秘密就是它希望西方国家"兄弟党派"的领导人在发展间谍和为特工编造档案方面提供协助。

第四人和第五人

1936 年春，内务人民委员会任命另一名大特工特奥多尔·马利（代号"曼"）为伦敦秘密情报站站长。和多伊奇一样，他后来也成了苏联情报战线上一位不朽的英雄人物，他的画像也悬挂在俄国对外情报总局的纪念馆内。马利是匈牙利人，他年轻时在天主教会里做神职工作，一战爆发后自愿加入军队。1916 年，作为奥匈帝国军队的一名少尉在俄国前线作战时被俘；他在战俘营里一直待到"一战"结束。马利在战场目睹了最恐怖的景象，冻僵了四肢的年轻士兵们在战壕里慢慢死去……战场上的经历使他对上帝失去了信心。后来，他加入了布尔什维克，成了一名共产主义者，与过去彻底决裂了。

1936 年 1 月，马利最初被派遣到伦敦。当时他被派来指导在英国外交部从事密码工作的金上尉（原来由皮克负责）。他对金佯称自己是一家实际上并不存在的荷兰银行的经理；金以为正是这家银行出钱购买他提供的秘密文件。4 月份，马利被任命为秘密情报站站长，从此以后开始与多伊奇一起指导在剑桥大学里发展的那些间谍。和多伊奇一样，他对"未来共产主义一定会实现"的坚定信念对这几名间谍产生了深刻的影响。

1937 年上半年，多伊奇和马利完成了对"五杰"的发展工作。在这一年年初，在英国广播公司当制作人的伯吉斯安排了多伊奇与安东尼·布伦特的第一次会面。安东尼·布伦特是剑桥特里尼蒂学院研究员，也是一位法国语言学家、艺术历史学家。和麦克莱恩一样，安东尼·布伦特的共产主义信仰在一定程度上也是受到了克卢格曼的影响。布伦特发现克卢格曼是一个"非常优秀的政治理论家"，他"以丰富的技巧和充沛的精力管理着党的组织……总是由他来决定应该对剑桥大学里的哪个组织或团体进行渗透"。

媒体以"第四人"这个绰号称呼他，他不仅是"剑桥五人帮"中第四个被发展的，而且 40 年后，也是这 5 个人中第四个被公开曝光的。在战争之前，布伦特在内务人民委员会的工作仅限于寻找间谍发展对象。他的第一个发展对象是特里尼蒂学院里一位年轻而富有的大学生，美国共产党员迈克尔·斯特雷特（代号奈杰尔）。第一次与多伊奇见面不久后，布伦特就把斯特雷特邀请到自己在特里尼蒂的优雅的住处。布伦特告诉他："我们的朋友非常关心你的将来，他让我告诉你……你应该做的事情。""什么朋友？"斯特雷特不解地问。"国际共产国际的朋友。"布伦特回答说。随后告诉斯特雷特，他的责任是断绝与党组织一切公开的联系，毕业后在美国纽约华尔街找一份工作，然后负责为共产国际提供内幕消息。斯特雷特有些犹豫。斯特雷特与约翰·康福德是密友，康福德两个星期前在西班牙内战中牺牲的信息，让他有些惊魂未定。布伦特对他说："康福德为共产国际献出了生命，这是热血男儿该干的事情！你考虑考虑吧！"

几天后，斯特雷特终于答应了。后来，他写道："在一周之内，我从喧嚣、拥挤的剑桥一下子坠入了一个充满了影子和回音的世界。"他毕业之后在伦敦与多伊奇见过一次面，这也是他们唯一的一次见面。见面时，多伊奇向他要一件能证明个人身份的东西。斯特雷特给了他一张照片。多伊奇把照片撕成两半，并把其中一半交还给了他。多伊奇告诉他："你在纽约会遇到拿着另一半照片的人，他就是你的接头人。"

"五杰"中最后一个被发展的人是约翰·凯恩克罗斯，他是一个聪明的苏格兰人。他在格拉斯哥大学里学习过两年，并拿到了索邦神学院的学历证书。1934 年，年仅 21 岁的他带着一份奖学金走进了特里尼蒂的大门，攻读现代语言学。他是一个语言天才，《特里尼蒂杂志》

还因他在语言学方面的天赋宣称'凯恩克罗斯每两个星期就能掌握一门新的语言。"安东尼·布伦特就是教授他法国文学的老师之一，但凯恩克罗斯后来说他们从来没有谈论过共产主义。他对马克思主义非常热衷，这使他获得了一个绰号——"血十字"。1936年，他以优异的成绩从剑桥大学毕业后，又以第一名的成绩通过了外交部的选拔考试，而且比第二名的分数高出了100分。

1937年初，多伊奇把与凯恩克罗斯联系的任务交给了伯吉斯，这与1934年菲尔比第一次开展发展间谍工作时发展麦克莱恩的情况非常相似。随后，詹姆斯·克卢格曼负责对凯恩克罗斯的吸收工作。

1937年4月9日，凯恩克罗斯正式成为苏联间谍，他的代号是莫里哀。这个代号虽然不够隐秘，但却选得非常合适，因为这是凯恩克罗斯最欣赏的法国作家的名字。后来，他还发表过两篇用法语撰写的关于这个作家的学术论文。不久后，"莫里哀"这个代号被"李斯特"代替了，但是内务人民委员会档案里并没有记载改变代号的原因。5月份，克卢格曼安排了凯恩克罗斯与多伊奇的第一次见面。

根据凯恩克罗斯的回忆，这次见面的地点是雷根特公园。一个晚上，他被克卢格曼带到那里。突然，树后面闪出一个个子矮小而结实的身影，大约40岁左右。克卢格曼给他介绍这个人是奥托。随后，克卢格曼就离开了。多伊奇向莫斯科汇报说，凯恩克罗斯"非常高兴加入我们的组织，而且准备立刻就开始替我们工作"。

第二次世界大战前，麦克莱恩和凯恩克罗斯能够接触到的外交部文件很快传到苏联内务人民委员会总部。其中包括被凯恩克罗斯称为"关于西班牙内战进展情况的十分有价值的情报"。这些文件中有一份记载了一件有趣的事，那就是1937年11月希特勒与英国议会议长哈利法克斯勋爵的会谈记录。哈利法克斯刚到希特勒建在贝希特斯加登的"鹰巢"时，出了个大洋相。当一副贵族气派的哈利法克斯走出汽车的时候，把身材矮小的希特勒当成了男仆，差点把自己的帽子和大衣交给他。幸好德国的一位部长在他耳边轻声说："元首！元首！"

这份会谈记录引起斯大林的警惕，斯大林对英国政策极端不信任，哈利法克斯与希特勒的会谈记录的部分内容似乎证明英国把纳粹德国视为"西方抵御布尔什维克主义的堡垒"，而且会支持德国向东扩展。事实上，哈利法克斯并没有表示支持德国侵略东欧，只是肯定了德国阻止共产主义向西方扩散方面做出的贡献。他此行的目的是希望通过在殖民地方面做出让步，把希特勒变成"欧洲的一个良民"，争取说服他把他对欧洲的野心限制在能够用和平方式实现的范围之内。但哈利法克斯对希特勒明确地表示，英国准备对《凡尔赛和约》做出和平的修改。

哈利法克斯的友好态度让希特勒非常开心，并不是因为他对修改《凡尔赛和约》有多大的兴趣，而是从英国的绥靖政策中，希特勒看出，一旦他发动侵略战争，英国将不会全力与之对抗。因此，斯大林的推断也不无道理，英国的软弱态度无疑是给纳粹德国东进打开了绿灯。麦克莱恩和凯恩克罗斯提供的英国外交部关于英国设法取悦希特勒的文件再次证明了这一点。

虽然金·菲尔比最后成了"五杰"中最著名的间谍，但是他在事业上的起飞却比其他4个人都慢。他本来打算在民政部门里找份工作，但是他的大学导师和他的朋友们都觉得他不适合在政府部门工作。虽然他们很欣赏他的干劲和聪明才智，但是他那种觉得现行政治不公平的态度，会使他在政府部门吃不开。于是菲尔比打消了这个念头。

1937年前，他在自由党月刊《综述评说》编辑部里找到了一份工作，并且成为英德友好协会的成员。丘吉尔对这个组织非常蔑视，把它称作"噜！希特勒！团伙"。菲尔比回忆说，他经常与多伊奇见面，但是没有提供什么有价值的情报，同时还需要多伊奇坚定他的信心。西班牙内战的爆发给菲尔比提供了第一项重要的情报任务。菲尔比终于说服了伦敦的一家新闻机构给他签发了一份自由撰稿战地记者的委派证明。1937 年 2 月，他来到西班牙，以战地记者的身份搜集情报。他后来在回忆录中写道："我的第一个任务，就是要掌握有关法西斯作战的各方面的第一手情报。"然而，他的回忆录也没有揭露全部的间谍活动。

就在菲尔比离开伦敦几星期之后，伦敦秘密情报站接到了斯大林亲自批准的指示，命令菲尔比暗杀西班牙民族力量的领导人佛朗哥将军。马利及时地把命令传达了出去，但是他并不认为菲尔比有能力完成这项任务。果然，1937 年 5 月份，菲尔比无功返回伦敦，他甚至都没有见过佛朗哥，他为此非常沮丧。后来，菲尔比又获得一次机会，作为泰晤士报的两名记者之一被派遣到民族主义派掌权的西班牙。这年底，他同另外两名记者乘坐的汽车被炮弹击中。虽然受了轻伤，但他却因此成了战争中的英雄人物。《泰晤士报》对他大肆吹捧，他则谦逊地对读者们讲："你们的记者被立即送到急救站，在那里迅速处理了头部的轻伤。"他在回忆录中写道："我在西班牙受伤，对我的记者和情报工作提供了无穷的帮助。"1938 年 3 月 2 日，佛朗哥亲自授予他红十字军功章，这是他第一次见到佛朗哥。但是，这次见面为时已晚，苏联内务人民委员会已经撤销了暗杀计划。到了 40 年代，菲尔比这只股票的价值一路飙升，他进入英国反间谍机构，甚至做了美国中央情报局的联络官。

剑桥团伙暴露

1937 年底，"五杰"的出众才华还没有得到充分发挥，然而，不幸的是，斯大林展开了揪出"人民公敌"的"大清洗"运动。这成了比情报搜集更重要的任务。1938 年，在大恐怖时代特有的偏执思想的笼罩之下，外国科处在一片混乱之中，绝大多数在国外工作的官员都被怀疑参与了敌人的阴谋活动。

多伊奇作为一名控制英国间谍的苏联间谍，受内务人民委员会 3 个上司的指挥，即伊格纳季·赖夫、亚历山大·奥尔洛夫和特奥多尔·马利。1938 年，这 3 个人都成了苏联大恐怖的牺牲品。赖夫和马利以莫须有的罪名被枪决了。奥尔洛夫及时逃到了北美，他以对外公开他所知道的关于苏联间谍的全部活动情况相威胁，才保住了自己的性命。

与大部分国外间谍不同的是，多伊奇夫妇并没有一回到莫斯科就遭到枪决的厄运，多伊奇还在总部做了字迹和伪造品的鉴定工作。1942 年，多伊奇空降到自己的祖国奥地利，在准备实施侦察行动的时候，被法西斯抓获，并处于绞刑。

1951 年，西方发现有人泄露了核研究的机密，并且怀疑泄密人是布伦特。菲尔比得到消息后，试图将怀疑转移到其他人身上，但是没有成功。反间谍机构决定在 5 月 28 日审讯布伦特，然而 5 月 25 号，伯吉斯和布伦特乘船去了法国，随后穿过苏联防线，去了莫斯科。反间谍机构在伯吉斯的家中找到一条线索，暗示凯恩克罗斯可能是间谍。凯恩克罗斯受到审讯，他承认自己曾经卖了一些情报给苏联人，这使他被迫从财政部退出。菲尔比因为对嫌疑人发出警告，被召回伦敦接受审查。他设法让上司相信他是清白的，仍被留在英国国外反间谍机构工作。1956 年，菲尔比担心再次受到指控，调到了贝罗特，在那里工作了 7 年，最后，菲尔比逃跑了。

1964 年，布伦特因曾是"剑桥五人帮"的成员而被秘密控诉，他承认了他所做的间谍活动，并因揭露在英国的苏联间谍网而被释放。在 1979 年，他的变节行为广为人知，他的一些荣誉被剥夺了，其中包括为皇家艺术团服务而获得的爵士称号。

为爱叛国的密芝连卡丽

密芝连卡丽是一个聪明而漂亮的英国人，她一出生就特别讨人喜欢。一双大眼睛，炯炯有神显得特别可爱，长大后，很多男人追求她。她很喜欢漂亮的男人，最后选择了一个英俊的法军少尉，两人相爱不久就结婚了。那时，密芝连卡丽才18岁。

结婚后不久，丈夫被派到非洲阿尔及利亚服役，密芝连卡丽也跟着来到非洲。小两口过着幸福而甜蜜的生活，密芝连卡丽幻想他们能够就这样幸福直到老去。然而，战争打破了她的美梦，破坏了他们的宁静生活。第二次世界大战爆发后，他们从非洲返回法国，丈夫上了前线，不久在与德军作战时阵亡。密芝连卡丽悲痛欲绝，丈夫的死激发了她对德国的仇恨，她决定为丈夫报仇。

"猫做报告"

密芝连卡丽在一家医院找到了一份护理工作，德军嚣张地越过边境占领法国的时候，她一直做着照料伤病员的工作。法国沦陷后，她加入法国地下抵抗组织，坚持斗争。在这期间，她结识了很多法国军官，并和他们成为朋友。

法国军官罗文决定组织一支抵抗德军的军队，密芝连卡丽毫不犹豫地报名参加了，她决定拿起武器替死去的丈夫报仇。罗文安排给她的任务是报务员工作，不久，密芝连卡丽练就了一身娴熟的收发电报的技术。

作为地下工作者，为了隐蔽身份，每个人都有一个代号。密芝连卡丽的丈夫曾叫她"我的小猫"，因此她选择"猫"作为她的代号。她每次发情报时都以"猫做报告"开头，如果是通过密写或邮寄的情报，则在开头画一只小猫。在以后的工作中，"猫"的名声越来越响，在英法抵抗组织中赫赫有名，甚至连德国人都知道潜藏着一个叫作"猫"的女间谍。

密芝连卡丽经常通过无线电与伦敦联系，德国人很容易通过无线电测向机找到电台的位置，但是密芝连卡丽像猫一样聪慧、敏捷，她来去无踪，经常变换发报地点。当德国警察赶到的时候，已经人去楼空，就这样，她躲过了一次又一次抓捕。德国秘密警察头子戈林为此非常恼火，每次听到她的声音就气得要命。戈林下达了抓捕她的命令，要求全巴黎的秘密警察全部出动，务必把她抓捕归案，否则全部就地枪毙。此后每天晚上，德军的无线电侦察小分队就散布在巴黎的大街小巷进行侦听搜捕，然而秘密警察却总也找不到她的影子。他们为了交差，在法国狂抓滥捕，抓了很多法国女郎，却没有一个是真正的猫女郎。

密芝连卡丽还非常胆大，当秘密警察从她窗外走过的时候，她竟然若无其事地向伦敦方面拍发密报。为此伦敦方面非常担心，嘱咐她说："保护自己，不要做愚蠢的冒险。"但是她并不在意，好像在和德军玩捉迷藏的游戏。有一次，她和伦敦联系的时候，德军的无线电侦察分队的测向机锁定了她所在的位置。秘密警察心中暗喜，这次总算可以交差了。但是，当他们气势汹汹地赶到具体房屋进行搜查的时候，她却奇迹般地消失了，什么都没有留下。德军只好垂头丧气地空手而归，他们再次领教了"猫"的厉害。

几天后，密芝连卡丽依然如故地向伦敦发送情报。伦敦方面告诉她德军在瑟堡建立了一个巨大汽油站，让她搜集相关情报。密芝连卡丽来到瑟堡，秘密调查了一番，当晚拟好了电报，发到伦敦。伦敦的英军首脑接到报告后立即安排轰炸机将德军新建的汽油站炸毁。

汽油站被炸事件之后，德军再次疯狂地抓捕地下工作者，抓捕重点就是狡猾的"猫"。无线电侦察人员重新部署侦察力量，试图找到密芝连卡丽的秘密电台的新位置。但是结果和以前一样，机警的"猫"总是先行一步逃走，他们总是一而再、再而三地扑空。

密芝连卡丽在地下组织屡建奇功，把德国人耍得团团转，经过长期的斗争之后，她逐渐成为法国抵抗组织的一位领导人。她把与伦敦联络的任务交给了她的部下，一个名叫兰尼的金发美女。兰尼是一个坚定的反法西斯斗士，她凭着自己的美貌，吸引了很多德国军官，套取了不少情报。

情敌告密

兰尼在密芝连卡丽手下工作之后，非常喜欢这份带有刺激性的谍报工作，然而更让她着迷的是密芝连卡丽的情人阿孟。她爱上了阿孟，总是借机接近他，想尽办法让他知道自己有多喜欢他。然而，阿孟喜欢的是密芝连卡丽，对她没有感觉，他毫不隐讳地告诉兰尼："我喜欢的是猫。"

兰尼被爱情冲昏了头，她为了得到阿孟，忘记了反法西斯事业，不惜致情敌也是自己的上司于死地。一天，她在巴黎一家餐厅引诱一个德国军官，趁机对他说："你们不是一直找不到猫吗？我知道她在哪儿。"

德国军官正为抓不到密芝连卡丽而发愁，一听兰尼这么说，立即把她抓起来带到秘密警察总部进行审讯。兰尼这才知道自己闯了祸，如果她出卖了密芝连卡丽，那么她自己和阿孟也同样难逃一死。为了摆脱这种状况，她不停向德国军官撒娇，说自己不过是酒后开了个玩笑，其实她什么也不知道。德国人见问不出什么，只好把她放了。

如果当时兰尼向上级汇报此事，及时采取措施，加强防范，说不定可以避免暴露。可惜，她知道自己做错了，害怕被责骂，因此不敢告诉密芝连卡丽。德国人并没有因为她说开玩笑就放弃调查，而是派人暗中跟踪她，他们准备放长线钓大鱼。兰尼被释放之后，放松了警惕，对敌人的跟踪毫无察觉。德国人跟着她找到了密芝连卡丽和阿孟的住处。他们全部被逮捕，关进秘密警察总部的监狱。

德国人对待地下抵抗组织的成员绝不手软，尤其是像密芝连卡丽这种反法西斯斗士，更要面临非人的折磨。被捕后的密芝连卡丽面对敌人的严刑拷打，不屈不挠，拒绝回答任何问题。当盖世太保读出一系列抵抗组织人员的名单时，她瘫坐在椅子上，但还是一句话都不说。盖世太保说，如果她再不招供，第二天早上就枪毙阿孟。她还是坚决不开口。第二天，阿孟被枪毙了，密芝连卡丽对一切都心灰意冷了，再没有什么值得她留恋了，她被关在小黑屋里，做好了迎接死神的心理准备。

爱情魔咒

正当密芝连卡丽只求一死的时候，一个人闯进她的生命中，使她重新燃起了活下去的欲望。在被捕后的第三天，监狱的大门打开之后，一个穿着平民服装的身材高大的德国人走入了密芝连卡丽的视线。他长着一双漂亮的蓝眼睛，眼神迷离而充满忧郁之情，密芝连卡丽立刻被这双眼睛迷住了，她久久盯着那双眼睛，不能移开自己的视线，她的心中重新燃起了爱情之火。

这个男人叫晓高比利察，不像天天拷打她的德国秘密警察，他温文尔雅，态度友好。他看着她的眼睛说："如果你相信我，我可以帮助你。"密芝连卡丽什么也没说，她不知道说什么，她像中了魔咒一样默默地跟着这个高大英俊的男人走出监狱，然后上了一辆汽车。

晓高比利察是专门负责策反抵抗组织成员的秘密警察，他曾利用高薪报酬让很多法国地下抵抗组织成员为德国人效力。如今，他决定使出美男计，用自己的男性魅力征服这只可怕的小猫。刚开始，他对自己并没有太大信心，因为他知道这只小猫是为了给丈夫报仇才加入地下抵抗组织的。经过最初的试探，他已经知道这只小猫思春了，他要把她变成德国军事情报局的宠物，对付英国人。

晓高比利察带密芝连卡丽来到巴黎郊外的一座大厦，先请她吃了一顿美餐，然后让她洗了澡，舒舒服服地睡一觉。他对她像情人一样温柔体贴，给她优厚的物质享受，用尽各种方法讨好她，抚慰她。在英俊美男的诱惑下，密芝连卡丽渐渐地春心萌动，她实在没有力量拒绝这个对自己如此热情的男人，尽管他是德国人。她不可思议地爱上了这个德国男人。她享受着情人的爱，忘了给死去的丈夫和阿孟报仇。这个思春的小猫很快就被晓高比利察征服了，她跳进了德国男人的爱情陷阱而不能自拔，她被爱情蒙住了双眼，没有看出他只是为了利用她而逢场作戏。

没过多久，密芝连卡丽就从过去简陋的工作室，搬进了德国军事情报部门宽敞的房间。晓高比利察开始利用她向伦敦发送假情报。沉浸在甜蜜的爱情中的密芝连卡丽对他言听计从，和伦敦取得联络，发出了德国人拟好的假情报。"猫做报告"的无线电声再次响起，伦敦特工总部接收到信号后，对她没有丝毫怀疑。

看到密芝连卡丽的价值之后，晓高比利察策划了一个更大的阴谋，他想利用"猫做报告"愚弄英国人，趁机救出被困在法国布勒斯特的3艘德国一级巡洋舰。这3艘军舰已经被英国人困在法国一年了，如果他们冒险冲出英吉利海峡，立刻就会遭到盟军的围堵，无异于自取灭亡。

晓高比利察指示密芝连卡丽向伦敦发出密电，说这3艘军舰损坏严重。1942年的一天晚上，密芝连卡丽为了让情人高兴，向伦敦方面报告：德国的3艘军舰已经在布勒斯特拆毁，动弹不得，在战争中会一直留在布勒斯特。

为了让英国人中计，在发出报告一星期之后，德国海军上将宣布军舰上的军官和士兵离开军舰，士兵在岸上到处闲逛。英国情报人员看到后，果然向伦敦报告自己的所见所闻。伦敦当局结合"猫"的报告，相信此事是真的，便撤销了海空军的日夜警备。这使德国海军有了逃出去的机会。

10天后，英吉利海峡大雾弥漫，德国海军的3艘军舰史杰荷斯号、吉尼西诺号和欧根王子号利用有利的天气因素，冲出了狭窄的英吉利海峡，没有遭到英军的轰炸。英国人一年的努力付诸东流。

这件事让英国政府官员非常愤怒，他们纷纷指责丘吉尔，竟然让一个变节的女人蒙蔽。丘吉尔为此非常尴尬。此后，伦敦方面不再相信密芝连卡丽发送的情报。她对德国人来说失去了利用价值，晓高比利察对她的爱也越来越冷淡了。在巴黎郊区的一座别墅里，他对密芝连卡丽说："我有别的任务，可能要永远离开你了。"此时的密芝连卡丽渐渐醒悟过来，猜到自己只是他用来欺骗英国人的工具，如今她把自己的油水榨干了，就要一走了之。她知道自己被遗弃了。为此，她异常愤怒，对他大喊大叫，像野猫一样，用自己的利爪抓向曾经对她说尽甜言蜜语的情人。

晓高比利察一把推开她，冷酷地说："如果你继续留在这里，抵抗组织不会放过你的，你还是去国外吧！"密芝连卡丽以为他还是关心自己的，连忙问："我去哪里？"晓高比利察回答："去英国。"英国是她的故乡，她当然想回去，可是怎样让英国当局相信她没有背叛祖国呢？晓高比利察和她一起编了一个弥天大谎，然后她与英国取得联系，说她要向总部解释德国的3艘军舰逃出英吉利海峡之事。伦敦方面为了了解真相，同意让她回英国。就这样，她用了一个瞒天过海之计，回到久别的故乡。

尾声

丘吉尔让部下对她进行审查。密芝连卡丽谎称自己受到德军蒙骗，并非有意报告假情报。她掩盖了事实真相，把责任推得一干二净，很快就通过了审查。正当她以为万事大吉的时候，从法国回来的抵抗组织成员揭发了她的叛国行为，一五一十地把她背叛抵抗组织，投入德国人怀抱，并为他们卖命的事情说了出来。密芝连卡丽再也无法狡辩，她被关进监狱。

1949年，在密芝连卡丽被关押7年之后，英国政府将她移交法国。法国军事法庭核实事情真相之后，依法判处她死刑。法庭上的群众高声喊着："把猫处死，把猫送上断头台！"

密芝连卡丽被关进死囚室，但是她没有放弃求生的权利，她让律师呈请总统开恩。在死囚室关押4个月后，她被改判为终身监禁。

她曾经声名赫赫，为盟军发送情报，做出了很大贡献，她本应该是反法西斯的战斗英雄。但是，由于她对漂亮的男人没有抵抗力，为了镜花水月般的爱情葬送了自己的名声和自由。不知道她在监狱中反省自己的过去时会不会后悔。

跛腿女间谍霍尔

维吉尼亚·霍尔1906年4月出生于美国马里兰州巴尔的摩市，自幼接受良好教育的她在大学毕业后不满足于现有的知识，决心前往欧洲继续深造。在父母的帮助下，她先后留学法国、德国和奥地利，最后在美国驻华沙使馆做领事服务员的工作。

年轻貌美的霍尔梦想成为一名外交官，然而两年后的一桩意外彻底打碎了她的憧憬。在土耳其打猎时她不慎摔了一跤，走火的枪击中了她的左脚，最终导致膝盖以下截肢。1939年，霍尔因为不能继续在国务院工作而选择辞职。

建立情报网

1939年，霍尔来到巴黎，找了一份开战地救护车的工作。1940年德国入侵，她从巴黎逃往伦敦，由于语言优势被英国秘密准军事机构英国特别行动委员会招募，成为该组织首名女性外线特工，并于1941年重返法国，以美国《纽约邮报》记者的身份到了法国维希，执行第一次任务。

表面上，她每天奔波于采写新闻的工作，实际上负责在那里建立谍报网，她还要为那里的犹太人和战俘疏通逃亡的通道，帮助他们躲过纳粹的抓捕。

很快，霍尔就成为法国当地保卫战组织的核心，负责协调和组织情报人员与当地保卫战成员之间的联系，从伦敦派过来的特工都要与她接头。大部分间谍在当地待上3个月就可以撤退，而她则要一直坚守15个月。

霍尔的活跃着实让纳粹头痛，他们称她为"同盟国最危险的跛腿小姐"。盖世太保的头目明确指示："我们必须找到她，然后干掉她。"通缉海报四处张贴，上面画着她的头像——一个高颧骨浅肤色的女人。

即使是面对白色恐怖，霍尔也丝毫没有怯懦，她坚持奋战在第一线，聪明机警的她总能化险为夷，顺利地完成任务，全身而退。这种斗争一直持续到 1942 年 11 月，法国面临沦陷的绝境，霍尔的处境变得非常危险，如果再不撤离，就没有出去的机会了。她不得不拖着假肢徒步翻越比利牛斯山脉，前往西班牙。比利牛斯山脉常年积雪覆盖，正常人行走都很困难。当霍尔在山间的雪地艰难地行进时，假肢带来的不便让她苦恼不已。或许是为了用幽默缓解自己的压力，她用无线电向伦敦发了一条信息，声称"卡斯伯特"——她为自己假肢定的秘密代号——给她带来了麻烦。不知是不是英国人大多严肃刻板，上司竟然没有理解她的意思，而是苦口婆心地鼓励她，强调她对同盟国的极端重要性。"如果这个卡斯伯特有麻烦，务必让他消失！"不知道看见回复的霍尔究竟是该哭还是该笑。

马德里的生活平淡安逸，但是霍尔却极不适应。在她的记忆中，那是"混浊的几个月"，习惯了冒险的她内心渴望突破这种宁静，寻找新的冒险。

巧妙的伪装

1944 年 3 月，她再次回到通缉她的法国，这一次的身份是美国的战略服务办公室情报人员。传说她这一次是背着装有假肢的背包空降到这片土地上的，也有记载说是乘坐摩托艇。

为了避免被盖世太保发现，霍尔不得不进行更巧妙的伪装，她把自己弄成一名老年农妇的样子，穿着沉重的麻布裙子，用填充物塑造臃肿笨拙的身材。她还故意放慢走路的步伐，以掩盖自己腿部的残疾。大部分时间她都待在农场里挤奶、牧羊，做些奶酪运到集市上卖。当然，这些都是掩人耳目的伪装，真正的任务依然是收集情报。那些德国人做梦也想不到，他们"朝思暮想"的跛腿小姐就在自己眼皮底下晃悠，而且随时都在盯着他们的动向。

到了晚上，霍尔就在自家农场的干草棚里用莫尔斯电码传送消息。纳粹法国总参部从里昂迁走的重要情报就是通过她传递的。她和她的同伴们还参与了法国保卫战成员的游击战争，包括秘密确定空投地点，绘制空投地图，方便英国向法国运送资金、军需品和突击队员。在德国占领法国的后期，她的小组破坏了 4 座桥梁，让德军的火车出轨；剪断德军电话线，破坏通信网络；杀死敌军 150 多名，抓获俘虏 500 多名。第二次世界大战结束后，霍尔转战他地继续从事秘密情报工作。1943 年，霍尔获得了大不列颠帝国勋章，但是考虑到她的身份不宜公开，所以当时并没有举行颁发仪式，帝国勋章和荣誉证书在保险柜里一躺就是几十年。

1945 年，美国"战略服务办公室"给霍尔颁发了一枚"服役优秀"十字勋章，当时她拒绝了，后来才秘密接受了这一殊荣。在整个第二次世界大战中，霍尔是唯一一位获得此项荣誉的平民女性。1950 年，44 岁的霍尔和法国"战略服务办公室"特工保罗·戈尔特结婚。1951 年，进入美国中央情报局做情报分析师。1966 年退休后，她跟丈夫一起在农场上安度晚年。

跛脚女谍的晚年生活

晚年的霍尔经常和晚辈们坐在一起谈论读书和小动物，对自己的工作和经历绝口不提。"她是那么光彩照人，却又非常神秘。"霍尔的侄女洛纳·坎特琳回忆。有几次，霍尔也出人意料地提及了战争的事，不过都是些无关痛痒的内容。"有一次她提到和保罗发现了一个废弃的城堡，里面有一个完整的酒窖，于是她便和保罗拥有了一个愉快的夜晚。"洛纳·坎特琳说。

也许是因为生平经历太艰苦，霍尔的最后几年身体状况非常糟糕。1982 年，她在家乡的医院去世，人们为她举行了一个简单朴素的葬礼。

在霍尔过世 24 年之后，法国和英国的大使在她的家乡马里兰州巴尔的摩附近举行了一个仪式,将乔治六世亲笔签名的荣誉证书和勋章颁发给她,侄女洛纳·坎特琳代她接受了这一殊荣。

华盛顿方面,国际间谍博物馆专门设置了一个霍尔的展览,以此方式表达对这位"跛腿女间谍"的敬意。

纳粹谍王贝克尔

第二次世界大战期间,德意日轴心国与同盟国的战场遍及欧洲、北非、亚洲和太平洋,位于西半球南部的南美大陆似乎成了被遗忘的安静的乐土。然而事实并非如此,希特勒征服世界的野心早已对这片土地有所"计划":在阿根廷、智利和巴西南部居住有数十万名德国移民,他们大部分同情希特勒政权,是纳粹渗透南美可以利用的得天独厚的条件。为了迅速达到目的,德国一方面在当地积极建立组织、俱乐部和学校,另一方面不断派出间谍,暗中破坏反纳粹力量的政府,贝克尔就是整盘棋局的一枚重要棋子。

前往阿根廷

西格弗里德·贝克尔 1912 年 10 月 21 日出生于德国东部的莱比锡,他自幼聪明,机智勇敢,以优异的成绩在当地的中学毕业后就参加了纳粹党。1931 年加入党卫队。他曾先后服务于烟草批发商、褐煤生产者联合会以及纳粹党的几个志愿组织,并以优秀的表现得到嘉奖。其中一个组织的上级说:"德国和外国青年互相交流的整个工作,都是由贝克尔一人组织和监督进行的……我们十分满意。"

1937 年,年仅 25 岁的贝克尔被纳粹德国情报部门的头目瓦尔特·施伦堡任命为党卫队上尉,以商人身份作为掩护,前往阿根廷进行间谍活动,目标是颠覆当时纳粹的敌视者阿根廷军政府。这项任务进展缓慢,最后不得不于 1940 年 6 月宣告失败,贝克尔也奉命逃往巴西躲避追捕。在巴西避难的贝克尔也没闲着,他和另一名代号为"阿尔弗雷多"的德国间谍古斯塔夫·恩格斯合作,以里约热内卢为中心建立了一张南美最重要的间谍网。年轻的贝克尔能说一口流利的英语、西班牙语和葡萄牙语,经常穿梭于剧院和鸡尾酒会,颇受女士的青睐。连古斯塔夫·恩格斯都称赞贝克尔是一名天生的"职业间谍"。

不过,这种频繁出席公共活动和外交事务的代价就是巨额的开销。贝克尔经常向柏林的上级部门提出这样或那样的"补助",施伦堡终于无法忍受贝克尔愈发膨胀的金钱欲望,于 1941 年底将他转派往苏联东线战场。

1942 年,亲美的巴西外长奥斯瓦尔多·阿兰纳说服了一直摇摆不定的独裁者瓦加斯,正式对德国宣战。对于巴西 180 度的大转弯,德国纳粹措手不及,眼睁睁地看着苦心建立起来的间谍网在大搜捕之下毁于一旦。

1943 年,巴西最大的邻国阿根廷发生了军事政变,部分青年军官夺取政权上台执政。新政府在外交上毫不掩饰对德国的同情,赫然公开发表宣言表示支持,声称"希特勒的奋斗是我们和平和战争时的指路明灯"。这个支持者对于纳粹德国来说显然是一支重要的友好力量,希特勒希望以阿根廷为领导建立一支亲德的国家集团,从而排挤美国在当地的影响。于是情报部门的头目施伦堡又想起了贝克尔,再次将他派往阿根廷重建间谍网。

当时的间谍工作基本都是使用短波发射机接收来自美国的情报,然后再转发给柏林。此外,间谍的另一项工作是调查南美地区货运信息,如货轮时刻表和货运往来情况等,用以分析评估大西洋这条英国主要的生命补给线的实力。

与庇隆达成协议

贝克尔抵达阿根廷后，很快投入工作。他收集情报的方式是分析美国报刊和技术杂志，收听电台广播，以及个人观察所得，特别是通过与外交官和访问过美国或者在美国受过训练的军人打交道掌握信息。凭借优秀的个人素质和经验，他很快便和新政府搭上关系，把目标锁定在野心勃勃的上校胡安·多明格·庇隆身上。这个人是希特勒和墨索里尼的狂热崇拜者，他确信共产主义会遭遇具有针对性的第三次世界大战，而德国将是一支最强大的力量，甚至能够帮助阿根廷在南美取得统治地位。

贝克尔深知庇隆的心理，他投其所好，与他一拍即合，二人共同设计了一份南美新的政治地图，策划在玻利维亚发动军事政变，鼓动阿根廷同巴拉圭签订协定，后者正与玻利维亚在领土争端中僵持不下。另一方面，计划安排施伦堡和巴西的法西斯组织头目在葡萄牙首都里斯本会晤。

贝克尔还和庇隆达成一项秘密协议，那就是他此行的目的——允许德国间谍以外交官身份为掩护在阿根廷执行任务，重建纳粹在南美的间谍网。贝克尔的活动取得了成功，1943年，一个代号为"玻利瓦尔网"的间谍组织在阿根廷建立起来。

眼看一切准备就绪，可以继续开展工作了，1944年，一个突然的变故影响了整个计划的进展。阿根廷迫于英美国家的压力宣布与德国断绝外交，理由是在其领土上发现了大量的德国间谍活动，并逮捕了一大批特务和中间人，大使馆的间谍分支被瓦解掉了，只剩下贝克尔带领的另一组间谍苦苦挣扎，尽管贝克尔没有气馁，选择了独当一面，然而形势并没有因此而好转。

贝克尔给小组人员分了工，规定了联系方式和发报时间，有些情报则通过收买西班牙水手送到西班牙，然后根据掩护地址寄到德国。为了防止人员被捕后线索中断，贝克尔要求德国总部再派两个电报员，并申请更多经费开展工作，这些要求都被满足了。电报专家布尔科哈尔特和微缩摄影专家夏特赖恩带来了钱和可以换成钱的药品。

谍王落网

就在7月底，贝克尔的担心还是变成了现实：一名电报员在发报的时候被捕。接下来的整个8月，他的手下陆续被捕，几十部电台、微缩照相设备和三部密码机被没收。只有贝克尔和酒吧招待维拉等几个人逃出。

为了躲避警察追捕，贝克尔租了一套公寓，长期隐居在里面，只有与特务会面时才出门，而且都选择在晚间10点以后。他原本打算继续坚持传递情报，为政府效力，可惜手下维拉并非像他一样忠诚。他交给维拉的信件都被他塞在自家的壁橱里，反而把原定付给水手的钱挥霍一空。这一切贝克尔都毫不知情，直到被捕之后才后悔不已，这位被美国联邦调查局视为"西半球最重要的德国间谍"在几经周折后最终落入法网，得到应有的下场。